■津谷裕貴弁護士追悼論文集■

消費者取引と法

民事法研究会

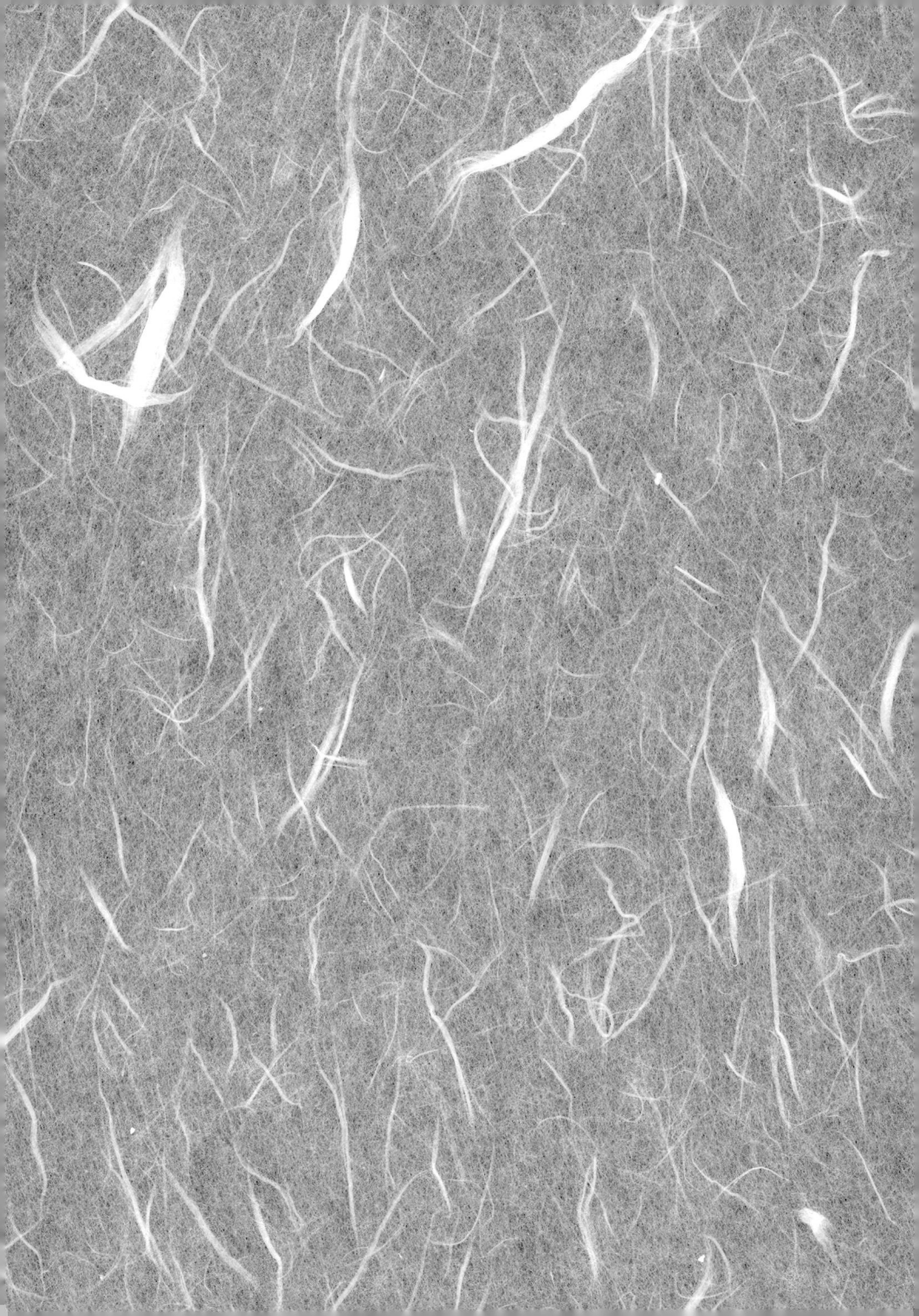

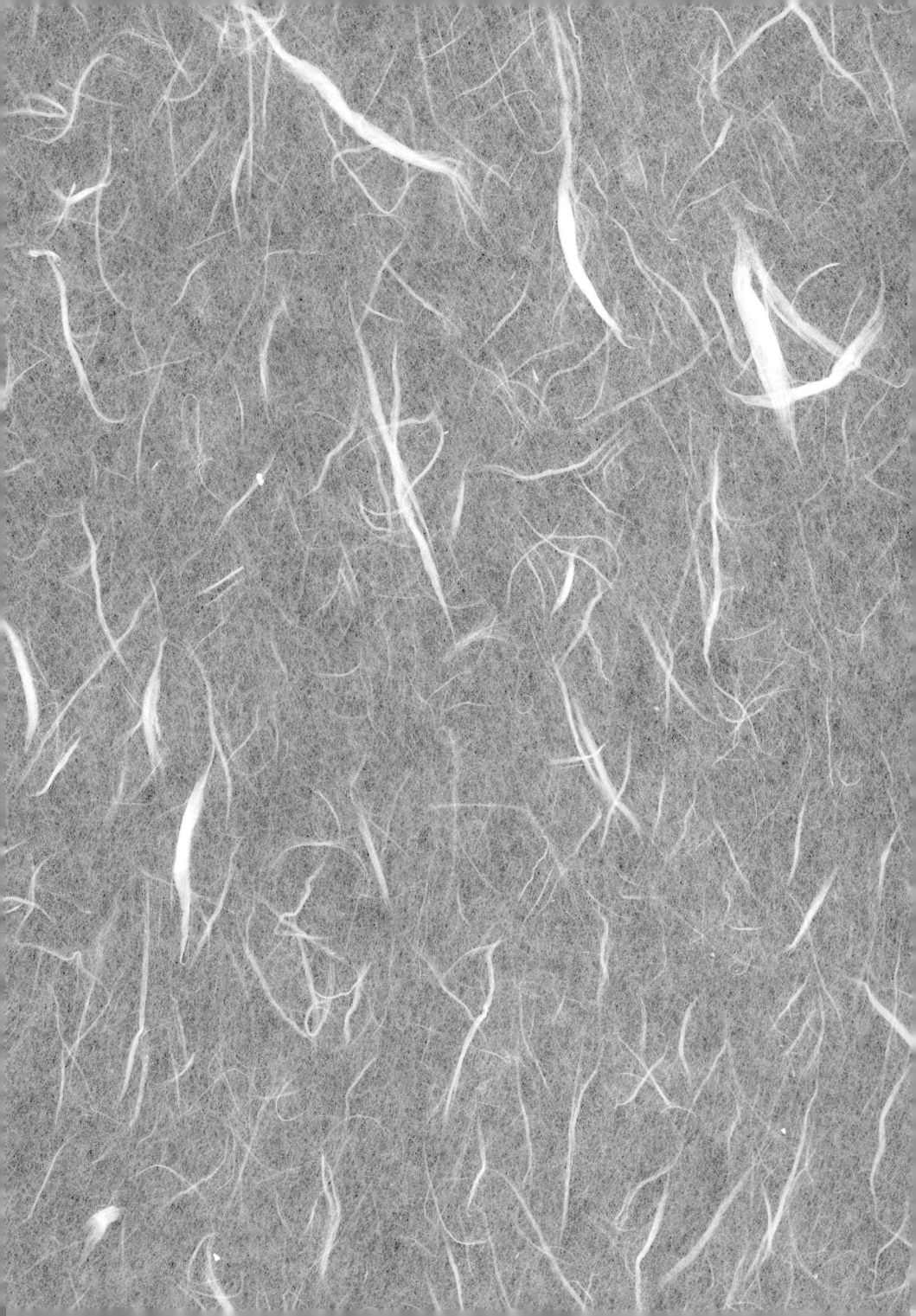

事務所にて

2007年の大曲花火大会（津谷裕貴撮影）

津谷裕貴弁護士追悼論文集の発刊にあたって

本書は、二〇一〇年一一月四日の早朝、凶刃に倒れ帰らぬ人となった故津谷裕貴弁護士の追悼を目的として編纂された論文集です。

津谷弁護士は、消費者取引の分野における被害の予防と救済に生涯をかけて取り組んでこられました。二〇〇九年からは日本弁護士連合会消費者問題対策委員会委員長という要職を務め、発足したばかりの消費者庁・消費者委員会の充実に向けて力強い取組みを続けておられました。また、法律実務家として被害の予防と救済の実践に精励されただけでなく、多数の論考を通じて、消費者取引分野における消費者法の普及と発展に大きな足跡を残されています。消費者法においてかけがえのない存在を失ったことの無念さは、言葉にすることができません。

そこで、津谷弁護士の長年の友人であり、消費者法の最前線における戦友であった編者一同は、このような津谷弁護士の功績を称え、その遺志を引き継ぎ、さらなる消費者法の発展をめざすために、研究者および法律実務家により、津谷弁護士が生前取り組んでこられたテーマについて、広い視野で捉えた論文集を作成し、津谷弁護士に献呈することを企画したところ、多数の研究者・実務家から賛同を得ることができました。

本書の第一部は、津谷弁護士に献呈された諸論文を「研究者編」と「実務家編」に分けて収録しました。「研究者編」では、津谷弁護士と親交のあった研究者のうち特に同弁護士が代表幹事を務めた「先物取引被害全国研究会」で講演をした方々を中心に、消費者取引と法に関する最先端の論文が寄せられました。また、「実務家編」では、津谷弁護士と生前親交の深かった弁護士から、津谷弁護士とともに消費者被害救済の実践を通じて培ってきた経験と見識を踏まえた多数の論文が寄せられました。いずれも、消費者取引と法についての最先端の論考であり、消費者法の研究者や実務家等にとって極めて有意義なものと確信します。

本書の第二部は、津谷弁護士の執筆論文の中から代表的なものを収録するとともに、津谷弁護士の履歴、取組み、著作を一覧できるように整理し、津谷弁護士の生前の功績が浮かび上がるようにしました。

本書を津谷弁護士の一周忌までに発刊することができたことは、ひとえに、短い準備期間にもかかわらず論文を執筆していただいた研究者・実務家のみなさま、資料の収集・整理をしてくださった近江直人弁護士（秋田弁護士会）のご努力、本書の出版をご快諾くださった民事法研究会代表取締役田口信義氏の多大なご支援と、同社編集部鈴木真介氏のご尽力のおかげであり、編者一同深く感謝を申し上げます。

最後に、あらためて津谷裕貴弁護士のご冥福をお祈りいたします。

二〇一一年一一月四日を前に

津谷裕貴弁護士追悼論文集刊行委員会

一橋大学教授　松本　恒雄
早稲田大学教授　後藤　巻則
弁護士　池本　誠司
弁護士　石戸谷　豊
弁護士　齋藤　雅弘

目次

第一部　追悼論集

第一章　研究者編

第二章　実務家編

第二部　津谷裕貴弁護士消費者法論集

《執筆者一覧（五〇音順）》

弁護士　荒井　哲朗
弁護士　池本　誠司
弁護士　石戸谷　豊
神戸学院大学教授　今川　嘉文
弁護士　加藤進一郎
明治大学教授　川地　宏行
弁護士　紀藤　正樹
甲南大学教授　桑岡　和久
早稲田大学教授　後藤　巻則
弁護士　齋藤　雅弘
東海大学教授　新保　恵志

一橋大学准教授　角田美穂子
京都産業大学教授・弁護士　坂東　俊矢
弁護士　平田　元秀
慶應義塾大学教授　平野　裕之
弁護士　福﨑　博孝
日本女子大学教授　細川　幸一
一橋大学教授　松本　恒雄
国士舘大学教授　山口　康夫
弁護士　山﨑　省吾
弁護士　吉岡　和弘

凡　例

〈法令〉

民	民法
刑	刑法
会社	会社法
商旧	商法（平一七法八七による改正前のもの）
民執	民事執行法
消契	消費者契約法
貸金	貸金業法
割販	割賦販売法
割販令	割賦販売法施行令
金先	金融先物取引法（平一八法六六による廃止前のもの）
金商	金融商品取引法
旧証取	証券取引法（平一八法六五による改正前のもの）
金商令	金融商品取引法施行令
定義府令	金融商品取引法第二条に規定する定義に関する内閣府令
金商業府令	金融商品取引業等に関する内閣府令
金融商品販売法、金販	金融商品の販売等に関する法律
景品表示法、景表	不当景品類及び不当表示防止法
個人情報保護法	個人情報の保護に関する法律
資産流動化法	資産の流動化に関する法律
出資法	出資の受入れ、預り金及び金利等の取締りに関する法律
商先	商品先物取引法
商先令	商品先物取引法施行令
宅建	宅地建物取引業法

電子消費者契約法	電子消費者契約及び電子承諾通知に関する民法の特例に関する法律
独占禁止法、独禁	私的独占の禁止及び公正取引の確保に関する法律
特定商取引法、特商	特定商取引に関する法律
特商法施行令、特商令	特定商取引に関する法律施行令
特商法施行規則、特商規	特定商取引に関する法律施行規則
特定商品預託取引法	特定商品等の預託等取引契約に関する法律
特定電子メール法	特定電子メールの送信の適正化等に関する法律
振り込め詐欺救済法	犯罪利用預金口座等に係る資金による被害回復分配金の支払等に関する法律
無限連鎖講防止法	無限連鎖講の防止に関する法律
預金者保護法	偽造カード等及び盗難カード等を用いて行われる不正な機械式預貯金払戻し等からの預貯金者の保護等に関する法律

〈判例集、雑誌等〉

民集	大審院、最高裁判所民事判例集
裁判集（民）	最高裁判所裁判集民事
下民集	下級裁判所民事裁判例集
審決集	公正取引委員会審決集
民商	民商法雑誌
法協	法学協会雑誌
判時	判例時報
判タ	判例タイムズ
法時	法律時報
ジュリ	ジュリスト
金商	金融・商事判例
金法	金融法務事情
銀法	銀行法務21

法教	法学教室
法セ	法学セミナー
リマークス	私法判例リマークス
税資	税務訴訟資料
セレクト	証券取引被害判例セレクト
兵庫県弁護士会ＨＰ	兵庫県弁護士ウェブサイト会消費者問題判例検索システム

第一部

追悼論集

第一章　研究者編

■国民生活センターの統廃合問題をめぐって

一橋大学教授　松　本　恒　雄

一　はじめに

二〇〇九年九月一日に消費者庁と消費者委員会が発足し、わが国の消費者行政は新しいステージに入った。ところが、そのわずか一年三カ月後の二〇一〇年一二月七日の閣議決定「独立行政法人の事務・事業の見直しの基本方針」(1)では、国の消費者行政について重要な役割を担っている第三の組織である独立行政法人国民生活センターについて、「消費者庁の機能を強化する中で、独立行政法人制度の抜本的見直しと並行して、消費生活センター及び消費者団体の状況等も見つつ、必要な機能を消費者庁に一元化して法人を廃止することを含め、法人の在り方を検討する」ことが突如して宣言された。この閣議決定において、「廃止」に言及された独立行政法人は、全部で一〇四法人中のわずか五法人のみである。国民生活センター以外の他の四法人は、沖縄科学技術基盤整備機構（内閣府所管、二〇一一年度中の私立学校法人法に基づく学校法人への移行は従前からの既定方針）、日本万国博覧会記念機構（財務省所管、大阪府との協議が整うことを前提に廃止）、国立大学財務・経営センター（文部科学省所管、当面継続される事業にふさわしい実施主体のあり方やセンター債券の扱い等所要の事項に関する検討を行い、結論を得たうえで、廃止）、雇用・能力開発機構（厚生労働省、二〇一一年四月一日に廃止決定済み）である。

国民生活センターがこれらの四法人とどのような点で廃止を相当とする共通性があるのか、どのような経緯で「廃止」という表現が盛り込まれたのかについて、全く説明がないままに、消費者庁内に、消費者庁幹部四人と国民生活センター幹部四人のみからなる「国民生活センターの在り方の見直しに係るタスクフォース」（以下、「タスクフォース」という）が設置された。

タスクフォースは、二〇一〇年一二月二四日に第一回会合を開催し、同年四月二〇日の第七回会合における消費者庁による「中間整理（消費者庁試案）」(2)を経て、それを一部修正する形で、同年五月一三日の第一〇回会合において、タスクフォースとしての「中間整理案」(3)を公表した。「中間整理案」は、パブリックコメントや公開ヒアリング、消費者委員会の意見、(4)消費者団体・事業者団体からの意見表明等を受けてさらに一部修正され、第一四回会合を経て、次のような結論からなる「取りまとめ（案）」が同年七月二五日に公表された。(5)

① 国民生活センターの各機能（支援相談、研修、商品テスト、情報の収集・分析・提供、広報、ADR等）を基本的に消費者庁に移管し、一元化。平成二四年度から段階的に機能を消費者庁に移管し、一元化。法人としては同二五年度をもって発展的に解消。

② 支援相談、研修、商品テスト等は、「施設等機関」として位置付け、地方協力課の機能の一部も統合し、地方

消費者行政支援を強化。施設等機関の名称は「消費者庁国民生活センター（仮称）」とする。

③　地方協力課の機能の一部のみならず、現行の消費者庁が担っている消費者教育・啓発等の実施関係機能を施設等機関へ統合。

④　全国消費生活情報ネットワーク・システム（ＰＩＯ—ＮＥＴ）については、システムの企画・管理等は内部部局が担い、操作や入力の研修・教育や自治体との連絡調整は施設等機関が担うことを基本として、後述のＰＩＯ—ＮＥＴの刷新を具体化する段階で詳細な役割分担を検討する。なお、その際、関連するシステムとの関係に留意する。

そもそも、二〇一〇年一二月七日の閣議決定は、同年四月の行政刷新会議による独立行政法人の事業仕分けの延長線上に、国民生活センターの在り方の見直しを求めるものであり、国民生活センターの行っている事業の廃止や民間等への移譲を行い、真に国が直接行うべき事業のみを消費者庁に移管するという発想でスタートしたはずである。それが、わずか半年足らずの議論でいつの間にか、国民生活センターの各機能の相互補完性・一体性は不可欠であるから、国民生活センター全部を消費者庁へ統合・一元化するが、しかし消費者庁内部で施設等機関として相対的独立性を確保し、ファイアウオールを設けるという内容となった。国民生活センターという独立行政法人の「廃止」という点だけは、閣議決定の方針に忠実であるが、消費者庁と国民生活センターの二元体制だったものが、消費者庁内の内部部局と施設等機関の二元体制に変わるだけのようにも見える。

本稿は、このような国民生活センターの在り方の見直しをめぐる消費者庁の議論の問題点を検討するものである。叙述の順序は、まず、今回の統廃合論の前史を振り返る。その後に、消費者庁の主張の出発点をなす二つの組織の業務の重複、二重行政か否かを検討し、次いで、行政刷新会議の事業仕分けの観点から今回の結論を点検する。そのうえで、消費者庁と国民生活センターの一元化に伴う弊害を指摘し、最後に、消費者行政全体の強化の観点から新たなフォーラムで議論を行う必要があることを主張する。

二　国民生活センターをめぐる議論の盛衰

1　小泉内閣時代の機能縮小論と消費者基本法における中核的機関としての位置付け

国民生活センターの廃止が公然と検討されたのは、今回が初めてであるが、機能縮小であれば初めてではない。

国民生活センターは、一九六二年に特殊法人国民生活研究所として発足したものが、一九七〇年に特殊法人国民生活センターに改組されたものであり、二〇〇三年一〇月一日から独立行政法人に移行している。

特殊法人改革・民営化を進めた小泉内閣時代の二〇〇一年一二月一八日の閣議決定「特殊法人等整理合理化計画」では、組織形態としては独立行政法人とすることが決定されるとともに、事業について講ずべき措置として、相談事業について、「直接相談を段階的に縮小し、最終的には地方公共団体の設置する消費生活センターからの経由相談に特化する」、商品テスト事業について、「商品比較テストは廃止し、人の生命・身体等に重大な影響を及ぼす商品テストに特化する」ことが特記されるとともに、すべての事業について「客観的な事業評価の指標を設定した上で、外部評価を実施するとともに、外部評価の内容を国民にわかりやすい形で情報提供する」ことが求められた(6)。

他方、二〇〇四年に消費者保護基本法が消費者基本法として抜本改正された際には、「独立行政法人国民生活センターは、国及び地方公共団体の関係機関、消費者団体等と連携し、国民の消費生活に関する情報の収集及び提供、事業者と消費者との間に生じた苦情の処理のあつせん及び当該苦情に係る相談、事業者と消費者との間に生じた紛争の合意による解決、消費者からの苦情等に関する商品についての試験、検査等及び役務についての調査研究等、消費者に対する啓発及び教育等における中核的な機関として積極的な役割を果たすものとする」（同法二五条）との地位を与えられた。

2　安倍内閣時代の機能縮小論

その後、第一期中期目標期間の二〇〇八年三月の終了に先立ち、国民生活センターの組織および業務にわたる検討を行う必要があることから、安倍内閣時代の二〇〇七年四月に、内閣府国民生活局長の私的懇談会として「国民生活センターの在り方等に関する検討会」が設置された。

同検討会は二〇〇七年九月に「最終報告」を公表し(7)、①相談調査業務について直接相談を廃止して経由相談に特化、②教育研修業務について市場化テストの対象として効率化、③商品テスト業務について関係機関との連携を強化して外部化を推進し企画・立案に特化、④情報提供業務についてＰＩＯ－ＮＥＴに要する経費の大幅削減、⑤広報・交流業務について既存の二種の月刊誌を廃止して一誌に統合、などの縮小方針が示された。

しかし、他方で、同検討会では、⑥インターネット上に「書き込み自由の事故情報データバンク」を設置し、消費者・関係機関から迅速かつ幅広く情報収集、⑦裁判外紛争処理に関する制度の整備という機能拡大への方針も見られた。このうち、⑥については未だに実現していないが、⑦については国民生活センターによる重要消費者紛争のＡＤＲ（独立行政法人国民生活センター法一一条以下）が二〇〇九年四月からスタートしている。国民生活センターの機能が縮小される分を、ＡＤＲという新たな機能の付加によって埋め合わせるというものであった。

3 福田内閣時代の機能強化論

ところが、二〇〇七年九月二六日に、安倍元首相が辞任し、福田内閣が発足したことによって、風向きが変わった。すなわち、福田元首相は、就任直後の同年一〇月一日の所信表明演説において、「政治や行政のあり方のすべてを見直し、国民の皆様が日々、安全で安心して暮らせるよう、真に消費者や生活者の視点に立った行政に発想を転換し、悪徳商法の根絶に向けた制度の整備など、消費者保護のための行政機能の強化に取り組みます」[8]と述べて、消費者・生活者重視を打ち出し、同年一〇月二六日には、現職の首相として初めて国民生活センターを視察した（しかも、相模原の研修・商品テスト施設）。視察後の報道陣からのインタビューでは、「国民生活センターは大事な組織です。きちんとその仕事が出来る体制があれば独立行政法人でいいと思います。民間ではちょっと無理でしょう。民間だと、消費者・国民から中立な機関というふうにみなしてくれるかどうかという問題があります。中立な立場で、このようなテストをし、それを国民に知らせる。そのような機能は大事であり、国民の生活を考えた場合に大事にしないといけないと思います」と答えている。[9]

そして、二〇〇七年一二月二四日の閣議決定「独立行政法人整理合理化計画」[10]では、国民生活センターに関して、相談調査事業については、「消費者紛争の迅速・適正な解決と同種紛争の未然防止のために、裁判外紛争解決制度の整備については、認証紛争解決事業者の発展を阻害しないこと、法的効果の付与の必要性、国民生活センターが対象とする紛争の範囲等について十分に検討することとする」、「消費者相談業務について、直接相談を実施しつつ、地方消費生活センターからの経由相談の解決能力の向上を図ることとする」、商品テスト事業についても、「我が国全体として必要な商品テストが確実かつ効率的に実施されるよう、消費者の生活実態に即して必要な商品テストを行うとともに、関係機関との連携強化、外部化を進め、企画立案業務を強化する。あわせて、商品テストの実施機関等の情報の収集・提供を行う」など、充実化の方向がうたわれた。

福田内閣によって二〇〇八年六月二七日に閣議決定された「消費者行政推進基本計画[11]」は、消費者行政の一元化のスローガンの下に、一元化のための新組織（消費者庁）の在り方や具体的内容を提示するとともに、国民生活センターについては、「国民生活センターは、国の中核的実施機関として、消費者相談（国民生活センターへの直接相談や、消費生活センターから持ち込まれる困難事案の解決支援）、相談員等を対象とした研修、商品テスト等を拡充するとともに、ＰＩＯ―ＮＥＴを刷新し、事故情報データバンクを創設するなどシステム整備を加速する。また、広域的な消費者紛争の解決（ＡＤＲ）のための体制整備を進める。こうした取組と並行して、業務運営の改善、内部組織の見直しや関係機関との人事交流の拡大など運営面、組織面、人事面の改革を進める」と述べている。

消費者庁の創設に向けた議論においては、国民生活センターを廃止するとか、消費者庁に統合するといった議論は皆無であり、独自の役割を強化するものとされていたのである。

三　消費者庁と国民生活センターの業務の重複

1　タスクフォースの議論の出発点

タスクフォースの「取りまとめ（案）」は、「現状と問題点」の冒頭において、「消費者庁と国民生活センターの業務については、その目的・機能が法執行（行政処分等）を除いて大半の分野で重複。別々に同じ課題に取り組んでいる。―消費者事故情報の収集・分析・注意喚起、消費者教育、リコール情報の発信、地方消費者行政の支援等」との文章から始まる。これが、今回の一元化論議の拠って立つ消費者庁の基本的認識である。

消費者庁が、とりわけ情報提供について重複しており、二重行政だと主張する根拠は、消費者庁の基本となる考え方として消費者委員会に対して確認を求めた事項として、二〇一一年六月九日付の文書において、次のように明記されている。[12]

「1　消費者庁は、情報の一元的な集約・分析・対応を中核として、権力的及び非権力的事務の双方を担っている。

このうち、消費者への情報提供については、消費者庁及び消費者委員会設置法第四条第一号等に基づく消費者庁の最も重要かつ多様な事務であり、消費者安全法第一五条に基づく注意喚起に限られるものではないこと。

2　『意見』4②の『消費者庁の行う注意喚起と、国民生活センターの行う情報提供については、……法制的には、両者は異なるものとして位置付けられ、一方の事務を他方の事務で埋め合わせることができる関係にはない。』との記述については、情報提供、注意喚起に関する消費者庁と国民生活センターの業務の実態が重複しているという『タスクフォース』の議論の前提を否定するものではないこと。

3　国民生活センターの事務は、消費者庁が所掌する『消費者利益の擁護・増進に関する基本的な政策の企画・立案・推進』に関する実施事務が太宗を占めるものであること。」

消費者庁は、国民生活センターの業務の大半は消費者庁の業務と重複しているという。ということは、逆に、消費者庁の業務も、法執行を除けば、大半が国民生活センターの業務と重複していることを意味しており、これは、後からできた消費者庁が、国民生活センターの業務と同じことをやっていることを消費者庁自身が認めていることになる。もしそうだとすると、それは明らかに消費者庁を設置した目的に反している。二〇〇九年の通常国会において、政府や国会は、消費者庁を国民生活センターと同じ業務を遂行するための第二の国民生活センターとしてつくったのではない。

もし、消費者庁の前記見解の2でいうように、業務の実態が重複しているというのなら、以前から存在する国民生活センターを廃止して、その機能を消費者庁という名前の第二国民生活センターに一元化するのではなく、逆に、重複している業務を本来の国民生活センターの方に統合すればよいのではないか。

これと同様の指摘は、二〇一一年六月二七日に開催されたタスクフォース第一三回会合の際に、日本経済団体連合会からも、「国民生活センターの機能を消費者庁に移管・一元化しなくても、例えば、消費者庁は消費者行政の司令塔として、消費者行政の企画・立案や消費者関連法規の運用・執行、他省庁との調整に集中し、その他実施部門については、アウトソーシングや民間委託、国民生活センターやＮＩＴＥ（製品評価技術基盤機構）等の独立行政法人等と連携強化を図ることにより、消費者行政の機能強化を図ることが可能ではないか」、「消費者庁は企画・立案・法執行等の業務に集中し、実施機能は全て国民生活センターに移管し、両者の連携強化を図ることでも、重複の排除ならびに国民生活センターが担う各機能の相互補完性・一体性は確保できる」との指摘がなされているところである(13)。

実際、前述の「消費者行政推進基本計画」では、国民生活センターを「国の中核的実施機関」と位置づけて、直接相談をはじめとしたさまざまな事業を行うことを求めている。これは、まさに、二〇一〇年一二月七日の閣議決定においても当然の大前提とされている「企画・立案と実施の分離」、すなわち、企画・立案は消費者庁、実施（とりわけソフトな非権力的行政の実施）は国民生活センターという役割分担を前提にしていることは明らかである。

2　消費者庁及び消費者委員会設置法四条一号

消費者庁及び消費者委員会設置法四条一号は、消費者庁の所掌事務として、「消費者の利益の擁護及び増進に関する基本的な政策の企画及び立案並びに推進に関すること」という大変広い内容の政策についての「企画」、「立案」、「推進」をあげているにすぎない。情報提供に限定して、その企画、立案、推進と言っているわけでもないし、非権力的事務として、国民生活センターが従来やってきた消費者向け情報提供こそが、消費者庁が自ら実施すべき消費者庁の最も重要な事務だとはおよそ言っていない。

消費者への情報提供のうち、消費者庁が自ら実施すべき最も重要な事務は、消費者庁及び消費者委員会設置法四条四号の「消費者安全法の規定による消費者安全の確保に関すること」であり、具体的には、消費者安全法一五条に基づく注意喚起である。

消費者庁の前記見解1でいう「消費者安全法一五条の注意喚起に限られるものではない」という点は、そのとおりであり、各省庁とも所管事務についての一般的な広報・啓発、情報提供を行っている。しかし、情報提供にのみ限定して言えば、消費者庁の最も重要な事務は、まさに、消費者安全法一五条の注意喚起である。

3　「消費者行政推進基本計画」に見る「情報の集約分析機能、司令塔機能」

消費者庁は、国民生活センターの情報提供機能を止めさせて、消費者庁が情報提供機能を一元的に担うことの正当性の根拠として、二〇〇八年六月二七日の閣議決定「消費者行政推進基本計画」の次の部分（八頁）を引用することがある。(14)

「消費者庁は、消費生活センターからの情報、国民生活センターのＰＩＯ－ＮＥＴや事故情報データバンクを通じた情報、さらには関係機関（保健所、警察、消防、病院等を含む）からの情報などを一元的に集約・分析する。また、関係機関等の商品テスト機能を活用し、原因究明を行う。

同時に、消費者庁は事故情報に関する事業者からの報告を受け、調査の上、迅速、的確にそれを公表する。また、企業の従業員等からの通報、広く国民・消費者からの不正取引に関する申出等を受け付ける。

こうした取組を通じ、消費者庁は、消費者、事業者、その他の関係者からの情報を集約し、多角的、総合的に事実確認を行う。こうした情報分析を迅速に行うために、分野別に専門性を備えた情報分析官を配置する。

消費者庁は、一元的に集約・分析した情報を基に、司令塔として迅速に対応方針を決定する。」

しかし、「消費者行政推進基本計画」のその次の部分をよく読めば、消費者庁のいうような趣旨でないことは明白である。すなわち、「消費者行政推進基本計画」は、「具体的には、次のような取組が考えられる」として、次の六点をあげている。

① 自ら所管する法律により対処可能なものは迅速に対処する。

② 事業を所管する府省庁が事業者に指導監督等を行うことが必要な場合は、所管府省庁に対応を求める。さらに、必要な場合には、所管府省庁への法執行の勧告等を行う。

③ 複数府省庁が連携して対応する必要があると判断される場合は、連携の在り方を調整し関係府省庁に指示する。緊急時には、緊急対策本部を主宰し、政府としての対処方針を決定し、その実施を促進する。

④ 対応すべき府省庁が明らかでない場合や緊急の場合等には、後述の新法等に基づき自ら事業者に対して安全確保措置等を促す。

⑤ 悪徳商法の拡大や、食品・製品等による消費者の生命・身体への被害の拡大が予想される場合には、原因究明が尽くされる前においても早期警戒警報を流すなど、情報発信機能を担う。

⑥ 以上に加え、既存制度のすき間を埋めるために、制度の改正や新たな制度の創設が必要な場合は、消費者庁に

おいて必要な措置を検討し速やかに方針を決定する。

このうち、①はまさにそのとおりであり、②は、「他の法律の規定に基づく措置の実施に関する要求」という消費者安全法一六条の条文につながっている。③は、「総合調整機能」といわれているもので、消費者庁には与えられなかった。④は、いわゆる「すき間事案」に対する消費者庁の独自の権限を定めた消費者安全法一七条・一八条・一九条として実現している。⑤が、まさに、「消費者への注意喚起」として、消費者安全法一五条が定めていることである。⑥は、消費者庁及び消費者委員会設置法四条一号の「消費者の利益の擁護及び増進に関する基本的な政策の企画及び立案」として消費者庁の所掌事務となる。

このように、従来の国民生活センターでは行うことができず、消費者庁としてぜひ行わなければならないことは、消費者安全法等の個別条文にきちんと落とし込まれている。これらこそが、「消費者行政推進計画」のいう「情報の集約分析機能、司令塔機能」であり、消費者庁に期待されている最も重要な事務である。

4　施策の「推進」と「実施」

消費者庁及び消費者委員会設置法四条一号の「推進」は、個別の施策の自らによる実施、すなわち、情報提供であれば、個別の情報提供の実施を含まないわけではないが、他の組織、たとえば国民生活センターに情報提供させる、そのための人員や予算の手当をするといったことも、当然に「推進」に含まれる。実際、消費者庁には、国民生活センターに情報提供をさせる権限（独立行政法人国民生活センター法四四条、消費者安全法一五条二項）もある。これは、両組織の役割分担をどうするのがよいかという政策判断の問題である。

一般に、ある事務が、ある省庁の所掌事務であるということと、その省庁が具体的施策をすべて実施しなければならないということとは、全く別の事柄である。「推進」は「実施」よりはるかに広い概念である。

消費者庁が設置される前、すなわち内閣府に国民生活局が設置されていた時代の内閣府設置法四条三項三六号は、内閣府の事務として「一般消費者の利益の擁護及び増進に関する基本的な政策の企画及び立案並びに推進に関すること」をあげていた。現在の消費者庁及び消費者委員会設置法四条一号とは、冒頭の「一般消費者」が「消費者」と変わったほかは、同じである。その当時の国民生活局と国民生活センターの間に業務が重複しているから国民生活センターを廃止するとか、内閣府に一元化するなどという議論は全くなかった。ちなみに、前述の安倍内閣当時の「国民生活センターの在り方等に関する検討会」の第一回会合に内閣府から提出された資料では、国民生活局と国民生活センターの関係について、内閣府が「企画・立案及び推進」、国民生活センターが「実施」とはっきりと整理されている。(15)

各府省庁の設置法の中で所掌事務において「推進」という用語が用いられている例を調べると、当該省庁の所管している独立行政法人に実施させることを当然の前提としている例がかなりの数ある。

たとえば、内閣府設置法四条三項三九号の二は、「公文書等の管理に関する基本的な政策の企画及び立案並びに推進に関すること」を内閣府の事務としてあげているが、独立行政法人国立公文書館がこれを実施している。また、文部科学省設置法四条四四号は、「科学技術に関する基本的な政策の企画及び立案並びに推進に関すること」を文部科学省の事務としてあげているが、独立行政法人科学技術振興機構がこれを実施している。「推進」イコール「実施」ではない。

ここで、ちなみに、消費者委員会の事務を定めた消費者庁及び消費者委員会設置法六条二項一号と消費者庁の事務を定めた同法四条一号を対比してみよう。同法六条二項一号は、「消費者の利益の擁護及び増進に関する基本的な政策に関する重要事項」(同号イ)に関し、「自ら調査審議し、必要と認められる事項を内閣総理大臣、関係各大臣又は長官に建議すること」となっており、当然のことながら、「消費者の利益の擁護及び増進に関する基本的な政策に関する重要事項」であれば、消費者委員会は、消費者庁以外の他省庁所管の事項についても、調査・審議し、建議することができるし、実際に多数の建議をしている。同法四条一号も「消費者の利益の擁護及び増進に関する基本的な政策」の「企画及び立案並びに推進」なので、所管事務として取り扱える対象事項は、消費者庁のほうが消費者委員会より広いくらいである。

この両条から読めることは、消費者庁は、他省庁の所管する事項についても、それが、「消費者の利益の擁護及び増進に関する基本的な政策」に該当すれば、企画・立案・推進することができるということである。そうすると、当然に二重行政になる。企画・立案・推進については、それでもよいというのが同法の判断である。すなわち、消費者庁は、他省庁の所管の事項についても、それが「消費者の利益の擁護及び増進に関する基本的な政策」に関することであれば、新たな法制の整備を企画・立案してもよいということである。

これが司令塔機能であり、他省庁への働きかけを行う等の調整のために、同法四条二号が置かれている。

しかし、他省庁所管の法律の執行、すなわち「実施」は消費者庁にはできない。とはいえ、施策の「推進」であれば、消費者庁でも啓発や情報提供などはできるし、国民生活センターが行うのが適切なことが多数あるだろう。

5　焼肉ユッケ事件

二〇一一年四月下旬に、福井県、富山県、横浜市にかけて、焼肉チェーン店において腸管出血性大腸菌O一一一によって汚染されていたユッケ(生牛肉)を食べた四人が相次いで死亡するという事件が生じた。

消費者委員会消費者安全専門調査会報告書（二〇一一年七月一五日）では、このケースを取り上げて情報の通知および公表の状況を詳細に検討し、消費者庁の対応に問題があったことを指摘している(16)。

この点について、消費者庁は、記者会見において、個別の食品事件への対応は保健所や厚生労働省の課題であって、消費者庁は個別事件に対応するのではなく、肉の生食の危険性について全体的な注意を呼びかけるのが消費者庁の役割だという基本的スタンスをとっていることを明らかにしている(17)。しかし、これは消費者庁設置のきっかけとなった輸入冷凍ギョウザ事件（二〇〇七年一二月から二〇〇八年一月）を全く省みていないことになる。輸入冷凍ギョウザ事件も当時はまさに保健所と厚生労働省と輸入業者の問題だったわけであるが、それではだめだというのが当時の福田内閣の判断であった。消費者庁に重大事故についての個別情報を集中させて分析し、それをすぐに事業者や消費者、自治体、関係省庁に返していく。それによって被害の発生や拡大を防止するということであった。単に、一般的な形で注意するのが役割であれば消費者庁をつくる必要がなかった、国民生活センターを拡充するだけでよかったということになりかねない。

このような消費者庁の対応ぶりがどこから生じているのかに関連して、一九七〇年の国民生活センター発足当時の経済企画庁官房長で、後に経済企画庁長官も務めた相沢英之元衆議院議員の「国民生活センターの廃止」と題するブログ（二〇一一年五月一二日）で、次のような興味ある指摘がなされている(18)。短文なので全文引用する。

「国民生活センターを二〇一三年度に廃止して情報提供などの機能を消費者庁に一元化するという方針が固まったと伝えられているが、反対である。

そもそも消費者庁を創設する時から国民生活センターとの関係が問題となっていた。

そもそも消費者庁などという役所の存在は難しいものなので、一体どんな権限があって、何をするか、何ができきるか、という点がよくわからない。

各省の行政がテーゼであるとすれば、消費者庁の行政はアンチ・テーゼであるから、大体各省の気に入らない事を消費者の立場から言うことになる。ところが、ポット出の小官庁が物を言っても、なかなか既存の役所とは角力にならない。そこで、国民生活センターのやっている仕事ぐらいを自分でやってみたくなるのではないか、と見ている。

本来は、消費者の立場にたって、他の役所に対してもっともっと、嫌われてもいいから物を言ってこそ存在理由があるのである。

かつて、行政管理庁も経済企画庁もそうであったが、各省庁からの出向役人が多くいて、それぞれ自分の出身省庁を向いて仕事をしていて、自分が古巣に戻ることを絶えず頭において行動するものだから、つい発言や行動が鈍るという難点があった。

消費者庁もその轍を踏んでいるのではないか、という気がするが、それを是正するには思い切って新しい人を採用して働かせるのが一番いいと考えるが如何。

国民生活センターは実行機関として残すべきである。純然たる役所ではないメリットはある。」

焼き肉ユッケ事件の対応を見ていると、ここで指摘されている「ポット出の小官庁が物を言っても、なかなか既存の役所とは角力にならない。そこで、国民生活センターのやっている仕事ぐらいを自分でやってみたくなるのではないか」という指摘が、案外、的を射ているように見えてくる。(19)

6　「取りまとめ（案）」に見る情報提供の役割分担

タスクフォースの「取りまとめ（案）」では、たとえば、財産事例については、手口公表や問題点の指摘、消費者へのアドバイス等の一般的な情報提供を施設等機関にすべて担当させ、他省庁への働きかけ、調査権限の行使、消費者安全法一五条一項の法執行としての注意喚起など政策的な対応を要する案件は、内部部局と施設等機関からなる「情報発信チーム」にかけたうえで、消費者庁の名前で行うとしている。

前述の二〇一一年六月一〇日の消費者委員会の「意見」は、消費者庁による情報提供と国民生活センターによる情報提供は制度的には重複しておらず、事実上重複しているにすぎないことから、両者の役割分担の観点から重複を整理すればよいと指摘している。「取りまとめ（案）」の内容は、国民生活センターを消費者庁に一元化した後に、消費者委員会の指摘を実践していることと、事実上等しい。そうであれば、現在の消費者庁と国民生活センターの二元体制においても、そのように適切な役割分担をすればよいだけではなかろうか。一つの組織にしないと役割分担ができないという理屈は理解できない。

四　行政刷新との整合性

1　行政刷新会議の事業仕分け

二〇一〇年四月二八日の行政刷新会議の事業仕分けワーキンググループAの会合では、当時の枝野幸男行政刷新大臣と消費者庁、国民生活センターとの間で、次のようなやりとりがなされている。(20)

「**枝野大臣**　従来、消費者庁ができるまで、消費者に対する広報、啓発は国センでやってきたんです。だから、金が足りているかどうかというのは別としても、国センとしては消費者に対しての広報啓発は、基本的には能力、役割としてはできるという理解でいいですか。
国民生活センター　そうです。
枝野大臣　だとしたら、消費者庁がやるのは補完的業務であるということです。つまり消費者庁が、今後、国センがやっていることと同じようなことをやったら、それはだめですよという話になります。こういう理解でいいですか。
消費者庁　結構です。」

すなわち、「消費者に対する広報、啓発」といった一般的な情報提供についての消費者庁の役割が補完的なものであることは、行政刷新会議で確認されているのである。

また、事業仕分けワーキンググループAの評価結果としても、「研修事業（施設）の廃止を含めた見直し」とはされたものの、法人の廃止というような声は全くなく、「消費者と国民生活センターの役割分担、連携の在り方を至急整理、その上で、他の省庁や独法との横の連携を早急に構築」となっている。(21)

このように、二〇一〇年四月の事業仕分け段階では、まさに、「役割分担と連携」が重視されていたのである。それが、同年一二月の閣議決定において、いきなり組織の「廃止」という言葉が入ったプロセスは、全く外部に公開されていないので、不明である。この経緯が公表されていないという点は、政府としての説明責任（アカウンタビリティ）に欠けていると思われる。

2　「独立行政法人の事務・事業の見直しの基本方針」

二〇一〇年一二月七日の閣議決定「独立行政法人の事務・事業の見直しの基本方針」は、その冒頭に、独立行政法人制度の趣旨として、「政策の『企画』と『執行』を分離し、業務の専門性が高く一般的な行政組織とは別に事業を遂行することが必要な分野」について、「国からの一定のガバナンスを保持しつつ国から独立した組織体が政策の執行をつかさどることは、より質の高い行政サービスの提供のために効果的なシステムといえる」と指摘している。このような観点から、国民生活センターの業務を見直し、効率化を図るというのが閣議決定の趣旨であろう。

そこから、国民生活センターの組織の見直しの項目についても、「消費者庁の機能を強化する中で、独立行政法人制度の抜本的見直しと並行して、消費生活センター及び消費者団体の状況等もみつつ、必要な機能を消費者庁に一元化して法人を廃止することを含め、法人の在り方を検討する」となっている。

ここで、注意しなければならないのは、閣議決定では、「消費者庁の機能を強化する」ことには言及されていても、「消費者行政全体の機能強化」という観点はないということである。国民生活センターの機能を徹底的に削減して、必要不可欠なものだけを消費者庁に移管すれば、それだけで、「消費者庁の機能を強化する」ことになるが、それが消費者行政全体の機能強化につながるかどうかは全く別の問題であるから、閣議決定がこのような表現になるのには必然性がある。

ところが、タスクフォースでは、議論がいつのまにか方向転換しており、タスクフォースの議論を反映して二〇一一年七月八日に一部改訂された閣議決定「消費者基本計画」では、「国民生活センターについては、消費者庁の機能を強化する中で、消費者行政全体の機能強化の観点から、各機能を消費者庁へ一元化することを含め、法人の在り方をさらに検討します」とされた。[22] そして、本稿冒頭で見たようなタスクフォースの同年七月二五日の「取りまとめ（案）」となった。

すなわち、「消費者庁の機能を強化する」だけではなく、「消費者行政全体の機能強化の観点」が追加されて強調されている。そして、国民生活センターの諸機能の「相互補完性・一体性の確保」のために、消費者庁への包括的統合が提案されている。おまけに、独立行政法人制度の抜本的見直しが全く進んでいないことに便乗して、改訂消費者基本計画では、「独立行政法人制度の抜本的見直しと並行して」の部分が削除された。この点で、タスクフォースの「中間整理案」（二〇一一年五月一四日）では、「独法見直しの具体化との関係」で、「行政刷新会議は、独立行政法人制度の見直しによる『新たな制度・組織』を検討しており、この検討の具体化を待たなければ結論を得られない、という主張はありうる。しかし、消費者庁に基本的に一元化する場合には、独立行政法人制度の抜本的見直しの検討の具体化を待つまでもなく、見直しを進めることは可能」と述べていた。ところが、どういうわけか、この部分の叙述は、タスクフォースの「取りまとめ（案）」では削除されている。

しかし、このように閣議決定とは別の観点を新たに加え、しかも、国民生活センターを消費者庁に丸々統合してしまうという方針は、二〇一〇年一二月の閣議決定の枠を超えているどころか、それとは別物になってしまっているという印象を受ける。さらに、閣議決定の前提となった行政刷新会議の独立行政法人の事業仕分けの方針にも反するのではないかという批判が、行政刷新の側からは予想される。

3　全ステークホルダーの反対

タスクフォースの第一二回会合（二〇一一年六月二四日）、第一三回会合（同年六月二七日）では、消費者団体からも、事業者団体からも一元化に賛成する声は全く見られなかった。熱心なのは消費者庁のみである。なぜ、すべてのステークホルダーの反対にもかかわらず、消費者庁がこれを強行しようとするのか、不思議である。

これがもし、行政の効率化一本やりのものであれば、一部の関係者からの反対があっても断固やり抜かなければならない場合もあるかもしれない。ところが、消費者庁は、現在では、「消費者行政全体の機能強化の観点」を強調しているわけであるから、いずれのステークホルダーも支持していない政策である一元化をあえて断行する必要はないであろう。

4　消費者庁自体の見直し

なお、日本経済団体連合会は、前述のように、消費者庁の機能をもっと集約して、実施部門については国民生活センターあるいは民間等へアウトソーシングすべきだと主張している。すなわち、消費者庁自身の見直し、業務の選択と集中を提言している。

ところが、消費者庁は、これを国民生活センターの機能のアウトソーシングを主張するものと誤解して、国民生活センターの機能を民間や自治体が果たすことはできない、だから、国民生活センターを消費者庁に統合・一元化して、消費者庁が国として直接行う必要があると返答している[23]。ここには、論点のすり替えと論理の飛躍が見られる。これでは、行政刷新の観点から、消費者庁の焼け太りとの批判を免れないように思われる。

タスクフォースでは、そもそも、重複している業務を消費者庁から国民生活センターに移すということが検討された形跡がない。唯一、消費者庁の「中間整理についての意見募集、公開ヒアリング及び消費者委員会からの主な意見とこれらに対する考え方及び対応」（二〇一一年六月一四日[24]）において、「両者の間で重複がみられる情報の収集・分析・提供について、消費者庁は消費者安全法において情報を一元的に集約・分析することとされ、同法により他の行政機関に対して消費者事故等に関する情報の消費者庁への通知義務が課されている。こうした機能を非公務員型の独立行政法人が担うことはできない」との考え方が示されているだけである。しかし、そもそも、消費者安全法上、消費者庁にのみ与えられた権限については、業務が重複していないことは明白であるから、これでは、回答になっていない。

五　一元化の弊害

1　情報発信の遅れへの危惧

一般に、消費者被害防止のために、複数の組織が、何度も情報提供すること自体は悪いことではない。必要とあれば同じ組織が何度も情報提供することもありうる。

また、国民生活センターを消費者庁に統合することによって、今まで両者が提供していた以上の情報提供がなされ、かつ国民生活センターが今まで提供していたより早く提供されるということであれば、情報提供の点では一元化に有効性があるということであるが、提供件数が減り、速度も遅くなるようでは、意味がない。

消費者庁が情報提供の重複を示すものとしてタスクフォースの第六回会合（二〇一一年四月一三日）に提出した資料「国民生活センター・消費者庁　取引事案に関する注意喚起一覧（二〇〇九年九月〜）」[25]では、重複した情報提供の大部分が同一日付という極めて不自然な状況になっている。ここからは、消費者庁が自らの情報提供もあわせて行うために、国民生活センターによる迅速な情報提供を遅らせているのではないかと疑われる。

それでは、一元化すればこのような状況が抜本的に改善されるのであろうか。そもそも、上記のような不自然な状態が生じることの原因は、消費者庁が国民生活センターを信頼しておらず、その内容を事前にチェックし、コントロールしようとしていることにあるのではないかと思われる。この点は、「取りまとめ（案）」に、「独法制度は、国からの事前関与を排して法人の自律を通じた業務の効率化を目指す制度。類似事務を行政機関と密接に連携して行うには限界がある」(26)と記載されていることからも推測される。

そうである限りは、一元化されても現状より改善されることはあまり期待できないし、むしろ一層の情報統制がなされるおそれすらある。

2　相談、あっせん、ＡＤＲ等のソフトな消費者保護への弊害

国民生活センターの業務の核をなしているのは、消費者相談事業である。相談といっても単に質問に答えるだけではなく、実際の紛争がある場合は、事業者との間の交渉を媒介したり、適切な解決をあっせんしたりする。その際、主務官庁が事業者を取り締まるための法律を厳格に解釈するのと異なり、取締法規であっても柔軟な解釈をして、事業者側の問題点を指摘して譲歩を迫ることがある。主務官庁の行っている公権解釈とは異なった解釈をすることもある。事実についても、裁判の場合に求められるほど明確な証拠を消費者が持ち出すことができなくても、諸般の事情から消費者の言い分をもっともだと思えば、そのうえで解決策をあっせんする。国民生活センターの行っているＡＤＲについても、基本的に同様である。

すなわち、国の行政機関があっせんやＡＤＲを実施すると、当該行政機関の執行している法律や他省庁の所管している法律との関係で、執行部門や他省庁との調整が求められる可能性がある。あっせんやＡＤＲでの紛争解決を受け

入れるつもりの事業者にとっても、あっせんやＡＤＲでの発言が後の法執行の材料とされるのではないかとの危惧をもつことになりかねない。

国の行政機関が直接にあっせんやＡＤＲを行っている例は極めて少ない。消費者庁が他省庁の行っている先例としてあげる中央建設工事紛争審査会は国土交通省におかれている行政型ＡＤＲであり、事業者間紛争が中心であるが、消費者紛争も一部含まれている。しかし、これらの消費者紛争の大部分は工事の瑕疵をめぐるものであり、民法や工事請負契約約款についての解釈、それへの事案のあてはめによって判断される。他省庁所管の取締法規を適用することはほとんどない。また、国土交通省には、消費者紛争をきっかけに、建設業法に基づいて事業者を行政処分した実績もほとんどない。

これに対して、国民生活センターの行っているあっせんやＡＤＲは、悪質商法がらみの事案も多数取り扱っている。適用される法律についても、民法や消費者契約法、消費者庁に執行権限のある特定商取引法、景品表示法、さらには他省庁所管の法律も多数扱うことになる。したがって、ＡＤＲを行うにあたって、他省庁との調整が求められる可能性がある。さらに、消費者庁には消費者庁所管の上記法律の執行実績が多数ある。したがって、あっせんやＡＤＲにおける法の解釈が、消費者庁の法執行にあたっての有権解釈であると誤解され、行政指導と受け取られて事業者に萎縮効果を及ぼすおそれがある。

そもそも、中央建設工事紛争審査会の行っているようなＡＤＲが、行政機関にしかできないものかどうかについては、疑問がある。相談、あっせん、ＡＤＲのようなソフトな消費者保護は、国の行政機関ではなく、独立行政法人や公益法人、自主規制機能をも担う事業者団体などが行うほうが効果的である。実際、建築に関する消費者紛争については、財団法人住宅リフォーム・紛争処理センターが多数の相談を受け付けており、弁護士会との連携による弁護士と建築士による専門家相談が行われ、弁護士会に設置された指定住宅紛争処理機関がＡＤＲを行っている。二〇一〇年度については、住宅の品質確保の促進等に関する法律に基づく住宅性能評価書が交付された住宅や瑕疵担保責任保険が付いた住宅に関するものに限られているにもかかわらず七二件も処理している。(27)

3　国民生活センターと他省庁、消費者委員会、消費者団体等との距離が開くこと

現在、国民生活センターの職員は、消費者庁以外の他省庁の政策を議論する研究会等に、正式のメンバーとして参加している。また、各省庁は、国民生活センターから相談情報の提供を受けて、それを審議会や研究会の報告書に引用することがある。今後国民生活センターが消費者庁の一部となると、各省庁の会議においては、正式のメンバーにはなれず、オブザーバーの地位になり、自由に発言しにくくなるおそれがある。

国民生活センターは、消費者庁の所管する独立行政法人ではあるが、消費者庁以外の他省庁とも、一定の協力関係を保っている。消費者庁への一元化によって、他省庁と国民生活センターとの間が遠くなって、消費者庁による囲い込みのような状況が生じると、政府全体の消費者行政にとってマイナス要因となるのではないかと懸念される。

また、同様に、消費者委員会は、消費者庁やその他の関係省庁の行う消費者行政の監視機能を果たすに際して、国民生活センターに相談情報や商品テスト情報、その他の情報の提供や意見の表明を求めることがある。この点でも、国民生活センターが監視の客体である消費者庁の一部となることによって、事実上、情報の提供等を受けにくくなり、あるいは一定のスクリーニングされた情報しか提供されなくなることが危惧される。

さらに、消費者基本法二条は、消費者に対して必要な情報が与えられ、消費者の意見が消費者政策に反映されることが消費者の基本的権利であると位置付けている。従来、国民生活センターから迅速に提供される国民生活に関する

種々の情報は、消費者団体や市民団体が意見を形成し、政府に働きかけを行っていくに際して、そのきっかけとなる重要な役割を果たしてきた。この点で、消費者庁からの情報提供に一元化されると、たとえば、被害の発生や拡大の防止のためには他省庁の所管する法律の適用や改正の必要性を検討することが不可欠の事案についても、消費者庁の判断でそのような他省庁への働きかけはしないことが事前に決定されると、提供される情報が限定され、単に消費者に注意を呼びかけるだけのものになってしまうおそれがある。これでは、消費者基本法二条の理念に反してしまうことになる。

4　定員の大幅削減の可能性

かつて消防庁の独立行政法人である消防研究所は、公務員型の独立行政法人であったにもかかわらず、消防庁の施設等機関として統合されるにあたって、「独立行政法人消防研究所の組織・業務運営全般に係る見直しについて」（二〇〇四年一二月二四日政府・行政改革推進本部決定）において、「緊急事態対応等公務員が担うことが真に必要な業務について厳しく精査の上、その業務を担う要員に限ることとし、移行する要員数については五割を目途に削減を行う」という厳しい条件を申し渡された(28)。国民生活センターは、非公務員型の独立行政法人であり、かつ緊急事態対応をしているわけでもないことから、国民生活センターの現在の定員が消費者庁の国家公務員として維持される保証は全くない。

5　一元化以外の選択肢の検討

タスクフォースは、国民生活センターの消費者庁への統合・一元化以外の選択肢の検討を行っている形跡がない。

議論の当初は、消費者庁は、国民生活センターの行っている事業の廃止や民間等への移譲を行い、真に国が直接行うべき事業のみを消費者庁に移管するという方針であったが、国民生活センターからの反論にあって、「取りまとめ（案）」では、「国民生活センターの各機能は支援相談を中心に一定の相互補完関係を有し、これらが一体となって地方消費者行政に対する支援機能を果たしている。このような相互補完性・一体性は不可欠」ということを承認するに至った。

そうであれば、次のステップとして、国民生活センターを諸機能の相互補完性・一体性を保った独立した組織として維持したうえで業務の重複を整理するという方向でいくか、それとも、業務の重複を排除するために消費者庁に一元化するという方向でいくか、それぞれのメリット・デメリットを多面的に検討したうえで、結論としての方向性を出すべきであった。

しかるに、タスクフォースは、一元化以外の選択肢の是非を全く検討することなしに、一足飛びに、一元化という結論を出している。これは、まことに乱暴な議論であるが、その理由らしき事柄が、「中間整理（消費者庁試案）」（二〇一一年四月二〇日）のほぼ末尾のところに、次のように記載されている。すなわち、「タスクフォースでの検討過程で、国民生活センターの大半の機能が消費者庁と重複することが確認された。『独立行政法人の事務・事業の見直しの基本方針』（平成二二年一二月七日閣議決定）では、『情報収集・提供につき民間や他法人との重複を排除する』としており、これを踏まえれば、当該機能については、消費者庁へ一元化せざるをえない。したがって、国民生活センター機能全体を『新たな制度・組織』に移行させる選択肢は採れない」。[29]

引用箇所の第一文は、国民生活センターと消費者庁の業務の重複を言っており、第二文は、民間や他法人との重複の排除を言っている。「したがって」以下の第三文は、消費者庁への一元化以外の選択肢はないと言っている。このロジックであれば、政府の一部である消費者庁は「民間」ではないから、「他法人」（国という公法人）に当たるという意味であろうか。かなり、不可解であるが、もしそのような趣旨であれば、前述のように、重複している消費者庁の業務を国民生活センターに移せば、重複はなくなるはずである。したがって、国民生活センター機能全体を「新たな制度・組織」に移行させる選択肢を採ることは可能である。

六　消費者行政全体の強化に向けた議論の新たなフォーラム

1　新たなフォーラムの必要性

タスクフォースは、二〇一〇年一二月の閣議決定の方針からスタートしながら、「取りまとめ（案）」では、国民生活センターの諸機能の「相互補完性・一体性の確保」の必要性を認識し、また、消費者庁のみを強化するという部分的な視点ではなく、消費者行政全体の機能強化の視点まで視野を広げ、さらに、消費者庁が「相談現場の生の情報」に接することを重視し、閣議決定では「直接相談は廃止」と明記されているにもかかわらず、経由相談、バックアップ相談によってこれを実質的に維持する方針を明らかにした。これは、少なくとも表面的には消費者庁の認識が当初と比べて大幅に変わってきたことを意味している。

そうであれば、ようやく消費者庁、消費者委員会、国民生活センター、消費者団体等の認識のレベルがそろってきたところで、消費者行政全体を真に強化するためには、消費者庁と国民生活センターの関係をどのように整理するのがよいか、さらには、消費者委員会も含めて、三つの機関の相互関係をどのように関係づけ、どのように強化していくのがよいかについての議論を、もっと大きな観点からあらためて行うべきであろう。

消費者委員会の二〇一一年六月一〇日の「意見」は、「政府においては、新しい独立行政法人の在り方についての検討が進められているところであり、消費者庁から独立した法人格として国民生活センターを位置づける方策についても検討し、タスクフォースの中間整理の案等も含め、消費者・消費者団体、事業者等の関係者・有識者も加わった公開の場での審議を深めた上で最終的な判断を行うことが望ましい」と述べている。

このような広い視点からの新たな審議の場としては、消費者行政推進会議の後継組織に当たる会議体を官邸に、あるいは消費者行政担当大臣の下に設置して行うのが適切であろう。

2　消費者庁及び消費者委員会設置法附則三項

消費者庁及び消費者委員会設置法の附則三項は、「政府は、この法律、消費者庁及び消費者委員会設置法の施行に伴う関係法律の整備に関する法律（平成二十一年法律第四十九号）及び消費者安全法（以下「消費者庁関連三法」という。）の施行後三年以内に、消費者被害の発生又は拡大の状況、消費生活相談等に係る事務の遂行状況その他経済社会情勢等を勘案し、消費者の利益の擁護及び増進を図る観点から、消費者の利益の擁護及び増進に関する法律についての消費者庁の関与の在り方を見直すとともに、当該法律について消費者庁及び消費者委員会の所掌事務及び組織並びに独立行政法人国民生活センターの業務及び組織その他の消費者行政に係る体制の更なる整備を図る観点から検討を加え、必要な措置を講ずるものとする」としている。

そして、二〇〇九年四月一六日の衆議院消費者問題に関する特別委員会の附帯決議二三項は、「消費者庁関連三法の附則各項に規定された見直しに関する検討に際しては、消費者委員会の意見を十分に尊重し、所要の措置を講ずるものとすること」を政府に求め、さらに、同年五月二八日の参議院消費者問題に関する特別委員会の附帯決議三三項は、一層踏み込んで、「消費者庁関連三法の附則各項に規定された見直しに関する検討に際しては、消費者委員会による実質的な審議結果を踏まえた意見を十分に尊重し、所要の措置を講ずるものとすること」を求めている。

3 消費者庁の解釈

消費者庁及び消費者委員会設置法の附則は、もともとの政府案である消費者庁設置法案には存在せず、法案修正の過程で、与野党の合意により付加されたものであり、政府に消費者庁設置後三年ないし三年で検討すべき課題を課しているものである。

この附則三項について、消費者庁は、「中間整理についての意見募集、公開ヒアリング及び消費者委員会からの主な意見とこれらに対する考え方及び対応」（二〇一一年六月一四日）[30]において、「設置法附則第三項は、『消費者の利益の擁護及び増進に関する法律』（所管の三二法律＋α）について、『消費者庁及び消費者委員会の所掌事務及び組織並びに独立行政法人国民生活センターの業務及び組織その他の消費者行政に係る体制の更なる整備を図る観点から』検討を求めたもので、三つの組織の体制強化自体の検討を規定したものではない」との考え方を示している。

また、消費者庁地方協力課長は、二〇一一年二月四日の第四六回消費者委員会で、附則三項に基づく検討とタスクフォースにおける検討との関係について、「消費者行政の体制の更なる整備を図る観点から検討を加えるということですので、目的として、方向感としてこれに矛盾はしていないだろう。ある意味、この方向でやっていることは間違いないだろうと認識しています」が、「附則三項そのものかと言われると、多分それは違うだろうと思います」と発言している。[31]

附則三項について、たとえ消費者庁のような解釈をとったとしても、国民生活センターを廃止して、その機能を消費者庁に一元化するためには、独立行政法人国民生活センター法の廃止と消費者庁及び消費者委員会設置法の改正、さらには、消費者基本法、消費者安全法、消費者契約法の改正が不可避であり、これらは、すべて、上記の「消費者の利益の擁護及び増進に関する法律」（所管の三二法律＋α）に含まれているから、「消費者庁及び消費者委員会の所掌事務及び組織並びに独立行政法人国民生活センターの業務及び組織その他の消費者行政に係る体制の更なる整備を図る観点から」、「消費者委員会の実質的審議を踏まえた意見を十分に尊重して」、検討する必要があろう。

4　国会における附則三項をめぐる質疑

附則三項の解釈をめぐっては、消費者庁及び消費者委員会設置法案を審議した二〇〇九年四月二八日の参議院消費者問題に関する特別委員会で、消費者庁の解釈とは異なり、三つの組織の体制整備の検討、とりわけ国民生活センターの体制のさらなる整備を図ることの検討を求めたものであるとの認識が、近藤正道議員と野田聖子消費者行政担当大臣との間で確認されている。

すなわち、近藤議員が、国民生活センターについて、「予算は二・五倍以上に増えた、業務も物すごくたくさん増えている、ADRの仕事もしなけりゃならぬ。そういう最も期待をされているにもかかわらず、一方で行革推進法の毎年一％の枠、削減のこの縛りが掛かっているわけですね。そういうわけで、増えたとしてもせいぜい任期付きの職員だとかあるいは非常勤の職員をちょっと増やすぐらいで、総定員が全く基本的に増えてない。これでは幾ら消費者庁頑張ると、そのための三本柱、地方を支援するための三本柱の一つの国民生活センターに期待が寄せられている、ここでたくさん仕事をしてもらわなきゃならぬ、一方でそういうふうに期待をしながら、一方で骨太方針で毎年一％ずつその人件費を削減する、つまり人を増やさない。ここはもうそろそろ全面的に見直さなければ私はおかしいんではないかと。国民生活センターの機能強化はまさに消費者庁の体制強化の問題と不離一体の私は問題だというふうに思うんですが、野田大臣、この辺の見直しについてどのようにお考えでしょうか」と質したのに対して、野田大臣は、「審議の中で、実は与野党の修正協議の中にありまして、消費者庁及び消費者委員会設置法案に付せられている附則の第三項には『独立行政法人国民生活センターの業務及び組織その他の消費者行政に係る体制の更なる整備を図る観点から検討を加え、必要な措置を講ずる』と名指しで御指摘をいただいておりますから、それを踏まえてしっかりと検討していきたいと思っております」と答弁している。

近藤議員が、さらに、「これは修正案の発議者に聞くよりも、いったんもうこれ作られておりますのでこれは大臣から、ここをしっかりと受け止めていただかなければならないというふうに思いますが、基本的に今ほど言いました独法の見直し、独法としての国民生活センターを基本的にやっぱり見直すと、そういうことが方向としてはもうこの中に含まれているんだというふうにこれは理解していいのか、あるいは合理化計画の見直しを必ずやるんだ、あるいは行革推進法の枠の外に出していくんだ、こういうことを基本的にもう含意として持っているんだというふうに理解していてよろしいんでしょうか」と問いかけたのに対して、野田大臣は、「独法の見直しにつきましては、国民生活センターだけが独法ではありませんので、やはりこれは広義の意味で、今後、独法それぞれ平場に出して御検討いただく一つにはなろうかと思いますが、少なくともやっぱり国民生活センターにはこれまで以上のミッションを背負うことになるということで、附則にも載せられたとおり、しっかりと検討をしていかなければならないと思っております」と答弁している。

文言上は、附則三項は、消費者庁のような解釈も可能ではあるが、立法当時の消費者行政担当大臣や衆参両院の消費者問題に関する特別委員会の委員の間では、国民生活センターを含む消費者行政の体制の整備そのものの検討が附則三項の求める内容だという点で一致していたことに疑いはない。

七　結び

野村総合研究所が、消費者庁のタスクフォースが立ち上がった二〇一〇年一二月に公表した「国民に愛される『エクセレント独法』を目指して～独立行政法人についての国民の意識調査結果と改革に向けた提案～（改訂新版）」[32]では、全国の二〇代から六〇代までの男女三〇〇〇サンプルを対象とした意識調査の結果として、国民生活センターは、認知度において調査対象七五法人中第三位（八七・八パーセントで、造幣局、大学入試センターに次ぐ）、好感・信頼度についてもプラスで第三位（造幣局、国立美術館に次ぎ、宇宙航空研究開発機構と同順位）、役立ち感ではプラスで第二位（第一位は造幣局）を占めている。

国民生活センターは、国そのものではなく、理事長なども民間からの登用であり、一般国民にとっても敷居が低い。しかし、他方で、国が間接的に関与していることから、消費者・事業者双方からの信頼感が高い。現在の国民生活センターがもつ官と民の二つの顔をもったハイブリッドな性格を活用すべきである。この点で、前述の相沢元衆議院議員のブログでの「国民生活センターは実行機関として残すべきである。純然たる役所ではないメリットはある」との指摘に共感する。

（１）http://www.cao.go.jp/sasshin/101207_khoshin.pdf.
（２）http://www.caa.go.jp/region/pdf/110420_1.pdf.

(3) http://www.caa.go.jp/region/pdf/110513_7.pdf.
(4) 消費者委員会「消費者行政体制の一層の強化について—『国民生活センターの在り方の見直しに係るタスクフォース』中間整理についての意見—」(二〇一一年六月一〇日)〈http://www.cao.go.jp/consumer/iinkaikouhyou/2011/_icsFiles/afieldfile/2011/06/16/20110610_iken_1.pdf〉。
(5) http://www.caa.go.jp/region/pdf/110725matome_an1.pdf.
(6) http://www.gyoukaku.go.jp/jimukyoku/tokusyu/gourika/sonohoka16.html.
(7) http://www.caa.go.jp/seikatsu/ncac/1-001.pdf.
(8) http://www.kantei.go.jp/jp/hukudaspeech/2007/10/01syosin.html.
(9) http://www.kokusen.go.jp/dekigoto/data/de-20071026.html.
(10) http://www.kantei.go.jp/jp/singi/gyokaku/kettei/071224honbun2.pdf.
(11) http://www.kantei.go.jp/jp/singi/shouhisha/kakugi/080627honbun.pdf.
(12) http://www.cao.go.jp/consumer/iinkai/2011/058/doc/058_110617_shiryou1.pdf.なお、文中2の「意見」とは、前掲(注4)の消費者委員会の意見を指す。
(13) 消費者庁「『中間整理』に対する意見募集において、出席消費者団体から提出された意見」〈http://www.caa.go.jp/region/pdf/110627_5.pdf〉。
(14) 第五八回消費者委員会議事録八頁における福嶋長官発言〈http://www.cao.go.jp/consumer/iinkai/2011/058/gijiroku/_icsFiles/afieldfile/2011/06/28/058_110617_gijiroku.pdf〉。
(15) http://www.caa.go.jp/seikatsu/ncac/1-5-1.pdf のスライド5参照。
(16) 報告書一五頁・二九頁〜三三頁〈http://www.cao.go.jp/consumer/iinkai/2011/062/doc/062_110715_shiryou1-2.pdf〉。
(17) 福嶋消費者庁長官記者会見要旨(二〇一一年七月二〇日)〈http://www.caa.go.jp/action/kaiken/c/110720c_kaiken.html〉。
(18) http://ameblo.jp/aizawa-hideyuki/entry-10893585709.html.
(19) 相沢元議員は、別のエッセイ「『国民生活センター』の役割」においても、「いずれにしても、国民生活センターと消費者庁との関係については、現場的なことはセンターに委せ、本庁は主としてテーゼを担当している各省庁との間のいわばソフトの問題を担当すればいいのではないか、と思う。こういう後発の役所は既存の役所とやり合うのは不得手とする点があって、とかく、身内に潜りがちとなるが、そうならないように大いに戦闘的な気合いを持って真に消費者の側に立ってどしどし各省庁に注文をつけ、実現に向かって頑張って貰いたいと思っている。具体的な仕分けは消費者庁の担当大臣が英断をもって処理すればいいだけではないか、と思っているが、諸賢如何」と述べている〈http://aizawahideyuki.jp/kiji244.html〉。

（20）消費安全・製品安全関係業務議事概要一九頁〈http://www.cao.go.jp/sasshin/shiwake/detail/gijiroku/a-24.pdf〉。

（21）消費安全・製品安全関係業務評価結果〈http://www.cao.go.jp/sasshin/data/shiwake/result/A-24.pdf〉。

（22）「消費者基本計画」八頁〈http://www.caa.go.jp/planning/pdf/110708keikaku.pdf〉。

（23）消費者庁「『中間整理』に対する意見募集において、出席事業者団体から提出された意見に対する考え方及び対応」〈http://www.caa.go.jp/region/pdf/110627_6.pdf〉。

（24）http://www.caa.go.jp/region/pdf/110614_1.pdf.

（25）http://www.caa.go.jp/region/pdf/110413shiryo_4.pdf.

（26）「取りまとめ（案）」三頁。このことは、マスコミや消費者団体、日本弁護士連合会等にも開放して開催された二〇一一年七月八日の民主党消費者問題プロジェクトチームの会合において、消費者庁次長が「国民生活センターは行政代行法人だから、何でも好き勝手にやらせてよいわけではない」旨の発言をしていることからもうかがわれる。

（27）http://www.chord.or.jp/trouble/trend.html.

（28）http://www.fdma.go.jp/ugoki/h1804/180410-2-7.pdf.

（29）ただし、なぜだか不明であるが、この部分は、「中間整理案」以降のタスクフォースの文書からは削除されている。

（30）http://www.caa.go.jp/region/pdf/110614_1.pdf.

（31）第四六回消費者委員会議事録二八頁〈http://www.cao.go.jp/consumer/iinkai/2011/046/gijiroku/__icsFiles/afieldfile/2011/03/03/046_110204_gijiroku_1.pdf〉。

（32）http://www.nri.co.jp/opinion/r_report/pdf/201101_excellent.pdf.

〔付記〕津谷裕貴弁護士の追悼論文集に向けて、当初は、よりアカデミックなテーマを取り上げる予定であったが、筆者の周辺事情が研究に専念することを許さない状態になったために、本稿のようなより実践的なテーマについての論考に変更させていただいた。津谷弁護士がご健在であれば、日本弁護士連合会消費者問題対策委員会委員長として、どのような論陣を張っておられたであろうかを偲びながらしたためた次第である。

なお、二〇一一年八月二六日、タスクフォースは、平成二五年度に国民生活センターを廃止して消費者庁に一元化することをめざすとの「国民生活センターの在り方の見直しに係るタスクフォース取りまとめ」を公表したが、同日その後に開催された消費者行政担当の政務三役の協議の結果、結論の先送りが決まった。すなわち、「タスクフォースの結論を踏まえ、平成二二年末に閣議決定された『独立行政法人の事務・事業の見直しの基本方針』に沿って更に検討を進めることとし、先行的に取り組める事項については『試行』を実施するほか、第三者を含めた検証の機会も設けた上で、政府の独立行政法人改革の動きを視野に入れて、然るべき時期に政務としての判断を行う」こととされた。一元化の当事者以外の第三者を加えた新たな場で、消費者行政全体の整備の観点から、検討が進められることを期待する。

■韓国における消費者政策と消費者運動

日本女子大学教授　細　川　幸　一

一　はじめに

消費者庁設置関連法案が国会で可決し、日本弁護士連合会（以下、「日弁連」という）第五二回人権擁護大会（二〇〇九年一一月）での消費者関連の分科会が準備されていたときの消費者問題対策委員会委員長が津谷裕貴先生であった。日弁連としても消費者庁の設立にあたってはそれによって何を実現すべきかが議論され、積極的に提案しようという動きであった。そのなかで大きな関心を集めていたのが、政府による消費者団体支援の問題であった。周知のように団体訴訟制度の創設により適格消費者団体には団体訴権が付与され、差止請求訴訟が可能となったが、それら団体も訴訟費用の捻出に苦労しており、政府の財政支援が求められているが実現していない。そうした中で、津谷委員長は韓国に高い関心を持たれ、韓国の政府による消費者団体支援の現状等を調査することとなり、私も同行することになった。

ここでは、日弁連による実地調査を踏まえ、韓国における消費者運動支援の施策を中心にその消費者政策を概観する。

二　韓国の消費者政策の概要

韓国では、一九八〇年に「消費者保護法」が制定された。同法は日本の消費者保護基本法類似の法律であったが、一九八六年に大改正され、七つの消費者の権利を明示（のちに八つの権利を明示）するとともに、その権利擁護の責務が国等にあることを宣言したうえで、消費者政策の実施機関として、韓国消費者保護院（公益法人）を設置し、同院内に消費者紛争調停委員会を置くことを定めた。その後何回かの改正を経た後の二〇〇六年九月二七日に再び大改正が行われ、名称も「消費者基本法」に変えられ、消費者を保護の対象から市場経済の主体として捉え直し、消費者の権益増進と消費生活の向上をめざす政策への転換が図られた（二〇〇七年三月二八日施行。団体訴訟制度のみ二〇〇八年一月一日施行）。韓国消費者保護院（Korea Consumer Protection Board）も、韓国消費者院（Korea Consumer Agency）に名称変更された。消費者政策の基本施策を定めるための消費者政策会議が設置され、そこでの審議・決議を経て財政経済部長官（大臣）が消費者政策に関する基本計画を三年ごとに樹立すると定めた。消費者政策の推進は、総合的企画立案および消費者の安全にかかわる施策は財政経済部が、取引にかかわる施策は公正取引委員会が担う体制とされたが、二〇〇八年二月二九日に「消費者基本法」が一部改正され、すべての権限が公正取引委員会に一本化された。

このように、韓国における消費者政策の実施は財政経済部（旧・経済企画院）と、その下に置かれた韓国消費者院（旧・韓国消費者保護院）を中心に行われてきたが、次第に公正取引委員会の消費者政策分野における機能強化が進んだ。一九九六年には同委員会に表示広告課・約款審査課を中心とする「消費者局」が新設された。「消費者局」は約款規制法（一九八六年、以降改正）、一九九九年には新しく制定された「表示・広告の公正化に関する法律」を所管し、産業資源部から「訪問販売法」、「割賦取引法」を移管され、二〇〇〇年には電子取引保護課を新設して「電子商取引消費者保護法」の制定に主導的な役割を果たした。「消費者基本法」の一部改正により、韓国消費者院は、財政経済部から公正取引委員会傘下の公益法人へと移行した。

「消費者基本法」は、消費者政策の遂行にあたっては、「消費者政策委員会」（委員は中央行政機関の長、韓国消費者院の院長、学識経験者、消費者代表、経済界代表により構成し、二五名以内）を最高機関として位置付け、公正取引委員会が同委員会の審議を経て、三年ごとに消費者政策基本計画を策定することとした（同法二三条）。消費者の安全については、特に子ども、高齢者および障害者などを「安全脆弱階層」として優先的に保護することを明らかにし（同法四五条）、韓国消費者院内に消費者安全センターを設置することを定めた（同法五一条）。

消費者団体については従来、大統領令に基づく登録制をとり、一定の活動規制を行うとともに、登録した団体を財政支援するという方針がとられていたが、現在は公正取引委員会または地方自治体の要件審査により登録ができることとし、補助金が支給されている。「消費者基本法」は、団体訴訟制度（同七〇条）を定め、同法二〇条の「消費者の権益増進関連基準の遵守」に違反して消費者の生命・身体または財産に対する権益を直接的に侵害し、その侵害が続く場合の「消費者権益侵害行為」に対する消費者団体等の民事上の差止請求権を明示した。日本の団体訴訟制度が厳格な適格審査を行い、「適格消費者団体」にのみ訴権を付与しているのに比べ、韓国では、公正取引委員会に登録した消費者団体、法律で定める経済団体およびNPOにも訴権を付与しているのが特徴である。

韓国消費者院では消費者の苦情の申出を受け、被害救済のための院長によるあっせんを行い、申出から三〇日以内に、院長による被害補償に関する合意勧告を行う。それでも、紛争が解決しない場合は、消費者紛争調停委員会が紛争を解決する。消費者紛争調停委員会は委員長一名を含む五〇名以内の委員で構成され、委員長を含む二人は常任である。実際の審議は委員長、常任委員および委員長が会議ごとに指名する五名以上九名以下の委員で行う。紛争調停は、原則として三〇日以内に終えなければならない。そこでの紛争解決のために大統領令によって「消費者紛争解決基準」が制定でき（同法一六条二項）、紛争当事者の間に紛争解決方法に関し別途の意思表示がない場合には紛争解決のための合意または勧告の基準として活用されている。調停案の受諾は任意であるが、調停が成立すると裁判上の和解と同様の効力を持ち、裁判所による強制執行が可能となる。

さらに、消費者紛争調停委員会による調停の特例として、集団紛争調停の手続規定が設けられた（同法六八条）。国、自治体、韓国消費者院、消費者団体、事業者は、被害が多数の消費者に同様にあるいは類似した類型で多数発生する場合で、大統領令が定める事案（五〇名以上の消費者に発生した場合等）に対しては、同調停委員会が一括的な紛争調停ができるとするもので、手続の開始を一定期間公告し、申し出た者を調停に参加させることができる。消費者の被害救済を政府の役割であると位置づけて、韓国消費者院並びに同院内の消費者紛争調停委員会が積極的なあっせん解決、調停を行っているといえる。

また、公正取引委員会に登録した消費者団体の協議体は、消費者の不満および被害を処理するために自律的紛争調停ができると定められている（同法三一条）。これは消費者団体が行っている消費者苦情処理に法的な位置付けを与えるもので、韓国の消費者団体の運動によって勝ち取った制度といえる（ただし、裁判上の和解と同等の効力を与えるとの規定は自律的紛争調停には定められていない）。日本では国民生活センターや消費生活センターの相談業務の充実に伴い、消費者団体による苦情処理機能が低下しているといえるが、韓国では苦情処理を行うことが消費者団体の存在意義の源であるという認識が強い。

三　韓国における消費者運動をめぐる法環境

1　憲法による消費者運動の保障

韓国において消費者保護を主たる目的とする法律の登場は、一九八〇年一月四日制定の「消費者保護法」による。これは消費者運動の成果によるところが大きいが、同時に憲法改正にまで及んだ。一九八〇年一〇月二七日に改正された憲法（第五共和国憲法）において、「国家は、健全たる消費行為を啓発し導き、生産品の品質向上を促すための消費者保護運動を法律が定めるところにより保障する」（一二五条、現行の第六共和国憲法一二四条）という規定が設けられ、消費者保護運動が憲法レベルにおいて保障された。

韓国の学界では、憲法上、消費者の権利が人権として位置づけられているとの解釈が有力である。(1) 第五共和国憲法は、朴大統領の暗殺（一九七九年）が契機になって、その改正作業が始まった。当時、経済が成長し、消費者運動が女性団体を中心に活発化してきたことを背景に、消費者保護についても憲法に組み入れようとする議論があった。議論は、大きく二つに分けて展開され、①消費者保護を国民の基本権の一つとして把握し、経済的弱者としての国民の経済活動における不利益を防止しようとする見解と、②「経済」の章に消費者保護を独占禁止とともに規定しようとする見解である。結局、②の見解が採択され、「第九章　経済」の一二五条（現一二四条）が新設されることになった。これについては、消費者の権利を国民の基本権として認識するよりは、経済秩序の領域で把握しようとする意見が優勢であったためと考えられる。しかし、このようにして新設された同条から、消費者の権利の基本権性を導出しようとする学説が現在有力な見解となっている。たとえば、「人間としての尊厳と価値、幸福追求権」を保障した憲法一〇条を理念的根拠とし、憲法に列挙していない自由と権利も軽視されてはならないことを強調する憲法三七条一項を補完的根拠規定とするともに、財産権の保障（二三条一項）、人間らしい生活の保障（三四条一項）、国家の災害予防義務および危険から国民を保護する義務（同六項）、保健に関する権利（三六条三項）、請願権（二六条）、犯罪被害者救助請求権（三〇条）などを間接的な根拠規定として、憲法上保障された人権と捉える見解がある。(2) なお、この見解は、消費者の権利を、上記のように多側面性をもつ「複合的基本権」（現代型人権）であるとする。さらに、憲法一〇条を「主基本権」とみる立場から、消費者の権利も当然一〇条から根拠をとることができるとする見解や、権利の憲法的根拠は特別な理由がない限り最も近い条項で求めるべきであるとする立場から、憲法一二四条を根拠とする見解（憲法裁判所別途意見）などがある。(3) なお、消費者の権利の人権としての性格については、自由権的基本権説（商品などの自由な選択、消費者の集団行動が妨害されない等の経済的自由権）、社会権的基本権説（経済的弱者としての消費者を構造的被害から保護することによって、人間らしい生活を保障するための生存権）、複合的基本権説（自由権的基本権＋経済的基本権＋請求権的基本権＋社会権的基本権）、などさまざまである。(4)

2　消費者基本法による消費者運動の保障

まず、消費者基本法一条がその目的を次のように述べる。

> 第一条（目的）　この法律は消費者の権益を増進するために消費者の権利と責務、国家・地方自治体及び事業者の責務、消費者団体の役目及び自由市場経済で消費者と事業者の間の関係を規定すると同時に消費者政策の総合的推進のための基本的な事項を規定することにより消費生活の向上と国民経済の発展に貢献することを目的とする。

そして、同法は消費者の権利につき、四条で、以下のように規定している。

> 第四条（消費者の基本的権利）　消費者は、自らの安全と権益のため、次の各号の権利を享有する。
> 一　すべての物品及び役務による生命・身体及び財産上の危害から保護される権利〔安全である権利〕
> 二　物品及び役務を選択するにあたって、必要な知識及び情報の提供を受ける権利〔知らされる権利〕
> 三　物品及び役務を使用または利用するにあたって、取引の相手方・購入場所・価格・取引条件などを自由に選択する権利〔選ぶ権利〕
> 四　消費生活に影響を与える国家及び地方自治体の政策と事業者の事業活動などに対し、意見を反映させる権利〔意見を聞かれる権利〕
> 五　物品及び役務の使用または利用により被った被害に対し、迅速かつ公正な手続によって適切な補償を受ける権利〔補償を受ける権利〕
> 六　合理的な消費生活を営むために必要な教育を受ける権利〔消費者教育を受ける権利〕
> 七　消費者自らの権益を擁護するため、団体を組織し、これを通じて活動する権利〔団体の組織化の権利〕
> 八　安全かつ快適な消費生活の環境で消費する権利〔快適な環境で消費する権利〕
>
> ※〔　〕は筆者が挿入

憲法における消費者運動の保障規定を反映して、消費者の基本的権利のうち七番目に「消費者自らの権益を擁護するため、団体を組織し、これを通じて活動する権利」との文言で「団体の組織化の権利」をうたっていることが注目される。

次に、六条は、以下のように「消費者の基本的権利」実現のための国家および地方自治体の義務を明確化している。

> 第六条（国家及び地方自治体の義務）　国家及び地方自治体は、第四条の規定による消費者の基本的権利を実現させるため、

次の各号の義務を負う。
一　関係法令及び条例の制定及び改廃
二　必要な行政組織の整備及び運営改善
三　必要な施策の樹立及び実施
四　消費者の健全かつ自主的な組織活動の支援・育成

ここでは、「消費者の健全かつ自主的な組織活動の支援・育成」を国家および地方自治体の義務としていることが注目される。これらの規定を受けて消費者団体に対する財政支援の法的枠組みも整備されている。

3　消費者団体に対する財政支援

消費者基本法第五章「消費者団体」では、二八条①で消費者団体の業務を次のように規定している。

第二八条（消費者団体の業務など）
①消費者団体は以下の業務を行う。
一　国家及び地方自治体の消費者の権益に係わる施策に対する建議
二　物品等の規格・品質・安全性・環境性に関する試験・検査及び価格などを含む取引条件や取引方法に関する調査・分析
三　消費者問題に関する調査・研究
四　消費者の教育
五　消費者の不満及び被害を処理するための相談・情報提供及び当事者の間の合意の勧告

そして、二九条において、消費者団体の登録について以下のように定め、三二条は補助金の支給規定を定める。

第二九条（消費者団体の登録）
①以下の要件をすべて満たす消費者団体は大統領令が定めるところによって公正取引委員会または地方自治体に登録することができる。
一　第二八条第一項二号及び第五号の業務を遂行すること
二　物品及び用役に対して全般的な消費者問題を扱うこと
三　大統領令が定める設備と人員を備えていること
四「非営利民間団体支援法」第二条各号の要件をすべて満たすこと
②公正取引委員会または地方自治体の長は第一項の規定によって登録を申し込んだ消費者団体が第一項各号の要件の充足の可否を審査して登録可否を決めなければならない。

第三二条（補助金の支給）　国家または地方自治体は登録消費者団体の健全な育成・発展のために必要と認められる場合には補助金を支給することができる。

政府による消費者団体への財政支援は消費者保護法（消費者基本法の旧法）の時代より行われているが、消費者基本法が制定されて以降の状況を見ると、政府は相談、教育等活動のために、毎年一〇億～一五億ウォンの補助金を交付している。これを政府登録の一〇団体で分けている。予算案は公正取引委員会を通じて政府に要請している。それ以外に、各省から依頼を受けた特別プロジェクトに関連する財政支援を受けることもある。

消費者団体協議会における補助金の分配の仕方については、メンバー代表が会議を行い、相談件数、教育、テストなどの活動計画により決定する。

さらに、地方自治体からの支援もある。たとえば、ソウル特別市消費者基本条例(5)は以下のように定めている。

第二七条（補助金の支給）
①市は、登録の消費者団体の健全な育成、発展のために必要であると認められるときは、予算の範囲内で補助金を支給することができる。
②市長は、毎年、消費者団体補助金の支援事業についての評価を実施し、その結果を次年度の支援事業選定に反映しなければならない。
③第一項の補助金の支給の基準、手順、方法などは、「ソウル特別市補助金管理条例」の規定に従う。

ソウル市ではソウル市内に事務所を置く消費者団体の財政支援をしており、二〇〇九年には約五億ウォンの補助金を支出している。約二億ウォンが消費者相談・被害救済事業関連で八団体へ、約三億ウォンが消費者教育、キャンペーン運動、情報提供などで一一の消費者団体へ支払われている（団体は重複）。

四　まとめ

韓国では、日本と同様に政府が消費生活センターを各地に設立しようとしたとき、消費者団体は反対した。自分達の仕事を政府に奪われることを嫌い、消費者情報の収集こそが消費者団体のパワーの源であると理解していたからである。そこで消費者団体は消費者苦情を処理し、消費者政策に活かすため政府にその情報を提供する代わりに、費用の補助を要求してきた。政府も行政が行う公的な役割を民間に委ねるのであるから財政的な支援は行うべきと考えている。憲法および消費者基本法の規定もあり、韓国では政府（国、自治体）による財政的支援は政府、消費者団体ともに当然のこととして受け入れている。また、だからといって政府が消費者団体の活動に口出しをするとか、ましてや天下りを受け入れさせるなどといった話は一切聞かれない。

日本では消費者庁・消費者委員会が設立され、消費者政策の司令塔としての役割が期待されているが、多くの懸案事項が消費者安全法の附則や衆参両院の附帯決議に示されている。消費者団体への政府の支援もそうした課題の一つである。しかし、進展はあまりみられない。日本では消費者団体による公益実現のための財政支援に対する理解が乏しいように思う。そうした思いは津谷先生も同じであった。津谷先生が亡くなられたのは韓国調査の打上げを予定していた一週間前であった。本当に残念でならない。ご冥福を心よりお祈りする。

（1）徐熙錫「韓国における消費者法の発展と課題――『消費者保護法』の内容を中心に――」国民生活研究四二巻四号一頁（二〇〇三年）。

（2）權寧星『憲法学原論〔改訂版（二〇〇五年版）〕』五七一頁以下（法文社、二〇〇五年）（韓国語）。

（3）憲法裁判所判決一九九五年七月二一日別途意見、鄭克元「憲法体系上の消費者権利の保障」公法研究三一巻三号二八三頁以下（二〇〇三年）（韓国語）。

（4）さらに海外の憲法をみると、ポルトガル憲法六〇条は「①消費者は、製品及び役務、教育及び情報、経済的利益の安全及び防御、損害の保障に対する権利を有する」とし、スペイン憲法五一条は「①公権力は、消費者及び利用者の保護を保障し、かつ、実効的な手続を通じて、消費者及び利用者の安全、健康及び正当な経済的利益を擁護する」としており、タイ憲法五七条は「消費者としての権利は保護を受ける」としている。細川幸一「消費者基本法にみる『消費者の権利』の権利性について」日本女子大学紀要家政学部五三号一三九頁（二〇〇六年）参照。

（5）一九九七年一月一五日に「ソウル特別市消費者保護条例」として制定。「消費者保護法」の「消費者基本法」への改正を受けて、名称・内容を改正。

〔付記〕本論は、科学研究費補助金「基盤研究B」「国連グローバル・コンパクトの課題―東アジアにおける実践的意義を中心に」（平成二一年度～二三年度）の成果を含んでいる。

■消費者契約とパターナリズムに基づく介入

早稲田大学教授　後藤巻則

一　はじめに

消費者契約法は、契約当事者の情報・交渉力の構造的格差を考慮して、消費者に誤認・困惑に基づく取消権と、不当条項を無効とする権利を与え、さらに、消費者団体訴訟について規定しているが、消費者契約における消費者保護の要請はそれに尽きるものではない。

そこで、本稿では、消費者契約に対してどのような介入が必要であるかを検討することにしたい。まず、消費者契約に対するリベラリズムに基づく介入の意義とその限界を指摘したうえで、「情報力格差是正のための介入」、「交渉力格差是正のための介入」、「良好な契約環境を確保するための介入」に分けて、それぞれ、「助言義務」、「状況の濫用」、「適合性原則、不招請勧誘規制」を扱うことにしたい。

二　リベラリズムに基づく介入とその限界

消費者契約における情報提供義務は、基本的にはリベラリズムに基づく介入である。すなわち、私的自治の原則のもとでは、各人が契約に拘束されるのはそれが各人の意思に基づくからであり、その前提として、各人が自ら自分のために情報を収集・分析し、それにより当該契約が自分の目的に適合するかどうかを知ったうえで契約を締結することが要請される。これが原則であるが、契約当事者間に情報収集力、情報分析力（以下では、両者をあわせて「情報力」ということにする）において著しい格差がある場合などには、契約締結に際して、当事者の一方から他方に対して情報を提供する義務が課せられることがある。このような意味での情報提供義務（契約締結過程における情報提供義務）は、信義則（民一条二項）に基づいて認められる。

このような義務が認められる根拠が問題となるが、その第一は、当事者の情報力の格差に注目した根拠づけである。すなわち、当事者に情報力の格差がある場合には、そのままでは情報の劣位者にとって不利な取引が行われる可能性があるため、そうした情報劣位者の契約自由を実質的に回復させ、自分で決めたといえる状態を作り出すために、その相手方に情報提供義務を課して、情報力の格差を是正する必要があるとする。このように、情報提供義務の根拠を情報劣位者の契約自由ないし自己決定権の保護に求めるのが学説の多数である(1)。

しかし、情報提供義務の根拠づけは、これだけでは足りない。さらに、事業者の専門性という観点から、事業者の情報提供義務を根拠づけることができる。すなわち、高度に複雑化し、専門分化が進んだ現代社会においては、非事業者である顧客は専門的知見を備えた専門家である事業者に依存せざるをえず、加えて、事業者は、自らに対する信頼を基礎として事業を展開している。そこで、これを踏まえて、事業者は、専門家に対する社会的信頼に応えるべく、専門家として情報提供義務を負う(2)。

また、問題となる情報の性質に着目した根拠づけも考えられる。たとえば、その契約をすることによって、相手方の生命、身体、財産に損害が生じる可能性が強い場合には、取引主体の属性にかかわりなく、その危険性と程度に関する情報を相手方に伝える義務がある。これは、情報劣位者の契約自由ないし自己決定権の保護というよりも、生命・身体・財産といった権利を保護するものである(3)。

以上のように、情報提供義務の正当化根拠は、基本的には、情報劣位者の契約自由ないし自己決定権の保護に求められるが、それに尽きるわけではない(4)。

三　パターナリズムに基づく介入とその正当化

1　情報力格差是正のための介入——助言義務

情報提供義務の対象となる情報とは、表意者が合意を決定する際の重要な事項に関する事実を対象とするものであって、契約が当該表意者にとって結果として有益なものかどうかという評価に関する情報は当然には含まれない。このような契約の当否に関する情報提供の義務を助言義務という。

判例は、たとえば、ワラント取引において、顧客が不合理な取引に入ろうとしている場合に担当社員に助言義務があるとし（大阪地判平成七年一二月五日・証券取引被害判例セレクト(3)二八六頁）、また、適切な時期に売却を促す助言義務があるとした（大阪地裁堺支判平成九年五月一四日・金商一〇二六号三六頁）。さらに、ワラントの本質について理解が得られなければ取引をしないよう助言する義務まであるとした（広島高判平成九年六月一二日・判タ九七一号一七〇頁）。このように、勧誘する側の専門家としての評価が契約獲得と直結しているような契約では、顧客の業者に対する信頼を基礎にして業者は顧客に対する助言義務を負うと考えられる(5)。

このような助言義務は、どのような根拠に基づいて認められるのであろうか。

契約当事者間の情報力に大きな格差がある場合には、情報劣位者が具体的に理解できるように情報を提供することによって、はじめて契約自由の原則が実質的に確保される。このような意味での情報提供義務は、消費者の自己決定権を確保するための義務と捉えることができる。

しかし、顧客がその意向に従った意思決定をなしうるためには、十分な説明によって情報格差を是正されるだけでは足りない。たとえば、金融取引において顧客が直面するのは、情報の非対称のみでなく、情報の評価能力の格差であり、顧客の意思決定は、専門家として信頼を寄せる者の説明・助言に大きく左右される。そこで、このような場合には助言義務が問題となる。

助言義務は、情報提供義務よりも、より積極的な支援義務である。情報提供義務が、契約自由の実質的確保という観点から基礎付けられるのに対して、助言義務は、顧客が専門家に寄せる信頼を基礎とする義務であり、情報提供義務とは異なる根拠に立つと解することができよう(6)。裁判例は、助言義務の法的根拠として取引関係における信義則（民一条二項）をあげるが（前記大阪地判平成七年一二月五日、大阪地裁堺支判平成九年五月一四日など）、より根本的には、助言義務や適合性原則は、一顧客の保護の問題ではなく、公正な市場の確保のために存在する。業者には、専門家としてこのような意味での公的な義務があると考えるべきである(7)。現在のところ「市場」という観点から金融取引を捉える判決は多くないが（大阪地判平成九年三月一三日・証券取引被害判例セレクト(6)一七五頁などには、この観点がみられる）、今後の判例の動向に注意する必要があろう。

なお、情報提供義務を事業者の専門性により根拠づける立場からは、情報提供義務と助言義務を厳密に区別することには大きな意味はないとされる[8]。この立場は、顧客にとって有益な取引の選択を助ける義務をも含みうるものとして情報提供義務を捉えることによって、専門家の助言義務を積極的に肯定しようとするもので、そのめざすところは支持しうるが、説明すべき義務の程度を明確にするうえで、情報提供義務と助言義務を区別する意味は少なくないと思われる。

2　交渉力格差是正のための介入――状況の濫用

さらに、「断りにくい状況にあることを利用して契約を迫る」といった勧誘への対処も重要である。そこでの問題の核心は、事業者と消費者との間に生じ、または生じさせた状況を濫用する、といった点である。消費者契約法の制定準備をした第一六次国民生活審議会消費者政策部会の中間報告においては、「消費者契約において、契約の締結にあたって、事業者が消費者を威迫した又は困惑させた場合であって、威迫行為又は困惑行為がなかったならば消費者が契約締結の意思決定を取り消すことができる」という考え方を示しており、従来の強迫によってはカバーされにくい問題を処理するために、新しいルールを定立するという方向を示していた[9]。

比較法的に見た場合、オランダ民法やフランス債務法改正準備草案[10]は、この問題を意思表示の瑕疵の問題とするのに対して、ドイツでは、当事者の心理的窮状に乗じてなされた取引につき良俗違反を根拠として無効とする可能性を認めており[11]、法制審議会民法（債権関係）部会における中間的な問題整理の中でも、この問題を公序良俗違反の一形態として明文の規定を設けるべきかどうか議論すべきものとされている[12]。

3　良好な契約環境を確保するための介入――適合性原則、不招請勧誘規制

(1)　適合性原則

適合性原則とは、顧客に適合しない勧誘をしてはならないという原則であり[13]、商品先物取引法二一五条や金融商品取引法四〇条において、顧客に「不適当」な勧誘を行ってはならないという意味での適合性原則に関する規定がおかれている。また、証券取引、変額保険、先物取引等で、適合性原則違反が、不法行為ないし債務不履行を根拠づける根拠の一つとして主張されてきた。二〇〇四年に成立した消費者基本法は、より一般的に事業者の責務として、「消費者との取引に際して、消費者の知識、経験及び財産の状況等に配慮すること」（同法五条一項三号）を定めている。

適合性原則と情報提供義務の関係について、下級審の考え方は分かれていたが[14]、最高裁判所は、証券会社の担当者が、顧客の意向と実情に反して、明らかに過大な危険を伴う取引を積極的に勧誘するなど、適合性の原則から著しく逸脱した証券取引の勧誘をしてこれを行わせたときは、当該行為は不法行為法上も違法となるとした。

この事件では、顧客である株式会社Xは、二〇億円以上の資金を有しその相当部分を積極的に投資運用する方針を有していたこと、顧客の資金運用業務を担当する専務取締役らは、株価指数オプション取引を行う前から、信用取引、先物取引等の証券取引を毎年数百億円規模で行い、証券取引に関する経験と知識を蓄積していたこと、顧客は、損失が一定額を超えたらこれをやめるという方針を立て、実際にもその方針に従って取引を終了させるなどして自律的なリスク管理を行っていたことなどを考慮して、本件勧誘行為は、適合性の原則から著しく逸脱するものであったとはいえないとした（最判平成一七年七月一四日・民集五九巻六号一三三二頁）。この判決によれば、適合性原則は情報提供

義務が尽くされてもなお勧誘が不適当とされる局面で問題となるということとなろう。(15)

なお、前記最判平成一七年における才口千晴裁判官の補足意見は、「Xのような経験を積んだ投資家であっても、オプションの売り取引のリスクをコントロールすることは困難であるから、これを勧誘して取引し、手数料を取得することを業とする証券会社は、顧客の取引内容が極端にオプションの売り取引に偏り、リスクをコントロールすることができなくなるおそれが認められる場合には、これを改善、是正させるため積極的な指導、助言を行うなどの信義則上の義務を負うものと解するのが相当である」(16)とする。これによれば、助言義務は、広義の適合性原則が問題となる場面において問題となる義務ということになる。

(2)　不招請勧誘規制

不招請勧誘の規制とは、訪問や電話などを通じて事業者が消費者に不意打的に接触し、勧誘を開始して契約を締結させるという勧誘を規制する考え方である。

不招請勧誘制限としては、従来、金融商品販売の勧誘等、消費者のリスクが高い商品などについて問題とされてきた。(17)しかし、諸外国の状況を見ると、不招請勧誘規制を、消費者契約におけるより一般的な制限法理とし、そこにおける保護法益を私生活の平穏やプライバシーの保護としている例がある。(18)

プライバシー権については、当初は、私生活の公開に関する防御目的で、「一人にしてもらう権利」として捉えられていたが、やがて、多様な意味を盛られるようになり、自己情報コントロール権として性格づける見解や、私事についての自律権・自己決定権として捉える見解が登場した。(19)

しかし、判例を見ると「宴のあと」事件判決（東京地判昭和三九年九月二八日・下民集一五巻九号二三一七頁）が、プライバシーを「私生活をみだりに公開されないという法的保障ないし権利」と定義づけ、下級審の多くの判決はこの定義に従ってきたが、これは、基本的に、プライバシー権を古典的な「ひとりで放っておいてもらう権利」と解するものである。(20)

このように、「私生活の平穏」は、プライバシー権として保護されるが、他方、事業者側には営業の自由があるから、プライバシー権と営業の自由との衡量が必要となる。(21) しかし、営業の自由は比較的制約可能な権利であるため、消費者の「私生活の平穏」を害するような勧誘が正当化されることはむしろ少ないと考えられよう。(22)

ところで、消費者契約法四条によれば、困惑類型は、「不退去」(同条三項一号)、「退去妨害」(同項二号)に限定されているが、消費者契約法の制定準備をした国民生活審議会消費者政策部会の報告においては、「『困惑』の概念ない し手段を明確化・具体化したもの」として、「消費者の私生活又は業務の平穏を害するような言動」をあげており、困惑概念はもっと広く捉えられているが、このように困惑類型を拡張すると、そこで保護されるべき保護法益は、不招請勧誘規制の問題と重なると見ることができる。(23)

(3) 適合性原則と不招請勧誘規制の共通基盤

このように、適合性原則は判断能力に問題がある消費者などを救済する法理であり、不招請勧誘の規制は、事業者が消費者に不意打ち的に接触して契約を締結させることを規制する法理である。契約の締結においては、いったん勧誘が開始されると、事業者に巧みにつけ込まれ、消費者が契約締結を拒否できない状況に追い込まれるということがしばしば起こるが、消費者の判断能力に問題がある場合や、不意打ち的な勧誘がなされた場合には、その危険性がますます大きくなる。適合性原則は勧誘される消費者の特性に着目し、不招請勧誘規制は不意打ち的勧誘という勧誘の態様に着目しているが、この二つの法理はいずれも、消費者が望まない勧誘にさらされることのないように、具体的な勧誘を行う一歩手前の段階(勧誘の入口)での規制を考えているという点で共通している。

ところで、この場合に消費者が守られるべき利益とは何であろうか。不招請勧誘規制については消費者の私生活の平穏と考えられるが、判断能力に問題がある人を勧誘することも静謐な取引環境を乱すものとして、これと同種の利益に対する侵害である。(24)静謐な取引環境は、自己決定を支える環境といった意味合いをもち、(25)静謐な取引環境のもとで契約をするという利益、より一般的に言えば、良好な契約環境のもとで契約をする利益は、それ自体が一つの独立した利益であると考えるべきであろう。

消費者の自己決定権も人格権に属するが、これを基礎とする情報提供にかかわる問題と並んで、消費者の自己決定権では語り尽くせない人格権ないし人格的利益を基礎とする適合性原則、不招請勧誘規制を、消費者契約に関する一般ルールとして消費者契約法の中に位置づけることが検討に値する。

四　結びに代えて

以上で検討した情報提供義務、助言義務、状況の濫用、適合性原則、不招請勧誘規制を「リベラリズムに基づく介入」と「パターナリズムに基づく介入」に分けて論ずること自体に異論があるかもしれない。しかし、情報提供義務が基本的には契約自由を支える自己決定基盤の確保の問題と考えられるのに対し、助言義務、状況の濫用、適合性原則、不招請勧誘規制は、自己決定という角度からだけでは捉えきれない問題であり、よりパターナリスティックな介入が要求されることは確かであろう。その問題の広がりを、消費者契約におけるパターナリズムに基づく介入という観点から捉え、その重要性を指摘することには一定の意義があると思われる。助言義務、状況の濫用、適合性原則、不招請勧誘規制について、その違反の場合の効果をどう考えるかという点を含めて、なお論ずべき問題が多いが[26]、本稿は、ひとまずここで閉じることにする。

(1) 小粥太郎「『説明義務違反による損害賠償』に関する二、三の覚書」自由と正義四七巻一〇号四四頁以下（一九九六年）、山本敬三「消費者契約法の意義と民法の課題」民商一二三巻四＝五号五一九頁（二〇〇一年）、潮見佳男『契約法理の現代化』一二〇頁（有斐閣、二〇〇四年）、同「説明義務・情報提供義務と自己決定」判タ一一七八号九頁以下（二〇〇五年）。判例としては、不動産取引において売主が重要事項を説明しなかった場合に、買主の「意思決定」の機会を奪ったものとして慰謝料を認めた最高裁判決があるが（最判平成一六年一一月一八日・民集五八巻八号二二二五頁）、このような考え方に基づくものといえよう。

(2) 横山美夏「契約締結過程における情報提供義務」ジュリ一〇九四号一二八頁以下（一九九六年）、同「消費者契約法における情報提供モデル」民商一二三巻四＝五号五七一頁以下（二〇〇一年）、同「説明義務と専門性」判タ一一七八号一八頁以下（二〇〇五年）、山本・前掲（注1）五一九頁。

(3) 山本・前掲（注1）五二〇頁、同「民法における『合意の瑕疵』論の展開とその検討」棚瀬孝雄編『契約法理と契約慣行』一六九頁（弘文堂、一九九九年）。

(4) 情報提供義務については、後藤巻則「情報提供義務」内田貴＝大村敦志編『民法の争点（ジュリ増刊）』二一七頁以下（二〇〇七年）参照。

(5) 後藤巻則『消費者契約の法理論』九六頁以下（弘文堂、二〇〇二年）。

(6) この点に関する学説については、潮見・前掲（注1）『契約法理の現代化』九〇頁以下参照。

(7) 「〈座談会〉証券会社の投資勧誘と自己責任原則」民商一一三巻四＝五号五二九頁〔山田誠一〕（一九九六年）参照。

(8) 横山・前掲（注2）判タ一一七八号二二頁。

(9) 大村敦志『消費者法〔第四版〕』一一七頁（有斐閣、二〇一一年）。

(10) フランスの債務法改正準備草案一一一四―三条一項は、「強迫は、一方当事者が、窮迫状態または依存状態の影響の下に約束を交わし、他方当事者は約定から明らかに過大な利益を得るために、この弱い立場につけ込む場合にも、同じく存する」と規定し、同条二項は、「弱い立場は、特に、被害を受けた当事者の繊細さ、両当事者間の以前の関係の存在または経済的な不公平を考慮しつつ、状況を総合して判断される」と規定している。フランスの債務法改正準備草案については、P. Catala, Avant-projet de réforme du droit des obligations et de la prescription, 2006, p. 29 et s. 山岡真治「フランス債権法改正における詐欺に関する一考察——錯誤と詐欺の関係を中心として——」帝塚山法学一四号一頁以下（二〇〇七年）。

(11) V.P. Remy-Corlay et D. fenouillet,《le consentement》, Pour une réforme du droit des contrats (sous la direction de françois Terré), 2008, p. 162 et s. 潮見佳男「比較法の視点から見た『消費者契約法』」民商一二三巻四＝五号六六三頁（二〇〇一年）。

(12)「民法（債権関係）の改正に関する中間的な論点整理」（平成二三年四月一二日決定）八七頁。なお、民法（債権法）改正検討委員会編『債権法改正の基本方針（別冊ＮＢＬ一二六号）』二〇頁（商事法務、二〇〇九年）、法制審議会民法（債権関係）部会第一〇回会議一頁以下参照。

(13) 適合性原則は、広狭二義あるとされる。平成一一年七月八日付金融審議会第一部会「中間整理（第一次）」においては、広義では、「業者が利用者の知識・経験、財産力、投資目的に適合した形で勧誘（あるいは販売）を行わなければならないというルール」であり、狭義では、「ある特定の利用者に対してはどんなに説明を尽くしても一定の商品の販売・勧誘を行ってはならないというルール」であるとされる。本稿では、差し当たり狭義の適合性原則を問題としている。

(14) 下級審では、①適合性原則違反が不法行為ないし債務不履行の直接の根拠となることが確立する以前の初期の段階において、適合性原則違反を説明義務違反の一判断要素として位置づける判決もあったが（大阪高判平成九年六月二四日・判タ九六五号一八三頁など）、その後は、②適合性原則違反があっても説明して理解できればよいとする判決がある（名古屋地判平成一二年三月二九日・金商一〇九六号二〇頁など）一方で、③適合性原則違反がある場合には勧誘してはならないのであるから、もはや説明義務は問題とならないとする判決（東京地判平成九年一一月一一日・判タ九五五号二九五頁等）があった（桜井健夫＝上柳敏郎＝石戸谷豊『金融商品取引法ハンドブック』二四二頁以下〔桜井〕（二〇〇二年）参照）。

(15) 山本豊「契約準備・交渉過程に関わる法理㈠——情報提供義務（現代契約法講義四）」法教三三六号一〇二頁（二〇〇八年）。

(16) 山本・前掲（注15）一〇三頁、潮見佳男「適合性原則違反の投資勧誘と損害賠償」新堂幸司＝内田貴編『継続的契約と商事法務』一八四頁（商事法務、二〇〇六年）。

(17) 特定商取引法三条の二・一二条の三・一七条、商品先物取引法二一四条九号、金融商品取引法三八条三号～五号などに規定がある。

(18) 「商品宣伝のために各家庭に頻繁に電話する」といった行為は、たとえば、ドイツでは、古くから私生活への不当な侵入として、プライバシー侵害と考えられてきた(斉藤博『人格権法の研究』二五五頁(一粒社、一九七九年))。アメリカでも、二〇〇三年一〇月から、プライバシー侵害の観点から事前に電話勧誘禁止を届け出ていた消費者には、電話勧誘を禁止する制度を導入している(三枝健治「電話勧誘規制――全米Do-not-call制度の導入可能性の検討――」国民生活研究四四巻一号一三頁以下(二〇〇四年))。

(19) 学説については、潮見佳男『不法行為法Ⅰ〔第二版〕』一九四頁以下(信山社、二〇〇九年)参照。

(20) 五十嵐清『人格権法概説』二〇五頁(有斐閣、二〇〇五年)。ただし、最高裁判所の法廷意見として初めてプライバシーに定義を与えた最判平成一五年三月一四日(民集五七巻三号二二九頁)は、「他人にみだりに知られたくない情報」という意味でプライバシーを定義しており、下級審判決の傾向とはやや異なる方向を示している。前田陽一「判批」判タ一一四四号九三頁(二〇〇四年)参照。

(21) いわゆる二重の基準論が関係する。二重の基準論は、人権のうちでも精神的自由と経済的自由とを二つに分け、表現の自由を中心とする精神的自由は、経済的自由より優越的地位を占め、その結果、人権を規制する法律の違憲審査にあたって、経済的自由の規制が立法府の裁量を尊重して緩やかな基準で審査されるのに対して、精神的自由の規制はより厳格な基準によって審査されなければならないとする(芦部信喜『憲法学Ⅱ　人権総論』二一三頁以下(有斐閣、一九九四年)参照。

(22) 後藤巻則「不招請勧誘と私生活の平穏」国民生活センター編『不招請勧誘の制限に関する調査研究』一六九頁以下(国民生活センター、二〇〇七年)、同「消費者契約法性の到達点と課題」法時七九巻一号八二頁以下(二〇〇七年)、同「わが国における不招請勧誘規制のあり方」現代消費者法九号三八頁以下(二〇一〇年)。

(23) 国民生活審議会消費者政策部会消費者契約法評価検討委員会「消費者契約法の評価及び論点の検討等について」二九頁(二〇〇七年)も、不招請勧誘規制について、「困惑類型(第四条三項)の規定の在り方について検討するのと合わせて、引き続き検討すべきである」としている。

(24) 滝沢昌彦「契約環境に対する消費者の権利」岩村正彦ほか編『岩波講座・現代の法13』一三九七頁(一九九七年)が、同様の見方を示している。

(25) 佐藤幸治『憲法〔第三版〕』四六一頁(青林書院、一九九五年)は、いわゆる静穏のプライバシー権は、人格的自律権(自己決定権）を支える環境といった意味合いがあるとする。

(26)　後藤巻則「契約締結過程の規律の進展と消費者契約法」ＮＢＬ九五八号三七頁以下（二〇一一年）で、この問題につき若干の考察を試みた。

■消費者取引法の論点
――近弁連「消費者取引法試案」

京都産業大学教授・弁護士　坂　東　俊　矢

一　はじめに

二〇一〇年八月二八日、京都弁護士会館で行われた平成二二年度近畿弁護士会連合会消費者保護委員会夏季研修会のテーマは、「統一消費者法典の実現をめざして――消費者取引法試案」であった。近弁連の夏期研修会では、それまでにも、たとえば「不招請勧誘の禁止」や「保険契約での消費者主権の確立」など、その時々に重要な消費者法の課題について法律実務家の観点から研究をし、その成果を具体的な提言に結び付けてきた。それらの提言は、重要な研究成果として、後の立法にも確実に影響を与えている。もっとも、「消費者取引法」という二〇一〇年度のテーマは、あまりにも課題が大きいように私には思われた。私は当初から一弁護士として研究会に参加する機会を得たが、約八カ月後に開催する夏期研修会までに、具体的な立法試案の策定にまでたどり着くのは、至難の業であるように思われたのである。

ところが、こうした私の心配は実際には杞憂に終わった。八カ月後の夏期研修会では、消費者取引法試案を具体的な条文の形式で報告することができた。(2)その報告は、今後の消費者法のあり方を議論するうえで、不可欠の研究成果であると確信している。こうした至難の業を可能にしたのは、八カ月間で一〇数回に及ぶ研究会と、それに向けた夏期研修会実行委員会の若手あるいは中堅の弁護士による精力的な研究活動にあった。それぞれの問題意識と法律理解に基づいて作成された立法原案を整理し、整合性のある形にしたのは、実行委員会の中心を担った三名の弁護士の努力による。(3)二〇〇一年の消費者契約法の制定をきっかけとして、それ以降、現在に至るまでの消費者法の立法と理論的な発展にはめざましいものがある。もっとも、消費者被害救済にかかわる法律実務家は、現行の消費者法のあり方に決して満足していない。消費者法には発展の可能性があるし、消費者紛争を法律によって適切に解決するためには法の発展が不可欠であると考えている。一方で、消費者取引に限っても、多数の法律が複雑にかかわっていて、全体としての理解が容易とはいえない現実もある。こうした現状に対する現場の思いが、この消費者取引法試案には詰まっている。

本稿は、その消費者取引法試案の中からとりわけ重要であると私が考える点について、具体的な規定とそれに至る考え方とを紹介することを目的としている。もっとも、試案では全体で二四〇条を超える条文が提案されている。紙幅の関係もあり、本稿で対象とすることができる事項は、法の適用範囲と不当勧誘規制に限定せざるを得ない。それは試案のほんの一部にすぎない。本稿が、消費者法に関心を持つ多くの研究者、実務家が消費者取引法試案の全体に目を通していただくきっかけとなることを願うばかりである。なお、本稿で、法令名のないカッコ書の漢数字は試案の条文を引用したものである。

二　近弁連「消費者取引法試案」の論点

1　消費者法の統合の考え方とその特質

近弁連の消費者取引法試案（以下、「試案」という）は、消費者にかかわる法のすべての統合を意図するものではない。その対象は、消費者のする取引にかかわる法に限定をしている。具体的には、消費者契約法（以下、「消契法」という）、特定商取引に関する法律（以下、「特商法」という）、不当景品類及び不当表示防止法（以下、「景表法」という）の三法を消費者取引法として統合するとの選択をした。これらの法律は、いずれも消費者庁の所管であるだけでなく、適格消費者団体による差止請求の対象ともなっている。また、これらの法律を統合することによって、表示から契約内容まで、消費者契約の取引過程を一連のものとして規律することが可能になる（三法の法的性格については、〔図表1〕参照）。

一方、消費者信用に関しては、消費者法典として統合することが望ましいが、そもそも消費者信用を一律に規律する統一消費者信用法制定の議論があることを踏まえ、将来の課題としている。(4) また、製造物責任法を典型とする安全の問題が消費者法の課題であることはいうまでもないが、わが国の製造物責任法の適用範囲が消費者に限定されていないことも踏まえ、これも将来の課題とした。(5) これらの法律は、第二段階目の統合の対象と考えたのである。なお、金融商品販売法などの金融商品に関する法律については、消費者よりは「プロ・アマ」基準による適用が妥当として、消費者取引法への統合よりは、金融商品販売法への統合の可能性が検討されるべきとしている。

試案の全体に目を通すと、以下の特徴があることが理解できる。

〔図表１〕 統合対象とする３法の基本的性質

（薬袋弁護士が作成した表を一部修正）

		景品表示法	消費者契約法	特定商取引法
所管（共管を含む）		消費者庁	消費者庁	消費者庁
対象範囲		一般法	一般法	準一般法
	表示・広告	○	×	○
	勧誘	×	○	○
	不当条項	×	○	△※
性格		行政ルール	私法ルール	行政・私法双方
	民事効果	なし	あり	あり
	措置・命令	あり（弱い）	なし	あり（強い）
	罰則	間接方式	なし	直接・間接方式
団体訴権		あり	あり	あり

※10条、25条等によって「損害賠償額の予定（違約金）」条項に制限が規定

第一に、消費者の被害救済と取引に関する市場の公正さの実現を目的として、消費者取引に関する民事規定と行政規制とを併存させていることである。(6) たとえば、行政規制のない消契法の不当勧誘規制と不当条項規制にも、景表法に倣った行政規制を導入している（一―三―三―一）。一方、もっぱら景表法の対象である表示のうち広告に限定してではあるが、不当な表示がある広告によってした意思表示にも取消権を付与した（一―二―一―五）。

第二に、消費者契約に関するわかりやすい法律規定の整備である。その最も典型的な条項がクーリング・オフに関するものであるが、その詳細は後述する。消費者基本法の制定によって、消費者は自ら主体的に権利を行使することが求められている。もっとも、その権利行使の基盤となる法があまりに難しければ、消費者の主体的な権利行使は絵に描いた餅になってしまう。わかりやすい法規定の整備が消費者法の領域ではとりわけ重要であることを考えれば、そのための努力が過小評価されてはならない。(7)

第三に、試案がこれまでの日本弁護士連合会（以下、「日弁連」という）あるいは近弁連での消費者保護や消費者法に関する研究成果を土台として、起草されていることである。日弁連は、一九

八九年に島根県松江市で行った人権擁護大会で、消費者庁の設置とともに、包括的な消費者法典の制定を決議している。包括的な消費者行政機関である消費者庁は、松江の決議から二〇年を経て二〇〇九年九月一日に成った。しかしながら、包括的な消費者法典の議論はほとんどなされていない。試案は、松江以後二〇年間の日弁連や近弁連の地道な消費者法に関する調査、研究活動の成果に学び、それらを土台としてまとめたものになっている。

2 人的適用範囲としての消費者

(1) 人的適用範囲の考え方とその課題

試案が統合の対象とする三法にあっても、その人的適用範囲を画する方法は異なっている。消契法が、消費者と事業者を法的に定義しているのに対し、特商法には、人的な定義はない。特商法は、訪問販売、通信販売など規制対象となる六種類の取引類型を定め、適用除外規定（特商二六条一項一号・五〇条一項一号）によって「営業」目的の契約を除外することで、その適用範囲を画している。もっとも、六種類の規制対象取引類型のうち、連鎖販売取引と業務提供誘引販売取引については、適用除外は定められていない。一方、景表法は、事業者の定義はあるが（景表二条一項）、消費者は「一般消費者」という文言で定義をされずに使われている（景表三条・四条など）。消契法は、消費者と事業者の定義規定に先立つ目的規定において、消費者と事業者との間には情報の質、量並びに交渉力に格差があるとも規定しており（消契一条）、それが消契法の条項を解釈するための一つの規範として重要と考えられている。なお、格差を指摘する同種の規定は、二〇〇四年に施行された消費者基本法にもある（同法一条）。消費者法と評価されている法にあっても、その適用範囲を画する方法が、このように多様であることをどのように考えるべきなのであろうか。

ところで、消費者法典の人的な適用範囲を考えるうえで、解決が必要と考えられる課題がある。たとえば、零細個人事業者や法人格なき社団、小規模な団体など、消契法の定義では事業者に該当する者であっても、情報や交渉力に関しては、消費者とさして変わらない格差が存在する者がした取引についての考え方である。自動車販売会社への消火器の訪問販売をした事例（神戸地判平成一五年三月四日・金商一一七八号四八頁）や、零細印刷事業者が訪問販売で多機能電話機のリース契約を締結した事例（名古屋高判平成一九年一一月一九日・判時二〇一〇号七四頁、判タ一二七〇号四三三頁）では、いずれも営業のための契約ではないとして、クーリング・オフが認められた。また、消費者委員会は、平成二三年五月一三日に、電話勧誘による投資型マンションについて消費者保護の見地から実効ある法規制をすることを建議している（http://www.cao.go.jp/consumer/iinkaikouhyou/2011/110513_kengi.html）。こうした問題は、消費者法典の適用範囲を画するうえで、考慮すべき一つの問題になる。

(2)　試案の考え方

試案では、消費者、事業者、消費者取引および消費者契約について定義する（一―一―二）。消費者とは、「個人（商業、工業、金融業その他の事業を行う場合におけるものを除く。）をいう」とされている。この定義規定は、消費者庁の創設とともに制定された消費者安全法の定義に倣っている（同法二条一項）。一方、事業者は「法人その他の団体および事業を行う場合の個人」とされ、この定義は消契法のそれに準拠している。なお、解釈規定として、消費者と事業者との間の情報の質および量並びに交渉力等の格差を考慮することがあげられている（一―一―五）。

そのうえで、試案では、連鎖販売取引と業務提供誘引販売取引の相手方となる個人を「みなし消費者」としている（一―一―三）。たとえば、マルチ商法やモニター商法に関する契約を締結した個人は、不当な勧誘や契約による被害者としての側面があるが、事業を行う個人としての性質も有している。そこで、契約を締結した当事者との関係に限定して、契約を締結した個人を消費者とみなすことによって、消契法や景表法の規定を適用できるようにしたのである。

また、事業者間の取引であっても、その一方当事者が三つの類型に該当する場合には、試案の私法上の法律関係に関する規定に限って準用されることが規定されている（一―一―四）。第一は、一方事業者が消費者と同様の立場で取引をする場合である。自動車販売業者への消火器の販売はこれに該当すると思われる。第二に、一方当事者が非営利の法人、団体または事業のために取引を行う個人で、消費者と同様の保護が必要とされる場合である。たとえば、マンション管理組合やＰＴＡ、零細な個人事業者などが該当する可能性がある。第三に、当事者間の情報や交渉力の格差が顕著で、一方当事者を保護すべき格別の必要性が認められる場合である。準用に際しての「包括条項」としての意味がある。

試案には、民事ルールと行政規制や罰則規定とが関連して併存的に規定されている。もっとも、準用の対象となるのは、あくまで民事ルールに関する部分だけであることに留意されたい。

> 一―一―四　事業者間の取引であっても、一方の事業者が、次に掲げるいずれかに該当する場合には、私法上の法律関係に関する本法の規定を準用する。
> 一　一方の事業者が、消費者と同様の立場で取引をする場合
> 二　一方の事業者が、非営利の法人もしくは団体、又は事業のために取引を行う個人であって、当該取引の態様、契約の内容その他の事情に照らし、当該取引についてその事業者を消費者と同様に保護する必要があると認められる場合
> 三　前二号のほか、当該取引の態様、契約の内容その他の事情に照らし、当事者間の情報量や交渉力の格差が顕著で、一方の事業者を保護する特別の必要性が認められる場合

消費者という概念[8]は、人的な属性だけでなく、取引の性質などによって相対的に定められるものである。消費者概念があまりに硬直にすぎると、結果的にはそこで生成される消費者法理の適用範囲を著しく限定してしまう効果をもってしまう[9]。一方で、具体的な消費者紛争を前提に、格差がある消費者を限定的に想定するからこそ、消費者法理が生成することも事実である。試案は、コアとしての消費者の外延に、みなし消費者として特商法の適用対象とされてきた二つの取引類型についての個人を含めた。試案の想定する消費者とは、この範囲だといえる。それに加えて、定義としては事業者に該当する者であっても、消費者法理が準用される三類型を明示した。三類型の規定ぶりについては、まだまだ検討の余地はある。しかし、格差のある事業者に対しても、コアのルールのうち民事規定を準用するとの考え方は、消費者取引法を構想するにあたって十分に検討する価値があるように思う。

3　不当勧誘行為の規制にかかる論点

(1)　不当勧誘行為の法規制の現状と課題

周知のように、消契法には不当勧誘行為として誤認類型として不実告知をはじめ三類型、困惑類型として不退去、監禁（退去妨害）の二類型が規定され、それによって締結された消費者契約を取り消すことができる（消契四条）。一方、特商法は、クーリング・オフに加えて、二〇〇四年改正によって、禁止行為により締結された契約について取消権が付与された（特商九条の二・二四条の二・四〇条の三・四九条の二・五八条の二）。特商法で、行政規制である禁止規定が取消権という民事効果に結びつけられた意味は小さくない。もっとも、それは特商法が適用される取引のうち、通信販売を除く五類型の取引だけを対象としているにすぎない。また、金融商品に関する規制法などで規定されている「適合性の原則」については、消費者法としてその原則が採用されてはいない。

消契法も特商法も、契約が取り消された場合の契約の清算法理については特別な規定を置いていない。消契法も特商法も、民事規定に関する限りは民法の特別法であり、清算は民法の不当利得によって処理されることになる（消契一一条）。たとえば、消費者が取消しの意思表示までに商品を使用していた場合など、その使用利益が返還の対象となるのかについては、必ずしも明確ではない。

(2) 試案の考え方

試案は、消費者契約の勧誘をするにあたり、信義則に反するあるいは詐欺、強迫（民九六条）に該当する不当勧誘を禁止する（一－三－二－一）。この禁止規定に違反した場合には、行政処分の対象となるとともに（一－三－三－一、一－三－三－二）、それによって締結した契約を取り消すことができる（一－三－二－五）。

信義則に反する不当勧誘行為については、みなし規定が置かれ、類型化されている。

まず、消契法の三つの類型に適切な情報提供を怠ることを加えた四類型が、誤認類型として信義則に反する勧誘行為とみなされる（一－三－二－二）。なお、消契法の不実告知の対象を表示行為にまで広げて不実表示とすることによって、黙示的な表示や広告などによる記載についても、その対象となることを明確にしている[10]。さらに、表示の対象となる重要事項については、消契法の規定（四条四項）に、「消費者が当該契約を締結する必要性その他の事情」を追加し、契約締結の動機が重要事項となるとした。この規定は、特商法の規定を組み込んだものである（たとえば、特商六条一項六号）。また、消契法の二つの困惑類型に加えて、私生活または業務の平穏妨害、心理的動揺、威迫の合計五類型を困惑・威迫類型として、信義則に反する勧誘行為とみなしている（一－三－二－三）。さらに、消費者の知識や判断力の不足に乗じて契約の勧誘を行う状況の濫用を、信義則に反する不当勧誘行為とみなしている（一－三－二－四）。オランダ民法典第三編四四条に規定されて注目されている「状況の濫用」法理であるが、わが国においても、特商法が「老人その他の者の判断力の不足に乗じ」て契約を締結させることを、指示対象行為としている（特商規七条二号）。試案では、消費者の知識の不足とともに、加齢、疾病、恋愛感情、急迫状態等による判断力の不足に乗じてする勧誘を状況の濫用とする。

試案は、消費者が取消し権を行使した場合の消費者と事業者の返還義務の内容についても明確に規定した。消費者の返還義務については、いわゆる「押しつけられた利得の返還」で足りるとの考え方[11]に立って、その返還義務の範囲を現存利益に限定し、それを明確化している（一―四―二―一）。

一―四―二―二　1　本法に定める消費者の消費者契約の申込み又は承諾の意思表示の取消がなされた場合において、消費者が商品等の給付を受けている場合には、消費者は、次の各号に掲げる区分に従い、当該各号に定める返還義務を負う。

一　消費者が物を受領したとき　取消の時点で存する物及び果実を返還する。

二　消費者が役務の提供を受けたとき　役務提供の結果、生じた物があるときは、それを返還する。取消の時点までに受けた役務の対価を支払うことを要しない。

三　消費者が権利の移転を受けたとき　取消の時点で存する権利及びその果実を返還する。

2　前項に規定する返還は、事業者の費用負担において、次の各号に掲げる区分に従い、当該各号の定める方法により行う。

一　商品の返還　事業者に対し、物の引き取りを請求する方法

二　権利の返還　事業者に対し、権利の移転に必要な手続に協力する方法

3　前二項の規定にかかわらず、消費者は、取消の時点において給付を受けた商品等が費消されていた場合、消費者が必要な支出を当該給付により免れているときは、その免れた支出に相当する利得を事業者に返還する義務を負う。ただし、契約の取消の原因につき、当該事業者に故意又は重過失がない場合に限る。

4　第一項の規定にかかわらず、消費者が、取消を行う前に、給付を受けた商品等を売却するなどし、その対価を取得して

いた場合には、消費者は、その対価の額を上限として、利得を返還する義務を負う。
5　取消がなされた場合において、当該契約による給付により、消費者の財産等に変更が加えられたときは、消費者は、事業者に対し、原状回復請求又はこれに代わる損害賠償請求を行うことができる。

試案のもう一つの特徴が、消費者取引における適合性の原則を勧誘行為規制の最初に規定して、それに反する不適合取引を禁止したことである（一―三―一―一）。そして、著しく不適当な消費者契約は無効とした。適合性の原則に関する私法上の意義をめぐっては、判例・学説ともにその考え方が整理されているわけではない(12)。基本的には、適合性の原則を説明義務の具体化であるとする見解と、説明義務とは異なる不適格者勧誘を違法とする原理であるとする考え方に分かれている。その私法上の効果についても、損害賠償とするものが多く、契約の効力を否定するとの考え方は必ずしも一般的ではない。もっとも、消費者基本法は、消費者との取引に際して、知識、経験および財産の状況等に配慮することを、事業者の責務であると規定する（同法五条一項三号）。また、特商法は「顧客の知識、経験及び財産の状況に照らして不適当な勧誘を行うこと」を指示対象行為とする（特商規七条三号）。試案は、不適当な勧誘による私法効果を無効としたうえで、それは適合性の原則に反する程度が「著しく」不適当な場合に限定していることに留意する必要がある。適合性の原則から著しく逸脱した証券取引について、損害賠償が成立することを認めた最高裁判決(13)の趣旨を反映したものと思われる。

一―三―一―一　1　事業者は、消費者の知識、経験、理解力、必要性、財産の状況等に照らして不適当な消費者取引（以下この条において「不適合取引」という。）をしてはならない。
2　事業者は、消費者取引をしようとするときは、その相手方に対し、不適合取引でないことを確認しなければならない。

3　消費者の知識、経験、理解力、必要性、財産の状況に照らして著しく不適当な消費者契約は無効とする。

4　クーリング・オフの規定方法とその法的な位置づけ

(1)　クーリング・オフをめぐる法の課題

消費者法に関する規定で、消費者に最も認知されているものがクーリング・オフである。消費者が締結する契約書でもクーリング・オフは目立つような配慮がなされている。たとえば、訪問販売に関するクーリング・オフに関する書面には、書面の法定記載事項に加えて、その記載方法として、八ポイント以上の大きさの文字および数字の使用と、赤枠の中に赤字で記載することが求められている（特商規七条の二）。もっとも、クーリング・オフに関する法規定は、法律の専門家が読んでも、何が記載されているのかが不明なほど複雑な条文になっている。しかも、クーリング・オフは、特商法においても、それが認められている五種類の取引類型ごと別々に規定されている。また、法文上、クーリング・オフは、申込みの撤回または契約の解除（申込みの撤回等）と表現されている。消費者が知っている「クーリング・オフ」という文言は、条文上は使われていない。

その効果についても、法の規定は複雑である。たとえば、訪問販売に関するクーリング・オフを規定する特商法九条によれば、引き渡された商品が使用された場合にあっても、その使用利益は返還の対象とならない旨が条文に明示されている（特商九条五項）。ところが、同じ特商法でも、他の取引類型のクーリング・オフの条文には商品の使用利益を返還する必要がない旨は規定されていない（たとえば、特定継続的役務提供契約については特商四八条参照）。もちろん、規定されていない場合にあっても、消費者に商品の使用利益の返還義務はないと解される。しかしながら、少なくとも条文上の規定ぶりからは、疑義が生じかねない。

クーリング・オフの行使方法についても、判例では、書面によらずとも、同等の証拠がある場合には口頭によることも認められるとする。[14] しかしながら、クーリング・オフは書面を発したときに効力が生ずると規定されており、書面の要請とその効力については必ずしも明確に条文上には規定されていない。

(2) 試案の考え方

試案では、クーリング・オフについて、それが認められる取引類型すべてに共通する事項を試案の総論の部分に規定することとした。具体的には、クーリング・オフの定義規定（一―四―一―一）、行使方法（一―四―一―二）、消費者の返還義務（一―四―一―三）、事業者の返還義務（一―四―一―四）、事業者による損害賠償の禁止（一―四―一―五）、不利益特約の禁止（一―四―一―六）である。総論部分でクーリング・オフに関して定義をしたため、それ以降、クーリング・オフという文言が条文で使われている。また、クーリング・オフの行使方法は、意思表示によることとし、その様式を問わないとしている。ただし、できる限り書面で意思を表示するよう努めるものとするとも規定している。なお、クーリング・オフの行使をより容易で確実にするため、切り離して投函できるハガキを法定書面に添付することを義務付けているが、それは法定書面の内容として、取引類型ごとの法定書面に関する規定で対応している（たとえば、訪問販売に関しては、二―一―六〔契約書面の交付〕に規定されている）。この総論部分の規定を前提に、各取引類型ごとに、たとえば行使期間やクーリング・オフ妨害に関することなどについて規定する（たとえば、訪問販売に関しては、二―一―九）。その結果、条文上で消費者にとって馴染みのあるクーリング・オフという文言が使われるとともに、結果的に取引類型ごとの要件の違いも明確になる。

一―四―一―一　本法その他の法律により、消費者に熟慮の機会を保障するため、一旦契約締結の申込みをなし又は契約を締結した場合であっても、一定の期間、無条件に、その契約の申込みの撤回又はその契約の解除（以下これらを「クーリング・オフ」という。）をすることができる旨定めるときは、その行使方法及びその効果については、特別の定めがある場合を除き、この節の規定に従う。

二―一―九（クーリング・オフ）

1　訪問販売に係る契約の申込みをし、又は契約を締結した消費者は、当該契約をクーリング・オフすることができる。

2　消費者が二―一―六（契約書面の交付）の書面を受領した日（その日前に二―一―五（申込書面の交付）の書面を受領した場合にあっては、その書面を受領した日）から起算して8日を経過した場合には、申込者等はクーリング・オフを行うことができない。

3　消費者は、事業者が二―一―七（禁止行為1）第1項の規定に違反してクーリング・オフに関する事項につき不実のことを告げる行為をした場合、及び、事業者が同条第3項の規定に違反して威迫した場合には、前項の規定を適用しない。ただし、消費者が事業者の不実告知にかかわらず、クーリング・オフに関する事項につき誤認をしなかった場合、又は事業者の威迫にかかわらず困惑しなかった場合はこの限りでない。

4　前項の場合、消費者は、事業者が主務政令で定めるところによりクーリング・オフを行うことができる旨を記載して交付した書面を受領した日から起算して8日を経過した場合には、クーリング・オフを行うことができない。

5　前各号の規定に反する特約で消費者に不利なものは、無効とする。

6　本条に定めるほかクーリング・オフについては、第四章第一節（一―四―一―一～一―四―一―六）の定めるところによる。

5　消費者契約に関する不招請勧誘の規制

(1)　不招請勧誘の法規制の現状と課題

消費者が要請していないのに勧誘を行うことを不招請勧誘という。[15] 消費者の契約被害のきっかけがこの不招請勧誘であることが少なくない。[16] そこで、不招請勧誘を法によって規制する必要性が指摘されている。

わが国で初めて、不招請の電話および訪問による勧誘が禁止されたのは、二〇〇四年の金融先物取引法の改正によってである。同法は、勧誘の要請をしていない一般顧客に対して受託契約等の締結を勧誘することを禁止した（金先七六条四号）。二〇〇六年に金融商品取引法が成立し、金融先物取引法はそこに組み込まれることで廃止された。不招請勧誘に関する規定についても、制令で指定された店頭金融デリバティブ取引（金商令一六条の四）について、不招請の電話および訪問による勧誘が禁止されている（金商三八条三号）。

また、二〇〇八年の特商法改正によって、迷惑メール規制として、オプトイン規制[17]が導入された。承諾をしていない消費者に対して、電子メール広告を送信することが禁止されている（特商一二条の三）。なお、電子メール広告のオプトイン規制は、連鎖販売取引（特商三六条の三）と業務提供誘引販売取引（特商五四条の三）にも規定されている。

もっとも、不招請勧誘に対する法規制は、消費者契約に広く認められているわけではない。法的には、金融取引の一部やメール規制に導入されているにすぎない。消費者は、頼んでもいない事業者による突然の訪問や電話に不快感を感じている。それを法的にどのように考えるべきか。また、不招請勧誘はあくまで禁止行為として法規制されているにすぎず、それによって締結された契約の効力については格別の法規定はない。あくまで民事ルール一般に委ねられている。

(2) 試案の考え方

試案では、消費者契約の勧誘について、広く不招請勧誘そのものを禁止してはいない。訪問販売については「訪問販売お断りステッカー」により（二―一―四）、電話勧誘販売については、消費者への勧誘意思の確認義務（二―二―三）を前提として「電話勧誘拒否リスト」によって（二―三―四）、実質的に当該取引についての不招請勧誘を禁止する手法を提案している。不招請勧誘を禁止することは、事業者の営業の自由との関係で慎重な検討が必要となる。また、それを締結した契約の民事効力に関するものとするためには、明確な消費者の意思確認とその制度的なしくみが必要であると考えたのである。

訪問販売に関しては、たとえば条例などに基づいて配布される「訪問販売お断りステッカー」の標示によって不招請の訪問勧誘を行うことを禁止する一方で、それを私法的な効果に結びつけるしくみとして「訪問販売拒否登録」制度が参考案として提案されている。消費者が拒否登録をして「訪問販売拒否登録標章」の交付を受け、これを貼付した場合には、訪問勧誘が禁止されるとともに、それに違反して締結された契約は取消しまたはクーリング・オフが準用されるとしている。

電話勧誘販売に関して提案されている「電話勧誘拒否リスト」については、すでにアメリカやカナダなどで同様の制度が機能し、それぞれの国で成果をあげている。

6　その他

消費者取引法試案には、そのほかにも「不当条項規制」や実効性確保策としての消費者団体訴訟制度の充実などが提案されている。不当条項規制に関していえば、日弁連の過去の提案を検討して、一五項目の不当条項のリストを整備するとともに（一―五―二―一～一―五―二―一六）、その条項が無効とされた場合の補充についても規定を提案している（一―五―三―一）。なお、消契法の立法の際に規制が見送られた「不意打ち条項」は、消費者が契約時に認識していない限り、契約の内容にならないと規定している（一―五―一―三）。

一―五―三―一　1　一―五―二―一（不当条項の使用の禁止）第一項一号に掲げる条項は、その全体を無効とする。ただし、本法その他の法律において、当該条項の一部のみを指定して、消費者の利益を信義則に反する程度に害するものとする、又は推定するとの定めがある場合には、当該部分のみが無効となる。
2　前項の規定により、消費者契約の条項が無効となる場合、消費者契約は残部において効力を有する。この場合において、無効とされた契約条項によって定められた事項については、次の各号に掲げる順序に従い補充する。
一　慣習　ただし、消費者にとって公正な慣習に限る。
二　任意規定
三　信義誠実の原則
3　第一項の規定により無効とされた当該条項に定められた消費者の利益が、前項の補充によってもなお回復できないと認められる場合は、当該条項の消費者の利益を維持する部分については、第一項の規定にかかわらず効力を有するものとする。

三　おわりに

消費者取引法試案が構想される背景には、現在進行中の民法改正に関する議論と、それへの消費者契約法の私法規定の組入れに対する問題意識がある。消費者契約法が、民法との関連で規定されており、その限りで、私法の基本法としての民法と親和性があることは否定し難い。硬直的な詐欺や錯誤によらず、不実表示があれば、事業者であっても誤認する場合があるとの説明には一定の説得力がある。

しかしながら、消費者法は民事法としてのみ機能する法領域ではない。私法ルールの典型としての消費者契約法にあっても、その実効性確保のために消費者団体訴訟が活用される現実を考えれば、試案が提示するようにそれに行政規制を裏付けすることは決して無理な法理論だとは思われない。また、消費者法は生成中の法理論であって、これからも生身の消費者を想定した法理論の深化とそれに基づく消費者法の立法化が進められなければならない。民法への組入れは、消費者法のこうした特性に十分配慮された範囲でのみ意味があることを忘れてはならない。試案で提示される法律実務家としての弁護士の問題意識は、それを具体的に示すものに他ならない。その限りで、消費者取引法試案は、消費者法のあり方や民法との関係を議論するための何よりの素材でもある。

消費者法の歩みはまだまだおぼつかない。消費者契約法が施行されてまだ一〇年しか経過していないのである。消費者法の研究者も、現場で消費者被害を救済するために法の適用を考える者も、実はいつも迷いながら、消費者法のこれからを考え続けている。

津谷裕貴弁護士は、その最前線で、消費者法を考えた人であった。民法改正による消費者契約法の組入れにも、先生は疑問を示されていた。しかし、残念ながら、津谷先生からこの消費者取引法試案に対するご意見を聞く機会を、私たちは持つことができない。先生のライフワークであった不招請勧誘にかかわる部分には、きっと語りたいこと、注文がたくさんあったはずだと思う。ただ、それを含めて、津谷先生が消費者法に関して考えたこと、そのときの先生のお気持は、この試案を編纂した弁護士諸氏に確実に受け継がれている。

（1）近畿弁護士会連合会（近弁連）とは、大阪、京都、滋賀、奈良、和歌山、兵庫の六つの単位弁護士会の連合体である。

（2）夏期研での報告を基礎に、さらに整理された提案が、近畿弁護士会連合会消費者保護委員会編『消費者取引法試案——統一消費者法典の実現をめざして』（消費者法ニュース発行会議、二〇一〇年）に掲載されている。本稿も、ここに記載されている条文や提言内容を素材として論ずるものであるが、そのすべてを紹介することはとても不可能である。この機会にぜひ、消費者取引法試案そのものに目を通していただきたい。

（3）いずれも、大阪弁護士会に所属する、赤松純子弁護士、薬袋真司弁護士、吉田実弁護士によって、試案のとりまとめがなされた。

（4）消費者信用を包括的・統一的に、法によって規制すべきとの提案は、すでに各方面からなされている。日弁連は二〇〇三年に「統一消費者信用法要綱案」を公表している。また、「包括的『消費者信用法要項試案』について——比較法からの立法提案」中坊公平ほか編著『クレジット法の理論と実際』二二七頁以下（信山社、一九九〇年）。

（5）製造物責任法の人的な適用範囲は、「人」とされている（同法一条）。製造物責任法は民法の特別法であり、その点で、自然人に限らず、製造物の欠陥によって財産被害を受けた法人も法の対象となる。

（6）二〇〇四年の特商法改正では、禁止行為によって締結された契約についての取消権が規定された。その意義などについては、石戸谷豊「消費者取引における民事ルールと業者ルールの交錯」NBL八二七号一八頁（二〇〇六年）。民事ルールと業者ルールの統合により広義の市場ルールを整備すべきとの提案は、この試案にも通ずるものがある。

（7）たとえば、訪問販売についてのクーリング・オフを規定する特商法九条は、法律専門家が読んでも理解が困難なほど複雑な条文である。

（8）消費者法における消費者概念については、大村敦志『消費者法（第四版）』一九頁以下（有斐閣、二〇一一年）。

（9）たとえば、谷本圭子「民法上の『人』と『消費者』」石田喜久夫先生古稀『民法学の課題と展望』七三頁（成文堂、二〇〇〇年）。この議論を端的に整理するものとして、谷本圭子「『消費者』という概念」消費者法判例百選一〇頁（二〇一〇年）。

（10）不実告知を不実表示に改めて、改正民法に組み込むことが提案されている（民法（債権法）改正検討委員会『民法（債権法）改正の基本方針（別冊NBL一二六号）』三四頁）。

（11）丸山絵美子「消費者契約における取消権と不当利得法理(1)(2)(完)」筑波ロージャーナル創刊号一〇九頁（二〇〇七年）・二号八五頁（二〇〇七年）。丸山教授には、夏期研修会に向けた研究会で消費者契約に関する不当利得法理の考え方についてご教示いただく機会を得た。

(12) 適合性原則に関しては、王冷然「消費者保護と適合性原則」佐藤祐介＝松岡勝実編『消費者市民社会の制度論』二〇一頁（成文堂、二〇一〇年）。

(13) 最判平成一七年七月一四日・民集五九巻六号一三二三頁。もっとも、この判決の事案については、不法行為の成立は否定されている。判例評釈として、潮見佳男・リマークス三三号六六頁（二〇〇六年）、近江幸治・判評五七〇号一八頁（判時一九三一号一八八頁）（二〇〇六年）など。

(14) 福岡高判平成六年八月三一日・判タ八七二号二八九頁。判例評釈として、石川正実・消費者法判例百選一一二頁（二〇一〇年）。

(15) 不招請勧誘をめぐる論考として、津谷裕貴「不招請勧誘規制のあり方について(上)(下)」国民生活研究五〇巻一号一頁（二〇一〇年）・五〇巻二号一頁（二〇一〇年）、石戸谷豊「不招請勧誘の法規制の現状と方向性」現代消費者法九号四頁（二〇一〇年）など。

(16) 消費者に対する不招請勧誘の調査として、国民生活センター「第三七回国民生活動向調査――訪問販売と電話による勧誘――不招請勧誘」（二〇〇七年三月）がある。

(17) オプトイン（opt-in）規制とは、事前に同意がない限り消費者に対して勧誘をしてはならないとする規制方法のことをいう。反対に、消費者からの拒否があった場合に勧誘をしてはならないとするものが、オプトアウト（opt-out）規制という。

■消費者取引における「取締規定」の民事的効力

――消費者「市場ルール」構築の課題

国士舘大学教授　山口康夫

一　問題の所在

「取締規定違反行為の民事的効力」の問題は、近時、新しい論点を生み出している。中でも競争秩序・市場ルールと民法との相関関係が自覚的に取り上げられるようになり、その延長線で公法と私法の関連を再検討する動向が注目される。(1) ここでは、私法の対象として競争秩序・市場ルールとの関連を明確にすることの必要性が説かれるとともに、公法・私法の相互依存・補完関係が強調されるに至っている。(2) このような動向は、法の現代化現象ともいえる法の政策化に裏打ちされているが、いずれにしろ現代社会に対応した新たな法の体系が求められているといってよいだろう。

この中にあって、取締規定違反行為の民事的効力の問題は中心的論点の一つとなっている。この問題に関しては、末弘説が古典的な見解であるが、(3) その後、行政上の禁止規定を単なる取締規定と強行規定（効力規定）に分類し、強行規定違反のみが法律行為の無効をもたらすとの見解が通説を占めるようになった。(4) 右の見解のもとで、判例は、多くの場合、行政取締規定違反は民事的効力に影響を及ぼさないと解釈してきた。(5) しかし、最近では、このような思考枠組みそのものを再検討する必要性が指摘され、多様な見解（履行段階説、経済的公序説、基本権保護義務説等）が主張されるようになってきた。(6) それにもかかわらず、この問題は、依然として統一的な結論に達していない状況にある。(7) それは、「取締規定」概念が実定法上のものではないために用語的統一が困難であることを主要な原因とする。(8) そのため、①取締規定概念は極めて多義的に使用されており、取締規定概念は論者により異なった意味で用いられてきた。(9) これは共通の地盤に基づく議論を困難にさせる原因になった。また、②取締規定の対象の多様性も理論的解決を困難にしてきた。取締規定は、歴史的にもさまざまな領域を対象としてきており、現代社会ではさらに多様化が進んでおり、統一的理解を困難としている。さらに、③取締規定の内容が公法・私法の領域にまたがっているために、公法と私法の峻別を前提とした近代法のシステムとどのように関連づけられるかが不明確であった。このうち、①、②は具体的な各論の検討作業が必須となり、その集積ののち総合的な理論に結び付けられるべき問題である。③は、最近の理論動向の中心的課題となっており、一定の成果があげられつつある。(10)

しかし、③の理論動向は総論重視の傾向をもつために、現実の法解釈にどのように反映されるのか必ずしも明らかではない。そこで、本稿は、総論的な理論動向を前提とするが、具体的な法解釈を示すことにより、各論的課題の解決に寄与することを目的とする。(11) つまり、本稿は競争秩序・市場ルールと民事法の関連を総論的に対象とするのではなく、各論的に特定商取引法を素材として、その解釈枠組みを検討することを目的とする。この検討にあたっては当然に最近の理論動向との往還が必要となるが、本稿は、その前提作業としての位置づけが与えられる。また、その検討は消費者取引＝契約という側面から行うものであり、市場ルールを構成する他の重要な要素（市場の合理性、商品・サービスの安全性等）を含めた体系的検討は、別稿に譲ることとしたい。

以下では、①消費者保護基本法が消費者基本法に改正されたことにより、理念や規制手法が転換されたことを検討・確認し、ついで②消費者法分野においては、消費者基本法の枠組みとの関連において法解釈を行う必要があることを述べ、③そのような視点からみた特定商取引法の解釈枠組みを検討する。

二　消費者基本法改正と法解釈理論

消費者法に関連する問題の検討にあたって、消費者基本法はプログラム規定であるとして、その存在を軽視する傾向は依然として強いようである。しかし、消費者基本法は、消費者法領域における法制度の枠組みを示すものである以上、消費者法の諸問題を検討する際には、同法との関連を明示する必要があると思われる(12)。

消費者基本法は、一九六八年に制定された「消費者保護基本法」の改正法であるが、同改正は、消費者政策や法を支える基本理念転換の分岐点になったという意味で重要である。改正による政策や理念の転換によってもたらされた変化の概要を整理すると、次のようになる。

1　消費者基本法による法・政策の転換

消費者保護基本法の改正により、消費者政策や法を支える理念は大きな転換を遂げている。改正消費者基本法は「消費者の利益の擁護及び増進」を目的としている（一条）が、理念的には「消費者『保護』から消費者『権』へ」の転換が図られている(13)。この転換は、表層的には、市民社会における消費者の権利意識の高まりを背景とするが、深層においては、二つの右肩上がりの時代の終焉に伴う国家財政の危機に由来する基本政策の転換に基づいている点を見逃すわけにはいかない。

消費者保護基本法体制は、理念的には福祉国家思想に基づく「弱者保護」の立場にたち、規制方法も公法的規制に限定していたことが特徴である。その結果、①消費者保護基本法体制のもとでは、消費者保護を実現するために事業者の市場活動に公法的規制（行政的規制）を加えることが主要な目的となっていた。そのため、消費者保護基本法は、行政指導、各種業法による事前規制を行うための基本法という性格を有していた。公法規制重視のもとでは、消費者が関係する取引・生活関係に国家が直接介入して、その私法上の効力を判断するための制度、ルールの必要性は少なく、それらの整備が遅れる原因となった。このため、消費者の権利は、特別法の制定や裁判例の蓄積により個別に積み上げられてきた。

②消費者保護基本法は、「市場」の健全性・公正性の維持・確保については、直接的な規律対象としておらず、この点は、独占禁止法等の経済法分野に委ねられていた。

③また、消費者被害救済手続に関する規定が存在せず、特に被害者救済のための訴訟手続、行政手続が制度化されていなかった。わずかに、国民生活センターや消費生活センターを通じた解決が想定されている程度であった。

右のような状況において、消費者保護基本法が改正され「消費者基本法」が成立した。基本法改正により、保護の客体としての消費者から、消費者が主体となる「消費者権」へと理念の転換が行われ、右の①、②、③の諸点の改革が企図された。

①は、改正基本法一条・二条により転換が図られ、②は、改正基本法一二条および九条に基づく「第一次消費者基本計画（平成一七年度～平成二一年度）」において、契約の適正化等が重点施策とされ、それに基づき新たな立法や改正、消費者政策の枠組みが示されてきた。そして、③の解決のために、「団体訴権」制度等が消費者契約法の改正により実現した。これらは、基本法改正による理念・政策の転換によるものであり、平成二〇年に改正された特定商取

引法、割賦販売法の改正目的も同様の転換に基づくものである。(14)

2　理念転換による規制手法（手段）の変化

改正基本法の理念転換により消費者法の包括的体系化の方向が明確となったが、それに伴い規制手法・規制手段は、行政規制中心から司法規制中心へと転換が図られた。

これまでの公法的（行政的）規制中心の政策や立法は、「消費者の自立支援」という名目のもとで、消費者が自ら裁判を通して権利の具体化を図るものへと転換された。このような潮流は、取締規定違反行為の民事的効果を検討する場合に当然考慮されるべき点である。

司法規制に重心が移行することにより、事後規制が重視されるようになったが、このような事後規制＝司法規制が十分に機能を果たすためには、民事ルールの整備・構築や従来の法解釈論の再検討が不可欠の条件となる。このような民事ルール整備の例として、特定商取引法・割賦販売法の平成二〇年改正がある。同改正は、基本法の改正理念の実現という目的を有し、具体的には、指定制の見直し（指定商品・指定役務の廃止）や過量販売解除権の承認、クレジット規制の強化（与信契約のクーリング・オフ等）などを内容としている。これらはいずれも改正基本法の「消費者の権利の尊重と自律の保障」という理念を具体化し、基本法一二条をより具体化して民事ルールを整備する内容になっている。また、同改正によって、特定商取引法の多くの規定が消費者団体訴訟の対象とされたことは、公法・私法の相互補完関係を前提とした「市場ルール」確立の第一歩となっている点で重要である。

3　法解釈の転換

基本法の理念転換や規制手法の変化が個別の消費者立法・改正に影響を及ぼすことは、法のシステム上から当然であるが、この射程範囲はそれにとどまるものではなく、既存の法解釈にも影響を与えるものと考えなければならない。新法解釈がこのような転換・変化に無縁であるとすれば、改正基本法による転換・変化の意味は大幅に減少する。新立法や改正法が改正基本法の理念に合致しているとしても、既存の消費者法の領域にその転換・規制の変化が反映されないとすれば、矛盾した法システムにならざるをえないからである。この意味からも、既存の消費者法に関連する法解釈は、基本法の理念転換・規制手法の変化に伴い再検討しなければならないと考えられる。(15) このような作業を通すことによって、基本法改正の意図が貫徹し、「消費者の利益の擁護及び増進」の実現が可能となるだろう。

右の視点からすると、取締規定としての性質を有する既存の消費者関連法は、これまでの「単なる取締規定」から「消費者法」ないしは消費者「市場ルール」へと変化することが求められ、それを支える「法解釈の枠組み」にも変化が要請される。つまり「保護」から「権利」へという基本法理念の転換は、規制手法の変化を促したが、それは法解釈にも反映されなければならないと考える。

三　取締規定違反行為の民事的効果

1　取締規定概念の転換の必要性

右に述べたように、消費者法領域における基本理念は、消費者基本法に求められるが、この理念は消費者保護基本法の改正により転換したと考えられる。そして、基本法改正による理念の転換や規制手法の変化は、立法や改正に対して影響を与えるだけではなく、法解釈にも影響を及ぼすものとみなければならない。すなわち、基本法改正は、消費者基本法を中心とする新たな消費者法の体系の枠組みを提示したものと理解する必要がある。この視点は、取締規定違反行為の民事的効果についての法的対応にも妥当する。

基本法の理念転換は、消費者法領域の立法・改正、法解釈に影響を及ぶと理解する立場からすると、本稿の課題に対しても、改正基本法と関連させた新たな判断枠組みを提示する必要があると思われる。

筆者は、別稿において、従来の取締規定による規制は、事業者規制を中心とした主体・客体規制を経て、次第に「行為規制」に重点を移行してきている点を指摘するとともに[16]、消費者法の領域で対象となる生活事実は、従来の取締規定が対象としていたそれと異なることを明らかにした[17]。つまり、旧来の取締規定のもとでは、それに違反した取引がなされた場合、取引を維持することが一般の人々の利益（取引の安全確保）に沿うものであり、そのため取引社会に対する国家の介入は、営業の自由との関連からも抑制的であった[18]。したがって、取締規定違反行為の民事的効果については、行政上の必要性から範囲が画定されているとみる見解が一般的であった[19]。「行政上の必要性」とは、「行政主体の行為を根拠づける行為規範であって、これに基づき、日常、大量の行政行為がおこなわれている。そして、そのうちの裁判になるものについてのみ、当該行政法は、裁判所を拘束する裁判規範としての意味を第二次的」にもち[20]、それにより、行政の効率的運用が行われるものと理解されていた。一般論としては、右のような理解は重要であると考えるが、消費者基本法のもとにおける取締規定の効力に関しては、それと異なった視点が必要であると思われる。たとえば、特定商取引法や割賦販売法における「指定商品制」は、対象となる商品の行政管轄の範囲画定という行政効率の面から制度設計が行われていたが、これは消費者利益の確保の観点からすると、悪質業者の温床ともなりかねない極めて問題の多い制度であった。このように行政効率と消費者利益確保の問題は、実現すべき利益の面で対立する場合が多く「市場ルール」とは言い難いものであった（なお、「指定制」は、平成二〇年の特定商取引法、割賦販売法改正により一部是正がなされた）。

消費者取引では、先にも述べたように、取締規定違反行為に基づいて契約がなされた場合、契約からの脱退を認めることが消費者の利益に合致する。たとえば、取締規定の勧誘行為規制違反による契約が締結された場合、消費者の利益は、契約の維持よりも契約からの脱退を認めることで得られる。つまり、消費者取引においては契約の維持が問題となるのではなく、反対に契約から脱退すること＝契約からの解放が主要な関心事となっている。(21) この点において、一般の取締規定と消費者に関連する法令の差異を見出すことができよう。さらに、消費者法の分野では、基本法改正による理念の転換が行われ、取締規定は、行政効率を重視したものから、消費者の自立に伴う民事ルールを重視したものへの転換が求められている。このことから、消費者法の領域では、これまで二次的な意味を有するとされていた取締規定の裁判規範性を重視する必要性が生まれてきたと考えられる。

要するに、消費者法の領域では、伝統的な「取締規定」概念の転換が必要であり、基本法のもとで、取締規定は「競争秩序の公序化ルール」あるいは消費者「市場ルール」の一部を構成するという性質に変化していると理解しなければならない。

2　基本法と市場ルール

資本主義経済社会においては、新たな取引が次々と生まれるのは当然である。また、現代社会では、家計の可処分所得や取引規模の拡大に伴い、消費者取引はますます多様化・専門化している。これに対して、組織的・画一的で硬直性を有する従来の取締規定では、規制の後追いや複雑化を招来するだけであり、根本的な解決にはならない。したがって、消費者が登場する市場においては、業者ルールと民事ルールを統合した「市場ルール」が必要となる。(22) そして、新たな消費者「市場ルール」の整備・構築は、基本法理念のもとに体系化することが求められる。市場ルールの整備にとっての課題は、取締規定への法的対応である。

一般に取締規定に基づく行政規制は「予防」を目的とした事前規制が中心であり、それに反した行為の悪性に応じた法的効果が定められている。つまり、取締規定は、行政が「事前規制」を行うための根拠条文という性格を有している。そして、事前規制を担保し実効性を高めるために、違反行為がある一定の場合に民事的効果が定められている。このため、取締規定違反行為の民事的効果については、二つの観点から整理しなければならない。①は事前規制の実効性を担保するという機能である。②は法令違反行為に対するサンクションの機能である。①は消費者市場全体の問題であり、②は消費者市場において締結される具体的・個別的契約の有効・無効の問題である。また、①は「消費者公序」に関連し、②は「具体的契約の効力」に関連する。このような二重性は、消費者「市場」における「利潤追求の経済システムの論理」と「消費者」市場における「消費者が求める目的」が異なっていることに由来する。それにもかかわらず、現実の社会＝市場では、①を重視した取締規定による統一した規制が行われてきた。しかし、消費者市場は、もともと右のような二重性をもっている場である。そのため、消費者「市場ルール」の整備・構築に際しては、その二重性・二層構造を包含したものとして構想する必要がある。また、消費者「市場ルール」の二重性・二層構造は、取締規定の法解釈にも反映されなければならないと考える。

二重性のある消費者市場における公法的規制の重視は、「消費者が求める目的」への配慮を脱落することになる。このため、消費者市場ルールの整備・構築は、二重性への配慮という視点が不可欠なものとなる。右の視点からは、取締規定違反行為があり、その違反行為に該当する当該規定内容が指示対象行為とされているとしても、それは事前規制を目的とした規定の違反行為であり、当該規定が遵守されないために生じた消費者利益の確保という事後的解決の問題とは異なるのであるから、この違反行為に民事的効果に関する明文規定がないことを理由にその効果が認められないと解する理由はない[23]。したがって、具体的な契約の効力の判断に際しては、まず消費者「市場ルール」に反する「法令違反」行為の有無が問題となるのであって、次に当該契約に関する諸事実を評価して民事的効果を問題にしなければならない。

これまで取締規定の効力論は、消費者市場の二重性に関連して、公法・私法の峻別を前提に、行政規制と民事的効果に分けて論じられてきていたが、近時においてその再検討の議論が進行している[24]。議論は、新たな「市場ルール」を構築する際の理論的障害となる公法・私法の峻別をどのように克服するのかという論点が中心となっている。そこでの問題は、取締規定に内在する公法と私法の価値をどのように統一して説明するかの点におかれている。

結論的にいえば、消費者「市場ルール」の構築を目的とする場合、公私法の峻別理論は必ずしも妥当ではなく、それらは基本法の理念の実現を志向した相互補完的な関係にあるとみるべきであろう。その意味において「競争秩序の民法上の公序化を志向し、その違反行為については私法上の効力も否定するという方向で問題を考えるべき」であるとの見解は妥当な方向を示していると思われる[25]。しかし、競争秩序の公序化という場合の公正性=公序は、極めて抽象的な概念であり、その判断基準は必ずしも明確ではない[26]。この点は、競争秩序、市場ルールの公共的性格の再検討を促すことになるが[27]、ここでは公序の公共的性格は国家的利益というよりも市民の利益にかかわる点を指摘しておきたい。しかも消費者市場の二重性は、公正な市場の実現・維持の問題と、それとは間接的な関係にある事業者と消費者の間で締結される、個々の具体的な契約の有効・無効の問題として現れてくる。右のような、公法・私法の交錯、消費者市場の二重性を統合して理解することが「市場ルール」の整備・構築に不可欠であると思われるが、この統合は基本法の理念の実現という方向で行われるべきであろう。

3　事業者の法令遵守義務

事業者と消費者の情報や交渉力の格差を前提とした消費者契約は、契約準備段階から成立段階、履行段階、履行後を一連の過程として統合的に理解するとともに、解釈においても格差の存在を考慮すべきことは、消費者法の領域ではほぼ承認を得ていると思われる。(28) 近代契約法は、契約成立後の権利・義務関係を主な対象としてきたが、それは観念的にせよ契約自由を原則とする「自由な市場」を前提にしてきたからである。しかし、消費者取引においては、このような観念的前提が崩れ、契約当事者間の具体的な格差が問題となっている。そのため、事業者と消費者の格差を包括した新たな市場ルールが必要となる。この意味において改正基本法は、消費者の登場する市場ルールの枠組みを示すものと理解することができる。この市場ルールを「公序」という枠組みで説明することも可能であるが、(29) 現実的には「基本法による枠組み」と理解するほうがより具体的で適切であろう。

経済的公序論は、公序良俗違反の判断を正当化する理由として「法令上の公序」と「裁判上の公序」の区別を主張している。(30) 取締規定に関する問題は前者と理解されるが、本稿の視点からいえば、その際「法令上の公序」において裁判所に要請されているのは、基本法の目的およびそのもとにある取締規定の立法目的をできる限り実現することであると考えられる。したがって、法令自身が違反行為の効力を明規していなくても、その目的を実現するために、その効力を否定することが必要であれば、公序違反等の根拠に基づき認めるべきであるということになる。そして、その判断基準は、本稿の視点からすれば、公序違反というよりも法令遵守義務違反と解すべきである。

消費者法領域では、当事者間の格差を前提として、新たに「情報提供義務」や「説明義務」が承認されてきた。これは公序の問題に還元することもできるが、当該契約に対する信義則の支配の問題とみるべきである。つまり、民法の予定する契約の債務内容は、信義則により拡張され具体化されてきているが[31]、消費者取引においては、そこに「法令遵守義務」が含まれると考えることが妥当である。

右のように、消費者契約においては、事業者には信義則から派生する「契約適正確保義務」の一環として法令遵守という基本的義務があることが認められ、その具体化の一つとして「市場ルール」としての取締規定による規制があると考えることができるのではないか。そして、指示対象行為と禁止行為は、行政規制を目的とした分類であり、その目的からその行為の悪性に応じて区別しているのであって、指示対象行為違反から契約の民事的効果の問題は生じないと考える必要はない。取締規定違反行為に民事的効果が結合されている結果、反対に民事的効果の規定がないものには民事的効果が生じないという結論になりやすいが、消費者市場の二重性を前提とした「市場ルール」整備という視点からは、ここには法令上の一種の空白があり、その空白は裁判所によって埋められるべき部分であると考えなければならない。したがって、指示対象行為であっても、法令違反があれば、信義則上、法律行為の有効・無効判断の有力な材料になると考えられる。

四　特定商取引法の解釈枠組み

1　基本的視点

以上の見解について、消費者法の代表的立法である特定商取引法を素材にやや詳しく考察する[32]。

周知のように、特定商取引法は行政取締規定と民事的効果を認めた規定が混在している。同法を伝統的な取締規定とみるのではなく、「市場ルール」としての性質を付与しようとする立場からすると、混在した規定をどのように統一的に理解し法解釈に活かすべきかが問題となる。次に、特定商取引法の目的、規制方法、法解釈に分けて検討する。

(1) 目的

特定商取引法の目的は、①購入者等の利益を保護することと、②商品等の流通および役務の提供を適正かつ円滑にすることに置かれている（特商一条）。そして、最終的には「国民経済の健全な発展に寄与すること」が目的とされ、目的実現のための手段としては、特定商取引を公正にし、購入者等が受けることのある損害の防止を図ることとされている。

市場ルールとしての性質は、目的実現のための手段として「特定商取引を公正」（特商一条）にする点が規定されていることで、より鮮明なものとなっている。したがって、特定商取引法は市場ルールないし競争法の一面を有していると理解することができる。また、前述したように、特定商取引法の改正によって、「指定商品制」が一部撤廃され、消費者団体訴訟による差止請求の対象が同法にまで及んだことは、特定商取引法が、取締規定から消費者「市場ルール」に転換したものと理解することができるだろう。

ところで、特定商取引法の対象は、消費者を一方の相手方とする「消費者」市場である。このような市場のルールとしては、基本法の理念・目的との整合性が要請される。特定商取引法一条を基本法一条と比較した場合の違いは、特定商取引法一条には「商品等の流通及び役務の提供を適正かつ円滑に」することとの目的が定められていることである。この点において、特定商取引法は基本法のもとで消費者「市場ルール」としての側面を担っていると理解することができる。そして、改正基本法が「消費者の利益の擁護及び増進」を目的とし（一条・二条）、特定商取引法は

「購入者等の利益を保護」し、「商品等の流通及び役務の提供を適正かつ円滑に」図ることを目的（一条）としている点については、基本法の目的・基本理念から前者の価値を優先すべきであると解することとなる。

消費者市場においては、消費者契約は改正基本法一条の目的実現のために「商品及び役務について消費者の自主的かつ合理的な選択の機会が確保」（基本法二条）されているかどうかが問題となる。そして、改正基本法は、このような消費者の権利に対応して、事業者の責務を具体化し（五条）、取引に関連する条項である基本法一二条は、契約の適正化等に必要な施策を講ずべきことを定めている。(33)

(2) 規制方法

取締規定として出発した特定商取引法は、当初、行政規制法としての性質を強く有しており、消費者市場の二重性への配慮は乏しかった。しかし、基本法改正やその後の改正よって、消費者市場ルールへと法の性質が変容してきたとみることができる。

特定商取引法の行為規制は、①禁止行為、②間接的禁止行為、②指示対象行為に大別することができるが、これらは行政規制の視点からの分類である。行政規制は、事前規制が中心であり、予防の必要性の高い行為は禁止行為とされ、それが低いと判断される行為は指示対象行為として区分けがなされてきた。これらは、行為の悪性の程度に伴う、行政上の予防措置の担保の程度の差である。しかし、先に述べたように、消費者法領域では、取締規定は消費者「市場ルール」に適合するように転換が求められ、規制方法も行政規制から司法規制へと重心が移動している。重心移動には司法規制のための基準が不可欠であるが、その法令整備は大幅に遅れているのが実情である。司法規制に軸足を移しても、裁判の根拠となる法令が乏しければ、その移行は消費者利益確保の潮流に逆行するものとなる。そこで、このような実情のもとでは、法の解釈が一段と重要な意味をもってくる。

(3) 法解釈の必要性

右にみたように、改正基本法体系のもとで、消費者市場は、事前規制から事後規制、行政規制から司法規制へと大きな転換が企図されている。しかし、司法規制の前提となる法令の整備は遅れていると言わざるを得ない状況である。新立法による整備の重要性はいうまでもないが、これは立法論に及ぶので本稿の課題から外れる。本稿の課題は、消費者市場ルールの構築に向けて、現行法令の範囲内でどのように考えることが可能かについて検討することである。

特定商取引法の諸規定は、消費者市場の二重性を反映して行政規制と司法規制が併合・交錯しているが、これまでは行政規定の性質を有していた。しかし、改正基本法のもとで、特定商取引法の性質は変容したと考えることができる。そうすると、これまで行政上の取締規定であると理解されていた諸規定は、今まで隠れていた市場の二重性が表面化し、その結果、消費者市場における裁判規範としての重要性を有するに至っているとみることが可能である。そうであるとすれば、このような方向に向けての法解釈が必要となる。(34)

2 取締規定違反行為の民事的効果の判断基準

右に述べてきたことから、特定商取引法の諸規定に違反する行為があった場合、それらの諸規定は、原則として裁判規範として機能すると考えるべきである。

(1) 禁止行為

法令違反行為があった場合、法の明文規定によって違反行為が民事的効果と結び付けられている「禁止行為」は、規定どおりに無効、取消し、解除が認められる。しかし、これにも一定の留保が必要である。それは、法の適用にあたっては、法律要件・法律効果について解釈の争いを認めることが必要であるという点である。これは、規制手法が事前規制から事後規制に変化し、行政規制から司法規制へと転換したことからの帰結である。いわゆる「公権的（有権的）解釈」は、法解釈の一材料にはなるが、消費者市場ルールのもとでは、それがすべてではないと考えなければならない。(35)

(2)　間接的禁止行為（間接的に民事効果が認められている場合）

法規定上、その違反があっても直接民事的効果と結び付けられていないが、間接的に民事的効果につながる条項がある。その典型的事例が「書面交付義務」である。

特定商取引法では、消費者が契約内容を確認し再考する材料となるとともに、後日の紛争を防止するために、事業者に対して「書面交付義務」を課している。訪問販売に関しては、同法四条・五条において、事業者に書面の法定記載事項記載義務、および書面交付義務を規定しているが、それに違反した場合について明文の民事的効果を規定しているわけではない。しかし、同法九条は、法定書面の交付日がクーリング・オフ期間の初日となることを規定している。このため、事業者が書面交付義務を果たさない場合、理論的には、いつまでもクーリング・オフが可能と解されている。(36)このように書面交付義務違反がある場合、法は、事業者に著しい不利益となる法的効果を認めることにより、間接的に民事的効果を承認している。

事業者の書面記載事項の遵守義務も間接的に担保されている。事業者が書面を交付した場合であっても、特定商取引法九条等に規定する法定記載事項を記載していなければ「不備書面」として書面交付とみなされないと解されているのが、そのよい例である。(37)したがって、ここでは、「法定記載事項を記載」した「書面を交付」することが間接的に担保されている。

なお、書面交付義務、書面記載義務違反による契約は、クーリング・オフの対象となるだけでなく、民事上無効と

解すべきであることは、すでに指摘されているが、本稿の立場からは、この見解が妥当であると考える。(38)

(3) 指示対象行為

問題は指示対象行為である。取締規定違反行為の民事的効力の問題は、このような条項をめぐって問題となる。指示対象行為を規定する特定商取引法七条を中心に検討しておこう。同条本文は、氏名等の明示(三条)、再勧誘の禁止(三条の二第二項)および四条～六条の規定に違反した場合、および七条一号～四号に定める行為があった場合であって、「訪問販売に係る取引の公正及び購入者又は役務の提供を受ける者の利益が害されるおそれがあると認めるとき」には、主務大臣は改善命令などの必要な措置をとるべきことを指示することができるとしている。また、消費者の利益や取引の公正性を著しく害されるおそれがあると認められるときには、業務停止が命ぜられる(特商八条)。これらは、行政上の指示・命令を行う場合の基本条項である。

条文内容を仔細に検討すれば、特定商取引法七条は「おそれがあると認めるとき」としているので、「事前規制」を前提にした規定である。そして、本条はそのような指示が認められる場合として、①取引の公正・②購入者等の利益が害されるおそれがある場合であって、③主務大臣が認めたときに指示が可能という要件を定めている。したがって、違反行為があっても①、②、③の要件が備わらなければ行政規制は発動されない。

指示対象行為違反行為の法的効果を判断する場合、次の二つの側面があることに注意が必要である。特定商取引法は前述のように、①購入者の利益を保護し、②商品等の流通および役務の提供を適正・円滑に図ることを目的としている(特商一条)。そうすると、行政規制は、主として②の実現を目的としており、そのため事業者の組織的(行政措置の対象)行為が対象となる。しかし、法令違反行為があった場合の民事的効果の問題は、個別契約(法律行為)の問題であり、①の問題である。特定商取引法による行政上の措置は、個別取引(法律行為)の効力を対象とするのではなく、ある事業者の総体としての事業活動が取引の公正性を失うおそれがあり、ひいては市場の公正性に影響を及ぼす場合に発動されるというしくみになっている。たとえば、「つきまとい行為」を考えると、つきまとい行為が組織的に行われ、放置しておけば公正な市場が侵害されるという要件のもとに、行政上の指示がなされるのである。そうすると、つきまとい行為が、個別的・散発的、あるいは組織的とまでいえない場合には、行政上の措置は行われない。そして、つきまとい行為は指示対象行為であるために民事的効果も生ずることがなく、契約の有効・無効の問題にはならないと考えられている。しかし、民事的効果を考察する場合に対象となるのは、個別的・具体的な取引である。そのため、行政規制と連関しながらも、違反行為の法的効果は、その法律行為そのものによって判断すべき問題である。そのような意味で民事的効果を考察する場合、特定商取引法の諸規定が個別契約にどのように影響を及ぼすのかが問題である。

そこで、消費者契約においては、事業者には信義則から派生する基本的義務として「法令遵守義務」があることを認め、その具体的基準として、特定商取引法による規制があると考えるのが妥当ではないか。指示対象行為と禁止行為は、特定商取引の行政規制を目的とした分類であり、その悪性によって区別しているのであって、指示対象行為から契約の無効、取消しの問題は生じないと考える必要はないと考える。したがって、特定商取引法における「つきまとい行為」等の指示対象行為であっても、法令違反があれば信義則上、法律行為の有効・無効判断の有力な材料になると考えなければならない。

たとえば、消費者がつきまとい行為により契約を締結した場合、それが信義則上認められるべき勧誘行為であったか否か、（より具体的には）購入者等の利益を侵害する勧誘行為であったか等の取引の公正性を損なうものであるか等によって決すべきことになる（法の目的・特商一条・七条・八条の要件違反行為）。つまり、法令違反行為は、信義則上、事業者の法令遵守義務に反するものであり、そのような行為に関連して行われた契約の申込みや締結は、いったん有効・無効のフィルターを通す必要があるとの主張となる。改正基本法に基づく市場ルールの確立の観点からは、右のような法解釈が妥当であると考える。このようなフィルターを通すことにより、取締規定違反行為があるにもかかわらず事業者が消費者に対し履行の強制をすることが可能となるような「法の矛盾」を避けることも可能となる。たとえば、「つきまとい行為」によって契約を締結したが、消費者がまだ代金を払っていない場合であって、つきまとい行為について行政上の指示がなされた後、事業者が消費者に履行請求を認めるのは妥当であるのかという問題である。このような場合について、当該条項が単に指示対象行為であり、その違反について民事的効果が付与されていないことを根拠に事業者の履行請求を認めることは、法令違反行為があるのに、そこから生じた請求権行使を法的に承認するという「法の矛盾」を生み出し、妥当ではない。近時の裁判例においては、このような場合について、信義則に基づき事業者側の請求を否定したものがある。本稿の立場からすると、妥当な判決である[39]。

消費者契約における信義則の支配は、事業者の身勝手な行動を抑制して、消費者の信頼関係や期待を保護し、結果として契約の公平性＝契約正義を実現するものと考えられる[40]。また、特定商取引法に違反する行為について信義則のフィルターを通すことによって妥当性を判断することは、消費者契約法一〇条の信義則援用と連結することになり、消費者市場ルールに統一性を与えることになろう。

五　問題の整理と今後の課題

1　問題の整理

右に述べた点を概括すると、次のようになる。

消費者保護基本法の改正が行われ、その理念や規制手法が転換されたことは画期的な変化であった。それは特に、二つの意味で画期的である。第一に、基本法改正によって、新たに消費者「市場ルール」構築の方向が確定したことである。近時の消費者法領域における立法や改正は、改正基本法九条に基づく「基本計画」の実行という側面をもっており、明確にこの傾向を示している。中でも、消費者契約法改正による消費者団体訴訟制度の創設によって、消費者団体に競争秩序という公共的利益を維持するための訴権を付与したことは、消費者「市場ルール」における公法・私法の相互補完関係を強化するものであると考えられる。第二に、理念や規制手法の転換は、新たな立法や法改正を方向づけるものであるが、この変化は従来の法解釈にも及ぶものと理解されることである。本稿は、第一点を前提とするが、第二点を重視したものである。

公法・私法の関係を競争秩序のもとで再検討する動きは、この十数年進展したとはいえ、取締規定論においては、依然として公法・私法の峻別論が立ちはだかっているように思える。そこで、消費者法領域における諸法令は、基本法の示す「市場ルール」を基礎とした再検討が必要になるだろう。また、消費者「市場ルール」における、取締規定違反行為の民事的効果に対する法的対応が問題となる。以上の理解のもとで、特定商取引法の諸規定を検討すると次のようになる。

特定商取引法は、消費者市場ルールとしての性格を有しているが、そのため消費者市場の二重性を包含している。そして市場の二重性の問題は、経済市場の目的と消費者利益、あるいは行政規制と司法規制の対立の中で顕現してきた。この二重性の対立を相互連関と補完関係に転換することが必要であるが、それは基本法の理念のもとに統一することが可能である。

特定商取引法は、①購入者の利益を保護し、②商品等の流通および役務の提供を適正・円滑に図ることを目的としている（特商一条）。そして、改正基本法のもとでは、①がより重要な価値となるが、②の実現・維持のために行政規制が行われている。ここでは個別・具体的に消費者が行う契約については直接触れられていない。禁止行為のように、民事的効果が連結されている場合であっても、それは行政規制の実効性を担保するという性格が強い。そこで、消費者「市場ルール」としての特定商取引法違反があった場合、二つの視点から評価する必要がある。①は行政規制の側面、②は個別・具体的な契約の側面である。特定商取引法に違反する行為があった場合、①の視点からは、公正な市場の実現・維持に反する行為であるか否かによって規制方法が決定されるのに対して、②の視点からは、事業者の「法令遵守義務違反」を根拠に違反行為の法的効果が決定されると考えるのが妥当である。また、消費者取引は、契約の交渉段階から契約の締結、履行までを一連の過程として総合的に捉え、交渉（社会的接触）があった段階から履行終了に至るまで信義則の支配を受けると理解することができる。そうすると、特定商取引法という市場ルールの違反があれば、禁止行為、指示対象行為の区別にかかわらず、まず法令遵守義務違反があると捉え、次に民事的効果判断の法解釈を行えばよいことになる。

結局、私見では、特定商取引法に違反する行為があった場合、契約の効力については、まず①法令遵守義務違反に基づく債務不履行があったと捉え、②ついで、民事的効果が法定されている場合には、当該規定の適用を行い、③民事的効果が法定されていない場合には、基本法・特定商取引法の目的を実現するためには、その効力を否定するのが妥当か否かによって判断されると考える。その際、具体的には、法令違反行為の事実、目的物の性格・用途、事業者によって与えられた情報、勧誘行為の適切性、契約の条項などの諸要素によって決定される、消費者の信頼ないし期待に反するかどうかによって契約の効力が判断されるべきであると考える。このような見解は、これまでの「債務」概念の拡張を図り、取締規定の順守を事業者の債務としてそこに包含させようとの提案になる。つまり、取締規定による規制を債権・債務関係に吸収していくことが、消費者「市場ルール」の実効性を高めることにつながると思われる。

2　「市場ルール」構築の必要性

本稿の主張は、一面では「消費者法」をさらに深化させた、市場ルールとしての「消費法」の領域を確立する主張といえるかもしれない。ここでは消費者という契約当事者の属性を第一に問題とするのではなく、消費生活の領域で行われる「一連の契約過程を前提にした契約の合理性」が問題となる場である。ここに市場ルール（行政規制と民事的効果の結合）の必要性が生ずる。そして、個別・具体的な消費者契約の有効・無効の判断は、法律行為の場においては、そこを支配する信義則が基準となることになる。このような考え方は、ＥＵの「消費法典」やフランス消費法がすでに前提としている考え方である。(41) ＥＵ消費法典の形成に重要な役割を果たしたのがフランス法であるが、それは次の特徴をもっていた。(42)

フランス消費法は、特に消費法形成期に典型的にみられるが、契約主体の二重化をできるだけ抑制しようとしてきた。問題の解決は人（契約当事者）の属性によるのではなく、取引の内容の妥当性によって決定されるべきであるとするのである。(43) しかし、訪問販売のように当事者の格差を利用した力の濫用が行われやすい領域では、以上のような立場を堅持することが困難であるのも事実である。現に一九七八年法では、契約主体の二重性が明確になっている。それにもかかわらず、フランス消費法の原型は、消費法という「市場ルール」の重視にある点は重要であると思われる。なお、フランスでは「適合性」の考え方が有力である。[44] これは、消費者の適正な期待を保障しようとするものであるが、市場に投入される財や役務は消費者の適正な期待に適合しなければならないと主張するのである。期待は、①目的物の性格・用途、②それに関する法律や規制、③事業者によって与えられた情報、④契約の条項等の諸要素によって決定される。そうすると、取締規定違反行為は、消費者の②の期待に反するものと判断されるだろう。

以上のように考えることは、取締規定について、消費者基本法のもとでの「(消費者) 市場ルール」の確立という積極面においてあらためて再構成を要請することに連動する。このような文脈において「公私法一元論」や「競争秩序の民法上の公序化」が論ぜられるべきであるということになる。

（1）近時の私法学の重要論点であるために多くの文献があるが、吉田克己ほか「日本私法学会シンポジウム資料・競争秩序と民法」NBL八六三号三九頁以下（二〇〇七年）の諸文献参照。
（2）もちろん公法・私法峻別を再評価すべきであるとする見解も有力に主張されている。たとえば、加藤雅信「民法・独占禁止法と『私益論』・『公益論』――『優越的地位の濫用』論を念頭に」経法二七号七三頁以下（二〇〇六年）。
（3）末広厳太郎「民法雑考」法協四七巻一号六六頁以下、特に七七頁以下（一九二九年）。
（4）我妻栄『新訂民法総則』二六二頁（岩波書店、一九六五年）。
（5）取締規定に関連する判例分析として、山口康夫「取締規定に違反する契約の効力――消費者取引との関連を中心として――」札幌法学一巻一号三三頁以下（一九九〇年）。
（6）山口康夫「消費者取引における取締規定の効力㈠」流通経済大学法学部開校記念論文集三一五頁以下（二〇〇二年）参照。
（7）山口・前掲（注5）三八頁以下。

（8）山口・前掲（注5）三五頁。
（9）山口・前掲（注6）三二二頁以下、および同論文掲記の諸文献を参照。
（10）取締規定の性質や効力に関して、近時において新たな展開を示している。いうまでもなく、これらの議論の底流には「契約理論の再検討」の動きがある。この点に関して多くの文献があるが、吉田克己『現代市民社会と民法学』八頁以下（日本評論社、一九九九年）が適切な概観をしている。また、山口・前掲（注5）三二二頁以下参照。
（11）このような具体的解決の志向こそが、津谷弁護士の一貫した問題意識であったように思われる。
（12）石戸谷豊「消費者取引における民事ルールと業者ルールの交錯」NBL八二七号一八頁以下、特に二二頁以下（二〇〇六年）を参照。
（13）内閣府国民生活審議会消費者政策部会は、二〇〇二年一二月に「二一世紀型の消費者政策の在り方について――中間報告――」を公表している。この中では、消費者保護基本法の見直しにまで踏み込んだ提言がなされている。まず、消費者保護基本法の特徴として、次の点をあげている。
　①　理念面での特徴としては、福祉国家思想による「弱者保護」の立場にたっていること。したがって、取引・生活関係における消費者の「自律性」「自立性」を問わず、また消費者の「責務」を問うことなく、消費者を「社会的弱者」と位置付け、そのうえで、消費者の生活の文化的・経済的向上を図るべく、消費者の保護を実現するのが消費者保護であり、その責務を国家が負担するという国家的観点に基づいて基本法立法がなされていた。
　②　規律面での特徴としては、公法的規制への限定があげられる。すなわち、消費者保護基本法は、実体法、手続法上の具体的制度を規定するものではないと理解されてきた。
（14）現在では「第二次基本計画（平成二二年年度～平成二六年度）」に基づいた消費者政策、立法が行われている。第二次基本計画においても、契約の適正化に関する項目が重要事項として掲示されており、その具体化が企図されている。
（15）石戸谷・前掲（注12）二二頁が強調するところである
（16）山口・前掲（注5）三三頁以下参照。
（17）山口・前掲（注5）六六頁以下参照。
（18）山口・前掲（注5）五八頁以下。

(19) 本文に関連した分析として、塩野宏『公法と私法』一二六頁以下（有斐閣、一九八九年）を参照。
(20) 渡辺洋三「私法と公法」法セ一〇四号七頁以下（一九六四年）。
(21) 消費者法の対象となる生活事実は、従来の取締規定が対象としていたそれと異なっていることを注意すべきであるとする点について、山口・前掲（注5）六六頁参照。
(22) 石戸谷・前掲（注12）二四頁がすでに主張している。
(23) 不法行為構成が問題となった事例であるが、取締規定違反の行為違反の有無は、「不法行為の要件である違法性を判断するための要素の一つとなることは明らかであり、また、その取締法規の目的が間接的にもせよ一般公衆を保護するためのものであるときは、その取締法規違反の事実は、他の諸事実をも勘案して不法行為の成否を判断する主要な要素」であるとしている（最判平成一七年七月一四日・金商一二二八号二七頁）。
(24) 多くの文献があるが、たとえば、山本敬三『公序良俗論の再構成』二三九頁（有斐閣、二〇〇〇年）。
(25) 吉田・前掲（注10）一八三頁。
(26) 経済的公序の問題は、大村教授の一連の労作により前進がみられる。特に大村敦志『契約法から消費者法へ』三頁以下（東大出版会、一九九九年）等参照。
(27) 吉田ほか・前掲（注1）三九頁以下参照。
(28) たとえば、河上正二「『契約の成立』をめぐって——現代契約論への一考察(一)(二)」判タ六五五号一一頁以下・六六七号一四頁以下（一九八八年）は、その先駆的業績と言えるだろう。また、大村・前掲（注26）九二頁以下参照。
(29) 大村・前掲（注26）一六三頁以下参照。
(30) 山本・前掲（注24）四八頁以下が批判的検討を行っており参考になる。
(31) 内田貴「現代契約法の新たな展開と一般条項(1)」ＮＢＬ五一四号六頁以下（一九九三年）では、世界的にみても、一般条項のような不確定な法概念の活用によって、古典的な契約概念からは導けない新たな契約責任を導く現象が著しいと指摘している。また、吉田・前掲（注10）八頁以下が、内田論文等を素材に、このような問題について整理・検討をしており、参考になる。
(32) 特定商取引法における取締規定違反行為の民事的効力については、齋藤雅弘＝池本誠司＝石戸谷豊『特定商取引法ハンドブック〔第四版〕』七七四頁以下（日本評論社、二〇一〇年）が参考になる。

(33) これを受けて、消費者基本法九条に基づく「消費者基本計画」において契約の適正化に関する施策が盛り込まれている。

(34) この意味においては、本稿の立場は経済的公序論に接近する。

(35) 従来、取締規定については、行政による公権的・有権的な「法解釈」が原則化してきた。多くの問題について、政令・省令・通達・ガイドライン等による当該条項の解釈の枠組みが示されている。そして、通常、裁判所（司法）もこれを是認している。また、消費者トラブルの解決の基準ともなっている。この最もよい例は、支払停止の抗弁に関する通達（昭和五九年一一月二六日）である。そこでは原則として「商品の販売について販売業者に対して主張できることは、斡旋業者に対抗できる」とし、その「例示」として①販売業者に債務不履行等があること、②商品の引渡しがないこと、③見本等によって提示された商品と違うこと等があげられ、具体的解釈を示している。取締規定により、民事的効力が認められている場合であっても同様である。ここでは、法解釈の争いが生じにくい。それは、利益の衝突の場が前提とされないまま消費者利益の範囲が限定されていくことを意味し、ひいては「行政による解釈の独占」あるいは「行政による契約支配」につながる。実際に消費者相談の現場では、行政による解釈が原則であり、司法による解釈は個別・例外的なものとして受け止められている。つまり、行政による解釈が公権解釈であり、これに従うものとの意識が醸成・確立されている。このような視点は、市場ルールとしての同法の性格を弱めるものとなるだろう。

(36) たとえば、京都地判平成一七年五月二五日（裁判所ウェブサイト）は、リフォーム工事の有償役務提供、活水器・浄水器の販売ないし有償役務提供について、不備書面を理由として原告がクーリング・オフを主張した事例であるが、原告の請求原因は、以下の二点であった。

① リフォーム工事に関連して、以下を理由とする契約の無効ないし取消しを求める。ⓐ不備書面に基づくクーリング・オフ、ⓑ錯誤無効、詐欺取消しおよび消費者契約法四条に基づく取消し、ⓒ公序良俗違反。

② 請求原因①に起因して精神的苦痛を受けたことによる不法行為責任を求める。

原告は、以上の請求原因に基づき、契約の不成立、無効、取消しまたは解除による不当利得返還請求および不法行為に基づく損害賠償（慰謝料）を請求（一四六万二五〇円および遅延損害金）した。これに対して、判決理由は、本件契約書について法定の記載事項、支払方法の記載、代金および対価の内訳が不明等の点から、当該書面は特定商取引法五条の書面に該当せず、（旧）九条一項に基づく解除の期間は進行していないので、原告の行った解除は有効であるとし、原告の請求原因①について認容した。なお、請求原因②については、解除により原告の経済的損失は塡補されるとされ、そうである以上、原告に金銭的評価が可能な精神的苦痛は認められないとして棄却した。

(37) クーリング・オフの行使期間を経過した事案については、他の規定の適用の可否を考慮するほか、書面の不備を問題とすることが多い。書面の不備を問題とする場合、裁判実務では、不備書面の主張だけでなく、錯誤無効、詐欺取消し、公序良俗違反、不法行為等の主張立証を行うのが通常である。これらの裁判例は、以下のように整理できる。まず、書面記載事項の不記載、記載不備に基づく裁判例として、①クーリング・オフの不記載があげられる。これは法定の書面記載事項のうち、消費者にとり最も重要な事項であるクーリング・オフに関する記載を欠けば不備書面であることは明白であるとする（神戸簡判平成四年一月三〇日・判時一四五三号一四〇頁、東京地判平成六年六月一〇日・判タ八七八号二二八頁、東京地判平成六年九月二日・判時一五三五号九二頁等）。また、商品の引渡時期（大阪簡判平成元年八月一六日・消費者法ニュース一号一三頁）の不記載も不備書面とされている。また、記載不備とその他の要因を合わせて判断する裁判例も存在する。品名・数量・価格等の不記載、記載不備とその他の要因を重視するものとして、東京地判平成五年八月三〇日（判タ八四四号二五二頁）、東京地判平成七年八月三一日（判タ九一一号二一四頁）等がある。業者名等について事実と異なる記載とその他の要因を重視するものとして、東簡判平成一七年五月二六日（裁判所ウェブサイト）がある。

(38) 齋藤＝池本＝石戸谷・前掲（注32）七八一頁～七八二頁。

(39) 信義則を根拠として事業者側からの権利行使を排除、制限する裁判例が存在する。たとえば、秋田地判昭和六一年一一月一七日（判時一二二二号一二七頁）、最判平成一三年三月二七日（判タ一〇七二号一〇一頁）等がある。

(40) 河上正二「契約準備段階での信義則に基づく注意義務違反と賠償責任」リマークス一九九五(上)四八頁が適切な概観をしている。右以外にも多数の文献があるが、円谷峻『新・契約の成立と責任』（成文堂、二〇〇四年）等を参照。

(41) 詳しくは、山口康夫「フランスにおける消費法の展開――フランス消費立法の動向を中心として」札幌法学二巻二号一頁以下（一九九一年）参照。

(42) 山口・前掲（注41）四四頁以下参照。

(43) フランス経済法の特徴が経済的弱者保護ないし消費者保護の配慮が乏しいと指摘されたが、それはこの文脈から理解する必要がある。山口・前掲（注41）四五頁以下参照。

(44) 山口・前掲（注41）三八頁。

■消費者契約法一条の私法体系上の位置づけに関する覚書
――ドイツ連邦労働裁判所の労働関係の合意解約をめぐる判例の展開からの示唆

一橋大学准教授　角　田　美穂子

一　問題提起

1　民法（債権法関係）改正と消費者契約法

民法（債権法関係）改正論議において消費者契約法の取扱いが一つの焦点となっている。レベルを分けると次のようになろう。

①　およそ「消費者取引」関連規定を民法典に置くべきか
②　民法典に消費者概念・事業者概念規定を置くべきか、置くとしてどのようにすべきか
③　消費者契約法の実体法ルールを「一般法化」もしくは「統合」する形で民法典に取り込むか

④　消費者契約法一条を消費者取引に規定が適用される際の解釈理念規定として再構成したうえで、民法にはこれのみを置くべきか

①ないし③について積極的な立場は、「消費者契約法に設けられた私法実体法規定の骨格は、判例・学説が民法の一般法理の活用によって展開してきた規範を整理・成文化したもの」で、「もともと民法の一般ルールと密接な関連を持つものであり、特別法に定められたものとはいえ、広い射程を持つものであった」。「消費者法の特別法の領域での先駆的試みの成果は、やがて民法典に取り込まれる(1)」という両者の相互作用を強く意識する。

これに対して消極的な立場は、市民社会の基本法として民法典の中に、消費者・事業者間の格差に関する特則を特に取り上げて規定を設ける必要性が十分に示されていないのではないか、法律の適用関係の複雑化をもたらすのではないかとの、異なる民法典像をもつ。逆に、消費者問題の展開の速さに対応するための法改正の機動性が損なわれることへの危惧、消費者契約法が団体訴訟制度と分断されることによる弊害も指摘される(2)。

従来の議論は、諸外国の議論展開も踏まえながら、主として①ないし③をめぐって展開してきた。これに対して④は、若干、異質な問題を提起しているように思われる。というのも、この提案は、消費者契約法一条が「消費者と事業者との間の情報の質及び量並びに交渉力の格差」を考慮した消費者の利益の擁護という考え方を明確に打ち立てている点に、解釈論の発展の期待を表明したものであるからである。

確かに、消費者契約法の実体法規定については、消費者契約法制定時に施行後五年を目途に見直しを行うとの附帯決議を受けて、日本弁護士連合会の「消費者契約法の実体法改正に関する意見書」(二〇〇六年)、国民生活センターの「消費生活相談の視点からみた消費者契約法のあり方」(二〇〇七年)、国民生活審議会消費者政策部会消費者契約法評価検討委員会報告書「消費者契約法の評価及び論点の検討等について」(二〇〇七年八月)など、拡充に向けた提

言が重ねられてきたところ、その後、事実上暗礁に乗り上げた状態にある。④は、これらの議論の成果を取り込むことを志向して提案されたものである。(3) もっとも、④は、②の問題に対するスタンスは、未だ明確とは言い難い。また、消費者取引に限定して主張されているものの、規定の箇所によっては、議論の射程は広がり得る可能性を秘めているようにも思われる。

これら一連の議論を通して問われているのは、消費者契約法の私法体系（あるいはあるべき契約法体系）における位置付けをめぐる理解なのではないか。消費者契約法は一般契約法の展開の成果を部分的に体現したものなのか、消費者契約私法の骨子を体現したものなのか、そして、いずれの見方に立つにせよ、修正・改善・拡充が提案されている。この問題は、消費者契約法一般ではなく、具体的ルールごとに検討されるべきとの考え方もある。しかし、本稿は、④の問題提起を踏まえて、消費者契約法一条の位置付けや潜在的可能性についても検討する必要があるとの考えから、消費者契約法一条について若干の考察を加えようというものである。なお、本稿でいう消費者契約法一条とは前段、すなわち、「情報の質及び量並びに交渉力の格差にかんがみ」て特別民事ルールを規定したとされている箇所を指す。ちなみに、本稿で扱う素材が関連する労働契約法には、このような規定はみられない。(4)

2　検討の素材

以上の問題に対する予備的検討として、本稿は、「構造的な交渉力の不平等」の典型的事例である労働関係の分野から、近時のドイツ連邦労働裁判所における労働関係の合意解約の有効性をめぐる判例の展開法理を検討の素材とする。それは、以下のような理由による。

ドイツにおいて、債務法現代化法による民法典改正により多くの消費者保護法規が民法典に統合されたことはよく知られている。そして、日本の消費者契約法制定にあたっても参考にされたドイツ約款規制法も民法典に統合されたが、その際、約款規制法にあった労働関係に関する適用除外規定が一部の例外を除き削除されている。以来、労働者にも「消費者」(ドイツ民法一三条)に該当する可能性が開かれ、民法典に統合されたその他の消費者保護規定の適用可能性についても裁判例が蓄積している。(5)

本稿で扱う労働関係の合意解約についても、訪問取引撤回権(クーリング・オフ)の規定(ドイツ民法三一二条)の適用の可否が争われた。しかし、これが否定された後、新たな法理の形成に向かっている。それはまず、「公正な交渉の要請」による保護の可能性が示唆されるという形で現れ、次に、新たな要件を定立したうえで強迫による取消しの可能性を示すという形で展開している。そして、明確に判決文に現れているわけではないものの、近親者保証等の問題について一九九〇年代に連邦憲法裁判所が示した「構造的な交渉力の不平等」テーゼが、その法理形成を支えているという理解が示されている。

最後の「構造的な交渉力の不平等」テーゼについて敷衍すれば、一九九三年一〇月一九日に、連邦憲法裁判所は、成年になったばかりの子が、銀行員から「形式的なものにすぎない」と説明されて親の膨大な額の債務を保証した事件において、このような場合に取引能力を備えた成年の行った契約であるとの形式的理由から契約自由の原則を貫徹させるべきではなく、「構造的な交渉力の不平等」があるために実質的には他律的決定を強いられている典型的な事象がある場合、民事法体系はその劣位に置かれた者の基本権保護の要請に応えなければならない、としたのである。(6)その後、連邦通常裁判所は、もっぱら、良俗違反の問題として、これらの保証人の保護を実現した。その際、債務額の巨額さのみならず、契約締結過程の不当性をも加味した判例法理を発展させた。(7)しかしながら、ドイツの学説においては、この判例法理の発展は、ドイツには英米契約法にある不当威圧の法理(その内容は三で検討する)が存在しないことによるものである、との指摘がしばしばなされていたところである。(8) そして、新たにドイツに不当威圧の法理が導入される可能性を秘めた問題領域として注目されていたのが、本稿で取り上げる、労働関係の合意解約の有効性をめぐる問題である。

このように、ここには、ドイツにおける保護の欠缺を埋めるべく、当初は消費者保護法規の適用が模索され、その後、憲法裁判所のテーゼを手掛かりに、筆者の理解によれば、不当威圧の法理を参照した新たな法理を強迫の中で形成するという経緯がみられる。(9) わが国においては、この「構造的な交渉力の不平等」テーゼが、公序良俗論の展開の中で触れられることはあっても、それ以外の法制度との関係については未だ十分な検討がなされていないように思われる。そもそも、このテーゼは、文言上、消費者契約法一条の「交渉力の格差」に非常に似ているが、(9a) 同条にいう「交渉力の格差」が問題となるのは不当条項規制との関係に限られるのか等、その位置づけに対する議論も未だ十分に深められているとは言い難いように思われる。そこで、本稿は、両者の関係についてはひとまず措くとして、この問題に対する予備的考察として、ドイツにおいて「構造的な交渉力の不平等」テーゼが促した法発展を追ってみようというものである。

3　労働関係の合意解約をめぐる日独共通の問題意識

労働関係の合意解約をめぐっては、わが国においても同様の問題意識が存在している。(10) 本稿は、あくまでも政策論ではなく解釈論レベルの問題としてこの素材にアプローチしようというものであるから、ここでは日独共通の問題意識を確認するという目的から、議論の経緯を簡単に確認しておくこととしたい。

平成一七年九月一五日の「今後の労働契約法制の在り方に関する研究会報告書」に次のような記述がある。

「労働者からの退職の申出については、使用者の働きかけによって労働者が退職届を提出したものの、その後冷静に考えたときに後悔し、その効力を裁判で争うという事例が少なからずあることから、労働関係における意思表示の帰結の重大性にかんがみ、使用者の働きかけに応じてなした労働者の退職の意思表示を一定期間は無条件に撤回できるようにすることは有意義であるとの意見があった。

労働者が合意解約の申込みや辞職（労働契約の解除）の意思表示を行った場合であっても、それが使用者の働きかけに応じたものであるときは、民法第五四〇条の規定等にかかわらず、一定期間はその効力を生じないこととし、その間は労働者が撤回をすることができるようにすることが適当であって、その期間の長さについては特定商取引に関する法律等に定めるクーリングオフの期間（おおむね八日間）を参考に検討すべきである。……一律の撤回を認めるとすると完全に自由な意思で退職を申し出た労働者にも撤回を認めることにならざるを得ず、経営の安定性を阻害するため適当ではない。なお、労働者の合意解約の申込みについて使用者の働きかけがない場合であっても、使用者がこれを承諾するまでの間については、申込みを撤回することができるものである（大隈鐵工所事件最高裁第三小法廷判決（昭和六二年九月一八日）など）。……しかしながら、錯誤、詐欺、強迫までは認められない場合であっても、労働者が使用者から心理的な圧力を受けて退職の申出をすることがあり得ることや、退職により労働者が収入の途を失うという意思表示の帰結の重大性を考えると、使用者の働きかけに応じて退職を申し出た場合の意思表示の撤回は認める必要があると考えられる[11]」。

しかし、この提言は、労働政策審議会労働条件分科会報告においては特に言及されることはなく、結果的に、労働契約法に盛り込まれることなく、「今後の検討に委ねられることとなった[12]」。

その後、二〇〇九年一一月より始まった法務省法制審議会民法（債権関係）部会における審議において、同じ問題が再び提起されている。すなわち、「契約の解除」についての検討項目として「労働契約における解除の意思表示の撤回に関する特則の要否」を検討することが一つの論点となっている。[13]

ドイツに目を向けると、ドイツにおいても合意解約の撤回権は立法論として議論されてきたことが確認される。[14] 一九八九年のドイツ再統一の折、統一条約で労働契約法の制定が合意されていたことから、法制定に向けた草案が一九九二年のドイツ法曹大会において公表されており、[15] その中で合意解約についての撤回権の提案がなされている。その内容は、次のとおりである。

> 一三一条　合意解約
> (1)　使用者と労働者は、書面による契約をもって労働関係を終了させることができる。条件の付された合意解約については、二六条を準用する。
> (2)　使用者が労働者に対して三日間以上の考慮期間を付与していなかった場合、労働者は、合意解約を一週間の間は撤回することができる。

同草案は、その後、ブランデンブルグ州およびザクセン州により連邦参議院に提出されたものの、成立には至っていない。[16]

その後、二〇〇一年の債務法現代化法によって労働者も「消費者」(ドイツ民法一三条)に含める可能性が開かれて以来、「民法改正は合意解約に新ルールをもたらすか?」[17] が、民法典の解釈論上の新たな論点となっている。そして、ドイツで問題とされている不意打ち性、心理的圧力、自律的な意思形成の困難性などは、まさに、わが国と共通のものである。[18]

4 本稿の構成

以上を踏まえ、この問題に対するドイツ連邦労働裁判所の展開をみていくことにする（二）。結論を先取りしていえば、債務法現代化法以前の第一期においては、信義則を根拠に撤回権導入と同様の効果を得ること、この領域へのドイツ憲法裁判所の保証判決の「転用」（良俗違反による無効）がともに否定されるに至る。それが、債務法現代化法以降の第二期においては、消費者法（訪問取引における撤回権）の適用を否定したうえで、新たな法理の形成に向けた動きを確認することができる。続く三では、新たな判例法理について若干の検討を加え、四では、ドイツ連邦労働裁判所の判例の展開を支えた「憲法指導的解釈」という考え方について検討を加える。以上を踏まえて、わが国の消費者契約法一条の位置づけと潜在的可能性について与える示唆を抽出し、結びとする（五）。

二 ドイツ連邦労働裁判所の判例の展開

1 第一期――債務法現代化法以前

(1) 胎　動

まず、近時の判例の展開の起点ともいうべき判決からみておくこととしたい。この裁判例は、信義則を根拠に実質的に意思表示の撤回を認めた下級審裁判例を、「立法の問題」を解釈によって実現することはできないとして斥けている。あわせて、結論として否定された強迫についての判断も確認しておきたい。

ドイツ連邦労働裁判所一九九三年九月三九日（NJW 1994, 1021）

［事案の概要］　Yはドイツ国内全域に支店を有する小売業者で、Xは一九九二年一月二日より月額一九〇〇マルクで販売員としてYのH支店に雇用され、同年四月一日までは告知期間一カ月の試用期間とすることが合意されていた。採用に際してXはYの地区販売責任者（経営協議委員会委員）に対して、自己は記銘力が低く、そのために前職を失っていたことを伝えており、それでもYはXを雇用したという事情があったが、Xは期待された販売員・レジ係としての業務を遂行できなかった。

一九九二年一月一六日、Yの地区販売責任者はXに対し、終業間近にラウンジ（休憩室）において、地域販売責任者の同席のもと、ゆっくりと、Xは期待された業務を遂行していないこと、および勤務の継続に意義を見出せないことを告げたうえで、合意により労働関係を解消すること、職業安定所において助言を求め得ること、Xは合意を熟読したことで交渉は問題にならないこと等を提案した。Xは話合いにつき苦情を述べたが、次の合意内容を熟読したうえで署名した。

「YのH支店で販売員として勤務するXとの間の労働関係は双方の合意に基づき一九九二年一月一六日に終了する。団体協約上合意されている三日間の考慮期間は双方の合意により放棄する。労働者には、失業保険の種類、金額、期間、ならびに禁止期間の可能性についての情報が提供されている。署名をする当事者双方が本合意の写しを受け取るものとする。」

一九九二年一月二三日、Xは一月一六日に試用期間中の告知期間は一日と不実の説明を受け欺罔されたことを根拠に合意解約の取消しを主張し（ドイツ民法一二三条一項）、労働関係の継続の確認を労働裁判所に申し立てた。その後（四月二七日）、Xは請求内容を変更し、一月一六日の合意解約は、話合いの内容が事前に告げられていなかったためにXは話合いの中で不意打ちにあったこと、にもかかわらず、考慮期間も撤回権も付与されていないことから、労働関係を解消する合意の有効性を根拠にするYの権利行使は許されないというべきである等と主張した。さらに、労働協約上の三日間の考慮期間の放棄は別個に署名がなされていないことから、合意の有効性は失われるとした。

〔**判決理由**〕 ① 強迫について　強迫者が性急な判断を強要し、被強迫者にいかなる考慮期間をも与えないことで自由な判断を下す可能性を奪う場合に、強迫の違法性を肯定すべきであるとの学説もみられる。しかし、連邦労働裁判所は従来、この見解には従っていない。本法廷は、この点に関して明確な立場を表明する必要はないものと考える。本件においては、原審の認定によれば、YはXに対して、自由な判断を下す可能性を奪ったとは認められないからである。原審の認定によれば、Xは、ゆっくりと、冷静に、かつ私情を交えない形で、彼女の業務の継続に意義を見出せないことを告げられたうえで、合意解約の締結の申出を受けたのである。Xは、この申出を簡単に拒絶することが可能であった。

違法な強迫行為がない場合において、時間的圧迫のみでドイツ民法一二三条の類推適用を認めることはできない。法律行為上の決定自由は、いかなる強制状態（Zwangslage）に置かれたことによる侵害からも保護されるべきということはできない。

② 良俗違反について　良俗違反による無効（ドイツ民法一三八条一項）も問題とならない。違法な強迫行為についてドイツ民法一二三条が規定を置いていることから、総合的考慮により一三八条に基づいて無効を認めるには、特段の事情が加わることを要するところ、本件ではそのような特段の事情は認められない。

③ 信義則違反について　ハンブルグ州労働裁判所判決（LAG Hamburg, NZA 1992, 309）のように、使用者が、話合いのテーマについて事前に予告することなしに話合いの申入れをなし、かつ、適切な考慮期間または解除もしく

は撤回権を認めることなしに労働関係解消に関する合意が成立した場合、使用者が当該合意を引き合いに出すことは、原則として許されない権利行使であるとの見解に立つ場合、合意解約の効力は否定されよう。しかし、そのような見解は、結論として判例法理により、法律上、規定されていない解除もしくは撤回権を認めるという事態をもたらすものであり、現行法上、正当化され得ないというべきである。(19)

以上のとおり、一九九三年判決は、労働関係の解約合意は、考慮期間や解除権、撤回権を認めていないこと、および、話合いのテーマを事前に告げていなかったことのみを理由に無効になるものではないとの立場をとった。これらは立法で対応されるべき問題であり、信義則を根拠に考慮期間付与等を導出することはできないとした。

(2)　憲法裁判所の保証判決後における労働裁判所判例の維持

この一九九三年判決の約三週間後の同年一〇月一九日、先に述べた連邦憲法裁判所の保証判決が下されている。そこで、この憲法裁判所の保証判決を受けて、同判決の示した「構造的な交渉力の不平等」テーゼが、労働関係の合意解約の有効性にも影響を及ぼすか否かに関心が向けられることとなった。(20) 連邦労働裁判所長官のDietrich判事が一九九五年に「基本法と労働法における私的自治」という講演を行い、(21) その中で保証判決が労働契約上有する意義について検討を加え、具体的な検討課題として合意解約の問題を取り上げていることが問題関心の高さを象徴する出来事といえるであろう（同講演については五で検討する）。そして次にみる判決は、一九九三年判決の判例法理は、連邦憲法裁判所の保証判決を考慮したとしても、変更する必要はないとしたものである。

ドイツ連邦労働裁判所一九九六年二月一四日判決（NJW 1996, 2593)

［事案の概要］　Xは一九七二年以来、Yにおいて、当初は見習いとして、後に行政事務職員として勤務していた。

Xはアルコール中毒であった。Xは一九九〇年から一九九二年にかけて偽造した就労無能力証書を提出していたことがYに知られ、一九九二年八月一九日、Yの人事部局長が、証人、同僚らと共にXの自宅を訪問し、Xの違法行為を非難した。そして、Yがあらかじめ作成していた「労働関係解消契約」に署名をした。その契約内容は、市との間の労働契約を双方の合意により即時に終了させる内容であった。

その後、同年一二月一八日、Xは当該契約の無効を申し立てた。その理由としてXは、Yの職員らの突然の訪問に不意打ちされたこと、そしてずっとアルコールを摂取していたために、当該契約締結当時は酩酊状態で判断できる状態ではなかった。YはXのアルコール中毒を認識していたのであるから、話合いにあたっては職員協議会等の関与等、特別の配慮義務があったにもかかわらず、かえって、職員らはXを不意打ちし、状況を利用して労働関係解消契約を締結に仕向けた、と主張した。労働裁判所はXの請求を棄却した。Xが控訴したところ、州労働裁判所も控訴を棄却。Xが上告したが、上告棄却。

［判決理由］　契約はYがXに対して考慮期間も解除もしくは撤回権を付与していなかったことのみで無効になるものではない（BAGE 74, 281＝NJW 1994, 1021）。この一九九三年判決については、ほとんどの学説が賛同しており、本法廷もこれを維持する。労働者が合意解約の締結時に交渉上の地位において連邦憲法裁判所決定のいう意味での構造上の不平等があったとする議論によって、判例変更が必要とされているということはできない。使用者の不当な要求に対して労働者に必要とされているのは率直な「否」のみで反対することであり、「自己の正当な利益を実現させるための必要とされる交渉力は認められ」得ないのではなく、むしろ、自己の同意につき「するか否か」「どのように」「いつ」するかの判断にかからしめる可能性を有しているのである。この点からすでに、連邦憲法裁判所決定のいう、構造的な交渉力の不平等という内容規制の要件を欠いているというべきである。さらに、本件における争いのない事

実として、（八月一九日の訪問、合意解約締結に先立ち）一九九二年八月六日にXは人事部局で面談を行っており、また、一九九二年八月一八日にはX自身の刑事警察の事情聴取を理由にあらかじめ警告を受けていたことも、このことを基礎づける。

この一九九六年判決は、事例判決とはいえ、保証判決の示した「構造的な交渉力の不平等」テーゼと労働契約の合意解約をめぐる問題との関係についての連邦労働裁判所のスタンスを示したものとして重要である。それは、内容規制の問題と契約締結過程の問題を区別すべきであり、元来、内容規制の規定である良俗違反の限界を露見させたといえよう。(22) こうして、本判決以降、再び舞台は契約締結過程の問題に戻ることとなる。

2　ドイツ連邦労働裁判所判例の展開・その2——新たな法理の模索

(1)　「消費者」としての救済可能性の限界と「公正な交渉の要請」

その後、二〇〇一年一一月に債務法現代化法による民法改正がなされた。この改正を受け、消費者保護法規である訪問取引撤回権の可能性が模索されたのが次の判決である。

ドイツ労働裁判所二〇〇三年一一月二七日判決（NJW 2004, 2401）

［事案の概要］　Xは一九九五年四月一四日以来、Yにおいて、掃除婦として就業していた。Xはドイツ赤十字社（DRK）のB介護施設に配属されていた。Xの職務には、滞在設備と介護婦ロッカールームの清掃が含まれていた。二〇〇二年三月三〇日、Xが開いている介護婦ロッカーの前に立っていたところをDRKの従業員に目撃され、その三日後に、XとBの施設長、Yの代理人との間で話し合いがもたれた。DRKはXが窃盗をしようとしていたとして

非難し、Xの就労の継続を拒絶した。DRKの従業員は、Xがカバンを手に持ち、開いていた様子を見ていたと証言した。話合いが継続していくうちに、Yは重大な事由に基づく即時解約をするといって強迫し、その上で、合意により解雇予告期間を付与した解約告知をすることもできると告げ、後者の提案にXは同意した。YはXに対して四月三日付けで、Xとの労働関係を、五月三一日をもって終了するとの解約告知をした。その後、Xは、Yが作成した、次のような内容の「解雇法上の保護請求権放棄」に署名した。「労働者であったXは、二〇〇二年四月三日、労働関係を、二〇〇二年五月三一日をもって終了させる旨の適法な解約告知期間の付与された解約告知を受けました。私は、私の労働関係の経営上の事由による解約に対してなんら異議を申し立てず、労働関係の継続を請求する権利を、いかなる理由があっても、行使することはなく、また、同目的に関するいかなる請求も行うことはありません。この意思表明の内容につき、私は認識し、同意したうえで署名します。」

二〇〇二年四月二四日、Xは労働裁判所に解約告知の有効性を争い、労働関係の解消に対して補償金を支払うよう要求した。Xは、自ら署名した同意書につき、即時解約をすると不当に強迫され、相当な考慮期間もなく行った意思表示であるとして強迫（ドイツ民法一二三条）に基づく取消しを主張した。Xは、Yは、Xがロッカーの扉を開いていたという事情のみで嫌疑に基づく解雇を考慮に入れるべきではなかったとした。加えてXは、労働者も消費者に該当するとして、その意思表示をドイツ民法三一二条（債務法現代化法による新規定）に基づく撤回を主張した。当時、訪問販売にみられる典型的状況が存在していた。Xは自己の職場でなされた合意に際して、放棄の意思表示の法的効果についても、撤回可能性についても教示を受けていなかった。また、XはYが事前に作成していた書面による意思表示によって不相当な不利益を受けた。Yはこの意思表示を標準化して用いており、したがって、ドイツ民法三〇七条に基づく内容規制に服すると主張した。

労働裁判所はXの請求をいずれも棄却した。州労働裁判所はXの控訴を棄却。連邦労働裁判所は上告を認めたが、上告棄却。

〔判決理由〕　①　強迫に基づく取消しについて　その要件である「強迫行為」は、客観的要件として、将来の害悪の告知を要し、その将来の害悪の実現如何はいずれかの形で告知者の力にかかっていることを必要とするというのが確立した判例である。特段の事情による解雇により労働関係を終了させようとしている使用者の強迫行為は、労働者の側では、通常の解雇を受け入れること、および、解雇からの保護請求の申立てを放棄することにつき、受諾の準備がなく、将来起こりうると感じさせる害悪を告知し、その実現如何は告知した使用者の支配領域内にある場合には肯定される（確立した判例である）。特段の事情に基づく解雇による強迫が違法となるのは、理性的な（verständiger）使用者なら当該解雇を真摯に口にするとは言い難い場合である。解雇による強迫の違法性は、通常、目的・手段の不合理性により判断される。強迫の被害者には、追及された目的に正当な利益が存せず、強迫手段が信義則に照らして当該目的達成のための正当な手段とは認め難い場合、強迫に違法性があるとされる。その際、強迫による解雇が言い渡されていたならば、解雇保護手続において法的保護が認められていたであろうことまでは必要ではない。

本件では、理性的な使用者が当該告知を考慮することの妥当性を肯定した原審の認定は維持することができるとして、強迫を否定した原審を維持した。

②　クーリング・オフ規定の適用の可否について　二〇〇二年四月三日に締結された労働関係を終了させる合意によって当事者間の労働関係を事後的に変更した点につき民法の新規定の適用を肯定したものの、次に述べるとおり、本件では「訪問販売取引」があったとは認められないとして、ドイツ民法三一二条に基づく撤回権は認められないとした。

Ⓐ　ドイツ民法三一二条以下は「特殊な販売形態」という章の「訪問販売取引」に認められるものであるから、労働関係終了の合意に同条を適用するのは法体系に反する。訪問販売以外に撤回権が認められている「特殊な販売形態」——隔地者間取引、電子取引は、いずれも消費者が商品または役務の受け手となっていることを要件としている。

立法史という観点からみても、連邦労働裁判所は、一九九三年九月三〇日および一九九六年二月一四日の判決において、労働関係の合意解約について、労働関係終了についての話合いがもたれる旨の予告がなく、考慮期間も認められていなかったケースで、使用者の権利行使が信義則違反となり許されないかが争われたが、いずれも労働者の請求を棄却している。改正は、この点に変更を加えたとはいえない。

Ⓑ　ドイツ民法三一二条の意義と目的に照らせば、撤回権の規定を労働法上の労働関係終了の合意に拡大適用することは許されない。ドイツ民法三一二条以下は、消費者をいわゆるダイレクト販売に伴う危険から保護しようというものであり、消費者は誘引および取引締結の際の法律行為上の決定自由の侵害、および特定の状況下で不意打ちによる取引締結からの保護を目的とする。ドイツ民法三一二条一項一号ないし三号が規定する販売・マーケティング方法は、契約締結状況が営業所外、すなわち、消費者に開かれており常時アクセス可能な販売店舗空間以外の場所で起こっているという共通点があり、そのような状況のゆえに、消費者には申出の品質および価格を他の申出と比較する可能性が与えられず、合理的な決定を行うための情報が十分には存在していないのである。そこで、ドイツ民法三一二条は情報提供請求権と期間を区切った撤回権を消費者に認めることによって、事後的に比較情報を得る可能性を付与し、事後的に情報の非対称性を是正しようとしているのである。すなわち、ドイツ民法三一二条は一号および三号は不意打ち性、二号は消費者が交渉を行えないような状況を考慮する形で状況

関連的な消費者保護を創出している。ドイツ民法三一二条一項一号は、不意打ちをして驚かせ、戸惑わせるという効果が決定的な類型を規定している。したがって、労働者が自己の職場において行われた契約交渉から逃れるのが非常に困難であった点を考慮しても、労働関係の合意解約にドイツ民法三一二条一項一号の撤回権を認めるのは難しい。契約の勧誘もしくは締結が「通常の」、契約を締結する典型的な場所で行われた以上、契約の相手方が知識面で優位にあり、または特別の「交渉能力」があっても、結論は変わらない。

労働者にとって職場での労働関係終了の合意の締結は、ドイツ民法三一二条の保護目的で想定された状況ということはできない。労働者は「自己の職場」という自己の個人的領域で起こり得ることとして使用者が自己と労働関係の問題と課題について話し合い、場合によっては法律行為により規律することも想定すべきであり、また想定するであろう。職場は労働契約上の拘束が成立する空間であるのみならず、それが解消される場でもあり得る。したがって、交渉の場所（空間）という点において直ちに不意打ち性があるとはいいない。労働関係やその終了につき、職場以外の中立的な場所（たとえば弁護士事務所など）で話合いがもたれるのは、経験則上考えにくい。

労働者はしばしば「本日ただいま」承諾すべきものとして合意解約の申出を提示される。しかし、この点をもって、典型的状況について規定された撤回権の規定を労働法上の合意解約にも適用できるとの結論を導くことはできない。ドイツ民法三一二条以下は、二重の絞り、すなわち状況のみならず契約類型という面からも典型的に保護の必要性が認められることを要件としているからである。労働関係の合意解約を締結した労働者にとって、当該合意には自己の生活の基盤がかかっているのに、経済的に全く取るに足らない契約をした消費者のほうがより手厚く保護されるのは均衡を失するとの批判もあるが、そのことをもって、法律の規定上成立しない撤回権を基礎づけることはできない。

ⓒ　職場の通常の時間、空間以外で契約締結の交渉が行われたことによって労働者が不意打ちされる一般的な危険性に対しては、情報提供義務によってでもなく、唯一、公正な交渉の要請によってしか対処され得ない。しかしながら、本件において、この意味にいう不公正な交渉があったと認めることはできない。

傍論とはいえ、この二〇〇三年判決が、「公正な交渉の要請」という新たな保護法理の必要性を示唆した点は、学界においても注目を集めた。この「公正な交渉の要請」というテーゼをいかなる法律構成によって実現させていくのか、判例の展開が注目されていたところ（後述三1）、近時に至り、二〇〇七年判決が出された。

(3)　新たな判例法理――強迫における新たな要件の定立

ドイツ連邦労働裁判所二〇〇七年一一月二八日判決（NZA 2008, 348）

［事案の概要］　XはY弁護士事務所に二〇〇二年一月一日以降、雇用されていた弁護士である。二〇〇四年夏、XはYのメディア代理店に論文を寄稿したが、結局公表されず、Xの二度目の寄稿は編集記事として新聞に掲載された（二〇〇四年一二月一日付け、Xの名前、Y所属事務所名が掲載された）。YはXの論文の内容によりYの信用が棄損されるおそれがあるとの理由から、二〇〇四年一二月七日、Xに対して労働関係解約の合意の締結を申し入れた。Xはその申込みを拒絶したところ、Yは即時解約の通告を約するとともに、三日間の考慮期間を与えた。二日後の一二月九日に話合いがもたれ、一二月一〇日に合意解約の案文がY側から提示されXもそれに承諾した。それによれば、二〇〇五年六月三〇日に労働関係は終了すること、補償金として一万二〇〇〇EURを支払うこと、三月三一日までに退職する場合には補償金を一万八〇〇〇EURに増額するとされていた。さらに、使用者の労働者の勤務評定につき「良好」とするとされていた。

Xは解雇制限法上の保護を請求するとともに、契約締結に向けた意思表示は、使用者Yの違法な強迫によるものだとして取消しを主張した（そのほか、Xは合意解約の書面の方式に瑕疵があること等も主張したが、本稿の問題関心ゆえにここでは省略）。労働裁判所はXの請求を棄却。州労働裁判所は一審を変更し、（書面方式の欠缺を理由に）Xの請求を認容。Y、Xともに上告。破棄差戻し。

［判決理由］　即時解約による強迫は、理性的な使用者であれば当該解約告知を真摯に考慮することはなかった場合は違法となるとの確立した判例法理に照らせば、強迫の違法性を否定した原審の認定は、ドイツ民法六二六条二項にいう「重大な事由」該当可能性についての審理を欠く等の点で破棄を免れないとし、これに続けて、強迫の要件につき次のような判断を示した。

①（強迫行為の違法性が認められるとして）強迫の違法性は、考慮期間を付与していたことでは阻却されない。ドイツ民法一二三条一項の違法性の認定にあたり、強迫の内容に影響を与えていない外的事情は考慮されない。本件における強迫行為の目的は合意解約の締結、手段は特別の即時解約による強迫であるが、労働者に考慮期間が付与され、法的助言を求める可能性が与えられたことは強迫の内容に影響を及ぼすものではなく、これによって違法性は阻却されない。

② ただし、YがXに考慮期間を付与したことで、強迫が後に締結された合意解約との間の因果関係が切断された可能性はある。ドイツ民法一二三条一項によれば、強迫に基づき意思決定をなすことを「決定づけられた」ことが必要である。すなわち、同人が、意思表示をなす時点において、依然として強迫の圧力下で行為し、別の、決定的に影響を及ぼすような自律的な意思形成には基づいて行為していないことを要する。通常は、違法に強迫された者が考慮期間を認められたとしても、この因果関係を肯定できる。しかし、取消権者が当事者間でなされた

合意を積極的な行為、たとえば自ら新たな申出を行うことで自己に有利な影響を与えた場合、とりわけ、同人自身が法律知識に精通している場合、または事前に法的助言を得、もしくは付与された考慮期間を利用して法的助言を得た場合など、考慮期間を有効に活用したような場合、強迫に決定的に影響された状況を脱してから意思形成がなされたといい得る。ドイツ民法一五〇条二項によれば、契約の申込みに対して変更を加えた承諾は、申込みを拒絶し、新たな申込みをしたものとみなすとされている。本件においても、それに相当する証拠が必要というべきであり、それにより、取消権者が最終的に依然、違法な強迫の圧力下で意思表示を行ったといえること、並びに、たとえ事後的交渉により多少害悪が縮小したとしても「より小さな害悪」が選択されたにすぎないこと、および、それが強迫を契機に自ら形成した意思を追求した結果とはいえないこと、または、結論として承諾と目されるような条件を成就させたというべき事情が存しないことが必要である。この限りで重要なのは、取消しの対象となる意思表示がなされた時点に存在する諸般の事情である。

③ 被強迫者が自由な意思に基づき意思表示を行ったのか否かは事実の問題である。この観点は上告審で初めて深められたものであるから、州労働裁判所において新たに審理される必要がある。その際には、Xが弁護士として与えられた三日間の考慮期間の間に合意解約の締結の適否につき考量する可能性を有していた点を考慮する必要がある。Xが補償額を一万二〇〇〇EURから一万八〇〇〇EURへ五〇パーセント増加させていること、労働関係終了時に「優等」評価を得たことは、Xが合意解約の締結に際して、この申出を職業の再出発のチャンスとして利用し、今後数年間少なくとも同程度の活動を行い得ることを前提としていた可能性をうかがわせる。他方、Xは繰り返しYで継続して勤務する意思を主張していることから、Xには、依然、違法な強迫の影響下で合意解約を締結したこと、仮に事後的な交渉により害悪が縮小したとしても、「より小さな害悪」を選択したにすぎな

いことについて、主張・立証する機会が与えられなければならない。

3　まとめ

ここで、これまでの判例で問題とされた事情と、主要な判断内容をまとめておく。

①一九九三年判決　問題とされたのは、小売店販売員の合意解約で、考慮期間を与えていなかったという時間的切迫性、話合いの内容が事前に知らされていなかったことによる不意打ち性である。

裁判所は、強迫による取消の否定の際、使用者側からゆっくりと、冷静に、かつ私情を交えない形で、合意解約の申出を受けており、簡単に拒絶可能であったとの認定をしている。あわせて、信義則を根拠に撤回権付与と同様の効果を認めていた下級審裁判例の考え方を否定した。

②一九九六年判決　問題とされたのは、行政事務職員の合意解約で、犯罪行為（文書偽造）の非難、自宅訪問の不意打ち性、および、アルコール中毒による判断能力の欠如である。

裁判所は、労働者は「否」と答えさえすれば、同意をするか否か、どのように、いつするか、の判断を左右できる可能性を有するとして、「交渉力の構造的不平等」テーゼによる内容規制の拡大適用を否定している。

③二〇〇三年判決　問題とされたのは、介護施設の清掃婦の合意解約で、嫌疑（窃盗）に基づく即時解約による強迫、窃盗容疑の目撃から三日後の職場で話合いがもたれたという不意打ち性、考慮期間が付与されていなかったことである。

裁判所は、本件では解約告知に問題はないことから強迫行為の違法性を否定した。撤回権規定の適用については、規定の目的論的解釈、および、典型的な時間的・空間的異常性がないとして訪問取引と同様の不意打ち性を否定するとともに、考慮期間を付与していない点のみで適用を肯定できないと判断した。ただし、職場の通常の時間・空間から逸脱したところで交渉がなされたことによる不意打ちについて、公正な交渉の要請による保護の可能性を示唆した。

④二〇〇七年判決　問題とされたのは、信用棄損の疑いを原因とする勤務弁護士の合意解約である。即時解約を約することによる強迫行為が行われたが、三日間の考慮期間が与えられていたほか、最終的な合意内容は労働関係終了の時期を早めることで補償金が五割増しになる等の有利な条件もみられた。

裁判所は、即時解約による強迫の違法性は三日間の考慮期間の付与によっては阻却されないとしつつ、当該期間中に被強迫者の合意が法的助言を得て合意解約の条件を有利に変更させた場合には「因果関係」の切断される可能性を指摘し、この点についての審理を尽くさせるべく原審に差し戻した。

三　新たな判例法理の検討

1　「公正な交渉の要請」の具体化をめぐって

二〇〇七年判決が下される前、学説においては、二〇〇三年判決が示唆した「公正な交渉の要請」という新たな法理をいかなる法律構成によって実現すべきかをめぐってさまざまな主張がなされていた[23]。その学説状況の網羅的な検討は筆者の能力を超えるうえ、本稿の目的とするところではない。ここでは、最も有力視されていた「契約締結上の過失」責任構成において英米法の不当威圧法理を導入するという主張に注目することとしたい。

ここで、「契約締結上の過失」責任構成について一言しておくと、二〇〇一年の債務法現代化法による民法典改正によって、ここにも大きな変更が加えられたことを確認しておく必要があろう。すなわち、ドイツ民法二四一条二項は「債務関係はその内容全体に即して、各当事者が相手方の権利、法益および利益を顧慮することを義務付ける」と規定することで利益顧慮義務の対象に不法行為法上の被侵害利益たり得る権利および法益に「利益」を加え、ドイツ民法三一一条二項で「二四一条二項に基づく義務を内容とする債務関係は次に掲げる事項によっても生ずる。1　契約交渉の開始。2　契約の誘引において、あり得べき法律行為上の関係を考慮して、相手方の権利、法益および利益に影響を及ぼす可能性が当事者に与えられ、又は同人にそのような可能性が委ねられること。又は、3　法律行為類似の接触」という形で明確な条文上の根拠を規定したのである。その義務違反の効果は損害賠償ということになるが（ドイツ民法二八〇条一項は「債務者が債務関係に基づく義務に違反するとき、債権者は、これにより生ずる損害の賠償を請求することができる」と定める）、その効果については、「損害賠償の義務を負う者は、賠償を義務付ける事情が発生しなかったならば存したであろう状態を回復しなければならない」（ドイツ民法二五九条一項）と原状回復主義をとっていることに留意する必要がある。またドイツ民法二四一条二項の「利益」は法律行為上の決定自由をも含むと解され、かつ、損害賠償請求の要件である「財産損害の発生」も判例は主観的に捉えていることから[24]、結果として、「契約締結上の過失」は、信義則を基礎とする一般条項的な取消類似規定としての潜在的可能性を与えられたということになる[25]。

そのうえで、利益顧慮義務違反の判断枠組みとして参照に値するものとして注目されているのが、英米法における不当威圧の法理である[26]。中でも最も詳細な理論的枠組みを提示したLorenzによれば、契約締結過程において外在的な影響力を行使して決定自由を侵害するような一定の行為類型に対するサンクションとして構想すべきだとされており、その基準を具体化するにあたっては、ドイツ不正競争防止法上の顧客誘引の影響力行使に関する違法性判断基準を参照することが提唱されている。訪問取引は、消費者の私的領域を侵害する「迷惑」(困惑)行為としてドイツ不正競争防止法上の違法な競争行為と評価されてきたところであり、ドイツ民法三一二条の訪問取引撤回権の基礎にある評価も、この中に織り込まれる。[27] このようなドイツ法レベルでの競争法との協働を介して、英米法上の不当威圧の法理の継受が主張されている点を指摘しておきたい。

2 英米法における不当威圧の法理

ここで、不当威圧とは「あらゆる不適切または不正な強制、策謀、強引な説得であって、個人の意思形成を圧倒し、同人が自由であった場合とは異なる内容の行為をさせられ、または、行為を思いとどまらされた場合」をいうとされる。イギリス契約法における衡平法上の不当威圧の法理は、コモンロー上の「強迫」が認められない場合にも取消しを認めてきた。そして、不当威圧は次の二つの類型が知られている。すなわち、①現実的な圧力行使による場合、そして、②当事者間に特別な関係があることから不当威圧が推定される場合である。

この①類型の最大の特徴は、契約内容の不当性等は考慮せずに、現実的な圧力行使という専ら不公正な取引方法に着目した要件と、その影響下で意思表示を行ったという因果関係のみで要件が構成されていることである。これが、②類型において、取消権者にとって明白に不利な内容であること、または、説明を要する内容であるといった内容上の不当性が問題とされていることとの大きな相違である。[28] ここで要件とされている「現実的な圧力(Actual Pressure)」は、「暴力行為(Violence)」まで要さないのはもちろん(法理形成の出発点)、違法な強迫(illegimate treats)がなくとも、その圧力の影響を受けて約束がなされれば足りるとされる。[29] そして、取消しの対象である意思表示が現実的な圧力行使の影響下でなされたという因果関係については、「不当威圧の被害者は当然の権利として、取引の拘束から逃れる権利を有する」（Lord Browne-Wilkinson）との考えから、一つのファクターであったことを立証すれば足りるとされている[30]。

これに対して、②推定される不当威圧とは、当事者間に一定の関係があり、かつ、取引内容が一方当事者に不利である場合に、不当威圧が推定されるというものである。第一の要件である人的関係は、典型的には、法的に影響力を及ぼし得る可能性を取得するような場合（2A類型）、または事実上支配関係を確立した場合（2B類型）に認められる[31]。しかし、使用者・労働者間には、2A類型の人的関係は否定されている[32]。第二の取引内容については、少なくとも疑問を生じさせる合意で、説明を必要とするようなものであることが必要とされている（「説明の必要性（call for explanation）」）。そして、この不当威圧の推定に対して、他方当事者は、相手方には「独立した意思を自由に形成する」可能性が与えられていたことを証明して、反証することが認められている。「この反証は、通常、他方当事者が取引前に独立した助言を得ていたことを示すことによってなされる。もっとも、単に助言を得ていたのみでは足りない。助言は、適切で、当該事案におけるすべての重要な事実を認識したうえで行われたものであることを要する。独立した助言者は、取引が自らの助言に従って行われたことを証明する必要があるとの提案もなされてきた。とりわけ、不当威圧の圧力が強力である場合、または、取引内容が巨額の贈与である場合などは、これを要求する合理性が指摘されているが、あらゆるケースで必要とは考えられていない。実のところ、独立した助言が取引を思いとどまらせるために必要であるとのルールは存在しない。しかし、受益者は、このような助言が与えられる機会を確保しない場合、基本的に慎重さを欠くこととなるであろう[33]」。

たとえば、一九九六年判決の事案と比較参照されるアメリカ法のリーディングケース[34]をみてみる。事案は、教師が生徒に対する性的暴行の嫌疑をかけられ、四〇時間を超える尋問後に自宅を訪問してきた学校法人の代表者らに、あらかじめ作成された解約合意文書に署名することを要求されたというもので、①類型の不当威圧が認められた。裁判所は、適法な説得（Persuation）と過剰な説得（over persuation）、違法な意思の歪曲の境界線は、特定の典型的な行動パターンを提示できるかどうかで決せられるとした。たとえば、契約交渉が通常とは異なる場所、通常とは異なる時間帯に行われたのか、契約の締結、履行が即時に行われたのかという時間的切迫性、合意を拒絶した場合にもたらされる帰結についての明示的な言明、交渉にあたって複数の人物が関与したか、相手方に助言を得る可能性が与えられていなかったこと等々である。これらの諸要素が累積的に存在し、相互作用をもたらした場合には、当該説得は過剰なものであったとして、不当威圧が認められる。

3　判例法理の分析

二〇〇七年判決の定式は、次のようにまとめられる。

① 使用者が理性的な使用者であれば行わないような即時解約によって労働者を強迫し、労働者に合意解約の締結をさせた場合、強迫の違法性は雇主が労働者に対して考慮期間を付与することによって阻却されない。

② その他の事情が生じない限り、労働者に考慮期間が付与されることによって、後に締結された合意解約と強迫による因果関係は否定されない。ただし、取消権者が考慮期間を利用することによって、労働者自らが当事者間でなされた合意に対して新たな申出を行う等、能動的な交渉によって労働者に著しく有利に影響を及ぼしたような場合、とりわけ、労働者が自ら法知識に精通している場合、または、法的助言を、あらかじめもしくは考慮期間中に受けられたような場合はこの限りではない。

判旨①は、即時解約による強迫行為の違法性判断基準を維持しつつ、考慮期間を付与することによる違法性阻却を否定することにより、時間的切迫性の問題について一定の歩み寄りをみせた判決と位置付けることができるであろう。判旨②は、不当威圧の②類型の推定される不当威圧の反証としての「独立した助言を得たこと」との関係を連想させるが、推定を基礎づける人的信頼関係は使用者・労働者間では否定されていることから、先にみた①類型のリーディングケースにおいて、説得と過剰な説得の境界線を決する際の一考慮要素としてあげられていた「独立した助言を得られなかったこと」に近いとみるのが相当であろう。

総じて、不当威圧法理類似の考え方を、強迫の要件の枠組みの中で実現させる方向に踏み出したということができようか。

四　連邦労働裁判所の判例法理の展開を支えたもの――指導原理としての基本権

1　問題領域の特徴

連邦労働裁判所は、第一期の一九九六年判決において保証判決の「転用」を否定し、第二期のドイツ連邦労働裁判所の判決文には、明示的には、保証判決の引用を見て取ることはできない。しかしながら、この点をもって保証判決の影響が切断されたとみるのは早計というべきである。というのも、二〇〇三年判決は「公正なる交渉の要請」原理という新たな法理を示唆しているからである。二〇〇三年判決を踏まえた学説におけるこの原理の具体化をめぐる議論は、いずれも保証判決を基底に据えたうえで展開されていることを見逃すことはできない。同様に、二〇〇七年判決も、保証判決を明示的に引用はしていない。しかし、二〇〇七年判決で形成された判例法理は、不当威圧の法理を強く意識していることは、先に確認したとおりである。この意味において、憲法裁判所の保証判決は、まさに、連邦労働裁判所の判例法理の展開を支えてきたものということができる。

ここで、労働契約の合意解約の労働法領域における特徴を確認しておくこととしたい。労働関係（ないし雇用契約）を終了させる法制度としては、労働法上、解雇や解約告知等の規定が置かれており、とりわけ、解雇については、解雇権濫用法理などの労働者を保護する法制度が整備されている。その中で、本稿が検討する「合意解約」は、当事者間の合意によって労働関係を終了させるもので、まさに契約自由の原則が妥当する点に特徴を有する。法制度選択という面では、労働法制上の手厚い保護、重厚な法制度をあえて回避した、制度としてのフレキシビリティに意義を有する。他方で、それは、結果として労働法制からこぼれ落ちることにほかならず、民法上の一般契約法のルールによって妥当な解決が図られているのか、そこに「保護の欠缺」が生じるリスクと裏腹の関係にあることを意味する。立法的解決にむけ「たびたび議論が重ねられてきた」ことは、その証左といえる。

このような状況下において、一九九三年のドイツ連邦憲法裁判所の保証判決は、まさに立法的解決がなされていない領域において、司法によって自己決定権の実現を確保する義務を明確に示したものであったということができるであろう。このことを明確に指摘しているのは元連邦労働裁判所長官Dieterichである。

2 憲法指導的解釈

(1) 立法者に向けられた枠組み

Dieterichは、「私的自治は憲法秩序に則った法律によって形成された境界線の中で保障されているものであるから」、憲法裁判所の保証判決によって示された「構造的な交渉力の不平等」を是正するためには、第一義的には立法による「法律上の条件設定（Ausgestaltung）が必要である」との理解から出発している。すなわち、保証判決は、私的自治を実現させる条件を設定する主体である立法者が憲法上負っている義務の履行というレベルにおける基本的な枠組みを明らかにしたものという位置づけがなされ、その義務履行の具体化にあたって次のような基本的観点が述べられている。「法律関係上の取引への参加者に可能な限り広範囲な自己決定の可能性を認めるという責務は、国家に慎重さを要求する：一方では、私法関係への過剰介入は避けなければならないが、他方で、対立する利益の調整を必要とする社会的、経済的な前提条件をおろそかに放置しておくべきではないからである。一方の当事者が他方当事者に対して、他方当事者の自己決定を有名無実化してしまうような契約条項を一方的に押し付ける状況が典型的に存在する場合（連邦憲法裁判所のいう『構造的な交渉力の不平等』）、基本権の保護機能により、予見可能性と実現可能性の枠内において、矯正的な（それを埋め合わせる）規制や法的救済手続きを提供する憲法上の義務があるというべきである。その際、立法者には、憲法違反となる下限・上限を順守する限りにおいて、法政策上の評価・実現手段選択上の裁量が認められる」（傍線は筆者による）。したがって、「ある問題に対して、特別な保護法を制定するか、または、当該問題に特化しない法概念もしくは一般条項の運用レベルにおいて、裁判官に対して法律上の枠組みの中で、当該問題の事案に即した妥当な解決を導き、当該事案への適用する権限を認めるという途を選択するのかの判断は、第一義的には立法者に委ねられている[35]」。

(2)　裁判所の責務

裁判所の責務についても、注目すべき指摘がなされている。裁判所は、実体法を基本権の光のもとで、基本権を指導理念としながら展開させなければならないという、憲法指導的解釈（Verfassungsgeleitete Auslegung）[36]を義務付けられているというものである[37]。

とりわけ、不確定な法概念を充塡する場合、および、一般条項を具体化する場合、より上位にある基本権の原則的価値判断に照準を合わせなければならない。このことは、とりわけ、法規定において上位にある基本法上の保護義務を履行しようとしている場合はもちろん明確であるが、まったく「中立的な」一般条項についても妥当するし（保証に関する連邦憲法裁判所判決）、また、いかなる法発展についても妥当する。とくに、専門裁判所は、民事法上の規定を解釈および適用するに際して、基本権を「指導理念（Richtlinie）」として考慮する義務を負っているというのである。[38]

「民事法上の規定の解約および適用にあたっての指導理念としての基本権」という考え方は、不妊手術に失敗し、または家族計画に関する遺伝学上の相談に過失があった事案で、望まなかった子の扶養について特別の損害として賠償を認めても個人の尊厳その他の基本権侵害にはならないとした連邦憲法裁判所の一九九七年一一月一二日決定（BVerfG 12.11.1997 BVerfGE 96, 375, 398f; NJW 1998, 519）[39]において述べられているものであり、「憲法指導的解釈」という考え方とともに、広く受け入れられたものとなっている。[40]

そして、保証判決が、「構造的な交渉力の格差」が典型的に生じている場合には「自己決定ではなく他律的決定」という問題が生じており、実体法秩序はこれを放置すべきではない、というテーゼを定立したことの具体的意義を、本稿は確認してきたということになる。

五　結びに代えて――日本法への示唆

もはや紙幅も尽きてしまったが、以上の検討から明らかになったことをまとめておく。

本稿で取り上げた労働関係の合意解約の問題は、深刻な問題を抱えながらも、解決をもたらす明確な基準が存在しているとはいえず、ドイツにおいても日本においても依然として暗中模索が続いている状態といってよいであろう。

しかしながら、ドイツ法における展開を通して明らかにされたのは、「構造的な交渉力の不平等」という考え方が労働法と消費者法の領域をまたぐ、共通の俎上を形成していることである。すなわち、労働契約において従来論じられてきた「労働者の従属性」が、「構造的な交渉力の不平等」という共通の土俵において活かされているということである。それによって、消費者保護法規適用の可能性が拓かれると同時に、その限界も明らかにされ、新たな法理の模索、形成へと判例法理が展開してきたことが確認された。

そして、その展開を支えてきたのが、「憲法指導的解釈」という考え方であり、そこでは「構造的な交渉力の不平等」テーゼを示した連邦憲法裁判所の保証判決は重要な枠組みを提供していることも確認された。それによれば、その第一義的な名宛人は立法者であり、裁判所は、立法的措置ではなく裁判所に判断を委ねられた問題について、基本権を「指導理念」として考慮する義務を負っているとされている。

翻ってわが国に目を向けると、消費者契約法は後追い立法から脱却すべく、消費者契約全般について包括的な民事ルールを形成する目的から制定されたものである。消費者契約法一条は、特定の具体的な問題への対処するのではなく、広く消費者を保護するための特別民事ルールを正当化する根拠として、「情報の質及び量並びに交渉力の格差」というテーゼを明規したものである。ここに、たとえば、クーリング・オフのような具体的な保護措置を講ずるのではなく、裁判官に判断を委ねる民事ルールの指導理念を示したものとして、憲法指導的解釈との共通性を読み取ることはできないであろうか(41)。このような理解が成り立つとすれば、消費者契約法一条は、民法、消費者法および労働法の領域をまたぐ共通の理解となる可能性を秘めているように思われる。その意味で、ドイツ法の経験に照らせば、本稿冒頭で取り上げた消費者契約法一条を解釈理念規定として民法典に置く意味は、非常に大きな潜在的可能性を有している。

（1）民法（債権法）改正検討委員会編『詳解・債権法改正の基本方針Ⅰ』二九頁（商事法務、二〇〇九年）。

（2）民法改正研究会編『民法改正　国民・法曹・学界有志案（法律時報増刊）』一二二頁以下（日本評論社、二〇〇九年）、加藤雅信「民法改正と消費者法」消費者法ニュース八〇号一〇六頁（二〇〇九年）。議論状況につき、松本恒雄「民法改正と消費者法――総論」現代消費者法四号四頁以下（二〇〇九年）ほか同特集の諸論稿参照。また近時に至り、近畿弁護士連合会消費者保護委員会より、消費者行政の一元化を踏まえ、消費者関連法規を統合した「消費者法典」を視野に、第一段階として、消費者契約法・景品表示法・特定商取引法を統合させる提案も出されている。近畿弁護士連合会消費者保護委員会編『消費者取引法試案――統一消費者法典の実現をめざして（消費者法ニュース別冊）』（消費者法ニュース発行会議、二〇一〇年）。

（3）法制審議会民法（債権関係）部会における松本恒雄委員の提案である。第二〇回会議議事録三二頁、同部会「民法（債権関係）改正に関する中間的な論点整理」（二〇一一年五月）一八三頁。

（4）平成一七年九月一五日の「今後の労働契約法制の在り方に関する研究会報告書」では、労働契約法制の必要性の箇所で、同様の記述がみられた（第1（総論）　1（労働契約法制の必要性）(1)）。しかし、平成一八年四月一一日の労働政策審議会労働条件分科会「労働契約法制及び労働時間法制に係る検討の視点」以降、同記載はみられず、「労働契約は、実質的に対等な立場で締結するべきもの」（第2　検討の視点【労働契約法制】基本的事項）との考えから合意原則が明文されていくことになった。

（5）ペーター・ヴェッデ（緒方桂子訳）「ドイツ民法における普通取引約款規制規定が労働契約上の基礎に及ぼす影響」日独労働法協会会報七号四九頁以下（二〇〇六年）、丸山絵美子「労働者は消費者か？――消費者契約規制と労働契約との関係に関する一考察」青柳幸一編『融合する法律学』（信山社、二〇〇六年）に詳しい。

（6）BVerfGE 89, 214. それに先立ち、代理商判決で同じテーゼを定立していた。BVerfGE 81, 156.

（7）判例法理の詳細については、原田昌和「巨額な共同責任の反良俗性(1)(2)完」法学論叢一四七巻一号二四頁（二〇〇〇年）・一四八巻一号八五頁（二〇〇〇年）、同「極端に巨額な保証債務の反良俗性(1)(2)完」法学論叢一四八巻二号一八頁（二〇〇〇年）・一四九巻五号四六頁（二〇〇一年）、斎藤由起「近親者保証の実質的機能と保証人の保護(1)～(3)」北大法学論集五五巻一号一一三頁・二号六五七頁・三号一一一九頁（いずれも二〇〇四年）ほか参照。

（8）Zimmermann, New German Law of Obligations, 2005, p. 208; Stephan Lorenz, Sittenwidrigkeit und Vertragsanbahnung-"procedural unconscionability" im deutschen Recht?, FS Canaris, Bd. I, 2007, S. 790; Canaris, Wandlungen des Schuldrechts-Tendenzen zu seiner "Materialisierung", AcP 200 (2000) 273, 296, 303ほか。

（9）わが国において同一の方向性を志向する見解が示されていることは興味深い。森戸英幸「第一二章　辞職と合意解約」日本労働法学会編集『講座・二一世紀の労働法　第四巻労働契約』二一三頁以下・二二七頁（有斐閣、二〇〇〇年）。これに対して、現代的暴利行為論での対応を探る、債権法改正の基本方針【1.5.02】(2)（民法（債権法）改正検討委員会・前掲（注1）五七頁〔適用事例5〕）も参照。

（9a）学納金返還訴訟に関する最二小判平成一八年一一月二七日（判タ一二三二号八二頁）は消費者契約法九条一号を定める必要性につき「消費者と事業者の間には、その有する情報の質及び量並びに交渉力の格差が構造的に存在し、……契約を双方の自由な交渉にゆだねるときには、上記のような格差から消費者の利益を不当に侵害するおそれがある」と判示している（傍線は筆者による）。

（10）わが国における問題状況についての優れた分析として、森戸・前掲（注9）。

（11）「第4　労働関係の終了　4　合意解約、辞職　(1)　使用者の働きかけに応じてなされた労働者の退職の申し出」等。

（12）荒木尚志＝菅野和夫＝山川隆一『詳説労働契約法』一九一頁（弘文堂、二〇〇八年）。

（13）このような労働政策的観点からの検討が必要な問題を、民法改正部会において審議することの適否も論点となっている。法制審議会民法（債権関係）部会「民法（債権関係）の改正に関する中間的な論点整理」一七頁、第四回会議議事録・第一七回会議議事録参照。

（14）後述するドイツ連邦労働裁判所一九九三年九月三〇日判決が、「法政策的な要請としてたびたび議論が重ねられてきた」と述べている（NJW 1994, 1021, 1022)。

（15）一九九二年の第五九回ドイツ法曹大会のドイツ法部会のテーマは、「ドイツ統一条約三〇条により制定されるべき労働契約法はいかなる内容を含むべきか？」というものであり、全一六六条からなる草案として公表されている。NZA, Beil. Zu Heft 17/1992; Gutachten D zum 59. Deutschen Juristentag in Hannover 1992, Band I, Gutachtenteil D (DJT-Gutachten).

（16）Leuchten, in: Tschöpe (Hrsg.), Anwalts-Handbuch, Arbeitsrecht, 5.Aufl., 2007, Teil 1 A Rz. 4f.

(17) Bauer, Neue Spielregeln für Aufhebungs- und Abwicklungsverträge durch das geänderte BGB?, NZA 2002, 169.

(18) Giesing, Inhaltskontrolle und Abschlusskontrolle arbeitsrechtlicher Aufhebungsverträge, Diss. Tübingen 2007, Nomos 2008, S. 21f.

(19) 本判決は、続けて次のように述べている。「近時、法政策的な要請として、立法者は労働関係の合意解釈に撤回権を付与することにつき、たびたび議論が重ねられてきたことに対する判断を見誤るべきではない。現行法の解釈として、そのような撤回権を導き出すことはできない」。

(20) いち早くこれを積極的に主張したZwanziger, Arbeitsrechtliche Aufhebungsverträge und Vertragsfreiheit, DB 1994, 982. および、その是非をめぐる議論につきGiesing (Anm. 18), S. 20f.

(21) Dieterich, Grundgesetz und Privatautonomie im Arbeitsrecht, RdA 1995, 129.

(22) Lorenz論文の問題意識である。Stephan Lorenz, Sittenwidrigkeit und Vertragsanbahnung- "procedural unconscionability" im deutschen Recht?, in FS Canaris, Bd. I, S. 777ff. もちろん、労働者が合意解約において債務承認をした事案で交渉時の状況もあわせて良俗違反性を認めた下級審裁判例（LAG Thüringen Urt. 10.9.1998, NZA-RR 1999, 399）もある。しかし、交渉の状況自体が法律を遵守しているとは言い難く（使用者が長時間にわたる集中的な尋問を行い、交渉している部屋から出ることを禁じ、外部との接触を一切禁止するなど）、退職一時金の支給等もないといった、使用者側の違法性の程度が著しく高い場合に限られると指摘されている。Giesing (Anm. 18), S. 202f.

(23) 議論状況の詳細な分析はGiesing (Anm. 18), S. 211ff.

(24) BGH NJW 2001, 436, 438; BGH NJW 2006, 845, 847. Lorenz (Anm. 22), S.787f; Fleischer, Informationsasymmetire, S. 443.

(25) Lorenz (Anm. 22), S. 787f; Canaris (Anm. 8), AcP 200, 273, 306; ders, Schuldrechtsmodernisierung 2002, 2002, S. 152. 債務法現代化法の政府草案理由書BT-Drucks. 14/6040, S. 126. 債務法現代化法の大きな争点の一つであった。議論状況を知る貴重な邦語文献として、川角由和「ドイツ債務法の現代化と『契約締結上の過失（culpa in contrahendo）』」川角由和ほか編『ヨーロッパ私法の動向と課題』二一一頁以下（日本評論社、二〇〇三年）。

(26) Lorenz, Der Schutz vor dem unerwünschten Vertrag, 1997, S. 493ff; ders, Arbeitsrechtlicher Aufhebungsvertrag, Haustürwiderrufsgesetz und "undue influence", JZ 1997, 277f; Giesing (Anm. 18), S. 219ff.

(27) Lorenz, S. 787f. 契約締結上の過失を根拠に不意打ちからの保護を認めた下級審裁判例として、AG Nürtingen NJW-RR 1996, 40; OLG Bamberg NJW-RR 1997, 694f.

(28) Treitel/Peel, The Law of Contract, 12nd ed., 2007, p. 447 (10-009).

(29) CIBC Mortgages v Pitt [1994] 1 A.C. 200; Treitel, p. 447.

(30) 「But For テスト」を適用していた一九九〇年 Aboody 判決は、二〇〇二年の UCB Corporate Services v Williams 判決で変更されている。Treitel, p. 447- (10-010).

(31) 従来の判例からは二類型があるとされている。第一が２A類型といわれるもので、「特別の関係」から影響力の行使が反証の余地なく推定され、不当威圧が認められるためには、①当該関係の成立、②契約の内容が明白に不利であることを立証すればよい。これに該当しない場合、最初に、③一方が他方を支配する関係を形成したことを立証しなければならない（いわゆる２B類型の不当威圧）。しかし、最近の判例においては、２B類型が引き続き存在しているのか争われている。Treitel, p. 450ff.

(32) 両親と子、宗教的助言者と信者、医者と患者の間では肯定されるが、夫婦間、代理人と本人の間等は否定されている。Treitel, p. 451 (10-016).

(33) Treitel, p. 457 (10-023).

(34) Odorizzi vs. Bloomfield School District, 246 Cal. App. 2 d 123, 54 Cal. Rptr. 533ff (1966); Lorenz (Anm. 22), S. 788; Giesing (Anm.18), S. 221f の分析による。

(35) Dieterich (Anm. 21), S.130; Ingrid Schmidt, in: Müller-Glöge/Preis/Schmidt (Hrsg.), Erfurter Kommentar zum Arbeitsrecht, 11. Aufl., 2011, 10 GG Art. 2 Rn. 27f.

(36) 憲法指導的解釈とは、憲法に従った解釈の選択肢が複数存在する場合に最も憲法に忠実な解釈を選択しなければならないとするものをいい、憲法適合的解釈とは区別されなければならない。憲法適合的解釈とは、確立した判例や解釈原則によるとアンビバレントな結論が導かれうるものの、その一方は違憲、他方が合憲である場合に後者をとるべきことを要請されるものである。この場合には、裁判所には裁量の余地はなく、裁判所は憲法に従った解釈によって判断を下さねばならない。Thomas Dieterich, in: Erfurter Kommentar zum Arbeitsrecht, 11. Aufl., 2011, 10 GG Einl. Rn. 81.

(37) Dieterrich, a.a.O., 10 GG Einl. Rn. 80「裁判所は、立法および行政執行権と同様、直接的な適用法規としての憲法に拘束されていることから、補完的な義務として、契約の等価性が害されている場合において、法律上の保護の欠缺が生じており、一般条項によって具体化されるべき限りにおいて、民事法を用いて基本権の客観的な価値判断を妥当させるべき義務を負う」Schmidt, a.a.O., 10 GG Art. 2 Rn. 30.

(38) Dieterich, a.a.O., 10 GG Einl. Rn. 80.

(39) 同決定は明示的に保証判決を引用している。同決定に関する邦語文献として、嶋崎健太郎「不妊手術又は遺伝相談に失敗した医師の損害賠償と望まずに生まれた子の人間の尊厳――『損害としての子』事件」自治研究七九巻一一号一二二頁（一九九八年）、岡林伸幸「望まなかった子供に関する損害賠償責任(二)――ドイツ連邦憲法裁判所一九九七年一一月一二日第一法廷決定を契機として――」名城法学四九巻三号一二五頁（二〇〇〇年）。

(40) Schmidt, a.a.O., 10 GG Art. 2 Rn. 30; Canaris Anm. BAG AP GG Art. 12 Nr. 65; Fastrich, Inhaltskontrolle im Arbeitsrecht nach Bürgschaftsentscheidung des Bundesverfassungsgerichts vom 19.10. 1993, RdA 1997, 65, 70; Dietrich, Bundesverfassungsgericht und Bürgschaftsrecht WM 2000, 11.

(41) 消費者契約法九条一号は憲法二九条に違反しないとした最二小判平成一八年一一月二五日（判タ一二三二号八二頁）を取り上げ、「この法律は、基本権保護義務を具体化したものであるという位置づけ」を与える、小山剛「憲法は私法をどこまで縛るのか――憲法の優位と私法の独自性」新世代法政策研究一一号二三頁・四〇頁（二〇一一年）のほか、消費者契約法を構造的格差規制と位置付ける山本敬三「契約規制の法理と民法の現代化(一)」民商一四一巻一号一四頁（二〇〇九年）も参照。

〔付記〕本稿は、平成二二年度科学研究費（研究課題番号二二七三〇〇七一）による研究成果の一部である。

■不招請勧誘

神戸学院大学教授　今　川　嘉　文

一　不招請勧誘の意義

1　規制の概要

(1)　各法の規制

不招請勧誘の禁止とは、事業者が、顧客からの要請がないにもかかわらず、一方的に訪問しまたは電話などをかけて、顧客に契約締結をさせようとする行為を禁止することである。(1)顧客が要請している場合の訪問または電話などによる契約締結をさせようとすることを否定するものではない。

不招請勧誘は、金融商品取引法（三八条四号）、商品先物取引法（二一四条九号）、特定商取引法（一二条の三・三六条の三・五四条の三）、特定電子メール法（三条一項）において規制されている。

このうち、金融商品取引法および商品先物取引法は、顧客の保護を図ることが特に必要なものとして政令で定めるものについて（金商令一六条の四第一項、商先令三〇条）、金融商品取引契約または商品先物取引契約について、勧誘の要請をしていない顧客に対し、訪問・電話勧誘を規制する。

他方、特定商取引法および特定電子メール法は、訪問・電話勧誘を規制対象とはせず、承諾をしていない者に対する電子メール広告の送信を禁止する。電子メール広告は無差別かつ大量に短時間内に送信され、電子メール広告が事実上の勧誘であることが多くなっている。また、受信者に不本意な通信料金等を負担させることがあり、迷惑メールと必要なメールとの選別作業の手間等がかかる。そのため、商業電子メールの送信を原則禁止として、例外的に許容する「オプトイン」規制に基づく消費者保護が強く求められてきた。

第一に、特定商取引法は、事業者が、通信販売、連鎖販売取引、業務誘引販売取引の形態で消費者と取引する場合、事業者に対し、次の規制を課している。すなわち、①未承諾者に対する電子メール広告および携帯電話のショート・メールサービスの禁止（オプトイン規制）、②電子メール広告の拒否方法の表示義務および送信禁止、③消費者からの請求および承諾の記録保存義務、④刑事罰である。

第二に、特定電子メール法は、特定商取引法の電子メール広告規制におけるような取引形態および対象商品の限定はなく、オプトイン規制を原則として、送信者の表示義務、行政処分および刑事罰が科される。

特定商取引法は販売業者および役務提供事業者に対する電子メールの「広告規制」として、消費者保護および取引の公正確保を主たる目的とする。他方、特定電子メール法は電子メールの「送信者規制」として、インターネット・サービスの健全かつ良好な利用環境の構築維持を主たる目的とする。

(2) 金融商品取引・商品先物取引の不招請勧誘規制

勧誘と広告との区別が必ずしも明確ではなく、不招請勧誘規制が事業者の営業活動を制限するものであり、禁止の範囲が広がりすぎないように配慮が求められた。その中でも、金融商品取引および商品先物取引は、日常生活でなじみが少なく、さまざまなデリバティブをはじめ取引内容は複雑であり、リスクの高い投資商品が多く売買されており、取引額は大きい。一般投資家は、金融商品取引を扱う金融商品取引業者並びに商品先物取引を扱う商品先物取引業者、および各営業担当者（金商二八条、商先二条二三号。以下、これらを「専門業者」という）の知識、経験、分析等に依存する傾向にある。

また、投資取引において、専門業者による顧客に対する勧誘攻撃性、取引関係の非対称性は概して強く、専門業者の訪問および電話による勧誘被害が顕著であった。そのため、優先的に金融商品取引および商品先物取引に対して規制がなされた。(2)

そこで、本稿は、専門業者の勧誘のあり方、顧客の適切な意思決定の確保、個々の損害額の大きさが問題となる金融商品取引および商品先物取引における「訪問または電話による不招請勧誘の規制」を中心に検討をする。

2　専門業者の行為規制

一般投資家は、専門業者の勧誘行為および取引主導等により不測の損害を被るおそれがある。そのため、不招請勧誘規制は投資家保護の観点から重要な意義がある。

専門業者の問題となる行為には、勧誘段階の違法要素（たとえば、①不招請勧誘、②新規委託者保護義務違反、③説明義務違反等）、取引開始後の違法要素（たとえば、①実質一任売買、②頻繁取引、③経済的に不合理な取引、④指示違反、⑤適合性原則の違反等）がある。

専門業者は、これら行為につき一定の制限を受け、または禁止されている。これらを「行為規制」という。専門業者の行為規制は、投資家保護、取引の安全、専門業者の信用維持、投資家の自己責任原則の前提となる環境整備などを理由として課されている。行為規制の違反は、民事責任、刑事責任、行政処分の対象となる。

金融商品取引法の行為規制は、①専門業者の業務活動の規制（金商三六条以下）、②勧誘規制（金商三七条以下）、③専門業者の禁止行為（金商三八条～三九条以下）、④専門業者の業務運営状況の適正化の規制（金商四〇条以下）、⑤投資助言業務に関する行為規制（金商四一条以下）、⑥投資運用業に関する行為規制（金商四二条以下）、⑦有価証券等管理業務に関する行為規制（金商四三条以下）、⑧利益相反に関する弊害防止措置（金商四四条以下）、⑨専門業者に対する監督（金商五〇条～五七条）、⑩外務員規制（金商六四条以下）、⑪罰則（金商一九八条の三・一九八条の四・二〇五条・二〇五条の二の三）・行政処分（金商五一条・五二条）などに分類できる。

他方、商品先物取引法の行為規制は、①勧誘段階および投資の意思形成過程の行為規制（商先二〇〇条・二一三条・二一三条の二・二一四条・二一四条の二・二一五条等）、②取引継続および終了段階における行為規制（商先二一〇条・二一二条・二一七条・二一八条等）、③外務員規制（商先二〇〇条）などに分類できる。

投資取引は価格の妥当性、内容の理解、リスク分析等の判断が容易につきにくい。また、わが国では、他者に対し明確に断ることを避けたがる風潮があり、それに乗じて、一般投資家に対する専門業者の投資勧誘は、概して強引または歓迎されていない手法であることが少なくない。そして、勧誘され取引がなされると、行為規制違反は認定されにくく、裁判において不法行為責任が認容されても、多大の過失相殺が行われる場合がある。近年では、先物取引業者が経営破綻することも多く、被害額を回収できない可能性がある。

そのため、不招請勧誘の禁止は、行為規制の中でも、自ら情報を収集して主体的に取引に参加しない者またはできない者を投資被害から護る防波堤といえる。

3　不招請勧誘の禁止

(1)　明文規定

「不招請勧誘」は、勧誘段階における専門業者の禁止行為に該当し、金融商品取引法および商品先物取引法は明文上、不招請勧誘を禁止している。

第一に、金融商品取引法は、金融商品取引契約の締結の勧誘を要請していない顧客に対し、訪問し又は電話をかけて、金融商品取引契約の締結を勧誘する行為を禁止する（金商三八条四号）。しかし、不招請勧誘の禁止対象は、「契約の内容その他の事情を勘案し、投資者の保護を図ることが特に必要なもの」として政令が定め（金商三八条四号カッコ書、金商令一六条の四第一項）、顧客を相手方とする店頭デリバティブ取引等が対象である(3)。これは、①レバレッジが高いこと等の商品性、②執拗な勧誘および利用者の被害の発生という実態、といった点を考慮している。このように、不招請勧誘の禁止は特定の金融商品取引についてなされているが、特定の専門業者だけに対する規制ではない。

第二に、商品先物取引法は、専門業者が、個人顧客を相手方とし、または個人顧客のために店頭商品デリバティブ取引（商先二条二二項五号）、商品取引契約（商先二条二二項一号〜四号）を行う取引について、勧誘の要請をしていない顧客に対し、訪問し、又は電話をかけて、商品取引契約の締結を勧誘してはならないと規定する（商先二一四条九号、商先令三〇条）。

しかし、不招請勧誘の禁止違反だけで、専門業者の不法行為責任が認定されることは少なく、適合性の原則違反または説明義務違反と相まっていることが多い(4)。

(2) オプトイン

不招請勧誘の規制として、①勧誘を原則禁止として、例外的に許される「オプトイン」、②勧誘を原則自由として、例外的に禁止される「オプトアウト」がある。

オプトインは、消費者の事前要請・承諾の意思表示がなければ、事業者は勧誘できない。そのため、勧誘の正当性が問題となった場合、事業者は、消費者の事前要請・承諾の意思表示があったことを立証しなければならない。

他方、オプトアウトは、消費者の勧誘拒絶の意思表示があれば勧誘してはならない。そのため、勧誘の正当性が問題となった場合、消費者が勧誘拒絶の意思表示をしたことを立証しなければならない。しかし、消費者は勧誘を要請したが、途中で勧誘内容を拒絶したくなれば、それは認められる。(5)

金融商品取引法および商品先物取引法の不招請勧誘規制は、勧誘の要請をしていない顧客に対する勧誘を禁止しているため、オプトインである。金融商品取引法の不招請勧誘規制は対象商品を限定しているが、商品先物取引法は対象が広範に及ぶため、オプトインの導入により、先物取引業者の廃業・転業が加速するとの予測がある。

(3) 不招請勧誘禁止の例外

不招請勧誘の禁止について、金融商品取引法および商品先物取引法は一定の例外を設けている。

第一に、金融商品取引法三八条ただし書および金商業府令一一六条がある。これらは、①継続的取引関係にある顧客に対する勧誘、②外国為替取引関係業務を行う法人に対するヘッジ目的の取引の勧誘、である。また、不招請勧誘の禁止は、特定投資家には適用されない（金商四五条一号）。

継続的取引関係にある顧客とは、勧誘の日前一年間に、二以上の店頭金融先物取引のあった者および勧誘の日に未決済の店頭金融先物取引の残高を有する者である（金商業府令一一六条一号カッコ書）。

では、継続的取引関係にある顧客に対する勧誘は、はたして問題とならないのか。投資家の属性に照らし、専門業者の再勧誘を拒絶できない投資家が少なくない。また、顧客に「迷惑を覚えさせるような」時間に電話または訪問により勧誘を行うことは禁止される（金商業府令一一七条一項七号）。当該要素は社会的通念に照らして判断されるが、主観的であり、実効性は疑問である。

第二に、商品先物取引法二一四条九号カッコ書および同法施行規則一〇二条の二がある。これは、委託者等の保護に欠け、または、取引の公正を害するおそれのない行為として主務省令で定める行為である。すなわち、専門業者と継続的取引関係にある顧客であり、商品先物取引法施行令三〇条に規定する商品先物取引契約、または金融商品取引法施行令一六条の四第一項に規定する金融商品取引契約をすでに締結している者に対しては、商品先物取引法施行令三〇条に係る商品先物取引の不招請勧誘規制は適用されない。

4　不招請勧誘規制の実効性

(1)　適合性原則との関係

専門業者には重畳的な行為規制が課されている。しかし、勧誘の受諾意思の確認義務違反、再勧誘の禁止違反、適合性の原則違反などは、遵守状況の把握が必ずしも容易ではなく、実効性に問題があることが指摘されている(6)。たとえば、適合性の適否を判断するうえで、顧客カードの作成がある。これは専門業者が顧客の属性などを熟知すべきという要請からきている。しかし、顧客カードの作成過程において専門業者が勧誘しようとする取引に抵触しない知識・経験・財産等があるように、顧客を誘導して記載させるかもしれない。また、専門業者が顧客カードの情報を更新しないため、現在行われている取引が顧客の適合性に反している可能性がある。

そして、監督官庁が専門業者および個別案件について適合性の適否を監督審査することは、専門業者および顧客口座が膨大であること、公務員の定員および予算の制限等に照らし、極めて困難である。

これら理由から、不招請勧誘規制に違反する行為があったかどうかの把握は、他の行為規制よりは容易であり、実効性の確保が期待できると考えられる。

悪質業者の取締りという観点から、専門業者に対する適合性原則違反・禁止行為違反を捉えて行政が摘発していたのでは被害が拡大し、処分が後追いになるおそれがある。悪質業者の取締りには不招請勧誘を禁止することが、投資家保護のためには効果的である。

なお、法人が勧誘対象となった場合、対象法人の業務妨害になることがあり、営業権の侵害に該当することはあろうが、適合性の原則違反で対処することは難しい。不招請勧誘の禁止は、投資被害または消費者被害の防止に加え、専門業者の勧誘行為の適正化および市場の健全な発達につながるものである。

(2) 対象商品の説明と勧誘

顧客の関心に沿って話をしているうちに不招請勧誘禁止の対象商品に話が及ぶということはあり得る。顧客の質問に応じて商品説明をするのであれば問題ないかもしれないが、勧誘行為は問題となる。

また、不招請勧誘禁止の対象外の商品を訪問または電話により勧誘して、店頭デリバティブ取引に話が及んでも、勧誘は禁止されるであろう。これは、投資家の保護を図ることが「特に必要なもの」であるからだ。勧誘が可能であるのは、訪問または電話の前に顧客から招請がある場合に限定される。(7)

(3) 「訪問販売お断り」ステッカーの意義

地方自治体によっては、訪問販売を受けたくない住民のために、「訪問販売お断り」ステッカーを配付し、住民はそれを玄関またはドアに貼っている。従来の政府見解によれば、「訪問販売お断り」ステッカーは、意思の表示主体、表示の時期および内容が不明確であり、どの事業者に対して拒絶の意思が示されているのか特定が難しいため、当該ステッカーは、直ちに契約を締結しない旨の意思表示をしたことにはならないとする。(8)

しかし、玄関またはドアに「訪問販売お断り」ステッカーを貼ることは、顧客が訪問販売の来訪を望まない意思であり、訪問販売の来訪には勧誘を含むと考えるべきであり、訪問販売に基づく契約締結を拒絶する意思を示すために貼っていると考えることが合理的であろう。意思表示の時期はステッカーを貼っている期間であり、内容および対象事業者は、あらゆる勧誘および訪問販売業者を含むと考えられる。「訪問販売お断り」ステッカーの文言に、除外規定がない限り、意思表示の特定（意思の表示主体、時期、内容、相手方）がなされていると考えるべきであり、(9)それをもって事業者の営業行為に対する過度な制約とはならないであろう。

5　クーリング・オフ制度との比較

専門業者と話をしているときにはその気にさせられて契約をしてしまったが、後で冷静になって考えてみると当該商品は不要だと思えてくることは、一般の消費者にはよくあることである。また、詐欺・強迫等による契約の取消しは、立証が困難である。そのため、不意打ちまたは強引な勧誘に対しては、クーリング・オフ制度が有用な事案はある。

金融商品取引法は、すべての金融商品についてクーリング・オフ制度を適用するのではなく、対象を政令において、契約の内容その他の事情を勘案して定めるものに限定している（金商三七条の六第一項カッコ書、金商令一六条の三）。投資顧問契約に限って認められているにすぎない。

これは、①金融商品には価格変動がつきものであること、②取引に利益が生じている場合には取引の維持をして、損失が生じている場合にだけクーリング・オフの行使を認めることになるのは不適切であること、などが理由である。しかし、クーリング・オフ制度の適用を受けようとしても、専門業者から交付された書面に関する理解力、情報収集・分析能力が必要である。それを法定期間内に、取引内容の不適切性および誤解を認識することは、困難であることが少なくない。クーリング・オフ期間を徒過すれば、不法行為等で専門業者の責任を追及しなければならない。(10)

そのため、クーリング・オフが認められない取引勧誘に起因する損害、当該制度の限界、勧誘を受けないという保護、事後的救済の諸問題に照らし、不招請勧誘の禁止により、勧誘の前段階および初期段階で規制を厳しくするという議論も成り立ち得る。

二　米国の電話勧誘拒否登録等

わが国の不招請勧誘規制の導入においては、米国等の電話勧誘拒否登録（Do-Not-Call Registry）および商業電子メール規制が参考となった。米国では不招請勧誘の規則として、州法または連邦法において、電話勧誘拒否登録および商業電子メール規制があり、違反した業者には、刑事罰、民事制裁金、損害賠償、排除措置命令、差止めなどの制裁が課される。(11)以下、これら制度を概観する。

1　電話勧誘拒否登録（Do-Not-Call Registry）

電話勧誘拒否登録とは、消費者が電話勧誘を受けたくないとするならば、登録をすることにより、事業者（テレマーケター）からの電話勧誘を拒絶できる制度である。投資取引の勧誘に限定していない。

当該登録制度は、カリフォルニア州電話販売者法、インディアナ州電話プライバシー法、ニューヨーク州テレマーケティング販売規制等に基づく。消費者は、不招請の電話勧誘に対し、ＦＴＣ（連邦取引委員会）、州司法長官を執行機関として、自身の電話番号を連邦取引委員会にアクセスして全米データベースに登録をする。国民の多数割合が登録をしている。登録名は不要であり、固定電話および携帯電話を問わないが、営業用の電話番号は登録できない。登録期間は五年である。

事業者は、電話勧誘をする場合、消費者が電話勧誘拒否登録をしているか、確認する必要がある。すなわち、データベースに登録された電話番号について、手数料を支払って検索しなければならない。この手数料が、当該制度の運営・維持管理費用となっている。

事業者がデータベースに登録された番号に電話をした場合、ＦＴＣ、州司法長官、登録者は訴えを提起することができ、損害賠償または罰金の対象となる。当初、登録することにより、消費者が特定される懸念はあったが、ＦＴＣの厳格な法執行により、制度の実効性・信頼性が確保されている。

消費者が電話勧誘拒否登録をしていたとしても、次の場合には、電話勧誘が許される。すなわち、①商取引があるとき、②消費者が要請したとき、③政治的な内容のとき、④チャリティの内容のとき、⑤慈善団体・ＮＰＯによるもの、⑥調査の目的によるもの、⑦航空会社・銀行からによるもの、である。なお、銀行からに対しては、ＦＣＣ（連邦通信委員会）による電話勧誘拒否登録が適用される。

2　電子メールの受信拒否権

米国CAN－SPAM法（Unsolicited Commercial Email Controlling the Assault of Non-Solicited Pornography and Marketing Act of 2003）は、事業者が勧誘の商業電子メールを消費者に送信する場合、虚偽または誤解を生じる情報提供を規制するとともに、商業電子メールを受信することの拒否権を消費者に付与しなければならないとしている。これらに違反した場合、インターネットのサービスプロバイダー、州の司法長官、連邦取引委員会等は、民事罰金、排除措置命令、差止命令、損害賠償請求を求める訴えの提起および刑事罰を科すことが可能である。

三　他の法規制との比較

金融商品取引法および商品先物取引法のほか、民法、金融商品販売法および消費者契約法は、投資家保護法制として、意思決定の不当干渉に対する規制、情報提供義務を課し、その違反行為に対しては損害賠償、契約の効力が問題となる。以下では、これらを不招請勧誘規制との関係で考察する。

1　民　法

(1)　意思決定の不当干渉に対する規制

当事者の意思決定に対して、不当な干渉下において契約が締結された場合、民法上、意思表示に関する規制がある。第一に、意思は効果意思に相当するものに限定され、一方当事者に効果意思が存在しないのであれば、錯誤として契約の拘束力が問題となる。

第二に、詐欺・強迫により契約締結となされた場合、一方当事者は取消しによって契約の拘束力から免れることができる。詐欺・強迫という悪質な行為であれば禁止されてもやむをえないが、法による過剰介入を避けるため、そこまでに至らない行為は禁止しない趣旨である。これは自己決定権の確保が目的となっている。

錯誤による意思表示は、一方当事者が明確な認識に基づく意思を欠く場合であり、強迫による意思表示は、明確な認識に基づく意思はあるが強迫を受けて意思を形成したために自由な意思を欠く場合である。

他方、詐欺による意思表示は、他人によって惹起された誤った事実認識があるものの、表意者の意思決定自体は任意になされており、当事者の自由な意思はある。しかし、詐欺による意思表示は、明確な認識に基づく意思を欠いているといえる。

(2)　契約内容に関する規制

契約内容に関する規制として、公序良俗違反があり、国家・社会の秩序に反する内容の契約を無効にするものである。公序良俗違反は、反社会的で耐えがたい不正義・不道徳であり、秩序維持の観点から規定されたものである。

商品先物取引などにおいて、専門業者による暴利行為が問題となる事例では、契約締結の過程および態様が考慮される。具体的には、契約内容が一方当事者にとり不当に不利であることに加え、それが一方当事者の窮迫・軽率・無経験に乗じてなされたことが必要である。

すなわち、一方当事者の窮迫・軽率・無経験に乗じ、不当に不利な契約が締結された場合、一方当事者の自己決定権に対する重大な侵害であり、保護が必要である。他方当事者としても、一方当事者の窮迫・軽率・無経験につけこむような行為が禁止されても、その自由が過度に制約されることにはならない(12)。

(3) 損害賠償責任

詐欺・強迫による取消し、または契約内容に関する公序良俗違反、特に暴利行為による無効は、契約を締結するときに、その契約を締結するかどうかを決める権利が侵害されていることを理由とする規制である。しかし、錯誤、公序良俗違反、詐欺または強迫、虚偽表示等の認定要件は厳格であり、投資取引で損害を被った者の救済は困難である。

専門業者が顧客に対し、虚偽の説明・断定的判断の提供・必要情報の不開示・強迫とまではいえないが、心理的不安を与える言動などにより、取引勧誘をすることがある。これらの事例では、契約の無効または取消しを認めることが難しいが、不法行為として救済を図りうる。損害賠償額が契約によって出捐させられた金額であれば、結果として契約をしなかったのと同じ効果を得ることができる。

2 消費者契約法

(1) 情報・交渉力の格差

消費者と事業者間の情報・交渉力の格差を背景に、消費者と事業者との契約に関するトラブルが増加していることから、消費者契約法は、この種の契約において、消費者が契約の取消しおよび契約条項の無効を主張できる場合を民法よりも拡大している。

専門業者は、消費者と比較し、通常扱う商品および役務について質・量ともに豊富な情報を有する。また、事業者(専門業者)は取引ノウハウ、取引交渉に費やすことができる時間および労力において有利な地位にある。

事業者(専門業者)は、このような格差を利用し、消費者の劣後的地位に乗じて自己に有利な契約に消費者を誘導することができる。消費者は本来望まないような契約をさせられる危険性が高く、消費者の自己決定権が専門業者によって侵害されやすい。

消費者契約法は、その保護拡充を図ることにあり、自由な契約が行われたといえない場合に、介入を行うものである。消費者契約法は、消費者契約の勧誘に際して、事業者の不適切な行為により自由な意思決定が妨げられた場合、消費者が契約の取消しまたは契約条項の無効を主張できる要件を民法よりも緩和している。

(2) 契約の取消し

事業者による行為により消費者が誤認または困惑し、その結果契約を締結した場合、取消しが認められる（積極行為規制[13]）。

(ア) 誤　認

消費者契約法は、誤認の惹起に関し、以下の行為について取消しを認めている（消契四条一項・二項）。不実表示型規制である。

第一に、消費者に事実の認識を誤らせる行為である。具体的には、不実告知および不利益事実の不告知である。第二に、消費者の判断を誤らせる行為として、断定的判断の提供がある。民法の詐欺と比較し、故意による欺罔行為が要求されておらず、消費者保護が拡大されている。故意による欺罔行為でなくても、事業者が虚偽の表示をすれば、消費者は誤認をしてもやむをえないのであり、そのような立場におかれた消費者は保護に値する。

消費者契約法は、事業者が不実告知、不利益事実の不告知、断定的判断の提供のいずれかを行った場合において、消費者の保護を認めている[14]。

(イ) 困　惑

消費者契約法は、困惑の惹起に関し、不退去および監禁の場合に取消しを認めている（消契四条三項）。消費者契約法は、困惑概念を限定的に捉えているが[15]、民法の強迫（民九六条）と比較し、害悪の告知による畏怖の惹起が要求されていない。

訪問販売では、事業者の主導によって開始され、契約締結に向けて意思表示をするまで、消費者が事業者の行為の下に、事実上、相当程度拘束される。このため、消費者の平穏な生活状況・精神的自由が害される。事業者が消費者の意思を誘導するような行為をすれば、消費者は困惑し、契約を締結することになってもやむをえないのであり、そのような立場におかれた消費者は保護に値する。このように考えると、事業者の困惑惹起行為によって害される消費者の利益は、消費者の私生活における平穏といえる。

(3) 一定条項の無効

消費者が事業者と結んだ契約に、事業者の債務不履行責任または不法行為責任を免除するなどの条項があった場合、当該条項は無効となる（消契八条）。消費者が支払う損害賠償の額を予定する条項等も一定範囲で無効となる（消契九条）。それは信義則違反の観点からである。

(4) 情報提供義務

(ア) 信義則上の義務

当事者に情報力の格差があるような場合、表意者が明確な認識に基づく意思を欠き、不利な契約を締結する可能性がある。この場合、当該情報の劣位者の契約自由を回復するため、情報提供義務を事業者に課すことが考えられる。情報提供義務の意義は、自由な意思を確保し、自己決定権の保護をすることにある。

商品先物取引規制では、専門業者は、受託等業務に関する規則四条に基づき情報提供・助言指導義務を負うと考えられる。

契約交渉過程における情報提供義務の違反は、「契約締結上の過失」と呼ばれる。信義則上の義務であり、契約上の義務とは必ずしもいえない。

説明および情報提供に関する義務の範囲としては、①相手方の知識、経験、取引目的、資産状況に照らし不適合な勧誘をしない義務、②相手方にとって重要な事項を説明・情報提供する義務、③将来における変動が不確実な事実について断定的判断を提供しない義務がある。

専門業者と顧客との間には、情報の収集、情報の分析、情報の評価、評価に基づく選択をする能力に格差がある。そして、一方当事者（専門業者）が他方当事者（顧客）に、その情報提供および推奨に基づき、一定の取引を行わせ、それにより営業利益を得ている場合、情報の収集および蓄積をする能力に劣る当事者（顧客）を保護することが求められる。

(イ)　情報提供義務を課す理由

事業者に情報提供義務を課す理由として、次のことが考えられる。

第一に、情報の危険性である。すなわち、当該契約を締結することで、消費者の生命・身体・財産等に損害が生じる可能性が高い場合、その危険性およびその程度に関する情報を伝えなければ、消費者の基本権が侵害されるおそれがあることを理由とする。

第二に、事業者の専門性である。複雑性の高い取引では、専門的知識を有する事業者に依存することが必要となる。当該取引についてまで、自己責任の原則を貫くと、消費者の自己決定権に対する保護が過少になるおそれが強い。事業者は、自己の専門性に対する社会的な信頼があって営業活動ができるからである。事業者は、このような信頼から利益を得ている。それに応じた情報提供義務を課すことは、事業者の基本権が過度に制約されることにはならない。

しかし、消費者契約法は、事業者が負う情報提供義務は努力義務であるとする（消契三条一項）。そのため、当該義務違反が、ただちに法的責任に結びつくものではない。

(ウ) 検討課題

情報提供義務に関する検討課題として、次のことが考えられる。

第一に、専門業者は、他方当事者に対し、なぜ情報の提供をしなくてはならないのか。私的自治の原則に照らせば、意思表示をする者が情報収集をしなければならない。しかし、情報提供義務は、一方当事者である顧客に情報収集義務を積極的に課すのではなく、他方当事者である専門業者が情報を提供しなければならないことを規定している。狭義の説明義務については、契約が締結されて、契約が成立した段階で、契約上の義務が生ずるというのが従来の考え方である。他方、情報提供義務は、契約締結前に一定の説明義務を専門業者に求める義務であるが、契約締結前における専門業者の情報提供義務というものを法的にどのように位置づけるかが問題となる。

第二に、対象となる情報は、どのようなものか。情報の収集に加え、情報の分析、情報の評価、評価に基づく選択が対象となる。

第三に、情報提供義務違反があった場合、損害賠償請求を認めるのか。また、錯誤または公序良俗違反等により契約の効力を否定することができるのか。それとも、情報提供義務は専門業者の努力義務であるのか。

事業者に情報提供義務が求められる理由は、事業者と消費者の間に構造的な情報格差があることである。情報の劣位者である消費者が契約における自己責任を負う前提を担保するために、事業者に情報提供義務を認め、その違反がある場合には消費者を保護する必要があるためである。

3　金融商品販売法の契約規制

(1)　意　義

金融商品販売法は、金融商品販売業者の説明義務を明確化し、その違反による損害賠償責任を定めることにより、金融商品の勧誘の適正性を確保することを意図している（金販一条）。

金融商品販売法の特徴として、以下がある。

第一に、同法は金融商品として預貯金・信託・保険・有価証券等を含めており、金融商品取引法と比較して、より適用対象が幅広い（金販二条一項）。しかし、金融商品販売法は商品先物取引には適用されない（同項、金販令四条）。

第二に、金融商品販売業者は、元本欠損の生ずるおそれ、および当初元本を上回る損失が生ずるおそれの有無、そのようなおそれを生じさせる金融商品の販売に係る取引のしくみのうちの重要な部分、権利行使期間の制限または解除に係る制限といった、金融商品の有するリスク等に関する重要事項の説明をする義務を負う（金販三条一項）。

第三に、金融商品販売業者が顧客に対して不実な事項について断定的判断を提供し、または確実であると誤認させるおそれのあることを告げる行為は禁止されている（金販四条）。

(2)　消費者契約法との比較

金融商品販売法は、消費者契約法と比較すると、次の特徴がある。

第一に、消費者契約法は、消費者および事業者間の契約一般を対象とし、民法に準ずるくらいに広範囲である。他方、金融商品販売法は、金融商品の販売行為を対象とし、取引の特殊性に着目する。金融商品販売法は金融商品取引法よりも適用される金融商品が広く、預貯金・信託・保険・有価証券等の取引までも規制している（金販二条一項）。

金融商品販売法は、金融商品の販売という市場に歪みが生じないよう、公正かつ自由な競争の基盤を確保するための規制である。また、金融商品の販売という複雑かつリスクの高い取引においては、一般投資家の意思形成・意思決定が害される状況が構造的に存在することから、金融商品の勧誘の適正性を確保することが要請され、金融商品の販売を業として行う専門家は、相応の責任が課せられてもしかるべきであるという趣旨をも有する。

第二に、消費者契約法が予定する法的効果は、契約の無効・取消しである。他方、金融商品販売法が予定する法的効果は、損害賠償である。(16)

四　不招請勧誘規制の効果と根拠

1　不招請勧誘規制の効果

(1)　訪問・電話勧誘の禁止

民法、金融商品販売法および消費者契約法による保護法理があったとしても、勧誘が開始されると、専門業者に巧みにつけ込まれ、契約締結を拒否できない者も多い。そのため、顧客が望まない勧誘に晒されることなく、意思決定の誘導を回避するために、専門業者による具体的な勧誘を行う前段階でより強力な規制が求められるようになった。これは、とりわけ、多額の資金が動く投資取引で妥当する。

前述したように、本質的に、金融商品取引および商品先物取引は、日常生活でなじみが少なく、取引内容は複雑になり、リスクの高い投資商品が多く売買されており、高額であるため、一般投資家は専門業者の知識、経験、分析等に依存する傾向にある。投資取引において、専門業者による顧客に対する勧誘攻撃性、取引関係の非対象性が概して強く、金融商品取引および商品先物取引では、訪問および電話による勧誘による被害が顕著であった。また、訪問および電話による勧誘による金融商品取引および商品先物取引では、顧客は商品特性・取引内容・取引リスク等の検討について時間的余裕を与えられることなく、日常に不意に侵入して冷静な自己決定がなされることなく契約締結がなされる。

他方で、勧誘および広告の区別が必ずしも明らかではなく、不招請勧誘の禁止が専門業者の営業活動を大きく制限するものであり、禁止の範囲が広がりすぎるという懸念が業界団体からなされた。

そこで、金融商品取引法および商品先物取引法における不招請勧誘規制は、訪問および電話による勧誘を禁止する。訪問および電話による勧誘は、私生活の平穏が害され、対象取引に関する十分な知識情報が提供されない状況で専門業者による意思決定の誘導がなされるおそれがある。不招請勧誘は、日常生活に不意に侵入し、顧客による冷静な自己決定が侵害されることが少なくない。

他方、他の行為規制では実効性に必ずしも十分でない面がある。たとえば、商品先物取引法は、専門業者が顧客に対し、迷惑を覚えさせるような仕方で取引の勧誘をすることを禁止する（商先二一四条六号）。しかし、「迷惑を覚えさせる」ことは主観的要素であり、現状では不適切な勧誘行為の抑止に直ちに結びついているとは言い難い。

また、適合性の原則（金商四〇条、商先二一五条）では、適合性の適否に関し専門業者による顧客カードの作成過程の適正さが担保されておらず、継続的取引では専門業者が現状の顧客情報を把握していないことが多い。

説明義務、再勧誘の禁止義務、実質的一任売買などの行為規制および禁止行為違反に対し行政が摘発処分していたのでは被害が拡大し、監督官庁が専門業者および個別案件について監督審査することは限界がある。損害賠償請求ではさまざまなコストおよび実現可能性のリスクが伴う。事故型被害ともいえる投資取引の被害には、不招請勧誘の効果は期待できる。これら不招請勧誘の禁止根拠については、後述する。

(2) 他の行為規制との関係

情報提供義務は、専門業者と顧客との情報格差に着目し、投資家の明確な認識に基づく意思決定を確保するための義務である。専門業者には、契約時に投資家に対して書面を交付する義務とともに、書面だけでは内容の意味がわからない場合も多いことから、実質的な説明義務が課される（金商三八条七号、金商業府令一一七条一項一号、商先二一八条一項・二項）。

また、適合性の原則（金商四〇条、商先二一五条）は、投資家の属性に照らして取引内容が不適当であるときは、勧誘すべきでないとする。

顧客に対する勧誘が必ずしも不招請でない場合であっても、顧客の勧誘意思および取引意思を確認しないために、または曖昧にしたために、後日、トラブルとなることが多い。そのため、勧誘受諾意思の確認義務（金商三八条五号、商先二一四条七号）および再勧誘の禁止（金商三八条六号、商先二一四条五号）がある。勧誘受諾意思の確認義務とは、専門業者は勧誘に先立ち、顧客に勧誘を受ける意思の確認を負う義務である。また、再勧誘の禁止とは、専門業者から すでに勧誘を受けた顧客が契約を締結しない旨の意思を表示した場合、顧客に勧誘を継続することを禁止することである。

これら義務は、情報提供義務および適合性原則の趣旨を具現化したものであるが、顧客がいったん勧誘されると、不適切な取引が締結されるおそれがある。勧誘の受諾意思の確認義務違反、再勧誘の禁止違反等の行為規制であっても被害発生の防止が十分ではなく、取引の公正性を維持できないことが少なくない。そこで、専門業者に「不招請勧誘の禁止」の行為規制が導入された。不招請勧誘の禁止は、情報提供義務および適合性の原則の意義をより徹底したものといえる。[17]

適合性原則の遵守をはじめ、専門業者にはさまざまな行為規制が課されており、その違反は民事責任の対象となり、事案によっては行政処分を課すことも可能である。しかし、専門業者の行為規制違反および不法行為に対し、事後的救済に係る問題（損害賠償請求が認容されないリスク、多大の過失相殺が行われるリスク、専門業者が破綻して損害が回復されないリスク等）に照らし、勧誘の前段階および初期段階で規制を厳しくすることは、投資被害を抑える効果がある。不招請勧誘の禁止は、顧客への勧誘自体を、行政処分対象および不法行為を認定する要素の一つとすることで、投資取引のリスクを分析できない自衛能力に欠ける一般投資家の保護に有益となる。

不招請勧誘が禁じられるのは、特定の金融商品および当該取引についてである。不招請勧誘の禁止対象となっていない商品を販売する場合、不招請の勧誘をすることは当然に認められる。

また、勧誘段階において、当初勧誘が認められていた金融商品を説明する中で、不招請勧誘禁止の金融商品が対象となった場合、顧客からの質問に応じて当該商品の説明をすることは許されるであろうが、勧誘行為は認められない。

2　不招請勧誘の禁止の根拠

不招請勧誘に対する制限がどのように理論づけられるか。不招請勧誘を禁止する根拠として、①顧客生活の平穏（平穏生活権）の保護、②顧客の自己決定権の保護、③代替的保護策、などを指摘できる。以下に、各根拠を検討する。

(1)　平穏生活権の保護

(ア)　意　義

不招請勧誘は、顧客が専門業者に頼みもしないのに、いきなり勧誘の電話などをかけて、私的な空間に介入してくる。いったん断りながら、勧誘を続ける行為は、顧客本人の意思がはっきりしている以上、正当化できない。他方、適合性原則が問題となる状況では、投資取引に不適合な者をそのような取引に引き込むこと自体が禁止される。専門業者が無差別に勧誘をすれば、その中には取引に不適合な人間もおり、適正な取引契約が確保されないだけでなく、プライバシーおよび平穏な生活が必然的に侵害されるからである。

また、平穏生活権として、精神的な平穏が害されることに対する利益保護がある。人は、日常生活において見たくないものを見ず、聞きたくないものを聞かない自由を、本来的に有している。個人の家に専門業者から電話がかけられると、精神的な平穏が害されるのである。

私生活の平穏が保護の対象であるため、契約の締結に至らない場合においても訪問および電話勧誘により、その被害が生じる。

平穏な生活を営んでいる者に対し、執拗に面会を求め、頻繁に電話をするなどしたことが、人格権の違法な侵害となる場合がある。(18) 生命・身体に対する侵害の危険を伴わない場合についても、より広く私生活の平穏を保護する権利ないし法益として認められるのである。

(イ) 営業の自由権との比較衡量

平穏生活権を考えるにあたっては、営業の自由権との比較衡量が問題となる。不招請勧誘の制限が営業の自由を大きく制限することは事実である。

営業の自由は社会における個人の営業の自由を確保する規制原理として働くものである。しかし、営業の自由権は表現の自由等とは異なり、基本的人権ではない。営業の自由権は憲法上、その制約が認められやすい権利である。

そのため、平穏な生活権に基づく法的規制は、営業の自由に対する一定の侵害に優先されると考えられる。たとえば、勧誘そのものが不快でしつこく、高齢・認知症・知的障害などの判断能力に問題がある者、または支払能力のない者にまで勧誘することを放任する理由はない。

たとえば、秋田県の不招請勧誘禁止条例案では、深刻な過疎化、高齢化、核家族化、孤独化が制定の背景にあり、訪問・電話勧誘は、消費者が断っても断っても勧誘がなされることが問題視された(19)。

不招請勧誘の禁止は過剰規制であり、不招請勧誘を原則禁止とするのではなく、専門業者の再勧誘を禁止することで、投資家保護を図ることはできるのではないかという議論がある。しかし、投資家の属性に照らすと、専門業者の再勧誘を拒絶できない投資家が少なくない。それゆえ、不招請勧誘の禁止は意義がある(20)。

平穏な生活の保護という観点から不招請勧誘の禁止が求められる場合、私法的規制としては、損害賠償ないし差止めが考えられる。損害賠償は締結された契約によって生じた損害に加え、平穏な生活の保護侵害に対する慰謝料請求が考えられる。

(ウ)　検討課題

「顧客生活の平穏確保」の問題点として、何をもって生活の平穏を害するといえるのか、また生活の平穏を害さない勧誘であれば許されるのか、ということがある。

勧誘の時間帯、勧誘の頻度などが違法性の要素となる。金融商品取引では、顧客に迷惑を覚えさせるような時間に電話または訪問によって勧誘する行為が禁止される（金商業府令一一七条一項七号）。また、商品先物取引では、顧客に対し、迷惑を覚えさせるような仕方で勧誘する行為が禁止される（商先二一四条六号）。迷惑を覚えさせるような「時間又は仕方」については、社会通念に照らして実質的に判断されることになる。

(2)　自己決定権の保護

(ア) 意義

自己決定権の保護として、投資等に十分な知識・経験のない人々が、話術が巧みな販売員の勧誘に乗せられ、買うつもりのないようなものを買ってしまう被害が出ないように制限を加えることが必要である。私生活の平穏をプライバシー権の一類型とすれば、自己決定権の保護は、勧誘行為の適正化により事業者による「意思決定の誘導」を回避し、自由な意思決定を確保することである。プライバシー権には「一人にしてもらう権利」という側面があり、専門業者により、一人にしてもらう権利が害されている状況下では、満足な自己決定は期待できない。また、私生活の平穏が害され、自由な意思決定が確保されないのであれば、情報提供義務は意味をなさない。

(イ) 検討課題

「顧客の自己決定権の保護」の問題点として、第一に、一定の投資経験があり、適合性原則が遵守されている場合、不招請勧誘を禁止する根拠とはならないのではないか、第二に、広く大衆・一般社会に対する投資および金融商品に係る知識の普及が阻害されないか、ということがある。

第一の問題点に対しては、適合性の適否を判断するうえで重要な「顧客カード」の作成において専門業者にとり都合のよい内容に記載させる誘導、および、顧客カード情報を更新しないため適合性に反する取引が継続的取引においてなされる可能性がある。また、監督官庁による監督審査には限界があり、適合性原則の遵守状況の把握が必ずしも容易ではなく、実効性に疑問があることは否定できない。

第二の問題点に対しては、専門業者の勧誘がこれらの目的に必ずしも有益であるとは限らない。一般社会の投資に対する知識の普及は、専門業者の勧誘により図られるよりも、投資教育などに委ねられるべきであろう(21)。また、顧客のために勧誘が必要であるかのごとき議論には、飛躍がある。専門業者の勧誘は、基本的にセールスであり、一定のバイアスがかかる。

広告は新聞およびインターネットなどの媒体を通じて不特定多数人の目に付くものであり、情報提供の手段は多様化している。知識普及の阻害を勧誘被害に優先させるべきではない(22)。

顧客の自己決定権の保護について、契約締結過程における両当事者の交渉力・情報の均衡が著しく崩れ、優位に立つ当事者側において相手方の契約自由・自己決定権を考慮しない態度・行為があれば、公序良俗違反の可能性がある。

五　不招請勧誘規制の課題

不招請勧誘の禁止は、勧誘段階で規制を厳しくするという観点に基づき、有用な制度である。しかし、当該制度の課題としては、次のことがいえる。

(1)　顧客の範囲

勧誘を要請していない顧客の範囲が問題となる。第一に、現状は訪問または電話勧誘を対象とするが、顧客が専門業者に別件で呼び出され、リスクの高い金融商品を勧誘されることがある。金融商品を販売する専門業者が多様化しており、電話または訪問を前提とした不招請勧誘の規制をいかに柔軟に適用するかである。

第二に、勧誘の段階において、当初は、勧誘が認められている金融商品を説明する中で、顧客からの質問に応じて不招請勧誘が禁止されている金融商品の説明をすることは、許されるであろう。説明過程で取引業者に誘引させられることがあり、高リスク商品の販売勧誘の規制強化が課題である。

第三に、法人が顧客として勧誘対象となった場合、適合性の原則で対処することが難しい。そのため、不招請勧誘の規制の禁止違反について、専門業者の民事責任をどのように考えるかということが問題である。米国では不招請勧誘の規制として、電話勧誘規制（電話勧誘拒否登録、電話勧誘プライバシー規制）および商業電子メール規制等があり、違反した専門業者には、刑事罰、民事制裁金、損害賠償、排除措置命令、差止めなどの制裁が課される。専門業者の不法行為責任による対処だけでなく、民事制裁金の賦課または父権訴訟制度の導入（行政庁長官が原告となり、違法行為をなした専門業者を被告として訴えにより民事責任を追及する）、取引の取消権などの検討がある。

(2)　広告規制のあり方

広告規制のあり方および巧妙な規制回避への対処が問題となる。前述したように、特定商取引法および特定電子メール法は、承諾をしていない者に対する電子メール広告の送信を禁止する。電子メール広告の無差別性、大量性、即時性に着目した規制であり、広告が事実上、勧誘の側面を有しているためである。

専門業者が不招請勧誘規制を回避するため、より巧妙にダイレクトメール（ＤＭ）またはインターネットなどを使った勧誘が増加するかもしれない。これらは、不招請勧誘の禁止する理由において論じたのと同じ問題を有している。不招請勧誘は不意打ちの勧誘であり、専門業者と顧客における情報の非対称性が、顧客に自由かつ自主的な判断を困難にさせる。専門業者による訪問または電話勧誘では、専門業者と顧客との双方向のやりとりがなされ、専門業者の話術が働き、勧誘を規制する必要性がある。他方、金融商品取引法および商品先物取引法の不招請勧誘規制は、商業電子メールには適用されない。専門業者による商業電子メールは、送信内容を受信者である顧客が読むだけであり、読みたくなければ表題だけ見て削除することが可能である。しかし、商業電子メールの内容を読み進めるうちに、理解が不十分なまま契約が締結されることもある。

金融商品および販売方法の多様化に照らし、インターネット売買が活発な金融商品取引において、専門業者による商業電子メールおよびファクシミリなどの送信を、広告類似行為規制（金商業府令七二条）だけでなく、勧誘規制として、不招請勧誘規制としての位置づけをすることが検討される。

（1）不招請勧誘の定義については、津谷裕貴「不招請勧誘規制のあり方について(上)」国民生活研究五〇巻一号六頁（二〇一〇年）。

（2）外国為替証拠金取引規制の一環として、二〇〇五年に金融先物取引法が改正され、専門業者の行為規制の一つとして不招請勧誘の禁止の規定が新設された。中間整理（二〇〇五年七月七日）の段階では、①広く不招請勧誘の禁止を義務づけるべきである、②禁止の拡大に慎重であるべき、という意見に対立した。金融審議会第一部会報告では、「現在、金融先物取引にのみ規定されている不招請勧誘の禁止については、投資サービス法において規定を設け、適合性原則の遵守をおよそ期待できないような場合に、利用者保護の観点から機動的に対象にできる一般的な枠組みを設けることが適当と考えられる。そして当面の適用対象については、レバレッジが高いなどの商品性、執拗な勧誘や利用者の被害の発生という実態を考慮して、現行の範囲（金融先物取引）と同様とすることが適当と考えられる」として、適用範囲を拡大しない方向が示された。

国会（衆議院）において、「不招請勧誘禁止の対象となる商品・取引については、利用者保護に支障を来すことのないよう、店頭金融先物取引に加え、レバレッジが高いなどの商品性、執拗な勧誘や利用者の被害の発生という実態に照らし必要な場合には、迅速かつ機動的に追加指定を行うこと」との附帯決議がなされた。参議院でも同趣旨の附帯決議がなされ、「今後のトラブルが解消していかない場合には、不招請勧誘の禁止の導入について検討すること」として商品先物取引についてとくに言及された。

（3）不招請勧誘の規制対象として、店頭金融先渡取引、店頭金融指標先渡取引、店頭金融オプション取引が指定されている（金商令一六条の四）。また、一定の同種取引の経験のある継続的取引関係にある顧客、および外国為替取引に関する業務を行う法人でリスクヘッジのためにする契約の勧誘の場合、適用除外となる（金商業府令一一六条）。

（4）後藤巻則「わが国における不招請勧誘規制のあり方」現代消費者法九号三八頁（二〇一〇年）。

（5）津谷・前掲（注1）七頁。

（6）石戸谷豊「不招請勧誘規制の方策と課題」独立行政法人国民生活センター編『不招請勧誘の制限に関する調査研究』二〇三頁

(二〇〇七年)、王冷然『適合性原則と私法秩序』三六頁(信山社、二〇一〇年)、今川嘉文『投資取引訴訟の理論と実務』八〇頁(中央経済社、二〇一一年)。

(7) 桜井健夫＝上柳敏郎＝石戸谷豊『新・金融商品取引法ハンドブック〔第三版〕』一四五頁(日本評論社、二〇一一年)。

(8) 衆議院経済産業委員会平成二〇年五月二一日付、参議院経済産業委員会平成二〇年六月一〇日付、消費者庁「改正特定商取引法における再勧誘禁止規定と『訪問販売お断り』等の張り紙・シール等について」(平成二一年一二月一〇日)。津谷裕貴「不招請勧誘規制のあり方について(下)」国民生活研究五〇巻二号二七頁～二九頁(二〇一〇年)。「訪問販売お断り」ステッカーを貼っているにもかかわらず、無視して訪問販売をすることは、大阪府の条例一六条、堺市の条例一二条一号、奈良県生駒市の消費者保護条例一一条等で、不当勧誘とされている。また、「訪問販売お断り」ステッカーは、地方自治体が配付したものだけでなく、消費者団体が作成したステッカー、消費者の自家製ステッカーに法的差異はないであろう。

(9) 経済産業省「商品先物取引の委託者の保護に関するガイドライン」(平成一九年九月。現在は廃止)。

(10) 石戸谷豊「不招請勧誘の法規制の現状と方向性」現代消費者法九号八頁(二〇一〇年)。

(11) 川和功子「消費者契約における『情報提供』、『不招請勧誘』および『適合性の原則』に関するアメリカの法制度」財団法人比較法センター＝潮見佳男編『諸外国の消費者法における情報提供・不招請勧誘・適合性の原則』八九頁(商事法務、二〇〇八年)。

なお、諸外国の動向を簡単に触れてみたい(現代消費者法九号一八頁以下、比較法センター＝潮見編・前掲書)。

第一に、イギリスでは、不招請勧誘規制として、消費者信用法および金融サービス市場法がある。消費者信用法は、消費者に対し信用等の供与を行い、商品およびサービスの提供を行う事業を規制する。事業者が消費者の家を訪問して融資などの勧誘を行うなど、営業所外で口頭による勧誘行為は原則として禁止されている(四八条)。他方、金融サービス市場法(ＦＳＭＡ)は、金融商品の販売業者が勧誘を行う場合、金融サービス機構(ＦＳＡ)の認可または認可業者による承認を必要とする。そして、顧客が販売業者から電話勧誘を望んでいない場合、または連絡を依頼していない場合のであれば、勧誘行為を禁止する(ＦＳＭＡ財務省令四・八)。ただし、顧客が販売業者と取引関係をすでに有している場合には、電話等の勧誘は禁止されていない。

第二に、ドイツでは、広告の量、広告が行われる場所、受け手の拒否表示(玄関口に「訪問販売お断り」のステッカーを貼る等)、広告の削除・破棄の容易さ、受け手に要される費用、通信遮断の程度、日常生活の妨害の程度に照らし、受け手のプライバシー侵害を判断し、不法行為責任(ドイツ民法八二三条)が判例上、形成されてきた。また、電話、ファクシミリ等を使用した不招請勧誘は禁止され、受信者が事前に同意を与えた場合にのみ許可され、訪問販売は消費者に撤回権の行使が認められている（ドイツ民法三五五条）。そして、電子メールによる不招請広告に対しては、不正競争防止法（UWG）八条・九条により、受け手に差止請求権および損害賠償請求権が認められている。

第三に、フランスでは、訪問販売に対し、消費者が翻意権を行使することにより、契約締結から満七日間、無条件で契約締結の意思表示を翻すことができる（消費者法典一二一条～一二五条）。電話勧誘に対し、消費者が電話勧誘後に事業者から送付される確認書に署名をしなければ義務を負わない（電子経済信用法二二条、消費者法典一二一条～一二七条）。

(12)　証券取引事件では意思能力がなく無効となった事案（東京地判平成一五年七月一七日・証券取引被害判例セレクト二二号二二二頁）、海外商品先物取引事件では取引が公序良俗に反するとして無効となった事案（東京地判平成四年一一月一〇日・判時一四七九号三二頁）、などがある。

(13)　金融商品取引において、消費者契約法による取消しを認めた判例として、①名古屋地判平成一七年一月二六日（判時一九三九号八五頁・先物取引裁判例集三九号三七四頁）、②大阪高判平成一九年四月二七日（判時一九八七号一八頁・先物取引裁判例集四八号一五頁）、③札幌高判平成二〇年一月二五日（金商一二八五号四四頁・先物取引裁判例集五〇号一三六頁）、などがある。

(14)　不実表示型規制の問題点として、誤認による取消しが認められる範囲が限定されていることである。事実の認識に関する誤認の惹起に関し、取引の相手方が不実の表示を行えば、消費者でなくても、誤認をしてしまう危険性が高い。事実に関する不実表示に対し、保護の必要性が高く、民法による規制対象が考えられる。他方、断定的判断の提供については、情報・交渉力の格差がある当事者間の取引行為では、「将来における変動が不確実な事項」に関する断定的判断の提供に限定する必要はないのではないかと考えられる（山本敬三「基本権の保護と契約規制の法理」先物取引被害研究二九号八頁（二〇〇七年））。

(15)　誘導行為型規制である消費者に対する意思決定の誘導は、不退去・監禁によって消費者が困惑した場合に限り取消しが認められる。事業者と消費者の間に情報・交渉力の格差による被害を保護する消費者契約法の趣旨に照らせば、不退去および監禁という行為がされた場合に限定することは、消費者の自己決定権を十分に保護できない懸念がある（山本・前掲（注4）一〇頁）。

第一六次国民生活審議会消費者政策部会の報告書「消費者契約法（仮称）の制定に向けて」（一九九九年一月）によれば、「困惑」概念を、「事業者から消費者への不適切な強い働きかけの回避に関する規定についての要件としては、まず第一に、事業者が、消費者契約の締結に際し、消費者を威迫し又はその私生活若しくは業務の平穏を害するような言動をすることが考えられる。……

我が国における消費者契約の締結過程の適正化に関する民事裁判例においては、消費者に畏怖を生じさせないため必ずしも強迫の成立を認めるには至らないが、消費者を困惑させ、その自発的な意思決定をゆがめるような、強引・執拗で強要的・威圧的な事業者の不当勧所行為が問題となったケースが見られる。これらの裁判例を踏まえ、事業者が、消費者を威迫するような言動（脅迫まがいの威圧的な言動）、消費者の私生活又は業務の平穏を害するような言動（例えば、長時間にわたり消費者を拘束する、夜間に消費者の居宅に上がり込む、消費者に不意打ち的に接近し考慮する時間を与えないなど、消費者の公私にわたる生活の安寧を乱すような言動）をした場合においては、消費者は契約を取り消すことができるとすることが適当である」と述べる。消費者契約法の立法過程においては、消費者の私生活または業務の平穏を害するような言動を、困惑の概念ないし手段を明確化・具体化したものとする（後藤巻則「不招請勧誘と私生活の平穏」独立行政法人国民生活センター編・前掲（注6）一七三頁）。

(16) 金融商品販売法は説明義務を尽くしたかどうかを解釈するにあたり、適合性原則の考え方を採り入れてはいるが、適合性原則に違反することだけで損害賠償責任を生ぜしめるという考え方は採用されていない（池田和世「金融商品販売法の改正」商事一七八二号二〇頁（二〇〇六年）参照）。

(17) 大武泰南「投資勧誘」河本一郎＝龍田節編『金融商品取引法の理論と実務』一〇三頁（経済法令研究会、二〇〇七年）。

(18) 横浜地判昭和五三年四月一九日（判時九〇五号八七頁）。

(19) 津谷・前掲（注8）一五頁。

(20) 今川・前掲（注6）一〇二頁。

(21) 澤飯敦＝堀弘＝酒井敦史「行為規制」商事一七七七号一六頁（二〇〇六年）。

(22) 広告は専門業者の業務内容および商品内容を知らしめる有効な手段である。しかし、投資家保護の観点から何を伝え、何を伝えてはならないかが問題となり、広告の中には悪質な勧誘と実質的に変わらないことが多かった。金融商品取引法および商品先物取引法は、専門業者が業務内容についての広告（新聞広告、テレビ・ラジオ・インターネットによる広告等）、およびそれに類似するもの（広告類似行為）として内閣府令で定める行為（郵便、信書便、ファクシミリや電子メールによる送信、ビラまたはパンフレットの配布等。ただし、行政処分関係書類、勧誘によらない個別企業の分析・評価資料、一定事項のみが表示されている景品その他の物品の提供は除かれる）をするときは、広告表現に関する規制を設けている（金商三七条、金商令一六条、商先二一三条の二）。

■金融サービスにおける適合性原則

明治大学教授　川　地　宏　行

一　はじめに

適合性原則とは、顧客の知識、経験、投資目的、財産状態に適合しない金融商品の勧誘を禁止するルールである。最高裁平成一七年七月判決（後記）により適合性原則違反に基づく損害賠償請求が可能であることが明らかとされたが、同判決以降も解決すべき問題が数多く残されている。本稿は、ドイツにおける適合性原則をめぐる法状況を概観したうえで、わが国の適合性原則をめぐる法的諸問題について解決のための指針を提示するものである。(1)

二　ドイツの法状況

1　判例法理(2)

ドイツでは、一九八〇年代から、先物取引業者に厳格な説明義務を負わせたうえで説明義務に違反した業者に損害賠償責任を課す判例法理（先物取引ルール）が形成されている。先物取引ルールによると、先物取引では業者が高額な手数料を徴収するためリスクとリターンが不均衡になることから（高額な手数料を上回る利益を得なければ顧客は最終的に損失を被る）、取引を繰り返した顧客が利益を得られる可能性はほとんどない旨をわかりやすく記載した書面を顧客に交付して説明する義務が業者に課されている。(3) 業者は顧客が利益を得る機会が皆無に等しいことを書面で説明しなければならないが、実際にそのような説明をすれば顧客を勧誘することはほぼ不可能となるので、事実上、業者による一般投資家に対する先物取引の不招請勧誘が禁止されたに等しい。説明義務違反に基づく損害賠償責任の形をとりながら、実質的には、適合性原則違反に基づく損害賠償責任の追及と同様の顧客保護を実現している。

また、ドイツでは従来からユニバーサルバンキング制度が採用されており、銀行が証券業務を行っているが、先物取引業者のような投資仲介業者と比べて銀行は顧客から高い信頼を得ているので、先物取引ルールとは異なる判例法理が形成されている（著名な判決の事件名から「ボンド判決ルール」と呼ばれている）。(4) ボンド判決ルールによると、銀行は説明義務（重要な情報を提供する義務）に加え、説明義務よりもワンランク上の助言義務（専門家としての価値判断を示す義務）も課せられる。助言義務は明示または黙示の助言契約から導き出され、顧客が銀行の専門性に信頼を寄せている状況において銀行が顧客に対して実際に金融商品に関する助言や推奨を行えば、黙示の助言契約の成立が認定される。一般投資家を相手にする取引ではほとんどの場合において黙示の助言契約が認定され、銀行は助言契約に基づいて助言義務を負う。助言義務の内容は顧客（投資家）に適した助言であり、顧客の知識、経験、投資目的、財産状態に適した助言が銀行に義務付けられる。また、顧客に適した助言の前提として、顧客の知識、経験、投資目的、財産状態に関する顧客情報収集義務が銀行に課される。助言義務に違反した銀行は助言契約上の助言義務違反に基づき損害賠償責任を負わされる。ボンド判決ルールは適合性原則を行為義務のレベルで具体化したものといえる。

2　ドイツ証券取引法(5)

一九九五年から施行されているドイツ証券取引法には、長年にわたり、適合性原則について明確に定めた条文が存在しなかったが、二〇〇七年の改正によって適合性原則に関する明文規定（新三一条四項）が新設された(6)。それによると、「投資助言」あるいは「金融ポートフォリオ管理」を行う業者（銀行も含む）は顧客の知識、経験、投資目的、財産状態に関する情報を収集したうえで顧客に適合した金融商品を推奨する義務を負う。投資助言を行う業者とは、助言義務を負う業者を指し、判例であるボンド判決ルールにより黙示の助言契約が認定された場合に新三一条四項が適用されて、業者は適合性原則の遵守を義務付けられることになる。

金融ポートフォリオ管理とは従来から財産管理と呼ばれている取引形態であり(7)、顧客から預けられた資産の運用を目的とした継続的契約を指す。業者に投資決定権が付与され、業者は顧客が提示した投資方針に従って投資決定を行う。二〇〇七年改正により、金融ポートフォリオ管理を行う業者にも適合性原則が適用されることとなった。そして、契約上の一任勘定取引である金融ポートフォリオ管理に適合性原則の適用が認められたことから、事実上の一任勘定により無意味な取引が繰り返されるような事案においても一連の取引全体に適合性原則を適用すべきとする見解が唱えられている。わが国における「取引開始後の適合性原則」と同様の考えであり、注目に値する。

新三一条四項は、適合性原則を明文化するにとどまらず、適合性原則の前提として業者が顧客情報収集義務を負うことも明らかにした。判例のボンド判決ルール（顧客に適した助言義務と顧客情報収集義務）を法定したものといえる。なお、顧客が自身に関する情報の申告を拒絶した場合、業者は金融商品を推奨することが許されない。

また、新三一条六項によると、顧客が自身の知識、経験、投資目的、財産状態などについて虚偽の申告や不完全な申告をした場合でも、業者は顧客の申告内容が正確かつ完全であることを前提に金融商品の説明、助言、推奨をすれば足りる。業者は顧客の申告内容が正確であるか否かを確認する必要はない。ただし、例外が定められており、顧客の申告内容が虚偽であることや不完全であることについて業者が悪意もしくは善意重過失の場合、業者は申告内容が正確かつ完全であることを前提にすることができない。

さらに、二〇〇九年にもドイツ証券取引法が一部改正され、助言記録作成交付義務（新三四条二a項）の規定が新設された(8)。顧客に対して投資助言を行った業者は助言記録を作成し、助言が終了した後、取引が締結される前に顧客に助言記録を交付しなければならない。助言記録には業者の適合性判断とその理由などが記載されるので、業者に助言記録作成交付義務を課すことによって、適合性原則遵守の実効性が確保されることが期待されている。

三　わが国における制定法・自主規制規則等

わが国では、平成四年の証券取引法改正により適合性原則に関する明文規定が初めて導入された（当初は五四条、後に四三条）。現在では、金融商品取引法四〇条並びに商品先物取引法二一五条が適合性原則について定めている。それによると、業者は顧客の知識、経験、投資目的、財産状態に適合しない金融商品の勧誘を禁止されている。しかしながら、適合性の判断に必要な顧客情報の収集義務については規定が置かれていない。また、説明義務違反や断定的判断の提供については業者に損害賠償責任を課す旨の条文があるのに対し（金販三条〜五条、商先二一八条）、適合性原則違反に基づく損害賠償責任について定めた明文規定は存在しない。

適合性原則の具体的な内容は、平成二三年一月に公表された金融庁の「金融商品取引業者向けの総合的な監督指針」(金融商品監督指針) 並びに農林水産省と経済産業省の「商品先物取引業者等の監督の基本的な指針」(商品先物監督指針) に定められている。それによると、業者は適合性原則を遵守するために、適合性の判断に必要な顧客情報の収集、並びに、適合性の有無を審査するための社内管理体制 (顧客カードの作成と管理、適合性審査手続など) の整備を義務付けられている。また、長期間にわたって取引が繰り返される場合において業者は顧客の取引実態 (売買損、評価損、取引回数、手数料の総額など) を把握しなければならない。さらに、商品先物監督指針では、商品先物取引の勧誘が不適当と認められる者や不適当と認められるおそれのある者が列記されている。

自主規制機関の規則としては、日本証券業協会が定めた「協会員の投資勧誘、顧客管理等に関する規則」、並びに、日本商品先物取引協会が定めた「商品先物取引業務に関する規則」があり、それぞれ顧客カードの作成と管理、取引開始基準の設定、適合性の適正な審査、過度の取引を抑止する措置などが業者に義務付けられている。

四　証券取引事案の判例法理

1　最高裁平成一七年判決

最判平成一七年七月一四日 (民集五九巻六号一三二三頁) は適合性原則違反に基づく損害賠償責任について最高裁としての見解を初めて明らかにした。

X社がY証券会社の勧めで日経平均株価オプション取引を開始し、以後、オプション売り取引を中心に多数回にわたりオプション取引を繰り返し、その中には決算対策のためにX社が積極的に行った取引も含まれていたところ、最終的にX社が莫大な損害を被った事案において、原審は、Y社の説明義務違反、断定的判断の提供、過当取引をいずれも否定しながら、適合性原則違反を認定した。オプション買い取引と異なりオプション売り取引は利益がオプション価格に限定される一方で損失は無限大に拡大するおそれがあること、オプション売り取引を行うためには顧客にリスクを限定、回避する能力が必要であること、オプション売り取引が多数回にわたり繰り返された本件では顧客であるX社にリスク回避能力があるとはいえないことを理由に適合性原則違反が認定され、Y社に損害賠償責任が課された。

これに対して、最高裁は以下の理由により原審判決を破棄し、事件を原審に差し戻した。

① 適合性原則について定めた証券取引法四三条（旧五四条）、大蔵省証券局長通達、証券業協会の公正慣習規則等は、直接的には、公法上の業務規制、行政指導、または、自主規制機関が定める自主規制であるが、証券会社の担当者が、顧客の意向と実情に反して、明らかに過大な危険を伴う取引を積極的に勧誘するなど、適合性原則から著しく逸脱した証券取引の勧誘をした場合、当該行為は不法行為法上も違法となる。

② オプション売り取引の勧誘が適合性原則から著しく逸脱しているか否かを判断するにあたり、単にオプション売り取引という取引類型における一般的抽象的なリスクのみを考慮するのではなく、当該オプションの基礎商品は何か、当該オプションは上場商品とされているかなどの具体的な商品特性を踏まえて、これとの相関関係において、顧客の投資経験、証券取引の知識、投資意向、財産状態等の諸要素を総合的に考慮する必要がある。

③ オプション取引のしくみを理解することは容易ではなく、とりわけ、オプション売り取引は、利益がオプション価格の範囲に限定される一方で、損失が無限大あるいはそれに近いものとなる可能性があり、各種の証券取引の中でも極めてリスクの高い取引類型であることは否定できず、その取引適合性の程度も相当に高度なものが要求される。

④　しかしながら、日経平均株価オプション取引は、より専門性の高い有価証券店頭オプション取引などとは異なり、証券取引所の上場商品として広く投資家が取引に参加することが予定されており、値動き等が一般紙にも掲載されているなど、投資家保護のための制度的保障と情報環境が整備されている。日経平均株価オプションの売り取引であるという理由だけで当然に一般投資家の適合性を否定すべきではない。

⑤　日経平均株価オプション取引の商品特性を踏まえつつ、X社側の投資経験、証券取引の知識、投資意向、財産状態等をみると、Y社の担当者の行為が適合性原則から著しく逸脱するものであったということはできず、Y社の不法行為責任を認めることはできない。

なお、才口裁判官は補足意見として、証券会社は顧客の取引内容が極端にオプション売り取引に偏り顧客がリスクをコントロールすることができなくなるおそれが認められる場合には、これを改善、是正させるため積極的な指導、助言を行うなどの信義則上の義務を負うとした。(9)

2　適合性原則違反と説明義務違反の関係

証券取引事案においては、従来から説明義務違反を理由に損害賠償責任を認めた裁判例が多数見られるのに対して、適合性原則違反を理由に損害賠償責任を認めた裁判例は少数にとどまっていた。顧客の知識、経験、投資目的、財産状態に適した説明を業者に義務付ける説明義務は、考慮要素が適合性原則と重なっており、適合性原則と説明義務の区別が明確ではない。それゆえ、比較的初期の裁判例には、顧客側が適合性原則違反の主張をしなかった、あるいは、裁判所が顧客側の適合性原則違反の主張を無視した等の原因により、本来であれば適合性原則違反が認定されて然るべき事案であるにもかかわらず、適合性原則違反が審理されず、説明義務違反に基づいて損害賠償責任を認定したものが多く見られた（隠れた適合性原則違反事案）[10]。また、不適合な勧誘であることを認めながら適合性原則違反を認定することなく通常よりも厳格な説明義務を業者に課すことにより説明義務違反を認定した裁判例もあり[11]、これも隠れた適合性原則違反事案を生み出す一因となった。

最高裁平成一七年判決の登場により、適合性原則違反が説明義務違反から独立した違法性判断基準であることが明らかとなり、これ以降、適合性原則違反のみを理由に損害賠償責任を認定する裁判例が多くなった[12]。しかしながら、最近でも、適合性原則違反を認定すべき事案であるにもかかわらず説明義務違反を理由に損害賠償責任を課した裁判例が見られる[13]。

3　適合性原則違反に基づく損害賠償責任の要件

最高裁平成一七年判決は、適合性原則違反に基づく損害賠償責任の要件として、「明らかな不適合」「著しい不適合」などの加重要件（明白性・重大性要件）を課している。同判決以前の裁判例を見ると、明白性・重大性要件を課して適合性原則違反を否定した裁判例がある一方で[14]、明白性・重大性要件を課すことなく適合性原則違反を認定した裁判例も見られ[15]、下級審レベルでは見解が統一されていなかった。最高裁平成一七年判決以降の下級審裁判例は明白性・重大性要件を課すことで一致しているが[16]、それにもかかわらず、適合性原則違反を認定した裁判例が多く見られるので[17]、明白性・重大性要件は、実際には適合性原則違反の認定を妨げる障害にはなっていないものと思われる。

4　顧客の能力

適合性の有無を判定する際に考慮される顧客の能力をめぐり最高裁平成一七年判決の事案において最高裁と原審の

間で意見の対立が見られる。最高裁はオプション売り取引のしくみとリスクについて理解をする能力のみに着目しているのに対し、原審はオプション売り取引から生ずるリスクを限定あるいは回避することができる能力も必要であるとしている。才口裁判官が述べたリスクコントロール能力は原審の考えに近いといえる。

以前の裁判例の傾向を見ると、ワラントの事案ではワラント特有の構造やハイリスクを理解するための能力が求められ[18]、また、近時の仕組み債（ＥＢ債等）の事案でも同様にリスク理解力が要求されている[19]。

その一方で、株式現物取引の事案では、取引それ自体のしくみが複雑ではないことから、リスク理解力はそれほど問題とはならず、相場の動向を的確に判断してリスクを回避する能力が求められ、相場の変動が激しいベンチャー株や企業の情報を取得しにくい外国証券を対象とした事件などにおいて適合性原則違反が認定されている[20]。

さらに、日経平均株価オプション取引の事案では、取引の構造が複雑であること、ハイリスクを伴うことに加え、日経平均株価の動向を予測するには高度の情報収集力と分析力が必要であることから、リスク理解力とともに、リスク回避能力が求められている[21]。

5　取引開始後の違法性判断基準

従来から、適合性原則違反は勧誘時における特定の金融商品の適合性を問う「取引開始前の違法性判断基準」とされてきた。これに対して、過当取引は一連の継続的な証券取引における取引量や取引傾向に着目する「取引開始後の違法性判断基準」であり、判例によると、顧客から取引を事実上一任されている状況を業者が悪用し手数料稼ぎのために顧客の属性に照らして過当な取引を繰り返した場合に違法性が認定される。具体的には、過当性要件、口座支配性要件、悪意性要件という三つの要件を具備した場合に過当取引が認定され、業者に損害賠償責任が課される。過当性の認定に際して顧客の属性が考慮されるので、過当取引は適合性原則違反と類似した面もあるが、以前から両者は適用領域を異にするものと考えられてきた。(22) しかしながら、近時では過当取引の要件を具備した事案において適合性原則違反を認定した裁判例が現れるなど、(23) 過当取引と適合性原則違反を融合する動きが見られる。

6 適合性原則違反の認定と過失相殺

証券取引事案では、適合性原則違反が認定された裁判例において過失相殺に消極的な傾向が見られるが、(24) その理由として、一部の裁判例は適合性原則違反における違法性の高さを指摘している。(25)

五 商品先物取引事案の判例法理

1 一体的不法行為論

商品先物取引事案では、多くの裁判例において、説明義務違反や適合性原則違反などの取引開始前の勧誘時における違法性判断基準のほか、新規委託者保護義務違反、特定売買（両建、売り直し・買い直し、途転、日計りなど）、過当売買（過当取引）などの取引開始後の違法性判断基準が多用され、取引開始から終了までの一連の取引全体について複数の違法性判断基準により一体として不法行為の成立を認める「一体的不法行為論」が採用されている。(26)

2 顧客の能力

商品先物取引は構造が複雑で、かつ、ハイリスクを伴うことから、高度なリスク理解力が要求される。(27) また、商品先物取引においては、取引のしくみやリスクを理解していても、相場の動向に関する情報あるいは相場に影響を与える情報などを迅速に収集したうえでそれらを正確に分析しなければ多大な損失を被るおそれがあるので、高度な情報収集力と分析力も必要となる。それゆえ、経済情報の収集や分析をする能力が十分とはいえない者、あるいは、勤務時間や長期出張などの諸事情により経済情報の収集や分析が困難な者を勧誘した事案などにおいて適合性原則違反が認定されている。(28)

3　顧客情報収集義務・適合性審査義務

不適合な勧誘は、業者の担当者が顧客の知識、経験、投資目的、財産状態などについて顧客に虚偽の申告をさせるなど顧客情報の適切な収集を怠ることにより、あるいは、業者が顧客の適合性について適正な社内審査を実施しなかったことにより引き起こされる場合が多い。この点に着目した裁判例では、業者が顧客情報収集義務や適合性審査義務を負っていることを前提にして、業者がこれらの義務に違反したことを理由に適合性原則違反が認定されている。(29)

4　取引開始後の違法性判断基準

判例によると、業者は取引開始から一定の期間内において新規委託者の取引量を制限すべきであり、制限を超える取引を行う場合には適正な社内審査を実施する義務を負うが、担当者が顧客に虚偽の申告をさせるなどして真実とは異なる内容の顧客カードを作成したうえでそれに基づき社内審査を行うなど、業者が適正な社内審査を経ずに新規の顧客に短期間で大量の取引をさせた事案では、新規委託者保護義務違反が認定され、業者に損害賠償責任が課されている。(30)

また、判例では、過当売買を理由とする損害賠償責任も認められている。特定売買比率、月間回転率、手数料化率が一定水準を超えた事案などにおいて、一連の取引全体における取引量が過当であることを理由に業者に損害賠償責任が課されている。(31)

新規委託者保護義務違反と過当売買は、多数回にわたり繰り返される取引全体の取引量や取引傾向に着目した「取引開始後の違法性判断基準」であり、「取引開始前の違法性判断基準」である適合性原則違反とは適用範囲を異にするものと解されてきたが、最近になって、一連の取引全体の取引量や取引傾向に着目し、それらが顧客の属性に適合しないことを理由に「取引開始後の適合性原則違反」に基づき損害賠償責任を課す裁判例が現れるようになった。(32)そこでは、商品先物取引それ自体について顧客が適合性を有している場合でも、取引開始後に業者に勧められるままに顧客が自身の能力や資力を超えた大量の取引を繰り返すことにより、取引量の面で顧客の適合性が欠けることになるとして、適合性原則違反が認定されている。また、取引開始後に生ずるリスクを顧客が適切に回避するための指導助言義務を業者に課したうえで同義務の違反を認定した裁判例もある。(33)

5　適合性原則違反の認定と過失相殺

証券取引事案と同様、商品先物取引事案においても、適合性原則違反が認定された裁判例では、過失相殺の割合が低く抑えられる傾向が見られ、(34)その理由として、業者の行為の違法性や顧客の要保護性の高さがあげられている。(35)また、業者が故意に適合性原則に違反した点を重視した裁判例もある。(36)

六　適合性原則をめぐる学説の状況

1　適合性原則と説明義務の関係

従来から、適合性原則と説明義務の関係をめぐり、両者の密接な結び付きを重視する見解と両者を明確に区別する見解が対立していたが[37]、平成一一年に公表された金融審議会第一部会の「中間整理（第一次）」において、適合性原則を狭義の適合性原則（特定の利用者に対しては如何に説明を尽くしても一定の金融商品の販売・勧誘を行ってはならないという禁止規範）と広義の適合性原則（利用者の知識・経験、財産力、投資目的等に照らして適合した商品・サービスの販売・勧誘を行わなければならないという命令規範）に分ける「適合性原則広狭二分論」が提唱されてからは[38]、狭義の適合性原則には説明義務から独立した地位を与える一方で広義の適合性原則を説明義務と結び付けるという見解が一般に受け入れられるようになった。しかしながら、適合性原則広狭二分論に依拠しても、何故に狭義の適合性原則が説明義務と区別されるのかという問題が残されている。

そこで注目すべきは、適合性原則と自己責任原則の関係を明らかにすることによって適合性原則と説明義務の関係を解明しようとする試みであり[39]、その代表格が潮見佳男教授の見解である[40]。

潮見説の概要は以下のとおりである。説明義務は業者と顧客間の情報格差を是正することにより顧客の自己決定の前提となる情報基盤を整備することを目的としており、自己責任原則から導き出される義務である。これに対して、適合性原則は取引耐性を有しない顧客を市場から排除することによって保護するものであり、顧客の自己決定を無視してでも後見的に介入するので、自己責任原則とは異なるパターナリスティックな保護制度である。適合性原則は、自己責任を引き受けるのにふさわしい能力を有していない（情報を与えられても合理的判断を期待できない）顧客の保護、あるいは、資産規模や資力の面でリスク負担が過剰と評価される顧客の保護を目的としており、前者は財産権保護型投資者保護公序に、後者は生存権保障型投資者保護公序に支えられている。

潮見説は、適合性原則を自己責任原則の枠外におけるパターナリスティックな保護制度と捉えることにより、自己責任原則に基づく保護制度である説明義務との区別を理論的に正当化するものであるが、潮見説に対しては、排除の論理では保護の対象となる顧客の範囲が狭くなる、顧客の投資目的を軽視しているなどの批判がなされている。(41)

2 助言義務

潮見説は、業者と顧客との間に信認関係が生じた場合に業者は顧客の投資を積極的に支援する助言義務を課せられるとし、業者は顧客のリスクをできるだけ抑えるとともに、顧客の投資目的と財産状態により適合した金融商品を積極的に提示することが求められるとする。そして、信認関係に基づく助言義務は広義の適合性原則に対応するとし、説明義務と助言義務の違いは、顧客が負担すべき情報収集リスクを業者に転嫁するのが説明義務であるのに対して、顧客が負担すべき判断リスクも業者に転嫁するのが助言義務であるとしている。(42)

さらに、助言義務については後藤巻則教授の見解にも注目すべきである。(43) それによると、適合性原則違反の判断は理論的には説明義務違反の判断に先行するが、取引の入口の段階で適合性原則違反が明らかでない場合には、適合性原則の裏返しの義務として業者に助言義務が課せられ、顧客に取引を思い止まらせたり、保有証券を適切な時期に売却するよう顧客に促すことなどが業者に義務付けられるとする。

助言義務に関する潮見説と後藤説は、最高裁平成一七年判決において才口裁判官が提唱した指導助言義務を適合性原則と結び付けることにより取引開始後の適合性原則を認める方向に道を開く見解といえる。

3　取引開始後の適合性原則

取引開始後の適合性原則を正面から肯定するのが村本武志弁護士の見解である。(44) 村本説の概要は以下のとおりである。取引開始前の取引適合性は一般的抽象的な意味での適格性にとどまり、具体的な取引を行う過程において対象商品の選択、取引数量、取引状況、取引態様等について顧客の知識や能力の存否が問われなければならず、また、取引の継続中に資産状況や投資意欲に変化が生ずることもありうるので、継続した取引全体を通じて適合性原則が維持されなければならない。そして、取引回数や取引頻度が過大である場合や、以前よりもリスクの高い投資対象に移行する場合等では、取引開始後においても業者は顧客の属性を調査・検討することを要し、取引途中で適合性がないことが判明した場合には業者は顧客に対して速やかに取引から退場すべき旨の助言指導をする義務を負う。

4　能動的顧客と適合性原則

業者が投資勧誘をしていないにもかかわらず、顧客が特定の金融商品の購入を希望した場合、そのような能動的な顧客との関係でも適合性原則を適用すべきか。これについて、重要なのは業者が勧誘したか否かではなく業者が顧客の適合性を確認してから取引に入ったか否かであるとして適合性原則の適用を肯定する見解、(45) 顧客が取引を希望しているにもかかわらず業者が取引を拒絶することは顧客の自己決定を否定することになるとして適合性原則の適用に否定的な見解、(46) 両者の中間的な見解(47)がそれぞれ主張されている。

5　顧客情報収集義務・適合性審査義務

顧客情報収集義務は適合性原則の前提として不可欠な義務であると一般に解されている。(48) 顧客情報収集義務違反が損害賠償責任と結び付くかについては、適合性の認定・判断は合理的な根拠に基づくものであることを要するとし、顧客情報の調査義務違反は手続的瑕疵であるが、その後の業者の違法事由と一体となり民事法上の違法評価を受けるとする見解がある。(49)

6　過失相殺

詐欺取消しが認められない場合でも取引的不法行為に過失相殺を組み合わせて「割合的な詐欺取消し」が可能になるとして取引的不法行為における過失相殺に積極的な意義を与える見解が主張されているが、(50) これに対して、実務家を中心に投資取引における過失相殺に否定的な見解が多く見られる。それによると、投資取引では以下の各場合において過失相殺を抑制すべきとされている。(51) ①加害者の行為の違法性が著しく高い場合（故意や重過失がある場合、違法行為を反復継続した場合等）において被害者の軽微な過失を理由に過失相殺をすることは損害の公平な分担という過失相殺制度の理念に反する。②被害者の損失が加害者の利得（手数料）に結びついている場合に過失相殺を認定すると加害者による利得の保持を認めることになる。③加害者が被害者の過失を誘発したり過失につけ込んだ場合には被害者の過失は加害者の行為から独立していないので過失相殺を認めると加害者の悪質な行為を容認したことになる。

また、業者と顧客との間に信託類似の信認関係が認められる場合には、顧客は業者を信頼して取引を一任しており、業者には広範な裁量権が与えられているので、業者は取引を一任したことの責任を顧客に問うことが許されず、過失相殺を認めるべきではないという見解が有力に主張されている[52]。

さらに、適合性原則違反が認定された事案では他の事案よりも過失相殺を抑制すべきとする見解も唱えられている[53]。

七　私　見

1　適合性原則に関する諸問題

ドイツの法状況並びにわが国の立法、判例、学説に関する分析を踏まえ、適合性原則をめぐる諸問題、具体的には、顧客情報収集義務、自己責任原則との関係、説明義務との関係、明白性・重大性要件、能動的顧客への対応、顧客の能力、取引開始後の適合性原則、助言義務、過失相殺の問題について私見を提示することにしたい。

2　顧客情報収集義務

ドイツの判例法理であるボンド判決ルール、二〇〇七年のドイツ証券取引法改正により新設された新三一条四項、わが国の監督省庁が制定した金融商品監督指針と商品先物監督指針、各種の自主規制規則のいずれにおいても、適合性原則の前提として、業者に顧客情報収集義務が課されている。顧客の知識、経験、投資目的、財産状態に適合した金融商品の勧誘を実現するためには、顧客の属性を知ることが必要であり、業者に顧客情報収集義務を課すことは適合性原則にとって不可欠といえる。ところが、金融商品取引法四〇条並びに商品先物取引法二一五条は、いずれも適合性原則の前提として業者に顧客情報収集義務を課していない。監督指針や自主規制規則に委ねるのではなく、制定法において顧客情報収集義務の明文規定を設けることが必要である。

3　適合性原則と自己責任原則の関係

潮見説は、説明義務と適合性原則の区別を理論的に正当化するために、説明義務を自己責任原則に基づく顧客保護制度と捉えながら、その一方で、適合性原則については顧客の自己決定を無視してでも後見的に介入して顧客の保護を図るパターナリスティックな制度と解している。しかしながら、自己責任原則に基づくか否かで説明義務と適合性原則を区別する潮見説は、顧客の代わりに業者が適合性の判断を行うことを前提にしている点、並びに、パターナリスティックな保護を与える必要がない顧客層（一定程度の判断能力や資産を有する顧客など）が機械的に適合性原則の保護の対象外に置かれるおそれがある点で支持できない。最終的な適合性判断をするのはあくまでも顧客であるが、顧客は業者の適合性判断の影響下において自己の適合性判断を行うので、適合性原則は顧客に的確な適合性判断を行わせるために業者に適正な適合性判断を義務づける制度といえる。

業者は特定の金融商品を勧誘することによって、当該金融商品が顧客に適合したものであるとの価値判断を提示しているが、情報収集力と分析力において顧客よりも優位な立場にある業者が適合性ありとの判断を示せば、それと異なる適合性判断（業者が適合性ありと判断しているにもかかわらず顧客が適合性なしと判断すること）を顧客に期待するのは無理がある。業者が提示した適合性判断は顧客の適合性判断に決定的な影響を与えるので、その他の情報について説明義務を果たしても、業者の適合性判断が顧客の適合性判断に与える影響を排除することはできない。顧客に的確な適合性判断をさせるためには、業者の適合性判断が適正なものであることが不可欠といえる。以上のように、適合性原則は、業者に適正な適合性判断を提示させることによって顧客の適合性判断並びに投資決定の基盤の整備を図る制度であり（不適合な金融商品の勧誘では適正な適合性判断が提示されていないので勧誘それ自体が禁止されることになる）、自己責任原則に基づく顧客保護制度といえる。適合性原則を自己責任原則の枠外でパターナリスティックな保護を顧客に与える制度と解すべきではない。

4　適合性原則と説明義務の関係

説明義務と適合性原則をいずれも自己責任原則に基づく顧客保護制度と捉えると、あらためて両者の関係が問題となるが、適合性原則は勧誘それ自体の是非を問うものであるのに対し、説明義務は勧誘方法の問題であり、同じレベルで扱うべきではない。前述のように、金融商品の勧誘によって顧客に示された業者の適合性判断が顧客自身の適合性判断に決定的な影響を及ぼすので、業者よりも情報収集力と情報分析力において劣位にある顧客に業者と異なる適合性判断を下すことを期待するのは無理があり、業者が説明義務を果たしても、適合性原則違反の勧誘が顧客の適合性判断に与える影響を排除することはできない。それゆえ、顧客の自己決定基盤を整備するためには、適合性原則違反の勧誘それ自体を禁止しなければならない。適合性原則違反の勧誘の違法性は、説明義務の履行によって治癒されず、適合性原則違反の勧誘は説明義務を果たしたか否かとは無関係に違法性を認定される。これに対して、説明義務違反が問題となるのは、適合性原則を遵守した勧誘が行われた状況において適切な説明がなされなかった場合である。この場合、顧客に適合性ありとする業者の判断を参考にして、顧客が自らの適合性を判断し、最終的な投資決定を下すことになるが、その際に業者と顧客間の情報格差を是正するために必要な情報の提供を業者に義務付けるのが説明義務である。業者が説明義務を適切に履行しなければ、勧誘方法における不当勧誘として、違法性が認定される。

5　明白性・重大性要件

判例は、適合性原則違反に基づく損害賠償責任の加重要件として明白性・重大性要件を課しているが、融資一体型変額保険の事案において適合性原則違反を錯誤無効と結び付けた裁判例[54]があることを考慮に入れると、明白性・重大性要件を満たすような重大な適合性原則違反がある場合には、要素の錯誤に該当するとして錯誤無効を認めるべきであり、損害賠償責任の要件として明白性・重大性要件を課すことは「過重」といえる。また、明白性・重大性要件は不適合の程度のみに着目した要件であることから、適合性原則違反の勧誘であるにもかかわらず明白性・重大性要件を満たさない場合、顧客情報の収集を怠った業者や適正な適合性審査を怠った業者が明白性・重大性要件を具備しないことを理由に免責されるという不当な結果を招く危険性もある。その一方で、加重要件を全く排除することにも問題がある。適合性原則違反の事実のみで業者の損害賠償責任を認めると、業者が顧客情報の収集と適合性判断を適正に行って適合性ありと判断した場合でも裁判所による事後的評価により適合性なしと判断されれば業者は結果責任を問われることになるからである。

明白性・重大性要件に代わる加重要件として、業者の主観的事情をも考慮に入れた要件を設定することが必要であり、私見としては、「業者の適合性判断における合理的根拠の欠如」を加重要件にすべきと解する。これにより、悪質な業者や怠慢な業者に対して確実に損害賠償責任を課すことができるとともに、業者が顧客情報を収集したうえで適正な審査をして適合性ありと判断したのであれば、裁判所が事後的に不適合と認定しても、合理的根拠に基づいて判断ミスをした業者は免責されることになるので、顧客情報の収集並びに適正な適合性審査を業者に促すという効果も期待できる。

なお、業者による合理的根拠に基づく適合性判断を確実に行わせるために、わが国でも、ドイツ証券取引法二〇〇九年改正により導入された助言記録作成交付義務と同様の義務を業者に課すべきである。

6　能動的顧客

勧誘を受けることなく自主的に特定の金融商品の購入を希望する能動的顧客に対して適合性原則を適用することは、顧客の自己決定を無視してでも顧客の保護を図ることを意味するので、自己責任原則の射程外となる。しかしながら、能動的顧客の「経済的自殺行為」を認識した業者による「自殺幇助」を容認することは問題がある。顧客が適合性判断を誤って不適合な金融商品の購入を希望した場合には誤りを正す機会を顧客に与えるべきであると思われる。また、能動的顧客が不適合な金融商品を購入するために自身の属性について虚偽の情報を申告した場合（無職者が高額所得者と偽る等）、業者がそれを真実として扱ってよいことにすれば、適合性原則を適用しても業者にとって過度の負担とはならない（ドイツ証券取引法新三一条六項のような規定をわが国でも導入することが望ましい）。それゆえ、能動的顧客にも適合性原則を適用すべきと解するが、この場合の適合性原則は、自己責任原則の枠外であるパターナリスティックな保護制度と位置付けざるを得ず、潮見説が提唱する後見的保護制度としての適合性原則という考えは、能動的顧客に対して適合性原則を適用することを正当化するための理論的根拠として用いられるべきである。

7　顧客の能力

商品先物取引やオプション売り取引のようなハイリスク商品であっても、一回限りの単発取引の場合には、リスク理解力を備えた顧客であればリスクの適切な回避を期待しても酷とはいえない。それゆえ、単発取引の場合にはリスク理解力とは別にそれより高度なリスク回避能力を顧客に要求する必要はないと解する。しかしながら、継続的に取引が繰り返されて取引量や取引傾向（投資全体に占めるハイリスク商品の割合等）が一定の限度を超えると、リスク理解力を有する顧客でも回避することができないほどリスクが増大し、より高度なリスク回避能力が顧客に要求される。継続的取引においてリスクが増大することは、金融商品監督指針や商品先物監督指針並びに自主規制規則において継続的取引に対して特別な配慮が求められていることからも明らかである。それゆえ、商品先物取引やオプション売り取引などのリスクの高い取引が繰り返された事案においては、顧客に高度なリスク回避能力が備わっていなければ、適合性原則違反を認定すべきである。最高裁平成一七年判決は、単発取引を前提として顧客の能力を判断しており、取引の繰り返しによるリスクの増大を考慮に入れていない点で問題がある。リスク回避能力を要求した原審判決あるいはリスクコントロール能力を要求した才口裁判官の見解に従うべきであろう。

8　取引開始後の適合性原則

前述のように、取引の繰り返しによりリスクは増大し、顧客に要求される能力の高度化をもたらす。また、金融商品それ自体が顧客の投資目的と財産状態に適合していても、取引が繰り返された結果、取引量や取引傾向が顧客の投資目的あるいは財産状態との関係で不適合になることもあり得る。取引開始時（勧誘時）と取引開始後（取引継続中）では適合性判断の基準や対象が異なるのであるから、取引開始後にあらためて適合性を審査する必要があり、取引開始後の適合性原則を認めるべきである。これにより、従来から取引開始後の違法性判断基準とされている新規委託者保護義務違反並びに過当取引の適用領域と適合性原則違反の適用領域が重なり合う事態が生ずるが、この問題は、新規委託者保護義務違反と過当取引を取引開始後の適合性原則違反を具体化した違法性判断基準と捉えることによって解決すべきと思われる。

9　助言義務

適合性原則を業者の行為義務のレベルで捉えると、顧客の知識、経験、投資目的、財産状態等の顧客情報を収集したうえで合理的な根拠に基づいて顧客の適合性を判断する義務となる。したがって、適合性原則は顧客情報収集義務と適合性判断義務によって構成されることになるが、適合性判断義務は専門家としての評価を提示する義務であり、「助言義務」と言い換えることができる。一部の有力説並びに才口裁判官が提唱する助言義務（指導助言義務）は、主として取引開始後の適合性原則と関連付けられているが、取引開始後の適合性原則のみならず取引開始前の適合性原則においても、助言義務を適合性原則の具体化と解すべきである（ドイツのボンド判決ルール並びにドイツ証券取引法新三一条四項が参考になる）。

10　過失相殺

業者の不当勧誘によって顧客は自己責任原則の前提が欠如した状態（自己決定基盤が整備されていない状態）において投資決定をさせられているのであるから、顧客の自己責任を理由に過失相殺をすることは矛盾がある。有力説が唱えているように、①加害者の行為の違法性が著しく高い場合、②被害者の損失が加害者の利得（手数料）に結びついている場合、③加害者が被害者の過失を誘発したり過失につけ込んだ場合には、過失相殺を抑制すべきであり、投資取引では②と③に該当する場合が多いと思われる。さらに①についても、投資取引における被侵害利益を顧客の自己決定権と捉えれば、業者による不当行為の違法性は決して低いとはいえない。また、同じ不当勧誘行為であっても、適合性原則違反は説明義務違反よりも違法性が高い。適合性原則違反の勧誘では顧客は不適合な金融商品を購入させられるが、説明義務違反では不本意ながらも適合性のある商品を購入させられている。また、説明義務違反は顧客の自己決定に必要な情報を業者が提供しなかった点を問題とするが、適合性原則違反は、顧客に不適合な金融商品を業者が合理的根拠もなく適合性ありと判断して顧客に提示する行為であり、業者よりも情報収集力と分析力において劣位にある顧客に業者の誤った判断を覆すことは期待できないので、説明義務違反よりも、自己決定権侵害の程度が高い。以上の理由により、適合性原則違反は説明義務違反よりも違法性が高く、適合性原則違反が認定される事案では、それ以外の事案（適合性原則違反が否定されながら説明義務違反が認定される事案など）よりも、過失相殺の認定を抑制すべきである（過失相殺を認定しない、あるいは、過失相殺割合を低く抑えるなど）。

（1）本稿では、全国証券問題研究会が発行する「証券取引被害判例セレクト」掲載の裁判例は「セレクト○○巻」、先物取引被害全国研究会が発行する「先物取引裁判例集」掲載の裁判例は「先物判例○○号」と引用する。
（2）拙稿「投資取引における適合性原則と損害賠償責任㈠」法律論叢八三巻四＝五号三三頁～三六頁（二〇一一年）。同「投資取引における適合性原則と説明義務をめぐる日独法の比較」先物取引被害研究三六号一〇頁～一一頁（二〇一一年）。
（3）BGH Urt.v.16.2.1981, BGHZ80, 80; BGH Urt.v.11.7.1988, BGHZ105, 108; BGH Urt.v.16.11.1993, BGHZ124, 151.
（4）BGH Urt.v.6.7.1993, BGHZ123, 126; BGH Urt.v.5.10.1999, BGHZ142, 345.
（5）拙稿・前掲（注2）「損害賠償責任」四二頁～五九頁。拙稿・前掲（注2）「日独法」一三頁～一七頁。
（6）ドイツ証券取引法新三一条四項「投資助言あるいは金融ポートフォリオ管理を行う証券サービス業者は、特定の種類の金融商品や証券サービスについての顧客の知識、経験、顧客の投資目的、財産状態に関するあらゆる情報を、顧客に適した金融商品や証券サービスを推奨するために必要な範囲内で顧客から収集しなければならない。顧客に推奨した具体的な取引、あるいは、金融ポートフォリオ管理の枠内における具体的な証券サービスが顧客の投資目的に合致しているか、投資リスクが顧客の投資目的との関係で財産的に負担可能なものか、顧客の知識や経験から判断して顧客が投資リスクを理解することが可能かなどを考慮して適合性が判断される。証券サービス業者は、必要な顧客情報を収集できない場合、投資助言において金融商品の推奨を、金融ポートフォリオ管理において推奨を行ってはならない」。

新三一条六項「四項と五項で規定された情報が顧客の申告に基づく場合、証券サービス業者は、顧客の申告における誤りや不完全について責めを負わない。但し、顧客の申告の不完全や誤りを証券サービス業者が知っていたか、あるいは、重大な過失により知らなかった場合は、この限りでない」。

(7)　BGH Urt.v.28.10.1997, BGHZ137, 69; BGH Urt.v.4.4.2002, NJW2002, 1868.

(8)　ドイツ証券取引法新三四条二a項「証券サービス業者は一般顧客に対して行ったあらゆる投資助言の記録を書面で作成しなければならない。記録には投資助言を行った者の署名が必要であり、作成された記録は、投資助言終了後遅滞なく、助言に基づいてなされた取引が締結される前に、書面かあるいはその他の耐久性のあるデータ媒体によって顧客に交付されなければならない。顧客が、投資助言と取引締結にあたり、取引締結前に記録を交付することができない通信手段を選択した場合、証券サービス業者は、投資助言終了後遅滞なく、記録の謄本を顧客に送付しなければならない。この場合、顧客の明確な要請があれば、顧客が記録を受領する前に取引を締結することが可能であり、その際、証券サービス業者は、記録が不正確あるいは不完全である場合に、助言に基づいて締結された取引を記録到達後一週間以内に解約できる権利を顧客に与えなければならない。顧客は、解約権の存在と行使期間について告知を受けることを要する。証券サービス業者が第四文の解約権について争う場合、記録の正確性と完全性について業者が証明しなければならない」。

(9)　宮坂昌利「判解」最判解平成一七年度民事篇三六一頁。川島いづみ「判批」商法（総則・商行為）判例百選（第五版）一八〇頁（二〇〇八年）。黒沼悦郎「判批」平成一七年度重判解一一九頁。潮見佳男「判批」リマークス三三号六六頁（二〇〇六年）。近江幸治「判批」判評五七〇号一八八頁（二〇〇六年）。

(10)　広島高判平成九年六月一二日（判タ九七一号一七〇頁）。東京高判平成九年七月一〇日（判タ九八四号二〇一頁）。大阪高判平成一〇年四月一〇日（判タ一〇〇四号一六九頁）。

(11)　大阪高判平成九年五月三〇日（判時一六一九号七八頁）。東京高判平成一〇年一二月一〇日（判タ一〇五三号一七三頁）。大阪地判平成一六年五月二八日（金商一一九九号二四頁）。名古屋地判平成一七年八月一〇日（判時一九二五号一二八頁）。

(12) 東京高判平成一九年五月三〇日（金商一二八七号三七頁）。大阪地判平成二一年三月四日（判時二〇四八号六一頁）。名古屋地判平成二二年九月八日（金法一九一四号一二三頁）。

(13) 大阪地判平成二二年一〇月二八日（金法一九一一号五六頁）。

(14) 東京高判平成一四年一〇月一七日（金商一一七四号二頁）。東京地判平成一五年六月二七日（判時一八五六号一二二頁）。

(15) 東京高判平成一三年一一月二九日（判時一七七五号五六頁）。京都地判平成一四年九月一八日（判時一八一六号一一九頁）。

(16) 大阪高判平成二〇年八月二七日（判時二〇五一号六一頁）。大阪高判平成二三年七月一三日（判時二〇九八号六三頁）。

(17) （注12）にあげた裁判例のほかに、大阪地判平成一八年四月二六日（判時一九四七号一二二頁）。大阪高判平成二〇年六月三日（金判一三〇〇号四五頁）。東京地判平成二一年一〇月二六日（判タ一三二四号一九一頁）。大阪地判平成二二年八月二六日（金法一九〇七号一〇一頁）。

(18) 大阪地判平成七年二月二三日（判時一五四八号一一四頁）。大阪高判平成九年六月二四日（判タ九六五号一八三頁）。東京地判平成九年一一月一一日（判タ九五五号二九五頁）。

(19) 大阪地判平成一五年一一月四日（判時一八四四号九七頁）。大阪地判平成一六年五月二八日（金商一一九九号二四頁）。東京地判平成一八年三月六日（セレクト二七巻二六九頁）。

(20) 東京地判平成七年四月一八日（判時一五七〇号八一頁〔半導体関連株〕）。奈良地判平成一一年一月二二日（判時一七〇四号一二六頁〔二部上場株〕）。東京地判平成一五年五月一四日（金商一一七四号一八頁〔外国のＩＴ関連株〕）。大阪高判平成二三年七月一三日（判時二〇九八号六三頁〔ＮＴＴ株〕）。

(21) 千葉地判平成一二年三月二九日（判時一七二八号四九頁）。京都地判平成一四年九月一八日（判時一八一六号一一九頁）。東京地判平成一七年七月二二日（セレクト二六巻二二三頁）。

(22) 適合性原則違反を否定する一方で過当取引を認定した裁判例として、東京地判平成一五年六月二七日（判時一八五六号一二二頁）。

(23) 大阪地判平成一八年四月二六日（判時一九四七号一二二頁）。東京高判平成一九年五月三〇日（金商一二八七号三七頁）。大阪高判平成一九年三月九日（セレクト二九巻一〇四頁）。

(24) 過失相殺を否定した近時の裁判例として、名古屋地判平成二二年九月八日（金法一九一四号一二三頁）。

(25) 千葉地判平成一二年三月二九日（判時一七二八号四九頁）（適合性原則違反が認定されたオプション取引については違法性が重大であるとして過失相殺なし。適合性を疑いながらも説明義務違反のみを認定した信用取引については一五％の過失相殺）。東京地判平成一五年五月一四日（金商一一七四号一八頁）（外国のＩＴ関連株については適合性原則違反を認定し三割の過失相殺を行ったが、日本のＩＴ関連株については適合性原則違反を否定する一方で説明義務違反を認定して七割の過失相殺をした）。

(26) 最判平成七年七月四日（ＮＢＬ五九〇号六〇頁）。松岡久和「商品先物取引と不法行為責任」ジュリ一一五四号一一頁（一九九九年）。一体的不法行為を構成する多様な違法性判断基準については、荒井哲朗＝白出博之＝津谷裕貴＝石戸谷豊『実践先物取引被害の救済〔全訂増補版〕』一二四頁以下（民事法研究会　二〇〇九年）。

(27) 東京高判平成一四年一二月二六日（判時一八一四号九四頁）（外国人）。東京高判平成一八年九月二一日（金商一二五四号三五頁）（認知症の高齢者）。

(28) 大阪地判昭和六二年八月七日（判時一二五四号九五頁）（顧客は外国航路乗船員で航海に出ていることが多く相場の動向や変動要因について情報を収集することが著しく困難）。名古屋地判平成二二年三月二五日（先物判例五九号一七二頁）（顧客は午前九時から午後九時まで工場に勤務しており相場の動向を見極めて注文内容を決定する時間的余裕なし）。

(29) 仙台高裁秋田支判平成一一年一月二五日（判時一六九二号七六頁）。大阪地判平成一六年四月一五日（判時一八八七号七九頁）。札幌地判平成二〇年二月二六日（金商一二九五号六六頁）。大阪高判平成二〇年八月二九日（先物判例五二号八〇頁）。広島高判平成二二年五月一四日（先物判例五九号三三八頁）。

(30) 東京高判平成一四年一二月一九日（判時一八〇八号六九頁）。大阪高判平成二〇年九月二六日（判時二〇三五号二九頁）。

(31) 東京高判平成一三年四月二六日（判時一七五七号六七頁）。東京地判平成一七年六月二九日（判タ一一九六号一〇一頁）。東京地判平成一九年五月二三日（金商一二六八号二二頁）。東京地判平成一九年七月二五日（判タ一二八八号一六八頁）。

(32) 神戸地判平成一八年五月一二日（判タ一二四六号二四六頁）。東京地判平成二〇年八月二七日（判タ一二九三号二〇〇頁）。大阪地判平成二一年五月二一日（判時二〇六七号六二頁）。

(33) 東京地判平成一九年五月二三日（金商一二六八号二二頁）。東京地判平成一九年七月二五日（判タ一二八八号一六八頁）。大阪高判平成二〇年九月二六日（判時二〇三五号二九頁）。

(34) 過失相殺を否定した裁判例は多数に上る。東京高判平成一四年一二月二六日（判時一八一四号九四頁）。札幌地判平成一五年五月九日（金商一一七四号三三頁）。

(35) 札幌地判平成一六年九月二二日（金商一二〇三号三一頁）。名古屋地判平成二〇年三月二五日（先物判例五一号四〇〇頁）。東京高判平成二二年三月一七日（先物判例五九号九五頁）。

(36) 神戸地判平成一八年五月一二日（判タ一二四六号二四六頁）。仙台地判平成一九年九月五日（判タ一二七三号二四〇頁）。広島高判平成二二年五月一四日（先物判例五九号三三八頁）。

(37) 学説の対立状況については、潮見佳男『契約法理の現代化』七八頁～八三頁（有斐閣、二〇〇四年）（潮見①）。

(38) 金融審議会第一部会「中間整理（第一次）」（平成一一年七月六日）一七頁～一八頁。

(39) 川浜昇「ワラント勧誘における証券会社の説明義務」民商一一三巻四＝五号六四〇頁～六四九頁（一九九六年）。

(40) 潮見①・前掲（注37）一一六頁～一三三頁。潮見佳男『不法行為Ⅰ〔第二版〕』一六一頁～一七二頁（信山社、二〇〇九年）（潮見②）。

(41) 王冷然『適合性原則と私法秩序』三五八頁～三八九頁（信山社、二〇一〇年）。

(42) 潮見①・前掲（注37）一三〇頁～一三三頁。潮見②・前掲（注40）一六八頁～一七二頁。

(43) 後藤巻則「金融取引と説明義務」判タ一一七八号四一頁～四三頁（二〇〇五年）。同『消費者契約の法理論』九六頁～一二三頁（弘文堂、二〇〇二年）。

(44) 村本武志「消費者取引における適合性原則」姫路法学四三号二七頁～四七頁（二〇〇五年）。

(45) 伊藤靖史「適合性原則と勧誘」同法六一巻二号二九二頁～三〇一頁（二〇〇九年）。

(46) 王・前掲（注41）三七〇頁～三七三頁。

(47) 潮見①・前掲（注37）一二二頁。山本豊「契約準備・交渉過程に関わる法理（その二）――適合性原則、助言義務」法教三三六号一〇二頁～一〇三頁（二〇〇八年）。

(48) 森田章『金融サービス法の理論』三一〇頁～三一四頁・三二一頁～三三〇頁（有斐閣、二〇〇一年）。芳賀良「金融商品取引法における適合性原則に関する若干の考察」岡法五六巻三＝四号二四〇頁～二四一頁（二〇〇七年）。なお、顧客情報収集の行為義務化に否定的な見解として潮見①・前掲（注37）一二二頁～一二四頁。

(49) 村本・前掲（注44）二三頁～二七頁。

(50) 橋本佳幸「取引的不法行為における過失相殺」ジュリ一〇九四号一四七頁～一五四頁（一九九六年）。
(51) 窪田充見『過失相殺の法理』二五三頁～二六三頁（有斐閣、一九九四年）。内橋一郎＝大植伸＝加藤進一郎＝土居由佳＝平田元秀『先物取引被害と過失相殺』六三頁～七九頁（民事法研究会、二〇〇六年）。今川嘉文「投資損害と過失相殺理由の問題点」神戸学院法学三七巻二号六三頁～六五頁（二〇〇七年）。
(52) 今川・前掲（注51）六五頁～七二頁。内橋ほか・前掲（注51）一一六頁～一二九頁。
(53) 村本・前掲（注44）六五頁は、顧客が投資に必要な能力を有しない場合には自己責任を問う前提が欠けるので過失相殺を行うべきではなく、また、適合性についての調査義務違反をした業者の落ち度は高いというべきであり、顧客の落ち度は業者の調査義務違反や欺瞞的勧誘などとの相関で判断すべきで、顧客の属性のみを理由に過失相殺をすべきではないとする。河上正二「投資取引における『適合性原則』をめぐって」先物取引被害研究三一号一四頁～一五頁（二〇〇八年）は、特定の取引に関する判断力や能力が乏しいという理由で適合性を否定された顧客が能力不足であるがゆえに業者に依存したことを理由に過失相殺をされるというのは評価矛盾であり許されないとする。その他に、内橋ほか・前掲（注51）一五九頁。
(54) 大阪高判平成一五年三月二六日（金商一一八三号四二頁）。東京高判平成一六年二月二五日（金商一一九七号四五頁）。横浜地判平成一六年六月二五日（金商一一九七号一四頁）。東京高判平成一七年三月三一日（金商一二一八号三五頁）。拙稿「融資一体型変額保険における損害賠償責任と錯誤無効」専修ロージャーナル創刊号一八一頁以下。なお、証券取引事案で錯誤無効を認定した近時の裁判例として、大阪高判平成二二年一〇月一二日（金法一九一四号六八頁（仕組み債））。

■商品先物取引における差玉向かいの説明義務と違反の効果

――最判平成二一年一二月一八日の差戻控訴審判決（東京高判平成二二年一〇月二七日）を素材として

甲南大学教授　桑岡和久

一　はじめに

商品先物取引をはじめ先物取引の被害者救済の場面では、不法行為による損害賠償が主として求められてきた。そこでは、先物取引の被害が「無差別電話勧誘、断定的判断の提供に始まり、両建て、転がし、過当売買、無断、一任売買等の客殺し手法で多額の金員を出捐させられ、最後は仕切回避や不当な念書、示談で終わっている」という実態にあわせて、個々の行為を他と切り離して判断するのではなく、勧誘段階から終了段階までの一連の行為が一体として違法だと判断されて不法行為責任が認められてきた。この一体的不法行為構成は、実務の傾向、すなわち「先物取引の場合、個々の取引を分断して主張すると責任が否定される傾向」を克服して被害者救済を実現してきたのだが、その構成ゆえに限界もある。津谷裕貴弁護士は一九九四年にすでに「今後国内公設において勧誘は問題ないが、取引の仕方、内容に問題があるという事案も予想される」ことを指摘し、個々の取引を「分断せざるを得ない事案にも有効に対処できる理論構成が必要である」として、一体的不法行為以外の理論構築の必要性を説いていた(1)。

最高裁判所は平成二一年七月一六日（民集六三巻六号一二八〇頁）および平成二一年一二月一八日（判時二〇七二号一四頁）の判決で差玉向かいにつき説明義務を課したのだが、これらはまさに津谷弁護士の懸念が現実に問題になった事案だといえよう。ここで問題とされていたのは、差玉向かいという取引手法であった。差玉向かいとは、最判平成二一年七月一六日（以下、「七月判決」と称する）の定義によれば、立会いに出されない委託玉の売り買いの差玉のうち、全部または一定割合に対当する自己玉を建てることを繰り返す商品取引員の取引方法のことである。この取引手法では、事実上、委託者である顧客と受託者である商品取引員との間で取引が成立するのであり、両者間では一方の益が他方の損となる関係が生じる。そこで、原告側は差玉向かいという個別の取引手法の違法性を主張したのだが、一審・二審は、これまでの下級審裁判例の傾向と同様に、違法でないと判断した。さらに断定的判断の提供もなく、取引のしくみや危険性に関する説明義務違反も認定されず、この事案では勧誘段階には問題がなかった。その結果、一審・二審では、一連の行為が一体として違法であると判断されることもなかった。

これに対して、すでに知られているように、最高裁判所は違法性の問題を検討するのではなく、差玉向かいについて説明義務を課し、義務違反に基づく債務不履行責任・不法行為責任を肯定した。こうして説明義務とその違反につき責任を負うことは確定したのだが、そこから先の問題、すなわち説明義務に違反した場合にどこまでの損害を賠償しなければならないかについて最高裁判所は直接には判断していない。この責任の内容が委託者にとって重大な問題であることは言うまでもない。もっとも、二件いずれの原審も審理不十分として破棄差戻しされたため、具体的な賠償の範囲の判断は差戻審に委ねられることになった。とりわけ実務界は差戻控訴審の判断に注目していたことだろう。

他方、先の最高裁判決は研究者からも注目を集め、すでに多くの評釈類が公表されている。[(2)] だが、説明義務違反の構成が考察の中心となっており、義務に違反した場合の効果の問題について立ち入った検討はほとんどなされていない。[(3)] こうした状況の中、平成二二年一〇月二七日に東京高等裁判所により、最判平成二一年一二月一八日（以下では「一二月判決」と称する）の事案について差戻審判決が下された[(4)]（先物取引裁判例集六一号七八頁）。本稿はこの差戻審判決を素材として説明義務違反の効果について検討しようとするものである。

二　事案と判旨

まずは事案と判旨について紹介しておく。

1　事案の概要

原告Xは中国籍の女性で、被告会社と商品先物取引を開始した当時五〇歳であった。昭和六三年一月に日本に入国して日本語学校を卒業した後、輸入関係の会社に就職し、平成一〇年には日本人男性と結婚している。被告会社は東京工業品取引所などの商品取引員であり、被告Yは被告会社の従業員であって原告Xの担当者であった。

平成一六年二月二日から、Xは、被告会社と外国為替証拠金取引を開始し、同年八月一八日にいったん終了したが、Yの働きかけにより同年一〇月二五日から被告会社との同取引を再開した。

この間Xは訴外A社（商品取引員）との間で白金の商品先物取引を行っており、YにA社に対する不満などを話していた（なおA社との白金の商品先物取引は平成一六年七月頃から一七年八月五日まで行われ、Xには総額二六一万六二一〇円の損失が生じた）。Xは、A社と取引を継続するよりは被告Yを担当者として被告会社と新たに取引したほうがよいと考え、平成一七年四月五日に被告会社との商品先物取引の契約書類一式を作成した。その後、商品取引所法の改正があったために、新たに契約書類が作成され、YはXに、商品先物取引には相場の変動による追証のリスクがあることを中心に説明を行った。そしてXは平成一七年六月二日に被告会社との外国為替証拠金取引の口座から六六万四六四三円を商品先物取引の資金に振り替えて、東京工業品取引所の白金を対象とする本件取引を、六月一四日に四枚の売建玉を行うことで開始した。以後XはYから毎日のように白金の取引価格などの情報を得て、Yと相談したり助言を得るなどして売建玉を繰り返し行った。七月末から八月初旬にかけて白金は急騰したが、Xはこれ以上値上がりすることはないと考えて、Yに一五枚の売建てをして損を消すことを申し出ていた。また八月二日には、九〇万円の追証拠金をYに渡して、さらに一五枚の売建玉を申し出た。これらXの申出につき、Yはマイナスが増えている状態でさらに建てるのは非常に危険である旨話してXが売建玉を行うことに強く反対した。その後もXは取引を継続したが、東京工業品取引所における白金の取引価格は、本件取引が始まる直前の平成一七年五月から本件取引が終了する同年一一月にかけてほぼ一貫して値上がりしていた。本件取引は平成一七年一一月一五日まで継続された。この期間内にXが被告会社に支払った委託手数料は合計二六万一四〇〇円、本件取引における損金は六八七万九九七〇円であった。

他方、被告会社は、本件取引期間中、Xを含むすべての委託者の委託玉と自己玉とを通算したり売りの取組高と買いの取組高とが均衡するように自己玉を建てることを繰り返していた、つまり差玉向かいをしていた(5)。

Xは被告会社に委託した本件商品先物取引につき、Yによる適合性原則違反、説明義務違反および断定的判断の提供、向かい玉の説明義務違反、被告会社による差玉向かいの誠実公正義務違反があり、これら一連の行為は全体として違法であるとして、Yに対しては民法七〇九条、被告会社に対しては民法七一五条の不法行為に基づく損害賠償を求めた。

2 一審・二審の判旨

一審（東京地判平成二〇年二月二五日・判時二〇一五号六四頁）は次のように判示した。まず適合性原則違反、取引のしくみや危険性に関する説明義務違反[6]、断定的判断の提供については、これらの存在を否定した。

次に、差玉向かいについて違法性を否定した。差玉向かいが用いられると、取引が決済されるときには、委託玉全体と自己玉とに生ずる結果が、一方に利益が生ずるなら他方に損失が生ずるという関係になる。この意味で、委託者全体と商品取引員との間には利益相反の関係がある。それゆえ、確かに、商品取引員に「委託玉全体に損失が生じ、自己玉に利益が生じた場合には、商品取引員は適切な時期に損失が生じている委託者に損切りのための手仕舞いをさせ、その分、自己玉についても手仕舞いして利益を確保することができ」、そのように用いた場合には、社会的相当性を逸脱して違法となる余地はある。しかしながら、そのように利用しない限り、差玉向かいそれ自体は違法ではない。①差玉向かいはあくまでも機械的な作業であり、②差玉向かいは清算機構（JCCH）との差損金の受渡しを少なくするという一応の合理性を有するのであり、また③委託玉に利益がでるかどうかは相場の値動きによるものであって、相場変動は本質的に誰にも予測できないからである。

したがって差玉向かいそれ自体は違法でない。加えて、すべての委託者との関係では利益相反関係にあるものの、個々の委託者との関係では直接に利益相反関係を生じさせるものではない。それゆえ差玉向かいの説明義務も認められないとされた。

二審（東京高判平成二〇年一二月二五日・先物取引裁判例集五八号二三頁）も一審の判断を支持したため、Xが上告。

3　上告審の判旨

最判平成二一年一二月一八日（判時二〇七二号一四頁）は、上告理由のうち、差玉向かいの説明義務違反について次のように判断した。

「商品先物取引は、相場変動の大きい、リスクの高い取引であり、専門的な知識を有しない委託者には的確な投資判断を行うことが困難な取引であること、商品取引員が、上記委託者に対し、投資判断の材料となる情報を提供し、上記委託者が、上記情報を投資判断の材料として、商品取引員に対し、取引を委託するものであるのが一般的であることは、公知の事実であり、上記委託者の投資判断は、商品取引員から提供される情報に相応の信用性があることを前提にしているというべきである。そして、商品取引員が本件取引手法を用いている場合に取引が決済されると、委託者全体の総益金が総損金より多いときには商品取引員に損失が生じ、委託者全体の総損金が総益金より多いときには商品取引員に利益が生ずる関係となるのであるから、本件取引手法には、委託者全体の総損金が総益金より多くなるようにするために、商品取引員において、故意に、委託者に対し、投資判断を誤らせるような不適切な情報を提供する危険が内在することが明らかである。そうすると、商品取引員が本件取引手法を用いていることは、商品取引員が提供する情報一般の信用性に対する委託者の評価を低下させる可能性が高く、委託者の投資判断に無視することのできない影響を与えるものというべきである。

したがって、少なくとも、特定の商品の先物取引について本件取引手法を用いている商品取引員が専門的な知識を有しない委託者から当該特定の商品の先物取引を委託しようとする場合には、当該商品取引員の従業員は、信義則上、その取引を受託する前に、委託者に対し、その取引については本件取引手法を用いていること及び本件取引手法は商品取引員と委託者との間に利益相反関係が生ずる可能性の高いものであることを十分に説明すべき義務を負うものというべきである」。

このような説明義務が存在するにもかかわらず、Xが専門的知識を有しない委託者であるか否か、本件取引で差玉向かいをしていたかどうかを審理することなく、説明義務違反がないと判断したとして、原審を破棄・差し戻した。

4 差戻控訴審（東京高判平成二二年一〇月二七日・先物取引裁判例集六一号七八頁）の判旨

(1) 説明義務違反の存在

まず事実関係として、差戻審は、Xが専門的な知識を有する委託者でないこと、本件取引につき被告会社はXの委託を受ける前から取引終了まで差玉向かいをしていたこと、そして従業員Yは差玉向かいの利益相反性につき説明しなかったことを認定した。

上告審説示のとおり、差玉向かいは被告会社の提供する情報一般の信用性に対する原告の評価を低下させる可能性が高く、投資判断に無視できない影響を与えることから、Yは説明義務違反に基づく不法行為責任（民七〇九条）を、被告会社は使用者責任（民七一五条）を負うと判断した。

(2) 賠償される損害

Y側は、説明義務違反があるとしても損害が発生するとは限らないとして、説明義務違反と損害との因果関係はないと主張していた(7)。差戻審はこの主張を次の理由から退け、本件取引による損失全額を損害として認めた。

被告Yが「差玉向かいについての説明義務を尽くしていれば、Xは、被控訴会社に委託して本件取引を行わなかったことが考えられ、また、本件取引を始めたとしても、Ｙらから提供される情報を信用し、これに依拠して取引をすることはなかったものと考えられ、いずれにしても、本件取引通りの白金の先物取引が行われたとは考え難い。そうすると、Ｘが本件取引を行ったことで生じた取引上の損失六八七万九九七〇円は、上記〔説明義務違反による〕不法行為により生じたＸの損害と認めるのが相当である」。

(3)　過失相殺

そのうえで五割の過失相殺が認定された。委託者の過失として考慮にあげられたのは、①委託者のこれまでの先物取引の経験、②委託者は自らの相場観を有しておりこれに従って取引をしていたこと、の二点である。すなわち、①本件取引に入る以前に本件商品取引員と外国為替証拠金取引を始め、この取引を継続していた平成一六年七月に訴外Ａ社（商品取引員）との間でより投機性の強い白金の先物取引を始め一年近く経過してから本件商品取引員に乗り換える形で白金の先物取引をしたこと、そして②本件取引期間中ほぼ一貫して白金の取引価格は値上がりしているのに委託者は売建玉しか行わなかったことから、委託者は白金の取引価格が値下がりに転ずるという相場観を有していて、一貫してこれに基づく取引方針を維持していたと認められることである。上記事実と本件の諸般の事情を考慮すると、委託者には損害の発生や拡大について相当程度の過失が認められ、その過失割合は五割とするのが相当だとされた。

三　検　討

差玉向かいとは、全委託玉の差玉の全部ないし一定割合に対して対当する自己玉を恒常的に建てる商品取引員の取引手法である。この取引方法には、最高裁判所が言うように次のような危険がある。すなわち、このような取引手法を採用した「取引が決済されると、委託者全体の総益金が総損金より多いときには商品取引員に損失が生じ、委託者全体の総損金が総益金より多いときには商品取引員に利益が生ずる関係となるのであるから、本件取引手法には、委託者全体の総損金が総益金より多くなるようにするために、商品取引員において、故意に、委託者に対し、投資判断を誤らせるような不適切な情報を提供する危険が内在することが明らかである」。このような差玉向かいに内在する危険に対してどのような方法によって対処するべきか、それがここでの問題である。

1 差玉向かいそのものの禁止

差玉向かいが利益相反のおそれのある行為であるならば、最も根本的な対策として、そのような取引手法を用いること自体を完全に封じることが考えられるだろう。差玉向かいは違法であって不法行為責任を生ぜしめる。このような主張が委託者側の訴訟代理人から主張されてきた。こうした主張は差玉向かいそのものを一般的に禁止しようという考えである。

一審・二審でも差玉向かいが違法となる場合があることは否定されていない。差玉向かいは委託者全体との関係で商品取引員と利益が相反する取引方法であるため、たとえば自己玉に利益が出ているときに損が生じている委託者に手仕舞いさせて自己の利益を確保するような場合には違法となるとしている。しかしこのことは逆に、そのような場合に該当しない限りは違法とはいえないことも意味している。事実、一審・二審も差玉向かいを行うこと自体は違法ではないとしている。他の多くの下級審裁判例でも同じ判断が下されてきており、違法でないという判断は下級審の傾向となっている(8)。その理由は次のとおりである。

(1)　市場での相場による取引であること

差玉向かいは委託者全員のすべての売玉とすべての買玉との差玉につき、商品取引員が対当する自己玉を建てるものであり、個々の委託者との関係では必ずしも利益相反の関係に立つわけではない。しかし、委託者全体のすべての委託玉との関係では一方の益は他方の損となるのであって、商品取引員は委託者全体との関係で利益相反関係に立つことは否定できない。とはいえ、ここでの利益相反は民法一〇八条が想定する自己取引のような事態とは異なる。商品先物取引は市場での相場によって成立する取引であって、商品取引員にも相場の正確な予測はできないし、操縦することもできない。それゆえ、委託者全体との関係で利益が相反することになったとしても、それは相場変動の結果にすぎない。

(2)　合理的な利益の追求――財務状態の健全化

それではなぜ商品取引員は差玉向かいを行うのだろうか。その目的としてあげられてきたのが財務状態の健全化である。商品取引員が差玉向かいをしない、つまり全委託玉の売玉と買玉の差玉に対当する自己玉を建てることなく委託玉すべてについて取引が成立した場合には、商品取引員は差損金を取引所に支払わなければならない。これに対して、差玉向かいでは自己玉と委託玉とを差引して同数にするため、商品取引員の自己玉と委託玉との間で決済されて、取引所に対して差損金を支払わなくて済む。その結果として商品取引員は自己の財務状態の健全化を図ることができる。このような目的で差玉向かいを用いることは、商品取引員が委託者の利益を犠牲にして自らの利益を図る投機的な目的での利用ではなく、違法と評価されるべきものではない。

(3)　他の解決策を検討することの必要性

以上の理由から差玉向かいを行うこと自体は違法でなく、直ちに不法行為責任が成立することはない、と多数の下級審裁判例では判断されてきた。しかしながら他方で、以上の違法性判断をめぐる検討から次のこともまた確認できる。すなわち、個々の委託者との関係で常に利益相反の関係に立たないとしても、すべての委託者との関係では商品取引員と利益が相反することは確かである。たとえ差玉向かいに財務状態の健全化の効用があり、取引所での相場取引であるとしても、すべての委託者との利益相反関係がなくなるわけではない。それゆえに、差玉向かいには、自己の利益のために委託者の利益を犠牲にする誘因があることは否定できないのである。

下級審裁判例の傾向は、そのような危険が存在すること自体は否定できないのだが、それだけでは違法性を認めるに十分ではない、ということにすぎない。すなわち、①個々の委託者と必ずしも利益が対立するわけではない、②差玉向かいには財務状態の健全化という合理的な目的がある、あるいは③取引所での相場取引であり商品取引員は正確な予測も操縦もできない、これらは違法性を認めるに足りないことの根拠にとどまるのであって、差玉向かいが委託者全体と利益相反関係があることを否定するものではない。差玉向かいという取引手法は、商品取引員に対して、なお自らの利益を優先して委託者の損失を生じさせる動機付けとなり得るのである。

そのような危険性があるからこそ、一審も差玉向かいの用い方が違法となり得る余地を残しているのである。[9]だが、違法と評価されるのは、商品取引員が自らの利益のために委託者の利益を犠牲にするような利用の仕方をした場合に限られるのであって、そうでない差玉向かいの利用は違法とはいえない。それゆえ差玉向かいそれ自体を違法だとして私法上一般的に禁じることはできない。[10]そこで、差玉向かいに内在する危険性に対しては、一般的に禁止するのとは違った対処法へと向かうことになる。そのような解決策として説明義務は理解することができる。

2　差玉向かいの説明義務

(1)　説明義務が課される根拠——商品取引員の提供する情報一般の信用性に対する委託者の評価の低下

委託者全体との関係で利益相反性を有する差玉向かいを商品取引員が行う場合には、「委託者全体の総損金が総益金より多くなるようにするために、故意に、委託者に対し、投資判断を誤らせるような不適切な情報を提供する危険が内在することが明かである。そうすると、商品取引員が本件取引手法を用いていることは、商品取引員が提供する情報一般の信用性に対する委託者の評価を低下させる可能性が高く、委託者の投資判断に無視することのできない影響を与える」ことになる。

ここに最高裁判所は説明義務の実質的な根拠を求めている。すなわち、委託者は商品取引員の提供する情報を信用して投資判断をしているわけだが、差玉向かいをしている場合には、商品取引員には自らの利益を優先する誘因があるために、彼らが提供する情報に対して委託者は信用を置き難くなるのが通常であって、これは投資するか否かの判断に大きな影響を及ぼす。差玉向かいは、このような投資判断の基礎となる情報一般の信用性にかかわる重要事項であるために、最高裁判所は説明を義務付けたのである。

(2)　専門的知識を有しない委託者

ただし、商品取引員が説明義務を負うのは、専門的な知識を有しない委託者に対してである。このような委託者が商品取引員から提供される情報を信用して投資判断をしているからである。これに対して、専門的な知識を有する委託者の投資判断は、それとは異なるということであろう。そうすると、説明義務を課すうえでは、専門的知識を有する委託者か否かを判断する基準も重要となってくる。この点、七月判決は、委託者には過去に一定期間商品先物取引の経験があったにもかかわらず、専門的知識を有しない委託者だと判断している[11]。同様に一二月判決の事案でも委託者は過去に商品先物取引をしていたが、差戻控訴審では専門的知識を有していないと判断されている[12]。

(3) 説明義務違反の法律構成

差玉向かいが採られている取引では、商品取引員はすべての委託者との関係で利益が相反するために、自己の利益を優先して顧客に投資判断を誤らせる不適切な情報を提供する誘因がある。そのために、このような取引手法を用いる商品取引員の提供する情報一般に対する顧客の信用が低下する。それが説明義務の実質的な根拠である。この実質的根拠は、最判平成二一年七月一六日でも同じである[13]。

異なるのは、一二月判決が信義則から説明義務を引き出しており、七月判決は委託契約から導いている点である[14]。こうした違いは、両判決で当事者の主張が異なることが影響しているのであろう。七月判決では委託者は契約の相手方である商品取引員に対して債務不履行責任を追及しており、ここでは両者間の契約関係から説明義務を導き出すことができる。これに対して、一二月判決では担当者である従業員Yに民法七〇九条の不法行為責任を、使用者である商品取引員に同法七一五条の責任を追及している。従業員Yと顧客との間には契約関係はないため、一二月判決では従業員との関係では契約関係から説明義務を基礎づけることはできなかった。それゆえ説明義務は信義則から引き出されているのであって、一二月判決は契約の相手方である商品取引員について契約から説明義務を導き出すことを否定するものではない。

一二月判決では従業員Yによる不法行為を介して商品取引員に使用者責任を認めているのだが、商品取引員に対してはむしろ契約責任を認めるのが筋ではないだろうか。もちろん、このことは商品取引員の不法行為責任を排除すべきだと主張するものではない。商品取引員とはすでに契約関係にあるのであり、契約責任を認めることで足りる、ということである。確かに不法行為構成によれば、委託者Xと直接契約関係にない従業員Yのように、契約相手方でない者にも責任を追及することが可能となる。従業員に責任を課すことの是非を措くとすると、被害者の救済という観点からはメリットになり得よう(15)。しかしながら、実際に差玉向かいを行っているのは、従業員ではなく商品取引員である以上、直接に説明義務を負担すべきは商品取引員である。そして、この義務は商品取引員と委託者との契約から導き出すことができる。ここで説明義務の根拠として考えられるのが、七月判決でいえば商品取引員と委託者との受託契約に準用される委任の規定に基づく善良な管理者の注意をもって誠実かつ公正にその業務を遂行する義務であり、あるいは商品取引員と委託者との契約関係に基づく忠実義務(16)である。これらの誠実公正な業務遂行義務(17)や忠実義務により、商品取引員は説明義務を負う。実際に委託者に差玉向かいの説明をするのは現場の担当者である従業員だが、これは理論的には商品取引員が委託者に対して負っている説明義務を従業員を介して履行していると見るべきであろう。

(4)　説明義務の射程とその背景にある契約構造

利益相反関係が生じるのは差玉向かいが採られている取引であり、この取引に関する委託に際して商品取引員が自己の利益を優先して投資判断を誤らせる情報を提供する誘因がある。それゆえ、説明義務は、商品取引員が差玉向かいシフトを採用している取引について課されるのであり、それ以外の取引、つまり差玉向かいシフトの採られていない取引に課されることはない。

こうした説明義務の射程は、委託者と商品取引員との契約の構造を反映している。すなわち、商品取引員と委託者との間では、まず最初に商品先物取引の委託に関する枠組みを定める基本契約が結ばれ、この基本契約をベースにして個々の商品ごとの先物取引の委託がなされるという重層的な構造になっている(18)。しかも後者の個別の商品先物取引は商品ごと、同一商品であっても限月ごとに取引が委託されるのであり、それぞれが別個の個別契約として存在する。

そして説明義務が課されるのは、このうち、商品取引員が差玉向かいを行っている取引についての個別の委託契約に対してである。このような契約構造に応じて、説明義務違反の効果が直接に及ぶのは、差玉向かいシフトの採用された取引に関する委託契約に限られるのであって、説明義務違反があったからといってそれだけで直ちに基本契約や差玉向かいの採られていない個別契約に影響が及ぶことはない。

もっとも、このことは説明義務違反が、差玉向かいシフトの採られていない取引に全く影響しないことを意味するのではない。これまで商品先物取引に関する裁判実務では、勧誘段階から終了段階までの一連の行為が一体的に違法であるかどうかが判断されてきた。個別の取引に関する差玉向かいの説明義務の違反も一個の行為であり、それ以外の商品取引員サイドの行為とあわせて不法行為の成否を判断する際に一つの事情として考慮されることはあり得る。このことは平成二一年の最高裁判決も否定してはいない。差玉向かいの説明義務は、このような一体的不法行為判断における一つの考慮事情になることに加えて、差玉向かいシフトの採られている取引については別個に独立して損害賠償責任を追及する道を開くものなのである。[19]

3　説明義務違反の効果

説明義務に違反したときには、義務違反者である従業員ないし商品取引員は、委託者に対して不法行為または債務不履行による損害賠償責任を負う。問題は、この損害賠償責任の中身である。義務違反者はどのような賠償義務を負担することになるのだろうか。

(1)　説明義務違反による賠償の範囲

差戻控訴審では、商品取引員の側から、説明義務違反と本件取引により生じた損害との間の因果関係がないことが主張され、説明がなされていれば委託者が本件取引をしなかったといえるかどうかが争われた。

この点、判決では、説明がなされていればXは本件と同じような取引をしなかったと考えられるとして、本件取引により生じた損失六八七万九九七〇円すべてを損害として認定した。その理由として次の二点をあげている。第一に説明義務を尽くしていれば委託者Xは本件取引を行わなかったことが考えられること、第二に本件取引を始めたとしてもYらから提供される情報を信用してこれに依拠して取引をしなかったと考えられることである。

第一の理由は投資取引における説明義務の問題に一般に共通するものである。すなわち、説明義務違反が投資判断に影響を及ぼす紛争類型では、説明がなされていたならば実際に行われた判断とは異なる意思決定をしていたというのは明らかではない、という問題である。そこで商品取引員の側からは、説明義務違反があったとしても委託者は本件取引を行わず本件の損害は生じなかった、というのは明らかではないと主張しているのであろう。こうした主張に対しては、説明義務は相場変動によるリスクのある投資取引を回避するチャンスを与えるものであり、その義務違反は危険性を認識したうえで当該取引をしないと自己決定する機会を奪われたことによる損害の賠償をもたらすと考えることができるとの主張がなされている。[20]

これに対して第二の理由は差玉向かいの説明義務に特異なものである。本件取引では担当者YがXに対して本件白金取引につきさまざまな情報を提供している。本件取引には利益の相反する差玉向かいが採られているのであり、このことが説明されていたならば、本件取引で提供される情報一般に対する委託者Xの信用は低下する。本件でXは複数回にわたって白金の売建玉を委託しているのだが、この投資判断はYらの提供する情報一般を信用してなされたものである。差玉向かいの説明がなされていれば、個々の投資判断の前提となる情報一般の評価が低下していたのであり、本件の個別契約をXは行わなかったであろう、ということである。それゆえに、説明義務違反と本件取引上の損失との因果関係がないという商品取引員側の主張は退けられている[21]。

本件差戻審判決を理解するにあたっては、第二の理由、つまり差玉向かいの説明義務の特殊性を考慮に入れる必要があるだろう。というのは、差玉向かいの説明義務は、投資取引の対象となる商品のしくみや典型的な相場変動によるリスクの説明などとは質的に異なるからである。取引のしくみや相場変動リスクであれば、そのような危険性について説明を受けたうえで、その取引を行うと決定することも考えられなくはない。このようなリスクの説明がなされたとしても、差玉向かいと異なり、それによって当該事業者の提供する情報の信用性が低下することはない。この点で差玉向かいの説明義務は根本的に異なる。差玉向かいは全委託者との関係で利益が相反する取引手法である。そのため、このことが十分に説明され委託者が理解したならば、このような取引手法を用いる事業者の情報は信用できないと考えることになるのであり、そのような信用性の低い情報をもとにして投資取引を行うと判断することは考えにくい。つまり、差玉向かいの説明は、投資商品に共通する取引のしくみや相場変動リスクの説明などと異なり、投資取引をしないという判断を強く促す情報を提供させることになるのである。それゆえに、差玉向かいの説明義務違反は、投資取引における一般的な説明義務違反よりも一層、委託者が当該取引について委託することはなかったであろうと推断させることになる[22]。

(2) 説明義務を履行した場合

最後に、説明義務が履行された場合について触れておく。差玉向かいを説明義務の問題だとすれば、商品取引員としては、受託前に説明義務——七月判決では取引成立後の通知義務も課されているのだが——を果たせば、差玉向かいは私法上有効な扱いを受けることになる。

ここで注意すべきは、最高裁判所が差玉向かいを「用いていること及び……〔この〕取引手法は商品取引員と利益相反関係が生ずる可能性の高いものであることを十分に説明すべき義務を負う」（傍点筆者）としている点である。「十分な」説明が要求された趣旨を踏まえるならば、説明義務の履行は慎重に認定されるべきであり、単に差玉向かいを行っていることとその利益相反の危険性を抽象的に告げるだけでは、説明が十分だったと判断すべきではないだろう。仮に説明義務の履行が極めて容易に認定されてしまうようになれば、それは差玉向かいに免罪符が与えられるのと同じことになってしまう。厳格な説明の要請は、前述した差玉向かいの説明義務の特異性からも支持されることである。ここでは取引のしくみなどに関する事柄ではなく、取引経験のない委託者が投資判断をするうえで基礎にする情報一般の信用を低下させる事柄が問題となっているからである。

とはいえ、説明義務が果たされたかどうかの認定を極めて厳格化し、およそ説明義務は果たされたと判断されることがないようになってしまうと、それは差玉向かいそのものを実際に否定すること、つまり違法性を認めるのと同じことになってしまう。これは、最高裁判所が差玉向かいは違法性でなく説明義務の問題だと理論構成したことと相容れない結果となる。それゆえ、説明義務の問題として位置付けた以上は、説明義務は履行されており損失が生じたとしても商品取引員に責任はないと判断されるケースも、理論上は存在することになる。(23)(24)

（1）　津谷裕貴「先物取引」消費者法ニュース二〇号八九頁（一九九四年）。
（2）　二件の最高裁判決の評釈・解説として以下の文献がある。最判平成二一年七月一六日につき、笹本幸裕「判批」法セ六五八号一一七頁（二〇〇九年）、桑岡和久「判批」現代消費者法六号一一六頁以下（二〇一〇年）、水野信次「判批」銀法七一六号五五頁（二〇一〇年）、梅本剛正「判批」民商一四二巻一号九一頁（二〇一〇年）、絹川泰毅「判解」ジュリ一四〇一号九三頁（二〇一〇年）、志谷匡史「判批」判時二〇八四号一八八頁、川島いずみ「判批」リマークス四二号七〇頁（二〇一一年）、尾崎安央「判批」ジュリ一四二〇号一四七頁（二〇一一年）、川村力「商品先物取引における委託取引の構造――最判平成二一・七・一六を素材として」北大法学論集六一巻六号一九一五頁（二〇一一年）、最判平成二一年一二月一八日につき、品谷篤哉「判批」民商一四三巻一号一〇九頁（二〇一〇年）、両判決を検討するものとして桑岡和久「差玉向かいとその高い利益相反性の説明義務」先物取引被害研究三五号一九頁以下（二〇一〇年）、品谷篤哉「商品先物取引における差玉向かい規制——二つの最高裁判決」立命館法学三三二号一〇七頁（二〇一〇年）がある。

（3）桑岡・前掲（注2）先物取引被害研究三五号二三頁以下が説明義務違反の効果について検討している。

（4）同判決が出た直後の二〇一〇年一〇月末に開催された先物取引被害全国研究会第六四回大会で早速、原告側の訴訟代理人である平澤弁護士による差戻審判決の報告が行われている（平澤慎一「差玉向かいの説明義務違反の差戻し判決」先物取引被害研究三六号四四頁〔二〇一一年〕）。

（5）東京工業品取引所では板寄せ仕法ではなく、ザラバ仕法が採用されており、Yらはザラバ仕法では委託者に意図的に対向させて売りまたは買いの建玉を行うことは不可能であり、差玉向かいはできないと主張していた。これに対して一審は、「確かに、取引ごとに個別競争売買で複数の約定値段が定まるザラバ仕法において、被告会社が個別の委託者との関係で意図的に対向させて建玉を行うことは困難であるといえるが、全委託者との関係で見たときに、同一限月の商品について、委託玉と自己玉とを通算した売りの取組高と買いの取組高とが均衡するように建玉を立てていくことは可能であるといえる。そして、原告はこの点を差玉向かいとして主張しているものと解されるところ、被告らの主張も差玉向かいを行っていることを否認するものではないと解される」としている。

（6）一審は次のように説明義務違反を否定した。Xが口座開設必要書類を作成する際に、商品先物取引委託のガイドを使用しながら、商品先物取引について、相場の変動により追証のリスクがあることを中心に、具体的な計算例をあげるなどして説明したこと、Yによる商品先物取引の説明は三回以上なされており、しかもXには訴外A社との白金の先物取引により再三追証の入金をした経験があることから商品先物取引の危険性を認識していたといえるし、本件取引においても商品先物取引の基本的なしくみを理解していたと思われる行動からみて、YがXに対して本件取引の勧誘に際して商品先物取引の基本的なしくみや危険性を具体的に認識できる程度の説明をしていたとして、説明義務違反を否定している。

（7）差戻審はY側のこのような主張を退ける理由として、次の理由を付加している。①XはYから毎日のように白金の取引価格等の情報を得て、Yと随時相談し、助言を得るなどして本件取引を行ったこと、また②被控訴会社が本件取引手法を用いることは被控訴会社が提供する情報一般の信用性に対するXの評価を低下させる可能性が高く、投資判断に無視できない影響を与えることを理由に、Y側の主張を退けている。

(8) 下級審裁判例について詳しくは、桑岡・前掲（注2）現代消費者法六号一一九頁以下を参照。

(9) 法令上も自己利益追求目的での向かい玉は禁じられている。商品先物取引法二一四条一〇号の禁止行為を具体化する商品先物取引法施行規則一〇三条は二号で「故意に、商品市場における取引の受託に係る取引と自己の計算による取引を対当させて、委託者の利益を害することとなる取引」を禁止行為としてあげている。

(10) 差玉向かいそのものを一般的に禁じる構成としては、違法な不法行為とする以外に、委託契約上の義務違反とする構成も考えられる。向かい玉につきこのような構成を主張する見解として、松岡久和「商品先物取引と不法行為責任」ジュリ一一五四号一五頁（一九九九年）がある。商品取引員と委託者との間の契約により、受託業者である商品取引員には委託者との関係で忠実義務が課されるのであり、こうした忠実義務の具体的な内容の一つとして、向かい玉を建てる行為自体が禁じられるとする。差玉向かいも向かい玉の一種であり、それが建てられたとしても商品取引は相場取引であり委託玉に結果として損が生じないこともあるのは確かである。だが、実際に顧客の利益を害したかどうかではなく利益相反のおそれのある行動自体が忠実義務に違反するものであって禁止される、とする。

(11) 七月判決では、説明義務違反が認定された取引をする直前に、委託者は一カ月ほど別の商品取引員との間で商品先物取引を行い、一億七〇〇〇万円の損失を被っていた。ただし、この事情は差戻控訴審では過失相殺において委託者側の過失として考慮されている。

(12) もっとも過去の取引経験は差戻控訴審では過失相殺において委託者側の過失として考慮されている。

(13) 同様の理由づけで差玉向かいの説明義務を認めた裁判例は平成二一年の最高裁判決以前にも存在する。東京高判平成一六年一二月二一日（先物取引裁判例集三八号二七頁）、東京高判平成一六年一二月二一日（先物取引裁判例集三八号一三八頁）がそれである。これらの判決でも差玉向かいそれ自体の違法性は認められていない。しかし、知識の十分でない委託者との商品先物取引委託では、委託者は商品取引員の提供する情報を信用して取引判断をしているのであって、利益が相反する差玉向かいが行われているときには商品取引員の提供する情報の信用性に疑義があるため、委託者の取引判断に重大な影響を与えることから、差玉向かいの説明義務・開示義務を認めている。

(14) 両判決では説明義務の構成以外にも違いはある。一二月判決では説明義務だけであるのに対して、七月判決では受託前の説明義務に加えて、受託後の通知義務も認められている。後者の通知義務は一二月判決では明示されていないが、このことは商品取引員に事後の通知義務が否定されることを意味するものではない。

(15) このように契約責任構成をとるならば委託者は従業員に対して責任追及できないことにはなるのだが、一二月判決に関しては、従業員の委託者に対する説明義務を単純に信義則から導き出すことには理論的な物足りなさを拭えない。

(16) 松岡・前掲(注10)は、商品取引員には忠実義務が課され、誠実公平な業務遂行義務もその一内容だとする。もっとも、この義務の内容は今後の検討課題とされていた。その一例として利益相反のおそれがある向かい玉を建てる行動自体が禁じられることについては前掲(注10)を参照。

(17) 七月判決の事案(平成八年当時)よりも後になるが、この義務は平成一〇年に商品取引所法に定められ、現在では商品先物取引法二一三条に継承されている。「商品先物取引業者並びにその役員及び使用人は、顧客に対して誠実かつ公正に、その業務を遂行しなければならない」。

(18) 松岡・前掲(注10)一四頁は、「個々の売り買いの注文が具体的な委託契約となり、これらの個々の委託契約(……個別契約と称する)は、商品先物取引の委託をするという基本契約の枠に沿って行われる」という契約の構造に応じて問題のある個別契約ごとに契約の効力や責任を考えていくことを主張する。

(19) 桑岡・前掲(注2)先物取引被害研究三五号一頁・二五頁。

(20) 窪田充見「人格権侵害と損害賠償」民商一一六巻四=五号五七九頁(一九九七年)は、投資取引での説明義務のように、「一方にリスクの大きな選択肢があり、他方では特段のリスクを伴わない現状維持があるというような場合(したがって、何もしない現状維持がすでに一定のマイナスを伴っている医療行為のような場合とは異なる)、そこで自己決定のチャンスを与えるということは、単に中立的な判断のチャンスを与えるというよりは、むしろ、リスクを回避するという点に力点が置かれているとも理解される。つまり、現状維持が特別なリスクを伴わない状況においては、高度のリスクを伴う行為への参加は十分な判断を基礎とすべきものであり、そうした判断を支えるものとして説明義務が位置づけられるのであれば、そこでの説明義務違反の効果は、単に複数の選択肢を前にした中立状態への復帰ではなく、リスクについての十分な情報を伴わないでなされた判断の否定となる。その場合、保護範囲に後に具体的に生じた結果まで取り込むという可能性が認められるのではないだろうか」と主張する。

(21) 平澤・前掲（注4）四四頁以下は、差戻審では説明義務違反から簡単に損害との因果関係が認められているように見える点について、次のような指摘をしている。本件での因果関係判断には、訴訟代理人の次のような主張立証が影響している可能性がある。本件取引期間中に白金の取引価格がほぼ一貫して値上がりしていることを示したうえで、そういう状況にもかかわらず、従業員Yは損失を拡大しない選択肢もあること、このような値動きの原因となる情報など、本来与えられるべき情報が委託者Xに与えられていない。もしも差玉向かいの説明がなされていれば、これらの情報を提供しないこと自体に委託者Xは疑問を呈したりすることができたのだが、説明義務が履行されていないためにそれができなかった、という主張である。このような主張が差戻審判決で考慮されているとすると、説明義務の不履行から直ちに損害との因果関係が肯定されない可能性があると指摘する。

(22) 桑岡・前掲（注2）先物取引被害研究三五号二三頁・二四頁。差玉向かいの説明義務の特徴に関して、梅本・前掲（注2）一〇一頁は、「差玉向かいが商品取引員と委託者の利益が相反する取引であることを前提に、商品取引員の説明義務を認める本判決の立場からすると、説明義務を尽くさせることにより期待される効果は、商品先物取引のリスクの高さを再認識させることではなく、委託者に対して、商品取引員の提供する情報や助言に注意を促すことにあると考えるのが論理的ではある」という。

(23) 桑岡・前掲（注2）先物取引被害研究三五号二四頁。

(24) 品谷・前掲（注2）立命館法学三三二号一二八頁以下は、説明義務が履行されれば差玉向かいは理論上可能であるが、実際には商品取引員に対して差玉向かいを実質的に禁止することになるとする。差玉向かいについて説明がなされれば、利益が相反する危険の高さを顧客は認識するのであり、自己資産を守るために、顧客は差玉向かいを行っていない別の商品取引員に乗り換えるよう行動するはずである。これは商品取引員にとって顧客の喪失を意味する。それゆえ平成二一年の最高裁判決は商品取引員をして差玉向かいをしないようにさせることになる、という。損害の範囲の箇所で述べたように、差玉向かいの説明義務は、取引のしくみや相場変動リスクの説明義務と異なり、その説明がなされれば委託者はそのような取引をしなかったと意思決定したことを強く推測させるものであり、この見解はこうした委託者の行動に対する商品取引員側のリアクションを主張する。商品先物取引被害の実態から現時点で、このような想定があてはまるかどうか疑問がなくはないが、いずれにしても取引経験のない委託者が差玉向かいの問題性を理解することが大前提であり、その意味でも「十分な」説明がなされることが不可欠である。

■デリバティブを用いた金融商品のリスク

東海大学教授　新　保　恵　志

一　金融商品の種類

金融商品にはさまざまな種類がある。一般的によく知られている預貯金や国債、株式以外にも保険や共済、集団投資スキーム（いわゆる投資ファンド）、外国為替証拠金取引、国内外のデリバティブ取引など、さまざまな商品が存在している。

金融商品の中で、元本と利息の支払いが保証されているのが銀行預金である（元本一〇〇〇万円まで）。国債は満期まで保有していれば元本と利息が安全に支払われるが、満期前に売却した場合には、元本が戻ってくる保証はない。国債は価格が変動するからである。

元本の安全性が保証されていないもののうち、債券や株式、投資信託などは金利や企業業績などさまざまな要因によって変動する。しかし、金融商品の中にはデリバティブなどを組み込ませて商品化された債券や預金などが存在したり、当初から詐欺的な商品として設計されているもの、たとえば未公開株や自社債、ねずみ講などの連鎖取引なども存在する。

デリバティブなどを組み込んだ金融商品は複雑なリスクが絡み合い、しかもリスクの所在がわかりにくいため、その表面的な高利回りにのみ目を奪われ、購入してしまう投資家も多い。このような商品を一般的に「仕組み商品」と呼んでいるが、仕組み商品にはデリバティブの中でもオプションが使われている例が圧倒的に多い。そこで、以下ではデリバティブの基礎的なしくみについてみてみよう。

二　オプション取引

1　オプションの考え方

オプションとは、簡単にいえば権利のことである。例えば次のような例を取り上げてみればわかりやすいであろう。農作物が天候不良によって価格が上昇しているときに、購入側としてはなんとか安い価格で買いたいと思うであろう。このようなときに、たとえば一週間後にキャベツ一個を一五〇円で「買う権利」（これを「コール・オプション」という）を持っていれば、キャベツの価格がいくら上昇しようと一五〇円で買えるわけである。ただし、この権利を得るために、権利の価格（これを「オプション・プレミアム」という）として二〇円を払う必要があるとする。この権利を持つことによって、一週間後キャベツの価格が二〇〇円になっても一五〇円で買えるため、権利価格二〇円を考慮しても権利の保有者にとってはお得なわけである。

ただし、キャベツの価格が上昇しなかった場合、たとえば一三〇円の場合、この権利は使う意味がない。したがっ

〔図表1〕 キャベツを買う権利と権利行使の関係

キャベツの価格（1週間後）	権利行使の有無	損益（円）
200円	行使する	200－150－20＝30
130円	行使せず	－20

て、権利の価格二〇円は無駄になってしまう（図表1）。つまり、このケースにおける「買う権利」は、キャベツの価格が上昇すればするほど大きな利益が得られることがわかる。

前述の例は「買う権利」の具体例であったが、権利には「売る権利」（これを「プット・オプション」という）もある。たとえば、キャベツを販売する側が、一週間後にキャベツ一個を一五〇円で売る権利を、一五円を払って保有したとしよう。この権利を持っていれば、キャベツの価格がどんなに下がってもキャベツ一個を一五〇円で売ることができる。たとえば一週間後に一〇〇円に下がったとしても一五〇円で売ることができるため、権利の価格一五円を考慮しても、権利の保有者（キャベツの販売者）にとってはお得である。

ただし、一週間後キャベツの価格が一七〇円になった場合、この権利を用いても意味がないため、権利の価格一五円は無駄になってしまう（図表2）。このケースにおける「売る権利」は、キャベツの価格が低下すればするほど有意義なものになる。

一方、「売る権利」を売る側からみれば、キャベツが一〇〇円に下がった場合には、時価で購入すれば一〇〇円で買える物を一五〇円払って購入することになる。事前に権利の価格一五円を得ているものの、全体の損益はマイナス三五円（＝一〇〇－一五〇＋一五）となる。これに対して、価格が一七〇円に上昇した場合には権利行使されないため、権利の価格一五円がそのまま利益となる。この例を見てもわかるように、オプションは権利を買う側と売る側の利益を合計すると必ずゼロになる。つまり、ゼロサムゲームである。実は、のちに説明するように、オプションを組み込んだ仕組み商品では、圧倒的に「売る権利」が用いられており、投資家側が権利価格（オプ

〔図表２〕　キャベツを売る権利と権利行使の関係

キャベツの価格（１週間後）	権利行使の有無	損益（円）
100円	行使する	150－100－15＝35
170円	行使せず	－15

ション・プレミアム）を受け取る形になっている。

ここまではキャベツを用いた例であったが、このような例は現実の世界では存在しないものである。現実の金融の世界でオプションを用いる場合、その対象は株価や為替レートなどの変動する金融指標である。そこで、次に個別株式のプット・オプションについて説明しよう。

2　プット・オプション

個別株式のプット・オプションとは、個別の株をある一定の価格で売る権利のことである。たとえば、ある投資家Ａがプレミアム五〇〇円（実際の取引では五〇〇円×一〇〇〇倍＝五〇万円）を投資家Ｂに支払い、株価指数を一万円で売る権利を買ったとする。すなわち、この投資家は権利行使価格一万円のプット・オプションを購入したのである。決済期限（オプション取引の決済を行う期限）が到来し、その時の決済株価（決済の基準となる株価）が仮に九〇〇〇円であるとすると、この投資家は権利行使を行う――株価指数を九〇〇〇円で買う一方、権利行使を行い一万円で売ることによって一〇〇〇円（実際の取引では一〇〇〇円×一〇〇〇倍＝一〇〇万円）の利益を得ることができる（ただし、実際には一〇〇万円から五〇万円（＝プレミアムの五〇〇円×一〇〇〇倍）を差し引いた五〇万円が投資家Ａの利益となる）。この場合、実務的には、権利を売った投資家Ｂが権利を買った投資家Ａに一〇〇万円を支払うことになる。

これに対して、決済期限到来時の決済株価が一万一〇〇〇円の場合には、投資家Ａは権利行使を行っても損失を被るだけであるため、権利行使を行うことはない。投資家Ａが支払ったプレミ

〔図表3〕　プットの買いの損益線

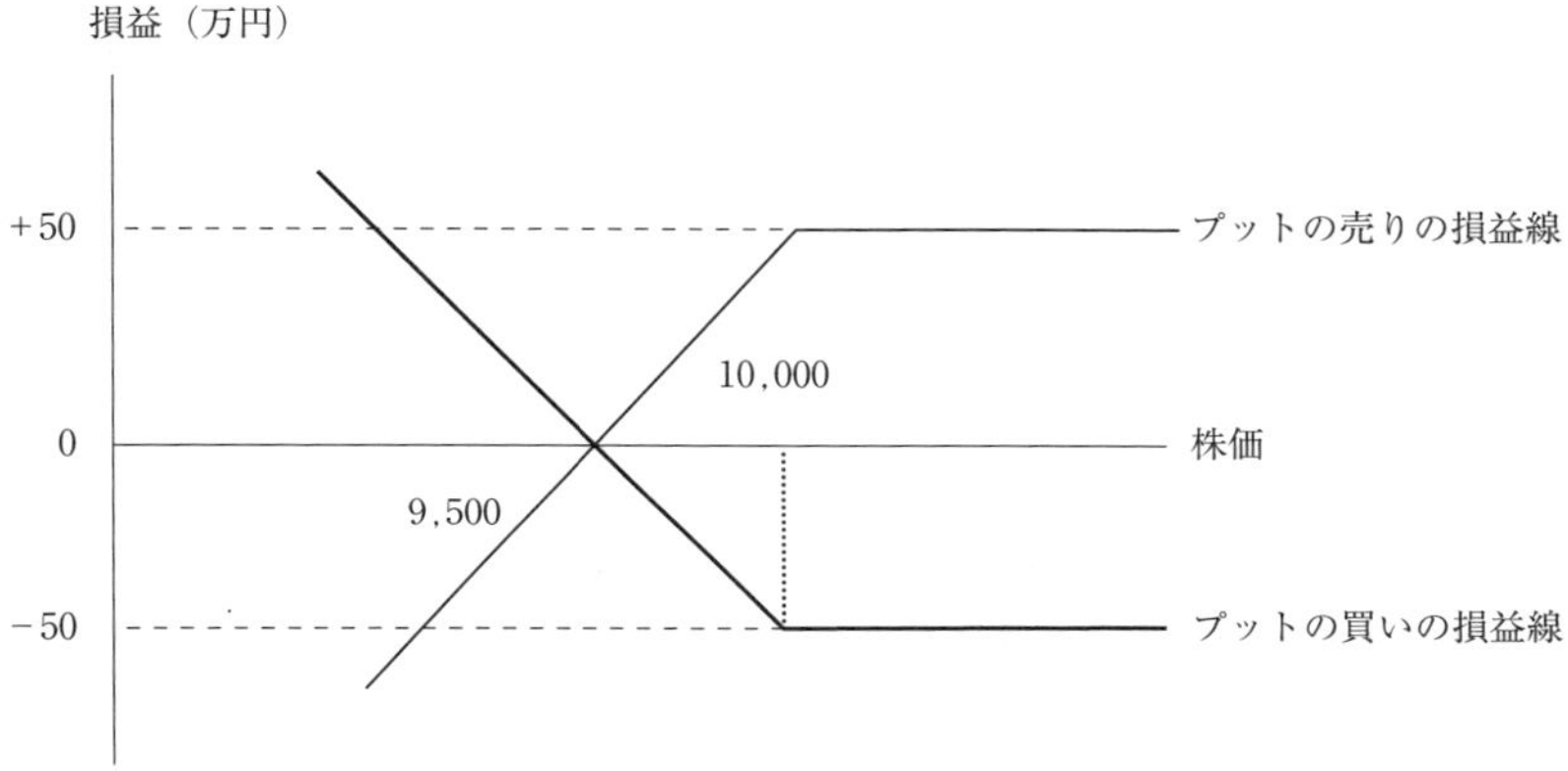

アムはそのまま投資家Bにとっては収入（利益）となる。

　以上のことから、プットの買いの損益線は〔図表3〕で示される。一方、プットの売りの損益線は〔図表3〕のとおり、日経平均株価指数（横軸）を対称軸にして、プットの買いの損益線とは線対称の形になる（オプションはゼロサムゲームであるため）。

3　オプション・プレミアム

　オプション契約を行う際に、権利を買った投資家が権利を売った投資家に対してプレミアムといわれる権利の対価を支払うことは、すでに述べたとおりである。実は、このプレミアムにはリスクとリターンという側面から極めて重大な意味が含まれている。

　まず、プレミアムの決定方法について簡単な例を用いて説明する。たとえば、二択の問題で、正解が出たら一〇〇万円の賞金が得られ、不正解の場合には賞金がゼロになるクイズがあるとする。このクイズの回答権をもし第三者に譲るとした場合、回答権という権利の価格は以下のように五〇万円となる。

100万円×(1/2)＋0×(1/2)＝50万円

〔図表４〕　コール・オプションの買いの利益と株価の確率分布（仮設例）

株価指数（円）	オプションの直接利益（円）		生起確率（%）
	権利行使価格＝10,000円	権利行使価格9,500円	
9,000	0	0	2.0
9,200	0	0	5.0
9,400	0	0	9.0
9,600	0	100	12.0
9,800	0	300	14.0
10,000	0	500	16.0
10,200	200	700	14.0
10,400	400	900	12.0
10,600	600	1,100	9.0
10,800	800	1,300	5.0
11,000	1,000	1,500	2.0

（注）　たとえば、株価指数が10,400円のとき、権利行使価格＝10,000円のコール・オプションを有している投資家は権利を行使し、10,000円で株価指数を購入し、10,400円で売ることにより、400円の利益を得ることができる。したがって、株価指数が10,400円のとき、このコール・オプションの利益は400円となる。

この式の左辺は、獲得予想賞金に確率をかけ合わせたものをそれぞれ足した形になっている。つまり、回答権の価格は権利を持つことによって得られる利益の期待値であることがわかる。実は、権利の対価を表すオプションのプレミアムも同じ式で表すことができる。

そこで、以下ではより具体的にオプションのプレミアムを求める例を取り上げてみる。

(1)　コール・オプションのプレミアム

まず、コール・オプション（株式を買う権利）のプレミアムを求めてみることにする。

現在、市場の株価が一万円であるとし、一カ月後に想定される株価の確率分布が〔図表４〕のようであるとする。なお、議論を簡単化するため、株価変動の幅を二〇〇円刻みとした。このとき、一カ月後を権利行使期限とする権利行使価格一万円のコール・オプションを購入する投資家がいる場合、この投資家が支払うべきプレミアムを計算で求めてみる（実際には難解な統計的手法が用いられるが、プレミアムの意味を理解するためには以下の簡略化された計算方法で十分である）。

すでに述べたように、プレミアムとは株価水準に応じたオプションの期待利益によって決定される。この考え方を用いて具体的な式の形で表現すれば、以下のとおりである。オプションのプレミアムをPとすると

P＝Σ（株価水準別のオプションの利益×それぞれの株価が生起する確率）……（A）

（A）式を〔図表4〕に示された確率に当てはめて、権利行使価格一万円のコール・オプションのプレミアムを求めると、以下に示したように一九〇円となる。

プレミアム＝200×14％＋400×12％＋600×9％＋800×5％＋1000×2％＝190

それでは、次に、一カ月後を権利行使期限とするコール・オプションの買いで、権利行使価格が九五〇〇円のときには、投資家が支払うべきプレミアムはいくらになるか。これを計算すると五三四円となる。

プレミアム＝100×12％＋300×14％＋500×16％＋700×14％＋900×12％＋1100×9％＋1300×5％＋1500×2％
＝534円

ここで、権利行使価格が一万円の場合と九五〇〇円の場合のプレミアムを比較すると、極めて重要なことが判明する。

① 権利行使価格が一万円のとき、このオプションによって利益が得られる確率は四二・〇％である。
② これに対して、権利行使価格が九五〇〇円のとき、このオプションによって利益が得られる確率は八四・〇％である。

つまり、コール・オプションの買いの場合、オプションによって利益が得られる確率が低ければ低いほどプレミア

ムが低いのに対して、逆に、オプションによって利益の得られる確率が高ければ高いほどプレミアムは高くなることになる。以上の結論は、コール・オプションを買った投資家から見たものである。

この点を逆の立場から見た場合、すなわちコール・オプションを売った投資家から見た場合、プレミアムが低いということは権利行使される確率が相対的に低い、換言すれば、損失が発生する確率が相対的に低いということを意味し、プレミアムが高いということは権利行使される確率が相対的に高い、すなわち損失が発生する確率が相対的に高いということを数学的・確率論的に意味することになる。

以上はコール・オプションに関する結論であるが、プット・オプション（売る権利）に関しても同様の結論が導き出せるかどうか、検討する。

(2) プット・オプションのプレミアム

〔図表5〕は、権利行使価格が一万二〇〇円の場合と九六〇〇円の場合のプット・オプションの買いの利益と株価に対応する確率分布を示したものである（各株価水準別の生起確率は〔図表4〕と同水準である）。このとき、権利行使価格＝一万二〇〇円のプット・オプションのプレミアムは（A）式に基づけば、以下のように三〇六円と計算される。

プレミアム＝1200×2%＋1000×5%＋800×9%＋600×12%＋400×14%＋200×16%＝306(円)

また、権利行使価格＝九六〇〇円のプット・オプションのプレミアムは、（A）式に基づけば、以下のように五〇円となる。

プレミアム＝600×2%＋400×5%＋200×9%＝50(円)

〔図表5〕 プット・オプションの買いの利益と株価指数の確率分布

株価指数（円）	オプションの直接利益（円）		生起確率（%）
	権利行使価格＝10,200円	権利行使価格9,600円	
9,000	1,200	600	2.0
9,200	1,000	400	5.0
9,400	800	200	9.0
9,600	600	0	12.0
9,800	400	0	14.0
10,000	200	0	16.0
10,200	0	0	14.0
10,400	0	0	12.0
10,600	0	0	9.0
10,800	0	0	5.0
11,000	0	0	2.0

（注） たとえば、株価指数が9,800円のとき、権利行使価格＝10,200円のプット・オプションの権利を有している投資家は権利を行使し、9,800円で株価指数を購入し、10,200円で売ることにより400円の利益を得ることができる。したがって、株価指数が9,800円のとき、権利行使価格＝10,200円のコール・オプションの利益は400円となる。

ここで、権利行使価格が一万二〇〇円の場合と九六〇〇円の場合のプレミアムを比較すると、極めて重要なことが明らかとなる。すなわち、

① 権利行使価格が一万二〇〇円のとき、このプット・オプションによって利益が得られる確率は五八・〇%であり、プレミアムは三〇六円である。

② これに対して、権利行使価格が九六〇〇円のとき、このプット・オプションによって利益が得られる確率は一六・〇%であり、プレミアムは五〇円である。

プット・オプションの場合、コール・オプションと同様、オプションによって利益が得られる確率が低ければ低いほどプレミアムが低いのに対して、オプションによって利益の得られる確率が高ければ高いほどプレミアムは高くなることがわかった。以上の結論は、プット・オプションを買った投資家から見たものである。

この点を逆の立場から見た場合、すなわちプット・オプションを売った投資家から見た場合、プレミアムが低いということは権利行使される確率が相対的に低い、換言すれ

ば、損失が発生する確率が相対的に低いということを意味し、プレミアムが高いということは権利行使される確率が相対的に高い、すなわち損失が発生する確率が相対的に高いということになる。つまり、プットの場合もコールと同様の結論が得られたわけである。

さらに、権利行使されて損失が発生した場合の期待損失額（予想される損失額）についても、プレミアムが高い場合の期待損失額はプレミアムが低い場合の期待損失額に比べて大きいことがわかっている。期待損失額の計算は以下の式によって表すことができる。

期待損失額＝Σ（株価指数水準別の損失額×それぞれの株価指数が生起する確率）

ここで、〔図表5〕を例にとり、権利行使価格が一万円と九五〇〇円のときの「コール・オプションの売り」における損失が発生した場合の期待損失額を比較する。

たとえば、株価指数が一万四〇〇円のときには、コール・オプションを売った投資家の損失は直接的には四〇〇円（＝一万－一万一四〇〇）であるが、この投資家はコール・オプションを買った投資家からオプション・プレミアムとして一九〇円を得ているため、これを差し引いた実質損失額は二一〇円となる（図表6）。

このような考え方で、適宜株価水準別の損失額を求めていくと、権利行使価格が一万円のときの「コール・オプションの売り」の期待損失額は、次式に示されるように一一〇・二円（実際の取引ベースに換算する場合は、この一〇〇〇倍の一一万二〇〇円）となる。

〔図表6〕 コール・オプションの売りの株価指数水準別損益

株価指数（円）	オプションの直接利益（円）		生起確率（%）
	権利行使価格＝10,000円	権利行使価格9,500円	
9,000	190	534	2.0
9,200	190	534	5.0
9,400	190	534	9.0
9,600	190	434	12.0
9,800	190	234	14.0
10,000	190	34	16.0
10,200	− 10	−166	14.0
10,400	−210	−366	12.0
10,600	−410	−566	9.0
10,800	−610	−766	5.0
11,000	−810	−966	2.0

期待損失額＝(−10)×14%＋(−210)×12%＋(−410)×9%
＋(−610)×5%＋(−810)×2%＝−110.2(円)

同様にして、権利行使価格が九五〇〇円のときの「コール・オプションの売り」の期待損失額は一七五・六円となる（実際の取引ベースに換算すると、この一〇〇〇倍の一七万五六〇〇円）。

期待損失額＝(−166)×14%＋(−366)×12%＋(−566)×9%
＋(−766)×5%＋(−966)×2%＝−175.6(円)

以上の検証から明らかなように、高いプレミアムのオプションを売るということは、低いプレミアムのオプションを売る場合に比べて、予想される損失額（期待損失）が大きくなり、かつ損失を被るリスクが確率的に高い。したがって、プレミアムが大きくなればなるほど、権利行使される確率も、期待損失も大きくなり、リスクは一層拡大することになる。

このしくみを利用した金融商品が仕組み商品と言われるものであり、具体的には仕組み債や仕組み預金などである。そこで、次に仕組み債の一例として他社株転換債のリスクについてみてみよう。

〔図表７〕 EBの商品例

発行企業	Ａ社
転換対象銘柄	Ｂ社
債券の年限	１年
クーポンレート	６％
基準価格	1000円（権利行使価格ともいう）
額面金額	100万円（＝1000円／１株×1000株）
評価日	償還日の５日前
償還方法	１　評価日の株価が1000円以上の場合には、現金償還（100万円）と６万円の利息が支払われる。 ２　評価日の株価が1000円未満の場合、元本部分は株式償還（1000株）され、６万円の利息が支払われる。

※１　評価日とは、債券の償還方法を評価する日。この日の株価水準で現金償還か、株式償還かが決定される。

※２　評価日の株価が基準価格を下回る場合のEBの償還価値は、以下の式で決定される。

償還価値＝100万円×（株式時価／基準価格）

〔図表８〕 償還時における償還方法と償還価値

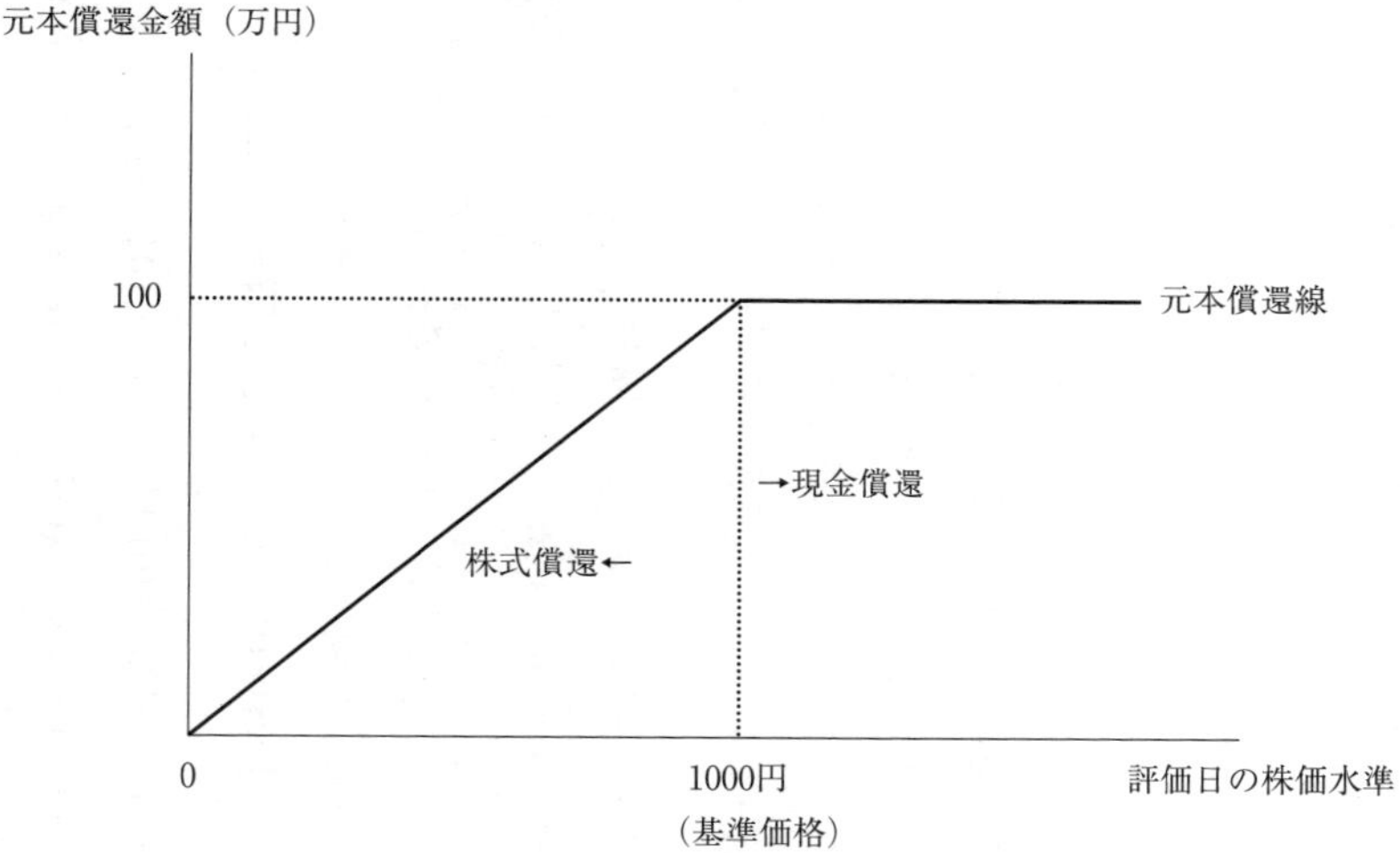

三　他社株転換債（EB）

1　EBの概要

EBとは、発行体とは異なる企業の株式のプット・オプション（株式を売る権利）の売りが組み込まれている債券で、債券償還時（正確には評価日）の株価水準によって現金償還か、株式償還かが決まるという特約が付いている。〔図表7〕はEBの具体例を示したものである。

EBは特定少数の投資家向けという私募形式で発行されるケースが多い。一回の発行規模も一億〜一〇〇億円が多く、債券としては少額なものが大部分である。EBには以下のようなリスクがある。

①　元本変動リスク　単純な普通社債であれば、発行企業が倒産しない限り元本が額面で償還されるが、EBは株式償還された場合、償還金は元本を下回ってしまう（図表8）。

②信用リスク　発行体の経営が悪化すれば元本や利息の支払いに支障が生じるが、EBの信用リスクはそれだけではない。転換対象銘柄の企業が償還前に経営危機や上場廃止などの状態になった場合、投資元本に大きな欠損が生じる危険性がある。

③　流動性リスク　EBは、原則として中途換金できない（流動性がない）が、証券会社に対して買取りを求めることはできる。その際、株価水準によって投資元本に大きな損失が発生する危険性があるうえ、利息を得ることはできない。

〔図表9〕 投資家はリスクに見合ったプレミアムを受け取っていない
(EBにみるオプション・プレミアムの受取りと支払いの構図)

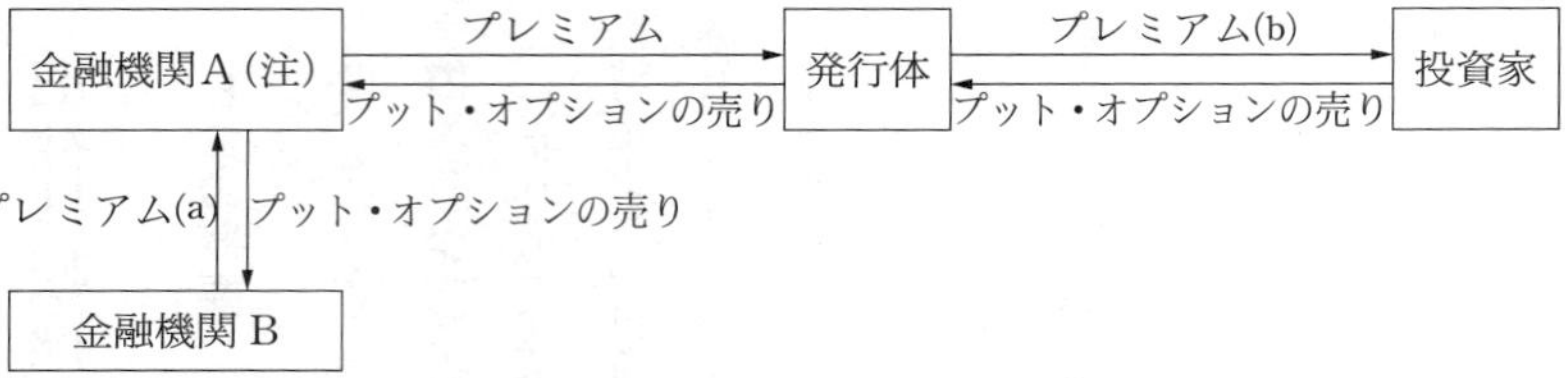

※1　金融機関Aは通常証券会社のケースが多い。ただし、日本の金融機関の依頼に基づいて外資系金融機関がオプション売買の仲介を行うケースもある。
※2　プレミアム(a)>プレミアム(b)
アレンジャー・フィー（オプション仲介手数料）＝プレミアム(a)－プレミアム(b)

2　EBに仕組まれたオプションとリスク

ＥＢは、投資家が株式を売る権利を発行体に対して売るという形でオプションが組み込まれている。しかし、実態は〔図表9〕に示したようにもう少し複雑だ。正確には、アレンジャーである金融機関（証券会社のケースが多い）が、他の第三者である金融機関に株式を売る権利を売り、プレミアムを受け取る形になっている。問題は、証券会社が受け取るプレミアム（図表中ではプレミアム(a)）と投資家が受け取るプレミアム(b)の水準が異なることである。この差はアレンジャーである証券会社がアレンジャー・フィーとして抜いていることになる。そうなると、投資家は株式を売る権利を売った対価として、リスクに見合ったプレミアムを受け取っていないことになる。つまり、株式で償還されるかもしれないリスクに見合った対価を受け取っていない。もちろん、投資家にその認識はない。

もう一点指摘しなければならない点がある。それは、表面利率が高ければ高いほど株式で償還されるリスクが高いということ、換言すれば、償還時において元本損失を被る確率が高いということである。

すでに説明したように、オプションを購入した立場に立てば、利益を得られる確率が高ければ高いほど、権利の対価であるプレミアムの水準は高くなる。

この点を逆側、すなわちオプションを売却した側からみると、損失が発生する確率が高ければ高いほど、プレミアムは高くなる。売却側は高いリスク――権利購入者に権利行使されて損失を被るリスク――を背負うことになるからである。

EBにおいて、権利購入者（発行体）が権利行使する場合とは、株価が基準価格を下回る場合を指している。したがって、プレミアムが高ければ高いほど、換言すればEBの表面利率が高ければ高いほど、株価が基準価格を下回る確率が高まり、権利保有者は権利行使する確率が高いということになる。

このことは権利売却側である投資家からみれば、基準価格より低い価格で株式を買い取るということ、つまり、株式償還される確率が高く、投資家が元本損失を被る危険性が高いことを意味している。利率の高さは、元本損失リスクの高さに直結するということだ。

四　仕組み預金

1　仕組み預金の概要

仕組み預金とは、オプションを組み込むことによって通常の定期預金より金利を高く設定している預金のことである。

具体的な仕組み預金の例をみるため、以下のような金利の仕組み預金（三年物）を取り上げる。ただし、二年を経過した時点で当初の満期期間（三年）を繰り上げて銀行が預金償還できる特約が付いている、と仮定する（図表10参照）。

〔図表10〕　定期預金金利と仕組み預金金利

（仮設例、％）

	0～1年	1～2年	2～3年
定期預金	0.9	1.0	1.1
仕組み預金	1.0	1.1	1.2

※　仕組み預金は、2年を経過した時点で銀行が中途償還できる権利を有している。

仕組み預金では、以下のような特徴が存在する。

①　二年後の時点で金利が上昇し、預金金利が一・二％を上回っていた場合、銀行はこの預金を繰上償還することはない。なぜなら、銀行にとって実勢の預金金利より低い金利で預金が調達できるからである。

②　二年後の時点で金利が低下し、預金金利が一・二％を下回っている場合、銀行は預金を繰上償還する。なぜなら、新しい預金を募集したほうが預金金利（銀行にとっては調達コスト）は低くて済むからである。

このように、仕組み預金は銀行にとって極めて都合のよい預金である。預金者にとって最も好ましいのは、市場金利が低下し、繰上償還されるケースである。

仕組み預金は、将来市場金利が上昇しても、預金者がそのメリットを享受できないかもしれないリスクの見返りとして、一般の定期預金よりも高い金利を享受していることになる。

2　高い預金金利のカラクリ

仕組み預金において通常の定期預金より高い金利を提供できるしくみは、銀行が第三者（たとえば企業）に対して二年後に融資を受ける権利、すなわち「融資のプット・オプション」（ある一定の金利で融資を受ける権利）を売っているからである。したがって、銀行は第三者からオプション・プレミアムを受け取っており、そのプレミアムが預金金利に上乗せされている。つまり、結果的に預金者が融資のプット・オプションを売っていることになる。このとき、「融資のプット・オプション」のプレミアム決定のしくみは以下のように説明できる。

二年後に予想される預金金利とその金利が発生する確率について、〔図表11〕のような数値が予想されているとする。なお、金利は連続変数であるが、ここでは簡単化のため〇・二％刻みで金利が発生すると仮定する。このケースにおけるプット・オプションのプレミアムは、以下の式で表されるように〇・四五六％と計算される。

1.3％×5％+1.1％×7％+0.9％×10％+0.7％×12％+0.5％×16％+0.3％×16％+0.1×12％
=0.065+0.077+0.09+0.084+0.08+0.048+0.012=0.456（％）

この仕組み預金の例では、金利の上乗せ分は〇・三％（=〇・一×三）分にすぎない。計算されたプレミアムは〇・四五六％であるため、預金者はリスクに見合った金利を受け取っていないことになる。この点は、すでに説明したEBと同様であることがわかる。

〔図表11〕からも明らかであるが、この仕組み預金の金利は予想金利上昇確率が高ければ高いほど、オプション・プレミアムは高くなり、預金金利は高くなるというしくみを持っている。ここでも、高い預金金利が預金者にとって決して好ましいものではないことがわかる。換言すれば、金利上昇の確率が高ければ高いほど、銀行は実勢金利より低い金利で資金調達が可能となるため預金は中途償還されず、金利が上昇しても、低い預金金利のままで据え置かれてしまう可能性を内包していることになる。実は、これが仕組み預金の最大のリスクである（機会利益の逸失）。

また、仕組み預金は原則として中途解約ができない。預金者がどうしても中途解約したい場合には、その時点におけるオプション・プレミアム（融資を受ける権利の価格）を支払ったうえで、高い金利部分も受け取ることはできない。

〔図表11〕 予想金利と発生確率の仮設値　　　　（単位：％）

予想される預金金利	想定利益	金利が発生する確率
2.4	1.3	5
2.2	1.1	7
2.0	0.9	10
1.8	0.7	12
1.6	0.5	16
1.4	0.3	16
1.2	0.1	12

※　この例では、預金金利が1.2％未満になる確率を22％としている。

もし、解約時点で金利が上昇していた場合、オプション・プレミアムはすでに上昇しており、預金時点におけるプレミアムよりも高いプレミアムを支払うことになる。その結果、預金は元本割れしてしまう可能性が極めて高い。仕組み預金は預金者にとって不利な点が多いことが理解できよう。

五　まとめ

デリバティブを用いた金融商品は、ここで取り上げた商品以外でも投資信託や変額年金などでも利用されるなど、広範に用いられている。しかし、オプションを用いた金融商品は、結果的には金融機関が投資家（預金者）にリスクを転嫁させたうえで、そのリスクに見合わないプレミアムを投資家に分配するという構造になっている。そのため、一見高いように見える金利や利回りでも、投資家にとって受け取る金利の上乗せ分以上のリスクを負わせるしくみになっていることが明らかである。また、仕組み債においては、表面的な利回りが高ければ高いほど元本損失発生確率を高めている。

一般の個人投資家や預金者にとってオプションが内包するリスクを判断することは、実質的に不可能である。そのような観点に立てば、デリバティブを用いた金融商品を個人投資家のみならず地方公共団体等の、金融に造詣の深くない投資家に販売することは、適合性原則の観点からも不適切であり、基本的にはプロの投資家、たとえば金融機関同士で取引するような形で行うことが必要であろう。
金融商品については、無原則な自由化に歯止めをかけるべきである。

〔参考文献〕

新保恵志『金融商品とどうつき合うか』(岩波新書、二〇〇八年)
黒田晁生編『金融システム論の新展開』(金融財政事情研究会、二〇〇八年)

■霊的サービス取引の法的問題点

慶應義塾大学教授　平　野　裕　之

一　はじめに

人間は、自分の努力、さらには、科学や医学ではどうにもならないことは、あきらめてそれを受け入れ、奇跡にすがらざるをえない。(1)そして、奇跡を神に祈るだけでなく、もし奇跡を起こす能力を持つと信じられる者（霊能者、超能力者）がいれば、そのような者に一筋の希望を託し、また、奇跡を起こすと信じられている聖水等の物があればそれにすがることになろう。

不幸の原因が、難病・障害であり、現代の医学では治療不能または原因不明と判断されている場合、実はその原因が先祖の祟りであり、霊能力者による徐霊、浄霊等により祟りを祓ってもらえば治るといわれれば、人は藁にもすがる思いで霊能力を持つ祈祷師による祈祷を依頼しかねない。(2)また、不幸、不運が続いたり、不妊治療によっても子を授からない場合に、その原因が土地に付く因縁、先祖からの因縁、浮遊霊による悪戯等によるものだといわれた場合も同様であろう。確かに、科学万能主義の思考により、科学的に証明できないものは虚偽であると考える者は、祟りなど馬鹿げたことと一笑に付すだけである。そのような者にとって、このような非科学的な行為に対価を支払うことなどありえず、不可能を目的とする契約であり、有効な契約として認めることはできまい。

しかし、このような霊的な現象、能力がありえないとも科学的に証明されているわけではなく、この世に霊能力者・超能力者が存在しないとまで言い切れないところである[3]。将来、霊能力・超能力が科学的にも解明され、治療等に積極的に利用される時代がこないともいえない。昔から謝礼を支払って徐霊、浄霊等を依頼することは社会的に容認され、必要とされている行為であり、民法上も無効とする必要はない。霊能力者に行方不明の親族の居場所を霊視してもらったり、犯罪の犯人を霊視してもらう行為、さらには神水、パワーストーン、霊符等の販売、製作も同様である。このような超自然的世界の領域を宗教ないし宗教類似の領域として、法の規律領域外とする必要はない。

チラシや広告で宣伝して集客をする事例はほとんどが悪質な霊感商法（事例により印鑑商法、霊視商法[4]、開運商法等といわれる）であるといわれ、先祖の祟り等と嘘をついて恐怖心を煽り高額なお祓いを受けさせる行為は論外である。その行為は詐欺であり詐欺罪（刑二四六条）になり[5]、民法上詐欺となり取消しが可能となり（民九六条一項）、また、不法行為（民七〇九条）となり損害賠償が請求できることは疑いない[6]。この場合、「詐欺の証明さえできれば」、後は煮て食うか焼いて食うか自由ないくらでも法的救済が可能であり[7]、宗教団体の責任構成（民七〇九条と七一五条一項のいずれによるか[8]）、効果論として慰謝料や逸失利益の賠償請求の可否といった論点が残されるだけである。

ところで、霊能力者といわれる者は、①普通の霊能力者、②低級霊能力者、③勘違い・思い込みタイプ、④詐欺タイプ等に分類され、すべてが詐欺師というわけではない。習俗的行事化されている行為については（上記の事例との区別は微妙であるが）、たとえば合格祈願、子宝祈願、交通安全祈願、地鎮祭やお宮参りのお祓い等については、形式的な要件が満たされていれば霊能力を有している者かどうかは問わない。ところが、冒頭に述べたような事例では、奇跡を願いその可能性のある霊能力者に藁にもすがる思いで依頼するものであり、詐欺でさえなければ何ら法的な問題を生じないとはいえまい。(9)

本稿は、これまでほとんど議論のなかった、徐霊、浄霊等のための祈祷等の霊能力者との有償取引、霊的物品取引について法的考察をしようとするものである。これまで出されているこの領域の判決は、ほとんどが詐欺の事例であるが、それを越えて広く法的責任の可能性を検討してみたい。

二　関連判例の紹介

1　霊的物品販売についての判例(10)

❶　福岡地判平成一一年一二月一六日（判時一七一七号一二八頁）（統一教会）「特定の宗教団体の信者が、宗教活動の一環として、これに付随して、実質的には献金勧誘行為である物品販売を行うことは、その方法、態様及び金額等が社会的に相当なものである限りは、違法ということはできない。しかしながら、右行為が、宗教活動に藉口して専ら利益獲得を目的とし、勧誘された者の不安を増大させたり困惑を引き起こすような態様で行われ、社会的地位や資産等に照らして分不相応な多額の金員を支出させるなど、社会通念上相当と認められる範囲を著しく逸脱するものである場合には、右行為は違法となるというべきである」。

❷　東京地判平成一九年二月二六日（判時一九六五号八一頁）（自己啓発セミナー）　罠にかかりセミナーに参加するようになった女性に対して、さらに、精神医学や心理学の知識を基礎とする自己啓発セミナーのノウハウを流用してマインド・コントロールを施し、B山の言うことを聞かなかったり、セミナーへの参加を止めたりすると、地獄のようなつらい人生を送ることになると信じ込ませ、猜疑心を持たないようにすべきこと、思考を止めるべきこと並びに所持金が底をつ

くことおよび借金が返せなくなることに対する恐怖感をなくすべきであることという考え方を刷り込む等の具体的な事実を認定し、セミナー参加費用、商品・会員権等の購入代金、オーガニックビレッジ出店費用等の負担を負わされたことを損害と認める（一般論なし）。慰謝料として二〇〇万円を認める。

❸　東京地判平成二〇年一月一五日（判タ一二八一号二二二頁）（統一教会）　一度、親族によって脱会させられた原告が被告統一教会の信者により種々の勧誘を受け商品を購入する等をした事例である。一般論として、「特定の宗教を信じる者が、その宗教の教義を広め、その宗教活動を維持するため、信者等に対して、その集会に参加するよう勧誘したり、任意に寄付や献金をするよう求めたり、宗教活動の一環として一定の物品等を販売したりすることも、その方法、態様及び金額等が社会的に相当な範囲内のものにとどまる限りは、社会通念上、違法なものではないというべきである。しかしながら、上記のような行為が、その行為者をいたずらに不安に陥れたり、畏怖させたりした上で、そのような心理状態につけ込んで行われ、社会一般的にその行為者の自由な意思に基づくものとはいえないような態様で行われたものである場合や、行為者の社会的地位や資産状況等に照らして不相当な多額の金員を支出させるなど、社会的に考えて一般的に相当と認められる範囲を著しく逸脱するものである場合などには、そのような勧誘行為や物品販売行為等は、反社会的なものと評価され、公序良俗に反するものとして、違法なものになるといわざるを得ない」という。

①Yの関係者が、Xに対し、入れ替わり立ち替わり、先祖の因縁とその因縁に苦しんでいる先祖の霊を助けることの必要性を説き、そのためには五輪塔（一二六万円）や天運石（二個で三二〇万円）や聖本（三〇〇〇万円）や高麗人参茶（九九万八〇〇〇円）などを購入することや多額の献金をすることが必要であると信じ込ませ、高額なこれらの物品を購入させただけではなく、三七五万円に上る多額の献金等をさせたことは、社会的に相当な範囲内の行為とはいえない。②他方で、Nセンター入会金（三万円）、先祖および親族祈願料（一〇万円）、同祈願礼式入場料（二万円）、天運到来天運相続特別祈願料（一五万円）、同祈願祭入場料（一万円）、祈願書料（二万円）、先祖解怨献金（一〇万円）、世界平和女性連合会費（六四〇〇円）、天運到来先祖解放祈願料（一七万円）、先祖解怨献金（一二万円）、天運到来先祖解放祈願祭入

場料（一万円）、祈願書料（二万六〇〇〇円）については、「他の宗教団体等における宗教活動等の際にも一般的に伴うことのある範囲内の支出というべきであり、社会的に相当な範囲内にある」として、これらを支出させたことについては違法性が否定されている。慰謝料については、Xから積極的に接触をもっていったことを考慮して否定する。

2　霊的・宗教的サービス取引についての判例(11)

❹　名古屋地判昭和五八年三月三一日（判時一一二〇号一〇四頁）　難聴を治癒すると称して祈祷と療術を施して依頼者から高額の料金の支払いを受けた事例。Yは真言宗の僧侶であり、善導会に所属し、真言密教に由来する抜き取り封じ、延命封じと称する除病延命法を伝授され、善導会名古屋支部長となって、加持祈祷によって病気や心の悩みを救うため、名古屋市に治療所を設けている。Xはその長女Aが生後間もなく難聴（先天性）と判明し、治療困難と診断され、知人から難病によいとYを教えられYを訪れ相談をしたところ、Yは、「Aの難聴も一年のうちには治る。二年保育に行けるようにする」などと述べたため、Xは一縷の望みをもってYの療術を受けさせることにした。Xは、昭和五一年から五三年にわたり合計七三七回にわたりAをY方に通わせて療術を受けさせ、合計金五八九万六〇〇〇円を支払ったが、Aの難聴は少しも好転しなかった。

①債務不履行の主張については、「かような契約においては、特段の事情がない限り、療術者に疾病の治癒まで義務づけるものでないと解されるところ、本件においては前認定のようにYはAの難聴を治すことができる旨述べている。しかし前認定の事実によれば、右治療のためにYが用いた施術の方法は、マッサージ、温灸等が付随的に用いられているにしても、主は加持祈とうであり、またXにおいても難聴を治すというYの言葉をそのまま完全に信用したわけでなく、いわば一縷の期待をもってYに治療を委ねたものと認められること、その他前認定の事情の下においては、Yの前記言葉は主に契約申込の誘引としての意義をもつに留まり、また仮令右のような誘引の範囲を超えるものがあっても、Yが約束した右の言葉に契約内容となり得る法律的効果を与える価値があるものと認めることはできない。従ってまた、XY間の前記

契約をもって、X主張のごとき治癒という結果を目的とした特約付治療契約ないし請負契約と認めることはできず、治療の処理を目的とした一種の委任契約と認めるのが相当である」。「そうするとYはAの難聴を治癒させることができなかったが、このためにXに対し債務不履行の責任を負担するいわれはない」。

②公序良俗違反の契約無効による返還請求については、「Yの加持祈とうはそれ自体が公序良俗に反するということができないのはもちろんである。しかしそれが人の困窮などに乗じて著しく不相当な財産的利益の供与と結合し、この結果当該具体的事情の下において、右利益を収受させることが社会通念上正当視され得る範囲を超えていると認められる場合には、その超えた部分については公序良俗に反し無効となるものと解すべきである」。本件においては、「Xをはじめその家族は、医師からも見放されたAの難聴を治すため、いわば藁をも掴みたい心境にあり、これに対しYは過去に難病を治癒させた例のあることを引き合いに出し、Aの難聴も治癒できる旨言明して、Xを契約締結に誘引し、そして昭和五一年一一月二六日から昭和五四年三月三日まで、この間Aの難聴はいっこうに回復の兆しがなかったのに、再三治ると繰り返し、合計七三七回にわたりAを殆ど毎日のように通わせて加持祈とうを継続し、一回金八〇〇〇円による合計金五八九万六〇〇〇円という高額な料金を取得したものであって、以上のような事情の下では、Yに対し右料金全額の利得をそのまま認めるのは著しく不相当であり、社会一般の秩序に照らし是認できる範囲を超えているものといわざるを得ない。しかして前記一認定のように、Yが属している善導会では一回の料金が金二〇〇〇円と決められていること、またYは最初Aの難聴を一年のうちに治す旨言明し、しかも前記のように高額な料金を取得し続けてきたのであって、かかる点からすると、療術開始後相当期間経過してもなお症状に回復の兆しがなければ、Xに対しその事情を通知し、療術を続けることの再考を促し、損失の不当な拡大を防止すべきであったと認められること、その他本件にあらわれた諸般の事情を考慮すると、YがXから支払を受けた料金のうち、昭和五一年一一月二六日から昭和五二年一二月までの間合計三五四回について一回当り金二〇〇〇円による合計金七〇万八〇〇〇円についてはYの取得を是認できないわけではないが、その余の金五一八万八〇〇〇円についてYの取得を認めるのは公序良俗に反し、契約はその限度で無効である」。

❺　東京地判平成九年五月二七日（判時一六三六号七八頁）（邵錦宇宙パワー商法事件）　宇宙パワーを有すると自称する中国人女性Y_1（邵錦）が、宇宙パワーにより難病を治療するとの番組や出版物を見た難病患者から、高額の対価を奪い取った行為が詐欺であり不法行為であるとして、被害者から損害賠償が請求された事例である。

「以上の行為は、いずれも巧妙に法律に基づく摘発をかいくぐろうとするものであるが、これらの行為を総体としてみると、Y_1の行為は、難病又は回復困難な症状に悩み、治療効果が生ずることを願う患者から治療費ないし指導料名下に多額の金員をだまし取る詐欺行為であるということができる」。「通常の精神状態の者であれば、Y_1によるこれらの治療行為ないし指導がまやかしであることは見抜けるはずであるが、難病又は回復困難な症状に悩む者や、日々その近くにいて何とか治してやりたいと願っている近親者は、いわばワラにもすがりたい心理状態にあり、治癒の可能性があれば、たとえそれが高額であっても試みてみようとする気持ちが極めて強いものであり、そのような平常心でいられない難病又は回復困難な症状にある患者及び近親者の心理を巧みに利用し、しかも、テレビ放映及び出版を利用して収奪の拡大を図った点で、Y_1の行為は、巧妙かつ悪質であるといえる」。「Y_2は、Y_1の夫であり、Y_1が日本語の能力に十分でなかったこともあって、患者に対して治療行為を行う場合を含め、常にY_1と行動を共にし、Y_1の不十分なところを補いつつ、Y_1の右詐欺行為について、すべての事情を承知し、かつ、自らもその企てに積極的に関与してきたものであり、したがって、Y_2は、Y_1の詐欺行為を共同して遂行したものであり、Y_1の不法行為につき、共同不法行為者の立場にある」。慰謝料も肯定されている。

❻　大阪地判平成一〇年二月二七日（判時一六五九号七〇頁）　Y寺は、人の不幸や悩みの原因となっている因縁や霊障を見極めて取り除くことができる旨の広告をし、Y寺の僧侶は、広告を見て相談に来たXらに対し、「水子霊」や「変死霊」が不幸や悩みの原因であると断言し、「一日も早く供養をしないとますます悪くなる」等と言って、Xらに、供養をしさえすれば不幸や悩みから逃れられると信じさせて、供養料名目で金銭を支払わせた事例である。「Y寺においては、約一週間から三か月程度の研修を経ただけで僧侶となることができ、その研修内容は、もっぱら、相談者の不安な心理状

態に乗じて供養料を支払わせるための話術や技法の伝授であること、広告を見て電話をかけてきた相談者を確実に来寺させるための手法や相談者に供養料を払わせるためのトーク例を記載した各種のマニュアルが存在すること、各僧侶や各末寺には毎月達成すべき供養料のノルマが課せられ、集めた供養料等により成績がつけられ、寺内部での位階及び給料に反映するシステムとなっていたこと、各僧侶や各末寺は、成績を上げるために、より多くの供養料を獲得できるよう競い合っていたこと及びY寺の僧侶であった者の中に、因縁や霊障を見極める能力がないことを自ら認めている者がいることからすれば、Y寺の僧侶らは、因縁や霊障を見極める特殊な能力は無く、ただ、供養料獲得のマニュアルやシステムに則って、執拗に因縁や霊障の恐ろしさを説いて原告らを不安に陥れ、供養料を支払いさえすれば不幸や悩みから逃れられると誤信したXらに供養料名目で金銭を支払わせていたものと認めるのが相当であり、これは、詐欺行為として違法というべきである」（慰謝料については、財産的損害の賠償が認められる以上、精神的損害も一応回復されたとして否定されている）。

❼ 神戸地洲本支判平成一九年一二月二五日（兵庫県弁護士会HP）（控訴審判決は❽） 高島易断の事例である。[12] Xが、Yの行う鑑定会に赴き、孫の悩み、親族や子どもとの縁が薄いことなどを相談した。Yはこの相談に対して、すでになくなったXの母と夫が「来い。来い」と呼んでおり、今年中にXが死ぬと述べた。また、Xには男の子と女の子の水子がおり、男の子が右足にすがってなんで生んでくれなかったのと泣いていると述べ、Xの二人の子どもがひょっとしたら未亡人になるかもと述べた。これを聞いて不安に駆られたXに対して、Yは自分が水子の供養をしてあげる旨を述べ、二〇〇万円の支払いを要求した。Xは高額なのでびっくりしたが、不安に駆られて直ちに二〇〇万円を郵便局の貯金から引き出して支払った（鑑定一）。その後、XはYから電話で呼び出され、Yのもとに赴いた。YはA（Xの孫）に「占って進ぜよう」と声をかけ、親と縁が薄いとか、自分を良くしようと思うのなら、東の方角を向いて毎日拝みなさいと申しつけたほか、一〇分ほど話をした後、YはXに対して「二〇〇万円です」と支払いを要求し、Xは要求されるまま、二〇〇万円を郵便局の貯金から引き出してYに支払った（鑑定二）。Yは、この鑑定の四、五日後にもXに電話をかけ、「名前が悪いから印鑑をこしらえに出た。水牛の赤牛の角で、Xの分だけある。もう出してしまった。一五〇万円を送金しろ」と申し

出たが、Xはお金がないなどと言って、これは断った。

「易断（占い）は、その性格からして、内容に合理性がないとか、成果が見られないなどの理由によって、これに伴う金銭要求が、直ちに違法性を帯びることにはならないものである」。「しかしながら、易断に伴う金銭要求が、相手方の窮迫、軽率等に乗じ、ことさらその不安、恐怖心を煽るなどの方法や、自分に特別な能力があるように装い、その旨信じさせるなどの不相当な方法で行われ、その結果、相手方の正常な判断が妨げられた状態で支払が行われたり、過大な支払が行われたような場合には、社会的に相当な範囲を逸脱した行為として、違法性を帯び、不法行為となるというべきである」。この基準に従いYの二回の易断による合計四〇〇万円の徴求は不法行為に該当するという。慰謝料については、財産的損害の賠償では償われない特別の精神的損害はないとして否定されている。

❽　大阪高判平成二〇年六月五日（兵庫弁護士会HP）（一審判決は❼）　「易断による鑑定料の支払又は祈祷その他の宗教的行為に付随して祈祷料の支払を求める行為は、その性格上、易断や祈祷の内容に合理性がないとか、成果が見られないなどの理由によって、直ちに違法となるものではない。しかしながら、それに伴う金銭要求が、相手方の窮迫、困惑等に乗じ、殊更にその不安、恐怖心を煽ったり、自分の特別の能力があるように装い、その旨信じさせるなどの不相当な方法で行われ、その結果、相手方の正常な判断が妨げられた状態で、過大な金員が支払われたような場合には、社会的に相当な範囲を逸脱した違法な行為として、不法行為が成立するというべきである」。本件でも、水子供養をしなければ不幸になると、ことさらに恐怖心を煽って鑑定料および祈祷料名目で著しく高額（二回合計四〇〇万円）の支払いをさせたものであるとして、違法性を認めている（慰謝料は否定）。

❾　京都地判平成二一年七月八日（判時二〇六四号九八頁）　Yは、平成一三年頃から、近所に住んでいて偶然悩みの相談を受けるようになったAの自宅において、「集い」を行い始めた。当初は四人くらいで行っていたが、次第に人数が増え、また、参加者から因縁を切ってもらえるなら、切ってもらいたいとの要望が出たため、平成一五年の秋頃からB宅において、「因縁切り」をするようになった。Yらは平成一六年頃から、「集い」について参加料、「因縁切り」については

祈祷料を、本格的に参加者から集めるようになった。「集い」の参加料については一回三万円程度、「因縁切り」の祈祷料については一回一六万円程度を集めていた。X_1は「因縁切り」の祈祷料六五万円、X_2は「因縁切り」の祈祷料および「集い」の参加料合計三〇一万円、X_3は「因縁切り」の祈祷料六五万円、X_4は「因縁切り」の祈祷料合計五一万円、X_5は「因縁切り」の祈祷料二〇万円を支払ったが、Yらの行為を不法行為として、これら支払った祈祷料等と慰謝料並びに弁護士費用を損害として、Yに対して賠償請求をした。

「宗教的活動は、信教の自由の一形態として保障されるが、社会的相当性を逸脱する場合には、違法な行為となり得るところ、行事への勧誘や祈とうへの勧誘について、祈とうなどをしないことによる害悪を告知することにより、いたずらに参加者の不安や恐怖心を発生させたり、助長させたりして、被勧誘者の自由な意思決定を不当に阻害し、祈とう料などについて過大な支払をさせた場合には、その行為は、社会的相当性を逸脱し、違法な行為となるというべきである」。Yらは、一体となって「集い」と「因縁切り」を行って害悪を告知し、参加者から徴収した参加料と祈祷料を被告らの間で分配することを共謀していたものと推認することができる。YらのXらに対する行為は、いずれもいたずらに不安を発生・助長させ、自由な意思決定を阻害して高額な金員の支払をさせたものといえる。Yは、自身に霊能力があると確信しており、「因縁切り」における言葉は、霊能力によって見えた因縁や霊の様子について、見たままを語ったのであるから、社会的相当性を有する宗教的活動をしたにすぎず、違法性はないと主張するが、Yが自らの霊能力によって見えた因縁や霊の様子を、見たまま語ったという宗教的活動を行ったとの証拠はない。慰謝料も認められ、X_1について一三万円、X_2について六〇万円、X_3について一三万円、X_4について一〇万円、X_5について四万円が相当とされている。

⑩ 大阪地判平成二二年三月二九日（判時二〇九三号九二頁）　Y_1は、丁川教団の教団教師の免状を受け、同教団大阪市生野支部として活動する許可を受け、相談者から依頼されて、「拝み」なる祈禱行為も行っていた。Y_1を崇拝しているAの勧めで、XがY_1の所に通うようになったが、その後、疑問を持ちY_1を訪れなくなった。B弁護士の事務所において、同様の被害を訴える「拝み」の参加者らが、会合を持ち、Xも参加をし、同弁護士から、法的措置により「拝み」の対価相

当額の返還等を求めることができる可能性があることを知らされ（この時点を民法七二四条前段の事項の起算点とし、時効完成を否定）、Yらに合計八〇〇〇万円の損害賠償を請求した。裁判所は、次のように判示する（Y_1の設立したY_2会社への賠償請求は棄却される）。「Y_1は、予めAからXの生い立ちを聞いていたのを秘して、占いによりこれを見抜いたかのように振る舞い、Xを畏怖させるとともにY_1には霊的能力があるものと信じ込ませ、『拝み』を受けないと不幸になるなどと言ってその都度Xの不安をあおり、平成一〇年一二月から平成一五年七月まで、『拝み』の対価名目で繰り返し多額の金員を支払わせたものである。当該行為は、その目的及び態様において、社会通念上相当な範囲を逸脱したものであることが明らかであるから、不法行為を構成する違法なものと解される」。「したがって、Xは、Y_1に対し、不法行為に基づき、……交付額二八六〇万円相当の損害賠償を求めることができる」。

⑪　東京地判平成二二年一一月二五日（全国霊感商法対策弁護士連絡会HP）（紫微斗占い事件）　「本件組織の活動は、悩みを有する者らに対し、その悩みに乗じて、まずはさほど費用が高額ではない紫微斗鑑定等各種鑑定を受けさせ、先祖の因縁等の話をして不安を煽り、先祖祭りの全体像を伝えることなく一部行わせ、それによってますます不安や焦りを誘発させ、一種のマインドコントロールの状態にして、一八〇代までの先祖祭り、国家基準、弥勒菩薩像や絵画の購入、他者への施しを勧誘し、継続的に繰り返し金銭を支出させ、また、さらなる第三者の勧誘行為へと誘引し、新たな被害者を生み出すという極めて悪質なものであったといわざるを得ない」とする。

三　霊的物品ないしサービスを対象とする取引についての法的検討

1　契約の有効性

合格祈願や交通安全のお祓い、お宮参りのお祓いなどのような習俗的な行為となっているもの以外に、霊的サービスを目的とする契約も、サービスの金銭的価値が客観的に見積もりうることは必要ではなく（民三九九条）、また、そのようなサービスが対価を伴うことが公序良俗（民九〇条）に反するとも考えられないので、有効な契約として成立する。個別的には以下のようにいえよう。

(1) **難病治療のための祈祷等（心霊治療）の依頼**

判例❹の事例のように、現代の医学では治療が不可能とされている難病を、修行を積んだ霊能力のあると称する僧侶に祈祷という方法で奇跡を起こして治してもらうという非科学的な給付を目的とした契約が有効なのかは問題となる。客観的に不能な給付を目的とする契約は、原始的不能な給付を目的とする債権は成立しえず、契約は無効というのがこれまでの理解である(13)。たとえば、特異な信仰により死んだ人間を生き返らせることができると信じている者がいるとして、その者が同じ信仰の霊能力者に「死んだ者を生き返らすための祈祷を行う」ことを依頼した場合に、契約内容が「死んだ者を生き返らす」こと自体を請け負う契約であろうと（結果債務）、「死んだ者を生き返らす」ために最善を尽くすというものであろうと（手段債務）、不能を目的とするものとして契約を無効と考えてよい。ところが、病気、特に医学では治療できない難病、また、不妊等の治療を目的とする場合には、微妙である。交通事故で腕を切断したのを治すというのは、いもりでもない限りどんなに祈祷をされても無理であろう。しかし、病院で原因不明とされた奇病については、医学よりも霊能力に期待するのが市民感情であり、この治癒のため祈祷を依頼する契約は有効というべきである。交通事故で下半身不随になり医学では治癒不能とされた場合、ガン、難聴、知的障害等、限界事例になると微妙である。難聴の事例については判例❹で有効とされたが、結局は、社会通念により判断するしかない(14)。有効性についての判断ではないが、易断についての判例❽も違法ではないというので、契約自体を有効と考えているといってよい。

依頼者は、奇跡を信じるしかなく、だめな結末も予想しているはずなので、有効とされる場合に錯誤を認めるのは困難であろう。ただし、真の霊能力者であったとしても（その証明は困難であろうが）[15]、窮乏に乗じてあまりにも高額[16]の料金を合意させる場合には暴利行為として契約が無効とされる可能性はある（民九〇条）[17]。

(2)　**水子供養、因縁切り等のための祈祷等の依頼**

水子供養等、超自然現象により災いが生じており、その原因となっている霊的な因縁を祈祷等により解消して、災いを祓うことを依頼する契約は、昔から行われており社会通念上有効と考えられる[18]。病気ではない者を病気と誤って判断して治療をする契約をすれば（故意ならば詐欺）、錯誤無効が問題になるのと同様に、因縁が原因でないのに因縁が原因であるとしてその徐霊を依頼する行為も、錯誤無効となる可能性がある。しかし、厄介なのは、霊的な因縁が原因なのかどうかを科学的に明らかにすることができないということである。したがって、水子供養や因縁切りのための祈祷を依頼する契約は、詐欺以外は、それが依頼者の窮乏に乗じて不当な暴利を博するものを暴利行為として無効にすることしか現実問題としては考えられない。ただし、人間の眠っている能力を、霊能力者が念じることにより引き出してもらうといった漫画チックな契約は、おおよそは詐欺的商法であろうが、もし行為者がそれを信じていたとしても、社会通念ではありえない行為について対価を受けるものであり、(1)において述べたように不能として無効とされるべきである。

(3)　**霊的物品の売買**

万病に効く神水、厄を祓うためのお札の製作・販売も、詐欺の場合は別として、暴利をむさぼるようなものでない限り有効である。実際上問題になっているのは、御利益を期待できない壺等をあたかも期待できるかのように説明し、相手方がそれを購入しないと祟りがあるなどと恐怖心を煽り、窮乏に乗じて不当な利益を博する詐欺行為である。そのような詐欺事例は論外であり、詐欺取消しや不法行為による損害賠償が請求できることになる[19]。詐欺以外の事例については、基本的には(2)に述べたと同様に考えられるべきであろう。

2 勧誘行為の違法性

(1) 難病治療のための祈祷等の依頼

上記のように難病治療のための祈祷（心霊治療）を依頼する契約も有効であるが、その勧誘行為に違法性があれば、詐欺、説明義務違反等が認められ、取消しや損害賠償という制裁を受ける。治すことができないのを知りながらそれが可能かのように信じ込ませる悪質な行為は、詐欺であり、依頼者は、詐欺の場合には民法九六条一項により取り消すことができるのは当然である。また、詐欺の故意がなくても、祈祷により必ず治癒ができるかどうかはわからないのに、必ず治ると断定的判断を提供して契約をさせる行為、また、祈祷が一回や二回では足りず数年にも及ぶ可能性があることを説明しない行為等も、違法な勧誘行為として問題になる。断定的判断を述べることは、ことの性質上依頼者を安心させ、自分を信頼させるために――信じるから奇跡が起きる――必要かもしれないが、過度の信頼を生じさせることになり適切とはいえない。この種の断定的判断の提供には、消費者契約法四条一項二号による取消しは難しく[20]、詐欺の故意の証明も困難なので、民法上は錯誤（民九五条）による無効の主張を認めることが考えられるだけである。確かに、1で述べたように、奇跡でも起きなければ治らないことは覚悟しているので錯誤はないのが原則であるが、必ず治すと言われてそう信じた場合には錯誤を認める余地があるであろう。[21]

なお、不適切な勧誘が行われたが無効や取消原因がなければ、不法行為を理由に損害賠償が請求できるだけであり、取消しができる場合でも、取消しをしないで、不法行為による損害賠償を請求することができる。[22]

⑵　水子供養、因縁切り等のための祈祷等の依頼

詐欺被害が数多く報告されている類型であり、折込広告を見て、子どもの病気のことについて相談に行ったところ、個室で「霊視の結果、このままにしておけば子どもの病気は悪くなるばかりだ。祈祷したほうがいい。今日が最後の引き合わせだ」と急がされるままにその場で振込手続をし、祈祷料六〇万円を振り込んだ事例や、新聞の折込広告で知り赴いたところ、「今の不幸は先祖の因縁が影響している」、「このままでは家族に不幸が起こる」、「五〇歳まで生きられない」、「死後も地獄で苦しむ」といった説明から祈祷を勧められ、祈祷を依頼し一五〇万円を支払ってしまった事例などがある。こういった論外の事例は、繰り返すが詐欺であり、詐欺取消し[23]、不法行為による損害賠償の請求ができるのは当然である。故意的な事例であることを考えれば、制裁的な趣旨も取り入れた慰謝料も認められてよい。

問題は、そのような詐欺とはいえない事例（また、詐欺と証明ができない事例）である。病気や不幸の原因が祟り等にあると述べても、自分には霊能力がありそう信じたといわれたら欺罔の故意の証明は容易ではない。また、消費者契約法の不実告知は、故意の証明は不要とされて消費者保護が厚くされているが、それが事実ではない（霊能力を持っていない）という証明も極めて難しい[24]（事業者側が真実の証明をするのではなく、消費者側で事実が虚偽であることの証明をすることが必要となる）。下級審判決は、詐欺の故意が証明できない場合も考慮して、勧誘行為が社会的相当性を逸脱するものであれば違法性が認められるとしており（判例❼❽❾）、詐欺とはならなくても、態様において不相当であり、かつ、高額の金銭を要求する場合には違法な行為とされている。そのような要件を満たせば、暴利行為として民法九〇条による無効が認められてよく、もし、詐欺の要件を満たせば高額という要件は不要である。そして、違法な場合には、支払った金額を全額損害として賠償請求できてよく、過失相殺をすべきではない。また、詐欺の場合には、慰謝料請求も認容すべきである。

(3) 霊的物品の売買

この類型も詐欺が蔓延している領域である。新興宗教や悪質な占い師に「家族に病人が多いのは、先祖の霊をきちんと供養していないから」といわれて高額の壺を購入させられたりする霊感商法の被害が絶えない。自宅を訪問した販売員に、姓名判断をしてもらい「このままだと両親が不幸になる。このことを口外したら身内に不幸が来る」と言われ不安になり、一本四〇万円の印鑑を購入する契約した事例、「ご先祖のたたりがある」、「今後、お孫さんに良くないことが起きる」などと言われ、不安になり、勧められるがまま、お守りとして持っているとよいという印鑑を、一五万円もするものであったが、孫に何かあってはと思い購入してしまった事例、「家相を見てあげます」というチラシが入っていたので店に出かけ、家の間取り図などを鑑定してもらったところ、「家相がよくない。改善するために家の四角に水晶を置くとよい。水晶は悪い気を吸い取ってくれる」と勧められ、金額が三〇万円と高額だったので帰ろうとしたが引き止められてやむなく購入した事例等がある。姓名判断をして印鑑を買わせる方法としては、訪問販売やチラシによるほか、キャッチセールスによる方法も使われている。(25)

このような高額な詐欺的商法の場合に、詐欺取消し、暴利行為による無効、不法行為による損害賠償の請求ができることは疑いない。詐欺である場合には、それだけで違法性が認められ、高額という要件は不要である。判例❸は、一般論において故意を要件とせず高額という要件を設定しているが、詐欺が証明されている以上は、高額という要件は不要であり、また、慰謝料も認めてもよいと思われる。詐欺ではなく、実際に怨念による不幸であると霊能力者が判断したとしても、これに乗じて高額な祈祷を依頼させたり、徐霊、浄霊のための物品を高額で購入させる場合には、金額によっては暴利行為とされる可能性がある。この場合、無効、取消し、いずれの場合についても、なされた給付については、民法七〇八条を適用すべきであり、同時履行の抗弁権は認められず、また、損害賠償請求をする場合に

もその利益を損益相殺として差し引く必要はない。(26)

3　債務不履行・瑕疵担保責任

(1)　難病治療のための祈祷等（心霊治療）の依頼

難病治療のための祈祷等は、判例❹のいうように、難病を必ず治すことを引き受ける結果債務を内容とするものではなく、必要な行為を尽くすことが内容であり、その債務内容を明らかにすることが必要である。その性質上、どのような形で祈祷やお祓いを行うのかは、臨機応変に祈祷師が決めるものであろうから、債務不履行判断は極めて難しい。サービス給付は一般的に債務不履行判断が難しいが(27)（教育サービスの授業の内容についてケチをつければきりがない）、その中でもひときわ判断が難しい領域であろう。判例❹がいうように、期待した結果が実現されていないことは債務不履行にはならない。かといって、医療過誤のように科学技術の最高水準の注意をもって最善の治療をするといった基準を問題できるものでもない。

やはり、契約の性質上、よほどひどい手抜きのお祓い等がされたのでない限り債務不履行は問題にはできず、救済の余地があるのは、契約の勧誘段階における問題を基礎にした法理によるしかないように思われる。医療契約と同様に、何回の、どういった内容の治療と必ず決まっているわけではなく、非科学的力に依存するが、霊能力者の特殊な能力で治癒する可能性があるかもしれないという程度で祈祷等を行うものであり、判例❹のようにそのままずるずる継続させるのではなく、適当なところで断念させることも要求されるであろう。各回に、個別に契約がされるので、その期間を過ぎても契約をさせることが問題であり、判例❹のいうようにそれ以降の契約は公序良俗に反し無効であるといってよい。

(2)　水子供養、因縁切り等のための祈祷等の依頼

因縁切り等の場合も結果債務ではなく、不幸な状態が改善されなかったからといって、当然に債務不履行にはならない[28]。債務の内容としては、霊能力を駆使して因縁を探り、それにより明らかにされた因縁に対処するのに適切な祈祷方法を選択するということになろう。自分の霊能力では対処できない事例の場合には、自分より上級の霊能力者を紹介すべき義務も認められよう。しかし、言葉ではこう言えても、それが尽くされたのか否かの判定は不可能に近い。繰り返しになるが、霊能力者か偽霊能力者か（信じない者には、霊能力者自体ありえないが）の認定は非常に困難であり、霊能力のない者がこれをあると虚偽の事実を述べれば詐欺そのものであるが、故意の証明が困難であり、消費者契約法四条一項一号によっても、霊能力がなく虚偽の事実を述べたという証明は困難であり、何も緩和はされないのである。黒ではなく灰色でも、証明ができない限り消費者は保護されない。行為の性質上、金額が相当性を逸脱し、勧誘の方法が徒に不安を煽って契約をせざるをえないようにしたといった、勧誘過程の違法性を理由にするしかなく、そのような判例が出されていることは、事例の性質上そのような方法によるしかないことを示している。

(3)　霊的物品の売買

「万病に効く神水」という謳い文句の神水といわれる液体を購入したが、期待した効用が得られなかった場合、厄を祓うために水晶を買ったが不幸続きは変わらなかった場合、期待した効用がなければ、ただの無用の液体や置物でしかない。では、買主として、ないしは特注で製作してもらった場合には注文者として、売主ないし請負人に対して法的に責任の追及が可能なのであろうか。

このような契約においては、奇跡を起こす「可能性がある」液体や水晶というのが、合理的にみて通常の合意内容であろう。そうすると、結果として奇跡が起きなくても当然には債務不履行や瑕疵担保責任の問題は生じない。しか

し、奇跡を起こす「可能性がある」ことは必要であり、その証明は、霊能力者と称する者に霊能力があるということの証明同様に、あるいはそれ以上に難しい。必ず病気が治る、必ず運が向いてくるといわれた場合には、消費者契約法四条一項二号の断定的判断の提供の規定が適用になるかが問題になるが、目的物の価額でも消費者が受け取る金額でもなく、「その他の将来における変動が不確実な事項」に該当しないので否定せざるをえない。やはり、この証明は無理であり、灰色的な場合には、勧誘行為の態様、そして、代金の額を総合的に考慮して暴利行為により無効とするしかないであろう。

4　おわりに

ごく稀に超能力、霊能力をもったシャーマン、呪術師、祈祷師などがいると信じられており、そのような能力を持つ者への依頼の場合には、契約を当然に無効とする必要はない。ただし、そのような者でも、依頼者の心理状態に付け込んで暴利を得る場合には、暴利行為として無効とされる。超能力、霊能力を持たない者が、それを有するものと故意的に虚偽の事実を述べた場合には詐欺であるが、本人がそう信じていた場合には詐欺ではないものの、客観的に不能を内容とした契約であり、不能無効のまたは錯誤無効として依頼者を保護する必要がある。また、不実告知として、消費者取消権が依頼者には認められる。

以上のように言えても、証明問題をかぶせると全く世界が異なってくる。というのは、超能力、霊能力を持つ者かどうかの証明は不可能に近いからである。確かに透視する能力等実験で真実かどうか確認できるような能力もあろうが、徐霊、浄霊能力などは試しようがない。さらには、徐霊、浄霊の前提である、不幸等の原因が土地に付く因縁、先祖からの因縁、浮遊霊による悪戯等によるということも、証明は不可能といえるであろう。ただし、例外的に、組織的にマニュアルを作成して詐欺的活動を行っている事例では、間接的に証明でき詐欺が立証可能な場合もないではない。

結局、詐欺的事例でも、わざわざ一般論として、故意に言及することなく、勧誘態様や、対価の巨額性を要件として勧誘行為の違法性が認められる要件を論じているのは、超能力、霊能力、霊的原因についての証明困難を回避することが意図されているのであろう。実際には、悪質な霊感商法や判例❹のような特別の事例以外には、不能無効、錯誤無効、債務不履行といった救済が法的には可能だとしても、証明問題をかぶせ合せると、疑わしいと思われる間接証拠を積み重ねて、思い込み霊能力者または低級霊能力者であるということが証明できる場合もないではないであろうが、裁判所により実際にそれらの救済が認められるのは難しいように思われる。その意味で、勧誘態様、代金の不相当性により客観的に判断して、違法性を問題にしている裁判例は評価でき、不法行為だけでなく公序良俗違反による無効の判断基準としても応用できるであろうし、灰色の事例には活用されてしかるべきである。

（1）難病などで悩んでいなくても、初詣で願をかけたり、星座による今日の運勢や今月の運勢といった欄やテレビでの解説にはつい注目したりしてしまうものである。霊感商法の被害者の九〇％以上が女性であるというのは、このような影響の受けやすさに関係しているのかもしれない。

（2）財団法人日本心霊科学協会といった団体もあり（「心霊現象の科学的研究を行い、その成果を人類の福祉に貢献すること」を目的とし、日本心霊科学会館が所在地）、心霊研究という月刊誌も発行しており、本部には、心霊治療研究会が設置されており、医学的な検証を目的として心霊治療を行っている。「難病を癒す寺」として知られている寺もある。悪魔払師（エクソシスト）を主題とする映画から知れるように、同様の霊能力者は西洋にも信じられている。本稿執筆中にインドにおける超能力者として知られるサイババ氏の訃報に接した。

（3）明治時代の霊能力者と考えられている長南年恵は、一九歳の時、夢の中に御先祖さまが現れ、氏神さまの神社に参拝に行くように告げられ、それから神秘的な力を発揮するようになり、空気中から神水を取り出し、この神水は万病に効くといわれていた（空瓶を置いて祈ると一瞬のうちに霊薬が入りそれを飲むとどんな難病でも治った、どこも悪くない人が適当な病名を書いて置いてみたところ、何も入っていなかったという）。長南年恵も、インドのヨガの聖人プララド・ジャニ氏――八歳の時、目の前に現れたヒンズー教の女神に舌を触られて以来、食欲を失い、食物をとらないでも生きていられるようになったという――のように、少量の生水と生のサツマイモを取るだけであり、一四年間も絶飲絶食、大小便全くなし、相撲取りと腕相撲をしても負けないほど頑健であったともいわれる（ただし、後ろに人が立つと力が出なかった）。「万病に効く水を作り出す」と言う噂はどんどん広がってゆき、この水を求めて彼女の家には連日長蛇の列ができるほどになったため、年恵は「万病に効く水」とやらを配布し、人民を煽動している疑いがあるという嫌疑をかけられ、「妄りに吉凶禍福を説き、愚民を惑わし、世を茶毒する詐欺行為」を行ったとして逮捕されるが、裁判官に神水を満たすところを証明し無罪の判決を受けたと言われている。超能力が裁判で証明された唯一の人間といわれている。

（4）　霊視商法については、瀬戸和宏「霊視商法の問題点について」宗教と消費者弁護団ネットワーク編著『宗教名目による悪徳商法』二九頁以下（緑風出版、一九九六年）参照。

（5）　たとえば、二〇一一年二月二五日、滋賀県警高島署は、同県高島市の無職A容疑者を、産業廃棄物処分場建設をめぐり住民の反対にあっていると相談してきた奈良県橿原市の会社役員の男性に対し、「土地には悪霊がいる。除霊の儀式にお供え金がいる」などと持ちかけ、平成一九年七月頃から一〇月頃まで複数回にわたり「お供え金」名目で計約二七〇〇万円を騙し取ったとして詐欺容疑で逮捕している。

（6）　入信や献金の勧誘の事例に多くの詐欺事例がある。朝日ジャーナル編『追及ルポ　霊感商法　朝日ブックレット』（朝日新聞社、一九八七年）、山口広＝東沢靖『告発霊感商法・統一協会』（水曜社、一九八七年）、有田芳生『霊感商法の見分け方』（晩聲社、一九八八年）、霊感商法被害者救済担当弁護士連絡会編『証言記録1　告発統一協会――霊感商法』（晩稲社、一九八九年）、同『証言記録2　告発統一協会――霊感商法』（晩稲社、一九九一年）、櫻井義秀「消費者被害――霊感商法の現状を中心に」北星学園女子短期大学紀要二七号五三頁（一九九一年）、山口広『検証・統一協会　霊感商法の実態』（緑風出版、一九九三年）、霊感商法問題取材班『「霊感商法」の真相――誰もここまでは迫れなかった』（世界日報社、一九九六年）、宗教と消費者弁護団ネットワーク編著『宗教名目による悪徳商法』（緑風出版、一九九六年。日本弁護士連合会の三つの報告書を所収）、櫻井義秀「『宗教被害』と人権・自己決定をめぐる問題――統一教会関連の裁判を中心に――」現代社会学研究一五巻六三頁（二〇〇二年）、同「『マインド・コントロール』論争と裁判――『強制的説得』と『不法行為責任』をめぐって」北海道大学文学研究科紀要一〇九号五九頁（二〇〇三年）、山口広＝紀藤正樹＝滝本太郎『Q＆A 宗教トラブル一一〇番――しのびよるカルト〔全訂増補版〕』（民事法研究会、二〇〇四年）等参照。インターネットの広告の九九％はインチキであるという話も聞く。全国霊感商法対策弁護士連絡会の「霊感商法の実態」というホームページが立ち上げられ〈http://www1k.mesh.ne.jp/reikan/〉、一九八七年以降の商品別被害集計等の資料が掲載されている。

（7）このような悪質な行為に対しては、事前の予防が必要になり、宗教法人についての行政規制、自主的な規制、さらには、独立行政法人国民生活センター、各地の消費生活センター、弁護士会等による相談や消費者に対する啓発のための情報提供が必要になる。

（8）この問題については、櫻井圀郎「宗教活動による不法行為と宗教法人の責任」法政論集二二七号六七五頁（二〇〇八年）参照。

（9）実際に問題になっているのは、詐欺的事例であり、そうでない事例は、御布施として心ばかりの金額を支払ったり、金額が決められていても常識の範囲内の金額であり、よほどの例外でない限り暴利的な金額を請求したり、心理的な強迫観念に付け込んだりするといった事例ではない。しかし、詐欺の故意がなければ法的な問題がないというわけではない。霊能力がないのに自分では霊能力があると思って祈祷等を行っている者もいるであろうし、また、確かに霊能力はあるが、あたかも何でもできるかのように大袈裟に自分の能力を誇張して宣伝するような、問題のある者もいるであろう。九九％の詐欺師に対して、一％の真実の霊能力者がいるとしても、その一％がすべて相当な活動を行っているという保証はない。

（10）このほか、神戸地判平成七年七月二五日（黄金神社）、東京高判平成四年三月二六日（霊的グッズの販売）もあるようである（山口広「宗教的活動から生じる消費者問題とその対策」宗教法一五号二二四頁（一九九六年）に紹介されている）。

（11）刑事事件について、易断事例を紹介するものとして、山口広「高島易断による霊感商法の実態」宗教法二九号三三頁（二〇一〇年）がある。本文以外の判決として、いわゆる「手かざし泰道」といわれる、手かざしで病気が治るとして多額の金を集めた「健康を守る会・泰道」の元会員ら四九人が、元幹部らに損害賠償を求めた訴訟の判決がある。佐賀地判平成一四年二月一五日（判例集未登載）は、元会長ら一九人と宗教法人「宝珠宗宝珠会」などに損害賠償を命じた。一連の勧誘、集金システムは「詐欺的手法で勧誘し、違法」と判断した（毎日新聞二〇〇二年二月一五日）。控訴審でも敗訴している（福岡高判平成一五年三月二七日・判例集未登載）（佐賀新聞二〇〇三年三月二八日）。「勧誘方法は社会的相当性を欠き、違法」と認定。同事件については、福岡地判平成一四年九月一一日（判タ一一四八号二二二頁）でも損害賠償が命じられている（毎日新聞二〇〇二年九月一一日）。手かざしの効果を「実在するものとは認めがたい」と否定、勧誘・集金システムについても「明らかに社会的相当性を逸脱し違法」と指摘した。「医学的な裏付けもないのに、利欲目的で勧誘した著しい詐欺行為」として、控訴審判決でも賠償が命じられている（福岡高判平成一五年一一月一日・判例集未登載）（佐賀新聞二〇〇三年一一月一日）。長崎地判平成一三年九月二六日（判タ一一二四号一九七頁）でも賠償が認められている。

(12) 経済産業省は、宗教法人幸運乃光（通称名「高島易断崇鬼占《すうきせん》相談本部」または「高島易断総本部」：千葉県袖ヶ浦市）に対して特定商取引法の違反行為を認定し、同法八条一項の規定に基づき、平成二〇年三月二八日から三カ月間、同法人の訪問販売に関する勧誘、申込みの受付および契約の締結を停止するよう命じている（宗教法人では初）。

(13) 異論も有力である（たとえば、加藤雅信『民法総則〔第二版〕』二一三頁以下〔有斐閣、二〇〇五年〕）。給付の可能性については、奥田昌道編『新版注釈民法⑽Ⅰ』一三五頁以下（有斐閣、二〇〇三年）参照〔金山正信・直樹〕。また、不能な給付を目的とする契約の無効については、三林宏「『原始的不能・不能無効』に関する一考察」伊藤進教授還暦記念『民法における「責任」の横断的考察』九五頁以下（第一法規、一九九七年）、同「不能無効」椿寿夫編『法律行為無効の研究』四六九頁以下（日本評論社、二〇〇一年）参照。

(14) この点、判例❹は、結果の実現を目的とした請負ではなく、委任契約類型として位置づけることにより、問題をクリアしているが、霊能力者による場合には社会通念上ひょっとしたら奇跡が起きる可能性があるという程度の社会通念上の可能性がなければならないというべきであろう。

(15) 依頼を受ける者は、行為の性質上霊能力者でなければならないが（そうでない者は完全に不能であり、契約は無効）、その霊能力者か否かの証明をいずれが負担するかは大きな問題である。その証明は不可能に近いので、霊能力者として知られている者であれば、依頼を受ける資格があると考えて証明問題を緩和するしかない。

(16) 高額かどうかの基準をどう設定するかは難しい。神社における習俗的行事としての祈祷では、だいたいの料金の相場を出すことができ、恐山のいたこの口寄せのように平均的な料金を出せるような場合もあろうが、イレギュラーな霊能力者による徐霊、浄霊等の平均的料金を出すのは難しい。そもそもどれを真実の霊能力者として選別するかが困難である。

(17) 契約関係を貫く原理として契約正義を強調する大村教授の契約正義論（大村敦志『公序良俗と契約正義』〔有斐閣、一九九五年〕

参照）では、民法九〇条の活用が提案され、絶対的無効ではなく消費者公序の場合に相対的無効を認める等柔軟な解決が示唆されている。

(18) 日本人の宗教意識の特色は、先祖崇拝であり、カミとホトケ、すなわち神道と仏教の融合したものだといわれており、霊感商法はこのような日本人の宗教心を巧みについて、先祖の供養や因縁を金儲けの手段にしたものだと評されている（山口広「宗教名目の悪徳商法はなぜ起こるのか」宗教と消費者弁護団ネットワーク編著・前掲（注6）二三頁）。

(19) 女性誌に「七日以内に必ず願いがかなうブレスレット」という広告を出し、それを見た女性が電話で購入申込みをし（二個セットで三万円）、七日間ずっとブレスレットを手首につけていたが願いはかなわず、購入先に電話で苦情を伝えたところ、電話を受けた業者担当者は、苦情内容を聞いて「あなたの負のオーラが強いのでブレスレットでは効き目がなかった。このまま放置すると、あなたや家族に災いが起きる！」と説明し、「負のオーラを清めることができる偉い先生を紹介する。その先生が今後三カ月にわたり、あなたのために行を積み、遠隔地からあなたを清める」と六五万円もの高額な祈祷を勧められ、家族に災いが起こると不安になり契約してしまったといった事例も起きている。また、「本尊で特別な気を注入しており、通常の水と内容が異なる事は科学的にも証明されている」、「ガンや心臓病などさまざまな病気に有効で、事実これを飲み続けて完治した例もある」と説明され、高額な水を毎月購入することになったが、数カ月経過しても何ら効果は見られないといった事例もある。

(20) 消費者庁企画課編『逐条解説消費者契約法〔第二版〕』一一五頁（商事法務、二〇一〇年）では、「消費者の財産上の利得に影響するものであって将来を見とおすことがそもそも困難であるもの（例えば証券取引に関して、将来における各種の指数、数値、金利、通貨の価格）をいう」と説明されており、「財産上の利得に影響するもの」が問題になっているのではないので、適用は無理であろう。

(21) 日本の錯誤規定はいたって簡単であるが、ヨーロッパ契約法原則四―一〇三条は、「当該錯誤が相手方によって提供された」場合に錯誤による取消しを認め、ユニドロワ国際商事原則三―五条も同様である。アメリカ統一商事法典も錯誤について詳細な規定を置き、利益衡量的な配慮がされている（円谷峻『新・契約の成立と責任』二一七頁以下〔成文堂、二〇〇四年〕参照）。イギリス法は、当初錯誤を認めなかったが、相手方の不実表示による取消しを認め、その後、錯誤一般を保護するようになっている（幡新大実『イギリス債権法』二二七頁以下〔東信堂、二〇一〇年〕参照）。

(22) 大判大正五年一月二六日（刑録二二輯三九頁）は、詐欺により土地を購入した者は、売買契約を取り消さずに正当な代金との差額を、不法行為を理由として賠償請求できるものと判示する。

(23)　地獄や霊界を信じ込ませて、地獄に落ちる等と述べることは強迫になる可能性があり（宗教と消費者弁護団ネットワーク編著・前掲（注6）一〇二頁以下）、刑法上も恐喝罪に該当する可能性がある（同書一一五頁）。

(24)　消費者契約法四条一項一号は「事実」について虚偽のことを述べることが必要で、主観的な評価を述べることは含まれないが（消費者庁企画課編・前掲（注20）一〇九頁）、原因が過去の因縁にあるというのは評価ではなく事実の陳述であり、同規定の適用があるといってよい。

(25)　街頭を歩いていた際に「姓名判断、手相の勉強中なので手相を見せていただけませんか」、「お金はいりません」と声をかけられ、応じたところ、「ちょっと気になる手相です」、「私が師事する著名な占い氏の方がいるので電話で聞いてみます」、「直接見ていただけるそうです」と言われた後、近くのビルの一室に連れて行かれ、「先生」と呼ばれる担当者より「非常に不吉な手相である」「流れを変えないと大変なことになる」との説明で高額な印鑑を購入するよう勧められ、契約してしまったといった事例がある。

(26)　違法な勧誘により契約をさせられた場合に、受けた利益を損益相殺する必要がないことは、ヤミ金による超高金利での貸付けの事例（最判平成二〇年六月一〇日・民集六二巻六号一四八八頁）、投資資金名下に金員を騙取した事例（最判平成二〇年六月二四日・判時二〇一四号六八頁）によって、民法七〇八条の趣旨より認められている。

(27)　債務不履行の判断については、立法論議も含めて、白石友行「契約不履行に基づく損害賠償の原理と体系」池田真朗＝平野裕之＝西原慎治編著『民法（債権法）改正の論理』四六三頁以下（新青出版、二〇一〇年）、北居功「債務不履行における債権者の救済要件」慶應法学一九号三頁以下（二〇一一年）参照。

(28)　刑事事件に、加持祈祷事件というものがあり（最判昭和三八年五月一五日・刑集一七巻四号三〇二頁）、死亡当時一八歳の女性が、急に異常な言動を示すようになったため、女性の親が、被告人である僧侶（女性・真言宗信仰方法の一である加持祈祷を修め、右成就院において宗教教師として病人等の求めに応じその平癒のため加持祈祷することを業としていた）に平癒のため加持祈祷をしてもらいたい旨依頼し、被告人は「線香護摩」を焚いて加持祈祷し、狸を追い出すよりほかに方法がないと思い、同女に終始燃えさかる護摩壇のすぐ傍に引き据えたままにしておく等して暴行を加え、同女を急性心臓麻痺により死亡するに至らしめた事例である（傷害致死罪で有罪とされる）。このような事例では、民事においても、保護義務違反として債務不履行、また、不法行為も成立し、請求権競合の状態になるといってよい。

第二章　実務家編

■消費者弁護士と正義

弁護士　山崎省吾

筆者は、津谷弁護士が先物取引被害全国研究会の代表幹事だったときに事務局長であり、公私ともに津谷弁護士の盟友であった。商品取引所法の平成一六年改正にあたっては、津谷弁護士とともに立法活動に従事し、その後平成二三年五月末から先物取引被害全国研究会の代表幹事を務めている。兵庫県弁護士会姫路支部所属の消費者弁護士である。

一　消費者弁護士でよかった

津谷弁護士は消費者弁護士であった。私・山﨑省吾も消費者弁護士である。

そして、この論文集において、投稿されているすべての弁護士が消費者弁護士である。

消費者弁護士とはいったいどのような存在であるか。消費者と企業との紛争において、消費者側の代理人として専門的に紛争解決に携わる代理人弁護士であり、その活動は通常一般の弁護士としてイメージされているものとはかなり異なる。われわれは何故に消費者弁護士として存在し続けようとするのか。それは「正義」の実現と大きく関係するのである。

津谷弁護士は、平成二二年三月六日、京都弁護士会の消費者・クレサラ合同合宿において講師を務め、主として若手の京都の弁護士たちに対して「弁護士魂」を語ったが、そこで「消費者弁護士でよかった」と自分の人生を総括した。そこには、彼が消費者弁護士として「正義」の中で存在し続けてきたことの自信があったとみられる。

いま、ハーバード白熱教室のマイケル・サンデル教授の正義論が、「正義とは何か」との問いかけの中で、アメリカ・ハーバード大学のみならず、日本や韓国でも大いに関心を持たれている。この「正義論」の枠組みを借り、われわれが自己の実現すべき正義を自覚的に認識し、これをいかに後継者に引き継いでいくべきか考えたい。

二　津谷弁護士

1　津谷弁護士の人生

まず、津谷弁護士の人生を大まかにたどってみたい。

津谷弁護士は、営林署職員の長男として北海道に生まれ、秋田の高校を卒業後、慶應義塾大学に進み大学院の修士課程を修了した次の年に司法試験に合格した。さらに二年間の司法修習を経て昭和五八年四月に秋田市内で自分の法律事務所を開業した。いわゆる「即独」であった。

この年、すでに先物取引被害にあった被害者の相談を受けて受任し、秋には先物取引被害全国研究会に入会した。最初から「なけなしの命金を収奪するやつは許せない」との思いがあった。この全国研究会で多くの先輩弁護士の薫陶を受けながら、金の自由化に伴う先物私設市場・海外先物市場による被害者の救済、さらには豊田商事の「現物まがい商法」の被害者の救済などにあたった。豊田商事に対する裁判では、日本で最初に「認諾調書」をとり、さらに会社解散命令の申立てをなした。豊田商事が破綻した後は、秋田県の被害者弁護団の事務局長を努め、被害者の救済と、管財人との協力をし、そして国家賠償訴訟の常任弁護団員として、国を相手に豊田商事被害に対する国の無策を訴えた。

この間、先物取引被害救済については、国民生活センターの加藤敬さんと知り合い、担当していた日光商品事件で秋田地方裁判所において勝訴判決を獲得し、高裁判決を経て、平成七年七月四日の最高裁判所の「全体として違法」判決（先物取引裁判例集一九号一頁）に至った。これが、先物取引被害救済のリーディングケースとなったのである。話は前後するが、平成二年には日本弁護士連合会（以下、「日弁連」という）の消費者問題対策委員会の副委員長となり、平成五年には先物取引被害全国研究会の事務局長となった（代表は吉岡和弘弁護士）。年二回、研究会が開かれるたびに、松本恒雄教授や尾崎安央教授らを講師に招聘して、研究会の学問的なレベルを上げていった。さらに、『先物取引被害救済の手引』、『実践先物取引被害の救済』を刊行し、先物取引被害救済にあたる消費者弁護士の人数の拡大と技量の充実を図っていった。

平成一三年に秋田県弁護士会の会長を務めた後、平成一五年一月には、日弁連米国先物取引調査団の事務局長（代表は大深忠延弁護士）となり、「日本の先物取引法制はおかしい」との確信を得て帰国し、「先物被害白書」「訪米調査報告書」を発表した。平成一五年一〇月の先物取引被害全国研究会名古屋大会（第五〇回）からは、先物取引被害全国研究会の代表幹事になった（事務局長は私）。

当初は、「判決をとっていくことによって社会を変えていこう」との考えから、先物被害事件のみならず豊田商事国家賠償訴訟にも臨んだが、平成一四年九月に最高裁判所で敗訴が確定した後は、次第に「立法活動によって社会を変えていく」という考えへとシフトしていった。

特に、平成一五年の日弁連訪米調査（第二次）の後は、「先物取引被害等の投機的被害を生み出す原因は、消費者・企業およびそれを取り巻く法制度全体の問題であって、これを制度的に打開しなければならない。ことに、安易に過失相殺を繰り返す裁判所に対しては、これを他の方法によって超克していかねばならない」とはっきり自覚した。米国視察を受けて、商品取引所法の抜本的改正に向けて立法活動に努力する一方で、平成一五年の近畿弁護士会連合会大会決議での「不招請勧誘禁止」をなんとかこの法律に反映させようとした。そして実際に、商品取引所法の平成一六年改正の附帯決議第一項に現れたのである。

平成一八年には、金融商品取引法制定に伴って商品取引所法が改正され、不招請勧誘禁止がもう一歩のところまできた。その後、平成二〇年三月に、石戸谷豊弁護士の後任として経済産業省産業構造審議会の委員となり、商品取引所法の抜本的改革のための意見を次々と述べていった。折から消費者庁の設置が現実化してきたこともあり、池尾和人教授の参考人審議での賛成意見を踏まえて、商品取引所法に不招請勧誘禁止制度が導入されていく流れとなった。

さらに津谷弁護士は、不招請勧誘禁止を商品取引所法以外の分野に広げるべく、地元である秋田県議会に対して働きかけ、アメリカの「Do-not-call」制度にならい、不招請勧誘禁止条例の制度化に向けての努力もしていった。

消費者庁及び消費者委員会設置法案の成立とともに、平成二一年七月、ついに念願の不招請勧誘禁止が商品先物取引法（旧商品取引所法）に導入された。

時期を同じくして津谷弁護士は、日弁連消費者問題対策委員長に就任し、「この次は消費者市民社会の構築である」として「消費者・生活者のための民法改正」をめざし、さらには「各国など近隣外国の消費者弁護士の国際的連帯」に向けて活動をしようとしていた矢先の平成二二年一一月四日、暴漢の凶刃に倒れた。

2　消費者弁護士の本質

津谷弁護士の消費者弁護士としての立脚点は、「なけなしの命金を収奪する奴は許せない」という、弁護士になった当初からの思いにある。彼はここから全くぶれなかった。受任した消費者事件では、極力和解をせず、判決をとった。そして、消費者被害の救済のために、多くの先輩弁護士・異業種の人脈を形成し、後輩弁護士を愛しながら育成していった。津谷弁護士から励まされ、勇気づけられた若い弁護士が、どれだけいるかわからない。

彼のモットーは、明るく・楽しく、へこたれない。「楽しい家族」と「少しの楽しみとなる程度の趣味」を持つために、多すぎも少なすぎもしない収入が得られればそれでよいし、それは、まじめに働き続けることによって十分に賄われるという信念があったのだろう。

3　消費者弁護士としての信念

津谷弁護士は「消費者弁護士は正義を実現する存在であり、正義に適わなければならない」との信念を持っていた。そして、これを一人で行うのではなく、先物取引被害全国研究会等に連なる消費者弁護士たちを中心に、多くの学者や政治家、それに加藤敬さんなどの専門家とともに、正義を実現しようとしたのであった。

そこには、これらの人たちに対する津谷弁護士の愛情と、そして「正義」があった。正義を生み出すべき消費者弁護士は、とりわけ「人間としても弁護士としても良質の存在」でなければならないとの信念があった。

目の前の被害者の被害救済は「やりがい」のある仕事であるが、その背後にある多くの潜在的な消費者被害をなくすためには、「法制度の問題」に踏み込まざるを得ない。これは、一般的・具体的な弁護士業務とは不連続な活動である。具体的な代理人としての訴訟活動ではなく法制度の問題点を指摘することは、特殊かつ抽象的な活動であり、依頼者から感謝されることもないし、経済的にも見返りがない。それどころか、立法的に被害をなくす制度を作るということは、消費者弁護士にとってみると日々自らの仕事をなくしていく活動でもあり、法的サービス業としては経済的に説明することができない。それを自覚してやりきるためには、より強い正義感が消費者弁護士の動機付けとして必要であり、その正義感を維持するためにこのような先輩・後輩・同志の存在こそが不可欠だったのである。

彼が用いた「動機付けの方法」は、「先輩を師匠として尊敬すること」とともに、同志や後輩に対する「励まし」（あるいは「指導力」とか「勇気づけ」といってよいかもしれない）であった。

消費者弁護士が立法活動をするときの「やりがい」は、一般的な弁護士業務とは異なるところに求められる。消費者弁護士に対峙するのは立法活動を専門とする官僚組織であって、この官僚組織に対抗して消費者の利益を守るべく提言していくには、彼らを上回る努力が必要となることから、さらに強い正義感が必要となる。目先の利益を犠牲にしないと「正義感」は果たされないし、目先の利益にとらわれると正義感は持続しない。そうかといって、「使命感」のみでは持続しない。

4　消費者弁護士の幸せ

津谷弁護士の「励まし」ないし「指導力」・「勇気づけ」によってまとまった全国の消費者弁護士に支持され、この立法活動が多くの消費者弁護士に承継されている。そして、今すぐではなくても、将来国民にきっと評価される。倦まず弛まずへこたれずに自負心を養うことに、「消費者弁護士の幸せ」がある。

消費者弁護士が消費者被害をなくすための立法活動をすることは経済的に説明がつかないという意味では、この立法活動は「法的サービス業としての範疇」を越えている。しかし結局は、「正義」の中に生きていくことこそが、津谷弁護士の原動力であった。

それでは、ここでいう「消費者弁護士における正義」とは何であろうか。

三　原点としての豊田商事事件

消費者弁護士の原点は豊田商事事件にあると、津谷弁護士も、多くの先輩弁護士も言うし、私もそう思っている。したがって、津谷弁護士にみられる消費者弁護士の正義の原点を考察するためには、戦後消費者被害の原点とされる豊田商事事件にさかのぼるのが適切であろう。

ご承知かと思うが、豊田商事事件とは、顧客に金の地金を購入させるといいながら、現物は豊田商事が賃借りすると言って顧客には「純金ファミリー契約証券」という「紙切れ」だけを渡し、毎年「賃料」と称して、銀行金利より高率の「賃借料」を支払うとして勧誘した。ところが、顧客に販売したはずの金地金など豊田商事には全く存在していなかった。要するに、紙切れの代わりに高額の金銭を巻き上げるという「ペーパー商法」＝「詐欺商法」にすぎなかった。勧誘の対象は、独居老人や女性が多く、不招請勧誘から始まり、脈があるとみられると「五時間トーク」とか「七時間トーク」とかいうマニュアルに沿った騙しのテクニックによって金員を巻き上げた。被害者の数は五万人にも上り、被害総額は二〇〇〇億円近くにもなった。昭和六〇年七月に豊田商事が破産宣告を受けるまでのわずか四年間に、この詐欺商法は猛威をふるい、さらに、その後の悪質詐欺商法の原点ともなった。

全国豊田商事被害者弁護団連絡会の代表委員である北野弘久・兵頭俊一・三橋完太郎の三名の弁護士は、『虚構と真実』（全国豊田商事被害者弁護団連絡会議、一九九二年）の中で、次のように豊田商事事件を振り返っている。

「（被害に遭った人たちは）真面目でまっとうで人のよい人たち……が、人生の総まとめの平安で余裕もある年月を過ごすべき、いわばその人たちの人生の実績によって承認される権利としてそうあるべきときに、何故その勤労の結晶である蓄えを根こそぎ奪われるという無惨な被害に遭わねばならなかったのか。……その原因や背景には多かれ少なかれ孤独な社会的な共同連帯保護の欠乏した生活環境があった。そして、老後は子供や人様に迷惑をかけず、自らの蓄えで生活をしていこうという健気な思いがあり、また、そこにこの先どうなるのか、大丈夫だろうか、という不安定かつ非保護的な社会の状況から忍び寄る不安感があった。何という寒々として貧しい非人間的な社会の光景であることだろうか。……次に加害者達の姿を見てみよう。金銭のためには人情までも手段にして心傷まずにお年寄りなどの社会的弱者を騙し、その命金を奪い、なおかつ反省もないという人間像。このような人間を少なからず生み出してくる社会の構造的歪み、それは一体何なのだろうか。私たちの社会は明らかにそのような病理を抱えている。……社会の成員が互いを尊重し合って、共同連帯の関係を結び、そして、社会的弱者を保護するという如何なる時代や社会制度の下においても、人間社会に基本的に備わるべき、それなくしては人間社会としての成り立ちそのものが問われる大切な要素は、特に金銭的価値を至上とする社会構造に押されて、相当に欠乏した状況になっている。……これに対応する形で国の行政における社会的使命の第一義における自立の希薄化、弱者保護ではなく、その見殺し、むしろ経済的強者への加担というべき問題状況が深刻になっている。……これらの（被害者側弁護士の）闘いについて、評価されるべき要点は『万人は一人のために、一人は万人のために』という標語によって表現されるような精神。この社会で共に生きる者の間に本来あるべき共同連帯と弱者保護の精神がその中に貫かれていた、ということである。右にみてきたような弁護団の活動、中でも管財人団の活動がいかに積極的評価に値するとしても、そもそも根本に戻って考えてみると、このような巨大な詐欺組織が白昼堂々と営業を展開していたことに対して、これを阻止すべき行政や立法がほとんど作動せず、その結果として生じた死屍累々というべき被害の救済が、弁護士や司法にいわば押しつけられたということは社会と国の全体のあるべき姿としてまことにいびつであるということもはっきりとさせておかねばならない。……司法、そしてその一翼を担う弁護士が社会的不正を明らかにして、その被害を救済し、また、その不正を阻止し、再発を防止することについて固有の方法を以てする一定の役割を担っていることはもとよりではあるが、それは本来、立法や行政、あるいは社会の諸機能がそれぞれの役割をしかるべく果たしている状態とのバランスの中で果たされるべき役割である。……行政や立法の怠慢、あるいは社会の諸機能の不全の結果に発生した後始末が弁護士や司法に押しつけられ、そこで被害が処理されるのが当たり前というようなことになれば、これは実に由々しきことであると言わねばならないのである。……そして、この闘いの後を振り返るとき、私たちは希望を失ってはならないことも知るのである。あの苦しみと混乱の中で被害者たちと私たちがあのように共に戦ったことを私たちは決して忘れないだろう。……また、その間に亡くなった人たちを初めとする被害者の方々一人一人のそれぞれの重く貴い人生の姿はこの豊田商事事件と一緒に決して人々から忘れられることはあってはならないと心に銘記するものである」。

要するに、ここでは、①被害者側には、孤独な社会的な共同連帯保護の欠乏した生活環境と不安定かつ非保護的な社会の状況から忍び寄る不安感があったこと、②加害者側には、社会的弱者を騙して命金を奪いかつ反省もないという人間を少なからず生み出してくる社会の構造的歪みがあったこと、③これに対して、国や社会は、金銭的価値を至上とする社会構造に押されて、経済的強者への加担というべき問題状況があったこと、が指摘されていたのである。

四　混迷する現状

津谷弁護士の奮闘により、平成一六年から平成二一年までの間に、先物取引法制の抜本的制度改革が果たされた。これによって国内公設の先物取引業者による被害は激減した。

他方、未公開株などの小規模詐欺商法による被害は深刻であり、かつ、何年かに一度、大規模な詐欺商法事件（平成電電事件、ワールドオーシャンファーム事件、ジーオーグループ事件、L&G事件、近未来通信事件など）が起こっている。小規模詐欺商法については、未公開株のみならず未公開社債や未公開ファンドなどの商法があり、加害者の匿名性と詐欺の手口の荒っぽさで被害者を増大させているが、消費者弁護士は、勝訴判決をとってもなお掴取できず、そもそも加害者すら特定し得ない絶望感の前に、つらい状況に陥っている。われわれは、これまでの正義を貫くことができるのであろうか。どこに活路を見出したらよいのであろうか。

五　正義論について

問題は「正義」そのものにあるような気がする。

われわれ消費者弁護士が、当然のごとく「正義」だと思ってきたものは、実は普遍的な「正義」とは異なっているのかもしれない。私たち消費者弁護士の「正義」とは「異なる正義」を持つ者が昔からも存在したし、このような者が確実に日本の社会に増えてきているのではないか。この増殖しつつある「相手方」を知るためには、アメリカにおける「正義論」を考えてみる必要がある。「相手方」の多くは、このアメリカにおける「法正義」を所与のものとして学び育ってきたとみられるからである。

私がこのことを強く認識するに至ったのは、ＮＨＫの「ハーバード白熱教室」をみていたときであった。ハーバード大学で法哲学を教えるマイケル・サンデル教授のソクラテス・メソッドは興味深かったが、その後に、翻訳本を手にしてみたとき、アメリカの正義はどのように揺れているかがわかった。

周知のように、このアメリカにおける「法正義」については、一九七一年にハーバード大学のジョン・ロールズ教授が公刊した『正義論』に遡るとされている。

ロールズ教授は「分配的正義」の観念を打ち立て、「福祉国家概念」を支える考え方を示す一方で、リベラリズムを前提にして「権利」への指向性を有し、この点が、法哲学・法学一般に対して親和性を持つなどとされてきた。

これに対して、ロバート・ノージック教授が現れ、ロールズ教授の分配的正義の主張にみられたような国家による市場・社会への介入を忌避し、「治安・防衛・司法」などのミニマムな任務を超えて国家介入を行うことを許さない

「最小国家論」を標榜した。

このような議論の帰結として、国家による市場・社会への介入を嫌う「リバタリアニズム」は、翻って「市場での自由競争」を大いに称揚する立場であって、その主張の制度的帰結として「規制緩和」が説かれることになった。ことに、「経済的自由」に対する国家規制をできるだけ少なくして、財産権や職業選択の自由、営業の自由を規制しない方向に向かわせるのがその本質的な理念だといえる。

マイケル・サンデル教授は、この「リベラル対リバタリアンの対立」に対して「共同体論」の論者として現れてきたわけである。共同体論については、共和主義と政治的には同義であり、国家による社会・市場に対する介入を廃する点ではリバタリアンと同じではあるが、市民において「共同体をコントロールする能力と実感」を復活せしめるために「自己統治を可能にする市民性」を失わせた、と指摘する。そして、市民性のインフラとして「共同体の復権」を掲げ、従前の意味での政治に無関心な「消費するだけの存在たる消費者」から「独立自営業者的経済人の協同による活力ある中間共同体の再建」を志向していった。

この「共同体的志向」は、わが国でも「コミュニティの保全・再建をめざす」との意味で「まちづくり三法」に一部反映されているが、アメリカと日本との文化的風土の違いからか、この共同体論が日本の社会に与えた影響はさほど大きくないようにみえる。しかも、この共同体論は、「善」と「その善を善たらしめる美徳」が十分に説明できておらず、私はなかなか共感することができなかった。「わが国がめざすべき消費者市民社会」をこの「共同体」思想に置き換えても、何か違うと感じた。やはり、この議論はアメリカ合衆国の憲法思想に特殊なものであって、安易にわが国や他国へ導入していくことは、「正義と正義がぶつかり合い、いたる所でハレーションを起こして、正義概念の空洞化、軽量化、インフレ現象を招き寄せてしまうのではないか」と思った。「何が正義か」という問題について普遍的な回答を与えることはまことに難しいことなのである。

六　わが国のリバタリアニズム

ただし、リバタリアニズムの影響は、日本の社会においてかなり大きいものがあるようにみられる。金融行政や経済産業行政を含めて、「規制緩和」論者の多くは、このリバタリアニズムや新自由主義を精神的支柱にして日本の国にも根強い勢力となっているように思える。

市場に対する規制を緩和しようとの志向性は、具体的な市場からのニーズを超えて、「あるべき制度論」として強い力があり、それはまるで、アメリカ合衆国の支配層に追従したり怯えたりしているのではないかと思えるほどである。

少なくとも、このリバタリアニズムは、津谷弁護士が日弁連とともに目標に設定した、消費者団体を基礎に充実した消費者教育を享受する能動的消費者が行き着くべき「消費者市民社会」の「本来のありよう」とは対立するように思われる（「能動的」という点に「自己責任」の匂いが少しするけれども……）。

たとえば、平成二三年五月一七日に成立した改正金融商品取引法にしても、悪質な未公開株式発行業者に対する法規制を導入するについては、あわせて大幅な「規制緩和」のための制度（銀行によるファイナンスリース業の解禁など）が付けられた。そして、全体としては規制緩和を促し、消費者被害を生み出す病理的現象は本質的でないとして、なお「市場優先主義」がとられているようにみえる。手放しの「消費者保護」ではないのである。

私は、日本の政治のあらゆる現場において、もともと「正義」を体現していないとみられる「リバタリアニズム」

が、さまざまなところで、小泉流構造改革以後、いまでもなお、「政治の原理」として浸透していると思っている。「リバタリアニズム」は日本において特殊な「発展」を遂げ、「市場原理主義」を「正義」の面から支える「強力な存在」になったように思う。

しかしながら、リーマンショック後の金融危機の後、この「市場原理主義」、「新自由主義」はすでに破綻したようにもみえる。

ここで、われわれは、「消費者市民社会」の議論の中で、これら「リバタリアニズム」に代わる、さらには、リベラルでもコミュニタリズムでもない「独自の正義」を構築していく必要があると思うのである。

七　マモリズムと抽象化の精神

全国豊田商事被害者弁護団連絡会がかつて社会に問うた「社会的弱者を騙し、命金を奪い、かつ反省もない、という人間がどうして生まれるのであろうか」との質問が手がかりである。

たまたま、私の家の近所に、某大学哲学科で学んだ建築内装業者の友人がおられる。彼は、フランス実存主義が専攻で、ベルクソン、マルセル、サルトルなどの思想について私に種々の示唆を与えてくれた。「社会的弱者を平気で騙す人間」に関して、彼と話していて印象的だったのが、ガブリエル・マルセルの「抽象化の精神」というものであった。

サブプライムローンの焦げ付き・リーマンショックに端を発するアメリカ発の金融危機の背景には「暴走する資本主義」、「強欲資本主義」があるといわれる。世界のＧＤＰの四倍にも上るという金融資産の跳梁跋扈は、本来、経済活動を円滑化するための脇役であるべき金融が主役の座を占拠する状況を生み出し、どのような余波をもたらすかなど「我関せず」というふうにひたすら利益・儲けのみを追い続ける人々を時代の寵児のようにもてはやしてきた。

この根底には、グローバル・マモリズム（拝金主義）があって、ことに、社会主義イデオロギー崩壊後の世界の潮流を、このマンモン（貨幣の神様）が宰領していったようにみえる。

本来、「貨幣」とは、紙か金属片、せいぜい電子情報にすぎず、周知のようにその使用価値は皆無に近く、有するのは交換価値のみである。この交換価値とは人間同士の約束に基づいて成り立つものであって、本質的に抽象的・非人称的な存在である。財やサービスのように具体的なそれゆえに限定的な対象物をもたずに、際限のない広がりをもつ。

ここで、貨幣の抽象性は、どうやら、マルセルのいう「抽象化の精神」に行き着くようである。ここでの「抽象化の精神」とは、具体性から乖離した悪しき独り歩きという意味のものである。

もとより、一般的な「抽象作業」は人間の知的な営みに欠かせないが、マルセルのいう「抽象化」とは、「人間」を意識しないところにある抽象概念が一人歩きするものを指す。個々人の人格的特性を捨象していき、たとえば「ファシスト」、「コミュニスト」、「イスラム過激派」などとして相手をくくってしまう。そして、このように「くくること」=「抽象化すること」によって、これらを「敵」として認識できるようになり、相手の個人的実在についての意識を失っていき、ついには、相手を殲滅できるようにもなる、という、特殊な「抽象化」なのだ、と例の友人は言う。

私が思うに、マルセルのいう「抽象化の精神」というのは、グローバル・マモリズムに支配された「強欲資本主義論者」に属する個々の人間においても「不可欠」に共有されているようである。わが国の中高年齢層に対して悪辣の限りを尽くす劇場型詐欺加害を容易ならしめるのも、実はこの「抽象化の精神」ではないか。被害者を「抽象化」する過程において、この被害者を「愚かな消費者」とくくったとたん、詐欺犯人にとって、被害者は無価値なもの、低級なもの、有害なものとして、さらには駆除されるべき対象の位置まで貶められてしまい、そこで、詐欺犯人は人格的存在としての人間をみることなく「自然と、強欲の限りを尽くせるようになる」のではないか。詐欺犯人も市場原理主義者も具体的人間から乖離している点で本質は同じではないか。

このように「抽象化の精神」は情念的な本質をもっているようである。逆にいえば、情念が抽象物を捏造するというマルセルは、「自分の哲学上の全仕事はこの『抽象化の精神』に対する休みなき執拗な闘いだ」と位置づけるほどであった、と友人は言った。私も消費者弁護士として共感する。

八　ヒューマニズムと「正義」

このような「抽象化の精神」に対しては、「人間のための行動」によってこそ、楔が打ち込まれるように思われる。そして、この「人間のための行動の原理」は、実は、単純な「人道主義」＝「ヒューマニズム」ではなかろうか、と思う。

リベラリズムもリバタリアニズムもコミュニタリズムも、欲望の制御についての価値を提供しない。欲望の制御についての価値観の欠乏がグローバル・マモリズムを産み出したのだと思う。

国家と国民との関係に、リベラリズムでもリバタリアニズムでもなくコミュニタリズムでもない、「ヒューマニズム→人間主義→人道主義」を根本に置いて「正義」を考え、「他者性の尊重」のために不断の努力を重ねることが、正義の増大を図る作業となるのだと思っている。そして、それを担うのは、卓越したアリストテレスではなく、市井の一弁護士やら、やや能動的な「消費者市民」ではなかろうか。「人を思いやり」・「人の不幸に涙し」・「人に嫌がらせをせず」・「悪いやつは許せない」との人間性に立脚した「人道主義」であれば、政治原理としての「正義論」になりうるのではなかろうか。

九　消費者弁護士の正義

津谷弁護士がいう「個々の被害、個々の人間に焦点をあてよ」というのは、まさしくこの人道主義のスタンスである。この人道主義のスタンスは抽象的ではなく、人と人との対話によって、かつ、消費者弁護士の先輩から後輩に精神が継がれていく中で伝達されていく。

われわれの正義は、単に生き続けることだけではなく、善く生きようとする意思のもとに導かれる。それゆえに、われわれは消費者弁護士としての人生を価値あるものとして受け止めることができる。

正義の中に生きて、これが不断の努力によって報われるという人生こそ価値があり、それゆえに、津谷弁護士は「消費者弁護士でよかった」と述べたのである。その「手段」には、彼の不断の弁護士活動のほかに、すでに述べてきたような同志・後輩に対する「励まし」があった。

津谷弁護士の人生は、消費者弁護士として正義の中に生き、そして、単に弁護士が一つの法的装置ではなく、世界に楔を打ち、価値観の欠乏を否定し、マモリズムや「抽象化の精神」に対抗する存在としての「われわれの正義」を実現する行為を至上とするものであった。

われわれが、津谷弁護士から承継すべきものは、この「正義」である。しかも彼は常に楽観主義でもって不断に努力を重ね「他者を尊重すること」を極めて重要視した。消費者弁護士としての彼の真骨頂がここにあった。だからこそ、彼独特の「励まし」が存在したのである。

これをわれわれは、受け継がねばならない。

ヒューマニズムに立脚した「他者を尊重すること」こそが、マモリズムやニヒリズムや「抽象化の精神」を拒絶する、善の価値と善の言葉を復権させる方法である。

こういうことが、われわれ消費者弁護士の正義だと私は信じている。

東日本大震災の惨状をいまだ強く深く目にする現在、それでも「へこたれてはならない」という津谷弁護士の生前の大きな声が私たちの正義を奮い立たす。

〔参考文献〕

荒井哲朗＝津谷裕貴＝白出博之＝石戸谷豊『実践先物取引被害の救済〔全訂増補版〕』（民事法研究会、二〇〇九年）

「故津谷裕貴弁護士の会・意見資料集」

先物取引被害全国研究会「消費者弁護士でよかった〜津谷裕貴特別代表追悼文集」（二〇一一年）

全国豊田商事被害者弁護団連絡会議編『虚構と真実（豊田商事事件の記録）』（全国豊田商事被害者弁護団連絡会議、一九九二年）

日本弁護士連合会消費者教育シンポジウム「いま、消費者市民社会の実現に向けた消費者教育へ」レジュメ

マイケル・サンデル（鬼澤忍訳）『これからの「正義」の話をしよう』（早川書房、二〇一〇年）

松岡勝実「消費者像の多様性と『消費者市民』⑴⑵㊦」Artes liberales 八五号九九頁以下（二〇〇九年）・八七号六一頁以下（二〇一〇年）

村千鶴子『消費者はなぜだまされるのか』（平凡社、二〇〇四年）

森村進編著『リバタリアニズム読本』（勁草書房、二〇〇五年）
山本信責任編集『ヤスパース・マルセル　世界の名著七五』（中央公論社、一九八〇年）
ロバート・B・ライシュ（雨宮寛＝今井章子訳）『暴走する資本主義』（東洋経済新報社、二〇〇八年）

■消費者問題の裏面にあるもの
――抽象的消費者像から具体的人間像へ

弁護士　石戸谷　豊

一　問題の所在

1　はじめに

ある問題を消費者問題として捉えるということは、消費者という属性に着目することになる。これに対して、本稿でいう消費者問題の裏面にあるものに注目するという意味は、消費者という属性よりも、消費者問題を起こす事業者側（製品、役務、勧誘、取引内容等）のほうに、やや比重を置いて観察してみようということである。

このような見方をとることには、消費者問題と同様の事態が消費者以外の範疇でも起こっていることをより意識するという意味がある。そして、消費者問題という範囲を超えて対応すべき課題がある場合には、どの範囲でどういう対応が適切かを究明していく手がかりが得られると考えるのである。このことはまた、消費者問題という範囲で捉えられる課題の場合にも、消費者という抽象的な属性の把握で十分であるのかを検討することでもある。

2 「消費者」問題とは

もともと、「消費者」という概念は多様である。広い意味では、事業者の提供する製品や役務を使用あるいは消費する者という意味で、ユーザー全般を含む場合もある。このような意味の場合には、事業者や法人をも含む概念となる。たとえば、欠陥商品という消費者問題を考える場合には、このような意味での消費者を想定することができる。

このように、問題ごとに、それに対応したいわば実質的な意味での消費者という概念が想定できる。

ところが、法律に消費者の定義が登場してきたことで、消費者の捉え方に大きな変化が生じた。二〇〇一年四月に消費者契約法が施行された。同法二条一項に消費者の定義が置かれ、消費者は法律上の概念となったのである。そして、この消費者の定義は、同年一二月施行の電子消費者契約法（電子消費者契約及び電子承諾通知に関する民法の特例に関する法律）の二条二項にも採用された。二〇〇四年の消費者基本法には消費者の定義はないが、二〇〇九年九月には消費者庁関連三法が施行され、消費者安全法の二条一項も消費者契約法と同様の定義を採用している。(1)

さらに、現在、法制審議会では民法（債権法）の全面的見直しの作業を進めており、その中で、消費者に関する特則を民法に設ける場合、その消費者の定義も消費者契約法の定義を踏襲することが検討されている。(2)

このように、消費者契約法が施行されて以降、消費者の概念については、消費者契約法の定義を採用ないし尊重しようという傾向がある。

3 「消費者問題」と消費者契約法上の「消費者」

しかし、消費者問題として取り上げられてきたことの中には、実際には、消費者の場合に典型的な被害として現れるとか、被害者が消費者の場合に特に深刻な問題となるというだけで、消費者に限定されないものも多い。個人事業者や中小零細企業、非営利団体等では消費者問題において捉えられているのと類似の問題が生じている。ところが、「消費者とは消費者契約法にいう消費者のことである」という観念が浸透すると、それらは事業者の問題であって、消費者問題とは異なる分野ということになる。

最近は、実務界においてもわかりやすさが好まれる傾向がある。そうすると、「世の中の契約は消費者契約、事業者間契約、その他の個人間契約に分類される」、「消費者保護とは消費者契約法にいう消費者の保護のことである」、「事業者同士の取引は純粋な当事者対等原則が妥当する」などと単純化されかねない(3)。このような発想では、消費者問題や消費者法の形式化といった事態に陥ってしまう（また、ここでは立ち入らないが、株式会社についても、規制緩和により資本金は一円でもよく、一人会社でもよいことになっている。このような会社が存在することを前提とすれば、法人であるというだけで「情報収集力・分析力・交渉力が備わっているはずだ」という抽象的な議論が適当でない場面は少なくない(4)）。

そもそも、消費者法とされている各種の法律は、消費者契約法にいう消費者という狭い範囲に適用対象を限定しているものではない。この点を具体的に確認しておこう。

4　主要な消費者保護法の例

(1)　特定商取引法

まず、代表的な消費者法とされている特定商取引法を見ていく。同法は、訪問販売以下の特定類型の取引を適用対象としているが、当事者の一方が消費者でなければ適用されないという前提には立っていない。定義の中に消費者という概念は登場しないし、むしろ訪問販売、電話勧誘販売、通信販売についての適用除外が「営業のために若しくは営業として」と規定されている（特商二六条一項一号）ことからすると、一般社団法人や一般財団法人等の団体はもちろん、営業活動を行っている個人事業者や会社であっても本来業務としてでない取引については適用があると考えられている。(5)

また、連鎖販売取引と業務提供誘引販売取引については、消費者契約法上の消費者よりも広い概念で行為規制の規定を適用する考え方である。具体的には、連鎖販売取引の場合には「店舗その他これに類似する設備……によらないで行う個人との契約」（特商三四条一項等）であることが、業務提供誘引販売取引の場合には「事業所その他これに類似する施設……によらないで行う個人との契約」（特商五二条一項等）であることが、行為規制の適用の要件となっている。

このように、特定商取引法の適用範囲は、消費者契約法の消費者よりもかなり広い。これは、特定商取引法の規制の趣旨が、不意打ち勧誘（訪問販売、電話勧誘販売）、遠隔地取引（通信販売）、長期・高額の役務提供取引（特定継続的役務提供）、利益収受誘引取引（連鎖販売取引・業務提供誘引販売取引）という勧誘や取引の特質に着目しているからである。(6)

(2)　割賦販売法

特定商取引法と同様の考え方は、割賦販売法でも採用されている。割賦販売について適用除外を定めた八条一号は、「営業のために若しくは営業として締結するもの」と定め、その中から連鎖販売取引について「店舗その他これに類似する設備によらないで行う個人との契約」（同号イ）、「事業所その他これに類似する施設によらないで行う個人との契約」（同号ロ）を除くとしている。

ローン提携販売ではこの規定が準用されており（割販二九条の四第一項）、包括信用購入あっせんについては三五条の三の六〇第一項一号に、個別信用購入あっせんについては同条二項一号に、同様の規定が置かれている。(7)

(3)　無限連鎖講防止法

連鎖販売取引と関連が深いねずみ講の場合、自然人であるか法人であるかは無関係に規制される（無限連鎖講防止法二条）。これは、ねずみ講というシステムの反公序良俗性に着目しているからである。すなわち、ねずみ講を全面禁止にするのは、ねずみ講は「終局において破たんすべき性質のもので」、「いたずらに関係者の射幸心をあおり」、「加入者の相当部分の者に経済的な損失を与えるに至る」（一条）からであり、消費者か事業者か等は本質的な問題ではない。

(4)　製造物責任法

製造物責任法では、欠陥によって他人の生命、身体または財産を侵害したときと規定しており（三条）、消費者被害に限定してはいない。この場合の「他人」には、事業者である自然人はもちろん、法人も含まれている。製品を設計・製造する者との関係では、欠陥商品による被害の救済に際して消費者であるか事業者であるかは本質的な問題とはされていない。

(5) 預金者保護法

預金者保護法（偽造カード等及び盗難カード等を用いて行われる不正な機械式預貯金払い戻し等からの預貯金者の保護等に関する法律）では、預貯金者とは個人とされている（同法二条二項）。ここでは、自然人に限られており、個人事業者は含まれるが法人は含まれない。立法趣旨との関係で、中小零細企業等を含めないという範囲の限定がこれでよいのかについては議論がある。(8)

(6) 宅地建物取引業法

宅地建物取引業法は、購入者等の利益の保護等を目的としているが（宅建一条）、その購入者には消費者に限らず事業者や法人等も含まれている。ただし、宅地建物取引業者相互間の取引については適用除外の規定が定められている（宅建七八条二項）。

これは、不動産にかかわる法律が多数に及び、その取引には専門的知識が必要だからである。ここでも、顧客が消費者であるか事業者であるかは本質的な問題ではない。

そして、消費者庁の所掌事務は宅地建物取引業法三五条一項一四号イに規定するものに限定されており（消費者庁及び消費者委員会設置法四条五号）。そこでは、「事業を営む場合以外の場合において宅地又は建物を買い、又は借りようとする個人」と規定されている。(9)

(7) 貸金業法

貸金業法は、資金需要者等の利益の保護等を目的とするが（貸金一条）、その資金需要者には、消費者のみならず個人事業者や法人も含まれる。中小零細企業の資金需要の場合にも、商工ローン問題のように深刻な問題も多い。ただ、過剰貸付け等の禁止（貸金一三条の二）等のように、法人の資金需要者に適用されない規定がある。

消費者庁及び消費者委員会設置法四条一〇号は、個人である資金需要者等（貸金二四条の六の三第三項）の利益の擁護に消費者庁の所掌事務を限定している。この場合の個人には個人事業者も含まれる。

(8)　特定商品預託取引法

特定商品預託取引法（特定商品等の預託等取引契約に関する法律）は、預託者の利益の保護を図ることを目的としているが（同法一条）、預託者とは「預託等取引業者と預託等取引契約を締結した者」とされており、限定はない（同法二条四項）。

これも、預託等取引契約という取引類型の問題点に着目し、規制しているからである。

5　検討のあり方

以上のように、消費者法と分類されている法律も、実際には消費者契約法の消費者に適用対象を限定しているものではない。

消費者契約法にいう消費者概念は、事業者と消費者の契約全般に関する規律のためのものである。これを全分野に当てはめ、概念を統一していくことは、消費者法を限定しすぎることになりかねない。

そうではなく、むしろ分野ごとに具体的に検討を加え、どのような理由でどの範囲にいわゆる消費者保護と考えられてきた措置が必要であるのかを検討する必要がある。つまり、消費者という属性とともに、消費者問題を引き起こす事業者側の問題をあわせて検討することで、本来どの範囲にどういったルールを適用すべきであるのかを究明していくことが必要と考える。

本稿は、こうした関心から、投資取引の分野に焦点をあてたものである。投資取引の分野においても、消費者被害は続発している。そこで、金融取引の分野を例にとり、何に着目してどういうルールを設定して対応してきたのかについて検討する。(10)

二　金融分野における投資家と消費者

1　金融商品販売法

(1)　消費者と顧客

まずは、金融取引に関する私法としての金融商品販売法を取り上げ、消費者契約法と比較してみよう。

金融取引について消費者契約法が適用されるためには、金融業者の相手方（顧客）が消費者であることが必要である。

他方、金融商品販売法においては、金融商品の販売の相手方（顧客）が個人か法人かを問わず、また個人が消費者であるか事業者であるかを問わずに適用される（金販二条四項）。そして、金融商品販売業者等は、顧客に対して重要事項の説明をしなければならない（金販三条一項）。説明が不要となるのは、次の二つの場合だけである（金販三条七項）。

①　顧客が金融商品の販売等に関する専門的知識および経験を有するものとして政令で定める者（「特定顧客」）である場合（同項一号）

②　重要事項について説明を要しない旨の意思の表明があった場合（同項二号）。

①について説明が不要とされるのは、特定顧客は金融取引のプロであって、プロ対プロの対等な取引においては、

自己責任に基づく取引原則がそのまま妥当すると考えるからである。

②は、これとは別の理由であり、すでに重要事項を認識している顧客に関する適用除外である。

なお、「特定顧客」について、二〇〇六年改正前の金販施行令八条は、「金融商品販売業者等」のみを規定していた。金融商品販売業者等とは、金融商品の販売等を業として行う者のことである（金販二条三項）。したがって、ここでの特定顧客とは、狭く限定されていた。しかし同年改正後の金販施行令一〇条一項は、「金融商品販売業者等又は金融商品取引法第二条第三十一項に規定する特定投資家」と規定し、特定投資家も特定顧客に含めることとして、その範囲を拡大している。(11) 特定投資家は、金融商品取引法に導入された概念である（後述）。その概念をそのまま金融商品販売法で援用しており、ここでは業法と私法のいわば連結が見られる。

(2) 金融商品販売法の考え方

以上のように、金融商品販売法においては、消費者だけでなく事業者（個人であるか法人であるかを問わない）も「顧客」という同じ概念で捉えられている。この理由は、金融商品販売業者との情報格差という観点からすると、消費者も事業者も大差ないこと、金融取引は将来のキャッシュフローとリスクそのものを取引の対象とするものであることから、物理的形態をもたず情報の重要性が高いことがあげられている。(12)

このように見ると、金融商品販売法を消費者法と位置づけるのはむろん妥当だと考えるが、その意味は消費者にとって重要な法だからということであって、消費者契約法にいう消費者と事業者の間を規定している私法だからということではない。

(3) 消費者契約法の消費者像と金融商品販売法の顧客像

ここで、金融商品販売法における顧客（投資家）像について言及しておく。

消費者契約法は、民法と同様に合理的な経済人を想定しているといわれる。旧証券取引法の分野においては、合理的投資家像があった。これは、いわば合理的経済人の証券分野版ともいうべきモデルである。

しかし、金融商品販売法によって、投資分野はそのような投資家像から脱却したということができる。というのは、二〇〇一年四月に金融商品販売法が施行された当時の説明義務は、元本欠損が生じるおそれとその指標等の説明義務であった（三条一項一号の価格変動リスク、同項二号の信用リスク、同項四号の権利行使期間の制限と解約期間の制限）[13]。これらは、投資家にとってはごく基本的な情報であり、それまでモデルとされていた「合理的投資家」であれば、わざわざ説明してもらう必要もないことである（そのようなモデルであれば、すでに熟知しているか、仮にそうでないとした場合でも入手することが容易な情報であり、自ら取得してたちどころに理解するはずである）。したがって、そのようなモデルを前提とすると不要と考えられていたので、実際にも旧証券取引法に規定が置かれていなかったのである。ところが、ワラント等の勧誘被害が蔓延し、現実の顧客の姿と証券会社の勧誘の実態が浮き彫りになり、それを前提として、信義則上の義務としての説明義務が判例上形成されたのである。そこで、説明義務を金融商品販売法で明確化しようということになった[14]。したがって、その時点で、いわゆる合理的投資家モデルは放棄されているといえる。

2　金融商品取引法

(1)　はじめに

次に、金融商品取引法を見ていく。金融商品販売法は、不法行為の特別法とされている。これに対して、旧証券取引法を発展させた金融商品取引法は、基本的には行政上の取締法規である。

すでに見たとおり、金融商品販売法においては、もはや合理的投資家像は採用していない。現実に存在するのは、そのような投資家ばかりではないということが明確にされたのである。ところが、金融取引市場においては、洗練された投資家をはじめ、多種多様な投資家が参加している。そうすると、金融取引において、ルールをどのように設定するのが合理的かという点が、二〇〇六年金融商品取引法に向けて検討されたのである（取引の公正性と効率性の調和の問題）(15)。

こうした観点から、金融商品取引法における投資家像を見ていくこととする。この問題は、金融商品取引分野においては事業者と消費者という区分だけでなく（消費者契約法も適用されるので、この区分はこの分野においても意味があるのは当然である）、特定の分野においてさらに妥当な法規制の区分のあり方を考えるという意味で、参考となる。

(2)　プロとアマ

金融商品取引法は、一般投資家（いわゆるアマ）と特定投資家（いわゆるプロ）の区別という概念を導入した。これは旧証券取引法にはない概念であった。特定投資家に対しては、契約締結前書面交付・説明義務や適合性原則、不招請勧誘の禁止等、行為規制の大部分が適用されない（金商四五条）。

このような制度を導入する趣旨は、プロとの取引においては、金融業者の行為規制をなくして取引を効率化し、リテール取引については行為規制の徹底によって利用者保護を図るというものである。

そうすると、アマとプロの範囲をどう定めるか、アマとプロのルールをそれぞれどのような内容とするか、アマからプロへ、逆にプロからアマへ転換できるか、できるとした場合にはその要件をどうするか、などについて明確にする必要があった。

金融商品取引法は、一般投資家と特定投資家間で移行できるものとできないものに分けて次の四類型とし、それらの内容について細かく規定している。

① 一般投資家に移行できない特定投資家
② 一般投資家に移行可能な特定投資家
③ 特定投資家に移行可能な一般投資家（法人、個人）
④ 特定投資家に移行できない一般投資家（個人）

以下、概要を見ていく。

(3) 各類型の概要

(ア) 一般投資家に移行できない特定投資家（金商三四条の二第一項・二条三一項一～三号）

アマに転換できないプロであり、いわばプロ中のプロということになる。その範囲は、①適格機関投資家（金商二条三一項一号）、②国（同項二号）、③日本銀行（同項三号）となっている。

一見すると極めて限定的なように見えるが、実際にはそうではない。適格機関投資家については、金融商品取引法二条三項一号カッコ書に定義があり、有価証券に対する投資に係る専門的知識および経験を有する者として内閣府令で定める者とされている。そして、定義府令一〇条一項には、適格機関投資家に該当する者が列挙されている（図表1）。

(イ) 一般投資家に移行可能な特定投資家（金商三四条の二第一項・二条三一項四号、定義府令二三条）

いわゆるアマに転換できるプロである。この範疇に属するのは、次の範囲とされている（定義府令二三条各号）。

① 特別法による法人・政府系機関（一号）
② 投資者保護基金（二号）
③ 預金保険機構（三号）

〔図表１〕　**適格機関投資家（定義府令10条１項各号）**

１号	有価証券関連業に該当する金融商品取引業者、投資運用業を行う金融商品取引業者
２号	投資法人（投資信託及び投資法人に関する法律２条12項）
３号	外国投資法人（投資信託及び投資法人に関する法律２条23項）
４号	銀行
５号	保険会社
６号	外国保険会社
７号	信用金庫、信用金庫連合会、労働金庫、労働金庫連合会
８号	農林中央金庫、商工組合中央金庫
９号	信用協同組合のうち金融庁長官に届出を行った者、信用協同組合連合会、農業協同組合連合会、共済水産業協同組合連合会
10号	株式会社企業再生支援機構
11号	財政融資資金の管理・運用をする者
12号	年金積立金管理運用独立行政法人
13号	日本政策金融公庫、沖縄振興開発金融公庫
14号	日本政策投資銀行
15号	農業協同組合・漁業協同組合連合会
16号	主としてコール資金の貸付けまたはその貸借の媒介を業として行う者のうち金融庁長官の指定するもの
17号	株式・社債の取得もしくはこれらを行うことを目的とする民法上の組合契約、投資事業有限責任組合契約を締結することにより他の株式会社にその事業資金を供給する業務を行う株式会社のうち金融庁長官に届出を行った者（定款に定めがあり、資本金が５億以上）
18号	投資事業有限責任組合
19号	厚生年金基金で直近の貸借対照表上において純資産が100億円以上あるものとして金融庁長官に届出を行った者、企業年金基金で同様の要件の者、企業年金連合会
20号	民間都市開発推進機構
21号	運用型信託会社のうち金融庁長官に届出を行った者
22号	外国運用型信託会社のうち金融庁長官に届出を行った者
23号	・直近の有価証券残高が10億円以上である法人のうち金融庁長官に届出を行った者 ・組合の業務執行組合員等である法人で、次の要件を満たす者のうち、金融庁長官に届出を行った者　組合等の有価証券残高が10億円以上で、他の全ての組合員等の同意を得ていること

23号の2	当該法人が資産流動化法2条3項に規定する特定目的会社で、資産流動化計画における特定資産に有価証券が含まれ、その有価証券の価格が10億円以上であること等
24号	・次の要件を満たす個人のうち金融庁長官に届出を行った者　直近の有価証券残高が10億円以上で、金融商品取引業者等に有価証券取引を行うための口座を開設した日から起算して1年を経過していること ・業務執行組合員等である個人で、次のすべての要件を満たす者のうち、金融庁長官に届出を行った者　組合等の有価証券残高が10億円以上で、他のすべての組合員等の同意を得ていること
25号	外国の法令に準拠して次に掲げる業を行う者で、資本金等が所定額以上である者のうち金融庁長官に届出を行った者　第一種金融商品取引業（有価証券関連業に該当するものに限る）、投資運用業、銀行業、保険業、信託業（管理型信託業以外のものに限る）
26号	次のうち金融庁長官に届出を行った者　外国の政府、外国の政府機関、外国の地方公共団体、外国の中央銀行、日本国が加盟している国際機関
27号	外国の法令に準拠して設立された厚生年金基金類等

④　農水産業協同組合貯金保険機構（四号）
⑤　保険契約者保護機構（五号）
⑥　特定目的会社（六号）
⑦　上場会社（七号）
⑧　「取引の状況その他の事情から合理的に判断して資本金の額が五億円以上であると見込まれる株式会社」（八号）
⑨　特例業務届出者である法人（九号）
⑩　外国法人（一〇号）

(ウ)　特定投資家に移行可能な一般投資家（法人、個人）（金商三四条の四第一項、金商業府令六一条・六二条）

いわゆるプロに転換できるアマである。この範囲に属するのは、以下の要件を満たす①富裕層個人、②ファンド関係者、③法人の三種類である。

①　富裕層個人　次の三つの要件をすべて満たす個人（金商三四条の四第二項、金商業府令六二条）。

ⓐ　取引の状況その他の事情から合理的に判断して承諾

日における申出者の資産の合計額から負債の合計額を控除した額（純資産額）が三億円以上になると見込まれること（同条一号）。

ⓑ　取引の状況その他の事情から合理的に判断して承諾日における申出者の投資性のある金融資産（同条二号イないしトに列挙されている）の合計額が三億円以上になると見込まれること（同条二号）

ⓒ　申出者が当該業者と最初に申出に係る契約の種類に属する契約を締結してから一年を経過していること（同条三号）

②　ファンド関係者　匿名組合の営業者（金商三四条の四第一項一号、金商業府令六一条一項）、民法組合の業務執行組合員（金商三四条の四第一項二号、金商業等府令六一条二項一号）または有限責任事業組合の重要な業務執行決定に関与しかつ当該業務を自ら執行する組合員（金商三四条の四第一項二号、金商業府令六一条二項二号）のいずれかである個人であって、特定投資家への移行についてすべての組合員の同意を得ており、かつ、当該組合契約に係る出資の合計額が三億円以上であるもの

③　法人（地方公共団体を含む）　法人は、定義府令二三条で規定される特定投資家以外は一般投資家であるが、特に限定なく特定投資家に移行できる（金商三四条の三第一項）。

地方公共団体は、金融商品取引法三四条の三第一項が適用される法人に含まれる。すなわち、地方公共団体は、定義府令二三条一項一号により一般投資家に移行可能な特定投資家とされていたが、二〇一〇年改正（二〇一一年四月一日施行）に伴い同号は削除され、金融商品取引法三四条の三第一項が適用される法人となった。

㈡　**特定投資家に移行できない一般投資家（個人）**

プロに転換できないアマであり、㈦①以外の個人である。

(4) 類型の移行

(ア) 特定投資家から一般投資家への移行

一般投資家に移行可能な特定投資家は、契約の種類ごとに移行の申出をすることができる（金商三四条の二第一項）。この移行申出があった場合、金融業者は、原則として申出を承諾しなければならない（同条二項）。期間は顧客の申出があるまで有効である（同条一〇項）。

(イ) 一般顧客から特定投資家への移行

特定投資家に移行可能な一般投資家は、契約の種類ごとに移行の申出をすることができる。法人については金融商品取引法三四条の三第一項、個人については同法三四条の四第一項に規定がある。

この申出に対して、金融商品取引業者は、申出者が個人である場合、要件を充足しているかを確認する義務を負っている（金商三四条の三第一項）。しかし、申出者が法人である場合には限定がないので、その義務もない（金商三四条の四第一項）。

期間は、一年ごとである（金商三四条の三第二項・三四条の四第四項）。

3 商品先物取引法

(1) はじめに

金融商品取引法の前記プロ・アマ制度は、商品先物取引法（二〇一一年一月一日施行）においても、横並びで導入された。ただし、商品先物取引においては、「当業者」という概念がある。これは、上場商品の生産加工・売買等を業としている関連業者の総称である。それとの関係で、「特定当業者」という金融商品取引法にない類型が設けられている。そこで、基本的な類型は、一般顧客、特定委託者、特定当業者の三種類となっている。以下、これらの概要をみていく。

(2)　各類型の概念

(ア)　一般顧客（商先一九七条の四第一項）

一般の委託者は、一般顧客である。

(イ)　特定委託者（商先二条二五項）

次の者は、特定委託者とされる（商先二条二五項各号）。

① 商品先物取引業者（一号）
② 商品投資顧問業者（二号）
③ 商品デリバティブ取引に係る専門的知識および経験を有する者として主務省令で定める者（三号）　この点につき、商品先物取引法施行規則一条の五は、金融商品取引法二条三項一号に規定する適格機関投資家としている。
④ 国（四号）
⑤ 日本銀行（五号）
⑥ 商品取引所の会員等（六号）
⑦ 商品取引所に相当する外国の施設の会員等（七号）
⑧ 委託者保護基金その他の省令で定める法人（八号）　この点

〔図表２〕　商品先物取引法施行規則１条の６で定める特定委託者

1号	委託者保護基金
2号	特定店頭商品デリバティブ取引業者
3号	特別の法律による法人
4号	金融商品取引業者
5号	商品投資販売業者
6号	預金保険機構
7号	保険契約者保護機構
8号	資産流動化法の特定目的会社
9号	上場会社
10号	資本金５億以上と見込まれる株式会社
11号	外国法人

〔図表３〕　特定委託者に移行できる個人の要件（商品先物取引法施行規則90条の11）

1号	匿名組合契約を締結した営業者である個人（出資の合計額が3億円以上で、匿名組合員全員の同意が必要）
2号	組合契約を締結して組合の業務執行を委任された組合員である個人（出資の合計額が3億円以上で、組合員全員の同意が必要）
3号	有限責任事業組合契約を締結して業務執行する組合員である個人（出資の合計額が3億円以上で、組合員全員の同意が必要）
4号	純資産額が3億円以上で、特定の流動資産（4号ロ(1)～(7)に列挙している流動資産）の額が3億円以上、かつ商品取引契約を締結して1年を経過していること

につき、商品先物取引法施行規則一条の六は、図表2に掲げる者としている。

(ウ)　特定当業者（商先二条二六項）

特定当業者という類型は、商品デリバティブ取引の取引対象商品のすべてについての関連業者で、商品先物取引法施行規則一条の七・一条の八の要件に該当するものである。

(3)　類型の移行

(ア)　特定委託者から一般顧客への移行

特定委託者のうち、(2)(イ)⑦⑧の者については、一般顧客への移行が可能とされている（商先一九七条の四第一項）。

(イ)　一般顧客から特定委託者への移行

法人（商先一九七条の五）、知識・経験・財産の状況に照らして特定委託者に相当する者として省令で定める個人（商先一九七条の六）は、特定委託者への移行が可能とされている。

商品先物取引法施行規則九〇条の一一は、特定委託者に移行できる個人の要件を定めている。その概要は、図表3のいずれかに該当する場合である。

(ウ)　特定当業者から一般顧客への移行

特定当業者は、一般顧客への移行が可能とされている（商先一九七条の八）。

(エ) 法人の特定当業者への移行

法人は、一定の要件で、特定当業者への移行が可能とされている（商先一九七条の九）。

(4) 特定委託者・特定当業者に対する規制緩和

行為規制のかなりのものが特定委託者、特定当業者には適用除外となる（商先二二〇条の四）。適用除外となるのは、広告規制、勧誘規制（迷惑勧誘の禁止を除く）、両建て、適合性原則、説明義務、契約締結前の書面交付義務等である。

4 小括

以上のとおり、金融商品取引法においても商品先物取引法においても、一般の法人も個人もアマであるという意味では同じである（ただし、プロに移行する要件は異なる）。また、個人をみると、非事業者としての個人も事業者としての個人もアマであるという意味では同じである（ただし、ファンド関係者等の個人の場合には移行の要件が異なる）。

顧客が消費者である場合には、消費者契約法の適用がある。したがって、この分野においても消費者契約法上の消費者という範疇は重要である。しかし、被害救済という実務的な面からいえば、金融取引分野で消費者契約法による取消しを主張することは多くはなく、勧誘や取引が違法であることを理由とする不法行為による損害賠償請求が圧倒的に多い。その意味からすると、事業者か消費者かという区分以上に、前記の類型が意味をもつ局面が金融分野では多いということである。

このことは、消費者問題を考える場合に、消費者という概念だけで足りるというわけではなく、分野ごとにさらに妥当な類型を検討していくことが重要だということを示しているといえる(16)。

なお、消費者契約法が私法であるのに対して、消費者法には行政法規が多い。そこで、いわば消費者私法においては消費者契約法の消費者概念を、消費者行政法においては行政法規に定められた概念（投資家、預金者、委託者、顧客、契約者等）を使えばよいのではないかという考えもあるかもしれない。しかし、すでに見てきたとおり、金融分野における私法である金融商品販売法は、消費者契約法の消費者よりもはるかに広い顧客という概念を導入しているので、そのような区分は妥当しない。また、消費者私法と消費者行政法という分類をするにしても、特定商取引法のように取締法規でもあり民事効もあるという意味で両方の性質を兼ね備える法もある。特定商取引法は、一九七六年に訪問販売法として制定されたときには典型的な行政上の取締法規であったが、度々改正されて民事規定が充実してきた。とりわけ二〇〇四年改正において取消権の法定やクーリング・オフ妨害規定の新設がされ、二〇〇八年改正において過量販売解除権や通信販売の法定返品権が盛り込まれ、もはや単純に業法と分類するわけにもいかない。こうした業法と民事効をいわば連動させるのは、望ましい方向と考える。(17)

三　抽象的消費者像から具体的人間像へ

1　説明義務の場合

上記のように、金融商品取引法、金融商品販売法は、顧客についてプロ・アマの区分をしており、四つの類型に分類している。これは、金融取引の公正さと効率性を両立させるためにどういった区分が適当かを検討した結果である。しかし、実際には、アマと分類される中においてもさまざまな個人や法人が存在する。それをどう考えるのかが次の問題である。

この点、二〇〇六年改正の金融商品販売法三条二項は、「前項の説明は、顧客の知識、経験、財産の状況及び当該金融商品の販売に係る契約を締結する目的に照らして、当該顧客に理解されるために必要な方法及び程度によるものでなければならない」と定め、勧誘する相手方という、具体的な顧客を基準としている。

これは、単にアマとプロの二類型に区分して対応せよということではなく、実際にはさらに多種多様な顧客が存在することを前提として、当該顧客に対応する行為を行えという規範の設定である。

この点は、金融商品取引法の場合も同様であり、同法三八条七号、金商業府令一一七条一項一号は、契約締結前書面の交付に関し、あらかじめ金融商品取引法三七条の三第一項三号～七号の事項（契約の概要、手数料等対価、損失のおそれ、元本超過損のおそれ、内閣府令で定める事項）について「顧客の知識、経験、財産の状況及び金融商品取引契約を締結する目的に照らして当該顧客に理解されるために必要な方法及び程度による説明をすることなく、金融商品取引契約を締結する行為」を禁止している。

商品先物取引法も、二一八条二項において、説明義務の履行につき、「顧客の知識、経験、財産の状況及び商品取引契約を締結する目的に照らして、当該顧客に理解されるために必要な方法及び程度によるものでなければならない」と定めた。

2　適合性原則の場合

こうした多様な顧客像を前提とするという意味では、適合性原則も重要である。金融商品取引法四〇条一号は、金融商品取引業者の行為規制として、「顧客の知識、経験、財産の状況及び金融商品取引契約を締結する目的に照らして不適当と認められる勧誘を行つて投資者の保護に欠けることとなつており、又は欠けることとなるおそれがあること」のないように業務を行わなければならないとしている。

商品先物取引法二一五条も、「商品先物取引業者は、顧客の知識、経験、財産の状況及び商品取引契約を締結する目的に照らして不適当と認められる勧誘を行って委託者等の保護に欠け、又は欠けることとなるおそれがないように、商品先物取引業を行わなければならない」と定めている。

これもまた、種々の人間像を前提としており、特定の投資家像あるいは投機家像を前提としているものではない。また、もともと上記の説明義務の程度の規定は、適合性原則の考え方を導入したものとされている。(18)

3　抽象的消費者像から具体的人間像へ

さらに考えると、金融商品販売法が消費者だけでなく事業者をも顧客という概念で捉えている理由は、前記のとおり次の二つであるとされる。

① 金融商品販売業者との情報格差という観点からすると、消費者も事業者も大差ないこと

② 金融取引は将来のキャッシュフローとリスクそのものを取引の対象とするものであることから、物理的形態をもたず情報の重要性が高いこと

しかし、①は、金融に限った話ではなく、多かれ少なかれどの分野でもいえることだと思われる。製造・販売する専門業者とそれを購入して使用する者（エンドユーザー、広い意味での消費者）との間では、この種の情報格差は常に存在する。

②も、物理的形態をもたない商品の取引は金融に限らないわけであるし、物理的形態をもっていても情報が重要な意味をもつ商品は多くある。たとえば、不動産は物理的存在であるが、その権利関係や利用関係の法律は複雑であり、情報の重要性は極めて高い。

そうしてみると、消費者法は、「消費者」という抽象的な概念で満足することなく、さらに具体的な人間像を分野ごとに突き詰め、それと適合した対応を検討すべきであると考える。

その場合、適合性原則は重要である。適合性原則は、もともとは証券取引分野における原則であったが、その後、金融分野だけでなく、消費者基本法に事業者の責務として盛り込まれている（五条一項三号）[19]。つまり、消費者取引全般を支配する基本理念として明確化されたといえる。

これを受けて、特定商取引法にも二〇〇四年改正の際に導入され（訪問販売につき特商七条四号・特商規七条三号、電話勧誘販売につき特商二二条三号・特商規二三条三号、特定継続的役務提供につき特商四六条三号・特商規三九条三号、連鎖販売取引につき特商三八条一項四号・特商規三一条七号、業務提供誘引販売取引につき特商五六条一項四号・特商規四六条三号）、二〇〇八年改正の過量販売解除権にもつながった（特商九条の二・七条三号、特商規六条の三）。

ここで注意する必要があるのは、新規の立法や法改正に際しては、立法事実が積み上げられているということである。被害実態に対応して法改正が行われるが、その改正条項の裏側には、それに対応する人間像がある。金融商品販売法の場合はすでに見てきたので、ここでは特定商取引法の過量販売解除権を例にあげてみよう。これは、高齢者の次々販売による被害への対応で盛り込まれたものである。ここで想定されるのは、勧誘の手口を供述すること自体が困難な高齢者等である（勧誘の手口を法廷で再現できるのであれば、被害救済のためのさまざまな法律構成が可能である）。決して「合理的経済人」などではない（合理的経済人であれば、このような被害は想定できない）。

このように、具体的人間像の想定は各分野にあり、それを踏まえて法整備が行われてきている。したがって、消費者か事業者かというような抽象的な人間像を想定した議論を行うだけではなく、より具体的な人間像を浮き彫りにして法解釈が行われ、あるべきルールが検討される必要がある。各分野の業法は、その際重要な手がかりとなると考える。

(1) 消費者庁及び消費者委員会設置法では、消費者庁の所掌事務を四条一号〜二七号に列挙しているが、他省庁との共管となる法については、消費者庁が所管するのは当該法律の全部ではなく個人の利益擁護にかかわる部分に限定するものが見られる（同条四号の宅地建物取引業法、一〇号の貸金業法）。
(2) 法制審議会民法（債権関係）部会資料二〇—二「民法（債権関係）の改正に関する検討事項（一五）詳細版」一頁以下。
(3) この場合の実務界とは、弁護士だけでなく裁判官も含む意味である。
(4) 個人事業者も事業所数全体に占める比率は農林水産業を除いて四六％余りあるとされる。河本一郎ほか『日本の会社法〔新訂第一〇版〕』二五頁（商事法務、二〇一一年）。したがって、各分野で個人事業者をどう扱うかも大きな問題である。
(5) 齋藤雅弘＝池本誠司＝石戸谷豊『特定商取引法ハンドブック〔第四版〕』五二頁（日本評論社、二〇一〇年）のうち、齋藤雅弘執筆「第2章　特定商取引法の全体像と特質及び法適用の基本的考え方」参照。
(6) ただし、特定継続的役務提供については「国民の日常生活に係る取引」（特商四一条二項）という定義上の限定がある。齋藤＝池本＝石戸谷・前掲（注5）五四頁。
(7) 日本弁護士連合会消費者問題対策委員会編『改正特商法・割販法の解説』四五頁（民事法研究会、二〇〇九年）、後藤巻則＝池本誠司『クレサラ叢書解説編　割賦販売法』一六六頁（勁草書房、二〇一一年）等。
(8) 高見澤昭治＝齋藤雅弘＝野間啓編著『預金者保護法ハンドブック』三七頁（日本評論社、二〇〇六年）。
(9) これは、消費者契約法よりも契約内容を売買と賃借に限定しているという意味では狭い。岡本正治＝宇仁美咲『逐条解説　宅地建物取引業法』四二頁（大成出版社、二〇〇九年）。
(10) 消費者法の観点からの金融分野の法の概説として、桜井健夫＝上柳敏郎＝石戸谷豊『新・金融商品取引法ハンドブック〔第三版〕』（日本評論社、二〇一一年）。
(11) 松尾直彦監修・池田和世『逐条解説　新金融商品販売法』一二五頁（金融財政事情研究会、二〇〇八年）。
(12) 神作裕之「消費者契約法と金融商品販売法〈特集・消費者契約法と消費者の二一世紀　1　消費者契約法とその他の消費者立法〉」ジュリ一二〇〇号三九頁（二〇〇一年）。

(13) 桜井健夫＝上柳敏郎＝石戸谷豊『金融商品取引法ハンドブック』三六頁（日本評論社、二〇〇二年）。
(14) 金融商品販売法の立法過程における議論については、桜井＝上柳＝石戸谷・前掲（注13）一八頁以下。
(15) 金融審議会金融分科会第一部会「中間整理」（二〇〇五年七月七日）、同報告書「投資サービス法（仮称）に向けて」（二〇〇五年一二月二二日）。
(16) 吉岡伸一「金融取引と法主体」宇佐見大司＝大島和夫編『変わりゆく人と民法』二二三頁（有信堂、二〇〇九年）参照。
(17) 石戸谷豊「消費者取引における民事ルールと業者ルールの交錯」ＮＢＬ八二七号一八頁（二〇〇六年）。
(18) 松尾・池田・前掲（注11）一二五頁。
(19) 消費者基本法については、石戸谷豊「消費者基本法の基本的枠組み——立法過程の検証から——(上)(中)(下)」国民生活研究四七巻一号一頁・二号一頁・三号一頁（二〇〇七年）。

■消費者契約法上の断定的判断の提供と故意の事実不告知との関係について——最判平成二二年三月三〇日を素材として

弁護士　平田元秀

本稿では、消費者契約法四条に関する最判平成二二年三月三〇日（判タ一三二一号八八頁。以下、「本件最判」という）（原審：札幌高判平成二〇年一月二五日・判時二〇一七号八五頁）についてコメントしたい。

一　本件最判の要旨

消費者契約法は、四条一項二号において断定的判断の提供による取消権を規定し、同項一号および同条二項において、いわゆる虚偽説明による取消権（不実告知・故意の事実不告知による取消権）を規定している。

本件最判では、両規定の射程範囲に関係する判断がなされている。

すなわち、本件最判は、消費者契約法上、断定的判断の提供の対象となる事項（商品先物取引の委託契約に係る将来における当該商品の価格など将来における変動が不確実な事項）は、不実告知、故意の事実不告知の対象とはならないと述べている。

以下、本件最判の事案および判断内容について、事案、当事者の主張、これに対する原審裁判所の判断、これに対する最高裁判所の判断という順序で紹介する。

なお、判決文の引用にあたり、控訴人＝被上告人を委託者と、被委託者＝上告人を先物業者と、それぞれ置き換えて表記する。

二　本件最判の事案および判断内容について

1　事　案

事案は、金の国内公設先物取引の委託者トラブル事案である。

本件最判摘示の「原審の確定した事実関係の概要等」によれば、先物業者の外務員は、平成一七年一二月七日および同月一〇日、委託者に対し、東京市場における金の価格が上昇傾向にあることを告げたうえ、この傾向は年内は続くとの自己の相場予測を伝え、金を購入すれば利益を得られる旨説明するなどして（以下、「本件説明」という）、金の商品先物取引の委託契約の締結を勧誘した。

2　委託者の主張

委託者は、原審（札幌高裁）において、①先物業者の外務員が本件説明をしたことは、消費者契約法四条一項二号にいう断定的判断を提供したことに当たる、②先物業者の外務員は、将来における金の価格につき、本件説明をする一方で、東京市場における金の価格の高騰は異常であり、ロコ・ロンドン市場における金の価格と極端に乖離していたことなど、将来における金の価格が暴落する可能性があることを示す事実を告げなかったのであって、これは同条二項本文にいう、利益となる旨を告げ、かつ、不利益となる事実を故意に告げなかったことに当たる、として、本件契約の申込みの意思表示の取消しを主張した。

3 原審裁判所の判断

原審裁判所（裁判長裁判官：末永進、裁判官：千葉和則、同：住友隆行）は、判決の中で、委託者の主張のうち前記①の断定的判断の提供該当性を否定しつつ、前記②の故意の不利益事実不告知による取消しの主張については理由があるとして、委託者の主位的請求を認容し、先物業者の請求を棄却した。

(1) 断定的判断の提供該当性（前記①）について

すなわち、前記①について、「実際のやり取りにおいて、先物業者の外務員が、商品先物取引の勧務を開始してから平成一七年一二月一二日に金二〇〇枚の買建玉を行うまでの間、将来における変動が不確実な事項である金の相場について、委託者が金の相場に関する判断をする上での情報提供の限度を超えて、相場が上昇することが確実であると決めつけるような断定的な表現を使って委託者に取引を勧誘したことを認めるに足りる証拠はない」、「なお、委託者は、プロである外務員が相場予測を述べること自体が、『プロがそこまで言うのであれば、相当確実な根拠があるのだろう。』と誤認させる行為であり、先物取引の初心者との関係では断定的判断の提供に当たるかのごとく主張する。しかし、法令上、外務員が相場予測を述べること自体を禁止する規定はなく、経験のない顧客がこれによってその予測を信じるであろうことを理由にその相場予測自体を断定的判断の提供と解するのは相当ではなく、かかる顧客の保護は、新規受託者保護義務等、顧客の属性に基づくその他の根拠によるべきである」等と述べて断定的判断の提供を否定した。

(2) 故意の不利益事実不告知該当性（前記②）について

そのうえで、前記②について、要旨次のように述べて、故意の不利益事実不告知による取消しを認めた。

「本件契約において、将来における金の価格は、消費者契約法四条四項一号にいう『目的となるものの質』に当たり、かつ、消費者である委託者の本件契約を締結するか否かについての判断に通常影響を及ぼすべきものであるから、同条二項本文にいう『重要事項』に当たる」。

「先物業者の外務員は、将来における金の価格が上昇するとの自己の相場予測を伝えて委託者の利益となる旨を告げる一方、委託者の不利益となる事実である将来における金の価格が暴落する可能性を示す……事実を故意に告げず、その結果、委託者は、当該事実が存在しないと誤認し、それによって本件契約の申込みの意思表示をしたのであるから、委託者は、同項本文に基づき、上記意思表示を取り消すことができる」。

4 最高裁判所の判断

最高裁（裁判長裁判官：藤田宙靖、裁判官：堀籠幸男、同：那須弘平、同：田原睦夫、同：近藤崇晴）は、委託者の前記②の主張に関する原審裁判所の判断は是認できないが、委託者の前記①に関する原審裁判所の判断は是認できるとして、結果として委託者の前記①②の主張をいずれも排斥した。

その判示は、次のとおりである。

「消費者契約法四条二項本文にいう『重要事項』とは、同条四項において、当該消費者契約の目的となるものの

『質、用途その他の内容』又は『対価その他の取引条件』をいうものと定義されているのであって、同条一項二号では断定的判断の提供の対象となる事項につき『将来におけるその価額、将来において当該消費者が受け取るべき金額その他の将来における変動が不確実な事項』と明示されているのとは異なり、同条二項、四項では商品先物取引の委託契約に係る将来における当該商品の価格など将来における変動が不確実な事項を含意するような文言は用いられていない。

そうすると、本件契約において、将来における金の価格は「重要事項」に当たらないと解するのが相当であって、先物業者が、委託者に対し、将来における金の価格が暴落する可能性を示す……事実を告げなかったからといって、同条二項本文により本件契約の申込みの意思表示を取り消すことはできないというべきである。

これと異なる原審の判断には、判決に影響を及ぼすことが明らかな法令の違反がある。論旨はこの趣旨をいうものとして理由がある」。

「また、前記事実関係によれば、先物業者の外務員が委託者に対し断定的判断の提供をしたということはできず、消費者契約法四条一項二号に基づく取消しの主張に理由がないとした原審の判断は正当として是認することができるから、委託者の同法に基づく取消しの各主張は、いずれも理由がない」。

「したがって、原判決中先物業者敗訴部分は破棄を免れず、委託者の主位的請求は棄却すべきである。そして、委託者の予備的請求の当否及び先物業者の請求に対する信義則違反の主張の当否について更に審理を尽くさせるため、委託者の予備的請求及び先物業者の請求につき、本件を原審に差し戻すこととする」。

三　コメント

1　消費者契約法四条一項二号の取消権と同条一項一号および二項の取消権の関係

消費者契約法四条一項二号の「断定的判断の提供禁止」の規範と、同条一項一号および二項の「不実告知」「故意の不利益事実不告知の禁止」（いわゆる「虚偽説明の禁止」）の規範とは、「誤認」類型としてくくられているところ、両者の規範の抵触等の関係については、今まで論じられてきておらず、実務上、基本的には、(A)　前者は判断提供行為を問題とし、(B)　後者は情報提供（事実告知）行為（故意の不利益情報非提供（事実不告知）行為）を問題としていることから、規範は必ずしも重ならず、両立すると捉えられてきたように思われる。

消費者の「誤認」の状態・内容についても、(A)　前者は提供された判断が確実であると誤認した場合を保護するのに対し、(B)　後者は事実でないことを事実であると誤認したり、存在する不利益事実を存在しないと誤認した場合を保護するので、両者の規範構造は別立てで、択一的関係ではなく、両立する関係であると捉えられてきたように思われる。

いずれにせよ、これらの規範が消費者契約法に採り入れられるに至った背景も異なる（断定的判断の提供禁止ルールは、消費者契約法制定以前から証券取引法（現金融商品取引法）、保険業法、商品取引所法（現商品先物取引法）等の金融商品取引における市場ルール・民事ルールとして確立されていたが、不実告知・故意の事実不告知の禁止規範は、消費者契約法立法に伴う新しいルールとして提示されたものである）ことから、仮に事案として保護されることとなる集合図に重なり合いが出てきたとしても、消費者としては、前者にも該当するし後者にも該当すると主張して、どちらの取消権も並列的に主張できると考えられてきたように思われる。

2 判断提供行為と情報提供行為の区別問題

もっとも、前記のうち、判断提供行為と情報提供行為との区別については、具体的な場面ではっきりしない場合があるということは、さまざまな事案のあてはめの場面で体験される。そこで、本件最判は、その点を深く考えさせる問題を提供したものとして、一応は評価できる。

この点について、以下で、事案から検討を行う。

3 本件説明は、判断提供行為か、情報提供行為か

本件は、前述のとおり、先物業者の外務員が、委託者に対し、金の価格が上昇傾向にある、この傾向は年内は続くと予想される、と告げ、金を購入すれば利益を得られると説明した事案である。

前記の事実のうち、「金の価格の値上がり傾向が年内は続くだろう」というのは「判断提供行為」である。

この点、先物市場における金の現在価格を告げる行為は「情報提供行為」であるが、「金の将来価格」となると、これは、既定の事実ではないので、これを「情報提供得行為」と呼ぶのはしっくりこないといえる。もっとも、仮に、外務員が、将来価格を、すでに決まっている事実として述べたとすると（たとえば、八百長レース類似の価格の根決めが裏で行われるかのごとき事実を提供して述べる場合が考えられる）、これは「情報提供行為」であるということになる。

次に、「金を購入すれば利益を得られる」と説明する行為は、「判断提供行為」ということはできるが、「情報提供行為」と呼ぶのはしっくりこないといえる。

4　消費者契約法四条二項の「利益となる旨を告げる」行為は判断提供行為を含む概念であること

前記3のうち、「判断提供行為」である部分については、消費者契約法四条一項二号の断定的判断の提供禁止規範に抵触するかが問題となりうる（なお、消費者庁企画課『逐条解説消費者契約法〔第二版〕』一一五頁～一一九頁〔商事法務、二〇一〇年〕の理解によれば、「金の価格の値上がり傾向が年内は続くだろう」（傍点筆者）というだけでは、断定的判断の提供に当たらないが、「金を購入すれば利益を得られる」と説明する行為は、断定的判断の提供に当たる可能性が高い、といえることになる）。

しかし、「金を購入すれば利益を得られる」と説明する行為については、単に消費者契約法四条一項二号の断定的判断の提供該当性だけが問題となるのではなく、同時に、同条二項の「利益となる旨を告げ」る行為該当性も問題となる。すなわち、消費者契約法四条二項が事業者の先行行為として規定する「利益となる旨を告げ」る行為は、判断を誤らせるおそれのある行為であるが、そこには、情報提供行為だけではなく判断提供行為も含まれているといえる（他方、本件で委託者が主張するように、先物業者に「金の値段が暴落する可能性があることを示す事実をあえて告げない」という行為があったとした場合、このような行為は、不利益情報の不提供行為であると整理できる。逆に言えば、暴落するという判断の不提供行為だと整理する必要は必ずしもない）。

このように考えてくると、消費者契約法四条二項所定の事業者による故意の不利益事実不告知の対象となる行為は、情報不提供行為であるけれども、先行行為である「利益となる旨を告げる」行為は、判断提供行為をも含む概念であることがわかる。

翻って考えてみるに、消費者契約法上の取消権の立法趣旨が、誤認を通じて消費者の意思表示に瑕疵をもたらすような不適切な勧誘行為の民事的な規制にあることに照らせば、故意の事実不告知を規制する消費者契約法四条二項が、事業者の「利益となる旨」の判断提供行為を広く含んだものであるとしても何ら不思議ではないということになる。

5 「金の将来価格」は消費者契約法四条二項・四項の重要事項か

さて、そうなると、この故意の事実不告知の規範が及ぶ行為と、断定的判断提供の規範が及ぶ行為とは、判断提供行為が重なり合う場面が出てくるということになる。

金の先物取引について、先物業者の外務員の判断として「この金の取引をすれば金の将来価格の値上がりにより一〇〇万円儲かる」と告知すると、これは消費者契約法四条一項二号の断定的判断の提供に当たる。

他方、この「金の将来価格」が、同条二項の「重要事項」に当たるとすれば、「金の取引により一〇〇万円儲かる」という告知は、同条二項の「当該消費者の利益となる旨を告げ」に該当する行為になってくる。

この点、原審の高裁判決も、「一般の個人が、自己資金を遥かに上回る取引が予定される商品先物取引を行う目的は、相場の変動による差金取得にあると認められるから、本件取引において、金の相場、すなわち将来における価格の上下は、消費者契約たる本件取引の『目的となるものの質』（消費者契約法四条四項一号）であり、かつ、消費者たる顧客が当該契約を『締結するか否かについての判断に通常影響を及ぼすべきもの』（同項但書）であるから、消費者契約法四条二項の重要事項というべきである」として、同条二項の判断に入ったものである。

そして、いったん消費者契約法四条二項の判断に入ると、原審の高裁判決も該当箇所で述べているところであるが、外務員が委託者に金の相場が上昇するとの判断を告げて買注文を勧めることは、「当該消費者の利益となる旨告げ」ることに該当するし、将来金相場が暴落する可能性を示す事実は、「当該消費者の不利益となる事実」に該当する。

そこで、先物業者が、将来の金相場の暴落の可能性を示す事実をつかんでいたとすれば、これを故意に告げない行為は、故意の不利益事実の不告知行為として、取消しの対象行為ということにならざるを得ない。

6　先物商品の将来価格の重要事項性を否定した最高裁の判断

この点について、最高裁判所は、本件最判において、消費者契約法四条二項の「重要事項」には、同条一項二号の規定する「商品先物取引の委託契約に係る将来における当該商品の価格など将来における変動が不確実な事項」は含まないと判示した。

本件最判は、前述のとおり、「消費者契約法四条二項本文にいう『重要事項』とは、同条四項において、当該消費者契約の目的となるものの『質、用途その他の内容』又は『対価その他の取引条件』をいうものと定義されているのであって、同条一項二号では断定的判断の提供の対象となる事項につき『将来におけるその価額、将来において当該消費者が受け取るべき金額その他の将来における変動が不確実な事項』と明示されているのとは異なり、同条二項、四項では商品先物取引の委託契約に係る将来における当該商品の価格など将来における変動が不確実な事項を含意するような文言は用いられていない」と述べて、文言解釈の手法で判断を下している。「四条一項二号に書いてあるような事由が、四条二項の重要事項を定義する四条四項には書いていない」。これが唯一の理由になっているのである。

しかし、こうした判断によって、結果的に、「商品先物取引の委託契約に係る将来における当該商品の価格など将来における変動が不確実な事項」については、いくら事業者が利益となる旨を告げ、かつ故意に不利益事実を告げなかったとしても、消費者契約法四条二項の取消権を問擬することができないとされる可能性が出てきてしまった。消費者契約法四条二項が消費者が巻き込まれる投資・投機取引トラブルで活用できる可能性を大きく損なうことになる危険性のある判断がなされたことになる。

当面する実務では、本件最判が示した射程範囲を限定していく工夫が求められる。おそらく方向性としては、民法の錯誤論を、民法（債権関係）改正の議論を参酌しながら発展させて主張する方向性を模索することになろうか。

7　最判は商品の価格一般の重要事項性を否定したものではないこと

なお、原審の高裁判決が「将来の金の価格」を、消費者契約法四条四項一号にいう「質」に当たるとした点については、「これらはいずれも消費者契約の目的となるものの『属性』を指し示す概念であることからすると、商品先物取引における当該商品の将来の価格を『質』ということには、文言上無理があるように思われる」との解説も見られる（判タ一三二二号八八頁におけるコメント）。もっとも、本件最判は、このような理解（消費者契約法四条四項一号は、消費者契約の目的の属性を指し示すものに限られるというような理解）に積極的に立って判断したものとまではいえない。

この点、大阪高判平成一六年四月二二日（消費者法ニュース六〇号一五六頁）（裁判長裁判官：井土正明、裁判官：中村哲、同：久保田浩史）は、一般市場価格として四一万四〇〇〇円と表示された値札を付けて陳列されていたファッションリングを二九万円で購入した事案において、一般的な小売価格は消費者契約法四条四項一号に掲げる重要事項に該当し、これに不実告知があったとして、購入者による契約の取消しを認めた事案であるところ、この高裁判決の解釈が否定されたわけではないことに注意が必要である。

前記大阪高判は、消費者契約法四条四項一号を、趣旨から解釈しており、今後の本件最判の射程を限定していく実務を考えるうえで、なお光彩を放っている。その判示を以下に引用して、本稿を終えたい。

「商品をいかなる価格で販売するかは基本的に売主の自由であり、売主の主観的評価に基づく値付けをすること自体は何ら妨げられない。

しかし、事業者が、他の事業者が同種商品をいかなる価格で販売しているかについて、消費者にことさら誤認させるような行為をすることは、消費者の合理的な意思形成を妨げるものであって相当でない。ことに、本件リングのような宝飾品については、一般に使用価値に基づく客観的な価格設定は想定しがたく、主観的かつ相対的な価値判断によって価格設定がされるものと解されるから、買主にとっての価値も、それが一般にどのような価格で販売されているかという事実に依拠し、その購買意思の形成は、これと密接に関連するものと解される。

したがって、本件リングについては、その一般的な小売価格は、消費者契約法四条四項一号に掲げる事項（物品の質ないしその他の内容）に当たり、かつ、消費者が当該契約を締結するか否かについての判断に通常影響を及ぼすべきものであるから、同法同条一項一号の重要事項というべきである」。

■消費者契約と免責約款論
——免責約款論的思考から帰責約款論的思考へ（発想の転換の必要性）

弁護士　福　﨑　博　孝

一　カード被害救済と免責約款

1　カード被害における消費者救済策スキーム

平成二二年から同二三年にかけての約一年間、『カード被害救済の法理と実務』（民事法研究会より平成二三年三月に出版。以下、「法理と実務」という）の執筆・出版のための準備を行い、その間多くの裁判例や文献を検討して、「カード被害における消費者救済策のスキーム」（図表1）をまとめた（「法理と実務」五頁）。それぞれのカードの種類（縦軸）ごとに、また、それぞれの被害場面（横軸）ごとに、その消費者被害救済のための法的手法（消費者救済策）は異なるものとなる。

〔図表１〕　**カード被害救済策スキーム**

（保護法＝預貯金者保護法）

（横軸）／（縦軸）		**カードの不正使用** 偽造カード	**カードの不正使用** 真正カード	**カードの不正使用** 真正カード	**違法・不当な原因取引**
		偽造	盗難	紛失・詐取等	
キャッシュカード（預貯金払戻し）	保護法対象	【１】保護法３・４条	【２】保護法３・５条 民法478条	【３】保護法の類推 民法478条 消費者契約法	【A】（想定されない）
ローンカード（貸金）		【４】民法478条類推 消費者契約法 免責約款論	【５】民法478条類推 消費者契約法 免責約款論		
クレジットカード（ショッピング・クレジットカード）	包括信用購入斡旋	【６】消費者契約法 免責約款論 抗弁権の接続 権利濫用・信義則 過失相殺 チャージバック	【７】消費者契約法 免責約款論 抗弁権の接続 権利濫用・信義則 過失相殺 チャージバック		【８】抗弁権の接続 権利濫用・信義則 過失相殺 チャージバック

２　消費者救済スキームにおける「免責約款論」

カード被害におけるカード契約者（消費者）の救済場面では、預金者保護法（偽造カード等及び盗難カード等を用いて行われる不正な機械式預貯金払戻し等からの預貯金者の保護等に関する法律）が適用される偽造・盗難キャッシュカード被害の場面（【1】【2】）を除き、「消費者契約法」と「免責約款論」が、おおむねその法的救済手法の主役を演じる（もちろん、その場面ごとにその主役は変わる）。

救済方法としての消費者契約法と免責約款論を比較すれば、その法的効果が強力であるにもかかわらず、これまでの民事実体法における公序良俗無効、詐欺・強迫取消しなどに比べると実務的に格段に使いやすい消費者契約法（八条・一〇条など）のほうに、実務家の注目は向かいがちである。

しかし、実際の裁判実務をみる限り、裁判官は消費者契約法の適用に消極的である。その一方で、約款の制限的解釈論などの「免責約款論」は、多くの裁判事案において検討され、それに基づいて消費者が救済されることも多い。

このような裁判実務の傾向については、「裁判所による解釈の名を借りた約款の内容のコントロール・約款内容の修正」などという批判もあるが（谷口知平ほか編『新版注釈民法⒀』一八三頁（有斐閣、一九九六年））、弁護士など裁判実務に携わる者としては、この裁判実務の傾向を無視することはできず、むしろ、「（裁判官の）解釈による不当・不合理な約款内容の規制」という捉え方の下に、それ（約款論）に対する十分な対応を検討しておくべきである。また、この点については、「裁判官が約款条項の無効判断を躊躇するがゆえに、当該条項の解釈のもとで合意内容を修正または制限する方法がとられているのではないか」（谷口ほか編・前掲書一八三頁等参照）ともいわれている。

いずれにしても、いかなるカード契約にも普通取引約款（多数の取引に対して一律に適用するために、事業者により作成され、あらかじめ定型化された契約条項。以下「約款」という）が存在し、そのほとんどの約款に免責条項が存在する（以下、約款における事業者免責条項を「免責約款」という）。そして、その免責約款についての裁判所の解釈適用のいかんによっては、消費者が救済されることも少なくない。

3 免責約款論の普遍性・汎用性

カード被害など消費者契約における契約被害（損害）は、事業者・消費者など契約当事者の責により発生することもあれば、第三者による違法・不当な行為により発生することもある。また、契約の履行にあたってコンピュータ等の機械を利用している場合には、その故障や不具合等によって発生することもある。そして、その被害（損害）は、直接的には事業者または消費者のどちらかに発生し、「その被害（損害）をどちらに負担させるべきか」（危険の負担）

という点が重要な問題となる。

しかし、約款は事業者が事前に一方的に作成するものであるから、一般的にいえば、免責約款では、契約上の被害（損害）を事業者に負担させない（すなわち、消費者に一方的に負担させる）ことが多い。そして、免責約款論は、このような消費者契約トラブルにおいて発生した契約被害（損害）について、免責条項をそのまま適用すれば不公正な結果となることから、「事業者を免責するのであれば、どのような要件を満たせばよいのか」という命題を信義則上の観点から検討する法理論である、ということになる。

消費者救済策スキームにおける免責約款論の重要性は、カード被害に限られるものではない。免責約款論（消費者に不当な負担を課さないための議論）は、さまざまな消費者契約トラブルにおいても、消費者救済策スキームの一つとして重要な役割を果たしている。したがって、預金者保護法や民法四七八条非適用論などよりも普遍的に利用可能であって、消費者契約一般にその汎用性がある。

しかし、免責約款論を消費者救済策スキームの一つとして有効に利用するためには、その救済要件の枠組み（これを、以下「消費者救済要件スキーム」という）のあるべき姿を検討する必要がある（約款に明示されていない適用要件の付加などの「解釈による内容規制」の検討など）。このような観点からすれば、立法的に消費者保護の目的を明確にしている預金者保護法における消費者救済要件スキームに注目すべきであり、同法の消費者救済要件スキームを命題化して、それを目標とし、「免責約款論の消費者救済要件スキーム」をそれに近づける努力が必要かと思われる。

二　預金者保護法における「消費者救済要件スキーム」

預金者保護法は、偽造・盗難に係るキャッシュカードまたは預貯金通帳を利用した預貯金の不正な機械払いにおける民法の特例を定めるものであり、不正な機械払いの防止のための措置を講ずるよう金融機関の責務を定めることにより、預貯金者（消費者）を保護するものである。

1　同法における消費者救済要件スキーム

偽造・盗難キャッシュカードの不正払戻しの場面において、カード被害者がどのような場合に救済されるかについては、預金者保護法四条・五条に定められている（「法理と実務」二二頁・二三頁）。そして、これらの保護要件を消費者救済要件スキームとして図表化すると、〔図表2〕〔図表3〕のとおりとなり（なお、事業者に故意がある場合については想定されないので、検討の対象外としている）、さらに、その要点をまとめるとすれば、次のように整理できる。

① カード契約者が善意無過失である限り、その責を負うことはない。
② カード事業者に過失がある限り、その責を負う（ただし、カード契約者に故意がある場合にはその限りではない）。
③ カード事業者が、その責を免れるためには、自らの善意無過失とカード契約者の重過失（または、盗難カードの場合にはカードの不正使用者と預貯金者が「配偶者、二親等以内の親族、同居の親族その他の同居人又は家事使用人」〔預金者保護法五条三項一号ロ〕など家族等によって行われた事実〔家族等条項〕の存在）を証明しなければならない。
④ カード事業者が、盗難カード等による不正払戻しについて、自らの善意無過失とカード契約者の軽過失の証明

〔図表２〕　偽造カード被害救済要件スキーム　　　救済＝○　非救済＝×

<table>
<tr><th colspan="3" rowspan="3"></th><th colspan="4">消費者（預貯金者）</th></tr>
<tr><th rowspan="2">①故意</th><th colspan="2">過失</th><th rowspan="2">④
善意・
無過失</th></tr>
<tr><th>②
重過失</th><th>③
軽過失</th></tr>
<tr><td rowspan="4">事業者</td><td colspan="2">Ⓐ
故意</td><td></td><td></td><td></td><td></td></tr>
<tr><td rowspan="2">過失</td><td>Ⓑ
重過失</td><td>×</td><td>○</td><td>○</td><td>○</td></tr>
<tr><td>Ⓒ
軽過失</td><td>×</td><td>○</td><td>○</td><td>○</td></tr>
<tr><td colspan="2">Ⓓ
善意・無過失</td><td>×</td><td>×</td><td>○</td><td>○</td></tr>
</table>

〔図表３〕　盗難カード被害救済要件スキーム　　　救済＝○　非救済＝×

<table>
<tr><th colspan="3" rowspan="3"></th><th colspan="5">消費者（預貯金者）</th></tr>
<tr><th rowspan="2">①故意</th><th colspan="3">過失</th><th rowspan="2">⑤
善意・
無過失</th></tr>
<tr><th>②
重過失</th><th>③
家族等条項</th><th>④
軽過失</th></tr>
<tr><td rowspan="4">事業者</td><td colspan="2">Ⓐ
故意</td><td></td><td></td><td></td><td></td><td></td></tr>
<tr><td rowspan="2">過失</td><td>Ⓑ
重過失</td><td>×</td><td colspan="2">○</td><td>○</td><td>○</td></tr>
<tr><td>Ⓒ
軽過失</td><td>×</td><td colspan="2">○</td><td>○</td><td>○</td></tr>
<tr><td colspan="2">Ⓓ
善意・無過失</td><td>×</td><td colspan="2">×</td><td>○
（４分の３）</td><td>○</td></tr>
</table>

（ただし、金融機関への盗難届出等が前提条件となる）

に成功した場合には、その責は四分の三に減縮される。

2 免責約款論から帰責約款論への発想の転換

預金者保護法は、不正な機械式預貯金払戻しから消費者を保護することを直接の目的としており（同法一条）、結果的には、「免責約款論を前提とする思考」から「帰責約款論を前提とする思考」へと、その基本的な考え方を転換している。

すなわち、免責約款論は、消費者契約上のトラブルにより発生した契約被害（損害）について、「事業者を免責するのであれば、どのような要件を満たせばよいのか」という観点から事業者の免責の可否を検討する法理論であるが、これを逆の消費者の側から見ると、「消費者側の帰責事由を問うことなく、免責約款を適用して消費者に契約被害（損害）を負担させてよいのか」という重大な問題が生じる。これまでの裁判実務では、「仮に、契約被害（損害）を消費者に負担させるのであれば、どのような要件の下にそれが許されるのか」という視点での議論（帰責の可否の議論）が少なかったように思える。

しかし、預金者保護法の消費者救済要件を見る限り、「カード契約者が善意無過失である限り、その責を負うことはない」とされているのであるから、「消費者への帰責の可否」の議論を前提とするスキームとなっている、といえる。

免責約款は、事業者側にとっては自己の責任を免れるための約款条項であるが、消費者である契約者側にとってみれば、民法の特段の規定に基づくことなく、他人の行為による債務負担ないし損害賠償の責任を引き受けるものであるから、「帰責約款」と称すべきものである（松本恒雄「預金の不正払戻しに係る判例法理と預貯金者保護法」ジュリ一三〇八号三二頁（二〇〇六年））。また、同じ意味において、「なりすまし」事案などに民法四七八条を適用または類推適用して有効な弁済（または貸付け）として取り扱うことも、真の権利者にとっては、権利を喪失しまたは義務を負うことになるのであるから、「帰責規定」ということができる。特に、弁済を超えて貸付けにも民法四七八条を類推適用することは、本来存在しない消費貸借契約を成立させることになるから、「帰責規定」としての性質がより強くなる。したがって、同条の類推適用の可否には真の権利者の有責性の有無を問題にせざるを得ないはずである。

免責約款の解釈の場面において、かつて後藤紀一教授は、「わたしは、以前から顧客に過失が無い場合には、銀行の免責を認めるべきでないといってきた。損害負担の原則は、帰責原因主義であって、全く帰責事由もないのに責任を負わせる場合には、法律上に定めがあるとか、無過失責任を負わせるべき相当な理由がある場合に限られるはずである。カード取引を導入しこれを進めたのは顧客でなく銀行である。確かに、それによって顧客も利便を受けるが、銀行側は預金の払戻手続を自動化することによって事務量を削減できるという大きな利益を受け、また、自動支払機設置についてコスト計算をすることができ、必要であれば手数料を取ることも保険を導入することもできるはずである。とすれば、顧客に全く過失がないのに支払機が作動して支払ってしまえば、顧客が損害を全部負担するというように免責約款を解釈するのは妥当でない」（「手形・小切手以外による資金移動：ＣＤカードによる支払免責」手形小切手判例百選〔第六版〕二一七頁（二〇〇四年））と指摘した。このような観点からすれば、預金者保護法の消費者救済要件スキームは、明らかに「免責約款論的思考から帰責約款論的思考へ」とその基本的な考え方を転換しているということができる。

〔図表４〕　裁判例における免責約款一般に関する消費者救済状況

裁判例では（おおむね）　救済＝○（無効）　非救済＝×（有効）
不明又は争いがある＝△

			消費者（契約者）				
			①故意	過失			③善意・無過失
				②(1)重過失	②(2)家族等条項	③(3)軽過失	
事業者	Ⓐ故意						
	過失	Ⓑ重過失	×	△	△	○	○
		Ⓒ軽過失	×	△	△	△	○
	Ⓓ善意・無過失		×	×	×	△	△

三　消費者契約における免責約款に関する裁判例の傾向

１　裁判例の全体的な傾向

カード被害における消費者救済策スキーム（図表１）を見れば明らかなとおり、偽造・盗難キャッシュカードによる不正払戻しについては、預金者保護法が適用され、効果的な被害者救済が図られている。しかし、預金者保護法が直接的には適用されない他のカード被害（図表１の【3】【4】【5】【6】【7】）では、カード事業者と契約者（消費者）との間の免責約款の果たす役割が大きい。また、それ以外のインターネットバンキング被害など一般的な消費者契約に係る契約被害についても、事業者と契約者との間に存在する免責約款（その解釈）が、消費者救済の死命を制する。

裁判実務では、これらさまざまの消費者契約被害において免責約款の適用の可否（および適用する場合の要件等）を検討し、その結果、消費者を救済したり、あるいは消費者の救済を拒否したりしてきた。そして、これら裁判例の概略の傾向をまとめると、〔図表４〕のようになると思われる（ただし、多くの裁判例をみても、個別事案の判断に必要な限りで判決理由に言及しているにすぎないことから、分類化に正確を期することは困難である）。

これまでの多くの裁判例において、免責約款が有効とされて適用されるための（または無効とされて適用されないための）要件として、「事業者の有責性」（過失の有無・程度）と「契約者（消費者）の有責性」（過失の有無・程度）が重視されている。免責約款の有効・無効（あるいは適用・非適用）は、免責約款が適用されることによって受ける契約者（消費者）の不利益と、免責約款が適用されないことによって受ける事業者の不利益との利益衡量が必要となるが、それ以上に、それぞれの当事者の有責性の有無・程度が重視されている。

しかし、〔図表4〕のとおり、裁判例としては争いがあり、判例の考え方が定まっていない部分（△部分）がいまだ多く存在する。そして、一般的には、「判例では、故意または重過失による責任を減免責する条項は無効であるが、軽過失による責任を減免責する条項は、このことのみをもってしては無効とは言えないとする法理が古くから確立している（大判明治四五年三月二三日民録一八輯二八四頁、大判大正五年一月二九日民録二二輯二〇〇頁、大判昭和四年三月二〇日民集八巻三四九頁、最判昭和五一年三月一九日民集三〇巻二号一二八頁）」（潮見佳男『債権総論Ⅰ〔第二版〕債権関係・契約規範・履行障害』四〇八頁〔信山社、二〇一〇年〕）等と説明されている。すなわち、このことからも明らかなとおり、これまでの多くの裁判例が「事業者の有責性」（過失の有無および程度）を重視し、免責約款が消費者にとっては帰責約款となってしまう側面があることに目を向けてこなかった（もしかしたら、具体的な訴訟の場において、弁護士がそのような争点設定をしてこなかったのかもしれない）。

2　帰責約款性を考慮しない最判平成五年七月一九日

これまで免責約款に関するリーデングケースとされてきた富士銀行事件の最判平成五年七月一九日（判時一四八九号一一一頁。以下、「平成五年最判」という）は、明らかに免責約款論的思考を前提としている。そして、平成五年最判が、その後の下級審判例に与えた影響は大きく、消費者救済を拒否した下級審判例の多くが、その判決文の中で平成五年最判を引用したり、あるいは無批判に追従したりしている。

平成五年最判は、預金者保護法施行前の盗難キャッシュカード被害の事案について、「銀行の設置した現金自動支払機を利用して預金者以外の者が預金の払戻しを受けたとしても、銀行が預金者に交付していた真正なキャッシュカードが使用され、正しい暗証番号が入力されていた場合には、銀行による暗証番号の管理が不十分であったなど特段の事情がない限り、銀行は、現金自動支払機によりキャッシュカードと暗証番号を確認して預金の払戻しをした場合には責任を負わない旨の免責約款により免責されるものと解するのが相当」（傍線筆者、以下同じ）と判示して、銀行など事業者側に何らかの落ち度（過失）がない限り事業者は免責されるという原則的取扱いを明らかにした。

そして、平成五年最判に従って消費者の救済を拒んだ下級審判決は数多い。たとえば、カード被害に関する東京地判平成一九年三月一五日（判タ一二四五号一二四頁）、インターネットバンキング被害に関する東京高判平成一八年七月一三日（金法一七八五号四五頁）や大阪地判平成一九年四月一二日（金法一八〇七号四二頁）などがあり、いずれも消費者側の有責性を問題にすることなく、事業者に有責性がないという理由だけで事業者の責任を免じて、消費者の救済を拒んでいる。

もっとも、平成五年最判を含むこれらの裁判例では、その判旨を見る限り、「消費者側の有責性が争点として問題とならなかっただけではないか」とも考えられないではなかったが、平成五年最判の原審である東京高判平成元年七月一九日（判時一三三二号一二九頁）などは、「結局においてカード支払約定を結んだ以上は、カードの保管と暗証番号の秘匿は自らの責任において行うべきであり、不幸にしてカードが盗用され、暗証番号が不法に知られ又は解読された場合は免責特約が適用になることを承知するべきである」と判示し、あたかも消費者が善意無過失であったとしても免責約款が適用される（消費者は救済されない）かのようにいう。さらに、東京高判平成一四年二月一三日（金法一六六三号八三頁）、東京地判平成一五年四月二五日（金法一六七九号三九頁）などでは、「金融機関において知らず、知らないことに過失もないにもかかわらず、カードの盗難、暗証番号の漏洩等利用者側に生じた事情のために金融機関の権利義務が影響を受ける理由を見出すことができない」、「カード交付後の盗難や暗証番号の漏洩等、原告の関与の及ばないカード契約者の支配領域内において生じたカード契約者側の事情により原告の免責如何が左右されるとすることは相当ではな」いと判示されており、消費者に有責性が認められない場合であっても、事業者に有責性が認められない以上、事業者の責は免ぜられるものとする。

以上のとおり、平成五年最判の流れを汲む下級審判決は、消費者契約被害について、事業者が善意無過失である限り、免責約款により事業者の責任を免除し、その際に、消費者側が善意無過失であってもその結論は変わらない（消費者側の帰責性は問題とならない）、と考えているかのようである。しかし、平成五年最判の判旨を見る限り、カード契約者（消費者）の帰責性は争点になっておらず、同最判は、この点について「積極的に触れていないだけ」と解するのが妥当ではないだろうか。

むしろ、親和銀行事件に関する最判平成一五年四月八日（判タ一一二一号九六頁。以下、「平成一五年最判」という）は、民法四七八条の適用場面においてではあるものの、消費者の有責性についても考慮したうえでその結論を出しており、最高裁判所の一般的な立場は、決して前記下級審裁判例と同様のものとは思われない。

3　消費者の帰責性をも考慮した平成一五年最判

平成一五年最判は、通帳機械払式にかかる通帳不正使用の事案であり、民法四七八条の適用の有無が問題となったものではあるが、「機械払の方法による預金の払戻しにつき銀行が無過失であるというためには、払戻しの際に機械が正しく作動したことだけでなく、銀行において、預金者による暗証番号等の管理に遺漏がないようにさせるため当該機械払の方法により預金の払戻しが受けられる旨を預金者に明示すること等を含め、機械払システムの設置管理の全体について、可能な限度で無権限者による払戻しを排除し得るよう注意義務を尽くしていたことを要する」と判示して、銀行の注意義務の内容を具体化し、しかも、銀行は、「通帳機械払のシステムについて無権限者による払戻しを排除し得るよう注意義務を尽くしていたということはできず、本件払戻しについて過失があった」として、結果的に銀行の過失を認めている。

しかし、それ以上に、平成一五年最判が重要とされる理由は、消費者の有責性にも言及している点であり、「本件払戻しがされたことについては上告人〈カード契約者〉にも帰責事由が存するというべきであるが、この程度の帰責事由をもって被上告人〈銀行〉に過失があるとの前記判断を覆すには足りない」と判示している点である。すなわち、間接的ではあるものの、消費者の帰責性にも言及し、民法四七八条の適用場面ではあるにしても、消費者の有責性の有無および程度がその結論に影響することを示唆しているのであり、免責約款論においても最高裁が同様の考え方を示す可能性をうかがわせる。いずれにしても、平成一五年最判には、免責約款論の場面であれ、また、民法四七八条の適用の場面であれ、「事業者に過失が認められるときには、消費者に少しくらいの過失があっても、事業者に責を負わせる」という最高裁判所の考え方が見て取れる。

4　帰責約款論的思考を展開する下級審判例

以上のとおり、平成一五年最判は、平成五年最判等のように免責約款論的な思考に傾斜するものではなく、事業者の有責性を判断するにおいても、消費者の有責性をも加味し考慮することを忘れてはいない。そして、平成五年最判から平成一五年最判までの一〇年間に、明らかに「帰責約款論的思考を展開する下級審判決」がみられるようになっている。これらの下級審判決が平成一五年最判に影響を与えたわけではないにしても、裁判実務においては、「免責約款論的思考から帰責約款論的思考へ」と、その発想を転換する流れが存在しているのである。

(1)　秋田地判平成一〇年一二月二一日（判時一六九二号一一五頁）

この判決は、ローンカード詐取被害事件に関し、「私法においては、私的自治の原則、即ち、個人は自由意思に基づいて自律的に法律関係を形成することができる（契約自由の原則）とされる反面、その意思によらないでは義務を負わされることはない（過失責任主義ないし自己責任の原則）という基本的な原理が支配しているのであり、これに照らすと、カードの不正使用に関して会員に全く過失がない場合（例えば、カードの管理について善管注意義務を尽していても盗難等に遭う場合）にまで、会員が全面的に責任を負うとする本件特約は、極めて不合理な結果をもたらすものといわなければならない」と判示し、「消費者が善意無過失である限り、その責を負うことはない」という帰責約款論的思考を鮮明にしている。そのうえで、同判決は、「本件特約については、少なくとも右のような不合理な結果を生じないようにするため、制限的に解釈されるべきであ」り、本件特約を適用し得るためには、まず、①「会員において、カード及び暗証番号の管理等について、通常人であれば尽くすべき注意義務を怠った過失があること（カード会員の帰責事由」が必要であるというべきである」とし、他方、システム設営者（金融機関）については、②「カードやATMなどのシステムの設計、カードを発行する際のカードや暗証番号の管理等に関する会員への注意喚起等の諸方策、不正使用の疑いの有無等の監視を含む日常的なシステムの管理、会員がカードを使用して具体的な金銭消費貸借契約を締結する際の監視等、システムの全体を通して安全性を確保するために注意を尽くしていること〔金融機関の善意無過失〕が必要であるというべきである」、そして「右の会員側及びシステム設営者側のいずれの要件が欠けても、本件特約を適用する根拠はないというべきであり、本件特約が適用されるのは右二要件がいずれも充足されている場合であるといわなければならない」と判示している。

(2) 福岡地判平成一一年一月二五日（判タ九九七号二九六頁）

この判決は、盗難ローンカード被害事件に関し、本件約款は「補助参加人銀行が預金者に交付していた真正なキャッシュカードが使用され、正しい暗証番号が入力されていた場合には、補助参加人銀行は、右当座貸越を当該カード契約者に対する正当な貸付けとして取り扱うことができるとする趣旨であるが、当該カード契約者に右払戻しについて責めに帰すべき事由がなかったときは、補助参加人銀行は、右当座貸越を当該カード契約者に対する正当な貸付けとして取り扱うことはできないものと解するのが相当である」とし、その理由として、「何らの帰責事由もなしに他人が受けた金銭貸付けについて責任を免れないとする右のような結論は、表見代理等の民法の任意規定からは導き出されない」と判示している。

(3) 京都地判平成一二年四月二七日（判タ一〇七〇号二六八頁）

この判決は、盗難ローンカード被害事件に関し、「右危険〔カードの盗用等によって生じる危険〕により生じた損害を顧客に負担させることには、十分な合理性があるというべきである。もっとも、右合理性は、顧客の側で、カード及び暗証番号の管理を適正に行うべきであるのに、それを怠った場合において妥当するものであり、右管理を適正に行いながら、なお盗用等を防止し得ないものであった場合には、もはや右合理性を基礎付けるのは困難であり、顧客に無過失責任を負わせることは、相当ではないというべきである」と判示し、上訴審の大阪高判平成一三年三月二三日（判タ一〇七〇号二六七頁）もこれを維持している。

(4)　長崎地裁佐世保支判平成二〇年四月二四日（金商一三〇〇号七一頁）

この判決は、クレジットカード不正使用被害事件に関するもので、平成一五年最判よりも後の判決ではあるが、「会員に対しその帰責性を問わずに支払責任を負担させることは、民法の基本原理である自己責任の原則（過失責任主義）に照らして疑問がある上、本件補償規約に合意したY社及び会員の合理的意思にも反するものというべきである」と判示して、帰責約款論的な思考を明確にしている。そして、そのうえで、「Y社及び会員の合理的意思からすれば、同条項(ハ)は、Y社が会員の家族等による『盗難』であることさえ主張立証すれば、会員の帰責性まで主張立証しなくても補償規約の適用が除外されることを明らかにしたに止まり、会員側が自己に帰責性がないことを更に主張立証し、補償規約の適用を受けようとする余地を排斥する趣旨まではないと解すべきであり」、「この場合、本件補償規約の適用は除外されず、会員はカード利用債権の支払を免れる」とし、しかも、「その帰責性の程度については、同条項(イ)（会員の故意または重大な過失に起因する場合）との均衡をも考慮し、会員は自己に重過失がないことを主張立証すれば足りる」などと、免責約款について消費者に有利にその解釈論を展開している。なお、この判決については、河上正二教授も、「本判決が言うように、具体的に会員自身の重大な過失・帰責性が認められない限り、かかる無限定の利用規約の合理性・有効性には疑問がある」としている（消費者法判例百選二三一頁（有斐閣、二〇一〇年））。

四　まとめ

1　消費者救済要件スキームの命題化

預金者保護法の消費者救済要件スキーム、および、帰責約款論的思考を展開する下級審判例等を参考にして、「消費者契約一般における免責約款についての消費者救済要件スキーム」を命題化するとすれば、次のように整理することができそうである。そして、ここで最も問題となるのは、本当に「以下の命題が（裁判実務における）解釈論として成立しうるのか」という点である。

【命題】

(1)　消費者契約における免責約款が、当該事案に有効に適用されるためには、当該契約被害について、事業者が善意無過失であり、かつ、消費者に重大な過失があることが必要である。〔第一命題〕
　すなわち、①消費者が善意無過失（無重過失）である限りその責を負うことはなく、②事業者に過失がある限りその責を負う（ただし、消費者に故意がある場合はその限りではない。）。

(2)　当該契約被害について、事業者が善意無過失であり、かつ、消費者に軽過失が認められるときには、信義則上事業者の責を減縮できる場合がある。〔第二命題〕

(3)　事業者は、上記(1)(2)の要件を証明しなければならない。〔第三命題〕

(4)　免責約款に家族等条項が存在し、それに該当する場合であっても、当該契約被害について消費者が「自らに重大な過失がないこと」を証明した場合には、事業者はその責を免れない。〔第四命題〕

2　本件命題の解釈論としての可能性

第一命題については、秋田地判平成一〇年一二月二一日がほぼ同様の解釈論を展開し、福岡地判平成一一年一月二五日、京都地判平成一二年四月二七日も同様の考え方を明らかにしており、これに、「消費者の重過失」を要件とする長崎地裁佐世保支判平成二〇年四月二四日の考え方（河上正二教授の前記評釈）を加味すれば、十分に成り立ちうる解釈論ということができる。

第二命題についても、インターネットバンキング被害に関する東京高判平成一八年七月一三日の評釈において、丸山絵美子教授が、「利害状況の類似性から、預金者保護法の類推適用や趣旨の援用を説く構成が注目される。預金者無責や軽過失の場合には、預貯金者保護法の趣旨を援用し、信義則（民法一条二項）によって銀行による免責の主張を制限し、場合によっては割合的解決を導くことも立法による手当までの過渡的対応としてはあり得るのではないか。」（潮見佳男ほか編『金融・消費者取引判例の分析と展開（金商増刊一三三六号）』一八三頁〔経済法令研究会、二〇一〇年〕）とされていることからして、決して無理な解釈論とも思えない。

第三命題のうち、消費者の重過失や軽過失の証明責任を事業者が負担することは証明責任論としても当然のことである。一方、事業者の善意無過失については、預金者保護法のように立法的に証明責任の転換を図る必要性があるが、企業と消費者との間の取引力（情報の質および量並びに交渉力）の格差が著しいことを考えると、最判平成一五年四月八日や秋田地判平成一〇年一二月二一日でいう「取引システムの設置管理全体を通じての安全性の確立」については、「事業者に対し、事実上の推定がはたらく程度の証明が求められる」という解釈は、十分に成り立つものと思われる。

第四命題は、まさに長崎地裁佐世保支判平成二〇年四月二四日が展開した解釈論であり、家族間といえども、契約者（消費者）に有責性が認められない場合にまで、その責を引き受けさせることには無理がある。したがって、免責約款における家族等条項に対し、契約者の重過失の不存在を権利障害規定的なものとして取り扱うことは、むしろ解釈論として自然である。

3　消費者弁護士は、〔図表4〕の△を○に置き換えていく努力を！

免責約款が（裏を返せば）「消費者にとっては帰責約款であること」を考慮すると、我々（消費者弁護士）は、裁判実務において、「免責約款論的思考から帰責約款論的思考へ」と、その発想を転換していかなければならない。より具体的にいえば、少なくとも、帰責約款論的思考を前提として、〔図表4〕の「△印」（争いあり。消費者救済か非救済かが不明）を、〔図表2〕〔図表3〕と同様の「○印」（消費者救済）に置き換えていく努力をしなければならない。

そのような消費者弁護士の努力の賜物の一つが、秋田地判平成一〇年一二月二一日である。免責約款の解釈論が争点となったこれまでの判決の中でも、秋田地判平成一〇年一二月二一日は出色であり、その影響力は大きいといえる。そして、それが、この論文集をもって追悼する津谷裕貴弁護士が勝ち取った極めて重要な判決であることを、我々は忘れてはならない。もちろん、この判決を書いた裁判官も賞賛に値するが、免責約款（帰責約款）の問題点を裁判官に十分に認識させた津谷弁護士はさすがであり、「論理思考の緻密さ」と「論理展開の鋭さ」を持ち合わせ、しかも、自ら正しいと信ずることであれば、それを貫き通そうとする強い心の持ち主であったからこそ勝ち得た判決だと信ずる。

消費者側で裁判実務に携わる弁護士は、今は亡き津谷弁護士のように、少なくとも、〔図表4〕の「△印」の部分について、消費者を救済する判決（○印判決）を多く獲得するよう努力をしていかなければならない。

■消費者庁の創設と会社解散命令

弁護士　吉岡和弘

一　問題の所在

会社設立につき準則主義が採られている我が国では、一定の要件さえ満たせば法人格が付与される。他方、設立された会社が法人格を付与するに値しない場合、法人格を喪失させる制度として解散命令（商旧五八条、会社八二四条）が予定されている。[1] 具体的には、会社の設立が不法な目的に基づいている場合や、取締役らが会社の権限を逸脱・濫用する行為または刑罰法令に触れる行為をして法務大臣からの書面による警告を受けたのになお当該行為を継続・反覆する場合、法務大臣または株主、社員、債権者その他の利害関係人の申立てにより、裁判所が会社の解散を命じる。そして、裁判所その他の官庁等、検察官その他の吏員は、職務上、上記解散命令申立ての事由を知ったとき、法務大臣にその旨を通知するよう義務づけられている（会社八二六条）。[2]

ところが、現実には、企業の衣をまとって社会的に有用な企業活動を行うかのような外観を示しながら、その実は、犯罪や法令違反を犯し、または、法の網をくぐり、法の盲点につけ込むなどして、多くの消費者被害を発生させる組織が後を絶たない。そのうえ、平成一七年に成立した新会社法は、最低資本金制度を廃止するなど、会社設立がより容易となる改正が行われたことから、なおのこと、必ずしも実態を伴わない会社が設立されることも可能になり、従前にもまして会社制度が濫用・悪用されるおそれが強まっている。

しかし、今日、解散命令制度が有効に活用されているとは言い難い。同制度が有効に活用されない要因は何か。豊田商事国家賠償請求訴訟原告代理人として津谷裕貴弁護士とともに法務大臣の規制権限（解散命令申立権）の不行使の責任を追及した一人として、消費者庁と消費者委員会が創設された今日、解散命令制度に新しい息吹を吹き込むことはできないか検討してみたい。

二　従前の解散命令制度

1　法務省の見解

平成二〇年一月二三日、第二一次国民生活審議会総合企画部会「生活安心プロジェクト」（行政のあり方の総点検）「守る」ワーキンググループ（主査・上村達男早稲田大学教授）は、悪徳商法の被害抑止と被害者救済を充実させる視点から、法務省に対し、「株式会社に対する解散命令はどの程度活用されているか、あまり活用されていない場合、活用を阻害している要因や改善策は何か」についてヒアリングを行った。法務省からは、「最近の解散命令の申立件数は、毎年三件から四件で推移しており、平成一六年以降の四年間では、合計一三件となっている。上記の件数をもって活用されていないかどうかを判断するのは困難であるが、解散命令は、会社の設立が不法な目的に基づいてされたときや業務執行取締役等が刑罰法令に触れる行為等をした場合において、法務大臣から書面による警告を受けたにもかかわらず、なお継続的に又は反覆して当該行為をしたときに該当する場合において、公益を確保するため会社の存立を許すことができないと認めるときは、裁判所が、会社の解散を命ずることができるとするものであり（会社八二四条一項）、その申立手数料も一〇〇〇円であり、その手続も他の会社非訟事件と同様であることから、その活用を阻害している特段の要因はないものと思われる」との回答がなされた。(3)(4)

しかし、毎年三ないし四件という解散命令申立ての中身は明らかではなく、事業休止に基づく申立て（会社八二四条一項二号）の可能性もあろうし、法務大臣が警告を発したり、裁判所が解散命令を命じたり、全国的に消費者被害を巻き起こしている会社に解散命令の申立てがなされたなどとの情報に接してもおらず、解散命令制度は、今日、ほとんど機能していないように思われる。

2　行政処分としての解散命令の実例

裁判所を介在させることなく、所管する行政庁の判断で法人格を剥奪する制度が予定されている。たとえば、以下の実例がある。

① 平成二一年八月一九日、三重県は、社団法人神宮環境振興会（四日市市）が不法な契約、不適正な財務会計処理等を行ったとし、善意の寄附金を募って事業を行う社団法人として公益を害する行為に当たるとして、同会に対し、一般社団法人及び一般財団法人に関する法律及び公益社団法人及び公益財団法人の認定等に関する法律の施行に伴う関係法律の整備等に関する法律九六条に基づき、行政処分としての解散命令を行っている。(5)

② 平成一九年一二月二〇日、兵庫県は、学校法人ナビック国際カレッジ（西宮市）に対し、私立学校の経営に必要な資産や財産を保有すべきことを求めた私立学校法二五条一項に違反するほか、他の方法により監督の目的が

達することができないことを理由に、同法六二条一項に基づき解散命令を行っている。(6)

③　平成二一年一月三〇日、農林水産大臣は、農事組合法人ロイヤルファームに対し、農事組合法人が行うことのできる事業以外の事業を行っているおそれがあり、報告を命じたのにこれに従わなかったとして、農業協同組合法九五条の二第三項に基づき解散命令を行っている。(7)

しかし、これらは、いずれも、主務庁の許認可を得て設立された組織であり、これらの業務を漫然放置し続けるといずれ主務庁自身に責任が問われかねず、速やかに解散命令を発する必要があるという点で、会社法上の解散命令とは異なる事情があるものと推察される。

3　宗教法人法上の解散命令の実例

平成元年八月、東京都知事の認証を受け設立登記した宗教法人オウム真理教が、平成五年一一月から平成六年一二月までの間に、山梨県下所在の第七サティアンで毒ガス・サリンを生成し、もって殺人予備罪を構成する行為に対し、東京地検検事正および東京都知事が申立人となり、同宗教法人を相手方として、宗教法人法二条所定の宗教団体の目的を著しく逸脱した行為であることを理由に解散命令の申立てを行い、東京地判平成七年一〇月三〇日（判時一五四四号四三頁）は、宗教法人法八一条一項一号・二号前段に基づき解散命令を行っている。(8)

しかし、周知のとおり、同教団については、平成元年六月、坂本堤弁護士がオウム真理教被害対策弁護団を結成した後に行方不明となり、平成六年五月には滝本太郎弁護士の殺人未遂事件、同年六月には松本サリン事件、同七年二月には目黒公証人役場事務長拉致致死事件、同年三月には地下鉄サリン事件が発生し、同年五月に教祖が逮捕された後、同年同月、公安審査委員会がオウム真理教を破壊活動防止法上の調査団体に指定し、その後に至って、前記解散命令の申立てがなされた経緯があり、同解散命令申立てによって宗教法人法の目的に反する諸行為を未然に防止し得たものではなかった。準則主義が採用される株式会社と異なり、宗教法人の場合は知事の認証が要件になっているのだから、信教の自由からの論点はあるにしても、(9)認証権限を持つ知事は、同認証権限に基づき、たとえば、サティアン建設直後に建物の使用目的を聴き取ったり、同建物に立入検査をするなど、認証権限を持つ者に付与されたあらゆる権限を行使さえしていれば、より早期に毒ガス・サリン製造等の違法行為を未然に防止できたはずであり、教祖が逮捕され、破壊活動防止法の調査団体に指定された後に知事と検事正が解散命令を申し立てるのは遅きに失したと言わなければならない。

4　会社法上の解散命令が議論された実例

(1)　豊田商法の経緯

昭和五六年四月、豊田商事株式会社は、金地金の売買契約を締結後、売却したはずの金地金を同社が賃借して賃借料を支払うことを約し、顧客には「純金ファミリー証券」と印刷したペーパーを交付する「金地金の現物まがい」商法を編み出し、全国の主要都市の一等地に華美な支店を開設して、一人暮らしの老人らの「命金」を組織的に騙取するという事件が起きた。被害者は、全国の高齢者ら約二万七六〇〇人、被害額は、総額一〇九三億円余というものであった。同商法については、昭和五七年三月、衆議院商工委員会が国会で取り上げ、同年四月には、通商産業大臣官房審議官が「現物まがい商法に対しては今後とも厳しく指導していく」と答弁し、同年五月には、先物取引被害全国研究会から「豊田商法は出資法違反の疑いがある」と問題提起がなされ、同年八月には、農林水産省が商品取引所等に対し「豊田玉・T社玉の排除」など同社との取引を受託せぬよう行政指導し、同年一一月には、警察庁保安課が、警視庁生活課、大阪府警生活課、近畿管区警察局保安課を召集して豊田商法取締対策会議を開催し、同月に開催された第一五回消費者保護会議では、「金の現物取引と称する悪質事犯の取り締まりを強化する」旨の決定をした。[10]昭和五八年三月、通商産業省は「かしこい消費生活へのしおり」を発行し、「金の現物まがいの悪質取引についてT商事には取引に見合う金地金の現物の裏付けがあるとは考えられない」と指摘し、同年六月、資源エネルギー庁も「金取引の悪質商法にご注意を　追放に努力しています」とのポスターを作成し自治体に配布した。そして、同年八月、朝日新聞は、「見せ金」商法の記事を連日顕名で連載し、同年九月、先物取引被害全国研究会は、同社に対し、同社が保管する純金総量、購入先、運用先等を問う公開質問状を提出した。昭和五九年三月には、大阪弁護団が同社を詐罪および出資法違反で刑事告訴した。その頃、同社は、秋田地方裁判所において被害者からの損害賠償請求訴訟で請求認諾をするに至り、その頃から被害者に対する和解金の支払いが遅延し始め、昭和六〇年六月五日には衆議院物価特別委員会が、同月七日には同商工委員会が、それぞれ同社に関する集中審議を行い、同月一八日には、先物取引被害全国研究会の有志二九名が法務大臣に対し同社の解散命令の申立権限の発動を求める申立てをし（なお、同日、同社社長が刺殺された）、同月二〇日には破産宣告の申立てもなされ、同年七月一日、同社に破産宣告決定が出された。[11]

全国各地の被害者一四八六人は、国に対し、警察庁、公正取引委員会、法務大臣、経済企画庁の各規制権限の不行使、および、通商産業省（資源エネルギー庁を含む）の行政指導の不作為の各違法を理由として、昭和六三年四月、総額二四億八〇〇〇万円の損害賠償の支払いを求める国家賠償請求訴訟を提訴し、法務大臣に対しては、会社解散命令（商旧五八条。現在の会社八二四条）に基づく規制権限の不行使の違法の有無が審議されるに至った。[12]

(2)　**大阪地判平成五年一〇月六日（判時一五一二号四四頁）**

大阪地方裁判所は、豊田商事が一般大衆から金銭を不法に収奪することを目的として設立された会社であるとして、商法五八条一項該当性を認めたほか、豊田商事の取締投がその権限を踰越濫用して刑罰法令に違反する行為を継続・反復していたとして商法五八条三項該当性を認め、取締役らが社員と会社ぐるみで行っていた行為態様の悪質性と豊田商法による被害の重大性等によれば、豊田商事は公益を維持するために会社の存立を許すべからざるものと言うべきであるとして、同社は商法五八条の「警告」および会社解散命令請求の各規制権限を行使するために必要な具体的要件が客観的に充足されていたと認定した。しかし、「商法五八条一項は、単に、法務大臣が右各規制権限を有する旨を明らかにしているにすぎないものであって、商法その他の法令上、この点を一義的に明らかにした規定は存在しないこと、及び右各規制権限の行使は公益維持の観点からなされるべきものであるとともに、会社の解散という重大な結果に係わるものであることなどに鑑みれば、右各規制権限の行使は、法務大臣の広範な裁量に委ねられているものと解するのが相当である」と判示し、法務大臣らには、①金地金の現物の存否、②倒産の必然性、③償還不能性についての認識または認識可能性がなく、また、法務省設置法、法務省組織令、非訟事件手続法は、法務大臣の調査権限を規定しておらず、職権での任意調査はできるものの、上記①ないし③を法務大臣らは認識できないとして被害者らの請求をことごとく排斥した。その理由とするところは、以下のとおりである。当時の解散命令に対する司法、行政の考え方が如実に表れているので紹介しておく。

①　同判決は、「商法五八条一項は、単に、法務大臣が右各規制権限を有する旨を明らかにしているにすぎないものであって、商法その他の法令上、この点を一義的に明らかにした規定は存在しない。このこと、及び右各規制権限の行使は公益維持の観点からなされるべきものであるとともに、会社の解散という重大な結果に係わるものであることなどに鑑みれば、右各規制権限の行使は、法務大臣の広範な裁量に委ねられているものと解するのが相当である。もっとも、会社解散命令の申請は、会社の法人格の剝奪という重大な結果をもたらすものであるし、

警告もその前提をなすものであるから、その行使は慎重になされなければならず、右申請ないし警告にあたっては、解散請求事由ないしは警告発出事由に該当する事実が存在することについての相当な理由と右権限使用の必要性がなければならないというべきである」、と判示する。しかし、裁判所が「法務大臣に広範な裁量」を認め、「規制権限を行使すべき規定がなく」、「法人格の剝奪の行使は慎重であるべき」と判示する姿勢それ自体、解散命令制度が準則主義の弊害を除去する「車の両輪」的制度であるとの制度趣旨を没却する判断であり、法務大臣の解散命令権を死文化させるに等しい認定と言うしかない。

② 続けて、同判決は、昭和五七年および昭和五八年に開催された消費者保護会議の「決定に係る取締の対象たる悪質業者とは豊田商事という特定の業者をさすものではなかったのであり、従って、右各消費者保護会議において豊田商事をもって悪質業者であると断じるに足りる資料の提供と報告がなされたわけではない」と判示する。しかし、昭和五七年の同会議では、「金の現物取引と称する悪質事犯の取り締まりを強化する」との文言を用いた決定をしており、「金の現物取引と称する悪質事犯」とは豊田商事以外には存在せず、また、当時、企業名は公表しないことがほぼ慣例となっていた行政が「取り締まりを強化する」との強い表現を用いて決定を採択していた事実、さらには、翌五八年の同会議においても同問題が取り上げられていた事実等からして、同各会議に参加していた法務大臣が、豊田商事が組織的に老人らから「命金」を騙取する詐欺会社であるとの事実を認識していたことを重々推認し、同社に解散命令申立の要件該当性の認識があったことは明らかなことだった。いわば、同各会議の情報や資料等を入手する術もない被害者の限界につけ込むかのごとき判断であった。

③ また、同判決は、「昭和五七年一一月、警察庁が大阪府警、警視庁の捜査担当者を集めて豊田商事事件対策会議を開催し、これに先立ち警察庁がそれまでに入手していた豊田商事関係の資料を法務省に持参したうえ、同省

刑事局担当官との間において、豊田商法が詐欺罪や出資法、信託業法違反罪に該当するか否かの点について協議を行ったことが認められるが、それにより同省刑事局担当官や法務大臣が解散命令事由を認識または認識し得た事実を的確に認めることはできない」、と判示する。警察庁が豊田商事事件対策会議を開催したり、警察庁が豊田商事関係資料を法務省に持参し詐欺罪等の立件につき協議をしていた事実を裁判所が認めながら、「認識または認識し得た事実を的確に認めることはできない」というのである。しかし商法五八条は、法務大臣に「警告」を発する権限を付与しているのであり、何も警察が有罪の心証を得たか否かを待つ必要はなく、独自に、豊田商事が準則主義を前提とした我が国の会社制度にそぐわない会社かを検討し、「警告」を発出するか、またはその前段階での聴聞等の措置をとればよく、捜査が完了したかどうかは同条の行使と関係しないことなのである。もしも同判断に従うなら、法務大臣は、同社の商法が詐欺罪に該当することが確定した後に至って初めて解散命令を発する認識を有することになろうが、それでは解散命令の存在意義はないに等しい。

④　さらに、同判決は、法務省設置法および法務省組織令に定める調査権限は、「いわゆる組織規範と呼ばれるものであって、国民に対する行政作用の根拠ないし基準を規定する行政作用法とは異なるから、これに基づいて国民に対する行政作用の一つである調査権限を認めることはできない」、「非訟事件手続法一三四条ノ四、一六条も、単に裁判所その他の官庁、検察官及び公吏が、その職務上商法五八条一項の請求又は警告をなすべき事由があることを知ったときはこれを法務大臣に通知すべきことを定めているにすぎず、右規定を根拠として法務大臣の調査権限を認めることはできない」と判示する。しかし、法務省刑事局担当官は警察庁と豊田商法の詐欺等を協議していたのである。また、法務大臣に調査権限がなければ他省庁からの通知の正確性を法務大臣が検討することも不可能になる。さらには、調査権限がない法務大臣に解散命令の申立権限を付与すること自体無意味となる。

(3) 大阪高判平成一〇年一月二九日（審決集四四巻五五五頁）

大阪高裁判決もまた、以下の理由から法務大臣の認識または認識可能性を否定した。

① 「仮に、坂田法務大臣や秦野法務大臣が第一五回及び第一六回消費者保護会議において豊田商事に関する情報を得ていたとしても、それは、せいぜい、豊田商法において行われる個々の勧誘行為が悪質であることを認識するに足りる程度のものであった」、「昭和五九年三月一二日の衆議院予算委員会における草川議員の質問がいかなる根拠に基づくものか明らかではなく」、「筧刑事局長の答弁も、告訴があったことについての認識を述べたにとどまり、捜査状況等については、一切言及していないのであって、右答弁の内容から法務省の担当官が右事実について認識を有していたということはできない」と判示する。しかし、二度にわたる消費者保護会議の議論が「せいぜい勧誘行為が悪質であるとの認識程度のこと」であり、衆議院予算委員会での審議や刑事告訴の事実は「いかなる根拠によるか明らかではない」とするのは、消費者保護会議の議論や国会での討論をあまりに過小評価する認定である。仮に一歩譲っても、同議論等を契機にして、法務大臣が資源エネルギー庁らに我が国の金地金の総量を問い合わせさえすれば容易に豊田商事が契約高に見合う金地金の現物を保有していない事実が判明し、早晩、倒産する会社であることを認知し得たことに思いを致すとき、いかに裁判所が我が国の縦割行政を所与の前提とし、法務大臣は解散命令に消極的態度で臨めば足りるという姿勢を示していたかが理解されよう。

② また同判決は、「通産省は、昭和五八年三月には『かしこい消費生活へのしおり』を発行し、豊田商事の金の不所持、倒産の必然性等を指摘していたが、同しおりは当時の新聞記事等をもとにして記載されたものにすぎない」と判示する。しかし、当時、通商産業省は、資源エネルギー庁が金取引の悪質商法を追放するとのポスターを作成・配布した頃、あえて、「T商事」と記述したしおりを作成していたというのに、これを「当時の新聞記

事等をもとにして記載されたものにすぎない」と認定するのはあまりに現実と乖離した認定である。

③　さらに、同判決は、「永野（社長）が顧客からの導入金を個人の先物取引につぎ込んでいたことが踰越・濫用といえるが、同会社の資金流用の事実は、豊田商事の経営実態を把握することによってはじめて認定できることであって、これが判明しない段階においては、直ちに商法五八条一項三号該当の事由があると認識することは困難と言わざるをえない」と判示する。しかし、昭和五七年に農林水産省は「豊田玉・T社玉の排除」などの行政指導をしていたとおり、永野の資金流用は行政では公知の事実であり、少なくとも、農林水産省なり、法務大臣が、同社に対し、永野が先物相場にどのような資金を投入していたかを調査すれば、容易に取締役の権限踰越・濫用を認識し得たのである。

また、同判決は、「経済企画庁の監督下にある国民生活センターは、相談内容から豊田商法による被害状況等を把握していたことが認められるが、右内容からは、豊田商事の個別の勧誘行為に悪質な場合が多いことや、満期における償還義務の不履行といった事実は裏付けられても、豊田商事に契約高に見合う金地金の現物が存在しないことや、豊田商事が償還不能の状態にあること等の事実まで裏付けることはできない」と判示する。しかし、裁判所は、当時、国民生活センターが豊田商法の違法性を認識していた事実を認定しているのだから、同センターから法務大臣に通知するなり、法務大臣が同センターに同社に関する情報を受けるなどすれば、容易に同社には契約に見合う金地金の現物がなく、償還不能の状態にあることを認識し得たのに、そうした判断を回避する認定に終始した。

⑤　さらに同判決は、「警察庁は、第一回、第二回対策会議等で都道府県警察から豊田商事に関する資料や情報を入手していた」、「公正取引委員会は、昭和五八年九月三〇日に堺次夫の来訪を受けて資料と情報の提供を受けた

が、解散命令事由を基礎づける事実に関する情報は新聞記事程度のものであり、警察庁も公取委も、法務省に対し通知義務が生じるような重要な資料又は情報を入手していたとは言えず、よって通知義務はなかった」と判示する。しかし、これでは、警察庁が都道府県警察から入手した資料も、公正取引委員会が入手した資料も、その程度の資料や情報は、そもそも法務大臣に通知すべき程度のものではないと言い切るのである。結局のところ、裁判所は、警察庁が独自に逮捕に踏み切ったとか、公正取引委員会が独自に行政処分に及んだなどという行為に至るまでは、法務大臣に対する通知義務は生じないし、法務大臣もまた規制権限を行使する必要はないと判断していたのである。

(4) **最判平成一四年九月二六日（税資二五二号順号九二〇五）**

以上、一審・二審の各裁判所は、いずれも、豊田商事に解散命令申立ての要件該当性を肯定しうる客観的状況にあったと認定したものの、法務大臣の調査権限を否定したうえ、法務大臣に広範な裁量を認め、各省庁も通知義務を履行するほどの情報や資料は有していなかったとして法務大臣の認識または認識可能性はないとして被害者らの請求を棄却した。そして、これを不服とした被害者らの上告に対しても、最高裁判所は、原判決は正当とする三行半的判決をするに至り、提訴から一五年、被害者らの敗訴が確定した。

三　解散命令の今日的活用

前記「守る」ワーキンググループは、平成二〇年三月四日、違反行為に対する抑止力の強化策を検討した結果、「わが国の立法実務においては、法律で義務を課し、その義務違反に対して業務停止命令等の処分を行い、さらに命令違反に対して刑罰を科すという、行政処分前置方式を採っている場合が多く、ほとんどの消費者関連法もこの方式に基づいている。しかし、……行政の役割変化とともに、個々の処分や罰則の有効性やコストも変化してきており、特に、抑止力の強化という観点からは、必ずしも伝統的な序列に拘らず、手続きに要する人的費用、迅速処理の要否、立証負担の大きさ、透明性、担当組織の性質など、それぞれの手法の特性を活かしながら、事業者の悪質性や事案の特性を踏まえ柔軟に選択したり、有機的に組み合わせたりすることが必要である」としたうえで、「詐欺や悪徳商法など特に悪質な事業者については、積極的に解散命令を活用するとともに、再犯歴がある個人は会社設立に関与する資格を剥奪する制度を構築することも考えられる」[14]との報告をまとめている。[13]これは、従前、謙抑的・消極的だった行政のあり方を転換し、能動的な消費者市民社会の構築に向け、これまで死文化していたに等しい解散命令制度を積極・果敢に機能させようとするものである。

以下には、解散命令に今日的息吹を吹き込む方策として、消費者庁および消費者委員会による法務大臣への後押しと、解散命令申立ての要件を客観化する工夫につき指摘しておきたい。

1　消費者庁および消費者委員会による積極・果敢な解散命令の申立て

会社法八二四条は、法務大臣以外に「株主、社員、債権者その他の利害関係人」を解散命令の申立権者と定めている。それでは、法務大臣に依拠することなく、これらの者から積極的に解散命令の申立てに及ぶことは期待できないか検討する。

(1)　株主、社員からの解散命令申立ての可能性

解散命令の対象になる会社の場合、その株主、社員らは、会社設立当初から、「不法目的」や、「権限逸脱・濫用」、

「刑罰法令違反」を行うための道具として法人格を悪用しようと欲する者らであることが多く、これらの者や取締役には、そもそも特段の事情でもない限り、解散命令の申立てを期待することはできない。[15][16]

(2) 被害者からの解散命令申立ての可能性

それでは、被害者による解散命令の申立てはどうか。被害者が「債権者その他の利害関係人」に該当することに争いはない。しかし、前記大阪高裁判決は、「法務大臣の会社解散命令の申立てが問題になったのは、豊田商事の被害者救済に取り組む全国の弁護士有志が法務大臣に商法五八条に基づく豊田商事の解散命令を裁判所に申請するよう申し立てることが報じられた昭和六〇年五月下旬以降のことであり、それまでは、法務大臣が右各規制権限行使の必要性を認識しなかったことにもやむを得ないところがある」と判示し、被害者でさえ会社解散の申立てを行っていない以上、まして法務大臣が解散命令申立ての要件該当性を認識できなかったことは当然との判断している。

しかし、個々の被害者は、全国各地に居住する一市民であり、そうした立場にある被害者らが当該会社の「不法目的」等、解散命令申立ての要件を主張・立証するのはそもそも不可能なことである。何よりも、被害者らは、自らの損害回復を最優先に希求する者らであり、そのためには、むしろ当該会社が引き続き営業を継続することを強く望み、ともすれば、他の被害者に優先して抜け駆け的に自己の被害を回復しようと欲し、被害者に支払われる賠償金の原資は他の新たな被害者からの騙取金をもってあてられることさえ希求する傾向にある。その結果、被害者らの被害回復の欲求は他の新たな被害を再生産するという悪循環が繰り返され、被害はさらに拡大していくのが消費者被害の常である。したがって、個々の被害者が解散命令申立てを決断するのは、もはや当該会社の営業が行き詰まり、賠償金の返還が滞るなど、当該会社が「死に体」の状態に陥った以後にならざるを得ない。また、被害者側代理人として活動する個々の弁護士も、依頼者の被害回復を最優先にした弁護活動を展開すべき責務を負っており、当該会社を破産に追い込んだり、解散命令の申立てを行う行為は、ともすれば依頼者の被害回復を実現するとの責務と相矛盾するおそれもあり、早期に当該会社を潰し、新たな被害発生の拡大を未然に防止し、社会正義の実現を図るという、もう一つの弁護士の使命と板挟みになる傾向もあり、いきおい、被害者側からの破産申立てや解散命令の申立ては、当該会社が末期的状態になるまでは期待できないという限界がある。[17]

(3) 法務大臣による解散命令申立ての可能性

これに対し、法務大臣は、通知義務を課せられた各官庁等から解散命令申立ての要件該当性を知りうる立場にあり、また、公益確保を任務とする以上、被害者に先立ち、公益確保の視点から被害の拡大を防止するため率先して自らの規制権限を行使すべき立場にある。ところが、国は、以下のとおり、前述した豊田商事国家賠償請求事件における主張に見られるような消極的見解を示してきた。

① 解散命令は、もっぱら公益保護を目的とする制度だから、同権限不行使は被害者らに対する義務違反になる余地はない。

② 生命・身体への侵害と比較して、財産権の侵害を回避するのは第一次的に当該私人に委ねられるべきであり、権限不行使が違法とされるには厳格な要件が必要とされる。

③ 解散命令は自然人でいえば死刑に相当する厳しい法的効果をもたらす制度だから、法人格剝奪以外にとりうるべき手段を尽くしてもなお公益維持の目的が達せられない場合にのみなされるべきである。

しかし、①については、公益保護が目的だからこそ早期に被害を撲滅すべきではないか、②については、私人に委ねていてはますます被害が拡大し、多数の消費者の「命金」が奪われるのが消費者被害の常であり、なんら生命・身体と区別する理由はない、③については、法人格を付与するに値しない組織に対し、他にとりうる手段をもって臨んでも個別的解決にしかならず、むしろ、法人格を喪失させる手段こそが最も直截的であり、また、法人格の剝奪という重大性ゆえにその判断を裁判所に委ねている、といえるのである。確かに、国の前記各主張は、国家賠償請求訴訟で規制権限の不作為の違法を問われ、同制度が謙抑的・消極的制度であると主張せざるを得なかった立場からの理由づけであることは理解できるが、上記の各論法が、取り返しのつかない消費者被害を蔓延させたのである。

前記各判決は、「会社解散命令の制度は、会社の設立について準則主義がとられている関係上、社会的意義のある会社のみが設立されるとは限らず、場合によっては、会社制度が濫用され、会社が期待されたる社会的任務を果たさず公益を害することもありうるため、このように会社制度が濫用された場合には、裁判所が公益の代表者である法務大臣または利害関係人である株主等の請求により会社の解散を命じることができることとしたものである」、と認定する。そうであれば、なおのこと、会社解散命令制度を積極・果敢に行使し、消費者被害の拡大を未然に防止していくことが求められている。

2 消費者庁および消費者委員会の登場と解散命令の積極的活用

(1) 消費者庁および消費者委員会の創設

平成二〇年六月二七日、政府は、強力な総合調整権限、勧告権や幅広い企画立案機能、充実した調査・分析機能を備える消費者庁を内閣府の外局に設置することなどを盛り込んだ「消費者行政推進基本計画〜消費者・生活者の視点に立つ行政への転換〜」を閣議決定し[18]、同年九月二九日、第一七〇回国会へ消費者庁関連三法案を上程、平成二一年四月一八日には衆議院で、同年五月二九日には参議院で、それぞれ可決され[19]、平成二一年九月一日、消費者庁と消費者委員会が創設された。

⑵　消費者庁および消費者委員会の権限

消費者庁及び消費者委員会設置法は、四条で、消費者庁の所掌事務として、消費者の利益の擁護および増進に関する基本的な政策の企画・立案・推進に関すること（一号）、関係行政機関の事務の調整（二号）、基本的な政策の企画・立案・推進（三号）のほか、所管する個別作用法に関する事務等（四号〜二七号）を行うとし、五条で、「消費者庁の所掌事務を遂行するため必要があると認めるときは、関係行政機関の長に対し、資料の提出、説明その他必要な協力を求めることができる」と規定している。また、消費者委員会には、八条で、五条と同旨の権限を付与され、六条二項一号で、消費者委員会が各大臣へ建議する権限を付与され、七条で、「独立してその職権を行う」旨が規定されている。

したがって、消費者庁は、消費者被害の撲滅の視点から、積極的に司令塔としての機能を発揮すべく、関係行政機関との事務の調整、および、関係行政機関の長に対する資料の提出、説明その他の必要な協力を求めていくことが期待されているのだから、解散命令申立ての要件該当性が認められる会社に対しては、関係行政機関を一堂に会し、当該会社を会社解散に追い込むための情報交換や資料提供等を行ったうえ、関係行政機関の長たる法務大臣に対し、自ら保有する資料はもとより、他省庁から提供を受けた当該会社に係る資料や情報を提供し、速やかに解散命令の申立権限を発動するよう法務大臣に積極的に求めていく権限が付与されている。また、消費者委員会も、消費者庁と同様、独自に関係行政機関の長に対し意見の開陳等、解散命令の申立権限の発動を求める権限が与えられている。

⑶　消費者庁および消費者委員会の活用

消費者庁および消費者委員会が創設された今日、会社法八二六条の「裁判所その他の官庁、検察官又は吏員」に、消費者庁および消費者委員会が加わることは当然である。けだし、同条はすべての官庁に法務大臣への解散命令事由の通知義務を課すことにより、法務大臣の解散命令申立てを容易ならしめるための規定である以上、消費者庁および消費者委員会を「その他の官庁」から除外する理由は全くないからである。また、より多くの官庁が解散命令申立てに関する情報等を適切・果敢に通知する環境を構築する視点からも、消費者庁はもとより、消費者委員会も「その他の官庁、吏員」に含まれると解すべきである。

その結果、総合調整権限や勧告権が付与され、一元的に集約された情報をもとに司令塔としての機能を発揮するよう求められた消費者庁は、所管する府省庁に法執行の勧告等を行う権限を有するのだから、消費者被害の拡大防止、再発防止の視点から、法務大臣に対し、一元的に集約された情報を積極的に通知し、また、解散命令申立ての権限を発動するよう積極・果敢に勧告権を発動するなどの措置が求められる。そして、消費者委員会も、同様の措置をとること、消費者庁や法務大臣に建議（消費者庁及び消費者委員会設置法六条二項一号）することが求められる。

消費者被害とやや距離を置いた事務を所管する法務大臣と異なり、消費者問題を司令塔としての立場から所管する消費者庁と消費者委員会が創設された今日、消費者被害を撲滅して公益を確保する視点から消費者庁と消費者委員会が積極的に解散命令申立権限を発動させる役割を担うことが期待される。

3　解散命令申立ての要件の客観化

(1)　主観的要件の弊害

もともと解散命令申立ての要件である「不法目的」や「権限逸脱・濫用」という概念は、明確・一義的な概念ではなく、何をもって「不法目的」や「権限逸脱・濫用」と認定するのか、各省庁や法務大臣の裁量に委ねられがちな概念である。また、各省庁は、何をもって法務大臣への通知義務が課せられる事実なのかにつき主観的・恣意的な判断が伴い、さらには、法務大臣の「認識または認識可能性」という主観的要件も加わり、行政には、いきおい、「無謬性」、「謙抑性」、「補充性」等の配慮が働き、各官庁や法務大臣の権限行使を消極的に終始させるきらいがあった(20)。

(2) 要件の客観化の必要性

解散命令をより積極・果敢に適用する工夫の一つとして、解散命令申立ての要件該当性やその認識につき、各省庁や法務大臣の主観的判断に委ねることなく、当該会社の営業内容や被害発生件数等の客観的事象をもって判断するなど、なんらかの客観化を図る必要があるのではなかろうか。この点、商品先物取引につき、これを所管する農林水産省食品流通局商業課長通達「委託者売買状況チェックシステムについて(21)」、および、通商産業省産業政策局商務室長通達「売買状況に関するミニマムモニタリング（ＭＭＴ）について(22)」が参考になる。前者は、売（買）直し、途転《どてん》、日計り、両建玉、手数料不抜けを「特定売買」とし、これを、「特定売買比率＝特定売買回数／合計延べ回数×一〇〇」で計算し、一定の比率以上の特定売買が行われた業者に受託業務の改善・向上のための措置を講ずるしくみである。同様に、後者は、商品取引所がその所属に係る商品取引員につき、直近六カ月間の紛議発生件数が四件以上の場合か、直近六カ月間の手数料化率が八％以上の場合のいずれかに該当する場合、売買状況の報告を求め、商品取引員の業務改善を図ろうとするものである。両制度とも、商品取引員が顧客に無意味な反復売買をさせて手数料名下に金員を騙取する行為に対し、客観的指標をもって違法性を認定しようとするものであり、商品取引員側から「本人の同意による取引だ」とか、「当時の相場変動からして適切な売買だ」などとの反論を封じる効果を生じさせる(23)(24)。そして、こうした違法性判断の客観化は、訴訟法上も、業者側に事実上、立証責任の転換を迫る理論となるばかりか、商品取引員を監督する主務省庁の担当官にとっても、特定売買比率を基準に違法性を一応推定することができ、異論のある業者側には同推定を打ち破る反証をさせれば足り、担当官の事実認定の労力を軽減させるばかりか、いかなる事実関係が満たされれば所管する規制権限を発動する要件が具備されたと判断されるのか、監督官庁としての作為義務の発生時期を明確にさせることにより、各省庁や担当官ごとに運用や判断が区々になる弊害を回避でき、さらには、行政の恣意的運用を防止できる長所もある。

(3) 解散命令申立ての要件の客観化

前記のように解散命令申立ての要件をより客観化し、明確化する工夫をすることにより、解散命令制度がより明確かつ迅速・果敢に行使されることになるのではあるまいか。たとえば、消費者庁は、業者が登録申請等をしてきた際に、たとえば、紛議申立回数が○回以上になった場合、敗訴判決件数が○件以上になった場合、判決で公序良俗違反や賭博類似の商法と認定された場合などには、会社解散命令の要件たる「不法目的」や「権限逸脱・濫用」の要件が充足されたものと一応の推定が働くことを告知し、不服のある当該会社に反証の機会を付与し、反証に成功しない場合、消費者庁は消費者問題を所管する主務庁として、また、他の所管官庁と共同して、自ら保有する資料や情報等を提供しながら、法務大臣に対し「書面による警告」を発すべきことの説明・協力を求めたり、場合によっては、自ら業者に対し、法務大臣から「書面による警告」を発すべきことを勧告する旨通告し、同警告後も当該業者が引き続き反復継続して同種行為に及んだ場合、消費者庁に課せられた通知義務を履行し、法務大臣に解散命令申立の権限発動を促すしくみが構築されれば、より容易に規制権限を行使しやすくなるのではなかろうか（消費者委員会も同様である）。

四　おわりに

豊田商事国家賠償請求訴訟が提起され、私と津谷弁護士は、法務省担当班となり、法務大臣が解散命令の発動を懈怠した責任を追及する役割を担った。結果は前述のとおり、法務大臣に広大な裁量を認め、法務大臣に違法行為等の認識または認識可能性はないなど、私たちの主張はことごとく退けられた。これら各判決の都度、解散命令制度は、準則主義を正当化する「形だけの制度」でしかないこと痛感させられた。

しかし、津谷弁護士は、「解散命令という素晴らしい規定があるのにこれを死文化させているのは我々弁護士にも責任がある。もっとこの制度を活用すべきだ。二人で解散命令の本を出版し、使い勝手のいい制度にしようよ」と熱く語っていた。

あれから二〇年が経過し、消費者庁が創設され、消費者市民社会の実現をめざす動きが始まり、これらに連動するかのように解散命令制度を積極的に活用する機運が訪れている。

ワイングラスを傾けながら、きらきらと輝く笑顔で「あの会社に解散命令を申し立てようよ」と言い放つ（であろう）津谷弁護士の顔が浮かんでくる。

（1）　類似の制度として、外国会社に対する営業所閉鎖命令（会社八二七条）、解散命令（一般社団法人及び一般財団法人に関する法律二六一条）、解散命令（宗教法人法八一条）、事業者団体の解散の宣告（独禁九五条の四）がある。これらは、いずれも裁判所を関与させて法人格を剝奪させるものだが、行政庁による解散命令（農業協同組合法九五条の二）、法令等の違反に対する処分（中小企業等共同組合法一〇六条二項)、解散命令(私立学校法六二条)は、行政庁独自で法人格を剝奪するしくみとなっている。

(2) 商法旧五八条の解散命令制度では、非訟事件手続法一三四条の四に同旨の通知義務が定められていた。

(3) 第三回第二一次国民生活審議会総合企画部会「生活安心プロジェクト」(行政のあり方の総点検)「守る」ワーキンググループ(平成二〇年一月二三日)資料八〈http://www.caa.go.jp/seikatsu/shingikai/kikaku/21th/mamoru/080123shiryo08.pdf〉。

(4) また、英国の資格喪失制度について問われた法務省は、「英国の一九八六年会社取締役資格剝奪法に基づき、会社の設立、業務執行等に関する犯罪により有罪判決を受けた者など所定の者に対し、裁判所の命令等により、一定の期間、会社の取締役になることや、会社の設立、設立手続、業務執行への関与等を禁じることができる制度であると承知している。

我が国の会社法(平成一七年法律第八六号)上も、取締役については欠格事由が定められており、同法の制定に際しては、取締役の欠格事由についても所要の見直しが行われ、金融商品取引法や倒産法に違反する罪を犯し、刑に処せられ、その執行を終わり、又はその執行を受けることがなくなった日から二年を経過しない者を取締役の欠格事由に加えられている(会社三三一条一項三号)。

したがって、会社法における取締役の欠格事由の制度は、英国の資格剝奪制度が対象とする範囲と実質を同じくする部分があるが、仮に、英国の資格剝奪制度の実質を会社法に取り入れることとする場合には、取締役の欠格事由を更に広げる方法や、発起人に欠格事由を設けることとする方法なども考えられ、法務省としては、今後とも、実務における問題の状況を勘案しつつ、適切な方策について検討を進めて参りたい」と回答している。

(5) http://www.pref.mie.lg.jp/TOPICS/2009080206.htm.

(6) http://web.pref.hyogo.jp/pa15/pa15_000000035.html.

(7) http://www.maff.go.jp/j/keiei/sosiki/kyosoka/k_sido/kumiai/pdf/nouzi_kaisan.pdf.

(8) 抗告審判決は、東京高決平成七年一二月一九日(判時一五四八号二六頁)参照。

(9) 信教の自由の侵害、および、宗教法人が刑法犯を犯しうるのかにつき、宗教法人としての保護を受けるに足る行為か否か、実質的に組織的行為と認められるかを基準にして判断すべきことである(前記東京地裁決定も同旨)。

(10) 消費者保護基本法一九条に基づき、内閣総理大臣が関係機関の長のうちから任命する委員をもって構成される。当時は、経済企画庁、大蔵省、通商産業省、国家公安委員会、公正取引委員会など一八省庁の長が構成員となっていた。

(11) 以上の事実経過等は、全国豊田商事被害者弁護団連絡協議会編『虚構と真実――豊田商事事件の記録――』に詳述されている。

(12) 他に、豊田商事の被害者による国家賠償請求訴訟として、公正取引委員会の規制権限不行使の違法を否定した東京地判平成四年四月二二日（判時一四三一号七二頁）がある。また、同社取締役らに対する詐欺罪を認めた大阪地判平成元年三月二九日（判時一三二一号三頁）がある。

(13)「『守る』ワーキンググループ報告」〈http://www.caa.go.jp/seikatsu/shingikai/kikaku/21th/mamoru/080304mamoru_hoko-kusyo.pdf〉。

(14) 内閣府『平成二〇年版国民生活白書　消費者市民社会への展望――ゆとりと成熟した社会構築にむけて――』第一章参照。

(15) 東京地判平成元年七月一八日（判時一三四九号一四八頁）は、X家とY家とが共同して株式会社を経営していたが、同経営をめぐって両家が深刻な対立を来し、共同で経営をしていくことが期待できず、株主総会において取締役を選任することもできず、業務執行上の著しい難局に逢着して回復し難い損害が生じる場合、根本的解決を図るには解散判決の方法しかないとして同社の清算を認めた事例があるが、この事案は解散判決（商法旧四〇六条の二第一項一号）の事案である。

(16) 札幌高裁函館支決昭和四三年四月二日（下民集一九巻三＝四号一七三頁）は、「当該会社の存立につき直接法律上の利害関係を有する者に限られ、社員の持ち分を差し押さえた債権者はこれに該当しない」としている。

(17) 豊田商事が末期的状態に至った段階で、私たち弁護士は、新たな被害者からの受任に際し、「被害回復は困難かもしれない。場合によって破産申立てや解散命令の申立てをも視野に入れて弁護活動をすることになるが、それでいいか」と断りを入れて受任に至ったこともあった。

(18) 消費者基本計画では、消費者庁が、消費者の視点から政策全般を監視するため、強力な総合調整権限、勧告権を付与し、幅広い企画立案機能をもたせ、同勧告権を実行あらしめるために充実した調査・分析機能を備える必要があるとし、情報を一元的に集約・分析・公表し、同情報をもとに消費者庁が司令塔となり、自ら所管する法律を迅速に対処し、事業を所管する府省庁に法執行の勧告等を行い、複数省庁が連携して対応する必要がある場合は連携のあり方を調整し関係府省庁に指示し、既存制度の隙間を埋めるために必要な措置を検討し、速やかに方針を決定することにより、政府が一体となって迅速な被害の拡大防止、再発防止、被害救済の実現をめざすなど、消費者庁に期待される機能等が記述されている。

(19) 消費者庁及び消費者委員会設置法（平成二一年法律第四八号）、消費者庁設置法の施行に伴う関係法律の整備に関する法律（平

成二一年法律第四九号)、消費者安全法(平成二一年法律第五〇号)参照。

(20) 昭和五九年三月頃、警察庁に豊田商事を詐欺罪で摘発するよう求めたところ、担当官から「今潰すと被害者が救済されませんよね」と言われた言葉が忘れられない。

(21) 日本弁護士連合会消費者問題対策委員会編『先物取引被害救済の手引〔九訂版〕』五二六頁以下(民事法研究会、二〇〇八年)に全文が掲載されている。

(22) 日弁連消費者問題対策委員会編・前掲(注21)五三〇頁以下を参照されたい。

(23) 最判平成七年七月四日(先物取引裁判例集一九巻一頁)は、商品取引員に対して実質的に一任売買の形態でなされ、短期間に多数回の反復売買が繰り返されたり、両建てが安易になされているとして、商品取引員に賠償を認めている。津谷裕貴弁護士が勝ち取った有名な判決である。なお、秋田地判平成元年三月二二日(判タ七一六号一六九頁)、仙台高裁秋田支判平成二年一一月二六日(判時一三七九号九六頁)も参照されたい。

(24) 今川嘉文『過当取引の民事責任』五四二頁(信山社、二〇〇三年)は、「最高裁は、特定売買率の高さが顧客に対する背任的行為を推認する基準となりうること、手数料の損金比率が取引全体の経済的合理性を判断する上での指標となることを肯定しているともいえる。これらは、業者の善管注意義務違反及び忠実義務違反を認定する重要な指針となっている」と解説している。

■提携リース契約をめぐる被害と規律のあり方

弁護士　池　本　誠　司

一　はじめに

ファイナンス・リース契約は、企業の設備投資調達手段の一つとして広く利用されてきたことから、その契約関係の法的規律については判例・学説を通じてこれまで議論されてきたところであり、最近は、民法（債権法）改正の中でリース契約に関する規定を設けようという提案もある。

他方で、電話機リースの訪問販売被害をはじめとして、いわゆる「提携リース契約」ないし「リース提携販売」を利用した悪質訪問販売被害が多発している。経済産業省は、平成一七年一二月六日、訪問販売の方法によるリース提携販売の契約について、特定商取引法が適用されるとする解釈通達を示しており(1)、平成一八年七月二四日には電話機リースの訪問販売業者に対し業務停止命令処分を行った(2)。その後も、ホームページ、複合機、通信機器、インターネット設備、パソコンなどさまざまな商品や役務に関する提携リース契約の被害が繰り返し発生し、リース事業者の業界団体は小口提携リースに対して被害防止の特別の対応策を迫られている状況にある(3)。

こうした背景には、割賦販売法の平成二〇年改正（平成二一年一二月一日本体施行）により個別信用購入あっせんに対して適正与信調査義務や契約取消権などの法規制が強化されたことに伴い、悪質訪問販売業者が、クレジット契約を利用するのでなく、これと経済的性質が共通なリース契約を利用して営業活動を展開しているという実情がうかがわれる。最近は、提携リースの深刻な被害実態に対し、被害者弁護団や弁護士会等から提携リース契約に対する法規制を求める意見も発表されている(4)。

この問題を考える場合、従来から議論されてきたファイナンス・リース契約一般に関する法的性質論と、提携リース契約特有の取引構造を踏まえた法的特質論とを区別して議論する必要があると考える。

本稿では、提携リース契約の取引構造の特徴を踏まえて、消費者契約法五条の媒介者の法理や割賦販売法が規定する個別信用購入あっせんに対する規律との関係を整理しつつ、提携リース契約に対する現行法の下での解釈適用関係を検討するとともに、今後の法規制のあり方についても検討を加える。

二　ファイナンス・リース契約の一般的性質

1　ファイナンス・リースの法的性質

ファイナンス・リース契約とは、利用者が事務機器や建設機械等の企業設備を調達するにあたり、リース提供者が目的物を供給者から購入して利用者に貸与し、利用者はリース提供者に物件の調達費用を基礎として計算したリース料をリース期間中に分割して支払う、という取引形態をいう(5)。

賃貸借の契約形式を利用していることから、リース料を完済しても目的物の所有権は終始リース提供者にあり、利用者には移転しない。利用者は、リース期間満了時に、目的物を返還するか、残存価値に着目して再リース契約を締結するかを選択する。リース期間中に投下資本全額をリース料として支払い残存価値を想定しない方式（フルペイアウト方式）も基本的な性質は同じであるとされている。ファイナンス・リースは、リース料の支払いが全額経費控除できるという税務上の取扱いを受けていたことから、事業者が設備投資資金の調達手段として活用されてきた。

ファイナンス・リース契約の法的性質については、賃貸借の側面と金融目的の側面との関係をどのように取り込むかをめぐってさまざまな論点について議論されてきた(6)。

基本的な理解としては、目的物を使用させてリース料の支払いを受けるという契約ではあるものの、その実質は、利用者に対する金融上の便宜を付与するものであるという側面を重視して、リース物件の使用とリース料の支払いとは対価関係に立つものではないと解されている。この理解を前提に、リース期間の途中でリース物件の返還を受けたときは、リース提供者はこれによって取得した利益（残存価値）について清算義務を負う（最判昭和五七年一〇月一九日・民集三六巻一〇号二一三〇頁）ものとされる一方で、契約期間の途中でリース物件が使用不可能となっても、リース提供者の責に帰すべき事由によるものでないときは、利用者はリース料の支払いを免れないとし（最判平成五年一一月二五日・裁判集（民）一七〇号五五三頁）、会社更生手続においては、リース料債権はその全額が更生債権となるものと解している（最判平成七年四月一四日・民集四九巻四号一〇六三頁）。

もっとも、ファイナンス・リース契約が金融上の便宜を供与するものであるとしても、目的を特定しない単なる金銭消費貸借とは異なり、「特定のリース物件の調達を目的として金融上の便宜を供与するもの」であり、目的物の引渡しとリース料債権との牽連性が本来は認められるはずであると解されている(7)。たとえば、リース物件が引き渡される前の段階は、リース物件の引渡しが具体的なリース料債権発生の条件となると解されることなどである。

2 「借受証」交付の効果と物件引渡しの欠缺

ファイナンス・リース契約の実務的な締結手順は、利用者がリース物件の引渡しを受けてこれを検査し、契約に適合した瑕疵がないものであると認めるときは「借受証」をリース提供者に交付することとされており、リース提供者は「借受証」の交付後に物件代金を供給者に支払い（融資の実行）をする取扱いである。「借受証」の交付は、契約に適合した物件の引渡しを受けたことを証明する文書であると説明され、利用者が「借受証」を交付した後は、具体的なリース料債権が発生するとともに、リース物件に関する瑕疵担保責任の免責という効果が発生する。利用者は、目的物が使用不能となってもリース料の支払義務は免れないし、目的物を返還しても（清算義務の存在は別として）リース料債権は存続する。こうした瑕疵担保責任の免責条項は、供給者に対する瑕疵修補責任を規定していることも踏まえて、一般に有効であると解されている。

ファイナンス・リース契約に関する紛争としてしばしば登場するのは、物件の引渡しがないのに利用者が「借受証」を作成交付してしまった場合に、物件引渡しの欠缺を抗弁事由としてリース料支払いを拒絶できるか、という場面である。

裁判例は、利用者が供給者と共謀して空リースにより代金相当額を不正取得することに積極的に関与した事案について、信義則上、支払拒絶を主張することはできないとするだけでなく、供給者が後日物件を納入する予定であるなどと説明し、利用者がこれを信用して「借受証」を作成提出した場合のように、利用者が供給者に騙されて借受証を交付したような事案についても、利用者が物件の受領を証する「借受証」を作成交付した点に落ち度を認め、後日これに反して物件の引渡しの欠缺を主張することは信義則に照らし認められないとする判断が大勢である。(8) ただし、リース提供者が物件引渡しがないことについて悪意である場合または重過失がある場合には、信義則による主張制限の前提を欠くものとして支払拒絶を主張することが認められるとする裁判例もある。(9)

学説は、物件の引渡しがないまま「借受証」を作成交付した利用者には信義則上の責任が肯定されることを基本としつつ、物件の引渡しがないことにつきリース提供者が悪意または重過失がある場合にはリース料の支払拒絶を認めるとする見解が有力である。(10)さらに、リース提供者の重過失を判断するにあたり、リース提供者は「借受証」の形式的確認だけでは足りず、現場に臨んで引渡しを確認すべきであるとする見解や、問合せによる確認義務を負うとする見解もある(11)一方で、一般的な確認義務については消極に解しつつ、通常の注意をすれば引渡しがないことを知り得た場合、または具体的な事実関係の下で引渡しがあったかについて疑いを抱くべき事実について認識があったにもかかわらず確認を怠った場合（故意と同視すべき重過失）などに限り確認義務が生ずる、とする見解もある。(12)

3　判断枠組みの特徴

これらの議論の特徴としては、第一に、利用者が事業者か消費者かを区別していないことがある。ファイナンス・リース契約は、企業設備を導入しようとする事業者にとって税務上のメリットがあることから、事業者において普及したという経緯があり、判例・学説も事業者間取引を暗黙の前提として議論してきたといってよい。そして、ファイナンス・リース契約に関する判例・学説の法理は、利用者が消費者であっても特に区別してこなかったといってよい。(13)

第二に、供給者による違法行為の評価を取り込むことなく、「借受証」の交付による利用者の表示行為による責任とこれを信頼したリース提供者の保護との二者間の利益衡量という判断枠組みを採用してきたといえる。こうした判断枠組みは、民法の表見代理（民一〇九条）における代理権授与表示者と相手方の信頼との利益衡量により表見責任の成否を判断する方法と共通である。

しかし、後述の提携リース契約においては、リース提供者と利用者との間の二者間の問題として判断することは適切でないと考える。提携リース契約における空リースの問題は、クレジット契約における空クレジット（名義貸し）の問題と共通であって、与信業者と提携関係にある販売業者が行う不正利用による損失の回避・負担は、基本的にその提携関係により事業活動を展開する与信業者が負担すべきではないかという問題があるからである。(14)

4 民法（債権法）改正論におけるリース契約の取扱い

民法（債権法）改正の議論において、ファイナンス・リース契約の規定を設けることが提案されている。(15) 提案されている規定は、これまでの判例法理を踏まえて、利用者が事業者か消費者かを問わないものとし、利用者が消費者である場合の特則として、リース提供者の瑕疵担保責任の免除条項に関して、消費者契約法八条・一〇条に反しない範囲で責任を負う旨を定める。ここでも提携リース契約に着目した規定は見られない。

三 提携リース契約の特徴

1 ファイナンス・リース契約の締結手順

ファイナンス・リース契約の一般的な締結手順は、①利用者が目的物の選定について供給者と交渉したのちに、②利用者がリース提供者に対してリース条件の見積りを依頼し、リース提供者から見積書の提示を受け（契約条件の協議）、③利用者からリース提供者に対しリース契約の申込みを行い、リース提供者が信用調査のうえリース契約を締結し、④リース提供者が目的物を供給者から購入して利用者に引き渡し（実際は供給者から利用者に直接引渡し）、⑤利用者が目的物を検査確認のうえ「借受証」を提出すると、リース提供者は物件の代金を供給者に支払い、利用者はリース提供者に対してリース料の支払いを開始する、ものとされている。[16] つまり、目的物の選定に関する利用者と供給者との協議と、リース条件に関する利用者とリース提供者との協議が、別個独立の手続であるかのように説明されているのである。

そして、これまでのファイナンス・リース契約の法的性質の議論の大半は、こうした一般的な契約締結手順を暗黙の前提としていたか、少なくとも、次に述べる提携リースの契約構造を明確に意識した議論はなされてこなかったように思われる。

2　提携リース契約の締結手順

これに対し、近年紛争が多発しているリース契約は、次のような「提携リース契約」の取引形態を利用している。「提携リース契約」とは、①供給者とリース提供者があらかじめ対象物件の種類とリース契約の条件の設定について提携関係を結び、②利用者と供給者との間で対象物件の選定とリース契約条件の協議を一括して行い、③リース申込書の作成や信用調査に必要な資料の提出も供給者が代行し、④リース提供者は供給者を通じて提出されたリース契約申込書を前提に、利用者の信用調査と意思確認による承認手続を行い、⑤利用者が「借受証」を提出すると物件代金を支払う、という手順を採用しているものをいう。[17]

リース事業協会においても、電話機リースのトラブルは「提携型リース取引」によって行われているとして、次のように分析している。[18]

「提携型リース取引とは、リース会社とサプライヤーとの間の業務提携により、専ら事業者（法人又は個人事業者）を対象として、比較的小額な案件を中心に行われるリース取引のことをいいます。この取引の特徴としては、一般的には、①サプライヤーはリース会社にユーザーを斡旋する、②リース会社はサプライヤーにリース契約締結に関する事務手続を行わせるなどとなっており、ユーザーは、ユーザーが事業のために使用する目的で選定した機器について、簡便な手続によりリースで導入することができるという利便性が享受できます。この取引形態の場合、リース会社とユーザーは、直接対面することはありませんが、リース会社は、リース申込書の記載事項等に基づき慎重に取引判断を行い、必ず電話等によりユーザーの意思等の確認を行った後に、リース契約を開始します」。

リース事業者団体は、ファイナンス・リース契約も提携型リース取引も、もっぱら事業者を対象として取引を行っているものであると説明しているが、実際には、自営業が主たる収入源ですらない小規模零細事業者についても、申込書に事業者名が表示されていればリース契約を受け入れている実情がある。このことが後述の特定商取引法の適用を認める背景となった。

3　個別信用購入あっせんとの共通性

提携リース契約の取引構造は、割賦販売法二条四項が定める個別信用購入あっせんとほとんど共通であるといえる。すなわち、個別信用購入あっせんは、販売業者と個別クレジット業者があらかじめ提携し、販売契約の勧誘・締結と同時に個別信用購入あっせんの支払条件等の協議や申込書の作成を販売業者の下で一体的に行い、販売業者を通じて提出された申込書について与信審査を行い、販売代金を立替払いする、という取引手順である。つまり、目的物の選定と供給に関する協議と支払条件に関する協議が販売業者の説明・勧誘により同時に決定される点で、個別信用購入あっせんと提携リースの取引手順は基本的に共通であるといえる。

個別式と包括式を含む信用購入あっせんの特徴として、①クレジット業者と販売業者との間には商品の販売に関してあらかじめ密接な提携関係があること、②購入者の意思としては、販売業者の債務が履行されないときは代金の支払いを拒みうるものと期待しているのが通常であること、③クレジット業者は継続的な提携関係の中で販売業者を監督できる立場にあり、また損失分を転嫁する経済的能力を有していること、④購入者は販売業者との取引に関して一時的に接するにすぎず、販売業者の実態を把握することは困難であることなどの取引実態が認められる。[19]こうした特徴を踏まえ、従来から抗弁対抗規定（割販三〇条の四・三五条の三の一九）が設けられている。

さらに、個別信用購入あっせんは、クレジット業者が支払条件の協議や個別クレジット申込書類の作成等の業務を販売業者に一任し、これにより営業利益を享受していることから、販売業者による不実の告知等の不当な勧誘行為を調査する責任や不利益を負担する報償責任がクレジット業者にあるものと考えられること、個別クレジット契約の締結の媒介を受託している販売業者による不当勧誘行為は、個別クレジット契約の意思形成に直接影響を及ぼすものと考えられることなど、一層密接な法的関連性が認められる。しかも、取引の実情を見ても、個別クレジット業者が勧誘場面に立ち会っていないことから販売業者が不適正な勧誘行為によって立替金を取得する行動に走りやすい危険性があり、いわば悪質商法を助長する関係が認められる。[20]

そこで、割賦販売法の平成二〇年改正により、個別信用購入あっせんについては、過剰与信防止義務（割販三五条の三の三）、適正与信調査義務（割販三五条の三の五）、契約書面交付義務（割販三五条の三の九）、クーリング・オフ（割販三五条の三の一〇）、過量販売解除権（割販三五条の三の一二）、契約取消権（割販三五条の三の一三）など、とりわけ訪問販売に係るクレジット契約について規制が強化された。

その結果、個別クレジット業者は加盟店が行う販売方法の調査を強化し、悪質訪問販売業者との加盟店契約を打ち切る傾向が加速した。その反映として、訪問販売業者が個別信用購入あっせん契約の利用に代えて提携リース契約を利用する例が増えているように思われる。

提携リース契約は、紛争発生の構造的な背景においても個別信用購入あっせんと共通であるといえる。すなわち、リース提供者が契約締結場面に立ち会っておらず、契約締結後まもなく目的物の代金が一括して支払われることから、訪問販売業者から利用者に対する不適正な勧誘が生じやすい。他方で、利用者は、販売業者の勧誘により、月々の支払い負担感が低いまま高額商品を購入しがちとなる。

もっとも、個別信用購入あっせんは、特定の販売業者が行う購入者への商品・指定権利の販売または特定の役務提供事業者が行う役務提供の契約が存在することを条件として、その代金相当額を当該販売業者または役務提供事業者に交付することが定義上の要件であるのに対し（割販二条四項）、リース契約は、リース提供者が物品の所有権を取得して利用者に貸与し、利用者からリース料の支払いを受けるという契約であるから、供給者と利用者との間には物品の供給に関する契約は存在せず、その契約形式の違いに着目する限り、提携リース契約を割賦販売法の適用対象として規律することは困難である。ただし、経済的実質が極めて近似していることを踏まえるならば、提携リース契約に対する規律を検討するにあたり、個別信用購入あっせんに対する割賦販売法の規律を参考にすることは有益である。

四　特定商取引法・消費者契約法による規律

1　特定商取引法の適用

従来から、リース業界において、リース契約は基本的に事業者向けに利用を認めるという姿勢であったことから、電話機リースなどトラブルになった事案においても、リース契約書面上の記載は利用者が零細事業者として表示されることが通常であるため、特定商取引法の適用対象となるか否か、あまり議論されてこなかった。

しかし、訪問販売の方法による電話機リースの被害が全国的に多発したことを踏まえ、経済産業省は、平成一七年一二月六日付の通達改正により、訪問販売の方法により「リース提携販売」を利用して契約を締結した場合は、特定商取引法の適用があることを明確化した。(21) なお、同通達でいう「リース提携販売」の取引構造は、訪問販売を利用するか否かの点を除き、本稿でいう「提携リース契約」と同義である。

すなわち、同通達は、「リース提携販売のように『契約を締結し物品や役務を提供する者』と『訪問して契約の締結について勧誘する者』など、一定の仕組みの上で複数の者による勧誘・販売等であるが、総合してみれば一つの訪問販売を形成していると認められるような場合には、これらの複数の者は、いずれも販売業者等に該当する」という解釈を示している。つまり、「販売業者または役務提供事業者」の定義の解釈において、リース提携販売は、訪問勧誘を行う供給者と契約主体となるリース提供者が役割分担により一つの訪問販売を実施しているという理解により、両者が特定商取引法の適用を受けるという取扱いを認めたものである。換言すれば、「販売業者または役務提供事業者」とは、自ら消費者宅に出向いて訪問販売を行う場合に限らず、他の事業者に委託して訪問販売活動を行う場合や他の事業者のために訪問勧誘活動を行う場合を含むという解釈であり、リース提供者は「物品の貸与」という役務提供事業者に当たる。

したがって、供給者が訪問販売の方法により提携リース契約を締結する場合は、利用者が「営業のために若しくは営業として」締結した場合を除き（特商二六条一項一号）、特定商取引法の適用を受けるものとされ、書面交付義務（特商四条・五条）、クーリング・オフ（特商九条）、不実告知等による取消し（特商九条の三）等の適用を受けるものとされる。

そして、「営業のために若しくは営業として」（特商二六条一項一号）の解釈について、前掲通達は、「本号の趣旨は、契約の目的・内容が営業のためのものである場合に本法が適用されないという趣旨であって、契約の相手方の属性が事業者や法人である場合を一律に適用除外とするものではない。例えば、一見事業者名で契約を行っていても、購入商品や役務が、事業用というよりも主として個人用・家庭用に使用するためのものであった場合は、原則として本法は適用される。特に実質的に廃業していたり、事業実態がほとんどない零細事業者の場合には、本法が適用される可能性が高い」という解釈を示している。

つまり、「営業のため」を厳格に解釈することにより、契約目的物を契約者の事業に利用する関係が薄い場合や、「営業として」を限定的に解釈することにより、一定程度の事業規模に至らない小規模零細事業者の場合は、特定商取引法の適用を受けると解するものである。

裁判例は、訪問販売の方法により電話機の提携リース契約を勧誘し締結した事案について、リース提供者が「役務提供事業者」に該当するものと解し、かつ「営業のために若しくは営業として」の意味を限定的に解釈適用する事例が続いている。

①　名古屋高判平成一九年一一月一九日（判時二〇一〇号七四頁）は、印刷画工の自営業者であるが、もっぱら一人で、手作業で行うような零細事業にすぎず、かつ業務との関連性も必要性も極めて低い多機能ビジネスフォンのリース契約につき、「営業のために若しくは営業として」締結したものに当たらないとして、クーリング・オフを認めた。

②　東京地判平成二〇年七月二九日（消費者法ニュース七七号一七八頁）は、一人暮らしで年金を主な収入としていた社会保険労務士であり、複数の電話回線を利用する必要性も乏しいことから、多機能電話機のリース契約は営業としてまたは営業のために締結したものに当たらないとして、クーリング・オフを認めた。

③　大阪地判平成二〇年八月二七日（消費者法ニュース七七号一八二頁）は、一人で業務を行う建築事務所で、携帯電話と従前の固定電話で十分な中で、多機能電話機のリース契約は営業のためにもしくは営業として締結したものに当たらないとして、クーリング・オフを認めた。

④　東京地判平成二一年四月一三日（消費者法ニュース八〇号一九八頁）は、宗教法人がパソコン関連商品のリース契約を締結した事案について、主たる活動内容自体が営利を目的としたものではないとして適用除外に該当しないとして、クーリング・オフを認めた。

⑤　大阪簡判平成二一年七月二九日（消費者法ニュース八一号一八〇頁）は、理髪店を営む個人がデジタル複合機のリース契約を締結した事案につき、営業のためにもしくは営業として締結したものには当たらないとして、クーリング・オフを認めた。

以上の裁判例は、いずれも契約書面の法定記載事項の記載不備を理由として、クーリング・オフを認めたものである。

なお、訪問販売の方法による個別信用購入あっせん契約については、クーリング・オフ（割販三五条の三の一〇）、過量販売解除（割販三五条の三の一二）、不実の告知等取消し（割販三五条の三の一三）を規定しているのに対し、リース提携販売については、提携リース契約自体が特定商取引法のクーリング・オフ、過量販売解除、不実の告知等取消しの適用を受けることから、法的規律の水準は一致する。

2　消費者契約法の適用

他の事業者に委託して訪問販売活動を行う場合も訪問販売業者等に含むという特定商取引法の解釈は、消費者契約法との関係で見ると、契約締結の媒介を委託した第三者による契約（消契五条）として位置付けられるものと考えられる。

すなわち、提携リース契約の締結手順は、リース提供者が供給者に対し特定の物件に対するリース条件設定の協議や申込書の作成業務を委託している関係が認められることから、供給者は提携リース契約の締結の媒介を委託された媒介者に該当するものと解される(22)。そうであれば、媒介者である供給者が消費者である利用者に対して不実の告知等の不当勧誘行為を行い、利用者が誤認または困惑して提携リース契約を締結した場合は、委託元であるリース提供者がこうした事情について善意か悪意かを問わず、当該提携リース契約の取消しを主張できることとなる。なお、割賦販売法三五条の三の一三は、個別信用購入あっせんを利用して訪問販売の方法により商品販売等の契約を締結した場合、販売業者が購入者に対して不実の告知等を行ったときは、個別信用購入あっせん契約についても契約取消しができるものと規定した。これは、個別信用購入あっせんにおける加盟店（販売業者等）が消費者契約法五条の媒介者に当たるとする解釈を前提とするものである(23)。

ただし、消費者契約法の適用範囲は、利用者が事業としてまたは事業のために契約の当事者となるものを除く（消契二条一項）とされているから、基本的に特定商取引法の適用除外規定の解釈に関する前掲の裁判例がここでも参照されることとなる。

消費者契約法を適用した裁判例として、訪問販売の方法によりリース契約を利用して電話機を販売するにあたり、不実の告知による誤認があった事案について、リース契約の取消しを認めた事例がある。以下の二件は、前記特定商取引法の通達が示される以前の判決であり、こうした裁判例が前記通達に結び付いたものと評価できる。

① 神戸簡判平成一六年六月二六日（兵庫県弁護士会ＨＰ）は、リース物件の機種、仕様、納期その他リース契約の諸条件の説明と確定の作業は、すべてリース提供者から取扱店に任せ、事後審査をするにすぎないものであり、取扱店の不実の告知はリース提供者の不実の告知と評価して取消しを認めた。

② 大阪簡判平成一六年一〇月七日（兵庫県弁護士会ＨＰ）は、リース契約申込みの勧誘から契約書・リース物件借受証の作成・授受、契約内容の説明などは、すべて供給者が行っていてリース提供者と利用者とが直接交渉をしたことがないことなど、契約締結手続の一体性や業務提携関係を認定し、本件リース契約は事業者であるリース提供者（原告）と消費者である利用者（被告）との間での消費者契約であるとして、供給者従業員の不実の説明について、消費者契約法四条一項一号により本件リース契約の取消しを認めた。

このように、提携リース契約は、利用者が営業（事業）のためにもしくは営業（事業）として締結するもの以外であれば、現行法下においても特定商取引法によるクーリング・オフや契約取消権、または消費者契約法による契約取消権が適用できるものと解される。

3　債務不履行解除・瑕疵担保責任の適用と「借受証」の交付

提携リース契約の利用者が非事業者個人である場合、リース物件の引渡しの欠缺による債務不履行解除や、物件の隠れた瑕疵による瑕疵担保責任の適用があるか。

ファイナンス・リース契約の一般論としては、前述のように利用者が「借受証」を交付したことにより物件引渡しの事実証明と瑕疵担保免責の意思表示をしたことの効果として、リース提供者に対する瑕疵担保責任を主張することはできず、物件引渡しの欠缺の主張も、原則として信義則に反し認められないこととなると解されている。提携リース契約の場合、これがどのように修正されるのかという問題である。

特定商取引法は、訪問勧誘を行う供給者とリース提供者とが役割分担により実質的に一体として一つの訪問販売という営業活動を実施しているという理解により、リース提供者も訪問販売を行う「販売業者または役務提供事業者」に該当するという解釈である。販売業者側の責任の所在が不明確となりがちな訪問販売においては、役割分担者が一種の共同責任を負うべきであるという考え方である。そうであれば、リース提供者は利用者に対し物件の引渡しについて供給者とともに共同責任を負うべき立場であるし、瑕疵担保責任についても供給者に対する請求権が認められるからといって、リース提供者の責任が免除されるという効果を認めることは適切でない。

それでは、利用者が物件の引渡しがないのに「借受証」を作成交付した場合に、信義則上、引渡し欠缺の主張が制限されるとする前記の法理との関係はどうか。

訪問販売の方法で提携リース契約を展開する供給者とリース提供者の実質的一体性を重視する特定商取引法の考え方に照らせば、物件の引渡しがないにもかかわらず供給者が「借受証」の作成交付を求めた場合には、供給者は悪意であるから、その悪意をリース提供者も引き継ぐというべきであり、利用者はリース提供者が善意であっても引渡し未了を理由にリース料の支払拒絶を主張し得ると解すべきである。ただし、利用者が、「借受証」の交付につき単に過失や不注意があるに場合にとどまらず、空リースによってリース提供者に損害を及ぼすことを認識しながら積極的に加担したような悪意ないし背信的事情がある場合には、信義則上支払拒絶の主張が制限されるものと解する。(24)

次に、店舗取引において提携リース契約を利用した場合、すなわち消費者契約法五条の媒介者の法理を適用する場合はどうか。消費者契約法五条は、消費者契約の締結の媒介の委託を受けた者（媒介者）が不実の告知や困惑行為を行った場合、委託元事業者に対し契約取消しを主張できるとする規定であり、契約締結過程におけるものとは異なる債務不履行や瑕疵担保責任は直接の適用範囲ではない。

しかし、消費者契約法五条の法理は、媒介者の悪意は委託者が引き継ぐべきであるという価値判断を示すものであり、そうであれば、利用者が供給者の誤導的な説明により「借受証」を作成交付した場合には、供給者の悪意を引き継ぐリース提供者に対して物件引渡しの欠缺を主張することは信義則に反しないものと解すべきである。

五　民法による規律

それでは、提携リース契約の利用者が営業（事業）としてまたは営業（事業）のために締結した場合はどうか。特定商取引法、消費者契約法、割賦販売法のいずれも消費者契約を対象としていることから、民法における提携リース契約の規律はあらためて検討することが必要である。とりわけ、ファイナンス・リース契約はもともと事業者を対象に展開してきたことから、電話機リース等の訪問販売トラブルが発生した事案においても、契約名義上は事業者として表示されることが通例であり、単純な消費者個人の契約はほとんど見られない。小規模零細事業者の場合は、営業（事業）として、または営業（事業）のために、との要件に該当しないとして個別的に救済を図る余地があるが、そうでない多くの事案の規律が問題である。

基本的な視点としては、提携リース契約のトラブルは、リース提供者が供給者にリース契約条件の協議や申込書類の作成等を委ねて取引を展開しているという契約構造の特徴に起因して紛争が生じるものであるから、利用者が事業者か消費者かは決定的な区別ではないと考える。

理論的にも、消費者契約法五条が定める媒介者の法理は、契約締結の媒介を委ねられた締約代理商や媒介代理商による勧誘行為の効果はこれを利用して事業活動を展開する委託者が不利益についても負担するのが公平であるという報償責任の考え方に基づくものであり、これは従来から民法上の準則として承認されてきたものであると解されている。(25) そうであれば、利用者にとって事業としてまたは事業のために行う契約であっても、媒介者の不当勧誘行為による不利益または媒介者の悪意は、基本的に委託元事業者が引き継ぐものと解すべきである。

裁判例として、仙台高判平成四年四月二一日（判タ八一一号一四〇頁）は、利用者（株式会社）が顧客管理用のオフィスコンピュータおよびソフトウェア一式を導入するにあたり、コンピュータについてはリース契約を利用したが、供給者がコンピュータおよびソフトトは引き渡したものの、顧客管理用ディスクの交付やコンピュータの使用方法の指導という付随的ではあるが不可欠の債務を履行しないまま倒産したため、コンピュータが利用不能の状態であるという事案について、判決は、リース提供者と供給者が業務提携契約を締結し、リース契約書類一式を供給者に預け、リース契約の勧誘と申込の媒介をさせ、利用者のリース料債務を債務につき供給者が保証していた関係にあること、本件契約の前頃からコンピュータ指導も疎かにして販売を続ける自転車操業の状態に陥っていたことなどの事実を認定したうえで、供給者の付随的債務の不履行は供給者と緊密な関係のあったリース提供者が重大な関与をしているのであるから、本件リース料の請求は信義則に反し許されないものと判断した。

学説においても、リース提供者と供給者との間に業務提携関係などの密接な関係がある場合や供給者が倒産して利用者が供給者への責任追及ができない場合などにおいては、債務不履行責任や瑕疵担保責任の免責特約は妥当しないとする見解がある。(26)

こうした結論は、従来のファイナンス・リース契約に関する判例・学説の見解を大きく変更するかのように見える。しかし、従来の議論は、一般的なファイナンス・リース契約の締結手順が、目的物の選定に関する利用者と供給者との協議とリース条件に関する利用者とリース提供者との協議が別個独立の手続であるとする前提で議論されてきたことによるものであり、提携リース契約の取引実態が認められる場合についてはこれを修正することが民法の理論に照らしても妥当である。

民法（債権法）改正の議論においても、第三者による不実の表示につき、当該第三者が相手方の代理人その他その行為につき相手方が責任を負うべき者であるときは、取消しができるとの規定を設けることを提案している。(27)ここでいう「代理人その他その行為につき相手方が責任を負うべき者」とは、消費者契約法五条の媒介の委託を受けた者を指すものと解される。つまり、ファイナンス・リース契約の一般的な法的規律に対し、提携リース契約の取引実態があるときは、この規定による規律が妥当することを民法改正の議論においても承認しているものといえる。

六　提携リース契約の法規制のあり方

1　法規制を求める議論

提携リース契約を利用した悪質商法被害の増大を受けて、被害救済に取り組む弁護団や弁護士会等から提携リース契約に対する法規制を求める意見書等が発表されている。(28)

本稿では、法規制を必要とする被害実態の詳細や法規制の具体的な内容の議論には立ち入らず、前述の提携リース契約に対する現行法上の位置付けを踏まえて、法規制を検討する場合の基本的な方向性について検討を加えるにとどめる。

2　リース事業者団体の自主規制

社団法人リース事業協会は、経済産業省の前記電話機リースに関する指導および通達改正と同じ平成一七年一二月六日、「電話機リースに係る問題事例の解消を目指して」と題する自主規制対策を打ち出した。(29)

この自主規制対策は、ファイナンス・リース取引一般の問題としてではなく、業務提携関係や契約締結手順の特徴を踏まえて、提携リース契約について特別の対応が必要であることを示したものといえる。自主規制対策の具体的な対応策としては、①電話機リース契約締結時の電話意思確認等の強化、②ユーザーからの問合せに対する社内体制の一層の整備、③問題が生じている電話機リースのサプライヤーの確認と提携解消を含めた対応、をあげている。(30)

リース事業協会は、その後も自主規制対策を継続しており、たとえば、平成二〇年九月二四日付「小口提携リース取引に係る問題事例と対応について」では、電話機リースに係る問題事例は減少しているものの、電話機以外の物件で問題事例が生じていることを把握し、これについても同様な対応を進めることを表明している。さらに、平成二〇年一一月二六日付「小口リース取引に係る問題事例の解消を目指して」と題する文書では、電話機以外の問題事例として、ホームページ、複合機、通信機器、インターネット設備、パソコンなどの事例をあげ、具体的な対応策を掲げている。

しかし、数年間の業界団体の自主規制対策の取組みにもかかわらず、提携リース被害はなお高い水準で推移していることに照らせば、法規制を検討する必要性が生じているのではなかろうか。

なお、前述の特定商取引法による対策は利用者が営業のためにもしくは営業として締結した場合を除く事案の法的対処であるのに対し、業界団体の自主規制対策は、リース契約が本来事業者向けの取引として展開していることを踏まえ、事業者向けを含む提携リース契約全般について具体的な問題解消の対策を講じている点に特徴がある。

3　割賦販売法との比較から

(1)　割賦販売法の規制の概要

提携リース契約の取引構造が個別信用購入あっせんと共通性が高いことを踏まえれば、法規制のあり方を検討するにあたっても、個別信用購入あっせんに対する割賦販売法の規制内容（図表）を参考にすることが有益である。

割賦販売法は、個別信用購入あっせん契約と販売契約が不可分一体的に締結されること、後払い取引により契約条件が複雑となりかつ代金支払いの負担感が低いまま締結しがちであることなどの特徴を踏まえ、店舗取引や通信販売を含む取引全般（以下、「店舗取引等」という）について、取引条件表示義務、過剰与信防止義務、販売業者による書

〔図表〕 個別信用購入あっせん・提携リースの規制の概要と論点

	個別信用購入あっせん契約		提携リース契約	
適用範囲	店舗取引等全般	訪問販売等５類型	店舗取引等全般	訪問販売等５類型
定　義	割販２条４項		（店舗取引を含める必要性）	特商２条
適用除外	割販35条の３の60（営業関係除外）		（事業者取引の扱い）	特商26条（営業関係除外） （事業者規制の必要性）
取引条件表示義務	割販35条の３の２		（必要性と内容）	— （必要性と内容）
過剰与信防止義務	割販35条の３の３・35条の３の４		（必要性はどうか）	特商７条３号
適正与信調査義務	—	割販35条の３の５・35条の３の７ 加盟店契約締結時 個別契約審査時	（必要性はどうか）	— （調査義務の必要性と要件）
書面交付義務	割販35条の３の８	割販35条の３の９	（事業者取引の扱い）	特商４条・５条
クーリング・オフ	—	割販35条の３の10・35条の３の11	—	特商９条
過量販売解除	—	割販35条の３の12	—	特商９条の２
不実の告知等取消し	（消契５条の適用）	割販35条の３の13〜35条の３の16	（消契５条の適用） （事業者取引の扱い）	特商９条の３
解除等の制限	割販35条の３の17（20日の催告）		（必要性と内容）	—
損害賠償額の制限	割販35条の３の18		（清算義務の規定） （中間利息の控除）	特商６条
抗弁の対抗	割販35条の３の19		（商品の瑕疵、債務不履行に対する規律の必要性）	特商規５条１項（瑕疵担保責任、債務不履行責任を排除する特約を否定）
業務適正化義務	割販35条の３の20（苦情発生時の調査義務）		（苦情発生時の調査義務の必要性）	— （調査義務の必要性）
行政規制権限	割販35条の３の21・35条の３の31		（必要性と内容）	特商７条・８条
開業規制	割販35条の３の23（登録制）		（必要性と内容）	—

面交付義務、損害賠償額の制限、解除等の制限、抗弁の対抗等の規制を設けている。また、顧客の苦情発生時には販売契約に対する調査義務も定めている（割販三五条の三の二〇）。

さらに、個別信用購入あっせん契約が特定商取引法の訪問販売等五類型（通信販売を除く特定商取引法の取引形態。以下、「訪問販売等」という）において用いられる場合は、特に訪問販売業者等による不当勧誘行為が個別信用購入あっせん契約の意思表示の瑕疵に結び付くことなど消費者トラブルが多発してきた実態を踏まえ、個別クレジット業者の書面交付義務、クーリング・オフ、過量販売解除、不実の告知等取消し、適正与信調査義務、登録義務、行政規制権限などの厳しい規制が平成二〇年改正により設けられた。従来からある抗弁対抗（割販三〇条の四）は包括信用購入あっせんを含むクレジット契約全般について適用されるのに対し、個別信用購入あっせん契約の場合は、具体的な調査義務を課すとともに、契約解除・取消しにより既払金返還責任を負うものとした点に特徴がある。

なお、割賦販売法三五条の三の一三は、個別信用購入あっせん契約を訪問販売等で利用した場合の不実告知取消しを規定しているが、不退去による困惑等の場合は消費者契約法五条が直接適用されると解されていることから、[31] 店舗取引等についても同様な解決が可能である。

(2)　主な論点

第一に、規制対象とすべき取引形態は、提携リース契約に限定するのが妥当である。ファイナンス・リース契約の中で提携リース契約は、現に取引をめぐる紛争が多発している実態を有するとともに、商品の選定協議とリース契約条件の交渉・締結が供給者によって一体的に行われる点で法的規律の根拠となるからである。

第二に、提携リースのうち訪問販売の方法による契約については、前述のとおり特定商取引法の適用を受けるものと解されているが、契約締結業務を委託した供給者に対する適正契約の調査義務に当たる規定（割賦販売法における適正与信調査義務等）が特定商取引法には存在しないので別途必要である。また、商品の供給に関する債務不履行や商品の瑕疵がリース料支払義務に及ぼす影響についても特定商取引法には規定がない。そこで、特定商取引法が適用される場合を含めた与信業者の調査義務や抗弁対抗に相当する規定を整備することが必要となる。

第三に、店舗取引や通信販売による提携リースについては、現状では何ら規制がないのが実情である。被害実態に照らせば、訪問販売等と店舗取引等は規制内容のレベルに一定の区別を設けることも合理的であると思われるが、少なくとも、リース契約による長期的かつ複雑な契約関係の規律としては店舗取引であっても契約書面交付義務が必要であるし、契約締結の媒介者である供給者の不当勧誘行為の問題が提携リース契約の効力に影響を及ぼす旨（媒介者の法理）の規定は店舗取引等についても必要であると思われる。

第四に、消費者契約と事業者契約との区別については、規制内容のレベルについて一定の区別を設けることが適切だと考えられるが、リース契約が従来から書面のうえでは事業者を対象として展開しており、現に中小事業者について提携リース契約のトラブルが多発していること、消費者契約法五条の規定は消費者契約に固有の法理ではなく民法における法理に由来するものであること等に鑑みれば、事業者契約についても必要最小限度の法規制を設けるべきであろう。

第五に、規制内容としては、次のような点を考慮すべきである。

① 書面交付義務は、取引適正化の基本であり、複雑な契約条件となる提携リース契約においては不可欠である。なお、提携リース契約の目的物として役務取引に利用することの当否、目的物の価格の不適正な設定の規制、既存債務の上乗せリースの禁止、リース料率の規制等の論点もあるが、交付書面の記載事項を適切に定めることにより実質的に抑制されるものもあるのではないか。

② 媒介者の法理（消契五条）を活用した契約取消権は、民事一般の法理であると解されることを踏まえ、事業者取引を対象とした提携リース契約を含めて規定すべきである。

③ 債務不履行責任・瑕疵担保責任は、借受証の作成により商品の瑕疵や債務不履行の主張が遮断されるというファイナンス・リース契約一般の規律とは異なり、提携リース契約においては遮断効を認める前提を欠くものというべきである。したがって、提携リース契約においては、借受証の作成はリース料支払開始の基準時としての意義が認められるものの、瑕疵担保責任や債務不履行責任を遮断する効力は認めるべきでない。

第六に、民法（債権法）改正の議論の中で、ファイナンス・リース契約の規定を設けるべきではないかという提案がある。もっとも、一般的なファイナンス・リース契約のみを前提として民法上の規定を設けると、提携リース契約に関する特別の規律が必要なことが解釈論として排除されるおそれがある。したがって、民法にファイナンス・リース契約に関する一般的規定を設けるのであれば、なおさら提携リース契約に対する特別の法規制を先行して設けるべきである。

（1）　経済産業省平成一七年一二月六日付通知「悪質な電話機等リース訪問販売への対応策について」〈http://www.meti.go.jp/press/20051206002/20051206002.html〉。

（2）　訪問販売による電話機等リース販売業者である株式会社メディアサポートに対する業務停止命令の事例〈http://www.meti.go.jp/press/20060725001/20060725001.html〉。

（3）　社団法人リース事業協会の会員会社に寄せられた小口リース取引に関する苦情受付件数によれば、平成一九年度三七七八件、平成二〇年度四二四九件、平成二一年度四五三二件、平成二二年度（四月～一二月）二九五六件と高い水準で推移している（「小口リース取引に関する当協会の取組」平成二三年三月二三日集計（同協会ウェブサイト））。

（4）悪質リース被害対策弁護団全国連絡会二〇一〇年九月「中小零細事業者が狙われている」、京都弁護士会二〇一〇年九月三〇日付「提携リース契約を規制する法律の制定を求める意見書」、日本弁護士連合会二〇一一年七月一四日付「提携リース契約を規制する法律の制定を求める意見書」。
（5）江頭憲治郎『商取引法〔第四版〕』一八七頁（弘文堂、二〇一〇年）、梶村太一ほか編『リース契約法』二七頁（青林書院、二〇〇一年）。なお、リース契約の当事者の表示については、リース会社・賃貸人、サプライヤー・供給者、利用者・ユーザーなどの表示例があるが、本稿では民法（債権法）改正検討委員会の用語例を参照して、「リース提供者」、「供給者」、「利用者」と呼ぶ。
（6）森田宏樹「ファイナンス・リース契約の法的構造」鈴木禄弥先生追悼『民事法学への挑戦と新たな構築』五〇五頁（創文社、二〇〇八年）など。
（7）森田・前掲（注6）五二二頁。
（8）東京高判昭和六一年七月一七日（金商一三六三号九八頁）、仙台高判昭和六二年一二月二五日（判時一二六五号九二頁）など。
（9）仙台高判昭和五八年二月二二日（判タ四九六号一一六頁）、福岡高判平成八年三月一八日（判タ九二七号一五九頁）など。
（10）中田裕康「リース取引をめぐる実務上の諸問題(上)」ＮＢＬ一八九号一一頁（一九七九年）、松田安正「新リース取引の理論と実務(五)」ＮＢＬ二八〇号四六頁（一九八三年）、森田・前掲（注6）五二四頁など。
（11）臨場確認義務を認める見解として、中田・前掲（注10）一一頁。問合せ確認義務を認める見解として、新美育文「リース業者の物件引渡義務」加藤一郎＝椿寿夫編『リース取引法講座(上)』四〇七頁（金融財政事情研究会、一九八七年）、片岡義広「サプライヤーの代理権」金商七八二号三七頁（一九八八年）など。
（12）半田吉信「リース会社の物件引渡義務」金商七八二号四一頁（一九八八年）、森田・前掲（注6）五二四頁。
（13）リース業界の慣行として、リース契約申込書には個人であっても事業者名を表示する取扱いが大半であることから、表示に着目して事業者間契約と評価してきたものと考えられる。
（14）クレジット契約における名義貸しの問題についても、商品の授受の実態がないのに名義人がクレジット申込みの電話確認に応答した事実をもって直ちに信義則上支払責任を肯定する見解は、名義人とクレジット業者との二者間の問題として捉える傾向があり、名義人の責任の成立を限定的に捉える見解は、三者間取引における加盟店の不正行為について損失負担のあり方の問題として捉える傾向が見られる。この点については、後藤巻則＝池本誠司『割賦販売法』三九五頁・四七六頁（勁草書房、二〇一一年）参照。

(15) 民法（債権法）改正検討委員会『債権法改正の基本方針（別冊NBL一二六号）』三四七頁以下（商事法務、二〇〇九年）。
(16) 社団法人リース事業協会ウェブサイト「ファイナンス・リースの仕組み」参照。
(17) 石川正美「提携リース取引に関する最近の裁判例の検討」NBL四二五号～四二八号（一九八九年）。江頭・前掲（注5）一八九頁。
(18) 社団法人リース事業協会ウェブサイトの二〇〇五年一二月六日付「電話機リースに関する問題事例の解消を目指して」参照。
(19) 経済産業省商務情報政策局取引信用課編『割賦販売法の解説　平成二〇年版』一四二頁（日本クレジット協会、二〇〇九年）。
(20) 経済産業省産業構造審議会割賦販売分科会基本問題小委員会平成一八年六月七日付報告書「クレジット取引に係る課題と論点整理」、池本誠司「悪質商法を助長するクレジットはいらない」消費者法ニュース六九号一六一頁（二〇〇六年）。
(21) 経済産業省・前掲（注1）参照。
(22) 消費者契約締結の媒介の委託を受けた第三者の意義については、落合誠一『消費者契約法』九八頁（有斐閣、二〇〇一年）。日本弁護士連合会消費者問題対策委員会編『コンメンタール消費者契約法〔第二版〕』（商事法務、二〇一〇年）。
(23) 後藤＝池本・前掲（注14）三一四頁以下（二〇一一年）。
(24) クレジット契約において抗弁対抗の主張が制限される場合に関して、大阪高判平成一六年四月一六日（消費者法ニュース六〇号一三七頁）が判示するところである。
(25) 佐久間毅「消費者契約法と第三者・代理」ジュリ一二〇〇号六四頁（二〇〇一年）、平野裕之『民法総則〔第二版〕』三六七頁（日本評論社、二〇〇六年）。
(26) 新美育文「リース会社の瑕疵担保責任」金商七八二号四二頁（一九八八年）。
(27) 民法（債権法）改正検討委員会編・前掲（注15）三〇頁。
(28) 前掲（注4）に紹介した各意見書参照。
(29) 前掲（注18）の自主規制対策参照。さらに、平成二〇年二月二六日付および平成二三年一月二六日付の対策を追加している。
(30) 個別信用購入あっせんにおける適正与信調査義務（割販三五条の三の五）と比較すると、本文の①の電話意思確認の強化は割販規七五条二号・七六条一項による個別契約審査時の勧誘方法調査義務に、本文の②と③のユーザーからの問合せへの対応とサプライヤーの確認対応は割販規七七条による苦情発生時の調査義務にそれぞれ対応しているといえる。

(31) 経済産業省編・前掲(注19)二二八頁。後藤=池本・前掲(注14)三一八頁。

■特定商取引法による過量販売規制の構造と過量販売契約の解消制度

弁護士　齋藤雅弘

一　はじめに

特定商取引に関する法律（以下、「特商法」と表記する）は、二〇〇八年に成立した「特定商取引に関する法律及び割賦販売法の一部を改正する法律」（平成二〇年法律第七四号）により、かなり重要な改正（以下、この改正を「二〇〇八年改正」という）がなされた。

二〇〇八年改正のポイントは、①商品、役務の政令指定制の廃止による規制の抜け穴の解消、②拒絶の意思を表示した相手方に対する継続勧誘・再勧誘の禁止や過量販売への対応などの訪問販売規制の強化、③電子メール広告の送信についてオプトアウトからオプトイン規制への転換、法定返品権の導入などインターネット取引等への規制強化である。(1)

これらの改正点については、不公正取引の是正や消費者被害の予防と救済の観点からそれぞれ検討すべき問題も多々あるが、本稿ではこのうち過量販売規制を取上げ、過量販売規制が導入された背景と経緯を紹介し、その規制構造を整理し、民事効を中心に過量販売規制はどのような法理を基礎として特商法に組み込まれることになったのかを検討する。

なお、二〇〇八年改正では、割賦販売法（以下、「割販法」と表記する）についても、過量販売への対応を含め過剰与信の防止を図るための新たな規定が盛り込まれたが、本稿の検討は特商法の過量販売規制に限ることにする。

二　過量販売規制の導入の背景と根拠

1　過量販売被害の実態

(1)　被害の実情

埼玉県富士見市在住の認知症の姉妹（八〇歳と七八歳）が、三年間にわたり一六社を超える業者との間で総額五〇〇〇万円を超えるリフォーム工事の契約を次々にさせられ、工事代金の支払いができずに自宅の競売まで申し立てられるという事件が二〇〇五年五月に発覚した。当時、マスコミでも大きく取り上げられたが、この事件は過量販売による典型的な消費者被害であると同時に、過量販売による消費者被害の象徴的な事件でもあった。

過量販売による消費者被害は「次々販売」とも呼ばれている。(2) 国民生活センターのＰＩＯ―ＮＥＴ（全国消費生活情報ネットワーク・システム）の情報によれば、「次々販売」は「販売方法・手口別」の相談件数では従前から上位の常連であり、(3) 高齢者が高額の被害に遭うことが顕著で、(4) 高齢者等が物事の認識能力や判断力が低下している状況や、勧誘・取引を抗拒できる精神的・肉体的能力が減退している状況に乗じて過大な取引を行わせるものが多い。(5) また、被害金額が大きいだけなく高額の負債を負わせる場合も多く、高齢者の生活の基盤や安定を大きく損なわせるもので、極めて問題のある取引（手口）といえる。(6)

取引の対象は、リフォーム工事以外にも、布団、着物の次々販売、(7)アクセサリー、健康食品などの次々販売も目立っており、また、二〇歳代の女性の場合にはエステティックサービスの次々販売も目立っていた。(8)

(2)　過量販売被害の特徴

消費生活相談に寄せられる「次々販売」の被害の実情からみると、過量販売被害の特徴と問題点は、おおむね次のように整理できる。(9)

(ア)　取引の過量性

取引する分量（販売量）が過大であり、合理的な理由がない限り、通常は必要としないほどに過大な分量の取引となる。その結果として、取引金額も高額となる。そのため、販売業者や役務提供事業者（以下、これらをまとめて「販売業者等」という）が不当に高額な利得を得ることも少なくないので、取引に「暴利性」が認められる場合もある。

(イ)　不意打ち型取引類型において顕著

消費者への接近や取引への誘引の手法、手口の面では、過量販売被害は不意打ち型取引類型である訪問販売や電話勧誘販売において顕著に見られる。消費者が冷静で合理的な契約判断がしづらい状況下で契約締結を迫られることが、被害の発生につながっている。

(ウ)　勧誘の不当性

過量販売被害では、契約締結過程において販売業者等により長時間勧誘、強引勧誘、虚偽や不実の告知、重要事項の秘匿あるいは威迫・困惑等の不当な勧誘行為や不公正な取引方法が用いられる場合が多い。

他方、過量販売被害では、長時間の強引勧誘や威迫困惑などの意思抑圧行為あるいは不実告知等の誤認惹起行為のように、勧誘の不当性が比較的明白な勧誘態様ばかりではなく、たとえば豊田商事の被害者の場合のように、高齢者が営業社員に添い寝をしてもらったり、風呂で背中を流してもらったり、家事をやってもらったり、あるいは長時間の居宅への居座りではあるが、営業社員がその間話し相手になることで、むしろ高齢者に心地よい思いを与えることで、大量の金地金の取引を承諾させるようなケースもある。また、最近の若い女性の被害では、インターネット上の占いサイトや電話による占いを複数、繰り返し利用したことにより高額の利用料金の請求を受けるケースもあるし、出会い系サイトの被害では、何度も繰り返し利用させられ高額の料金の支払いを請求されるケースも非常に目立っている。これらの場合には、むしろ人間そのものが持っている心の弱さにつけ込んで過量販売を行っていると見られる。これらの勧誘行為は人間の持つ「限定合理性」につけ込む勧誘であり[10]、その法的非難可能性の線引きをどこでするかは難しい問題であるが、このような手口が少なくとも過量販売被害の背景となっていることは指摘できる。

(エ) 反復性・連続性

過量販売被害では、消費者が一度取引すると販売業者等から勧誘しやすい客と判断され（いわゆる「カモリスト」に載るなど）、同一事業者に次の勧誘をさせるインセンティブを与え、勧誘が繰り返される要因となってしまう。また、顧客情報や取引情報が他業者に提供されたり、あるいは第三者への情報流出により他業者がこれら情報を入手することで、他業者にも当該顧客を勧誘することへのインセンティブを与え、同一事業者の次々販売や他業者も入り混じった取引の反復や連続による次々販売の誘引や呼び水となる。

(オ) 人の持つ「弱さ」へのつけ込み

過量販売被害の被害者の多くは、認知症やその他の心身の障害により、物事の認識能力や判断力が低下したり、減退している消費者であったり、あるいは高齢のため肉体的にも精神的にも能力の衰えを抱え、勧誘に抗拒することが事実上困難な消費者である場合が多いが、販売業者等は消費者のこのような弱みを利用し、積極的にこれに乗じて、過量となる契約をさせている例が多い。

「老い」や「病気」など人が免れることのできない心身の「弱さ」を利用し、それに乗じて利益を得る取引であり、その不当性が際立っている。

(カ)　経済的な基盤、生活の安定の破壊

過量販売被害では、ほとんどの場合、販売信用（クレジットを組ませる）を利用し、収入や貯蓄が十分ではない消費者に対し、その支払能力を超える過大な負債（クレジット債務）を負わせ、消費者が生活していくうえでの経済的な基盤を大きく損なわせるものとなっている。特に高齢者の場合には、老後の生活を破綻させてしまうケースも目立つ。(11)

(キ)　勧誘行為の違法性・不当性の立証困難性

認識能力や判断力の低下・減退に乗じた勧誘がなされるため、消費者の記憶や理解が曖昧であり、契約締結過程でなされた不当、違法な勧誘や取引経過を再現することが難しい。そのため、販売業者等の勧誘行為の不当性や違法性を立証することが困難となる場合が多いという特徴がある。

(ク)　被害救済におけるジレンマ

過量販売被害の典型例である「次々販売」被害では、その取引全体を眺めれば著しく不当な取引だと評価しうるが、一つひとつの取引だけに着目するとその不当性は希釈されてしまうことが少なくない。また、右の立証の困難性という特徴があるため、販売業者等の勧誘行為の違法性や不当性を証明することが困難であるだけでなく、個別取引の不

当性に着目したのでは被害の救済ができないというジレンマがあった。

2　過量販売規制導入の背景と根拠

(1)　過量販売規制導入の背景

特商法の改正を担当した経済産業省商務情報政策局消費経済政策課は、過量販売規制の導入の背景について、近年「独居生活の高齢者数が増加し、判断力が低下した高齢者に対する悪質訪問販売による高額被害等が大きく増加していた」との認識を前提に、こうした事例では「信用販売の存在や信用販売事業者の不十分な与信審査によって高額契約が締結できてしまうことも相俟って、一つの商品を買ってしまうと次々に商品を売りつけられたり、異なる業者が入れ替わり立ち替わり訪問してくるいわゆる『過量販売』による高額な消費者被害の事例が多発していた」ことがあるとしているが[12]、立法担当者のかかる認識も前述のとおりの過量販売被害の実情と特徴を踏まえたものといえる。

被害の実情および特徴を見れば、過量販売がいかに取引の公正を害し、購入者等に多大な損害を与えているかは容易に理解できることであり、法の趣旨、目的（特商一条）からみると本来特商法による対応が必要な取引であることは疑いない。

特に過量販売被害では、取引の分量の過量性や弱みへの「つけ込み」行為のように、従前の特商法の規定では十分に捉えきれない取引態様があり、加えて違法・不当な勧誘行為の立証の困難性などの特徴もあることから、二〇〇八年改正前の特商法では十分な対応が困難であったことも、新たに過量販売規制を導入する背景となっている。

(2)　過量販売規制導入の根拠

過量販売規制の導入の背景となっている被害の実情や特徴からは、過量販売取引に対する規制（法による取引への介入）の根拠も見出される。

過量販売被害の実情およびその被害の特徴を踏まえると過量販売規制の根拠は次のような整理が可能であろう。(13)

(ア)　契約意思の不全性への対応

過量販売被害の特徴として掲げた前記１(2)の(イ)、(ウ)および(オ)の各点からすると、過量販売では、第一に消費者の意思能力がかなり減退した状況や適正な自己決定が困難な状況で契約が締結される場合が多いこと、第二に販売業者等により契約締結過程において不当な勧誘がなされ、消費者の意思がそもそも不完全、不安定であったり、その意思表示を歪められるおそれが高いことから、消費者の自己決定を実質的に保障するためには、消費者の意思表示が適正になされる状況を確保し、さらに意思能力に問題がある場合や販売業者等の不当な勧誘行為の影響によりなされた意思表示の効力ないし契約の拘束力を否定できる方策を講じる必要性が高い。

(イ)　適合性の原則

過量販売は、前述１(2)の(ア)、(エ)および(カ)の特徴のとおり、合理的に考えれば到底必要のないものを大量に購入させられたり、販売信用と組み合わせることで過大な債務負担までさせられ、生活の基盤まで損なわれることもある取引であり、消費者の取引目的や財産状況から著しく乖離する取引である。

また、同じく(オ)の特徴に現れているように、そもそも過量な取引を何らかの合理的理由なしに行うこと自体が、消費者の認識能力や判断力などの精神的能力の面および肉体的な弱さの面からみて不適合な取引の証左である。

これらの点から、過量販売は「適合性の原則」を大きく逸脱する取引といえ、ここにも規制の根拠が認められる。

(ウ)　状況の濫用

客観的にみれば、到底合理性が認められないような過大な分量の取引に消費者が応じてしまう背景には、過量販売における前述1⑵の(イ)、(ウ)および(オ)のような特徴があり、かかる不合理な取引を消費者が承諾するのは販売業者等が消費者のもつ精神的・肉体的な「弱み」につけ込んで、それを逆に利用して取引をさせたからである。

つまり、消費者が置かれているさまざまな傷つきやすい（vulnerable）状況を濫用して契約をさせる取引といえる。かかる状況の濫用の結果成立した契約の拘束力をそのまま承認することは、消費者の自己決定を損ない民法上も不当と考えられるし、特商法の趣旨、目的からみても正当ではなく、この点も過量販売を規制すべき根拠となる。

(エ) 被害救済（立証）の困難性

契約締結過程の勧誘の不当性や違法性がそれほど負担を必要とせずに立証可能であれば、民法の詐欺、錯誤や不法行為責任の追及はもとより、消費者契約法に基づく意思表示の取消しや、特商法がすでに規定している禁止行為違反勧誘に基づく意思表示の取消しなどにより、過量販売被害の回復は可能であろう。

しかしながら、過量販売被害の特徴として前述1⑵の(キ)および(ク)の事情があることを踏まえると、販売業者等の勧誘行為の経過や内容の立証は困難であり、民法や消費者契約法、特商法が従前から規定している意思表示の取消しなどの制度では、消費者の被害救済を図ることは困難である。取引全体を観察・評価して暴利行為や信義則の著しい違反を理由に公序良俗違反（民九〇条）を認め、契約を無効とした裁判例もいくつか存在していたが、[14]詳細な立証が可能であるケースに限られている。[15]

また、特商法の規定するクーリング・オフは、訪問販売や電話勧誘販売では行使期間が法定書面を受領してから八日間と非常に短いため、精神的・肉体的能力が低下・減退している消費者の場合には、この短い期間内にクーリング・オフが可能であることの認識すら困難であることが多いであろうし、また、仮に認識可能であったとしても、実際に「書面」をもってクーリング・オフ通知を発送することも容易ではなく、クーリング・オフ制度による救済にも限界がある。
そのため、過量販売の場合には、消費者の立証責任の軽減を前提にした新たな制度の導入が必要であり、この点も過量販売規制の根拠である。

三　改正法制定の経過と過量販売規制に関する議論の内容

1　制定の経過

(1)　産業構造審議会における議論

国会審議に先立って経済産業省産業構造審議会の消費経済部会特定商取引小委員会（以下、「特商小委員会」という）および割賦販売分科会基本問題小委員会（以下、「割販小委員会」という）において、特商法改正の方向性と内容が議論された。

産業構造審議会における審議は、消費経済部会と割賦販売分科会の合同会合が二〇〇七年二月一六日と二〇〇八年三月二四日の二回開かれ、これと並行して特商小委員会が二〇〇七年三月一二日から同年一二月六日まで合計一二回、割販小委員会が二〇〇七年二月一九日から同年一一月二九日まで合計一一回開催され、それぞれ議論が行われた。

その後、各小委員会の議論の結果について同年一二月一〇日付でそれぞれ「報告書」がとりまとめられ、これらの「報告書」に基づき法案が作成され、二〇〇八年三月七日に改正案が国会に上程された。

(2)　国会審議

改正案は、まず衆議院経済産業委員会に付託されて三回にわたり審議が行われ、その後、同年五月二九日に衆議院で原案どおり可決されて、参議院に議案が送られた。参議院では同月三〇日に同院経済産業委員会へ付託された後、同委員会で審議（二回）され、同年六月一一日に参議院で可決され、成立した（公布は同年六月一八日）。[16]

2　審議会における過量販売規制に関する議論の内容

(1)　特商小委員会等での議論の内容

特商法への過量販売規制の導入については、主として特商小委員会で議論され、割販小委員会では割販法における過剰与信対策に絞った議論がなされた。[17] 合同会合と特商小委員会で合計一四回の会議が行われたが、このうち五回の会議（第一回合同会議、第一回・第二回・第九回および第一一回特商小委員会）において、過量販売規制に関する実質的な議論がなされている。

(ア)　合同会合（第一回）

消費経済部会と割賦販売分科会の第一回合同会合においては、特商法の改正の必要性に関する概括的な意見交換がなされた。

この議論の中では「判断力の低下等がある高齢者をねらい打ちにするような被害が多発している。判断力が低下した人というのは再現能力がないために、なかなか現行法では救われない。むしろ、判断力の低下、弱みにつけ込む行為というのは、社会的に見れば最も悪質であり、それらに対しもっと厳しい違法評価を下すべき」、「次々販売の被害は、クレジット契約を利用しているからこそ拡大の一途を辿っている。クレジット会社は、悪質な販売業者の販売行為について、結局見て見ぬふりをして与信を繰り返してしまっているのではないか」、「行政処分や罰則だけではなく、違法・不当な行為については消費者に契約の取り消しとか損害賠償という権利を与え、事業者が民事的にも責任を負う、こういうルールを整備することによって、事業者が自らのリスクのもとで適正な取引を管理することが必要」などの意見が出され、過量販売規制の導入の必要性が高いこと、行政規制だけではなく民事効の必要性が指摘され、またクレジット取引における過剰与信規制を求める意見が目立った。

(イ) 第一回特商小委員会

第一回特商小委員会では、消費生活相談の情報に基づいて分析した特定商取引をめぐる現状について、事務局から報告がなされた後、次のような意見交換が行われた。

(A) 過量販売規制の必要性

高齢者や認知症の消費者を狙った訪問販売による被害が多いとの事務局の報告を踏まえ、「被害が多いのは特定商取引法の不備とも言えるのではないか」、「適合性原則違反などの法第七条違反が取消権や業務停止命令の直接の対象となっていない点は問題」、「被害が生じる前の段階で外形的に違法性が判断できる枠組み（販売目的明示義務違反や適合性原則違反等）の充実」、「もうけた分に対する責任の規定や刑罰等のやり得を許さないルールの設定などが必要」との意見が述べられた。

規制手法との関連では、高齢者では被害者になりやすい消費者層があるとの認識を前提にしつつも「単純に年齢毎で区別することは難しく、取引類型毎といった構造面に着目して措置を検討する必要がある」との意見も出されたが、高齢者被害が多い過量販売被害に対する特商法の対応の不十分さと新たな規制の導入の必要性を述べる意見が大勢を占めた。

(B) 民事効の取扱い

過量販売規制における民事効の取扱いについて、「取消権については、現在の適合性原則のうち、特定商取引法施行規則第七条第二号を発展させ、民事ルールを付与するのが良い」、「威迫困惑については、法制的にも取消権規定に盛り込むべき」、「適合性原則や判断力不足について、意思無能力論で構成することも一つの可能性としてはあると思うが、完全に一般化することも困難」、「現在の施行規則第七条第二号を発展させるという意見に賛成」との意見が出され、「適合性の原則」を基礎としていると考えられる特商法の行政規制のうち、省令七条二号の「老人その他の者の判断力の不足に乗じ、訪問販売に係る契約を締結させること」の禁止違反が「指示」の対象に止まっている点を見直し、省令七条二号の禁止違反と民事効とを結び付けて、意思表示の取消しを認めるという方向に賛同が集まった。

これに対し、「適合性の原則」を基礎とするもう一つの行政規制である省令七条三号の「顧客の知識、経験及び財産の状況に照らして不適当と認められる勧誘を行うこと」の禁止違反については、民事効の付与を「こちらも何とかしたい」との意見も述べられたが、発言者自身も「ちょっと遠いかなという感想」であったためか、これ以上議論が進展しなかった。

(ウ) 第二回特商小委員会

第二回特商小委員会は、高齢者の高額被害の防止を図るための方策の観点から「訪問販売」について議論が行われたが、複数の委員から高齢者被害の予防のための制度として取消権の付与が提案され、これをめぐって次のような議論が展開された。

(A) 取消権の理論的根拠

取消権の理論的根拠についての主な意見としては「適合性の原則」に触れて、「適合性の原則」違反は「現在法第七条（指示）の対象となっているが、これを第六条（禁止行為）の対象とし、第九条の二で取消の権利を付けるべき」との意見や、「訪問販売を受けた高齢者に対し、未成年者取消権のような権利を付与することはできないか」との意見が出された。

これに対し、民事ルールの要件は慎重に検討する必要があるとの立場から「第七条違反だから取消権を付与するというような立論はできない」という意見や、「民法上の暴利行為、状況濫用の法理の要件を、訪問販売等の特定の類型について緩和し、さらに(1)事業者側に主観的な認識があること、(2)客観的にも過度な販売であること等の要件の明確化を行うことで明文の法規範とすることは考えられる」との意見、「行為能力に着目して取消権を付けるというやり方は、年齢に従って一律に行うと、高齢者が当該取引から排除される可能性があることに留意すべき」との意見も出された。

また、判断力不足に乗じた契約締結などは、「本来一般法で検討するべき問題であるが、一般法の議論が十分に進捗していない現状においては、一般法の議論を阻害しない限り特定商取引法で先行的な法整備がなされること自体は評価ができる」との意見もあった。

(B) 取消し・無効の要件

次に、取消しや無効となる場合の要件については、「省令第七条第二号（判断力不足に乗じた契約締結）を発展させて民事効を付与すべきとの意見の趣旨は、現在の規定は抽象的であるために適用が困難となっていることから、判断力が不足している状態を明確にする必要があるということ」であるとの意見、「民法第九〇条要件の緩和と明確化を行うという方向性も支持できる」、「判断力不足という要素だけではなく、いくつかの要素を列挙して要件を作り込むという方法もあり得るのではないか」という意見や、「判断力不足」や「威迫困惑」についても「不実告知と同じように内容を列挙して悪質事業者が行うような行為を具体的に記述するという方法もある」との意見も出され、要件の列挙や例示などによる具体化や明確化の必要性が指摘された。

(C)　立証責任の転換

さらに、過量販売規制では消費者の認識能力や判断力に問題があるケースが多く、勧誘過程の立証困難性の問題もあることから、立証責任の転換も議論になった。

立証責任の転換については「真偽不明の際の挙証責任を規定するという方向ではなく、事案解明義務を尽くさない際の制裁として検討すべきと考えるが、民事訴訟法においても工夫がなされている分野であり、特定商取引法で規定するのは困難ではないか」、「相談の現場で使いやすい法律にという議論もあるが、立証責任の問題は裁判所の場におけるものとして議論をすべき」など特商法に立証責任を転換する規定を盛り込むことへの消極的な意見も出されたが、これに対し「第九条の二については、判断能力の不十分な方は、記憶力も十分ではなく、証言も明確にならないことが多く、取消を主張することには困難が伴う。仕組みの検討にあたっては、客観的な基準をより多く挙げる等の工夫が必要ではないか」、「立証責任の転換は、一概には導入が困難ではあるが、適用するための具体的な要件を列挙するなどの工夫はあり得る」など要件の客観化や具体化によって立証責任の負担を軽減すべきとの意見が出された。

(D)　検討の方向性

以上の議論を踏まえて、第二回特商小委員会では、今後の検討の方向性として「民事ルールの拡張（第九条の二について）は、高齢者に対する不適正な勧誘による被害が救済されやすくする必要があり、導入に向けて検討を進める」ことが確認された。

(エ)　第九回特商小委員会

第九回特商小委員会に先立ち、第六回特商小委員会において、それまでの議論を踏まえた過量販売被害への対応として「判断能力の不足した高齢者等に対する消費者被害に占める、訪問販売による被害の比率が非常に高いことに鑑み、訪問販売について、こうした消費者への必要量以上の販売など不当な契約を、消費者が取消し等を行うことができる対象とすることの必要性が指摘され、具体的にどのような規定が可能なのか検討する」との内容の意見集約（「中間とりまとめ」）がなされ、この「中間とりまとめ」についてのパブリックコメントの募集が行われた。

Ⓐ 「過量販売の取消権導入への考え方」

第九回特商小委員会では、パブリックコメントの結果なども踏まえて、事務局より「中間とりまとめ」の内容を具体化した「過量販売の取消権導入への考え方」（以下、「考え方」という）が示された。(18)

事務局の示した「考え方」では、「判断能力の不足した高齢者等」に対する訪問販売によって必要量以上の売買契約を締結させせられるという被害を救済する方策として、Ⓐ成年後見開始審判等の効果を過去に遡らせる方策、Ⓑ「暴利行為論」を基礎として取消条件を規定する方策、および、Ⓒ「状況の濫用」論を基礎として取消条件を規定する方策が紹介されたうえ、㋐訪問販売においては、購入者または役務の提供を受ける者が受動的な立場に置かれ、契約締結の意思形成において販売業者または役務提供事業者の言辞に左右される面が強いため、契約締結の意思が不安定なまま契約の申込みや締結に至ることが少なくないと評価されていること、㋑訪問販売においては、暴利行為の条件の一つである、消費者の「窮迫軽率又は無経験を利用」した取引や、「状況の濫用」が生じやすく、さらに、通常は必要とされないほどの財やサービスの取引がなされていれば、当該需要を基礎づける購入者側の特殊事情なき限り、「窮迫軽率又は無経験の利用」や「状況の濫用」が生じていると強く推認できること、㋒訪問販売を行う事業者には、消費者の「窮迫軽率または無経験に乗じない責務」「状況を濫用しない責務」、つまり、消費者にとっての購入意思形成や特殊事情について、相当の注意を払う責務があると考えるべきこと、という情況があり、これらは「訪問販売」という取引類型における「暴利行為」や「状況の濫用」発生の蓋然性を示すものであるとの認識を踏まえ、「暴利行為」や「状況の濫用」によって生じる被害の救済のための方策として、①訪問販売においては、「通常必要とされるもの」を超える商品や役務の契約を取り消せるとすることが適当ではないか、②同時に、事業者が相当程度の注意義務を果たしていれば、取消しできないとされるべきではないか、③過量販売の取消権には、クーリング・オフと同様に、金額的な下限を設定する必要があるのではないか、との提案がなされた。

また、①の「通常必要とされるものを超える」取引の判断基準について、「通常必要とされるものを超える」取引としては、ⓐ同じ事業者との一回の取引、ⓑ同じ事業者との複数回の取引、ⓒ異なる事業者との複数回の取引、があるが、どこまでの範囲の取引によって、消費者の保有状況、役務提供を受けた状況が「通常必要とされるもの」を超えれば、この要件が充足されたと解釈することが適当かを検討する必要があり、また、具体的な判断は、個々の民事訴訟において明らかにされるべきものではあるが、過量販売に係る取消しをめぐる紛争の発生を予防するためにも、消費者団体、訪問販売業界、クレジット業界等が協力して、ガイドラインを作ることが適当ではないかとの提案がなされ、この「考え方」をめぐって次のような議論が行われた。

Ⓑ 取消権の理論的根拠

まず、取消権を導入する場合の理論的根拠について「取消権を考えるに際し、暴利行為論や状況濫用論を参考とする方向性は賛成。しかし、学説には、不意打ち性が強く、自由意思が抑圧された状態で契約するという場面を考えるアプローチと、判断力不足など消費者の薄弱さにつけこんで契約させるという場面を考えるアプローチの二つがある。事務局案は、要件的には前者のアプローチに思えるが、後者も混ざっているように感じる。また、事業者の相当の注意義務の対象は何か。実際に判断力不足など意思が薄弱化していることに対してなのか、それとも判断力不足に陥っていなくとも、不相当な量を売ったという過量である状態に関してか。さらに現行法制でもクーリング・オフがむしろ要件の縛りなく援用できる救済手当となっているが、今後は二つの制度をどのように位置づけていくのか。取消権にはどのような要件が必要となるか、具体的に明確になっている必要がある」との意見が出され、これに対し事務局から「事業者の相当な注意義務というのは、当該取引が消費者にとって必要なものか、妥当なものか、きちんと注意義務を果たしていただく必要があり、それに反する取引が交わされていたら自由意志の抑圧や能力低下につけ込んだと類推するのが適当ではないかと考えている。逆に言うと、客観的な取引の状態等について、事業者がきちんと確認したことを立証すれば、取消が認められないことになる」との説明がなされた。

(C)　取消しの要件

また、委員長から「考え方」の趣旨の補足として「立証責任や要件事実については、法律的議論として条文の構成が難しい。考え方としては、客観的な過量販売については取消しをいったん認め、その上で事業者が本人の状況を調べてしかるべき対応をしていれば取消しが認められないという考え方を取り、立証責任は事業者に転換するというもの」との発言がなされ、これを踏まえて「過量販売の取消権について、結論的には賛成。この二、三年前から特に社会問題となっている高齢者、判断力不十分者に対する過量な販売への対処をどうすべきかというのが議論の出発点。取消権が付与できないかと提案してきたが、判断力不足は曖昧で、かつ立証が難しかった。しかし、事務局案は数量基準、必要性基準からアプローチしているため、行動規範として事業者にとって見えやすく、最小限必要なものを売ることは許されることになる。このアプローチを基準におくことは賛成。その上で、事業者からの反証をどう考えるかが重要。『通常必要とされるもの』という意味を、日常生活を営むうえで必要なものと限定すると意味が狭くなりすぎる。嗜好品を一切売るなとなってしまっては問題。国民一般の許容される販売数量や必要性等を考え、それを超えた時に、事業者に立証責任を転換させる必要がある。本人が積極的に必要だと思って買ったのかを事業者が調査するルールになっていることが重要。そのために、目に見えるルールを設定していただきたい」と事務局の提案を評価しつつ、過量販売と判断されても例外的に取消しができない場合のルールの一層の明確化を求める意見が出された。

これについても事務局から「必要性の低い嗜好品を買わせる行為だけでは過量販売には該当しない可能性が高い。ただし、状況の濫用次第ではありえる。日常生活で必要ということがどのような概念なのかといえば、それは社会通念をどうやって具体化するかという問題。取消しを認める要件は、自由意思の抑圧、能力の低下をいずれもカバーし、かつ、立証性の考えを導入すると先ほどの外形的要件にすれば使いやすいのではないかと考えている。ここへ辿り着く法律論については今後検討していく」との説明がなされた。

(D) 過量販売による取消しを認める金額の下限

さらに事務局の「考え方」に示されている、取消しを認める場合の金額の下限を設けるか否かについては、「過量販売について、全体の考え方は事務局案に賛成。しかし、金額の下限が全くないというのはおかしい。深刻な被害が起こっているというのが今回の議論の前提なので」と下限の設定に賛成する意見も出されたが、他方で「取消権について金額的な下限を設定する必要はないと考える。むしろ、民事ルールの取消権は契約意思に関するものだから下限を設定することは民事ルールにはなじまない」、「過量販売に対してはどんなアプローチがあろうとまずは取消を認め、その後、事業者から反証があれば考えるという、という構成にしていただきたい。暴利行為等があったときに取消権は付与されるので、下限を設定する必要はない。実際問題、下限があれば、そこを必ず事業者につけ込まれる」、「通常は、一般の人を基準として考え、かつ必要な場合は、個々の事情について注意義務を果たしてもらう。そしてその取引は正当だといえるかどうかを判断するべき」、「過量販売の取消しについては、救済に非常に有用であり、基本的に賛成だが、事務局案は、量の話に寄っているように感じた。なお金額の下限設定はおくべきではない。不適正な量ということになる場合には、下限を設ける可能性もあるが、あくまで勧誘に問題があった場合のことなので、下限は不要ではないか」など、下限の設定には消極的な意見が多く出された。

(E)　**過量性の判断基準**

過量性の判断基準の問題についても「過量販売の取消権について、要件認定や、安定的な解釈に課題があると考える。要件としては、『通常必要とされるもの』という考えを柱にするとのことだが、基準をどこにおくのか。全国信販協のものが参考についているが、この基準は、個々の消費者について判断していくのか。それとも一般基準から判断するのか。事業者からみれば、個々の消費者の状況がファクターになると行動の予測がたちにくいという問題もある。また一般基準とすると事業者には分かりやすくても、取消しの趣旨になじまないところがでてくる。また、注意義務をはたした場合、取消しができないとされているが、事業者の注意義務がない場合に取消権を付与するというのは、従来あまりない」との意見もあった一方、「過量販売の考え方について、事務局案では同じものをたくさん販売することを想定して考えられているが、私たちの受ける過量販売のイメージでは、一人のひとに、屋根、塀、床下……と、ものは違う商品・役務が売りつけられる等して消費者に負担がかかる形式が多い。こういったものも検討課題として入れてほしい」との意見も述べられた。

(F)　**取消しの範囲**

なお、取消しの範囲についても「過量販売とされた場合、通常必要とされる量を超えた部分のみ取消しが可能なのか、それとも全体が取消可能なのか問題となる」という意見が出されている。

(G)　**議論のまとめ**

これらの議論を踏まえて、第九回特商小委員会では、委員長により「事務局の提案について、方向性については賛同いただけた。しかし、ステッカー、金額の下限設定には一部反対意見もあり、今後、事務局でも慎重に検討すべき論点と言える。従来、特定商取引法は行政規制、民事ルールとセットになっていた。今回、過量販売への取消権を導入するにあたり、行政規制を前提にした制度とするのか、あるいは純粋民事ルールにするのかが大きな問題。後者であれば非常に画期的。行政規制に絡ませる場合、主務大臣の指示があり、民事ルールと切り離すという建て方もある。そのあたり、立法にあたって詰めていく必要がある」との議論のまとめがなされた。

(オ) 第一一回特商小委員会

第一一回特商小委員会では、事務局から示された、これまでの特商小委員会の議論をまとめた「報告書」案をめぐって、次のような議論がなされた。

(A) 「報告書」案についての議論とその賛同

過量販売規制に関しては、「過量販売へ取消権付与は、次々販売に対してどのように対応していくかの核心をなす処方箋である。数量的基準に着目して規定しつつも、消費者の主体的意思決定が確保されているかどうかを事業者に確認させるという部分にこの規定の趣旨があると考える。本制度は『次々販売』被害対策として是が非でも実現していただきたい」、「過量販売取消の導入は、従来の取消制度から質的に転換し、一歩前進するもので、訪問販売による最も悲惨な被害についてはかなりの確率で救えるだろうと高く評価する。ただし、この規定で救えるのは被害の一部であり、将来的には、オランダ民法典の状況濫用的取消なども踏まえ、改正法の運用を見つつ、さらなる検討を続けて欲しい」、「過量販売取消は、そもそもの消費者の決定自由を保護するという趣旨を満たし、その上で過度にパターナリスティックではない点が評価できる。訪問販売の場合、数量を基準として過量販売が行われた時には弱者性の乱用が生じていることを推定することは理論的にも説明がつき、普通の取引をしたことを事業者が証明できれば取消権を認めないという点も賛成」と、報告書案の内容に賛同する意見がほとんどであった。

(B) 第一二回特商小委員会における「報告書」の承認

「報告書」案のうち過量販売規制の部分については第一一回特商小委員会で事務局案のとおり賛同され、その後、第一二回特商小委員会において、最終的に次の(2)(ア)の内容の「報告書」が承認された。

(2) 「報告書」の内容

(ア) 特商小委員会の「報告書」(19)

特商小委員会の議論を経てまとめられた同委員会の「報告書」では、まず、過量販売の取消しの「基本的考え方」として、過量販売被害について「訪問販売に関する消費者相談に占める、判断能力の不足した高齢者等から寄せられる相談の比率が非常に高いが、その中には、到底必要とは考えられないほどの商品や役務を訪問販売の契約によって買わされているという事態から生じているものも多い」との認識を示し、他方「現在の法体系の中では、こうした事態が発生した際に有効な消費者救済手段が用意されていない」ので「訪問販売によって、『通常必要とされるもの』を超えるものの販売、いわゆる過量販売のような不当な契約が行われた場合、消費者が当該契約を取り消すことができるよう措置するべきである」とする。

そのうえで、「事業者側が、その訪問販売取引を行う際に十分な注意を払った場合、あるいは、事業者側が、その訪問販売を行う際に消費者の判断能力不足その他の弱者性を利用したと言えない場合には、本取消権は発生しないよう措置することが、結果的に事業者の注意を促すことも考えられ、適切な措置である」ので、「被害者への立証責任の配分が過度にならないように配慮した上で、取消権が発生しないケースについても規定するべきである」とまとめられている。

そして、過量販売に対する対応の「具体的措置」としては、①訪問販売において、消費者は「通常必要とされるもの」を超えることとなる商品や役務の契約を取り消すことができるとするべきこと、②同時に、事業者が、消費者がその契約を本当に必要とする事情が存在しているかどうかについて、相当程度の注意義務を果たしていたり、消費者の「弱者性」を利用していないのであれば、その場合には、消費者は取消しできないとされるべきこと、③「通常必要とされるもの」の個々具体的な判断は、個々の事例、民事訴訟において明らかにされるべきものではあるが、過量販売に係る取消しをめぐる紛争の発生を予防するためにも、消費者団体、訪問販売業界、クレジット業界等が協力して、ガイドラインを作ることが適当であることが提言されている。

(イ) 割販小委員会の「報告書[20]」

特商小委員会での議論と並行して、割販小委員会でも過量販売規制について議論がなされ、割販小委員会でも「報告書」がまとめられた。割販小委員会の「報告書」では、次のとおり、過量販売被害に対する販売信用の側面からの対応が提言されている。

まず、「悪質な勧誘販売行為を助長する不適切な与信の排除」について、「個品割賦購入あっせん取引については、与信契約が成立すれば販売業者が自ら債権者となって代金回収のリスクを負うことなく与信業者から立替払金が一括で支払われることから、販売業者が購入者からの代金回収が円満に行われることも考慮に入れた慎重な勧誘販売を行うインセンティブに欠け、かつ、限度枠をあらかじめ設定している総合割賦方式と異なり契約額が大きくなる傾向にあ」り、そのため「判断能力の不足している高齢者をはじめとして自発的購入意思のない者に対する訪問販売業者等による強引かつ悪質な勧誘販売行為を助長し易いといった構造的な危険性があるとの指摘がある」との認識を示したうえ、「不適正な与信を排除するための個品割賦購入あっせん業者に対する規制強化や民事ルールの導入を行うことが必要である」としている。

また、過剰与信を防止することによる過量販売への対応の観点から「個品割賦購入あっせん業者に対して、加盟店の勧誘販売方法等に関する調査義務を法定し、その調査結果に基づき、適正な与信が行われるよう義務づける等の措置が必要」として加盟店管理義務の強化を求め、さらに民事効の面では既払金の返還が認められるルールの創設が必要とし、その内容については「新たに導入することが提言されている過量販売取消について、これに係る個品割賦購入あっせん取引が行われた場合に既払金の返還を可能とするため、過量販売取消の可否が民事訴訟において争われる場合が多いと想定されることや、過量販売取消の要件、法的性質を踏まえつつ、措置の内容を検討する」とされた。

(ウ)「報告書」の基本的考え方

特商小委員会の「報告書」では、二〇〇八年改正前の特商法には過量販売被害に有効な救済手段がないことから、

①「通常必要とされるもの」を超えるいわゆる過量販売のような不当な契約が行われた場合には、新たに意思表示の取消権を付与すること

②取消権の例外として、消費者がその契約を真に必要とする事情が存在する場合や消費者の「弱者性」の利用がない場合には取消しができないものとすること

③過量性の判断基準は具体的な事例を通じて訴訟で明確なるものであるが、利害関係を有する各団体が協力してガイドラインを策定すること

を求めている。

割販小委員会の「報告書」は販売信用の面について、

④過量販売の手段になりやすい個品クレジットの過剰与信を防止するため行政規制として加盟店管理義務を強化

する必要があること

⑤　過量販売取引が取り消された場合にも既払金の返還ルールを創設すること

を提言している。

このように、特商小委員会の「報告書」では、過量販売被害に対する対応としては、第一に「訪問販売」の場合に限り対応をすること、第二に過量販売契約の解消は「取消権」の付与によること、第三に過量性の判断基準については細かい条項は置かず、「通常必要とされるもの」を超える契約というような一般的な要件とし、具体的な過量性の判断は事案ごとに訴訟によって決せられるとの考え方をとること、第四に、消費者の側の必要性や販売業者等による弱みへの「つけ込み」がない場合など取消権が行使できない例外を認めること、そして割販小委員会の「報告書」では、販売与信については加盟店管理義務の強化により行政規制の面から過剰与信の防止を行い、特商法の取消権と連動させることを前提に、支払済みのクレジット代金の返還を認めるという考え方がとられている。

(3)　国会審議の内容

特商小委員会および割販小委員会の各「報告書」を踏まえ、経済産業省において「特定商取引に関する法律及び割賦販売法の一部を改正する法律案」をまとめ、閣議決定を経て、内閣提出法案として二〇〇八年三月七日に、国会に上程された。

この改正案については与野党が対立する論点はなく、衆参の委員会および本会議でも全会一致で可決され[(21)]、成立した。過量販売規制に関する国会質疑では、過量性の判断基準および過量販売規制と適合性原則の関係についての質疑が重要と思われる。

㋐　衆議院経済産業委員会（二〇〇八年五月二一日）

衆議院経済産業委員会では、参考人質疑が行われ、その後、法案に関する質疑が行われた。その概要は次のとおりである。

Ⓐ　参考人質疑

招聘された参考人はいずれも、改正案を積極的に評価する意見を述べており、たとえば、松本恒雄参考人（一橋大学大学院法学研究科教授）は「二つの法律の改正を有機的に連携することによって、クレジットを利用した高齢者への悪質商法被害の防止に努めようとしたという点で、非常に画期的な重要な内容」、「過量販売の問題は、何も特定商取引法の対象となるタイプの勧誘方法に固有の問題ではないはずでありますから、これは、現在国民生活審議会で検討されております消費者契約法の将来における改正の際に、大いに参考になるルール」と述べ、池本誠司参考人（弁護士・日本弁護士連合会消費者問題対策委員会副委員長）も「次々と販売されたときに、消費者が一つ一つの契約の中身を思い出せない、そういう場合でも、客観的に不当、過当な場合には解除ができるという意味で、消費者の立証責任を軽減している」、「販売業者は、本当に合理的に必要なものかどうかを注意しながら売ってくださいという、その意味ではバランスのとれた規定」、「個々の勧誘行為の違法性を消費者側が逐一再現、証明できなくても、客観的に見て著しく過量であるという事実が存在するということを明らかにすれば救済できるという意味では、被害救済の上では非常に力になる、実効性のある規定」、「そういう例外規定があるからこそ、最初の著しく過量な販売、通常必要とする量を著しく超えるという言葉の意味を、余り例外的に、それこそ布団を三十組買ったとき初めて適用されるというのではなくて、普通は買わないような過量なもの、もちろん平均を一つ超えたからだめだという意味ではありませんが、通常は買わないような、それはまともに合理的に判断すればそういうことは契約しないいんじゃないかと言えるようなものについては、まずは原則的な要件が適用されるというふうな線引きをしていただきたい」と評価する意見を述べている。

(B) 「通常必要とされる分量」の意義と判断基準

参考人質疑に続く法案審議における質疑では、複数の議員から「通常必要とされる分量」の考え方やその判断基準についての質問がなされた。

これに対し、寺坂信昭政府参考人（経済産業省大臣官房商務流通審議官）は「通常必要とされる分量を著しく超えるということでございますので、ちょっと買い過ぎたとか多少購入をし過ぎた、そういう程度ではなくて、日常生活において、一般の方であればまれにしか購入しないような分量の場合が該当する」、「個別の事例におきましては、これはまさに商品やサービスの性質とか機能、あるいは購入される側、消費者サイドの家族構成とか人数、そういったものによって違いが出てくるわけでございまして、個々に判断するということになるとは思います」、「法令上、日常生活において通常必要とされる分量を著しく超える商品の売買云々ということ」、「まさに著しく超えるということでございますので、少し買い過ぎたとか、そういったこととはまた別でございまして、普通に考えますと、明らかにそういったことはあり得ないといったような量のものを意味している」との答弁がなされている。

(イ) 衆議院経済産業委員会（二〇〇八年五月二八日）

(A) 経済産業大臣の答弁

この日の委員会質疑では、甘利明経済産業大臣が「今回の法改正には過量販売契約解除の規定というのがありますけれども、消費者が、事業者が不実告知などの悪質な販売行為を行ったことを立証することなく、契約の解除を主張することを可能として、被害者が救済されやすい先進的な制度としております」と、改正案の意義を強調する大臣答弁を行っているが、他には過量販売規制と適合性原則との関係をめぐり、次のような質疑が行われたことが注目される。

(B)「適合性の原則」における「契約締結の目的」

階猛議員が「特商法とか割販法の規制を見ますと、適合性原則らしきものは政令の方にありますけれども、契約締結の目的というものが入ってありません。契約締結の目的を入れれば今回のようなケースは防げるんじゃないかと思うんですけれども、この点についていかがでございましょうか」と質したのに対し、寺坂信昭政府参考人は「金融商品取引法に御指摘のような規定が入っておるということは承知をしてございます」、「この規定に関しましては、例えば、資産を堅実に運用したいというようなお客様に対してハイリスク・ハイリターンの商品を勧めるといったようなケース、そういったようなケースを考えて、契約締結の目的に照らして不適当な勧誘というような条項が入っているというふうに理解をしてございます」、「訪問販売の場合は、今大臣から御答弁申し上げましたような、さまざまな提案を行うこと自体、それを規制することが適当かどうかということについては、さまざまな議論があり得るというふうに思ってございます。特定商取引法そのものは、訪問販売等の特定取引を対象にした法律でございます」、「別途、消費者契約法が店舗販売も含めました一般的なルールとしてあるわけでございまして、消費者契約法そのものに関しまして、委員御指摘のような適合性原則にかかわる条文がないわけでございますけれども、そういった消費者行政法体系全般の中で、要すれば、実態を見ながら検討をされるべきものというふうに考えて」いると答え、特商法の規定には「契約締結の目的」という要素は適合性の原則の内容には含まれていないが、実態をみながら検討をする考えであるとの答弁を行った。

(ウ) 参議院経済産業委員会（二〇〇八年六月一〇日）

参議院の経済産業委員会でも、過量販売の具体的な基準をめぐり、次のような質疑が行われている。

(A) 過量性の判断基準

複数の議員からの過量性の判断基準に関する質問に対し、寺坂信昭政府参考人は「過量に該当するという具体的な基準を設定いたしますと、これ個別の契約ごとに……、商品や役務の性質、それから購入されようとする消費者の方の家族構成、そういったことによりまして量が異なるという、そういう現実的な問題がございます」、「もう一つは、あえて具体的な数値を設定いたしますと、そこをわずかに下回る取引をねらう、そういう悪質商法を引き起こしかねない」、「グレーの濃いものと……ブラックといいますか、そういったものとの間の基準を定めるということについてはいろんなことを考えていかなければならない難しい点がある」、「一方で、ホワイトといいましょうか……、この範囲であればおおよそ過量などには該当しないと考えられる量……につきましては、既に業界サイドでも自主基準などで定めている」、「そういったものが明らかにされる……ことは、事業者の方が安心してその取引を行う上でも重要というふうに考えてございます」、「一定の目安……につきましては、経済産業省といたしましても、業界サイドの自主的な取組……を促してまいりたい」と答弁している。

また、「契約の締結を必要とする特別の事情」の意義についても、議員の質問に答えて寺坂政府参考人は「消費者に特別な事情があった場合でございますので、その過量販売契約というまれにしか生じないほどの大量の取引を行うに当たりまして、それが消費者の方で特に必要とする事情というものを指すというふうに考えております」、「例えば……、非常に多くの家族の方がいらっしゃるというその家族構成や、あるいは個人の趣味といったそういうような事情によりまして、通常は必要とされないほどの著しい分量を消費者が購入しようとする場合……にはこの特別な事情に該当する……、というふうに考えております」、「この規定に関しまして、事業者の方が消費者の過去の購入量を知るように、そこを調査する……ことについての義務付けは行っておりません」、「なぜそのように考えたかと申しますと、商品の保有状況……につきましては、消費者の方にとってみますと一種のプライバシーの問題がございます。ですから、家の中をずっと探し回るとか、極端なケースかも分かりませんけれども、そういったことを義務付けるというようなことにつきましては、それをまた強引に事業者が調べるということのある種の根拠付けを与えるというような問題があるということもございまして、今回の規定の考え方といたしましては、消費者の方が同じような商品を既に持っているんですよというようなことを告げると、そのことによって事業者は知ったと、知った上で過量と言われるそういう量を販売することになっていれば、それはこの新しい規定が生かされてくるというふうに考えている」、「消費者に特別な事情があることを立証をするといいますか説明する責任主体はどちらかといいますと、これは事業者にあるというふうに考えてございます」、「事業者はその特別な事情が存在することを確認して、いざというときにその事実関係というものを事業者の方が説明、証明できなければならないというふうに考えてございます」、「したがいまして、安易に過量な契約を締結しますとその契約は解除される可能性が高くなるということでございまして、そういった面で事業者に対して慎重な対応を促す、そういう効果はあるんではないかというふうに考えてございます」、「このただし書の存在があることをもってして過量販売が正当化されるというようなことにはならないと考えております」と答弁している。

(B)　過量販売におけるクレジットの既払金の扱い

また、橘高公久政府参考人（経済産業省大臣官房審議官）は割販法の改正につき「販売業者が自ら悪質な勧誘行為やあるいは過量販売を行っている場合には、クレジット事業者はそういうことを知りながらみすみすこれを助長していたものであるというところに着眼をいたしまして、個別クレジット業者に既払金の返還という非常に強いペナルティーを掛けるという形でございます」との答弁を行っている。

四　特商法における過量販売規制の内容

特商法に過量販売規制を導入する二〇〇八年改正法は、以上の経緯により成立したが、次にはこの改正法により導入された過量販売規制の内容を詳しく見ていくことにする。

1　概　要

(1)　過量販売行為の禁止と過量販売解除権の導入

二〇〇八年改正により導入された過量販売規制の内容は、行政規制としての過量販売勧誘行為の禁止および過量販売解除権を認める民事効の二つである。

具体的には、①正当な理由なく日常生活において通常必要とされる分量等を著しく超える商品・指定権利の販売契約や役務提供契約の「締結について勧誘すること」を禁止し、この違反については行政処分（指示または業務停止命令）の対象とし（特商七条三号・八条）、②日常生活において通常必要とされる分量等を著しく超える商品・指定権利の販売契約または役務の提供契約を「訪問販売」によって締結した場合、その契約の締結を必要とする特別の事情があったときを除き、契約の申込みや締結をした者が意思表示の撤回または契約の解除（以下、「解除等」という）をすることができるものとした（特商九条の二）。

なお、割販法においても、二〇〇八年改正により購入者等が特商法九条の二の過量販売契約に係る個別信用購入あっせん契約を解除することができる規定が新たに設けられた（割販三五条の三の一二）。

(2) 過量販売解除権の意義

民事効を定めた規定としてみると、特商法の過量販売解除権は、訪問販売によって締結された過量販売に該当する契約については、その取引の分量、回数あるいは期間が過量であることだけを理由にして解除等を認めており、それらの契約の締結過程における事業者の勧誘行為の違法性ないし不当性を問題とすることなく契約を解消することができることとした点で画期的な規定といえる。

(3) 改正過程の議論との相違

二〇〇八年改正により実際に導入された過量販売規制の内容をみると、同法の改正議論の経過の中で検討対象とされたり、想定されていたものとは異なった内容となったものが少なからずある。

その第一は、過量販売規制の枠組みについて、特商小委員会の議論としては出されていたが「報告書」では明示的に提案がされていなかった行政規制も民事効と並行して規定されたこと、第二に、過量販売契約の拘束力から解放するための法理としては、特商小委員会の「考え方」および「報告書」では「取消権」が提案されていたが、実際に成立した特商法では「撤回・解除権」となったこと、第三は、改正法では特商小委員会において事務局が示した「考え方」には明示されていた過量販売に該当する金額の下限を設けなかったことである。

2　過量販売解除権

改正法が新たに規定した過量販売解除権（特商九条の二）は、以下のとおりの内容を持つ契約解除権である。

(1) 解除権発生の要件

特商法九条の二により契約の解除等が認められる要件は、次の(ア)ないし(エ)のとおりとなっている。

(ア) 訪問販売により

過量販売による解除等が認められるのは「訪問販売」に限られる。電話勧誘販売をはじめ特商法のその他の取引類型には過量販売解除権は規定されなかった。国民生活センターのPIO－NET情報によれば、電話勧誘販売による次々販売の被害も目立ってはいるが[22]、特商小委員会の議論に現れているように過量販売被害が多発する取引類型の中心が「訪問販売」であったとの認識を前提に、被害の多発は「訪問販売」によるものであるという立法事実を踏まえて規制対象も「訪問販売」に限定されたものと考えられる[23]。

しかし、特商法の定義する「訪問販売」に該当すれば足りるので、「営業所等」（特商二条一項一号）における契約であっても、キャッチセールスやアポイントメントセールス（特商二条一項二号の「特定顧客」）による場合を含むことは当然である。

また、取引類型が「訪問販売」に該当すれば足り、訪問販売においてどのような勧誘がなされたのかは要件とはなっていないので、販売業者等が特商法の他の規制を誠実に遵守していたり、あるいは購入者等において取引が「過量」であると認識して契約を締結した場合であっても、取引の分量が「過量」であれば解除等が認められる。この点も、客観的な要件により過量販売契約からの解放を認める必要があるとの改正時の議論を踏まえたものである。

その意味で、過量販売となる取引では販売業者等には「過量」となる取引を防止する配慮義務が課されていると解すべきであるし[24]、過量販売をする以上、販売業者等は、購入者から一方的に契約を解消されるリスクを負っていることになる。

(イ) 通常必要とされる分量を著しく超える

(A) 「過量」の意義

解除等が認められる「過量」の意義は、契約した商品、指定権利の分量または役務の回数、期間もしくは分量が、その申込者等の日常生活において通常必要とされる程度を著しく超えていること、とされている（特商九条の二第一項）。

この定義からすると、過量は、商品および指定権利の場合には「分量」がその判断対象であり、役務の場合には「回数、期間もしくは分量」が判断対象となる。ここから、「過量」か否かの判断においては、金額の多寡は対象とされなかったことが理解できる。

たとえば、単価の安い商品の場合、分量が著しく多くても代金総額はさほどではない場合もある。たとえば、一人暮らしの高齢者に対し一本一〇円の鉛筆を一〇〇〇本、代金総額一万円で販売するような場合のように、購入代金総額の一万円は金額面では日常生活上それほど支障にはならない金額であっても、一人暮らしの高齢者が日常生活で一〇〇〇本もの鉛筆を一時に必要とすることは通常では考えられないから、購入した分量からみれば通常必要とされる程度を著しく超え、「過量」と判断される。

改正過程の議論では、第九回特商小委員会において過量性の最低金額（下限）を定めるべきか否かが議論され、検討すべき課題として残されたが、同特商小委員会で反対意見が強く出されたこともあり、金額の下限を定めることは特商小委員会の「報告書」の内容とはならなかったことから、改正法には盛り込まれなかった。

そもそも過量の要件を「分量」「回数」「期間」で規定する以上、右の設例のように、単価の低い商品などの場合、「分量」「回数」「期間」から見れば明らかに過量販売ではあっても販売総額はそれほど大きくはならない場合もあるが、かかる場合にも「過量」であると判断されるのは当然であって、金額の下限を設けるのは論理的にも一貫性を欠く。

(B) 「過量」か否かの判断基準

過量か否かの判断をする場合の客観的で明確な基準は、条文の文理上も明示されていないし、特商法の所管官庁から解釈上も明確な基準は示されていない。この点は国会審議でも政府参考人から繰り返し答弁されている。(25)

特商法の条文上は、商品、指定権利の分量または役務の回数、期間もしくは分量が「過量」か否かは、

① その申込者等の日常生活において通常必要とされる程度を
② 申込者等が契約した分量や回数、期間が
③ 著しく超えていること

という三つの要素で、判断される。

つまり、その申込者等の日常生活に通常必要とされる程度がどのくらいかを確定させ、次にその申込者等が実際に締結した契約にかかる分量や回数、期間と比較して、それらの乖離が「著しい」か否かという判断になる。

特商法九条の二第一項各号では、著しさの比較の基となる日常生活に通常必要とされる程度は「その日常生活において」と規定されているので、当該契約を締結した申込者等の具体的な日常生活において通常必要とされるか否かで判断されることになり、一般的な消費者や社会の標準的な家庭生活におけるものが基準となるのではない。

また、「日常生活に通常必要」か否かという点については、商品や指定権利、役務の内容や種類、特性によって通常の購入必要とされる分量等は異なるし、取引をする消費者の家族構成や生活状況などによっても異なるので、一律の基準ではなく個別のケースごとに判定せざるを得ない。(26)

なお、乖離の「著しさ」については、その申込者等が日常生活を営んで行くうえでは、締結することは考えられないほど不自然と見られたり、不必要と考えられる分量や回数、期間であるかどうかで判断されることになろう。「過量性」の判断基準については、特商小委員会における議論でも事業者団体の委員からは明確な基準が必要であるとの意見も出されたが、同委員会の「報告書」のとりまとめのとおり、「過量性」の個々の判断は、訴訟の場で個別に判断されるという基本的な考え方が貫かれたものといえる。

(C)　過量性の目安

明確な過量の判断基準はないとしても、通常は一般の消費者が家庭生活を営むうえで購入するであろう分量が一応の目安となる。

この点については、二〇〇八年改正法が国会で可決成立した際に衆議院および参議院の附帯決議において、ガイドライン等により明確な基準を用意するべきことが求められていたが、訪問販売業者等で構成する自主規制団体である社団法人日本訪問販売協会が、取引の適正化と予測可能性を確保する目的から、二〇〇八年一〇月八日にガイドラインをまとめている。(27)

(ウ)　過量性の認識（主観的要件）

(A)　過量販売の類型

特商法九条の二は、過量販売解除権が認められる取引の類型として、

① 一回の契約で過量販売となる場合（単一契約型：特商九条の二第一項一号）

② 複数回の契約により過量販売となる場合（複数契約型：特商九条の二第一項二号）

の二つの場合を規定している。

〔図表〕 **過量販売解除が認められる取引**

	過量となる状況	撤回・解除が認められる要件（過量性の認識）	解除の対となる契約	備　考
単一契約類型	その販売業者等の１回の取引により過量となる場合（特商９条の２第１項１号）	申込者等が、過量となる商品・指定権利を販売する売買契約、過量となる役務提供契約の申込み又はこれら契約の締結をしたこと（販売業者等の過量性の認識は不要）	当該の契約全部	①販売業者等による「勧誘」は必要ない ②申込者等（消費者）の主観的態様（過量性の認識や誤認の有無など）は問わない
複数契約類型	その申込者等の過去の取引の累積を前提にしてその販売業者等の当該取引により過量となる場合（特商９条の２第１項２号前段）	販売業者等が今回の当該契約によって過量になることを知りながら、申込者等から商品・指定権利の販売契約又は役務提供契約の申込みを受け又は申込者等と契約を締結したこと	当該契約以降の契約	
	その申込者等の過去の取引の累積が既に過量となっている場合（特商９条の２第１項２号後段）	販売業者等が過去の申込者等の購入の累積から既に過量になっていることを知りながら、申込者等から商品・指定権利の販売契約又は役務提供契約の申込みを受け又は申込者等と契約を締結したこと		

複数契約型の場合には、複数の契約が同一の販売業者等によるものと複数の販売業者等によるものがあるが、いずれの場合であっても当該契約について〔図表〕の要件が満たされる限り、過量販売解除権が発生する。

(B) 過量販売類型ごとに必要とされる過量性の認識

(a) 単一契約型

単一契約型は、一回の取引で「過量」となる商品、指定権利の販売または役務提供の契約の申込みをしたり、契約を締結する場合である（特商九条の二第一項一号）。この場合には、客観的に「過量」に該当する契約の申込みを受けまたは契約を締結しただけで、その契約について過量販売解除権が発生する。

単一契約型では販売業者等に過量性の認識があることは要件となっていない。この類型では当該契約における分量は販売業者等自身が認識しているので、そもそも過量性の認識も通常備わっていると考えられるからである。

(b)　複数契約型

これに対し、複数契約型は複数回にわたり契約がなされる場合であり、契約の申込みや締結が同一業者による場合と複数業者による場合のいずれも含まれるが、この中には、

①　申込者等（消費者）の過去の取引の存在を前提として、それに今回の取引の分量を累積すると結果的に過量販売となる類型（特商九条の二第一項二号前段）

②　過去の取引実績によりすでに過量な購入状態となっている申込者等との間でさらに契約の申込みを受けたり契約を締結する場合（同号後段）

が規定されている。

複数契約類型の場合、申込者等（消費者）が過去に行った取引の分量、回数または期間と今回の申込みまたは契約に係る取引の分量、回数または期間が累積すると過量となること（①の場合）、または過去の取引実績によりすでに過量であること（②の場合）を販売業者等が「知りながら」、契約の申込みを受け付けたり、契約を締結をした場合に、申込みの解除等が認められる（特商九条の二第一項二号）。つまり、その契約の申込みや締結前の消費者の累積的過量性について販売業者等の認識を必要とするという趣旨である。この認識があることについては、申込者等（消費者）が立証責任を負うと解される。

しかし、過去の取引が当該の販売業者等自身によって行われていることは要件とされていないので、同一業者が繰り返し販売する形態（同一業者型次々販売）に限らず、別業者による次々販売の形態（複数業者型次々販売）であって

も、特商法九条の二第一項二号が適用される。

もっとも、同一の販売業者等による複数取引の場合は、販売担当者が自社との間で締結された過去の契約が存在していることを知らずに販売したとしても、販売業者等としては自社の契約実績を当然に把握できるから、「過量」性を認識していると評価できる。これに対し、複数業者による取引では、それ以前に別業者との間で締結された契約が存在することを認識できず、結果的に過量な契約の申込みを受けたり契約を締結したことになる場合もある。このような場合にまで過量販売解除権が認められるとするのは相当ではないので、販売業者等に「過量性の認識」があったことが必要とされている。

特商小委員会の「報告書」では、過量販売解除権の発生要件としての「過量性の認識」の点は触れていなかったが、事務局の提示した「考え方」においては、同一事業者の一回の取引、同一事業者の複数回の取引および異なる事業者の複数回の取引により過量販売となる場合について過量性の要件や判断基準の検討が必要であるとの指摘がされていた。

特商小委員会の議論では、単一契約型のみならず複数契約型の場合に次々販売の被害が多く発生しているとの意見が消費者団体の委員から強く出された一方、事業者団体の委員からは要件認定や安定的解釈に問題があるとの意見もあったことから、これらの議論を踏まえて「考え方」で示された趣旨、すなわち消費者の「窮迫軽率または無経験を利用」したり「状況の濫用」をすることにより過量販売被害が生じることに規制根拠があるから、これらの事情が認められなければ契約解消の権利は認められないという趣旨に沿って、過量販売解除権の発生要件が具体化されたものと考えられる。

(エ) 契約締結を必要とする特別の事情（解除権の消極的要件）

特商法は、申込者等に当該契約の締結を必要とする特別の事情があったときは解除等はできないと規定する（特商九条の二第一項ただし書）。

この事情は、過量販売解除権発生の消極要件であり、販売業者等が立証すべき責任を負う。販売業者等が立証責任を負うためには、取引の際に申込者等（消費者）にこの事情があるか否かを確認すべき責務があることを前提にしている。(28)

「当該契約の締結を必要とする特別の事情」とは、たとえば、通常の日常生活上では必要とされる分量をはるかに超えるが、その申込者等の家族構成、職業、趣味あるいは例外的な出来事などにより、その商品等を多数使用する必要がある場合などの事情である。たとえば家族の構成人数が非常に多い、あるいは個人の趣味で特に数量等を多く必要とする、葬儀のお返しやお祝い等として親戚や知人に配るなどの事情により、通常は必要とされないほど過大な分量を購入しようとする場合などである。(29)

「特別の事情」は、実際にこの事情が存在していることが必要であるので、単に契約締結の際に申込者等に「特に必要です」と記載させたことだけではこれに該当しない。

(2) 効　果

過量販売解除権行使の効果は、申込者等（消費者）に負担を生じさせない意思表示の撤回または契約の解除であり、クーリング・オフの規定が準用され、クーリング・オフとほぼ横並びの効果が定められている（特商九条の二第三項・九条三項〜八項）。

(ア) 過量販売解除の効果

(A) 契約の解消

過量販売解除権を行使した場合の契約の解消にかかる効果は、申込みの意思表示の撤回または契約の解除である。この点はクーリング・オフと同じものと解され、申込みの撤回がなされれば申込みの効力が失われ、たとえその後に販売業者等から承諾がなされても契約は成立しないし、契約が解除されることによって契約は締結時に遡って効力を失うことになる(30)。

(B) 損害賠償または違約金の請求禁止

過量販売解除がなされた場合、販売業者等は、申込者等(消費者)に対し、解除に伴う損害賠償または違約金を請求することができないと規定されている(特商九条の二第三項・九条三項)。

(C) 商品・指定権利の返還と使用利益の清算

申込者等(消費者)は、販売契約が解除されたことにより原状回復義務が生じ(民五四五条一項)、引渡しを受けた商品、指定権利を販売業者に返還する義務が生じるが、過量販売解除では、この場合の商品や権利の引取費用は販売業者の負担とされた(特商九条の二第三項・九条四項)。

また、クーリング・オフの場合と同様に、消費者が過量販売解除を行うまでに引き渡された商品を使用し、指定権利の行使または役務提供契約に基づき役務の提供を受けたときでも、販売業者等はその利益相当額を請求することができないことも規定されている(特商九条の二第三項・九条五項)。

(D) 代金等の返還・原状回復工事費用の負担

販売業者等は、受領した代金または対価を速やかに消費者に返還しなければならないと規定されている(特商九条の二第三項・九条六項）。

リフォーム工事などの役務提供に伴い現状の変更が生じた場合の原状回復工事等の費用も、販売業者等の負担とされている（特商九条の二第三項・九条七項）。

(イ)　解除権行使の期間と方法

過量販売解除権の行使期限は契約締結から一年以内である（特商九条の二第二項）。

クーリング・オフ期間と取消権の消滅時効期間（追認可能時から六カ月）よりは長く定められているが、取消権の除斥期間（五年）よりは短い。

次々販売の被害の特徴を踏まえると、不実告知等による意思表示の取消しができる期間である六カ月では短すぎるし、過量販売の状態が継続している限り「追認しうるとき」というような不当な状態が解消された時点を観念することは難しいことから、販売業者等の利益とのバランスも考慮して、契約締結の時から一年間の除斥期間を定めたものである。

過量販売解除では契約締結時から解除権の行使期間が進行する点で、法定書面を受領した時点から期間進行を認めるクーリング・オフと異なっている。

過量性の判定対象となる過去の契約は一年間に限定されず、一年を超えて契約した分量を累積して判断することができるが、過量販売解除権の行使により申込みの撤回や契約解除ができる契約は、締結から一年以内のものに限られる。

また、過量販売解除では、クーリング・オフと異なり「書面により」という文言はなく、民法の一般的な解除権行使と同様に口頭によることも当然に認められるし、解除の効力の発生についても特別の規定はないので到達主義によることになる。

3　過量販売行為に対する行政規制

(1)　過量販売解除権（民事効）との要件の違い

行政規制の対象となる過量販売行為の具体的な内容は、省令六条の三において規定されている。特商法九条の二に規定されている過量販売解除の場合とほぼ同じ内容となっているが、具体的な要件をみると、行政規制としては「契約の締結について勧誘すること」という販売業者等の行為を対象としており、また、いずれの行為も「正当な理由がない」にもかかわらずかかる勧誘を行うことが違反の要件とされている（特商七条三号、特商規六条の三）。

ここにいう「正当な理由」は、過量販売解除権の消極的要件である消費者が「当該契約の締結を必要とする特別の事情」と同じ趣旨と解されるが、立法過程における議論を踏まえると、単に取引の分量の過量性についての特別の事情があるだけでは足りず、消費者の弱みに乗じた販売（いわゆる「つけ込み」行為）などによるものではないことも正当な理由の中に含まれる（締結を必要とする特別な事情がある契約締結であっても、それが「つけ込み」行為による場合は正当な理由はない）と解される。

(2)　過量販売禁止違反の制裁

訪問販売により正当な理由がなく過量となる売買契約（役務提供契約）の締結について勧誘することは、指示および業務停止命令の対象となる（特商七条三号・八条一項、特商規六条の三）。

4　割販法との相互関係

個別信用購入あっせん（個別クレジット）を利用した過量販売の場合、販売業者等との間の売買契約、役務提供契約だけではなく、クレジット会社との間の個別信用購入あっせん契約も解除することができることが規定された（割販三五条の三の一二）。

また、個別信用購入あっせん契約の解除と同時かそれ以降に訪問販売による過量販売契約を解除した場合は、割賦販売法の規定により、三者間の清算関係が生じ、金員の支払関係をそれぞれ巻き戻すような清算方法が定められた（割販三五条の三の一二第四項）。

五　過量販売規制の構造と過量販売を理由とする契約解消制度の性質

1　過量販売規制の構造

これまで論じてきた特商法への過量販売規制の導入に向けた議論の経緯と内容および実際に規定された過量販売規制の内容を踏まえると、特商法の過量販売規制の構造は次のとおりのものと理解できる。

(1)　不意打ち型の取引類型に対する規制

過量販売規制は、不意打ち型の取引類型に対する規制である。しかし、訪問販売にしか規定されず、同じ取引類型に分類できる電話勧誘販売には規定されなかったことから、過量販売規制は不意打ち型取引類型の一部の規制にとどまった。このような結論となった理由は、同じ不意打ち型取引類型である電話勧誘販売の場合にはそれほど深刻な被害が出ておらず、立法事実（規制の必要性と合理性）としては不十分と認識されたことがあげられる。

しかしながら、電話勧誘販売においても次々販売の被害は少なからず存在しているし、過量販売規制の背景ないし根拠の面では電話勧誘販売にも訪問販売に共通する問題状況もある。だとすれば、電話勧誘販売にも同様の規制の導入を検討すべきであるし、訪問販売の過量販売解除権の規定を電話勧誘販売にも類推適用する余地もあろう。

(2) 行政規制と民事効の併存

特商小委員会における議論では、過量販売規制を純粋に民事ルールにするのか、あるいは行政規制とセットにするのかは、立法にあたり詰めていく課題と整理された。

しかし、結果的には、過量販売となる契約締結の勧誘行為が特商法七条三号において「指示」の対象行為とされ、同法八条一項において「業務停止命令」の対象行為として規定されたことにより、特商法の過量販売規制は民事ルールに純化（特化）したものではなく、行政規制とセットになり相互に補完し合いながら過量販売被害に対処する規制ルールとして組み立てられた。その意味では、過量販売規制も従前の特商法の規制の枠組みを踏襲し、特商法の他の規制と平仄を合わせたものといえる。

過量販売行為に対し指示処分等がなされる要件の建て方をみると、特商法七条三号では「正当な理由がないのに」、「日常生活において通常必要とされる分量を著しく超える」契約の締結の勧誘行為を処分の対象とし、その行為の具体的な内容を省令六条の三で規定している。しかし、同条の規定では、単一契約型と複数契約型それぞれについて規制対象とされていることは理解できるものの、「過量性」の要件については特商法の他の行政規制と比べてもかなり一般的で抽象的な要件の設定となっている。

立法担当者の説明でも、特商法の所管官庁としては「過量性」に関する具体的な基準の設定はしないとされていることからして、構成要件の明白性の観点からは批判もありうるところである。しかしながら、そもそも「過量性」は個々の消費者や個々の取引ごとにすべて異なるのも事実であり、性質上、具体的な基準を定立することは困難であるし、仮に何らかの基準を定立したとしても、その基準の使い勝手や有効性には大きな限界があろう。

他方で、「過量」との判断がなされるためには、「日常生活において通常必要とされる分量」を単に「超えた」だけでは足りず、その乖離が「著しい」ことも要件であるため、実際の「過量」の該当性判断においては、おそらく社会一般の観念からみて誰もが多すぎると考えられる程度に至っていることが必要とされるであろうから、結果的には判断の妥当性は確保できるものといえよう(31)。

(3) 申込撤回権・契約解除権

過量販売に対する民事ルール（規制）の枠組みとしては、損害賠償責任に関する不法行為法の特則ではなく契約法の問題として考え、かつ、契約の意思表示の瑕疵や意思の欠缺を前提とした意思表示の無効・取消しでもなければ、合意の瑕疵や公序良俗違反など契約内容が社会的相当性を欠くという観点からの契約無効でもなく、結局のところ、クーリング・オフと同じく申込みの撤回権および契約の解除権と構成された。

既述のとおり、法案がまとめられる前の審議会での議論（特商小委員会での議論やその「報告書」等）では、取消権とすることが当然の前提とされていたが、法案が作成される段階で突然に解除権の構成となった。解除権となった理由は明らかにされていないが、この点については後に検討する。

(4) 過量販売解除の効果

過量販売解除の効果は、①発信主義を採用していない点、②解除権行使にあたって「書面により」という限定がない点、そして③解除権行使の期間がクーリング・オフに比べ一年と長い点を除き、訪問販売におけるクーリング・オフの効果に関する規定をそのまま準用している。

全くの無理由解除であるか否かという点では、クーリング・オフと過量販売解除では制度の組立てが異なるとはいえ、権利行使に書面を不要としている点や権利の行使期間が長い点では、過量販売解除のほうが消費者にとってクーリング・オフより広く、強力な効果を規定していると見ることもできる。

これは、過量販売被害の特徴である認識や判断の能力などが減退している被害者が少なくない点を踏まえたものである。

2　過量販売を理由とする契約解消制度の性質と解除権構成の理由

(1)　規制の根拠と過量販売解除権

立法担当者（経済産業省消費経済政策課）が特商小委員会において示した前述の「考え方」では、過量販売における民事ルールの根拠として「暴利行為」と「状況の濫用」があげられており、しかもこれらは並列的に扱われている。この「考え方」の中では、「適合性の原則」についての明示的な言及はない。しかしながら、特商小委員会の議論では、すでに触れたように特商法が「適合性の原則」に基礎を置く行政規制のうち、省令七条三号の「適合性の原則」違反行為に民事効を認める考え方については掘り下げた議論には進展しなかったものの、同条二号の「老人その他の者の判断力の不足に乗じた」契約締結行為の禁止に民事効（取消し）を結び付ける考え方については、かなり活発に議論が展開され、その延長上で「考え方」が提示され、「報告書」がとりまとめられたという経緯がある。

また、二〇〇八年改正の直後に事業者向けに行われた特商法の説明会用の資料では、新たに導入された過量販売規制の基礎について、過量販売に対する行政規制の根拠に「適合性の原則」があることが言及されている。(32)

特商小委員会での議論でも、特商法が「適合性の原則」に基礎を置く二つの指示処分の根拠規定のうちの一つ（省令七条二号）については、その違反に民事効を付与する方向で「報告書」がまとまったものであるし、また、同小委員会の議論としては過量販売における民事効の導入が優先され、行政規制も加えるか否かは立法段階での検討課題として残され、その後の検討により「適合性の原則」を根拠に行政規制があわせて導入された経緯があることを踏まえると、民事効についてもその根拠には同様に「適合性の原則」があると理解されていたことは明らかであろう。

こうしてみると、二〇〇八年改正法の過量販売規制は「考え方」に明示されていた「暴利行為」と「状況の濫用」のみならず、「適合性の原則」の法理にも基礎をおくものと理解される(33)。

しかしながら、民法法理としてみた場合「暴利行為」と「状況の濫用」も、また「適合性の原則」も、これらの法理が認められるに至った沿革や経緯も異なれば、問題となる場面も異なっているし、また、その法的効果も異なる。それにもかかわらず、二〇〇八年改正法の過量販売規制では、これらの法理に立脚したうえで、なおかつ解除権という構成がとられたことになる。

過量販売規制の民事ルール（契約解消を認める制度）の議論がこのような経過をたどり、最終的にはクーリング・オフと横並びの効果をもつ撤回権ないし解除権と構成されたことについては、特商法が民法の枠組みにとらわれることなく、特例的に解除権構成を採ったものだということもできるだろうが、もう少し民法法理との関係を考えてみる必要があろう(34)。

次には、過量販売規制の基礎とされる「暴利行為論」、「状況の濫用」および「適合性の原則」の法理についての理解を踏まえて、特商法の過量販売解除権と民法法理との関係を考えてみることにする。

(2) 暴利行為論

暴利行為論は、民法九〇条の「公序良俗」の概念の中に経済問題が取り込まれることによって発展してきた判例法理であるが、①窮迫または無思慮、無経験に乗じること、②過大な利得を得ることが要件とされ、これらに該当する法律行為は民法九〇条に違反し無効とされる。

暴利行為論については、①の要件を緩和することで消費者取引における交渉力の不均衡を是正する法理として活用することが可能とする考え方が提示されている。(35)

過量販売規制の根拠との関係で考えると、過量販売被害の典型例と考えられる認知症等により意思能力に問題のある高齢者の場合には「無思慮、無経験」に乗じるという要件が満たされることが多いと思われる。しかし、たとえば意思抑圧的な勧誘行為による場合や構造的な交渉力の不均衡が理由で過量な取引をさせられてしまう場合には、これらの事情を「窮迫」性に読み込むことは可能ではあろうが、「無思慮、無経験」の要件では賄えないと思われる。(36)

また、②の「暴利」については、意思能力に問題のある高齢者の過量販売の場合であっても、必ずしもこの要件を満たすとはいえない場合が少なくない。たとえば特商法九条の二第一項二号後段に規定する複数契約型の場合には、消費者の過去の取引の累積だけですでに過量となっている場合であるから、今回取引する販売業者等の取引の分量が少ない場合であっても過量販売となるが、このような場合に販売業者等が「暴利」を得たといえるかどうかは疑問である。暴利行為論では取引の一方当事者（販売業者等）が当該取引から得た「利得」が過大であることが要件とされているのに対し、過量販売規制では「利得」つまり販売業者等の得た金員の多さではなく、取引の相手方たる消費者が取引したものの「分量」、「回数」または「期間」が過大であるか否かで、過量販売規制の対象となるか否かを決めている。金額の多さで過量性の要件を決めてしまうと、前述したような単価が低い商品等の過量販売には適用できなくなるので、暴利行為論をそのまま過量販売規制に活用するのは簡単ではない。

ところで、暴利行為に該当する法律行為は絶対的無効と解されるので、そのような契約の無効は誰でも主張可能であるし、追認もできないと解するのが一般的である。

過量販売規制の民事ルールの効果が、このような絶対的無効だとすると、二〇〇八年改正法の制定過程で導入が予定されていた、取消権の例外事由があった場合には契約の解消ができないとするという制度との論理的な整合性の説明には困難が伴う。

(3)　状況の濫用

(ア)　「状況の濫用」の法理の活用

民法九〇条が法律行為の内容から法律行為を統制する規定であることから、「暴利行為論」では、どうしても法律行為（契約）の内容の不当性が著しいことに重点があり、過量販売が行われる場合によく見受けられる消費者と販売業者等の間の交渉力等の格差などといった構造的な関係や過量販売の原因に着目した民事ルールの設定には不都合な面がある。(37)

このことから、二〇〇八年改正法の立法過程では「暴利行為論」の不都合を補うものとして「状況の濫用」の法理の活用が考えられたのではないかといえそうである。

(イ)　オランダ民法の「状況の濫用」の法理

「状況の濫用」は、オランダ民法では規定があるが、我が国では比較的近時になって消費者契約をめぐる議論の中で注目されるようになってきた法理である。(38)

オランダ民法の「状況の濫用」の法理は、①表意者の置かれている特別な状況を、②契約の相手方が濫用し、③その状況の濫用によって契約が締結された場合に表意者に契約の取消権を認めるというものであり、①の要件である「特別な状況」の例示として、オランダ民法では「窮状、軽率さ、通常でない精神状態および未経験」があげられており、これらは「特殊な経済的状況」と「特殊な心理状況」という二つのカテゴリーに分類されると紹介されている(39)。また、②の「濫用」性の要件については、表意者の特別な状況により法律行為をするように誘引されていることについての相手方の主観的態様として、それを「知りまたは知りうべき」ものであることが必要とされている(40)。「状況の濫用」の法理は、オランダ民法では法律行為の取消しを導き出すものであり、「状況を濫用」することは意思表示に瑕疵を惹起させる事由として理解されている。また、法律行為の成立過程における一方当事者の態様の不当性が問題とされており、取消しの判断においては、成立した法律行為の内容面は考慮される事由とはなっていない。要件面では、この点が暴利行為論との大きな相違といえる。

(ウ) わが国における「状況の濫用」の法理

他方、わが国では「状況の濫用」の法理は立法論として議論が展開され、手がかりとなる可能性がある規定が信義則や公序良俗違反などの一般条項しかないこともあり、解釈論の展開はほとんどなされていなかった(41)。立法論としては、消費者契約法が制定されるまでの過程でなされた議論において、①強引、執拗な勧誘、②長時間にわたる勧誘や深夜早朝等における勧誘などの迷惑勧誘、③私生活や業務の平穏を害する勧誘などによる意思表示の効力、あるいは、④目的秘匿ないし不意打ち的勧誘による意思表示の効力が議論される過程において、消費者の知識、経験の不足、困窮や依存その他の状況に乗じて(つけ込んで)勧誘されたことによる意思表示の効力を否定する法理として「状況の濫用」の法理の援用がなされることが多かった(42)。

しかし、これまで明示的に「状況の濫用」を踏まえた民事効を定めた規定を設けることには消極的な意見が多く、

「状況の濫用」の法理を取り込む規定は制定されてはこなかった。

(エ) 特商法の過量販売解除権と「状況の濫用」の法理

このような「状況の濫用」の法理についての議論の経緯を踏まえると、特商法が「状況の濫用」の法理に立脚して過量販売規制の民事効を規定したとされていることは、ある意味では画期的なことである。[43]

とはいうものの、特商法の過量販売規制が「状況の濫用」の法理に立脚したものだとしても、その要件および効果は、オランダ民法の規定するものとはかなり異なった内容となっている。

オランダ民法の「状況の濫用」の要件の①（表意者の置かれている特別な状況）および②（その状況を濫用する）は、高齢者が訪問販売という不意打ち的取引類型において勧誘されることや、意思能力が減退した状況で勧誘されるという過量販売被害の典型例を前提にすれば、比較的容易にその該当性が認められるし、このような消費者が日常生活において通常必要とされる分量を著しく超える「分量」、「回数」または「期間」の契約を締結したこと自体が、消費者が適正な意思表示をなし得る状況になく、また、これら状況を濫用されたことの徴表と捉えることにより、特商法の過量販売解除権の要件と平仄が合うと見ることも可能である。[44]

しかしながら、オランダ民法の規定も、また、前述のわが国における立法論の議論でも「状況の濫用」の法理は意思表示の瑕疵に関するものと理解されており、効果も法律行為の取消しと考えるのに対し、特商法の過量販売の場合は契約の申込みの撤回または契約解除とされ、また、「状況の濫用」の法理で取消しが認められるための要件の③（因果関係）が不要とされていることから明らかなとおり、意思表示の瑕疵の有無は特商法の過量販売解除権の発生に必要な要件とはなっていない。

その理由を推察するに、過量販売被害では、①認知症などの病気はもとより高齢による肉体的・精神的衰えのため、取引過程のやりとりの再現が不可能であったり困難な事情があること、②意思表示の瑕疵を問題にする（意思表示に瑕疵がなければ契約の効力を否定できないという構成にする）と、むしろ被害に遭いやすい消費者ほど救済がしづらくなるというジレンマに陥ること、③その意味では、意思表示という消費者の内心に踏み込まず、取引の「量」の過剰性という外形的な事情や情況のみで契約の拘束力を否定する制度のほうが被害救済における実効性が高いこと、さらには、④意思表示の瑕疵は問題にしないことにより、立法過程における制度設計上のポイントとなっていた、消費者が「当該契約の締結を必要とする特別の事情があったとき」にはその契約が正当なものとして承認されるという結論の説明に一貫性が高くなること、にその理由があると考えられる。(45)

このような理由から、効果面でも意思表示の取消しとの構成はとらず、有効に成立した契約の解消を認める制度として解除権とされたものと考えられる。

こう見ると、むしろ意思表示の瑕疵の有無は問題にしないほうが過量販売被害の救済規定としての実効性が高いと考えられたことが、解除権と構成された大きな理由ではないだろうか。

(4) 「適合性の原則」違反

(ア) 適合性の原則

特商法における過量販売規制のもう一つの基礎にあげられるものに「適合性の原則」がある。「適合性の原則」は、民事ルールとしては投資取引における勧誘行為の違法性にかかわる法理として議論されてきたものであるし、そもそも証券取引における行政規制（業者ルール）としてアメリカの証券取引法に倣って導入された法理である。(46)

そのため「適合性の原則」に違反する投資勧誘の民事効は、不法行為法のレベルでの損害賠償が問題にされ、意思表示の瑕疵や契約の効力を否定する法理として「適合性の原則」が理解されることは、従前からあまりなかった。

しかしながら、わが国では、証券取引に限らずその他の投資や投機取引における勧誘行為の違法性にかかわる民事ルールとしても「適合性の原則」が活用されているし、また、投資や投機取引以外にも特商法七条三号に基づく省令七条二号などのように、その他の取引分野における業法の業者ルールとしても規定されていた。(47) このような現象は他国に例をみない。(48)

(イ)「適合性の原則」の意義

「適合性の原則」の意義については、議論の展開の時期や論者によって、その捉え方にかなりの相違が見られる。当初は顧客の知識、経験および投資目的、財産状況に照らし不適合的な投資勧誘をすべきではないとのルール（投資勧誘の回避義務）、ないし、その反面として顧客のこれらの事情に適合的な投資勧誘をすべきであるというルール（投資勧誘における積極義務）として理解されていたが、一九九九年に金融庁の金融審議会第一部会「中間整理（第一次）」において「狭義の適合性原則」と「広義の適合性原則」に分けて捉える見解が示された後は、(49) この整理に立脚して「適合性の原則」を議論するものが多くなった。

金融審議会「中間整理（第一次）」では、「狭義の適合性原則」とは、「ある特定の利用者に対してはどんなに説明を尽くしても一定の商品の販売・勧誘を行ってはならない、という意味」であり、「取引ルール」として考えれば、「こうした利用者への一定の金融商品の勧誘に基づく販売はいかなる場合も無効とみなされ」ると理解する。これに対し「広義の適合性原則」とは「業者が利用者の知識・経験、財産力、投資目的に適合した形で勧誘（あるいは販売）を行わなければならないというルール」であり、その場合、利用者の理解という側面への配慮が重要な要素となるので、「業者ルール」として考えた際には「適合性に配慮する勧誘・販売の前提として業者が利用者の属性等について知ることが必要になる」と理解する。

「適合性の原則」の意義については、その捉え方の視点の相違から、次の①および②のような整理が可能と説明する考え方があり(50)、この考え方はさらに主として顧客の投資取引能力を問題として「顧客の適合性」に視点をおくものと、勧誘がその顧客にとって適合的であるかどうかに焦点を合わせる「投資の適合性」の視点をおくものに整理できるとする(51)。

① 狭義の適合性の原則

ⓐ 理解力や判断力が乏しい顧客に一定の投資商品を勧誘、販売してはならないという原則

ⓑ 顧客の属性に照らし不適合な投資勧誘をしてはならない（一般的禁止規範）という原則

ⓒ 投資不適格者を市場から排除する原則（排除の論理としての適合性原則(52)）

② 広義の適合性の原則

ⓐ 顧客の理解への配慮を中心に説明義務の拡張として理解する。

ⓑ 顧客の属性に照らし適合する投資勧誘を要請する原則（一般的命令規範）として理解する。

ⓒ 助言義務の具体化として捉える。

この整理は、投資勧誘における「適合性の原則」ついての議論ではあるが、この整理を手がかりにして、特商法の過量販売規制と「適合性の原則」との関係を検討してみる。

立法過程では、過量販売規制は高齢者などが認識や判断の能力が減退していることを踏まえて、過量販売がなされた場合にその契約の効力を否定できるものと考えられていたが、立法前の議論の過程で主張された高齢者取消権のような構成は、高齢者の取引からの排除となることを理由に採用されなかった。このことからすれば、右の①ⓒのような捉え方は前提にされなかったといえる。

また、実際に規定された過量販売解除権の構造からみると、「顧客の財産状況等に配慮して商品等を販売する責任」があることを前提に、(53) 消費者の認識や判断能力の有無、程度は問わず、特別な事情がない限り「過量」という外形的な要件のみで契約の効力を否定できることを認めている。この点からすると、過量販売規制は「取引の適格性」に視点をおいた「適合性の原則」の理解を前提にした制度とみることができる。

特商法の行政規制としては、「過量」となる契約の締結について勧誘することを禁止しているので（特商七条三号）、過量性が顧客の「属性」からみて不適合であることの徴表としてみれば、前記の①のⓑの理解に近いと見られる。しかし、民事ルールとしての過量販売解除権の規定（特商九条の二）では、勧誘禁止を前提にその違反があった場合に解除（立法前の段階では取消）ができるとしているわけではないので、前記の①のⓑの考え方をそのまま前提にしているとは言い難い。

次に、立法担当者の説明では、特商法の過量販売規制は販売業者等の配慮義務を前提にしているとされているので、行政規制としては前記の②のⓐやⓒの理解にも近いと見られるが、行政規制としても民事ルールとしても明示的に説明義務ないし助言義務を販売業者等に課してはいない。むしろ、消費者が配慮すべき「状況」にあることを捉えて、規制ないし介入の前提として販売業者等には配慮すべき「責務」があると捉えているものであり、消費者の認識や判断の誤りを是正するための積極的な作為義務（説明義務や助言義務）が発生する直接の根拠として理解しているとは見られない。この点から、前記の②のⓐ、ⓒの理解と異なる面が大きい。

さらに、特商法の過量販売規制では、前記の②のⓑのような意味で、販売業者等に対し、消費者に適合的な取引の勧誘をすべき積極的な義務を規定してはおらず、特商法がこのような「適合性の原則」の理解を前提にしているともいえない。

こうしてみると、特商法の過量販売規制は「適合性の原則」をそのままの形で取り込んだものとはいえない。

㈦　**適合性判断の要素**

ところで「適合性の原則」の判断において考慮される要素は、通常、消費者の①知識、②経験、③取引の目的（ないし意向）、および④財産の状況である。

特商法は、省令七条二号において「老人その他の者の判断力の不足に乗じ、訪問販売に係る契約を締結させること」、そして同条三号において「顧客の知識、経験及び財産の状況に照らして不適当と認められる勧誘を行うこと」を、それぞれ指示の対象として禁止していたが、過量販売規制の議論ではこのうち前者の違反に民事効としての取消権を付与することを中心に検討がなされた。しかし、二〇〇八年改正により実際に導入された過量販売規制では、この省令七条二号および同条三号のいずれの内容とも異なり、契約した商品、指定権利の分量が「日常生活において通常必要とされる分量を著しく超えること」、あるいは契約した役務提供の回数、期間もしくは分量が「日常生活において通常必要とされる回数、期間若しくは分量を著しく超えること」という要件に整理された。

訪問販売による取引は、取引通念上も日常生活において通常必要とされる商品等の購入を目的とするものであることから、特商法の過量販売規制におけるこの規定ぶりからみて、判断要素の面では、右の③は「日常生活において通常必要とされる分量等を著しく超えること」それ自体が、取引の目的からみて不適合と判断される要素として取り込まれていると考えることができる。[54]

また、分量等の多さは通常消費者の財産状況に大きな影響を及ぼす事情であるので、右の④の要素も考慮されているとはいえる。しかしながら、単価の低い商品等の場合のように金額自体は大きくないものの「過量」と判断すべきものを取り込むために、特商法は分量、回数または期間によって「過量」性を定める要件設定をしていることからすると、④の要素の一部のみを特商法では考慮しているにすぎない。

これに対し、右の②の要素は、特商法九条の二第一項二号の場合の累積的な過量性の判断において考慮される要素として組み込まれたと考えられる。

他方で、右の①の要素は、過量販売の判断要素としては考慮の対象には含まれていないと考えられるが、この点は過量販売規制が消費者の認識や判断能力ではなく、取引したものの分量、回数または期間の過量という外形的要件のみで契約の解消を認めるべきとされたことがその理由と思われる。

こうしてみてくると、特商法の過量販売規制では、取引の「分量」、「回数」、「期間」など取引の量的過大性によって徴表される消費者の取引目的からの乖離の「著しさ」と、その乖離の「内容の不合理性」を中心に、これに消費者の知識、経験などの「属性」や財産的影響などの経済面での状況も加え、総合的な見地から過量販売契約の効力を失わせることができる法理として「適合性の原則」が援用されたものと考えられる。いわば「適合性の原則」の「いいとこ取り」をしたものといえるかもしれない。

そして、判断要素の面でも過量販売被害の実情と特徴からみて、実行性ある救済制度とするために取引における「量」的な過大性のみを要件としたものといえよう。

(エ)　違反の効果

「適合性の原則」に反する勧誘がなされた場合の民事効は、契約の無効を認めたり、[55] 取消しを認める見解もあるものの、[56] 通常は損害賠償責任と考えられている。

このような「適合性の原則」違反の民事効の通常の理解からすると、特商法の過量販売規制では解除権という構成がとられている点で、立脚する根拠が「適合性の原則」と説明されているとはいっても、その効果の面では大きく異なっている。

(5) 過量販売解除権の性質

(ア) 「暴利行為論」、「状況の濫用」および「適合性の原則」との関係

「暴利行為論」、「状況の濫用」および「適合性の原則」の法理に関する以上の議論を踏まえて、特商法に導入された過量販売解除権の性質を考えてみる。

訪問販売は不意打ち型取引類型の典型であるし、この類型では、販売業者等により攻撃的な販売方法がとられる傾向が高い。そのため攻撃的な販売方法に晒された消費者は、その立場の弱さや置かれた状況に影響され、冷静で合理的な判断が困難となり、認識や判断が歪められる蓋然性が高いし、また、結果的に本来必要のないほど著しく多量の商品や役務の購入を余儀なくされる危険も多い。

消費者の意思表示に不当な影響を及ぼすことを理由にして、訪問販売により締結された契約の拘束力を否定する制度としては、禁止行為違反勧誘による意思表示の取消権が特商法に規定されているが、過量販売がなされた場合に、これらの規定により消費者が契約の拘束力から逃れるのは簡単ではないことは、すでに検討したとおりである。また、意思表示の取消しの場合、販売業者等が不実告知や故意による事実の不告知を行って契約締結を勧誘したことを立証しなければならず、この点もすでに指摘したとおり、「次々販売」の被害の場合にはこれら勧誘や取引の経緯や内容を再現することすら困難な事例が少なくない。

他方、クーリング・オフでは解除の理由は不要とされているものの、クーリング・オフ権の行使期間は八日間と短く、「次々販売」などの被害では記憶力や認識力に問題がある消費者も少なくないことから、八日間でクーリング・オフ権を行使するのは事実上困難なことが多い。

この点から、過量販売解除権は、可能な限り契約の締結過程や契約に必要な意思表示の瑕疵を問題とせずに、また、権利行使を認める期間を長くとって契約の拘束力から消費者を解放させる制度として考えられたものといえる。したがって、過量販売解除権は、不実告知や事実の不告知など誤認を生じさせる勧誘や威迫困惑などの不当な威圧的勧誘によって影響を受けた意思表示の瑕疵によるものではなく、不意打ち的な状況や消費者の立場の弱さに乗じたり、このような状況を利用して締結された過大な分量、回数あるいは期間にわたる給付を内容とする契約が、類型的に社会的相当性を欠くので契約としての拘束力が否定されてもやむをえないという考えに基づくものといえる。その意味で、過量販売解除権は公序良俗無効（暴利行為論）の延長上にある制度として理解できる。

特商法に過量販売解除権が規定される以前の「次々販売」に係る裁判例（注14の各判決参照）の多くが公序良俗違反による契約の無効を認めている点からも、過量販売解除権の基礎には暴利行為論があると考えやすい。この点から立法過程でも過量販売解除権の根拠として「暴利行為論」が持ち出された。

また、判例法理として確立している「暴利行為論」の要件からみると、特商法の過量販売解除権では契約に係る分量等の過大さのみ（ただし、複数契約型の場合には過量性の認識が必要）により、撤回・解除の効果を認めている点で、消費者の無知、未経験や軽薄さにつけ込むことなどの要件は不要とし、販売業者等が得た利益が「暴利」であるか否かも問題にせず契約の解消を認めていることからすれば、従来の暴利行為の拡張理論よりもさらにその要件を緩和したものということになる。

このように、過量販売規制では販売業者等の得た「利得」の過大さよりも、取引の量的側面の過大さに着目して契約の効力を否定する制度とした。そして、消費者が合理的な必要性もなく、日常生活において必要とされるものを著しく超える分量・回数・期間の契約をすること自体が、消費者が置かれている状況を利用し、それに「つけ込んで」

いることの証憑と捉えることができ、そのように捉えると「状況の濫用」の法理が妥当する一つの場面であるとみることが可能である。ここから「状況の濫用」の法理が持ち出されてきたものと考えられる。

他方、二〇〇八年改正により実際に特商法が規定した条項をみると、過量販売と認める要件として規定しているのは、前述のとおり、契約に係る分量、回数または期間という量的な側面での過大性のみであり、無知、未経験などへのつけ込みは要件として明示されていないし、むしろ「その日常生活において通常必要とされる分量・回数・期間を著しく超える」という要件からみて、取引の量の面からその購入者の日常生活上、不適合といえるほど過大な取引であるがゆえにその契約の効力を否定できる制度として理解することができ、この点において「適合性の原則」の法理とつながっている。(57)

しかしながら、「適合性の原則」は従来、投資勧誘の場面で妥当してきた法理であると同時に、適合性に反する投資勧誘の違法性の枠を基礎付ける規範として機能し、発展してきたものであることからすれば、特商法が意思表示の撤回権、契約解除権という契約の効力を否定できる効果を認めているという点では特異であるし、「適合性の原則」違反の判断要素は取引の「量」のみに限らない点で異なっている。

なお、効果面から見れば「暴利行為論」が契約の無効を導き、「状況の濫用」の法理が意思表示の取消しを導く法理であり、「適合性の原則」違反が損害賠償責任の根拠とされている点でも、特商法の過量販売解除権とこれらの法理は異なるものである。

(イ) 契約締結過程と契約内容の統合ルール

以上を踏まえると、「暴利行為論」、「状況の濫用」および「適合性の原則」は特商法の過量販売解除権の基礎として重畳的にかかわってはいるが、そのいずれも本来の形では取り込まれておらず、効果面から眺めるとこれらの法理とは性質の異なる制度となっているといわざるを得ない。これは過量販売被害のもつ特徴に対応し、その被害の救済のために実効性のあるルールとする必要からこのような組立てになったものと考えられる。

本稿の冒頭でまとめた被害の実情から考えると、過量販売被害において消費者が過量な取引をさせられてしまう原因としては、

① 不実や欺瞞的な言動による場合
② 強引、執拗、強要的あるいは威圧的な言動による場合
③ 私生活の平穏を害する言動による場合（②と重なる場合も多い）
④ 状況や地位、関係の濫用による場合
⑤ 人間のもつ「限定合理性」を逆用する場合(58)

という類型に分類することが可能と思われる（もちろん、これらが重複する場合もある）。

これら過量販売被害が発生する原因類型を踏まえると、①は、消費者契約法や特商法がすでに用意している不実告知や断定的判断の提供、重要事項ないし不利益事実の不告知による意思表示の取消制度で対応可能であるし、②は、威迫困惑行為の禁止（特商六条三項）や不退去、退去妨害による意思表示の取消し（消契四条三項）で何とか対応ができる。③も、その一部（不当威圧などの場合）はこれらの制度で対応可能といえるし、民法の不法行為法理が使える場合もあろう。しかし、④は、「状況の濫用」の法理によらざるを得ないし、また、⑤は、これまで民法法理として展開されてきたいずれの法理でも対応は容易ではない。過量販売となる原因に不当性を見出し、その点を捉えて契約の効力を議論する対応では、過量販売被害の全般を網羅して被害救済の実効性を担保するには不十分とならざるを得ない。そのため原因への着目に加え結果の不当性（つまり取引の「過量性」）にも着目した法理を援用することで救済

の実効性を担保する必要が生じ、「量」の多さを取り込める「適合性の原則」が持ち出されてきたものと考えることができる。

本来は、締結過程・環境（意思と行為態様）[59]と契約内容の問題を融合させ、これらの問題に対応できる新たな民法法理の類型を観念する必要があるが、民法上、このような類型に対応できる法理は成熟していない。[60]そこで、過量販売規制における契約解消のための制度として特商法は、民法法理が成熟していない状況を前提にして、「暴利行為論」「状況の濫用」および「適合性の原則」の優れた面をいわば「いいとこ取り」することで、過量販売被害の全般を網羅して被害救済の実効性を担保することをめざしたものといえる。[61]

(ウ) 解除権とした実質的理由

特商法の過量販売解除権は、このような整理と説明が可能と思うが、民事効が「解除権」とされた点については、基礎となる各法理からはいずれも解除権を導くのは容易ではなく、基礎とされる法理のみからでは十分な説明がつかない。

特商法で過量販売規制の民事効が解除権という構成がとられたのは、むしろ次のような実質的な理由に基づくものと考えられる。

過量販売による契約の効力を否定することを認める法理として取消権の構成をとった場合、消費者契約法四条一項ないし三項や特商法九条の三と同様に、取消しの効果は特商法の中には具体的に規定せず、民法の定める効果（民一二一条）によることになろう。その場合、不当利得法の原則的な考え方をそのまま当てはめて取消しの効果を考えると、特商法（あるいは消費者契約法）に取消権が導入された趣旨、目的に反する結果となることがつとに指摘されており、解釈により取消しの効果を修正する必要が生じる。[62]

このように過量販売契約の解消の効果を解釈に委ねる場合、それが民法の定める効果の例外との扱いとなることも考えると、結果として、過量販売規制を導入した趣旨・目的を減殺させる結論となる解釈も成り立ちうるし、また、過量販売被害の救済のための効果としての予見可能性や法的安定性に問題も生じることになり、過量販売規制を特商法に導入しようとした趣旨や目的からみて適切とはいえない事態となる。

他方、過量販売契約の解消を解除権と構成した場合、契約という「製品」を構成する「部品」である意思表示の疵《きず》、欠陥や契約内容の不当性の著しさなど、契約に内在する事由により契約の効力が保たれなくなることからその効力を否定する場合と異なり、契約の効力を事後的に否定する場合の根拠に政策的な観点も含めることが比較的やりやすく、そのため解除の効果の面でも民法の原則と異なる特別の効果を法が定めることへの理論的な問題も少ない。

また、特商法ではクーリング・オフの場合には民法とは異なる契約解除の効果を定める規定がすでに置かれており、過量販売契約の解消の法理を解除権とすることで、特商法内部では契約解消の効果についての整合性を保つことができる。

このような配慮から、立法の経緯の中では、当初は取消権として検討されていたものが、最終的に解除権とされたものと考えられる。

そして申込みの撤回、契約解除がなされた場合における契約の巻き戻しや履行済みの場合の清算ルールについては、過量販売被害では物事の認識能力や判断力が減退した消費者の被害が多いことも勘案して、過量販売解除権の行使の効果も消費者（申込者等）に負担をかけないものとするために、クーリング・オフと同様の効果としたものといえる。(63)

六　おわりに

以上、民事効を中心に特商法の過量販売規制を検討してきたが、最後に同法の過量販売規制のあり方が他に与える影響および同法の過量販売規制では積み残された課題に触れることで、本稿のまとめとしたい。

1　特商法の過量販売規制が他に与える影響

(1)　根拠法理の解釈、適用の場面

特商法の過量販売規制が「暴利行為論」、「状況の濫用」および「適合性の原則」に基礎を求めながら、意思と行為態様と契約内容の問題を融合させる制度として規定されたと考えられることからみて、同法の過量販売解除権の規定はその基礎となったこれらの法理の解釈、適用に次のような影響を与えることになろう。

(ア)　「状況の濫用」について

これまで「状況の濫用」に立脚した民事ルールが法律上規定された例はなかったことから、特商法の過量販売解除権の先進的な意義は大きい。立法論としても、特商法の他の取引類型はもとより、他の法律に導入する際のハードルが従前よりは下がったものと評価できよう。

また、「状況の濫用」の法理を解釈論として展開する場合にも、特商法の過量販売解除権の要件や効果が少なからず参照基準としての意義をもつようになるのではないだろうか。特に、効果面では「解除」と構成されていることの積極的意味もあるように思える。判例上もそうであるが、わが国では民法法理において意思表示の効力を否定する結

論には非常に抵抗感が強いが、(64)解除権として効果が規定されたことは、意思表示の効力を正面から否定することなく、契約の拘束力から免れるという結論も「状況の濫用」の一場面となり得ることを示したものと見ることが可能だからである。

また、ハードルを下げるという点では、たとえば、「状況の濫用」がなされたことをもって、民法一条二項の信義則違反と判断される事情として捉え、権利行使が制限されたり、否定される根拠となり得るものと考える。

(イ)　暴利行為論

過量販売解除権が「暴利行為論」に基礎を置きながら、その要件において「乗じる」点や販売業者等の「暴利」の要件を問題にしない代わり、効果においては無効ではなく契約の有効な成立を前提にして解除権構成をとった点は、「暴利行為論」における要件の緩和の議論を進める要因になるし、また、効果が解除とされたことにより、「暴利行為論」における効果も絶対的無効ではなく、相対的無効の効果を導き出すことの助けとなろう。

そして、効果の厳しさ（絶対的無効）が緩和されることが、要件面での緩和を後押しすることにもつながるのではないかと思われる。

(ウ)　「適合性の原則」

過量販売解除権が「適合性の原則」に立脚するものと理解され、契約解除権と構成されたことは「適合性の原則」の適用場面を広げるものである。

「適合性の原則」が、投資勧誘に限定されない法理であることを正面から承認する重要な例が増えたといえるし、効果面では損害賠償責任の根拠にとどまらず、意思表示の取消しや契約の無効、解除も導き出せる法理として、不法行為法に限らず契約法にもそのウイングを広げる契機となると考えられる。

(エ) その他

また、繰り返しになるが、特商法の過量販売解除権は、沖野眞已教授が指摘するような契約締結規制と内容規制という二元的構成では十分に把握できない局面に対する対応法理の一例として捉えることが可能であり、人間のもつ「限定合理性」への対応を可能とさせるものとして「締結過程・環境と内容を融合した『第三のカテゴリー』」の検討を促進させる可能性がある。

(2) 民法改正の議論への影響

現在、法制審議会で行われている民法（債権法）の改正議論では、公序良俗違反の具体化が提案されている。法制審議会民法（債権関係）部会の「民法（債権関係）の改正に関する中間的な論点整理」第28・1(2)では、「暴利行為に関するルールを明文化する場合には、主観的要素に関しては、相手方の従属状態、抑圧状態、知識の不足に乗じることを付け加えるか、客観的要素に関しては、利益の獲得だけでなく相手方の権利の不当な侵害が暴利行為に該当し得るか、また、『著しく』という要件が必要かについて、更に検討してはどうか」、また「暴利行為のほかに、例えば『状況の濫用』や取締法規に違反する法律行為のうち公序良俗に反するものなど、公序良俗に反する行為の類型であって明文の規定を設けるべきものがあるかどうかについても、検討してはどうか」との中間とりまとめがなされている。[65]

特商法の過量販売解除権が「暴利行為論」や「状況の濫用」の法理に立脚している制度であると捉えられる以上は、いわゆる「つけ込み」の要件の有無やその内容、「暴利」性の有無や内容、その他の要件の要否そして「状況の濫用」の公序良俗違反への取り込みないし民法における位置づけの議論に影響を与えると考えられる。

2　積み残された課題

(1)　個人情報、取引情報の流通の規制の必要性

過量販売被害では、被害者の個人情報や取引情報がいわゆる「カモリスト」として流通したり、これが勧誘に利用されることにより、新たな被害が発生したり、被害が拡大される原因となっている。

特定商取引における顧客情報については、特商法では全く扱われていない問題であるが、現在の個人情報保護法のルールでは、過量販売被害のような悪質業者の勧誘ツール規制としては極めて不十分である。

過量販売被害では、特に高齢者等では勧誘に対する肉体的・精神的に対応力が減退している状況にあることが多いので、いったん勧誘に晒されると被害に遭う蓋然性が高いし、また、いったん被害に遭うと「次々」と被害が拡大する特徴を持っている。

この点からしても、これら顧客情報の収集や利用、流通の規制が必要不可欠である。

(2)　不招請勧誘規制の必要性

勧誘に対する肉体的・精神的に対応力が減退している状況にある高齢者等では、右のとおり、そもそもこれらの消費者が勧誘に晒されること自体が被害発生の蓋然性を高くさせるし、勧誘されてしまうと、取引の拒絶は難しいのが実情であろう。

とすれば、過量販売被害の被害の予防の観点からは、そもそもこのような消費者が勧誘に晒されないようにすることこそが、過量販売被害を予防するために効果的な方策である。

したがって、そもそも消費者が望まないこのような勧誘を受けることがないようにするための不招請勧誘の禁止等

の規制を特商法に導入するべきであろう。(66)

(1) 消費者庁・経済産業省による二〇〇八年改正法の事業者向け説明会用資料『『特定商取引に関する法律』及び『割賦販売法』の一部を改正する法律について(平成二〇年六月一八日公布、平成二一年一二月一日施行)――消費者を守る法律を強化します――』(平成二一年九月)〈http://www.meti.go.jp/policy/economy/consumer/credit/pdf/100401/112-04kappuhanbaihouseikaisei.pdf〉。

(2) 一度きりの取引でも取引の量が過大であれば「過量販売」と呼べるのに対し、「次々販売」は取引が同一業者との間で複数回行われたり、異なる業者との間でも複数の取引が行われることで、取引が反復したり、連続したり重複して取引の量が過大となる場合を想定させる文言である。両者は意味としては同じではないが、被害の実例としては複数の取引の積算によって全体が過量となる事例が多いことから「次々販売」というネーミングがなされたものであって、「過量販売」自体の問題性を検討する場合には、一度の取引で過量になる場合か、あるいは複数の取引が積算されて過量となる場合かによって本質的な相違はないと考える。

(3) 「販売方法・手口別」にみた「次々販売」の相談件数は、たとえば二〇〇二年度から二〇〇八年度では、いずれの年度も九位か一〇位に位置していた(国民生活センター編『消費生活年報』二〇〇三年度版ないし二〇〇九年度版参照)。

(4) 二〇〇八年改正のあり方や方向を審議した産業構造審議会消費経済部会特定商取引小委員会の平成一九年一二月一〇日付「報告書」では、特定商取引に関する消費者相談における、年齢別の平均契約金額が「年齢と共に、被害が高額化する傾向にある」と指摘されている(三頁)。

(5) 産構審特定商取引小委員会報告書・前掲(注4)では、判断能力不十分者とされる消費者に関する相談は、訪問販売に起因する消費者相談が非常に多く、訪問販売における六〇歳代、七〇歳代以上の相談の比率が特に高くなっていると指摘されている(五頁・六頁)。

(6) 「次々販売」が行われやすい訪問販売に関する相談における年齢比率をみると、六〇歳代と七〇歳代の相談者の比率が二〇〇二年度は三九・二%であったものが、二〇〇八年度には四七・三%と、全体のほぼ半分程度まで増加していた(産構審特定商取引小委員会報告書・前掲(注4)五頁でも同様の指摘があることは前掲(注5)のとおり)。また、消費生活相談全体での一件あたりの契約金額も二〇〇四年度の七二万円から二〇〇八年度には一五七万円と倍増している。「次々販売」は、リフォーム工事や着物、布団など比較的高額の商品等の取引が多いことを踏まえると、「次々販売」における契約金額が大きくなったことが、消費生活相談全体の一件あたりの契約金額を増加させているといえる（国民生活センター編・前掲（注3）二〇〇三年度版ないし二〇〇九年度版参照）。

(7)　呉服（着物など）の「次々販売」の被害の実態については、呉服過量販売対策会議編著『呉服過量販売被害救済の手引き』（全国クレジット・サラ金問題対策協議会、二〇〇六年）に詳しく紹介されている。

(8)　年代別には、高齢者に多いのがリフォーム工事も含めた住宅関連（床下換気扇、乾燥剤、浄水器）や健康食品、和服やアクセサリーの相談であり、二〇～三〇歳代ではエステティックサービス以外には教養娯楽教材や資格講座などについての相談が多い（国民生活センター編・前掲（注3）二〇〇八年度版八八頁）。

(9)　国民生活センター編・前掲（注3）二〇〇八年度版八九頁。

(10)　人間の持つ「限定合理性」については、ロバート・B・チャルディーニ（社会行動研究会訳）『影響力の武器――なぜ、人は動かされるのか〔第二版〕』（誠信書房、一九九一年）、依田高典『行動経済学――感情に揺れる経済心理』（中公新書、二〇一〇年）、廣瀬久和「民法の諸原則と人間行動」文明一一・一二合併号三頁（二〇〇七年）、同「法と人間行動――必ずしも合理的でなく、画一的でもない人間観からの再出発――」早稲田大学法科大学院 Law & Practice 四号一六三頁（二〇一〇年）、村本武志「消費者取引における心理学的な影響力行使の違法性――不当威圧法理、非良心的ないし状況の濫用法理の観点から」姫路ロージャーナル一・二合併号一九三頁（二〇〇八年）、山本顯治「投資行動の消費者心理と勧誘行為の違法性評価」北海道大学新世代法政策学研究一五号二〇一頁（二〇一〇年）などを参照。

(11)　割販法の二〇〇八年改正により個別信用購入あっせんによる販売に対する規制が強化されたことから、最近では、クレジット会社の個別信用購入あっせんによらず、次々販売を行う業者が、被害者に毎月分割して代金を支払わせるケース（自社割賦）が増えてきている。また、年金生活の高齢被害者の場合には、次々販売の被害者に年金が支払われる日（年金振込日）に合わせて、被害者宅を訪問して割賦金の取立てを行う業者も目立っている。

(12)　消費者庁取引・物価対策課＝経済産業省商務情報政策局消費経済政策課編『特定商取引に関する法律の解説〔平成二一年版〕』二九頁（商事法務、二〇一〇年）（以下、同書を「消費者庁解説書」という）。

(13)　齋藤雅弘＝池本誠司＝石戸谷豊『特定商取引法ハンドブック〔第四版〕』七一〇頁以下（日本評論社、二〇一〇年）。日本弁護士連合会消費者問題対策委員会編『改正特商法・割販法の解説』五五頁以下（民事法研究会、二〇〇九年）。なお、（注1）の説明会用資料（消費者庁・経済産業省）で過量販売規制の根拠として明示されているのは「適合性の原則」のみであるが（同資料一〇頁）、後述の産業構造審議会における議論を踏まえると「状況の濫用」も規制根拠となっていると考えられる。

(14) 大阪地判平成一八年九月二九日（消費者法ニュース七一号一七八頁）、高松高判平成二〇年一月二九日（判時二〇一二号七九頁）、大阪地判平成二〇年一月三〇日（判時二〇一三号九四頁）、大阪地判平成二〇年四月二三日（判時二〇一九号三九頁）、大阪簡判平成二〇年八月二七日（判例集未登載。控訴審の大阪地判平二一年四月一五日〔消費者法ニュース八四号二〇九頁〕は販売店の控訴を棄却）、奈良地判平成二二年七月九日（消費者法ニュース八六号一二九頁）および秋田地判平成二二年九月二四日（判例集未登載・社団法人全国消費生活相談員協会「ＪＡＣＡＳ判例紹介No.一三九」〈http://www.zenso.or.jp/files/jacas139.pdf〉など。

(15) 「次々販売」に関する裁判例の分析をしたものとして、特津晶「呉服次々販売における販売業者と信販会社の責任」ジュリ一三七九号一二六頁（二〇〇九年）。

(16) 立法の経緯については、消費者庁解説書・前掲（注12）二九頁以下および齋藤＝池本＝石戸谷・前掲（注13）一六頁以下を参照。

(17) 特商小委員会の議事要旨および議事録は http://www.meti.go.jp/committee/gizi_1/15.html を、割販小委員会の議事要旨および議事録は http://www.meti.go.jp/committee/gizi_1/10.html を、それぞれ参照。

(18) http://www.meti.go.jp/policy/consumer/sankoshin/sk_bukai/ts_shoi/071019/siryo4.pdf を参照。

(19) 「報告書」・前掲（注4）を参照。

(20) http://www.meti.go.jp/report/downloadfiles/g71210a01j.pdf 参照。

(21) 国会では政府提案のとおり可決成立したが、両院で附帯決議がなされている。附帯決議のうち過量販売規制に関する部分は、衆議院では「訪問販売における再勧誘の禁止及び過量販売による契約解除並びに過剰与信の防止については、消費者及び事業者の双方にとってわかりやすいガイドライン等を可能な限り具体的かつ明確に定めること」、参議院では「訪問販売における再勧誘の禁止及び過量販売による契約の解除等については、消費者被害の防止と救済の実効性及び事業者の予見可能性を確保するため、ガイドライン等を用意すること」となっている。

(22) 国民生活センター編・前掲（注3）二〇〇八年度版参照。

(23) 振り込め詐欺の被害の実情を見ると、電話勧誘行為によって消費者が社会通念から見ればおよそ不合理と思われる内容や金額の取引を繰り返して、多額の被害に遭うケースが跡を絶たない現実がある。この点からも電話勧誘販売にも過量販売規制を及ぼす必要性が高いと考える。

(24) 消費者庁・経済産業省「説明会用資料」前掲（注1）一〇頁。過量販売勧誘を規制する特商法七条三号、特商規六条の三の義務づけは行政法上直接かかる配慮義務を規定したと理解できるし、民事的にもこのように理解できる。

(25) 本文中の衆議院経済産業委員会（二〇〇八年五月二一日および同月二八日）および参議院経済産業委員会（二〇〇八年六月一〇日）における寺坂信昭政府参考人の答弁参照。

(26) 前掲（注25）の寺坂信昭政府参考人の答弁参照。

(27) 社団法人日本訪問販売協会の自主行動基準細則「通常、過量販売とならない分量の目安」〈http://www.jdsa.or.jp/www/jishu-kijun/frame.htm〉は、次のとおりの目安を定めている。

・健康食品：一人が使用する量として一年間に一〇カ月分。
・補正下着（四種類程度の組合せセット）：一人が使用する量として一年間に二セット。
・着物（着物・帯・羽織・襦袢等）：一人が使用する量として一セット。
・アクセサリー（ネックレス等の宝飾品）：一人が使用する量として一個。
・寝具（敷布団・掛布団・毛布・枕等）：一人が使用する量として一組。
・浄水器：一世帯に一台。
・健康機器（家庭用医療機器を含む）：一世帯に一台。
・化粧品：一人が使用する量として一年間に一〇個（一個三カ月程度で消費する商品として三～四種類程度を前提とする）。
・学習教材：一人が使用する量として一年間に一学年分。
・住宅リフォーム：築一〇年以上の住宅一戸につき一工事。

このガイドラインは、同協会の加盟業者等における一年間の平均的な販売数量や契約一件あたりの平均的な販売数量を調査した結果を踏まえて、通常は適正だと考えられる販売分量のガイドラインを設定したものであり、トラブル防止の方策として一つの参考になる。なお、このガイドラインの目安を超える分量となる契約は直ちに過量販売に該当して一切許されないのではなく、当該申込者等にその商品等を購入する「特別の必要」があることを販売業者等において明らかにした場合は適法な契約とされている。

(28) 前述した「考え方」では、このような見解が示されている。
(29) 本文中の衆議院経済産業委員会(二〇〇八年五月二一日および同月二八日)および参議院経済産業委員会(二〇〇八年六月一〇日)における寺坂信昭政府参考人の答弁参照。
(30) 継続的契約の場合に、解除の効果が遡及するか否かについてもクーリング・オフの場合と同様の問題があるが、この点は、齋藤=池本=石戸谷・前掲(注13)六九八頁以下を参照。
(31) なお、過量販売解除権には消極的要件(「当該契約の締結を必要とする特別の事情」があれば解除権は生じない)が定められていることを理由に、通常必要とされる分量との乖離の「著しさ」の程度は、あまり厳格に判断するべきではないとの考え方もある(二〇〇八年五月二一日の衆議院経済産業委員会における池本誠司参考人の意見)。
(32) この資料では、過量販売における行政規制では、事業者に対し顧客の財産状況等に配慮して商品等を販売する責任を求めており、この点は「金融法制で顧客保護のために導入されつつある『適合性原則』が同様」の例であると説明されている(消費者庁・経済産業省・前掲(注1)「説明会用資料」一〇頁)。
(33) 特商小委員会の議論では、他にも判断能力の不足する消費者が被害に遭いやすいことを踏まえて、判断能力の減退を根拠にした高齢者取消権のような構成がよいとする意見も出されたが、このような構成における要件の一般化が困難であることや高齢者取消権のような年齢などによる一律の要件設定をすると、高齢者を取引から排除することとなるとの反対意見も強く、改正法の民事効の構成としては賛同を得られなかったといえる。また、過量販売で行われがちな威迫困惑を取消権の根拠として問題にする意見も出されたが、この点もあまり具体的な議論には発展しなかった。過量販売被害では消費者の意思の抑圧の問題性よりも、消費者の「弱さ」へのつけ込みと取引された分量の過大さに焦点をあてた要件設定のほうが、合理的であると判断されたものと思われる。以上については、第一回、第二回および第九回特商小委員会の議事録(前掲(注17))を参照。
(34) 山本豊「消費者契約私法のアイデンティティー――一般契約法と消費者契約法――」現代消費者法一号六五頁(二〇〇八年)は、クーリング・オフなどの特商法の民事規定は、民法からみると「一般契約法の特則と位置づけられることになる」として、民法の解釈では賄えない特殊な性質のものと述べるが、特商法の民事規定の特則性を踏まえても、これらの規定の類推適用の可否、要件などの適用範囲を考える場合や、他の法律あるいは特商法における「訪問販売」以外への過量販売解除権の導入などの立法論を検討する場合にも、民法との接続性や整合性の検討は必要であろう。

(35) 大村敦志『消費者法〔第四版〕』一一六頁（有斐閣、二〇一一年）など。
(36) 大村・前掲（注35）一一三頁以下では、交渉力不均衡の類型を「状況の濫用」、「関係の濫用」および「地位の濫用」に分けているが、関係の濫用や地位の濫用のケースでは、「無思慮、無経験」に乗じるとはいいづらい。前掲した、大阪地判平成一八年九月二九日、高松高判平成二〇年一月二九日、大阪地判平成二〇年一月三〇日、大阪地判平成二〇年四月二三日などは、呉服の販売会社の従業員の置かれている状況や地位、立場から過量の商品の購入をせざるを得なかったという事案であり、このような事案では過大な取引が「無思慮、無経験」に乗じたことによると判断するには、かなり高いハードルを超える必要がある。
(37) 大村・前掲（注35）一一七頁は、暴利行為論は「交渉力不均衡の結果を捨象しその原因のみに着目して契約を無効とするのに適した法理であるとは言えない」とし、立法論としてはオランダ法の「状況の濫用」規定をモデルにし交渉力不均衡のみに着目して契約の効力を否定する規定が望ましいとする。
(38) 「状況の濫用」の法理をめぐる我が国における議論の経緯と状況については、内山敏和「オランダ法における状況の濫用(1)――我が国における威圧型不当勧誘論のために――」北海学園大学法学研究四五巻三号四四五頁（二〇〇九年）参照。
(39) 内山・前掲（注38）四七一頁参照。
(40) 内山・前掲（注38）四七二頁参照。
(41) 解釈論として「状況の濫用」に触れるものとしては、村本・前掲（注10）がある。また、山本・前掲（注10）二〇一頁は、投資勧誘において状況を積極的に利用する行為の違法性について論じている。
(42) 不当威圧型勧誘に関する視点からの整理ではあるが、内山・前掲（注38）は、わが国における「状況の濫用」法理に関する議論を整理して紹介している。
(43) 内山・前掲（注38）四七〇頁では、「この規定は、それまでクーリング・オフが認められていた取引類型のどれとも異なる異質なものであって、比較法的にも珍しいもの」と述べる。
(44) 特商小委員会で示された「考え方」にもこのように考え方が示されている。なお、内山・前掲（注38）四八五頁では、「訪問販売取引における商品過量性が『状況の濫用』という場合の（表意者にとって適正な意思形成が困難な）「状況」と（その状況の）「濫用」性を徴表するものとして理解される」としている。
(45) 意思表示の瑕疵の問題として考えると、確かに取消しがなされるまではその意思表示は有効と扱われるが、取消権が消滅するまでの間は、いわば「傷もの」の意思表示として存在することになる。取引したものの過量性を「状況の濫用」の徴表として理解する以上、客観的見地（分量、回数、期間の面）からは過量性があるにもかかわらず、消費者が「当該契約の締結を必要とする特別の事情があったとき」という消費者の主観的事由によって、意思表示に瑕疵が認められたり、認められなかったりすることは論理的にも一貫しない。しかし、意思表示の瑕疵を問題にしなければ、特商法の定める過量販売解除権が行使されるまでは、その契約は有効なものとして扱われるから、「当該契約の締結を必要とする特別の事情」があることをもって、例外的に解除権が失われる場合と規定すれば、効果面での論理的な一貫性が保たれる。

(46)　民事ルールとしての「適合性の原則」と説明義務等その他の投資勧誘における民事ルールについての議論を整理したものとしては、潮見佳男『契約法理の現代化』四〇頁以下（有斐閣、二〇〇四年）、王冷然『適合性原則と私法秩序』（信山社、二〇一〇年）を参照。

(47)　特商法では、これ以外に特商二二条三号、特商規二三条二号・三号、特商三八条四号、特商規三一条六号・七号、特商法四六条三号、特商規三九条二号・三号、特商法五六条四項、特商規四六条二号・三号が「適合性の原則」を規定しているし、その他の法律では消費者基本法五条三号、貸金業法一六条三項、不動産特定共同事業法二一条四項、不動産特定共同事業法施行規則一九条四号、信託業法二条二項にも規定がある。

(48)　内閣府の第七回消費者契約法評価検討委員会における配布資料八四頁〈http://www.consumer.go.jp/seisaku/shingikai/keiyaku7/file/shiryo1-2.pdf〉。わが国で「適合性の原則」が一般的な民事ルールとして広く活用される背景には、契約締結過程における不公正な取引への対応を可能とする法制度ないし法理が貧弱であることが背景にあると考える。

(49)　http://www.fsa.go.jp/p_mof/singikai/kinyusin/tosin/kin003a.pdf.

(50)　王・前掲（注46）三五八頁。

(51)　本文中の整理では、①ⓑと②ⓐないしⓒが「投資の適合性」に視点を置くものであり、①のⓐとⓒが「顧客の適合性」に視点を置くものとされている（王・前掲（注46）二五八頁）。なお、「投資の適格性」は広い意味では「取引の適格性」と言い換えることもできよう。

(52)　国家によるパターナリスティックな生存権や財産権保護に根拠を求め、投資不適格者を投資市場から排除する禁止規範と理解したうえ、①投資不適格者には判断能力面における不適格者の排除と、②財産面における不適格者の二つの場面があると整理し、①

の効果は取引の無効ないし原状回復型損害賠償請求とし、②の効果は助言義務の発生とする考え方である（潮見・前掲（注46）一一九頁以下）。なお、「適合性の原則」を排除の論理と捉えるこのような考え方については、差別につながる危険をはらんでいるという批判がある（吉田克己「市場秩序と民法・消費者」現代消費者法一号七五頁（二〇〇八年））。

(53)　このような責務は、「適合性の原則」の前提となるアメリカ証券取引法上のルールである「Know your customer rule」に根拠があるといえよう。

(54)　特商法では、「契約締結（取引）の目的」は適合性の判断要素とはされていない（特商規七条三号）。この点は、前述のとおり、二〇〇八年五月二八日の衆議院経済産業委員会において、階猛議員の質疑でも取り上げられたが、寺坂政府参考人は特商法の規定する「適合性の原則」では「契約締結の目的」が含まれていないことを認めたうえ、実態を見ながらの検討事項とするにとどまっている。しかし、二〇〇八年改正により導入された過量販売規制では、特商規七条三号（旧同条二号）をそのまま使用して要件化をしたものではなく、新たに「その申込者等の日常生活において通常必要とされる程度を著しく超える」分量、回数または期間の取引という要件設定を行ったことから、この要件の中に契約や取引をする「目的」との関係での不適合性を取り込んだものと考えることができる。

(55)　潮見・前掲（注46）一八五頁。また、王・前掲（注46）三九一頁は、「適合性の原則」が投資者保護を目的とする取締法規である点に着目して、公序良俗違反を媒介した取締法規違反の契約無効の可能性を指摘している。

(56)　内閣府国民生活審議会の第七回消費者契約法評価検討委員会における山本敬三教授の発言（資料一〈http://www.consumer.go.jp/seisaku/shingikai/keiyaku7/file/shiryo1-2.pdf〉五五頁）、第一回特商小委員会における丸山絵美子准教授の発言〈http://www.meti.go.jp/policy/consumer/committee/summary/0002600/gijiroku01.html〉。この他に、「適合性の原則」違反において「明白性・重大性」の要件を満たす場合には、契約の錯誤無効を認めるべきとする見解（川地宏行「適合性原則をめぐる判例法理と残された課題」先物取引被害研究三六号一頁（二〇一〇年））がある。

(57)　前掲（注14）の高松高判平成二〇年一月二九日は、呉服等の高額商品を販売する販売店は不当な過量販売その他適合性の原則から著しく逸脱した取引をしてはならない信義則上の義務を負うとし、これと提携する信販会社もこれに応じて不当に過大な与信をしてはならない義務を負い、その不当性が著しい場合には販売契約及びこれに関連するクレジット契約が無効になる場合があるとしている。

(58) 人間には「限定合理性」があることから、お返し(返報)、一貫性、社会的証明、好意、権威、希少性などに左右されやすく、これらの逆用によっても過量販売の被害に遭いやすい。この点はチャルディーニ・前掲(注10)参照。なお、この点は豊田商事の被害などを見れば明らかであろう。

(59) 契約締結過程における不当勧誘規制について、詐欺と強迫の区別に対応させて、①情報型不当勧誘と②威圧型不当勧誘に分ける考え方がある(内山・前掲(注38)四四六頁)。このほかに、③幻惑類型を指摘するものもあるが(第七回消費者契約法評価検討委員会議事録三四頁、幻惑類型は、人間の限定合理性の逆用類型といえるのではないだろうか。

(60) 沖野眞已『消費者契約法(仮称)』の一検討(2)」NBL六五三号一三頁(一九九八年)では、従来の民法法理では契約成立段階の問題を、契約締結過程と内容の二面で捉える「二元構成」が取られていたが、両者を統合し、そこにみられる契機・要素(①表意者の意思および判断力の不十分さ・不明確さ、②相手方の行為悪性、③内容の不当さ)を端的に捉える制度を設けることが、消費者契約法の課題ではないかと論じ、締結過程・環境(意思と行為態様)と内容を融合した「第三のカテゴリー」の創設を検討すべきとする。

(61) その意味では、過量販売解除権は要件面では「二元構成」を統合したとは言えないが、制度全体を眺めると「締結過程・環境(意思と行為態様)と内容を融合した」制度の一つとして見られないだろうか。

(62) 齋藤＝池本＝石戸谷・前掲(注13)七二八頁以下、日本弁護士連合会消費者問題対策委員会編『コンメンタール消費者契約法』七八頁以下(商事法務、二〇〇一年)、角田美穂子「特定商取引法上の取消の効果について――住宅リフォーム被害を例に」横浜国際経済法学一四巻三号五一頁(二〇〇六年)、丸山絵美子「消費者契約における取消権と不当利得法理(1)(2)(完)」筑波ロージャーナル創刊号一〇九頁・二号八五頁(二〇〇七年)を参照。

(63) 内山・前掲(注38)四八五頁では、過量販売規制が解除権構成となったことには批判的である。特商法の過量販売解除権が、「状況の濫用」により表意者に影響を与え、意思表示に問題があることゆえに契約の効力が失われるという理解ではなく、契約自体は問題のないものとして成立し、政策的見地から契約の拘束力のみを消滅させる権利を消費者に与えたものと理解することは、「状況の濫用」の法理としての一貫性に欠けるとみられるからであろう。

(64) 司法研修所編「現代型民事紛争に関する実証的研究――現代型契約紛争(1)消費者紛争」司法研究報告書六三輯一号五一頁(二〇一一年)では、「公序良俗違反のハードルは高いというのが裁判実務の傾向であろう」と述べられている。

(65) 法務省法制審議会民法（債権関係）部会「民法（債権関係）の改正に関する中間的な論点整理」（平成二三年四月一二日）〈http://www.moj.go.jp/content/000073767.pdf〉。

(66) 不招請勧誘規制については、後藤巻則「消費者のパラドックス――『法は人間をどう捉えているか』企画の趣旨を兼ねて」法時八〇巻一号三三頁（二〇〇八年）、同「不招請勧誘と私生活の平穏」国民生活センター編『不招請勧誘の制限に関する調査研究』一六九頁以下（二〇〇七年）、津谷裕貴「不招請勧誘規制のあり方について(上)(下)」国民生活研究五〇巻一号・二号（二〇一〇年）を参照。

■未公開株等詐欺商法の実務的被害救済手法と特定商取引法

弁護士　加藤進一郎

一　はじめに

近時、金融商品まがい取引の詐欺商法として、未公開株、非上場会社の社債、集団投資スキーム持ち分（ファンド持ち分）などを、高齢者を中心に売りつける手法（以下、これらを総称して「未公開株等詐欺商法」という）が急増している。

本稿では、これら未公開株等詐欺商法につき、弁護士および消費生活センターが取り得る実務的被害救済手法を紹介し、特に消費生活センターにおける被害救済において問題となる未公開株等詐欺商法への特定商取引法の適用について論じる。

二　未公開株等詐欺商法の急増

平成一六年改正商品取引所法の施行により、平成一七年以後、国内公設商品先物取引業者による取引被害の相談は減少した。(1)減少の背景に行為規制の厳格化があったことは間違いないが、一実務家の感覚としては、むしろ営業が立ちゆかなくなり廃業する業者が後を絶たなかったことで市場そのものが縮小したことにあるという思いのほうが強い。

他方、廃業した商品先物取引業者の役職員は、より規制の緩い、海外商品先物取引やロコ・ロンドン貴金属取引業に流れて取引被害を頻発させたほか、そのうちの一定数が未公開株や社債、ファンド持ち分などを販売するいわゆる未公開株等詐欺商法に流れたようである。筆者の担当する訴訟事案でも未公開株販売に関与した会社の従業員が、以前は国内公設商品先物取引業者に所属していたことを認めているものがある。

他方、いわゆるオレオレ詐欺や振り込め詐欺といった、主として電話を利用し、演技を用いて被害者から金銭を騙し取る詐欺集団が、より容易に、より高額な金銭を騙取できる場として、未公開株等詐欺商法にも流入し、その「演技力」を使って劇場型詐欺を展開したり、「匿名力」を使って所在をくらまし、被害回復を著しく困難としている。

その結果、未公開株等詐欺商法の相談が急増している。独立行政法人国民生活センターの報道発表資料によると、PIO－NET（全国消費生活情報ネットワーク・システム）にみる未公開株に関する相談件数は、二〇〇八年度に三〇七四件であったのが、二〇〇九年度には六一一四件と倍増して過去最高となり、二〇一〇年度（二〇一一年一月三一日現在）は二〇〇九年同時期比の一・六倍となっている。社債については二〇〇八年度に一一三件であったのが、二〇〇九年には一二七〇件となり、二〇一〇年度（同）は二〇〇九年度同時期比の約六・五倍にもなっている。(2)

ファンド持ち分については二〇〇九年四月から二〇一一年一月までに七三四五件の相談が寄せられ、毎月二〇〇～五〇〇件の相談が寄せられている。(3)

被害者層として、未公開株・社債の相談は六〇歳以上が全体の約八割、ファンドの相談も六〇歳以上が全体の約七割に及んでおり、高齢者が大半を占めている。

被害金額の平均は、未公開株・社債で約四六〇万円（二〇一〇年度）、ファンドで約五七〇万円（二〇〇九年四月から二〇一一年一月）と、極めて高額に及んでいる。

筆者が所属する京都先物・証券取引被害研究会に寄せられた相談も、二〇〇八年度は一九件中未公開株等詐欺商法が一〇件、二〇〇九年度は二二件中未公開株等詐欺商法が一一件であったが、二〇一〇年度には四八件中未公開株等詐欺商法が四〇件と急増している。

三　被害類型

1　未公開株・社債

未公開株については「まもなく上場する、上場すると価値が数倍になる」といった勧誘、社債については「優良かつ国際貢献をしている企業で安全性が高く利回りも高い」といった勧誘が行われるという個別性はあるが、両者に共通するのは以下のような手口で、登場人物が裏でつながって演技をし、購入をあおることから「劇場型」と呼ばれる。

(1)　買取業者の登場

自社株・自社債を発行体から購入させられるケースでは、ほぼ決まって「高値で買い取る」という買取業者が登場し、被害者に未公開株・社債の購入を勧誘する。買取業者自身の発行体からの購入は「インサイダー取引に当たるので、できない」とか、「先にパンフレットが送付された人にしか買う権利がない」などといって、当該株式・社債の購入の困難性を訴え、その価値を高めるような言辞を弄するケースが大半である。

買取業者は当初は買取りを約束しておきながら、買取りの当日になって都合が悪くなったといって実行せず、その後行方をくらますケースなどが大半で、実際に買取りが実行されることはない。また、「譲渡制限があるのでその口数では買い取れない」とか、「公的機関の認可を受ける必要があるがそのためにはあと何口購入してもらわなければならない」などと申し向けて、被害者に追加で金銭を出させた後、行方をくらますケースも多発している。

(2)　公的機関や権威者の登場

また、金融庁や証券取引等監視委員会を騙る者が、発行体や買取業者について「登録がある」とか「優良な企業である」といったお墨付きを与えるような言辞を弄するケースも多い。

発行体や販売業者の「顧問弁護士」や「公認会計士」を騙る者が登場し、いかにもまっとうな企業であるかのように演じるケースも少なくない。

(3)　過去の被害の回復をもちかける

過去に未公開株等詐欺被害に遭い、紙切れと化した株券を有する被害者に集中して電話し、二次被害に遭わせるケースが多いことも特徴である。

「手持ちの未公開株を有利に買い取る条件として、この社債を購入してほしい」などと申し向け、被害者に金銭を出させた後は買取りを実行せずに姿をくらますケースが後を絶たない。

また、弁護士を騙る者が登場し、「過去の未公開株被害を回復する」と言って弁護士費用名下に金銭を詐取するケースも珍しくない。

(4) 投資金の立替えを提案した後の脅迫

前述した手法などで、被害者から何度も金銭を出させ、被害者が「もう金がない」と訴えると、買取業者が投資資金を立て替えると約束して、被害者に未公開株・社債の購入申込みだけをさせるケースもある。その後、買取業者が実際には投資資金を立て替えず、発行体から「申込みをしたのに金を振り込まないのであれば訴訟提起する」などと被害者を脅迫し、金銭を喝取する事案もある。

2 ファンド持ち分

ファンド持ち分についても、当該ファンドが未公開株や社債に投資し利益獲得が確実といって購入を勧誘するケースのほか、ファンド持ち分自体を買い取るという買取業者が登場する、未公開株や社債と全く同様の劇場型詐欺商法が行われている。

他方、ファンド持ち分独自の勧誘として、適格機関投資家等特例業務を利用して、出資者に一人以上の適格機関投資家が含まれており、残りの素人投資家は四九人以下に限定されているとして、「プロが参加するファンドです。しかも素人で参加できるのは四九人に限定されています。誰にでも勧誘できるようなものではありません。あなただけがプロと一緒に参加できるのです」といった希少性・専門性を強調した手法が用いられている。

適格機関投資家等特例業務の届出制度が悪用されており、金融庁は「当局に届出を行っているものの、連絡が取れなくなっている業者一覧」をホームページ上で公表し、その数は平成二三年三月末現在で六五者に及んでいる。

四　未公開株等詐欺商法被害救済における弁護士と消費生活センターの役割

これらの未公開株等詐欺商法については、本来は詐欺罪として刑事処分が下されるべきである。しかし、筆者の実感として、残念ながら警察等の捜査機関に未公開株等詐欺商法について十分な対応を望むことは困難である。紙切れとはいえ、被害者が実際に株券や社債券、ファンドの出資証券を保持していることを理由に詐欺性を否定するような対応をされることもある。筆者も未公開株等詐欺商法において、刑事告訴を数件試みたが、残念ながら受理されたことは一度もない。

このような状況において、未公開株等詐欺商法被害救済については、弁護士と各地の消費生活センターに課せられた役割は極めて重要である。他方で、詐欺業者側の匿名性が高くいわゆる「足が早い」事案であること、未公開株等詐欺商法についての特定商取引法の適用につき否定的な見解がある[4]ことから、弁護士や消費生活センターの解決に困難が生じていることも否定し難い。

そこで、以下では、早期に未公開株等詐欺業者の利用する銀行口座を凍結して被害回復を図る振り込め詐欺救済法の利用について紹介し、また、未公開株等詐欺商法への特定商取引法の適用について論じる。

五　振り込め詐欺救済法の利用

1　弁護士による利用

未公開株等詐欺商法の被害救済手段として、現状では振り込め詐欺救済法(5)の利用が有用なものとなっている。

現状の未公開株等詐欺商法のほとんどが、電話勧誘により行われ、詐欺者が被害者と顔を合わせることなく、被害者に指定口座に振り込み送金させる方法で金銭を騙取していることから、被害者は詐欺者の利用している銀行口座の情報を手にしている。被害から相談までの時間が短いケースでは、当該銀行口座が未だ利用されている、いわゆる「生きた」口座であることも多い。

このようなケースにおいては、直ちに当該金融機関に対して、振り込め詐欺救済法三条の取引停止の措置を要請し、口座を凍結させることが肝要である。

口座凍結要請には、全国銀行協会と日本弁護士連合会との間の協議によって作成された統一書式があり、弁護士がこれを用いて金融機関に取引停止措置を要請した場合、金融機関は無条件で口座を凍結するものとされている。

また、上記統一書式を用いず、独自の書式で口座凍結を要請する手法も当然に認められ、筆者の経験では、この方法での要請でも、事実の摘示とその疎明（多くの場合、振込証の控えと被害者の陳述書で足りるであろう）がなされていれば、金融機関は取引停止に応じてくれている。

こうして口座が凍結され、口座にそれなりの預貯金が残っている場合、詐欺業者のほうから示談を要請してくるケースがあり、この時点で事件が解決できる場合がある。もちろん、未公開株等詐欺業者は口座から頻繁に出金しているため、預貯金がほとんど残っておらず示談に至らないケースもあるが、それは事件解決に訴訟等を要するという原点に戻るだけのことであり、振り込め詐欺救済法利用の有用性を何ら否定するものではない。

なお、稀に、口座にそれなりの預貯金が残っているが詐欺業者のほうから示談を要請してこないケースもある。このような場合は、振り込め詐欺救済法による失権手続（五条～七条）、被害回復分配金の支払手続（八条）を待つ方法もあるが、他の被害者との競合時の按分配当の可能性を考えると、仮差押申立ておよび本訴提起をするのが一般的であろう(6)。

口座の残金については、凍結後に当該金融機関に問い合わせれば、公告前であっても、一〇〇〇円未満か否かについては教えてくれるケースが多い(7)。また、正確な口座残金を教えてくれるケースもある。

2　消費生活センターによる利用

前記の振り込め詐欺救済法による口座凍結要請については、弁護士同様、消費生活センターにおいても利用することが可能である。弁護士のような統一書式はないが、消費者庁から各地の消費生活センターに書式が交付されたと聞き及んでいるし、全国銀行協会は、平成二二年一月二九日付「振り込め詐欺救済法における口座凍結の手続について」において、「法第三条第一項を踏まえ、以下の1～4のいずれかに該当する場合は、すみやかに口座凍結を実施」するとし、その1で「捜査機関、弁護士会、金融庁および消費生活センターなど公的機関ならびに弁護士、認定司法書士から通報があった場合」として、消費生活センターからの情報提供を捜査機関や弁護士と同列に置いている。

他方、筆者の知る限りにおいて、消費生活センターによる振り込め詐欺救済法による口座凍結要請の利用は低調のようであり、口座凍結要請が必要な事案では弁護士や弁護士会を紹介するケースが多いように感じられる。その理由として、口座凍結要請により口座名義人から凍結要請者に責任追及がなされる可能性への考慮が考えられるが、振り込め詐欺救済法が想定するスキームにおいて、口座凍結を行う主体は当該金融機関であり、要請者は当該口座が犯罪に利用されているという情報を提供する存在であるから、消費生活センターにおいても相談者が詐欺被害に遭っていることが相談者からの事情聴取で疎明できていると判断できるのであれば、当然に自ら凍結要請を行うべきと考える。(8)

六　特定商取引法の適用を前提とした被害救済手段

前記のとおり、未公開株等詐欺商法に特定商取引法の適用があるかにつき否定的に解する見解もあり、特に消費生活センターでのクーリング・オフ主張による解決に困難を来しているという現実がある。しかし、平成二〇年改正特定商取引法（平成二〇年法律第七四号による改正後の特定商取引法。以下、「平成二〇年改正法」という）の改正の趣旨に遡れば、未公開株等詐欺商法に特定商取引法が適用されると解することは十分に可能である。

確かに、これまで述べたような未公開株等詐欺業者の匿名性の高さからすれば、通常の電話勧誘販売商法のように特定商取引法の適用が決定的な武器になるものではない。しかし、相手方業者と電話での連絡がつく場合に、消費生活センターが相手方業者に特定商取引法違反を指摘し、あるいはクーリング・オフを主張することができること自体、大きな武器となることに否定の余地はない。実際に、筆者が知る限りでも、京都府下の自治体の消費生活センターにおいて、未公開株等詐欺商法についてクーリング・オフにより解決された事案が報告されているところである。

そこで、以下では、平成二〇年改正法の改正趣旨に遡り、未公開株等詐欺商法への特定商取引法の適用について論じる。

1　平成二〇年改正法による指定制の廃止

(1)　指定制採用・維持の根拠

そもそも特定商取引法が指定制を採用・維持した根拠は、次の点にあった。(9)

①　一般消費者の保護という特定商取引法の目的に照らし、一般消費者が訪問販売等によって通常購入する可能性のない商品の販売まで特定商取引法の規制にかからしめることは、適切でないこと

②　訪問販売等の対象となる商品等が著しく多岐にわたるため、ネガティブリスト方式では対象とすべき商品等をすべて列挙することは困難であること

(2)　平成二〇年改正法における指定制廃止の根拠

他方で、平成二〇年改正法が商品と役務につき指定制を廃止した理由は、次の点にある。(10)

①　指定制では基本的に「すでにトラブルがあるもの」「すでに存在しているもの」しか規制の対象とできないが、近年の市場環境の変化（商品や役務の開発が加速化し、また提供方法が複雑化している状況）が進展すればするほど、こうした変化を追い続けることが困難となってきた。

②　特に限定列挙方式という制度の性質上、法の規制対象とはならない商品等に悪質事業者が目を付ける傾向がある。

(3)　指定制の根拠と廃止の理由から見た特定商取引法の適用

これら指定制の根拠と廃止の理由から検討すれば、未公開株等詐欺商法については特定商取引法の適用があると考えるべきであり、適用を前提に法執行に望むべきである。これを否定するような解釈での法執行は、指定制を廃止し

た法改正の趣旨に悖るものとなる。

2　特定商取引法適用の必要性

未公開株等詐欺商法には、以下のとおり、指定制採用の根拠として特定商取引法が考慮した除外事由はそもそも妥当せず、また、平成二〇年改正法の指定制廃止の趣旨からも特定商取引法の適用が必要である。

① 指定制採用の根拠として法が考慮した除外事由がそもそも妥当しない取引であること

ⓐ まさに一般消費者が訪問販売等によって購入させられている。

ⓑ 問題にすべきは現状の未公開株等詐欺商法であって、特定商取引法二六条は適用除外取引を列挙しており、未公開株に関し適用除外類型として掲げることが困難とはいえない。

② 平成二〇年改正法の指定制廃止の趣旨からも特定商取引法の適用が必要な取引であること

ⓐ 特定商取引法が対応できていない（少なくともそういう解釈がある）ために被害が拡大している。

ⓑ 悪質業者にあたかも特定商取引法の適用がないかのように目を付けられているがために、被害が拡大している。

3　特定商取引法の適用許容性

前記のとおり、未公開株等詐欺商法に特定商取引法の適用の必要性があることについては、おそらく争いのないところと考えられるが、他方で、その適用許容性が問題となる。

しかし、以下に述べるとおり、未公開株等は特定商取引法上の「商品」に該当するし、特定商取引法が適用除外規定を設けている趣旨から考えても、その適用が許容されると考える。さらに、仮に未公開株等が「権利」に該当すると考えても、現下の未公開株等詐欺商法には特定商取引法の適用が可能であることをあわせて論ずる。

(1) 未公開株等の「商品」該当性

未公開株等は特定商取引法上の「商品」に該当する。その理由は、次のとおりである。

① 平成二〇年改正法は、特定商取引法の適用対象となる取引について、従来の要件を絞り込む文言を全部削除し、単に「商品若しくは指定権利の販売又は役務の提供」を規制対象とした(11)。

② 平成二〇年改正法の審議過程において、第一六九回国会経済産業委員会における橘高答弁（平成二〇年五月二三日）は、未公開株への特定商取引法の適用を認めており、「商品」該当性を否定しているとは考えられない。

(2) 適用除外規定からみた適用許容性

特定商取引法二六条一項八号イが「金融商品取引法二条九項に規定する金融商品取引業者が行う同条八項に規定する商品の販売又は役務の提供(12)」を適用除外としていることからして、金融商品取引業者でない者が行う未公開株等の販売には特定商取引法が適用される。

法が登録業者による一定の行為を適用除外として定めたのは、それ以外の行為（無登録業者による行為、登録業者による所定以外の行為）には当然に適用があることを前提としている。

また、特定商取引法二六条一項八号ニのいう「他の法律の規定によって……利益を保護することができると認められる」ためには、商品の販売等について、各個別法において、実効ある規制体制が構築されていることが必要である。そうしたものに合致するか否かの基準は、不当な勧誘や広告等に対して、以下の二点が満たされているかにより判断することとなる。

① 消費者被害に対する是正措置が整備されていること（消費者庁及び消費者委員会設置法に基づく一般的な行政指導等では不十分である）

② 是正措置を発動することが可能となるような法目的との整合性

具体的には、業務改善命令、約款変更命令、指示、懲戒等に該当する措置が法律上規定されており、事業者の不当な勧誘や不当な広告等によって消費者被害が発生した際に発動することが可能であり、消費者被害が発生している状況を一定の強制力をもって改善することができると認められる場合を指す。したがって、単に立入検査が可能であるだけの場合には、この基準を満たさないものと整理している。(13)

ところで、現下の無登録業者による未公開株等詐欺商法には、（無登録営業に対する刑事罰は別として）金融商品取引法の適用がなく、登録業者に対し認められるような上記の是正措置は一切ない。(14)

したがって、特定商取引法二六条一項八号の趣旨から、他法による行政上の是正措置が及ばない無登録業者による未公開株販売には、当然に特定商取引法が適用される。(15)

⑶ 仮に未公開株が「権利」だとしても特定商取引法を適用することが可能(16)

前記のとおり、平成二〇年改正法によって商品・役務については指定制が廃止されたが、「権利」については指定制が維持されている。

しかし、たとえば、商品の引渡しを請求できる「権利」や役務の提供を受けられる「権利」といったものを観念しうる以上、「権利」概念をいたずらに広範に捉えることは、指定制を廃止して隙間のない規制を行おうとした平成二〇年改正法の趣旨に悖る結果を招く。したがって、そもそも「権利」該当性については限定的な解釈が求められていると解すべきである。

具体的には、いくら当事者（事業者）が「権利」と称していたとしても、取引通念上広く権利化されて販売されている実態のないものについては、権利と称されているものの給付対象の区別に応じて、物品の所有権移転や引渡しなら「商品」の取引、役務提供が給付の目的なら「役務」の取引として評価し、特定商取引法の適用を肯定すべきである。

また、株式等の金融商品が「権利」に該当するとしても、現下の未公開株等詐欺商法では、その権利は株券・社債券・ファンド出資証券という有体物に表彰されている。権利の移転や行使には有体物たる株券等の引渡し等が必要とされていることからすれば、少なくとも有価証券という有体物に表彰されている金融商品としての「権利」は、その移転と行使に「証券」つまり物が必要なのだから、有体物の引渡しが必要という側面では、特定商取引法上も「商品」と評価しうる。また、証券が発行されているものは、株券を含め、多くの場合「無記名債券」と考えられるので、(17)民法八六条三項により動産とみなされる。そのため特定商取引法上では「商品」の取引とみることができ、特定商取引法が適用されると解すべきである。

4　事例検討

以上のとおり、未公開株等詐欺商法には特定商取引法が適用されると解すべきところ、以下では、金融商品取引業の無登録業者により、販売行為等（販売行為のみならず仲介行為等の役務提供を含む。以下同じ）が訪問販売、通信販売、電話勧誘販売の形態で行われたことを前提として検討する。

(1)　B社がA社の株式を販売するケース（いわゆる「他社株販売型」）

「商品」性、「販売」ともに問題なく、特定商取引法が適用される。

(2) B社がA社の株式販売を仲介するケース(18)

「商品」性、「役務提供」ともに問題なく、特定商取引法が適用される。

(3) A社がA社の株式を販売するケース（いわゆる「自社株販売型」）

「商品」性については問題ない。

「販売」行為（特商二条一項一号等）該当性については検討が必要である。自社株販売型は、金融商品取引法上は「募集」に当たるが、現下の未公開株商法の少人数私募（株・社債の場合は五〇名未満）の場合、金融商品取引法二条八項所定の行為に該当しない（同項七号の私募は対象が投資信託受益証券等に限定されているし、同項九号は私募の「取扱い」としており、発行体そのものが募集する場合を規定していない）。したがって、そもそも特定商取引法の適用除外行為に当たらない。

そのうえで、募集が「販売」と評価できるかであるが、金融商品販売法二条五号は、金融商品の「販売」の定義を「有価証券を取得させる行為」としており、同一文言である特定商取引法での「販売」にも「有価証券を取得させる行為」としての募集が当然に含まれると考えられる。

以上より、特定商取引法が適用される。

(4) A投資事業有限責任組合などへの出資を募るファンド持ち分販売のケース

「商品」性について、前述の特定商取引法適用の必要性と許容性における理由はすべて妥当するから、ファンド持ち分にも「商品」性は認められる。適格機関投資家等特例業務の届出業者による場合は、特定商取引法の適用除外となるのではないかという問題があるが、届出制では単に立入調査等が可能という程度にとどまり（金商二六条八項）、特定商取引法二六条一項八号ニのいう「他の法律の規定によって……利益を保護することができると認められる」という基準を満たさないと考えられる。したがって、仮に適格機関投資家等特例業務の届出があったとしても、適用除外にはならないと考えられる。

「販売」性についても、(3)と同様に認められる。金融商品取引法二条八項七号へには集団投資スキーム持分が含まれており、その点で適用除外の可能性が出てくるが、無登録業者あるいは届出のみの業者が行っている点で主体としての適用除外要件を満たさず、原則どおり適用される。

以上より、特定商取引法が適用される。

5　特定商取引違反による警告

このように、現下の未公開株等詐欺商法には特定商取引法の適用が可能であり、現に京都府では、特定商取引法の適用を前提に、平成二二年一二月に、未公開株発行会社三社に対し文書で、勧誘会社四社に対し口頭で、特定商取引法違反を理由とした警告を発信している。

七　金融商品取引法の改正とこれからの未公開株等詐欺商法対策

本稿作成中に、未公開株等詐欺商法対応を目的の一つとする金融商品取引法改正案が国会に上程された(19)。無登録業者が非上場の株券等の売付け等を行った場合には、その売買契約を原則として無効とする、という無登録営業の効果を私法上の無効と結び付ける画期的な改正法案である。ただし、自社株・自社債の方式で募集される事案が無効の対象となるか、対象となる「未公開有価証券」の範囲につきファンド持ち分が含まれるか等の、解釈上あるいは政令委任対象事項上の問題点を残している。

他方、前記の特定商取引法の解釈に基づけば、そのほとんどが電話勧誘で行われ、およそ特定商取引法の求める法定書面が交付されることのない現下の未公開株等詐欺商法に対して、クーリング・オフによる契約解消を図ることができる。繰り返すが、各地の消費生活センターでの対応を念頭に置いた場合、特定商取引法の適用を前提とした解決こそ未公開株等詐欺商法対策の基本に位置づけられるべきである。

他方で、未公開株等詐欺業者の匿名性、その「足のはやさ」から、弁護士および消費生活センターでの民事的解決に限界があることは否定できない。既述のとおり、この問題に対する警察等捜査機関の対応は不十分であるが、迅速かつ適正な刑事対応こそが未公開株等詐欺商法対策に求められる第一の策であることに否定の余地はない。

金融商品まがいの詐欺取引は、詐欺者が規制のより弱いところに目をつけて詐欺商法を展開し、また防御力のより弱いところに目をつけて高齢者をターゲットとする。そして、詐欺業者が最も注意を払うのが、刑事処分を受けないようにすることである。その意味で、未公開株等詐欺商法は「上場するかもしれない」株券等を交付したとして、一見詐欺業者に言い逃れを許すかのような素地を持っている。

しかし、発行体と何ら関係のない日常生活を送っている高齢者に突然パンフレットを送りつけ、好条件での買取をほのめかして電話で購入を勧誘するような手法自体、まっとうな投資取引ではありえない手法であり、まさに高齢者の財産を狙った詐欺以外の何者でもない。弁護士および各地の消費生活センターでの民事解決とあわせて、各都道府県警レベルでの刑事解決がなされることで、未公開株等詐欺商法の撲滅が図られることを望んでやまない。

（1）　日本商品先物取引協会への苦情申出件数は二〇〇三年度まで三〇〇件を超えていたが、二〇〇六年度以後二〇〇件を下回り、二〇〇九年度には二桁となっている。

(2) 独立行政法人国民生活センター「絶対に耳を貸さない、手を出さない！　未公開株や社債のあやしい儲け話」(平成二三年二月一七日)。

(3) 二〇一〇年三月二五日第二〇回消費者委員会における消費者庁丸山取引・物価対策課長の答弁。

(4) 独立行政法人国民生活センター「複雑・巧妙化するファンドへの出資契約トラブル――プロ向け(届出業務)のファンドが劇場型勧誘によって消費者に販売されるケースも――」(平成二三年二月二四日)。

(5) 正式名称は「犯罪利用預金口座等に係る資金による被害回復分配金の支払等に関する法律」である。

(6) この場合、当該口座の失権手続等は停止する(振り込め詐欺救済法四条二項)。

(7) 一〇〇〇円未満の場合は被害回復分配金の支払いが実施されない(振り込め詐欺救済法八条三項)。

(8) 振り込め詐欺と誤認し口座凍結要請を行った警察の責任を認めた東京地判平成二〇年一一月一二日(判タ一三〇五号一一七頁)の存在が強調されるきらいがあるが、同事案は警察による振込者本人からの事情聴取がずさんであったものであり、相談者からの事情聴取を慎重に行ったうえで詐欺被害の疎明ができていると判断できる場合に、口座凍結要請を躊躇すべきではない。
また、上記東京地裁判決事案の振込名目は旅行・宿泊・ブランド商品販売などの会員制クラブの会費であり、金額も一〇カ月分で三万一五〇〇円(月額三一五〇円)と少額であって、発行体会社と無関係の高齢者に未公開株や社債等を販売するべく数十万円、数百万円単位の金銭の振込を請求する未公開株等詐欺商法との対比において、その詐欺性判断に要求される慎重さはおのずと異なるであろう。

(9) 消費者庁取引・物価対策課＝経済産業省商務情報政策局消費経済政策課編『平成二一年版　特定商取引に関する法律の解説』(以下、単に「解説」という)四四頁・四五頁(商事法務、二〇一〇年)。

(10) 「解説」四五頁。

(11) 「解説」は、平成二〇年改正によっても「商品」や「役務」そのものの意味する定義範囲は変わっておらず、物品としての「商品」、労務や便益としての「役務」が規制の対象となる、とする(五一頁)。
他方、圓山茂夫准教授は、旧条文中の「物品」という文言が削除されたこと、物品要件を残すのであれば「商品(物品に限る)」といった規定の仕方があり得たことから、「商品」に「物品」性を要求することを否定する(「指定商品制の廃止と未公開株問題」

消費者情報二〇一〇年七月号)。

文言の形式的解釈からして、あえて「物品」という文言を削除している点からすれば、改正後も「物品」性を要求することには無理がある。齋藤雅弘弁護士も、「商品については単に商品という文言に冠されていた『指定』という文言が削除されただけでなく『指定商品は……物品であつて』という文言も削除されたことから、特商法の文理上は『商品=物品』という限定もなくなったと解される」とする(「特定商取引に関する法律における商品・役務の概念と指定権利制」現代消費者法八号六九頁(二〇一〇年))。

(12) 「この法律において『金融商品取引業者』とは、第二九条の規定により内閣総理大臣の登録を受けた者をいう」(金商二条九項)。金融商品取引法二条八項は、一号で有価証券の売買、二号で有価証券の売買の媒介、取次ぎまたは代理、七号で有価証券の募集・私募(投資信託受益証券等)、八号で有価証券の売出し、九号で有価証券の募集・私募・売出しの取扱い、等を定める。

(13) 「解説」一七〇頁、経済産業省商務流通グループ消費経済政策課「特定商取引法の適用除外等について」(平成二〇年一二月一一日)、同「特定商取引法の適用除外の追加について」(平成二一年八月二一日)。

(14) 証券取引監視委員会は、平成二二年一一月一七日付で無登録で未公開株等の勧誘を行っていた事業者について、同月二六日付で無届けで株式等の募集を行っていた株式会社について、裁判所に対し金融商品取引法一九二条に基づく行為の禁止・停止命令の申立てを行った。しかし、禁止・停止命令の発令権限は裁判所に属し、同委員会が裁判所に申立てを行ったのは、行政機関が自ら具体的な業務改善命令等を行う権限を有していないからにほかならない。

(15) 齋藤弁護士もこの適用除外の趣旨を考慮し、「未公開株等の取引が『商品』の取引と解することも可能であるにもかかわらず、『権利』の売買であると解して特商法を適用せず、また、無登録業者であることを理由にして特商法が適用除外を認めるために必要とする金商法上の是正措置の担保もかからないと解することは、可能な限り特商法の適用されない隙間をなくすことを目的とした二〇〇八年改正の趣旨にもとる」とする(齋藤・前掲(注11)七六頁)。

齋藤雅弘=池本誠司=石戸谷豊『特定商取引法ハンドブック〔第四版〕』(以下、「ハンドブック」という)八二頁〔齋藤雅弘〕(日本評論社、二〇一〇年)も、「登録業者であれば金商法の規制を受けるので、特商法が適用除外を定める場合の基本的な考え方として指摘した前述のとおりの是正措置が働く。しかし、無登録業者の場合には金商法の無登録営業に対する罰則はあるものの、登録業者と同様の是正措置は掛からない。このように金融商品の取引を『権利』の売買と観念すると、金商法で登録を受けていない業者が行う場合には特商法が適用されないだけでなく、特商法が適用除外を認めるために必要とする金商法上の是正措置の担保がなくなってしまい、二〇〇八年改正法が、可能な限り特商法の適用されない隙間をなくすことを目的としていることに悖る結果となる」とする。

(16) 指定権利制が維持された理由は、「権利については、その外苑が不明確であることや、消費者相談の数が極めて少数であるという実態を背景に、当小委員会においては商品・役務を優先して指定制の見直しを行うことが重要」だからと説明されており（産業構造審議会消費経済部会特定商取引小委員会二〇〇七年一二月一〇日付報告書）、未公開株については、その内容が明確で、消費者相談の数が突出して増加していることからすれば、株式を「権利」とする立場に立っても早期の法改正が必要、あるいは少なくとも早期の権利指定が必要である。

(17) 弥永真生教授は、「株券は無記名証券である」と明記する（『リーガルマインド会社法〔第一一版〕』八九頁〔有斐閣、二〇〇七年〕）。
神田秀樹教授も、この点について「株券は学問上いわゆる無記名証券である」と明記している（『会社法〔第一二版〕』八五頁〔弘文堂、二〇一〇年〕）。

(18) 実務的には極めて少ないと考えられる。

(19) 平成二三年四月一日提出「資本市場及び金融業の基盤強化のための金融商品取引法等の一部を改正する法律案」。上記改正法は本稿作成後の平成二三年五月一一日に成立し、同月二五日に公布された。無登録業者による未公開株の取引を無効とする「取引の無効ルール」は公布後六カ月以内に施行されることとなっている。あわせて改正された無登録業者への罰則の引上げ（三年以下の懲役、三〇〇万円以下の罰金から、五年以下の懲役、四〇〇万円以下の罰金）は六月一四日から施行されている。

■霊感商法被害の救済とその必要性
――宗教法人世界基督教統一神霊協会の活動の問題点を手がかりにして

弁護士　紀藤正樹

一　はじめに――霊感商法被害の実態

オウム真理教事件も含め、戦後日本のカルト事情[1]を考える場合に、宗教法人世界基督教統一神霊協会（以下、「統一協会」という）への行政の対応処理の誤りを抜きにして語ることはできない。

統一協会は、いわゆる霊感商法による違法な資金集めや、伝道目的を隠してビデオセンターに誘い込んで行う詐欺的伝道、合同結婚式など、さまざまな社会問題を起こしてきた。このため統一協会は、後掲「統一協会の責任を認めた民事判決の概要」のとおり、多数の訴訟を通じ、資金獲得活動、伝道活動という宗教団体としての活動の根幹部分に加え、合同結婚式勧誘活動という統一協会の宗教活動の根幹部分についてまで、最高裁判所において違法性を認められた前例のない稀有な宗教団体であり[2]、もはや違法集団と呼んでよい団体である。

しかも現に裁判所で争われ、そして、最高裁判所の判決が出された後も、統一協会の被害は続いており、統一協会の遵法意識の著しい欠如からは、もはや民事的な解決では、統一協会の暴走を止めるのは難しい状況にあり、このような統一協会の暴走を放置してきた行政の怠慢は甚だしいというほかない。

統一協会が、全国の信者を駆使して霊感商法を始めたのは、一九七〇年後半に遡る。[3] 国民生活センターが全国の消費生活センターに調査した結果によると、一九七五年一一月から一九八二年一一月までの、全国の消費生活センターに寄せられた被害相談件数は二六三三件、被害相談額は一六億九九七六万二〇〇〇円に上ると報告されている。[4]

しかし、その後も行政は、霊感商法への対応や対策をほとんどとらなかったため、一九八〇年代後半には、霊感商法被害は深刻を極めることになる。[5]

筆者が事務局を務める弁護士の組織である全国霊感商法対策弁護士連絡会は一九八七年五月に結成された。[6] 以来、同連絡会は、霊感商法被害者への相談電話窓口を設置しているが、二〇〇九年までの二二年間における相談件数は三万一六六二件、相談被害総額は一〇九九億一一一八万九九四七円にも上っている。二〇〇九年の被害相談額だけで、三七億三六九三万七三〇一円という巨額な数字である。もちろんこれは相談だけの数字であるから、被害暗数は、その一〇〇倍にも上る可能性がある。

このように、霊感商法問題は、最少で見ても、過去に三万四〇〇〇人以上、一一〇〇億円を超える被害が存在したにもかかわらず、長年、国により放置されてきた深刻な宗教被害である。ようやく警察により霊感商法の摘発が開始され始めたのは、ここ数年のことにすぎない。[7]

このため、長い間、霊感商法の救済はやむなく被害者側において、民々の問題、すなわち民事訴訟上の救済しか求めることができなかった。[8] 霊感商法に対する民事判決が刑事判決に先行するのは、これが理由である。

国のこうした霊感商法被害への認識の甘さは、「統一協会がやる程度が許されるのだったら、うちも許される」という甘えを日本社会に蔓延させ、一九九五年三月に、地下鉄サリン事件が起きるまで宗教法人オウム真理教を野放しにしたという悲劇的な結果まで生み出すに至った。

そして統一協会の問題に限らず、オウム真理教事件以後も、霊感商法が日本に蔓延している背景には、統一協会問題への対応を誤った国の無策という日本特殊の事情を無視できない。

日本社会は、オウム真理教事件から一〇年以上を経て、ようやく近時、警察が統一協会の霊感商法にメスを入れ始めたが、現時点でもなお、統一協会という教会組織にまでは摘発が及んでいない。

今後は、統一協会の全国的組織的な霊感商法問題につき、その指揮系統問題も含めて、真相解明のための捜査を期待したい。真相解明の捜査こそが、日本のカルト被害の防止と被害者の救済につながる。

二　宗教による消費者被害を救済するための考慮要素——マインドコントロールとは

1　宗教勧誘＝伝道の違法性についての考え方

霊感商法に関する消費者被害の救済については、すでに文献がいくつか存在する。(9)この点、金銭被害が違法性を帯び得るという点については、日頃、消費者被害を救済する立場の弁護士にとっては当然のことといえよう。

さらに進んで、後掲する「統一協会の責任を認めた民事判決の概要」のとおり、最高裁判決を含むいくつかの民事判決の中で、金銭被害の違法性を超えて、さらに信者勧誘の違法性、すなわち伝道の違法性までもが認められている。

この点については考察が必要だと思われる。

普通に暮らしていた人が、いつの間にか反社会的な活動をするようになり、平気で嘘をつき、あるいは親子が断絶してしまう。このような急激な人格変換を、我々は「マインドコントロール」と呼んでいる。

たとえばオウム真理教では、信者らは「オウムの教義（タントラヴァジラヤーナ）から見て、人を殺してもかまわない」、そこから進んで「人は殺したほうが救われる」という考え方を植え付けられ、サリン事件などを引き起こすことになったし、統一協会では、「統一協会の教義（万物復帰の教義）から見て、人を騙して霊感商法をしてもかまわない」、そこから進んで「お金を神側に返すことで被害者も救われる」という考え方が植え付けられ、信者らは霊感商法に邁進させられることになる。

そして、このマインドコントロールの手法が、単なる「自由意思」や「自己責任」の問題ではなく、他者からの働きかけとして違法となる場合があることについては、二〇〇〇年以降、数々の裁判所で、その違法性が認められてきた。すでに最高裁判例も出ており、この点は、決着事項ともいえる[10]。

しかし、マインドコントロールの考え方が日本で定着するまでには、時間を要した。一九九三年四月二一日、女優の山崎浩子さんが、統一協会からの脱会記者会見を開き、マインドコントロールという言葉を口にした。同日に『マインド・コントロールの恐怖』が出版され[11]、日本でもマインドコントロールという言葉が広く知られることになった。しかし、この時期の日本では、まだマインドコントロールの真の恐怖は理解されず、流行語的な感覚で広まったにすぎなかった。

ところが一九九五年にオウム真理教事件が起こったことを契機に、マインドコントロールは単なる流行語の地位から、カルトの悲劇を繰り返さないために考慮されなければならない重要なキーワードとなることになった。

松本智津夫死刑囚が地下鉄サリン事件で起訴された一九九五年六月六日、当時、東京地方検察庁の広報担当であった甲斐中辰夫次席検事（後に最高裁判事）が、記者会見の席で「マインドコントロールされた信者たちから自白を得るのは大変だった」などと述懐したことは象徴的な出来事だった。

一方、当時から「自己責任ではないか」とか「マインドコントロールにも、よいマインドコントロールと悪いマインドコントロールがある」といったマインドコントロールの持つ問題性を矮小化する意見があった。しかしこれらの意見は、被害実態や事実を直視しない意見である。前者は端的に被害者に鞭打つ理屈であって「騙されたほうが悪い」などという意見と同じであり、後者はカルトのマインドコントロールが質的に他のマインドコントロールと異なることを看過した意見というほかない。

金融被害や証券取引被害などの事件においては、訴訟の場等で、被告となった銀行や証券会社は「契約者の自己責任であり当社に責任はない」という弁明を繰り返している。しかし、もともと自己責任の考え方は、十分な情報が提供され、自由な意思決定が満足される環境においてこそ生ずるものである。たとえば金融商品取引法は、自己責任原則が貫徹できない場合として「必ず値上がりする」といった断定的な判断を提供する勧誘を違法としている（三八条二号）。

刑法には詐欺罪（二四六条）・恐喝罪（二四九条）という犯罪がある。人を騙したり脅したりして資金を提供させる場合に生ずる犯罪である。その要件は、前者は、①他人に対する欺罔行為、②当該欺罔行為に基づく本人の誤認、③誤認に基づく財産提供であり、後者は、①脅迫行為、②当該脅迫行為に基づく本人の恐怖、③恐怖による財産提供である。平たく言えば、騙されてお金を出すか、脅されてお金を出すかの違いである。いずれの場合も厳密にいえばその人の意思の結果であるが、法は、これらの他人の精神操作を自由意思に対する重大な脅威と捉え、違法と評価している。刑法は、暴行や脅迫により人に義務なき行為を行わせる強要罪（二二三条）などの罪も、犯罪として類型化している。嫌がらせ電話で相手を神経衰弱にさせた行為について傷害罪とした判例もある(12)。

要するに、他人への精神操作のすべてが違法というわけではないが、精神操作の度が過ぎれば、それが違法だと評価されることがあるという点は、法解釈上も明白である。

消費者被害の救済事件を多数扱っている弁護士は、「自分の意思で買ったのだから後で文句を言うのはおかしい」とうそぶく悪質業者に出会うことがしばしばある。

しかしこのような場合でも、業者がどのような働きかけを被害者にしたのかが重要なのであり、マインドコントロールを考える場合も、まさにどのような働きかけがあったのかという具体的な事実が問題なのであり、事案の真相を見極める真摯な姿勢が重要である。

2　統一協会の伝道方法の違法性

統一協会は、一般市民を「ビデオセンター」と称する施設に連れ込んで、教義を本人の知らないうちに教え込み、ツーデー・フォーデーなどのトレーニングを経て、統一協会の信者に仕立て上げ、「出家」、統一協会の言葉で「献身」をさせる。

詐欺・脅迫的手口で市民から財産を提供させるのが霊感商法であるが、実は信者らも献身に至るプロセスの中で、霊感商法と同じ手口でその財産全部を提供させられている。したがって、献身時には、信者は身ぐるみはがされた状態となる。

こうして所有財産をすべて奪い取った信者らに、さらに精神操作を施し、「救いを求めるためにできる唯一の手段は、統一協会のために身体を提供しその活動に邁進するしかない」、すなわち「献身しかない」と教えていく。

つまり「献身」は、霊感商法被害の延長線上にある、より重篤な被害である。詐欺や恐喝と比較するなら、信者らは騙され、脅されて、自分自身の身体、労働力、そして人生を提供させられる。信者らは、財産上の被害を受けたうえ、さらに「献身」させられるという、二重の被害を受けている。

「献身」は、文字どおり、違法な「献金強要行為」の延長線上にある「身体献納強要行為」と評価すべきものなのである。

3 マインドコントロールと違法な活動は車の両輪

カルト的な宗教団体が違法活動を続けるには、その担い手たる信者の獲得が必要不可欠である。活動が違法であればあるほど、伝道に要するマインドコントロールは強固となる。通常の伝道では、善良な人がすぐに平気で人を騙すことのできる人にはなり得ないからである。

逆にいえば、違法な活動をしない宗教団体であれば、別段、伝道にマインドコントロールを利用する必要はない。ここに、カルトのマインドコントロールと普通のマインドコントロールの質的な差がある。

統一協会の場合、信者たちは、霊感商法のような違法行為をすることが、自分自身はもとより、その家族・先祖・子孫を救い、被害者も救うことになると信じ込まされ、寝食を忘れて奔走する「ロボット」にさせられている。

霊感商法を担当するセクションに配属されず、たまたま伝道部門の担当になった信者らも、このような資金集めのロボットを勧誘し、育て上げることが、伝道対象者とその家族・先祖・子孫を救うと信じ込まされている。

そして、自分の勧誘した信者が「一人前」となって、新たな霊感商法を行うことが、被害者を「救う」ことになると信じ込まされ、統一協会の活動に専念させられる。

こうして破壊的カルトの活動は、永久電池のように恒常化していく。最初にマインドコントロールを施した人間は観ているだけで、あとは信者らが勝手に人やお金を集めてくれる。そういったしくみが、カルトの実態である。また個々の信者は、伝道・勧誘され、「献身」に至るプロセスにおいて、あたかも自らの自由意思で選択したつもりになっているが、実は信者の意思は、統一協会が事前に作成したマニュアルに沿って、統一協会が意図する方向へ巧妙に誘導されたものである。

しかもその過程では、霊界への恐怖がことさら強調され、統一協会の指示を拒否できないように仕向けられている。同時に、善悪の判断基準を逆転させせられ、伝道される前に有していた通常の社会的規範意識（嘘をつかない、暴利を貪らない、両親を大切にするなど）は喪失させられ、嘘をつき、暴利を貪り、両親を大切にしない人格に変えられる。ビデオセンターから献身に至るまで、短い人でも数カ月、長い人では二年以上の時間をかけ、慎重に人格が変えられていく。

これに関連して、本人の了解なしに催眠術など精神的な作用を施すことが傷害罪ないし暴行罪に当たるという学説がある。[13] まして、長期間にわたり意図的に信者らに施した精神操作は、より違法性が高いはずである。

このように、違法な「マインドコントロール」の手法は、事実認識に対する評価を、他者が、本人の知らないうちに社会規範から逸脱する形へと変更を加えていくものであるが、オウム真理教事件や統一協会の事件において、いずれも多数の判例で、これらの思考方法ないし思考操作の手法の存在（つまり「マインドコントロール」の存在）は、すでに裁判所に顕著な事実というべきである。[14]

なお、このような違法なマインドコントロールに対し、社会規範から逸脱しない方法により行われるマインドコントロールも考えられるが、通常、このレベルのマインドコントロールに違法性はないから、前者の違法性を帯びるマインドコントロールを「破壊的マインドコントロール」として、後者と区別して記述することもある。

三　霊感商法被害救済の努力が生んだ金字塔――ホームオブハート判決

冒頭に記述したとおり、わが国においては、行政が霊感商法問題を放置してきた結果、諸外国に比較しても、後掲「統一協会の責任を認めた民事判決の概要」のとおり、膨大な宗教被害判例群を生み出してきた。これらの判例群の存在自体が極めて異常であり、日本の宗教被害事情の特質を現すものであるが、こうした判決群を生んだ弁護士の努力と成果は、統一協会のみならず他の宗教団体や自己啓発セミナー団体のような宗教的な団体の活動の違法性を考えるうえでも、重要な先例群となっている。

統一協会の民事判例の蓄積の成果を他の事件でも活用できた例の一つとして、筆者が弁護団長を務めた自己啓発セミナー団体である株式会社ホームオブハート（以下、「ホームオブハート」という）による消費者被害事例[15]の判例を取り上げる。同事件では、複数の被害者らが、被告ホームオブハートやその主宰者である被告倉渕透らを相手に損害賠償を求めていた。中でも平成一九年二月二六日付で出された東京地裁判決が重要である[16]。同判決は、判決文の中に「マインドコントロール」という言葉を明示して、次のような認定をしている。

「精神医学や心理学の知識を濫用してはならないことは当然のことであって、これらの知識を濫用して他人の心を傷つけることが、およそ血の通った人間のやるようなことではないことは、論をまたないところである。他人に考える余裕や反論する余裕を与えずに、特定の考え方、価値観に基づき集団で長時間一人の相手を罵倒し続けることは、精神的な拷問に等しく、相手の心に深い痛手を永遠に残すことになるのであって、このような行為がおよそ血の通った人間のやるようなことではないことも、また、論をまたないところである」、「精神医学や心理学の知識を濫用したり、他人を意図的にマインドコントロールされた状態に陥れる行為が著しく反社会的な行為であることは言うまでもない。また、考える余裕や反論する余裕を与えずに、集団で長時間一人の相手を罵倒し続けることは、精神的な拷問に等しく、半永久的に被害者の心に深い痛手を残すことになり、これまた、極めて非人間的な行為であるというほかはない」。

この東京地裁判決は、被告ホームオブハートらから控訴されたものの、ホームオブハートの主宰者である被告倉渕透の証言を経て下された東京高裁判決は、基本的な枠組みにおいて、東京地裁判決を踏襲したうえで、東京地裁判決をさらに進め、「被告ホームオブハートが行う上記認定の違法行為の内容を十分に理解し、これが意図した成果を産むように部下のスタッフを指揮・命令していたことは容易に推認することができるところであって、共謀者として被告倉渕と同様の責任を負うものというべきである」と判断し、被告ホームオブハートの代表取締役らの責任を明確に認めている。

また、上記責任判断の前提として、東京高裁判決は次のような判決を下し、本件被害を生じさせた被告らの活動の違法性を明確に認めている。この種の事案における違法性判断の要素として参考になるので、少し長文となるが引用する。

「(1)前記認定事実によれば、次のような事実を推認することができる。

被告倉渕らは、セミナー生の積極財産の全部を被告ホームオブハートに提供させることはもちろんのこと、当該セミナー生の借入能力（貸金業者等がある程度機械的に設定する与信限度額に基づくものであって当該セミナー生の弁済能力は考慮されていない。）をフル活用し、複数の貸金業者やクレジット業者から借入限度額満額の借入（利用限度額満額の商品購入を含む。）をさせてその全額を被告ホームオブハートに提供させること（全財産と全信用能力を被告ホームオブハートに提供させること）を共謀の上、企てていたものとみるのが相当である。

このような企ての実現のために、前記被告らは、被告ホームオブハートが癒しの商品やサービスを提供する会社であるかのように装って、悩みをかかえている女性に被告倉渕以外の女性スタッフを接近させ、具体的な悩みの内容とその原因、経歴、家族関係その他の個人情報を聞き出し、被告倉渕のコンサートなどに参加させた機会に、精神医学や心理学の知識を基礎とする自己啓発セミナーのノウハウを流用して、前記個人情報をもとに被告倉渕がその者の悩みとその原因、解消法を本人がいかにもそのとおりだと納得してしまうように言い当て、その不安を煽り、困惑させて、このような罠にひっかかる女性の出現を待つことを共謀していたものとみるのが相当である。

そして、このようにして罠にひっかかりセミナーに参加するようになった女性に対しては、さらに、精神医学や心理学の知識を基礎とする自己啓発セミナーのノウハウを流用して執拗かつ暴力的に不安感・恐怖感をあおる行為を繰り返し、被告倉渕の言うことを聞かなかったり、セミナーへの参加を止めたりすると、地獄のようなつらい人生を送ることになると信じ込ませ、猜疑心を持たないようにすべきこと、思考を止めるべきこと並びに所持金が底をつくこと及び借金が返せなくなることに対する恐怖感をなくすべきであることという考え方を刷り込み、被告倉渕らの指示するとおり所持金や借入金を被告ホームオブハートに支払うような人間に仕立てていったとみるのが相当である。

また、このように畏怖誤信させられた心理状態を維持するために、思考を停止する訓練を継続させ、フィードバックやセラピーにより被告倉渕の言うことが正しいと思いこませ続けたものと推認するのが相当である。

(2) (1)に記載したような目的及び手法をもって上記の心理状態に他人を意図的に陥れる行為は、社会通念に照らし、許容される余地のない違法行為であることは、明らかである。

(3)　そうすると、被告倉渕らの指示に基づき実施された、平成一四年七月の被告ホームオブハートのスタッフによる原告に対するMASAYAコンサートへの勧誘に始まる原告へのセミナー等への参加の勧誘、商品及び施設会員権購入の勧誘並びにオーガニックビレッジへの出店の勧誘行為は、被控訴人を上記の心理状態に陥れ、その状態を維持する意図に基づく一連の行為であって、平成一四年七月の最初から全部違法な行為と評価されるべきものである。したがって、平成一四年七月のコンサート費用の支払……に始まる原告の被告ホームオブハートに対する前記認定の金銭支払行為は、すべて被告倉渕らの違法行為がなければ発生しなかった支出であって、原告に現実に生じた支出の限度において、その全額が被告倉渕らの前記違法行為と相当因果関係のある損害に該当するものというべきである。

(4)　被告らは、被告倉渕は被告ホームオブハートの実権を把握しているものではなく、プロデューサーとセミナーのトレーナーにすぎないと主張する。

しかしながら、前記認定事実によれば、被告倉渕は、単なるセミナー実施上のトレーナーであるにとどまらず、セミナー以外の分野においてもスタッフに対して重要な指示を出す地位にあり、誰を豊原の会員にするか、誰に被告ホームオブハートの商品販売事業を許可するかなど、被告ホームオブハートの経済的な諸活動についても実質的な最終決定権を有していたことが明らかである。また、前記認定事実によれば、取締役である被告加田や被告桃井を含む被告ホームオブハートのスタッフも、被告倉渕の指示を絶対的なものとして扱っていたことが明らかである。被告らの前記主張は、採用することができない」。

四　おわりに

すでに指摘したとおり、統一協会は、その精神的支配下に入った信者を利用して霊感商法をはじめとする数々の違法な資金獲得活動を組織的に行ってきた。

このような活動が、「宗教法人が行う公益事業以外の事業について第六条第二項の規定に違反する事実」（宗教法人法七九条・七八条の二第一項一号）、「法令に違反して、著しく公共の福祉を害すると明らかに認められる行為」（同法八一条一項一号・七八条の二第一項三号）、「宗教団体の目的を著しく逸脱した行為」（同法八一条一項二号・七八条の二第一項二号）に当たることは明らかであり[17]、現に、前述のとおり統一協会の宗教活動の根幹部分について、最高裁判所においてすら、違法性が認められている現状にある。しかしながら、宗教法人を所管する文部科学省（文化庁文化部宗務課）は、オウム真理教の暴走をきっかけに、平成七年一二月に宗教法人法を改正する（平成八年九月一五日施行）などの事務を行ってきたが、このような統一協会の暴走を、宗教法人法改正以降も目のあたりにしながら、宗教法人法七八条の二・七九条・八一条等に定めるこれを是正防止する措置を全く行わず、放置してきた。また二〇〇九年九月に「消費者の権利の尊重」を基調とする消費者庁が発足したが、その後も、霊感商法については、消費者庁も含め、行政の対応は非常に鈍い状況にある。

このような行政の怠慢をみたとき、もはや行政の不作為の違法性を論じなければならない領域に入っている。統一協会と霊感商法にかかわった信者だけでなく、国を共同被告として国家賠償を求めた訴訟もすでに提起されている[18]。

わが国から霊感商法を根絶するため、この問題に不断の努力で真摯に取り組み判例の蓄積を生み出してきた全国の多くの弁護士に敬意を表するとともに、上記国家賠償訴訟も含めた霊感商法に関する訴訟全般の動きに注目したい。

〔統一協会の責任を認めた民事判決の概要〕

① 福岡地判平成六年五月二七日（判時一五二六号一二一頁、判タ八八〇号二四七頁）、福岡高判平成八年二月一九日（判例集未登載）、最判平成九年九月一八日（判例集未登載）――献金勧誘行為の違法性　二人の未亡人に対する献金勧誘行為が不法行為であり、統一協会に使用者責任があるとした。計三七六〇万円を認容。

② 東京地判平成九年一〇月二四日（判時一六三八号一〇七頁）、東京高判平成一〇年九月二二日（判時一七〇四号七七頁）、最判平成一一年三月一一日（判例集未登載）――献金勧誘行為の違法性　婦人に対する献金等勧誘行為が不法行為であり、統一協会に使用者責任があるとした。二五四〇万円を認容。

③ 奈良地判平成九年四月一六日（判時一六四八号一〇八頁）、大阪高判平成一一年六月二九日（判タ一〇二九号二五〇頁）、最決平成一二年一月二一日（判例集未登載）――献金勧誘行為の違法性　二人の婦人に対する献金等勧誘行為が不法行為であり、統一協会に使用者責任があるとした。計八二〇万円を認容。（奈良地判は、統一協会の組織化された献金勧誘システム自体が違法であるとしている。）

④ 高松地判平成八年一二月三日（判例集未登載）――献金勧誘行為の違法性　①〜③と同様の事例で、高齢の未亡人に対する統一協会の使用者責任を認めた。七一五万円を認容。高松高裁で被害が回復される形での和解成立。

⑤ 仙台地判平成一一年三月二三日（判例集未登載）、仙台高判平成一三年一月一六日（判例集未登載）、最決平成一三年六月八日（判例集未登載）――献金勧誘および物品販売行為の違法性　三人の婦人に対する献金や人参濃縮液の販売行為が信者による不法行為であり、統一協会に使用者責任があるとした。計八一二万八〇〇〇円を認容。

⑥ 福岡地判平成一一年一二月一六日（判時一七一七号一二八頁）、福岡高判平成一三年三月二九日（判例集未登載）、最決平成一三年一〇月一六日（判例集未登載）――いわゆる霊感商法の手口による物品販売行為などの違法性　二人の婦人に

印鑑・大理石壺・多宝塔・釈迦塔・人参濃縮液を売りつけた行為が信者による不法行為であり、統一協会および株式会社ハッピーワールドに使用者責任があるとした。提訴前の交渉で被害未回復であった計五九〇万円を認容。

⑦ 東京地判平成一二年四月二四日（判例集未登載）、東京高判平成一二年一〇月三〇日（判例集未登載）、最決平成一四年一〇月二五日（判例集未登載）——いわゆる霊感商法の手口による販売行為の違法性　在京の未亡人に、多宝塔・人参液・釈迦塔（合計九〇〇〇万円余）を売りつけた行為が信者による不法行為であるとして、統一協会に使用者責任があるとした。被害実額に約七〇％の遅延損害金が付加して認められている。

⑧ 広島高岡山支判平成一二年九月一四日（判時一七五五号九三頁）、最決平成一三年二月九日（判例集未登載）——伝道の手口と献金勧誘の手口の違法性　元信者がビデオセンターを通した統一協会の詐欺的入信勧誘と献金の説得について組織的不法行為が認められるとして、献金七〇万円と修練会参加費相当額の損害および一〇〇万円の慰謝料を命じた。元信者の請求を棄却した岡山地裁判決を、広島高裁岡山支部が破棄した逆転判決。

⑨ 甲府地判平成一三年六月二二日（判例集未登載）——借入れさせていた資金を交付させる手口の違法性　統一協会信者が婦人に金融機関からの借入金を貸すよう頼み込んで返さない行為が不法行為だとして、五〇〇〇万円の支払いを統一協会に命令。高裁で原判決に即した和解が成立。

⑩ 札幌地判平成一三年六月二九日（判タ一一二一号二〇二頁）、札幌高判平成一五年三月一四日（判例集未登載）、最決平成一五年一〇月一〇日（判例集未登載）——伝道の手口の違法性　統一協会元信者二〇名に対する教団組織の勧誘・教化行為は、組織的・欺瞞的・強迫的であって勧誘される側の信仰の自由を侵害するおそれのある違法なものとした。合計二〇〇〇万円余を認容した。詳細な事実認定に基づいて判断を下した決定版的な判決。最高裁決定で確定。

⑪ 大阪地判平成一三年一一月三〇日（判タ一一一六号一八〇頁）——献金勧誘、物品販売行為の違法性　関西地方の主婦ら一〇名の献金や人参液、印鑑等の多種類の金銭被害の訴えについて、その多くについて信者の行為に違法性があるとして統一協会の責任を認め、合計一億五八〇〇万円余の支払いを命じた。平成一四年七月、大阪高裁で一億九八〇〇万円を

支払う内容の和解が成立。

⑫　東京地判平成一四年八月二一日（判例集未登載）、東京高判平成一五年八月二八日（判例集未登載）、最決平成一六年二月二六日（判例集未登載）――伝道の手口、合同結婚式勧誘の違法性　元信者三名が原告。ビデオセンターを窓口にした入教勧誘およびその後の詐欺・強迫的教え込みの手口と、その後合同結婚式に参加させて相手と結婚させたことなどの違法性を認め、統一協会の使用者責任を認めて、慰謝料などとして合計九二〇万円の支払いを命じた。最高裁決定で確定。

⑬　京都地判平成一四年一〇月二五日（判タ一一二六号一八六頁）――献金勧誘、物品販売行為の違法性　主婦ら一五名（その多くが元信者）の献金や物品代金名下の多項目の被害についての損害賠償請求のほとんどを認め、統一協会に合計五三七三万円余の支払いを命じた。大阪高裁で平成一六年三月五日、六〇〇〇万円の分割払いで和解成立。

⑭ⓐ　新潟地判平成一四年一〇月二八日（裁判所ウェブサイト）、東京高判平成一六年五月一三日（判例集未登載）、最決平成一六年一一月一二日（判例集未登載）――統一協会における伝道の手口の違法性　元信者原告五一名中第一グループ七名について、統一協会の伝道方法が違法で信教の自由を侵害され、献身者として過酷な生活を長期間強いられたという訴えを認め、統一協会に法人としての不法行為責任があるとして合計一五三八万八〇〇〇円の支払いを命じた。

ⓑ　新潟地判平成一六年二月二七日（判例集未登載）、東京高判平成一八年一月三一日（判例集未登載）、最決平成一八年六月八日（判例集未登載）　この裁判の元信者原告中第二グループの九名について、第一グループ同様の判断で統一協会の法的責任を認め、合計二二二二万八六三二円の支払いを命じた。

ⓒ　新潟地判平成一七年四月二五日（判例集未登載）、東京高判平成一八年一〇月三一日（判例集未登載）、最決平成一九年三月二三日（判例集未登載）　同じ裁判の元信者原告の残り三五名の第三グループ全員について、その主張を認め、統一協会信者による一連の勧誘・教化行為の違法性を認め、統一協会に合計八七〇四万四一四七円の支払いを命じた。以上五一名の原告に対し、合計一億二四六六万七七九円の支払いを命じた判決が最高裁で三度にわたって確認されたことになる。

⑮　大阪高判平成一五年五月二一日（判例集未登載）、最決平成一五年一〇月一〇日（判例集未登載）――統一協会における伝道の手口の違法性　元信者三名の、統一協会の伝道方法が違法で信仰の自由を侵害されたうえ、統一協会の教義に盲従させ、過酷な労働を強いたという訴えが認められるとして、合計七一五万円の支払いを命じた。元信者の請求を棄却した神戸地裁判決を、大阪高裁が破棄した逆転判決。最高裁決定で高裁の判断が確定。

⑯　大阪地判平成一五年六月二六日（判例集未登載）――献金勧誘、物品販売行為の違法性　難病の長男を抱える主婦三五歳の悩みにつけこんでビデオセンター入会金五万円、献金六二〇万円、一二〇〇万円、壺一六〇万円、多宝塔五四〇万円の一部払八一万円等の被害を被ったことについて、合計六三七一万円の支払いを命じた。大阪高裁で、七九六三万七五〇〇円を支払う内容の和解成立。

⑰　東京地判平成一八年一〇月三日（判タ一二五九号二七一頁）、東京高判平成一九年七月一二日（判例集未登載）、最決平成二〇年二月二二日（判例集未登載）――献金勧誘および物品販売行為の違法性　夫が病死した婦人に対して、一〇年間以上にわたって統一協会信者らが再三献金等をさせてきたことについてその違法性を認め、統一協会に使用者責任があるとして、二億七六二〇万円の支払いを命じた。

⑱　東京地判平成一九年五月二九日（判タ一二六一号二一五頁）――献金勧誘、物品販売行為の違法性　七五歳の壮婦が原告。統一協会の教義そのものが「先祖の悪行がその子孫の病気の原因であり、これを免れるための献金を要求するもの」であるとして、献金勧誘行為の違法性を認め、統一協会の使用者責任を肯定した。献金、および統一協会の関連会社による商品代金、弁護士費用および慰謝料の合計金額として計四四三八万二七六三円を認容。また、統一協会の関連会社について、統一協会の下部教会であることを認定し、同会社の責任を肯定した。東京高裁で、四九〇一万三七三六円を支払う内容の和解成立。

⑲　東京地判平成二〇年一月一五日（判タ一二八一号二二二頁）、東京高判平成二〇年九月一〇日（判例集未登載）――献金勧誘および物品販売行為の違法性　かつて信者だった女性が、夫を亡くした後に再度、統一協会にかかわり、二〇〇三

年から二〇〇五年の間、五輪塔、天運石、聖本および高麗人参濃縮茶等の代金や献金名下の被害を受けた。この原告女性は、統一協会の信者等によってなされた教義の説明や相談等によって発生し増幅した不安や畏怖が継続している状態にあるから、献金等の勧誘行為の違法性は一連の経緯を踏まえた判断をすべきであり、先祖の因縁とその因縁に苦しんでいる先祖の霊を助けることの必要性を説き、上記各物品を購入することや多額の献金をすることが必要であると信じ込ませ、被害女性の財産全部をむしりとるような形での高額な物品等を購入させたり献金を求めたりすることは、社会的に相当な範囲内の行為であるということはできないとして、金銭交付額が少額であったものを除いて、先祖解怨献金等の献金勧誘行為や五輪塔、天運石、聖本及び高麗人参濃縮茶の物品販売行為等の違法性を認定し、統一協会に二一九〇万円の支払義務を認めた。

⑳　東京地判平成二一年一二月二四日（判例集未登載）、東京高判平成二二年八月四日（消費者法ニュース八六号二四九頁）――献金勧誘および物品販売行為の違法性　一九八九年に正体を隠して統一協会に勧誘された東京都在住の女性（当時五二歳）が原告。判決は、統一協会信者らが、原告に対し、マンションを売却して売却代金を献金しなければ色情因縁を解消することができないなどと不安をあおってマンションを売却させた行為や、先祖因縁の恐怖を強調するなどして所有の株式を売却させて五三〇〇万円以上の献金をさせた事実などを認定し、いずれの行為も、社会的に相当な範囲を逸脱する違法な行為と認め、統一協会の使用者責任を肯定した。地裁判決の認容額は合計九五六七万四一〇〇円であったが、高裁判決はさらに詳細に被害事実を認定し、合計一億五一三一万〇二三五円の支払いを命じた。

㉑　福岡地判平成二二年三月一一日（消費者法ニュース八五号三〇六頁）、福岡高判平成二三年一月二一日判決（判例集未登載）――物品販売および献金勧誘行為の違法性　一九八七年自宅を訪れた女性信者から因縁トークで印鑑を購入した当時五三歳の未亡人が、その後の物品販売で約五〇〇〇万円を支払い、その後二〇年間に及ぶ信者生活の中で約七〇〇〇万円の献金をさせられたとして二〇〇七年一月提訴。一連の金員拠出の動機が、夫の若死が先祖因縁によるものと言われて信じ、何としてでもこの因縁が子らに及ぶことを避けたいとの一念であったことを認定し、うち約一億円の拠出について、

教会長や婦人部長らがこの不安をあおったり、暗に害悪の告知をしたとしてその不法行為を認め、信徒会は統一協会と実質的に同一であること等により使用者責任も認め、統一協会に二〇〇万円の慰謝料、弁護士費用を含む合計一億一〇〇〇万円の支払いを命じた。

㉒ 福岡地判平成五年一〇月七日（判時一四八三号一〇二頁、判タ八三一号二五八頁）、福岡高判平成七年一〇月三一日（判例集未登載）、最判平成八年四月二五日（判例集未登載）——合同結婚式参加者の婚姻無効　統一協会の合同結婚式後に入籍した日本人信者男女の婚姻の無効を認めた。なお婚姻意思の不存在を主張した元信者女性の主張を認容。同種の判決や家庭裁判所の審判例は全国ですでに五〇件を超える。

〔二〇〇七年秋以降の主な統一協会信者に対する刑事事件事例〕

① 特定商取引法違反（二〇〇七年一〇月〜一二月）　沖縄の「天守堂」の従業員二名が一〇月二五日、店主と従業員二名が一一月二二日、代表者が一二月五日に、いずれも特定商取引法違反の容疑で逮捕され、後に逮捕された三名が一二月一四日と一二月二五日に罰金刑に処せられた。印鑑販売目的を告げずにビラを配布して来店した客に「家庭運が悪い、今年から来年にかけてすごく悪い年なんです。特別な印かんで運勢は上がっていく」などと長時間、執拗に迫って威迫して困惑させたというもの。

② 特定商取引法違反（二〇〇八年二月一二日・一五日）　長野県松本市両島の有限会社「煌健舎《こうけんしゃ》」の販売員五人、女（六三歳）、女（四五歳）、女（五六歳）、女（五二歳）らが、特定商取引法違反（二〇〇六年八月から二〇〇七年三月の間、客の不安をあおって悪い運気をよくするためなどとして高額の印鑑等を四人に売った）容疑で逮捕され、その後、罰金刑に処せられた。

③ 薬事法違反（二〇〇八年二月一七日）　さいたま市の株式会社アイジェイヘルシーフーズに、人参濃縮液販売について薬事法違反の容疑で家宅捜索が行われた。

④ 住居侵入（二〇〇八年二月一八日）　統一協会が訪問販売による募金活動による資金集めを行うダミーの団体であるS

ＨＩＮＺＥＮ（しんぜん会）の事務所に、信者の男がマンションに住居侵入した容疑で家宅捜索が行われ、容疑者（二三歳・男）は罰金刑に処せられた。

⑤　薬事法違反（二〇〇八年九月二六日）　大阪府の有限会社ファミリーネットワークの社長の男（三七歳）と女（三六歳）、男（四八歳）の三名が、「絶対に癌が治る」などと効能をうたって高麗人参茶を販売したとして薬事法違反の容疑で逮捕された。同日、統一協会貝塚教会なども強制捜査された。会社と社長が一〇〇万円の、他の二人が七〇万円の罰金刑となった。

⑥　特定商取引法違反（二〇〇八年一一月〜二〇〇九年三月）

ⓐ　新潟市の株式会社「北玄《ほくげん》（旧ケンコー）」社長の男（五〇歳）と従業員の二人の女（四七歳と五一歳）が「不幸がくる」などと執拗に述べて水晶の購入契約を結ばせたとして特定商取引法違反（威迫・困惑、不備書面の交付）の容疑で、二〇〇八年一一月二七日に逮捕された。これら三名は、同年一二月一七日、二人が五〇万円、一人が四〇万円の罰金刑に処せられた。新潟簡裁（判例集未登載）で認められた内容は、同年六月二〇日女性客（七七歳）に約三時間半にわたって装飾品の購入を執拗に迫った件と、同年一〇月一五日、女性客（六七歳）を家庭運がないなどと脅して数珠の購入を迫ったというもの。

ⓑ　翌二〇〇九年二月四日にも「北玄」の販売担当者の女（五六歳）と別の女（五四歳）が同種容疑で逮捕され、三月一七日、いずれも四〇万円の罰金刑に処せられた。両名は、「あなたの運勢は強いが、家相は前の所有者の影響で気の流れが悪くなっている。今のままでは病気になってしまう。夫も健康を害して会社を続けられなくなり、大変なことになる」等と脅かして水晶玉の購入を迫ったというもの。

⑦　特定商取引法違反（二〇〇八年一二月〜二〇〇九年五月）　福岡市の有限会社サンジャスト福岡（旧幸運堂）が二〇〇八年一二月一八日、「先祖の霊があなたの人生を悪くしている」、「購入しなければ地獄に落ちる」などと不安をあおって、水晶の玉や彫刻など六〇〇万円以上の商品を買わせたとして特定商取引法違反（威迫・困惑）容疑で家宅捜索を受けた。

二〇〇九年五月七日、女（六一歳）が逮捕された。同日、統一協会福岡中央教会などにも強制捜査がされた。女とサンジャスト福岡は、同年五月二八日、特定商取引法違反で罰金五〇万円の刑に処せられた。

⑧ 特定商取引法違反（二〇〇九年二月～一一月）

ⓐ 二〇〇九年二月一〇日、東京都渋谷区に本店登記のある霊感商法の会社有限会社新世《しんせい》の事務所や同社代表取締役の自宅などに強制捜査がなされた。さらに六月二日、統一協会渋谷教会等に、六月一一日に同じく豪徳寺教会等に強制捜査がなされ、同日、新生の社長（五一歳）、営業部長（四〇歳）のほか、実行犯の女性五人が逮捕された。七月一日、実行犯五人が各一〇〇万円の罰金刑を課され、社長・営業部長両名と新世を正式起訴した。いずれも、ことさら不安をあおって印鑑等を売りつけた特定商取引法違反。

ⓑ 刑事裁判は二〇〇九年九月一〇日、一〇月五日、一三日、二二日、二七日に公判があり、一一月一〇日に判決が下された。新世は罰金八〇〇万円、社長は懲役二年・罰金三〇〇万円、営業部長は懲役一年六カ月・罰金二〇〇万円、社長・営業部長は共に執行猶予四年。判決は、物品販売は統一協会の組織活動の一環であると認定した。

⑨ 公職選挙法違反（二〇〇九年九月～一二月） 衆議院選大阪二区で当選した民主党の萩原仁氏の支援者で不動産会社経営の統一協会古手信者の男（五六歳）（元衆議院議員候補秘書）が、公職選挙法違反（買収、事前運動）容疑で九月五日逮捕され、九月二五日に再逮捕された。逮捕容疑は公示前の六～八月にかけ、大阪市内で女性運動員らに対し、萩原氏への投票を電話で呼びかける活動の報酬として現金を渡した疑い。九月五日の逮捕容疑は同月二五日に起訴され、一二月一日懲役一年六カ月執行猶予五年の判決が下された。萩原氏の選挙運動については、別の統一協会信者も九月一六日公職選挙法違反容疑で逮捕され、一〇月六日略式起訴され罰金に処せられた。

⑩ 特定商取引法違反（二〇〇九年九月～一〇月） 大阪府の株式会社共栄の従業員の男（六八歳）と女（三九歳）、女（四九歳）、女（四九歳）の四名が、「息子の命がとられるかもしれない」などと迫り印鑑などを販売したとして、特定商取引法違反（威迫・困惑）の容疑で九月二八日に逮捕されるとともに、共栄本社のほか統一協会吹田教会などが強制捜査され

た。一〇月一六日に、二人が一〇〇万円、他の二人が七〇万円の略式裁判により罰金刑となった。

⑪　特定商取引法違反（二〇〇九年一〇月〜一一月）　和歌山県の販売会社「エム・ワン」従業員の女（五二歳）と女（七一歳）および店長の女（四五歳）の三人が、「運命を変えるためには印鑑を作ること」などと迫り印鑑を購入させたとして、特定商取引法違反（威迫・困惑）の容疑で一〇月二〇日、逮捕された。また同日「エム・ワン」と統一協会和歌山教会など和歌山市内六カ所の家宅捜索を受けた。一一月九日「エム・ワン」と店長は一〇〇万円、鑑定士役（説得）の女は七〇万円、販売員の女は五〇万円の各罰金となった。

⑫　特定商取引法違反（二〇一〇年一月・二月）

ⓐ　大分県警は、二〇〇九年一二月一八日、統一協会大分教会などを強制捜査するとともに、一月一九日、大分天一堂の販売員の男（五一歳）と女（五三歳）の信者夫婦二人を逮捕。「先祖の災いで家が絶える。印鑑を作れば守られる」などと四四歳の女性や五〇歳代の夫婦を威迫・困惑させて印鑑セットの契約をさせた疑い。両名は二月一一日付で各五〇万円の罰金刑に処せられた。

ⓑ　大分県警は、一月一九日、別件で由布市の四〇歳代の女と倉敷市内の女が、大分市内の五四歳の女性に「奥さん名前の画数がよくない。大凶ですね」などと不安をあおり、印鑑を買うよう迫った疑いで、販売会社であるサンハート健美や統一協会大分教会など六カ所を家宅捜索した。そのうえで、三月四日、「聖和」の元販売員の女（五七歳）と女（四八歳）の信者二名が逮捕拘留され、罰金刑に処せられた。

⑬　特定商取引法違反（二〇一〇年七月一日）　東京都町田市の販売会社「ポラリス」の従業員の女（三一歳）を、特定商取引法違反で逮捕した。夫の癌再発で不安にかられた女性に対して、「先祖の協助で病気がよくなる。鑑定をしてあげる」と告げて、販売目的を隠したまま店舗に誘い四〇万円の念珠購入の勧誘をしたとして、七月二三日に略式罰金となった。

（1）「カルト」という言葉は、最初に定義ありきの演繹的な概念でなく帰納的な概念言語である。この点に誤解が多いので最初に確認する。過去に破壊的カルトが引き起こしてきた事件を類型的に分類してみると、おおむね次の四つに分類できる。①対社会妨害型、②資金獲得型、③家族破壊型、④構成員収奪型の四つがそれである。典型例をあげると、①の最たるものが世界を震撼させたサリン事件、②は霊感商法、③は親子の断絶や離婚、④は信者の安全や健康を無視した無償労働などである。我々は、こうした事件を継続的に引き起こす集団を「破壊的カルト」と呼んでいる。要するに弁護士は、破壊的カルトがこうした社会問題を引き起こしてきたからこそ、法的なレベルでも問題にしてきた。ただ「普通の人と違う考え方をしている」、「奇妙だから」といった理由で問題としているわけではない。

（2）このような宗教団体は世界的に見ても例がない。

（3）本稿においては、原則として西暦を用いるが、判決や文献において元号が使用されているものについては、そのまま元号を使用し、あえて西暦に変換していない。

（4）国民生活センター「印鑑、大理石の壺および多宝塔に関する調査結果（全機関分）」（昭和五七年一一月。調査期間は昭和五一年一一月から昭和五七年一一月）。

（5）二〇〇九年九月に「消費者の権利の尊重」を基調とする消費者庁が発足したが（消費者庁及び消費者委員会設置法三条）、その後も行政の対応は非常に鈍い。

（6）http://www1k.mesh.ne.jp/reikan/.

（7）後掲「二〇〇七年秋以降の主な統一協会信者に対する刑事事件事例」参照。

（8）後掲「統一協会の責任を認めた民事判決の概要」参照。

（9）さしあたり、第二東京弁護士会消費者問題対策委員会編『消費者問題法律相談ガイドブック〔四訂版〕』（第二東京弁護士会、二〇〇一年）所収「宗教と消費者問題」（同書四七四頁以下）、紀藤正樹＝山口貴士『カルト宗教　性的虐待と児童虐待はなぜ起きるのか』一〇頁～八二頁（アスコム、二〇〇七年）、紀藤正樹＝山口広＝滝本太郎『Q＆A　宗教トラブル一一〇番――しのびよるカルト〔全訂増補版〕』（民事法研究会、二〇〇四年）。

（10）後掲「統一協会の責任を認めた民事判決の概要」参照。

（11）スティーヴン・ハッサン（浅見定雄訳）『マインド・コントロールの恐怖』（恒友出版、一九九三年）。ちなみに、原書のタイトルは「Combatting Cult Mind Control（カルトのマインドコントロールと戦う）」、出版年は一九八八年である。

(12) 東京地判昭和五四年八月一〇日（判時九四三号一二二頁）。
(13) たとえば大塚仁『刑法概説各論〔第三版〕』三五頁（有斐閣、一九九六年）、前田雅英ほか『条解刑法〔第二版〕』五六一頁（弘文堂、二〇〇七年）、西田典之『刑法各論〔第二版〕』四一頁（弘文堂、二〇〇二年）。
(14) 統一協会の伝道方法の違法性を初めて認めた広島高裁岡山支判平成一二年九月一四日（判時一七五五号九三頁、後掲「統一協会の責任を認めた民事判決の概要」⑧判決参照）は、「控訴人がマインドコントロールを伴う違法行為を主張していることから、右概念の定義、内容等をめぐって争われているけれども、少なくとも、本件事案において、不法行為が成立しているかどうかの認定判断をするにつき、右概念は道具概念としての意義をもつものとは解されない（前示のように、当事者が主観的、個別的には自由な意思で判断しているように見ても、客観的、全体的に吟味すると、外部からの意図的操作により意思決定をしているとの評価される心理状態をもって『マインドコントロール』された状態と呼ぶのであれば、右概念は説明概念にとどまる）」と判示している（同判決は、最決平成一三年二月九日・判例集未登載で確定している）。なお、マインドコントロールされたために信者が行った行為の違法性・犯罪性の問題については、多くの場合、当該信者に事実認識レベルの齟齬はあり得ないから、違法性の錯誤の問題である。
(15) ホームオブハート事件の内容は、紀藤正樹「ホームオブハート被害」消費者法ニュース六一号七三頁（二〇〇四年）参照。
(16) 判時一九六五号八一頁。なお、この東京地裁判決は控訴され、控訴審判決（東京高判平成二一年五月二八日・判例集未登載）でほぼそのまま維持されている。その後、平成二三年三月九日、実質的に被害者側の勝訴と評価できる和解で一部の事件は終了したものの、最終的に最高裁第二小法廷による上告棄却決定が平成二三年三月一八日に出されて確定した。また同種の判例として、別件の東京地判平成二一年一二月二五日（判例集未登載）がある。この事件も控訴されたが、平成二三年三月九日、控訴審段階で、被害者側の勝訴と評価できる和解で終了した。なお、ホームオブハート事件が和解に至る経過については、いのうえせつこ「ホームオブハート・ひとまず、御報告と御礼」消費者法ニュース八五号三〇四頁（二〇一〇年）参照。
(17) 紙幅の関係で条文の引用は控えるが、宗教法人法七八条の二は、報告と質問に関する所轄庁の権限を定めた規定、七九条は、公益事業以外の事業の停止命令、八一条は、宗教法人の解散命令を定めた規定である。
(18) 二〇〇九年四月二三日付で鳥取地裁米子支部に提訴。本稿脱稿時（二〇一一年五月一七日現在）、弁論期日が続いている。

■民事執行手続の実効性確保に向けたいくつかの試み

弁護士　荒井哲朗

一　はじめに

民事訴訟制度は、債務名義が実現されるということを前提に運用されており、民事執行手続の実効性が損なわれるときには、民事訴訟制度全体が機能不全に陥る。民事執行手続を時代に即して運用しないときには、法律上の根拠のない執行不能財産が作り出されることになるから、民事執行実務に携わる実務家には社会事象の変化に対応して不断かつ迅速に執行実務を変容させていく努力をすることが求められる。

これらの観点から、本稿では債権執行における差押債権の特定に関連して近時立て続けに現われた興味深い裁判例を紹介し、これらをめぐる議論の端緒を供したい(1)。

二　流動性預金の（将来債権としての）時間的包括的執行

1　問題の所在

預金債権の差押えは、差押命令が第三債務者である銀行に送達された一時点に存在する預金にしか及ばない態様で発令されるのが通例である。差押命令が午前一一時に送達された場合には、午前一〇時に送金がされたものであっても一〇時三〇分に引き出されてしまえば差し押えられないし、一一時一〇分に送金されても差押えの対象にはならない。そこで、預金口座から頻繁に出金手続を繰り返すことで、強制執行を免れ続けながら預金口座を使い続けることが可能となっており、預金差押手続が無力化し、預金という現在の最も一般的といってよい財産保有の形態について差押手続が機能しないという、極めて懸念すべき事態が生じている。預金に対する差押手続のこのような機能不全は、預金口座を犯罪ツールとして利用する経済犯罪の被害回復を著しく困難なものとし、この種の犯罪を蔓延させる一因ともなっている。

「差押命令送達の時から一定期間（近時試みられたのは三営業日の間）に発生する（増加する）預金部分についての包括的差押命令」が可能となれば、この点の問題が解消され、預金執行の奏功可能性は飛躍的に高まるものと考えられた。

2　検　討(2)

このような差押えの法律的性質は、将来債権の差押えである。将来債権の差押えは、法律的には債権が一つではない（発生原因が単一でない）ときにも、債務者と第三債務者との間の基本契約の内容、基本契約と個別契約の関係から、社会的・経済的に債権が単一性を備えたものとして評価されるものであるとき（いわば「得意先関係」、「取引先関係」が形成されているようなとき）には、許容される（民執一五一条の継続的給付債権についての規定は包括的差押え、将来債権の差押えをこの類型だけに限定する趣旨のものではない）。

流動性預金債権である普通預金債権は診療報酬債権のように第三債務者が診療行為という別異の行為を行うことを前提とするものではないし、いわゆる「得意先関係」が生じている売買、運送、請負契約等のように第三債務者があらためてそれまで反復されていた取引と同様の取引を行うことを前提とするものでもない。普通預金債権は、法律上、いったん口座が開設されるとその後に発生した預金債権はそれまでに存在した預金債権と合算され、合一・単一の債権として取り扱われる性質のものである。つまり、社会的・経済的な一個性に加えて、法律的な一個性をも備えているのである。

すなわち、普通預金は、預入期間に定めがなく、いつでも自由に引き出せるもので、定期性預金に対していう流動性預金であるところ、複数存在する最高裁判決によれば、流動性預金は、口座開設後の預金口座に対する入金の性質によっても預金の帰属は左右されず、預金名義人に帰属するとされている。最判平成一五年二月二一日（裁判集（民）五七巻二号九五頁）は、損害保険代理店が保険契約者から収受した保険料のみを入金する目的で開設した普通預金口座の預金債権が損害保険会社にではなく損害保険代理店に帰属すると判示し、最判平成一五年六月一二日（裁判集（民）五七巻六号五六三頁）は、債務整理事務の委任を受けた弁護士が委任事務処理のため委任者から受領した金銭を預け入れるために弁護士の名義で開設した普通預金口座が弁護士に帰属すると判示し、最判平成一五年二月二一日の調査官解説は、「普通預金は、いったん預金契約を締結し、口座を開設すると、以後預金者がいつでも自由に預入れや払戻しをすることができる継続的取引であり、口座に入金があるたびにその額についての消費寄託契約が成立するが、その結果発生した預金債権は、口座の既存の預金債権と合算され、一個の預金債権として扱われることになる」と指摘し（尾島明「判解」ジュリ一二五六号一七七頁）、これら最判について検討した森田宏樹「振込取引の法的構造──『誤振込』事例の再検討──」中田裕康＝道垣内弘人編『金融取引と民法法理』一二三頁（有斐閣、二〇〇〇年）は、普通預金や当座預金のような流動性預金は、預金口座に入金または支払いの記帳がなされるたびごとに、個々の債権ないし資金は特定性を失い、一個の預金残高債権という別の債権の一部に融合してしまうのであって、これらの流動性預金については「つねに一個の預金債権が誰に帰属するのかが問題となるだけ」であって、「預金債権の帰属先は、通常は預金口座の開設時における預金名義人」であると指摘している。

そして、これらの議論は、流動性預金の「帰属」に関するものであるけれども、その前提として流動性預金の法的性質、法律的一個性が説かれているのであり、流動性預金である普通預金について特定の時期における預金残高のみしか差押えの対象とすることができないというのは、流動性預金の法律上の一個性の否定にもつながるものであって、流動性預金の法律的性格を見誤るものであり、前記最高裁判決とも整合しないというべきである。一つの普通預金口座にかかる預金債権が社会的・経済的一個性を有することはいうまでもない。

このような差押命令に従った差押手続を行うためには、銀行は、三営業日の間は債務者から払戻しの求めがなされてもこれを止めるいわゆる出金停止措置を執行手続のために用いることになるところ、銀行は、これをできれば避けたいと考えるものと予測される。しかし、銀行等金融機関以外の第三債務者は、慣れない手続による相当の負担を圧して執行手続に協力しているのであり、裁判所はそのような現実を正視しなければならない。むしろ、銀行等金融機関は、報償を得て独占的に預金の受入れを行うことを公認された事業者として、適正な債権執行を可能とするように業務を行うべき（民事執行制度に服する組織として当然の）法的責任があり、（巨大な金融機関の一つとしての）社会的責任があると考えるべきであろう。

また、電子的記録によって預金が管理され、コンピュータ上で預金口座に関する出入金情報が管理されているということは、およそ、常識に属する事柄である。そして、流動性預金は、決済に用いられることが予定されており、決済の方法が多様化しているこんにちにおいて、これに対応できないような預金情報の電子的記録上の管理がなされているとはおよそ考え難い。診療報酬債権などとは異なり、流動性預金は、決済性預金としてさまざまな決済に対処できるところにこそその存在価値があるところ、これが可変性に富む電磁的記録（電磁的記録の最も大きな性質はその豊富な可変性にこそ存在する）によって管理されているのである。[3] 第三者に不規則に支払いをすることが本来的に予定されていない診療報酬債権であるとか、（継続的取引関係にある）売買代金債権等とは、この点が決定的に異なる。[4]

銀行は、差押命令が送達されたときに行うべき適切な対応をしている限り、不当な責任を負わされることはない。適時に払戻手続を行っている以上、差押手続との関係で多少の時間が経過することとなったとしても、銀行が債務不履行責任を負うことにはならないと考えられるし、差押命令が送達されているのに払戻しをしてしまった場合でも、債権者が現在実務上一般的に採用されている預金債権の表示方法とは異なった表示方法を自ら採用したのであるから、公平の観点から、債権の準占有者に対する弁済を一定の範囲で広く認めることによって利害の調整がなされるべきである。

また、銀行は、差押命令の送達があったときにはこれに対処するに足りる合理的な時間であれば払戻しに応じないこととする旨の約款を定めたとしても不合理なものではなく、その効果を否定されることはないと考えられるから（預金債権者が差押債権者に支払いをすれば差押えは解除されるわけであるから、それを行わないことや、そもそも自らの口座が差し押さえられたことに基づく不利益は、預金債権者に適切に負担させるべき性質の事柄である)、しかるべき約款を策定するなどして負担および責任を軽減、回避しうるものとも考えられる。

差押債権者と差押債務者との間の利益衡量は、債務不履行責任の成否、債権の準占有者に対する弁済としての免責の可否などの場面において、具体的に考慮されるべき性質の問題であって、実務の集積によって法的安定性が高まることになる性質の事柄であると考えられる。

3　近時の裁判例とその評価

このような問題意識を受けて、平成二一年に、立て続けに発令例が現われた(5)。類例を見ない、画期的なものといえる。また、その後、仮差押えとしての発令例も見られるようになっている(6)。

このような差押えが許容されることとなれば、預金執行の奏功可能性は飛躍的に高まる。議論の高まりが期待されたが、東京高決平成二〇年一一月七日(金法一八六五号五〇頁・判タ一二九〇号三〇四頁)は、金融機関の煩瑣の問題を過大に取り上げて差押債権の「特定性」の問題に安易に堕としてしまっており、残念である。もっとも、特定の口座への入金を停止せずに出金のみを停止しつつ入金状況を自動的に監視し、一定の金額を超えた後は、その超える部分のみの出金を自動的に可能にする等の銀行のシステムが構築されたり(現在すでに構築されているものと考えられるが、その点の議論を措くとして)、差押命令に対応するために必要な時間は預金の出金が遅延することによる債務不履行責任を銀行が負わない旨の約款が整備されるなどにより、将来の預金の差押えが金融機関に不当に過大な負担を強いるものとはならないものと評価されるに至ることは十分に予測されるところであり、そのような場合に将来の預金債権の差押えの効力を否定する理由はない。同高決も「社会通念及び現在の銀行実務に照らすと」という前提を置いており、将来の状況の変化によってはこの種の差押命令の申立てでも差押債権の特定が認められ得ることを否定する趣旨ではないと考えられる。(7)

本件のような申立ては抽象的な理由で排斥されることが多いが、それは預金債権差押命令手続の実効性を裁判所が率先して奪うに等しく、民事執行手続が時代に即したものとして奏功可能性を高めていくことを不当に害することになるとの非難を向けざるを得ない。銀行から執行抗告がなされたときにはじめて、銀行に具体的主張立証をさせたうえで裁判所が判断するのが、正しいありようであると思われる。

本件各決定例を契機として持続的に議論・工夫がなされることを期待したい。(8)

三　預金債権の差押えにおける取扱支店の特定の要否

1　問題の所在

預金債権の差押命令の申立てにあたっては、取扱店舗を特定（限定）しなければならないとするのが実務の基本的取扱いであり、複数の支店を限定列挙する方式を認めた決定例はいくつか見られるものの少数にとどまっており、全店無限定列挙方式（全取扱本支店を本支店番号の順位で順位付けをして「特定」する方式）を許容した決定例は皆無であった。(9)

しかしながら、支店を限定する執行は、差押債権者に著しく大きな不利益をもたらす。すなわち、預金債務の法的帰属主体でない「支店」ごとに債権を割り付けなければならないという従前の実務によるときには、郵便事情および各支店の差押命令への対応の状況によって、各支店の差押手続に不可避的なタイムラグが生じるところ、このような状態では、差押債務者（預金債権者）が自らに差押手続がなされたことを察知し、他の預金を引き出してしまうことによって執行が奏功しないという事態が生じる現実的危険性があるのである。そこで、預金契約の存否さえも不明な取扱店舗を盲目的に選んで「割り付け」をして執行手続を行うなどという、いかにも不健全な運用が実務上一般的に行われてさえいる。

また、差押命令の送達は地域の郵便事情によっては数時間以上のタイムラグが生じるし、各支店の差押えへの対応体制の程度等によって送達後の現実の処理にも多少のタイムラグが生じる。このようにして数時間を超えるタイムラグが複数の支店の差押手続間に生じるのであれば、差押債権者としては、第三債務者の本店等が一元的に差押処理を行ったほうが、仮に多少の時間がかかるとしても、債務者に差押えを察知されうる状況になってからタイムラグが生じるよりはよほど執行の奏功可能性が高まるのであり、一定の不利益は甘受するものと思われる。

そもそも、本店支店の関係にすぎないのに預金債権のみ支店ごとに分断する運用が維持されるべきというのであれば、それは、著しく発達した預金管理システムの下でもなお負担が過大である旨の主張立証が銀行から不断になされなければならないだろう。そうしてはじめて議論がかみ合い、深まり、実務が実情に即したものとなりうる。そのような状況を欠いている以上、支店の特定（限定）を求める実務のあり方には正当性に乏しいように感じられた。

2　検　討(10)

(1)　「特定」の判断要素

預金債権差押命令の申立てにあたっては、差押債権が申立書（差押債権目録を含む）に記載された債権の表示から、他の債権と混同することなく差押債権との同一性を識別することが可能である程度に特定されることを要し、これがなされていない場合には民事執行規則一三三条二項にいう「特定」を欠くものとして却下を免れ得ない。

また、預金債権差押命令申立てにおいては、銀行にあまりに過度の負担を負わせることは相当ではないから、そのような場合にも申立てが却下されることとなるのはやむを得ない。

そして、民事執行規則一三三条二項のほかに、どの程度差押債権を特定すべきかについての定めはないから、どの程度に差押債権を特定すべきかについては、同規定の制度趣旨および当該債権の給付内容や性質に照らして、債権の種類ごとに判断するほかはないところ、この点は、「一般的には、差押債権の表示を合理的に解釈した結果に基づき、しかも、第三債務者において格別の負担を伴わずに調査することによって当該債権を他の債権と誤認混同することなく認識し得る程度に明確に表示されることを要する」という一般的な規範がほとんど異論なく受け入れられているところである。

もっとも、この要請を満たしているか否かを具体的に検討するにあたっては、民事執行手続それ自体が、紛争の直接の関係者ではない第三債務者の存在およびその第三債務者に一定程度の手続的煩瑣および二重払いの危険等を負担させることをやむを得ないものとして予定していることに、正しい理解を及ぼさなければならない。ここで「格別の負担」というのは、「銀行が行う通常業務の範囲」を超える負担をさせないという意味ではなく、①わが国が強制執行手続を法制度として構築していること、②その機能不全は財産の帰属・移転秩序を根幹から危うくすることになること、③銀行は、預金債権が人の財産の保有の態様として大きな位置を占める状況の下で特別の許可を得て銀行業務を行い、利益を得ている存在であること、④差押えの効力が法律上「直ちに」生じるとはいっても債権差押手続は人間が行う作業である以上、いずれにせよ多少の時間がかかることは当然に予定されていること、⑤二重払いの抽象的危険は預金債権の差押えに固有の問題ではないこと、⑥二重払いの現実的危険は必ずしも第三債務者に負担させられることにはならないこと、⑦差押命令が送達された場合にその手続に要する合理的な時間内であれば銀行が預金債権者に対して支払いを停止することとなったとしても直ちに銀行が債務不履行責任を負うとはいうべきでないこと、などが総合的に検討されるべきであり、さらには、⑧預金取引に関するコンピュータシステムの進歩の状況を適切に把握し、強制執行手続を実効あらしめるために金融機関が策定しうる約款にはどのようなものが考えられるか、⑨払戻手続をめぐる紛争の公平な解決のために債権の準占有者に対する弁済に関する民法の規定の適用などの採用しうる法律構成をも総合的に検討し、「差押債権を社会通念上合理的と考えられる時間と手続的負担等の範囲内で確定することができるか」という視点から検討されなければならない。

(2)　預金管理の現状

預金債権差押命令の申立てにあたって取扱支店を限定（特定）しなければならず、そうでなければ銀行に過大な負担を強いることになるという決定例は、その判断の前提として、預金管理が取扱店舗ごとに独立して行われていることを前提としている[11]。

しかしながら、支店ごとに顧客管理がされていることを、単一の事業所（たとえば本店）において預金債権を名寄せして探索しなければ差押手続を行い得ないとの結論に結び付けるのは明らかに誤っているし、このような理解に結び付けるようなときには、そのような認識はこんにちの預金取引の実際を正解しないものであるとの非難を免れ難い[12]。

ここでは預金保険制度下におけるオンライン名寄せシステムやいわゆるＣＩＦシステムの内容の詳細には立ち入らないが、数次にわたってオンライン顧客管理システムを構築してきた銀行が電子的記録によって預金を管理し、コンピュータ上で預金口座に関する出入金情報を管理しているということ、および、少なくとも本店において全店の預金者の口座を検索・探知し預金残高その他の内訳に応じて支払停止を行うことができることは、もはや、常識にも属する事柄である。

また、銀行が自行債権をより確実に回収するために一般的に採用している出金停止措置が支店を超えて迅速に行われることも、銀行取引実務上周知の事実である（突発的な支払事故が生じた場合でも、銀行は、支店の異同を問わず貸付金を相殺によって迅速に回収している）。銀行は、自行の利益のためには、預金の探索、自行債権に満つるまでの預金の相殺処理を行いうるのに、[13] 差押手続において同様のことが行い得ないと考える理由はない。

(3) 二重払いの危険等の回避手段

銀行の二重払いの危険を強調する決定例は、「第三債務者である金融機関の負担については、金融機関が差押債権の調査把握のために相当の手間と時間を要するということのみならず、その調査に相当の時間を要することに起因して二重払いや債務不履行の危険を負うこと、あるいは弁済の有効性等を争う紛争に巻き込まれる事態を生じさせないように事前に（申立時ないし発令時に）どう配慮するかという点こそが重要な問題で」あると指摘し、[14]「第三債務者が債権者・債務者間の紛争に巻き込まれた第三者ともいうべき立場にある」ことを強調する。[15]

しかしながら、二重払いの危険の問題は本来的には特定性の問題とは異なる問題であるし、預金差押えに特有の問題でもない。弁済の効力が問題となったときには差押命令の申立ての態様や差押債権の記載方法をも勘案して民法四七八条を柔軟に解釈することによって公平を図ることとするのが、立法的手当のない現状では適切である（同条の解釈の中で、差押債権の記載方法その他申立方法を参酌し、金融機関に不当な二重払いのリスクを負担させることのないようにするのが相当である）。同条に関する従来の裁判例に照らしても、同条が柔軟な解釈を拒絶する硬直性を有しているものとも考えられない。そもそも、送達を受ければ「直ちに」差押えの効力が発生すると抽象的に言ってはみても、民法四七八条の適用にあたっては、預金に関する情報を紙媒体で管理し、人的作業のみに頼って検索・探知し、作業するほかなかった時代と、現在とでは、おのずと時間の経過についての評価が変わってくるのは当然であって、同条はそのような社会事象の変容を考慮して適用される柔軟性を欠いているものとも考えられないから、同条の解釈・適用にあたって、差押命令の申立て、発令の方法をも参酌事由として利益衡量を図るのが、妥当かつ公平である（差押命令が送達されているのに払戻しをしてしまった場合でも、差押命令申立人が現在実務上一般的に採用されている預金債権の表示方法とは異なった表示方法を自ら採用したとして、公平の観点から、債権の準占有者に対する弁済を一定の範囲で広く認めることによって利害の調整がなされるべきである）(16)。

もちろん、差押命令の発令に起因して弁済の有効性が争われる事態ができる限り生じないような配慮が必要であることは当然であるが、このような申立てを許容しないとすれば現実の債権回収が著しく困難となって債務名義は文字どおり画餅に帰し、本案訴訟の結果が実現されない事態となるという不健全な状況が放置されることになってしまうことにも、同じく配慮される必要がある。他の債権差押命令における場合以上に銀行を過当に優遇することは適切でなく（法は差押命令手続において第三債務者に一定の負担が生じることを当然に予定している）、銀行の負担のみが異質なものであるとも考えられない。

さらに、金融機関は、差押命令に適切な対応をしている限り、不当な責任を負わされることはない（適時に払戻手続を行っている以上、差押手続との関係で多少の時間が経過することとなったとしても、銀行が債務不履行責任を負うことにはならないと考えられる）し、金融機関は、差押命令の送達があったときにはこれに対処するに足りる合理的な時間払戻しに応じないこととする旨の約款を定めたとしても不合理なものではなく、その効果を否定されることはないと考えられるから、しかるべき約款を策定するなどして負担および責任を相当程度に軽減・回避しうるものとも考えられる。

さらに、しばしば指摘される手続的煩瑣や通常業務への支障等は、いずれも、あえて取扱支店を限定させてきた従来の預金差押実務があるがゆえにこそ生じる事柄であり、短期的混乱が生じこそすれ、それが解消してなお合理的な差押方法となりえないと考える理由とはならない。銀行にとっても、各支店に差押命令に対処する格別の担当者を配置するよりも、差押命令（現在でも膨大な件数である）に対処する部署を本店なり格別の営業所に設けることとすれば、手続的効率性を高めることもでき、手続的混乱の回避もより容易になるであろうし、このような部署をたとえば地価や人件費の安い地域に設置するなどして経費の節減を図る可能性も生じてくるだろう（現実にコールセンターを地方に移設する金融機関が増えている）。

(4) 検索の便宜のための工夫

取扱店舗を特定（限定）しない差押命令の申立てにあたっては、阿部耕一（全国銀行協会業務部次長）「取扱店舗を特定しない（または複数の支店を特定範囲とする）預金債権の差押えに対する金融実務の実状――全銀協アンケート調査結果の概要」金法一七七一号三〇頁（二〇〇六年）において、この種の申立てに円滑に対応するために望ましい検索事項として「住所」、「氏名」に加えて「生年月日」、「読み仮名」をあげるものが最も多かったとのことであるから、これらを一義的に特定することが慎重に検討されてよい（もっとも、住所を列挙するためにはこれを証する公的文書を提出する必要があるし、住所を限定することによってそうでない場合には存在するものと把握されるであろう債権が差押えの対象から外される危険がある。読み仮名についてはこれを確実に知る方法もなく、あえて真実の読み仮名とは異なる読み仮名を届けている預金者もあり、同じく差押えの対象から外されてしまう危険を高めることにもなりうる）。

なお、支店間の順位付けは支店番号でするのが第三債務者にとっても最も便宜であると考えられる。

また、差押債権目録の順位付けに関する条項（「複数の店舗に預金債権があるときは、支店番号の若い順序による。」という記載）は、申立債権者の利益のみを考えるのであれば、先行する差押え等の存否による順位付け、円貨建て預金・外貨建て預金の別による順位付け、預金の種類による順位付け、同種の預金があるときの口座番号・預金番号による順位付けに続く位置（差押債権目録の末尾）に置くのがよいということになるが、第三債務者の負担を慮ると、これらの順位付けの冒頭に置くのが望ましい。

(5)　弁護士法二三条の二に基づく照会請求との関係

現在の運用上、民事執行規則一三三条二項の「特定」の概念が、客観的意味のそれや日本語としての一般的な意味を離れた「債権者と第三債務者との間の利害状況を総合して第三債務者に債権者との関係で公平を失する程度の過大な負担を負わしめないための要件」という評価的概念となっていることは前記のとおりであり、法制度全体を支配する価値である「公平」は差押債権の特定の問題を考えるに際しても重視されなければならないことはいうまでもない。

この点に着目して、差押命令の申立てに先立ち、第三債務者になることが想定される銀行に対して弁護士法二三条の二に基づく照会請求（弁護士会照会）によって債務者の口座の第三債務者における取扱支店等を照会し、同照会請求書には債権者が債務者に債務名義を有していることを記載し、同照会が預金債権差押命令の申立てのために必要である旨および回答がなされない場合には支店を限定しないでする差押命令の申立てをせざるを得ない旨明記するなどの方法が試みられてよい。なお、銀行には弁護士法二三条の二に基づく照会請求に回答するべき法的義務があるというのが大勢の理解であり、債務名義を有する債権者がその債務者の預金債権に対する強制執行手続を行うために弁護士法二三条の二に基づく照会請求がなされたときには、預金者の個人情報・プライバシーの利益と弁護士法二三条の二の制度趣旨等を衡量しても、やはり回答義務があると考えるべきである。(17) これに対して、銀行が「相手方の同意が確認できない」などとして回答を拒絶するような場合には、そのような応答は弁護士法二三条の二に基づく照会に応じないという違法なものであるというべきであり、ひとまず「違法」であるかどうかの評価を措くとしても、いずれにしても差押債権者において取扱支店を特定（限定）できないのは、第三債務者である銀行の応答の結果なのであるから、その不利益を債権者に帰せしめるのは公平ではなく、仮に、このような応答をしたことによってより負担や煩瑣が大きくなることがあったとしても、そのような負担や煩瑣はそれを自招した第三債務者にこそ帰せしめられるべきであって、差押債権の特定を欠くなどとして申立てが却下されることは法秩序全体を支配する価値である公平に悖るといわなければならない。

(6) 小括

このように考えてくると、銀行を第三債務者として取扱支店を限定（特定）せずにする預金債権差押命令の申立ては一般的に許容されるべきものであるし、この種の申立てに円滑に対応するために望ましい検索事項としてあげられることが多かったという「生年月日」・「読み仮名」を「住所」・「氏名」に加えて一義的に特定している場合にはなおさらである。

さらに、あらかじめ債権者において債権者が債務名義を有することおよび預金債権差押命令申立てのために必要もしくは有用であるとし、回答がなされない場合には取扱支店を限定（特定）しないでする預金債権差押命令の申立てをする旨記載して債務者の預金口座の存否および取扱支店等について弁護士法二三条の二に基づく照会がなされたにもかかわらず、第三債務者があえて強制執行手続を不能にするに等しい債務者の同意などを求めることによって事実上これに違法に回答しないことから取扱支店が限定（特定）されていないような場合には、「特定」を要求する趣旨である「公平」の観点に今一度立ち返って考えれば、差押債権の特定に欠けるというべきではない。

3　近時の裁判例とその評価

静岡地下田支決平成二二年八月二六日が我が国で初めて全店無限定列挙方式を許容したのを皮切りに、同旨決定例が地裁レベルで散見されるようになり[18]、平成二三年に入ると、高裁レベルでも同旨判断が相次いで示されるようになった[19]。

筆者は、ＣＩＦシステム等のみを指摘してする発令には、若干の抵抗感を持っていた。システムの詳細は必ずしも外部からはわからないのであるし、それが差押手続との関係で用いられたときにどのような負担を金融機関に強いることとなるのかという点には、まだ不透明なところがあるとも思われないではなかったからである。また、ＣＩＦなどを云々するのみでは、そこで検索されない預金はどうなるのかという問題も生じる。そこで、まずは、「公平の観点からの特定性の要求」というところに着眼して、読み仮名や生年月日の記載と特定との関係を指摘したり、二三条照会を先行させて取扱支店を限定できないことの「責任」の所在を明らかにするなどして、価値考量としても異論のない判断が積み上げられていくのが望ましいと考えたのである。このような観点から、東京高決平成二三年三月三〇日は、決定理由として最も望ましいものと考えていた[20]。

しかし、前記発令例のいずれについても銀行から不服申立て（執行抗告の申立て）がなされておらず、陳述催告（民執一四七条一項）に応じて陳述書が提出されている[21]。すなわち、銀行がこのような差押命令に対応できることが、事例の集積からすでに明らかになったものということができるのである。

この論点については、すでに複数の抗告許可決定がなされており、最高裁が充実した判断を示すことが期待される。

四　生命保険解約返戻金請求権等の差押えにおける保険証券番号の特定の要否

1　問題の所在

生命保険解約返戻金請求権等の差押えにおいては、従前、保険証券番号の特定が必要であるとされ、これを欠くときには不適法な申立てとして却下されていた。しかしながら、債務者と第三債務者の間にいかなる保険契約が存在するのか、存在するとしてその保険契約に係る証券番号その他の詳細は通常は債権者に知りうるものではないから、証券番号の特定を求めるときには、価値その他の観点から差押えの現実的な対象となりうる保険解約返戻金等が、事実上の差押不能財産となってしまうことになる。

2　検討[22]

(1)　保険会社における契約探知業務

検討事項の多くは前記三2で検討したところと共通するが、預金債権の差押えとは若干の異なる事情がある。

まず、保険契約は、長期間継続することが一般的であり、契約期間中に契約者自身が証書を紛失することもあれば、病気や事故で記憶や判断力が失われることもあるし、死亡することも契約の性質上当然に想定される。保険会社は、日常的に保険契約を特定する作業をせざるをえない業態であり、その業務においては氏名、住所、生年月日から保険契約を検索探知しているのである。

また、「終身保険、定期保険のほか、年金保険、医療保険及び学資保険等の多数の種別」は、法律によって定められているものではない。法律上、保険の種類は、保険法による生命保険、損害保険、傷害疾病定額保険の三種類の区別しかないが、各保険会社は、さまざまな保険商品を開発しており、その名称も、個々の保険会社が自由に名付け、同様の内容の保険でも会社によって、また同じ会社でも時期によって名称が変更されることがある。「契約の種別」は個々の保険会社が開発した商品の商品名にすぎないのである。

弁護士法二三条の二に基づく照会（二三条照会）への現実の対応状況も預金債権についての銀行のそれとは全く異なっている。すなわち、簡易生命保険を含む生命保険のすべてについてその詳細を調査するための二三条照会は、氏名および生年月日と住所地（および旧住所地）が特定されてさえいれば原則として回答がなされる運用になっており、二三条照会のマニュアルなどのいずれにも、必ず、生命保険協会への一括照会の書式が載っていて、生命保険協会自身も弁護士会宛てに同協会に照会してほしい旨文書で要請しているところであり、生命保険会社にとって照会に回答することは日常業務となっているのであって、この点で預金口座の照会が定型的に行われていない預金の取扱支店の限定の問題とは、全く状況を異にするのである。このこと自体が、すでに、保険会社において契約者の氏名・生年月日および住所地さえ明らかになれば保険契約を探知・特定することが容易にできることを示している。

現在の運用上、民事執行規則一三三条二項の「特定」の概念が客観的意味のそれや日本語としての一般的な意味を離れた「債権者と第三債務者との間の利害状況を総合して第三債務者に債権者との関係で公平を失する程度の過大な負担を負わしめないための要件」という評価的概念となっていることは前記のとおりであり、法制度全体を支配する価値である「公平」は差押債権の特定の問題を考えるに際しても重視されなければならないことはいうまでもない。差押命令の申立てに先立って、保険会社に二三条照会がなされ、これに保険会社が正当な理由なく応じないような場合には、証券番号などを特定してする通常の「特定」の方法が採れないことからくる不利益（何らかの負担が生じ、あるいは何らかの負担が増大するだろう）は、第三債務者に負わしめるのが公平である。

さらに、証券番号を記載していないものについて特定がないとして却下され、その余の保険について発令されるという場合には、債務者がさらなる執行の危険を具体的に感じて保険契約を解約してしまうこととなることに想到しなければならない。二三条照会に回答があったものについては滞りなく強制執行手続が進むのであり、債務者にも決定正本が送達されることとなるから、債務者は、差押命令の申立てが却下された保険契約を解約するであろうことは見やすいことである。このように、弁護士会照会に応じない一部の保険会社は、客観的には強制執行妨害行為にも当たりうる保険契約に係る債権の隠匿を行った結果、自らのみ不当に強制執行手続の煩瑣から免れることになり、その反面で、債権者には取り返しのつかない、債務者の「財産隠し」という極めて大きな不利益を負わせることになる。このような事態を放任することは、法秩序全体を支配する価値である正義・公平に明らかに反し、弁護士会照会に応じて執行手続が全うに遂行されることに正当に寄与した保険会社にのみ民事執行手続に協力する煩瑣を負わせ、結果、保険会社に弁護士会照会および民事執行制度の機能不全を招来する対応を奨励するがごときものであって、適切ではない。

(2) 超過差押えの危険との関係

また、保険契約に基づく解約返戻金請求権は将来債権であるから保険契約に一定の順序を付ける方法では差押命令が送達された時点では差押命令の効果が及ぶ範囲を判断することが不可能もしくは著しく困難となるのではないかという問題が生ずる。

しかしながら、民事執行法一四六条二項は、「差し押さえた債権の価額が差押債権者の債権及び執行費用の額を超えるときは、執行裁判所は、他の債権を差し押さえてはならない」と規定するが、将来債権の差押えの場合には、同項にいう「差し押さえた債権の価額」とは差押命令が送達された時点での「価額」を意味すると解するべきであって、将来債権の差押えについては差押命令送達時に差押えの範囲が画されないかのような理解は相当ではない(23)。

3　近時の裁判例とその評価

東京高決平成二二年九月八日（金商一三五四号三八頁・金法一九一三号九二頁・消費者法ニュース八六号二八七頁・判タ一三三七号二七一頁・判時二〇九九号二五頁）は、大要、以下のとおり判示して証券番号の特定を不要とした。「（生命保険解約返戻金等を差押債権とする場合の）特定は、本来保険証券番号を特定することによって行うことが望ましいが、弁護士法二三条の二に基づく照会にもかかわらず、第三債務者において保険証券番号を回答しないという場合にまで、保険証券番号の特定を求めることは相当とはいえない。このような観点から第三債務者において、多数の保険契約の類型や種類を通じてその契約年月日の先後を調査し特定することができるかを検討すると、①契約が古い順との記載がある場合には保険の種類を問わず全ての保険契約を調査対象として差押命令に対応すると回答する保険会社があること、②契約者の氏名、住所、生年月日及び性別のみを特定した二三条照会に四七社中四三社が契約の有無等を回答していること、③複数の同旨発令例があり、これらに対して保険会社から不服申立手続が採られていないことから、これを肯定するべきである。解約返戻金請求権は将来債権であり差押の効果が及ぶ範囲の判断は差押時点においてせざるをえないが、これを理由に特定がないということはできない」。

保険解約返戻金等についてのこの問題は、前記東京高決を受けて、東京地裁執行センターでも、証券番号を特定しなくとも差押命令を発するというように実務が変更されたようであり(24)、今後その定着が待たれる(25)。

(1) 本稿で紹介する裁判例の多くは、先物取引被害全国研究会編『詐欺的金融商品取引業者からの現実的な被害回復に向けて』(二〇一一年)(以下、「被害回復」という)に所収されている。
(2) 拙稿「流動性預金の時間的包括的差押えについて」消費者法ニュース八〇号三四八頁(二〇〇九年)参照。
(3) 実際に、平成九年には、将来の一定の時期に引落しがされることが予定されている金額と口座の預金残高とを照合し、その差額を計算して表示することができるシステムが開発されているようであり(特開平一〇—二二二五八六)、平成一〇年には、口座の残高および未決済引落し情報を各情報が格納された部分から取得し、その相互の関係を照合して自動的に振替手続を行い、その結果を各情報が格納された部分に反映するというシステムが開発されているようである(特開二〇〇〇—一九四七八六A)。
(4) さらに、屋上屋を重ねていえば、そもそも、預金債権差押えの効果は従前も預金元本の支分権である利息債権(当然のことであるが、差押命令送達後に増加するものである)に及ぶことからして、差押命令送達時の後にも、当該差押手続に関して差押債権額の計算、預金残高との照合、払戻請求への応否や応じるとしてその範囲の確定、その旨の債務者への通知という手続の煩瑣が生じることは、現行の運用上もすでに予定されている事柄であるというべきである。
(5) 奈良地決平成二一年三月五日(消費者法ニュース七九号二〇〇頁・被害回復一五一頁)、高松地観音寺支決平成二一年三月二五日(消費者法ニュース八〇号三四七頁・被害回復一五五頁)。奈良地決平成二一年三月五日は、差押債権目録を「金〇円 ただし、債務者が第三債務者(堀留支店支店扱い)に対して有する下記預金債権及び同預金に対する預入日から本命令送達時までに既に発生した利息債権にして、下記記載の順序により頭書金額に満つるまで。記 口座の表示:普通預金口座、口座番号〇、口座名義人〇 差し押える普通預金の時的範囲:本命令送達の時から三営業日以内に上記口座にかかる普通預金債権となる部分(本命令送達の時に存在する預金及び同日を含む三営業日が経過するまでに受入れた金員によって構成される部分) 元本受入れ時期の前後によって順序を付する必要があるときの順序:元本の受入れ時期の早いものから(頭書金額に満つるまで)」とするものであり、高松地観音寺支決平成二一年三月二五日は、差押債権目録を「金〇円 ただし、債務者が第三債務者株式会社香川銀行(観音寺東支店扱い)(注:百四十四銀行は観音寺東部支店扱い)に対して有する下記預金債権及び同預金に対する預入日から本命令送達時までに既に発生した利息債権にして、下記記載の順序により頭書金額に満つるまで。記 1 口座の表示:円貨建普通預金口座 口座名義人〇または〇(注:漢字表記の違い) 2 差押の順序等 ⑴差押えや仮差押えのない預金とある預金があるときは、次の順序による。 ア 先行の差押えや仮差押えのないもの イ 先行の差押えや仮差押えのあるもの ⑵預金が数口あるときは、口座番号の若い順序による。なお、口座番号が同一の預金が数口あるときは、預金に付せられた番号の若い順序による。(3)差し押さえる普通預金の時的範囲：本命令送達の時に存在する預金及び同日を含む三営業日が経過するまでに、上記口座に受入れた金員によって構成される預金。(4)元本受入れ時期の前後によって順序を付する必要があるときの順序：元本の受入れ時期の早いものから（頭書金額に満つるまで）」とするものである。

(6) 奈良地葛城支決平成二二年五月二四日（被害回復一六八頁）、名古屋地岡崎支決平成二二年一〇月二九日（被害回復一七四頁）。

(7) 笠井正俊「判批」潮見佳男＝長谷川貞之＝清水恵介編『金融・消費者取引判例の分析と展開（金商増刊一三三六号）』一八八頁（経済法令研究会、二〇一〇年）も同旨。

(8) 法制審議会民法（債権関係）部会第一八回会議議事録などによれば、問題意識は共有されつつあるように感じられる。

(9) 従前の議論についての参考文献として高田昌宏「判批」判タ八二二号二七一頁（一九九三年）・九五三号二九九頁（一九九七年）・民事執行・保全判例百選一二八頁（二〇〇五年）、大西武士「預金差押命令申立書における取扱店舗の列挙が許される場合」判タ九五一号九三頁（一九九七年）、住吉博「判批――預金債権に対する差押命令の申立書において当該債権の取扱店舗を表示することを要するか――」判評四二〇号四八頁（判時一四七六号二一八頁）（一九九四年）、奥国範「預金債権の（仮）差押えと取扱店舗の特定の要否」ＮＢＬ八三四号三四頁（二〇〇六年）、萩澤達彦「判批」リマークス三三号一五八頁（二〇〇六年）、内海順太「預金債権の（仮）差押えと取扱店舗の特定」金法一七七五号二六頁（二〇〇六年）、「さんまエクスプレス第三三回　債権差押命令において預金債権を差し押さえる場合の取扱店舗の特定」金法一七六七号二六頁（二〇〇六年）、中原利明「預金債権の仮差押えについて、預金取扱店舗として、同一銀行の本店および同一県内の一三ないし一七の支店に順位を付して表示する方式が仮差押債権の特定として十分か」金法一七八〇号四八頁（二〇〇六年）、飯塚宏ほか「座談会・複数支店の預金に対する（仮）差押え(上)(下)」金法一七八三号九頁・一七八四号一五頁（二〇〇六年）、大澤知子「複数債権の包括的差押えとその限界――診療報酬債権についての最高裁判例（最三小決平一七・一二・六民集五九巻一〇号二六二九頁）及び複数支店にまたがる預金債権の差押えについての裁判例を題材として――」判タ一二三三号一〇五頁（二〇〇七年）などがある。

(10) 拙稿「預金債権の差押えと取扱支店の特定をめぐる新たな展開――全店順位付け方式を許容した差押命令の発令例について――」現代消費者法九号七〇頁（二〇一〇年）参照。

(11) 東京高決平成一八年七月一八日（金法一八〇一号五六頁）、東京高決平成一八年四月二七日（金法一七七九号九一頁）、東京高決平成一七年九月七日（判タ一一八九号三三七頁・金商一二二八号四〇頁・判時一九〇八号一三七頁・金法一七五五号五六頁）。

(12) 東京高決平成一八年六月一九日（判タ一二二二号三〇六頁・金商一二四六号一二頁・判時一九三七号九一頁・金法一七八二号四七頁）、前記東京高決平成一七年一〇月五日。

(13) 旧銀行取引約定書に、預金者または保証人の預金その他の銀行に対する債権について差押命令が発送されたときは当然に期限の利益を失って銀行に対する預金その他の債権のすべてが当該銀行に対する債務の引当てとされると規定されていたところである（旧銀行取引約定書五条一項三号）。

(14) 前記東京高決平成一八年七月一八日。

(15) 前記東京高決平成一八年四月二七日。

(16) 前記東京高決平成一八年六月一九日、東京高決平成一七年一〇月五日（金法一七六五号五五頁・金商一二三七号三六頁・判タ一二一三号三一〇頁）。

(17) プライバシーに基づく守秘義務と二三条報告義務との優劣について、東京高判平成二二年九月二九日（判時二一〇五号一一頁・被害回復一一頁）参照。事案は、強制執行のために債務者の転居届を二三条照会したところ、郵便事業会社が通信の秘密（憲法二一条二項後段）、信書の秘密（郵便法八条一項）、「郵便物に関して知り得た他人の秘密」（同条二項）、プライバシー、個人情報保護法二三条一項を理由に報告を拒絶したので、これが不法行為を構成するとして損害賠償請求訴訟を提起したものであり（原審は東京地判平成二一年七月二七日・判タ一三二三号二〇七頁）、同判決は二三条照会の意義を高く評価し、これを郵便法上の義務や守秘義務に優越する旨明示し、「二三条照会は弁護士会が所属弁護士の照会申出を審査した上で行うものであり、このように濫用的照会を排除する制度的保障が設けられている以上、二三条照会を受けた被控訴人としては、弁護士会が濫用的照会でないことを前提として、特段の事情のない限り、当該照会に係る事案の個別事情に関する事実等を調査することなく、郵便法八条一項、二項、プライバシー、個人情報等に基づく守秘義務と二三条報告義務との優劣を判断すれば足りるものと解される」、「弁護士法二三条の二は、個々の弁護士に所属弁護士会に対する照会申出の権限を与え、同弁護士会に照会の権限を与えている。したがって、本件においては、被控訴人が二三条照会に対する報告を拒絶したことにより、東京弁護士会が、その権限の適正な行使を阻害されたことは明らかである。二三条照会の適正な制度運用につき一定の責任ある立場に立つ東京弁護士会が、適正な権限行使を阻害されたことにつき、無形の損害を受けたと評価することもできる」などと判示したうえ、「補論」として、「本件の争点に関する判断は以上であるが、本件の性質及び本件訴訟の経過にかんがみ、若干付言する。本件は、控訴人が確定判決という債務名義を得ながら、執行を免れるために住居所を変えたものと推認される債務者Aにつき、その新住所地を知りたいと考えた控訴人の代理人弁護士らが、二三条照会に一縷の望みを託したにもかかわらず、それが叶えられなかったことの法的意味合いを問うものであった。被控訴人は、本件照会に対する報告を拒絶したが、それは通信の秘密を守る役割を有する機関としての責任感に基づくものであった。しかし、本件で判断したとおり、本件照会事項①ないし③〔筆者注：①転居届の有無、②転居届の提出年月日、③転居届記載の転送先〕については二三条報告義務があり、これを拒絶することには正当な理由がないのである。そこで、当裁判所としては、被控訴人に対し、この判決を契機として、本件照会に改めて応じて報告することを要請したい。また、さらに、新住所という転居先に記載された情報に関しては、本判決の意のあるところを汲み、二三条照会に応ずる態勢を組むことを切に要請したいと考える」と説示している。

(18)　静岡地下田支決平成二二年八月二六日（消費者法ニュース八六号二八九頁・金法一九一三号六頁・被害回復一九九頁）、水戸地龍ヶ崎支決平成二二年九月二八日（金法一九一三号七頁・被害回復二二二頁）。差押債権目録の「複数の店舗に預金債権があるときは、支店番号の若い順序による」との記載によって差押債権を特定するものである。神戸地姫路支決平成二二年一〇月一二日（金法一九一三号八頁・被害研究二二八頁）は、信用金庫および農業共同組合を第三債務者とし、差押債権目録に店舗一覧表を付して、「複数の店舗に預金債権があるときは、別紙〇〇信用金庫店舗一覧表の店番の若い順序による」との記載によって差押債権を特定するものである。

(19)　東京高決平成二三年一月一一日（金法一九一八号一〇九頁・金商一三六三号三七頁）、東京高決平成二三年一月一二日（金法一九一八号一一八頁・金商一三六三号四四頁）（いずれも東京高裁第二〇民事部）、東京高決平成二三年三月三〇日（金法一九二二号九二頁・金商一三六五号四〇頁）（東京高裁第一二民事部）、東京高決平成二三年四月一四日（金法一九二六号一一二頁）（東京高裁第一九民事部）、広島高決平成二三年五月三一日（判例集未登載）、東京高決平成二三年六月二一日（金法一九二六号一一二頁）（東京高裁第一五民事部）、東京高決平成二三年六月二二日（金法一九二六号一一二頁）（東京高裁第二二民事部）、大阪高決平成二三年七月一日（判例集未登載）、東京高決平成二三年七月二〇日（判例集未登載）（東京高裁第四民事部）。

(20)　決定理由は、「抗告人代理人は、……住民票で判明した相手方の住所、ふりがな、生年月日、現住所及び前住所を相手方を特定する事項として記載した上、相手方の口座開設年月日、支店名、口座番号等を照会する弁護士法二三条の二第一項による照会を行った。……以上によれば、抗告人は、抗告人として差押債権特定のために考えられる調査を尽くし、弁護士法照会によっても回答を得られなかった金融機関を第三債務者として、本件申立てを行ったものということができる」、「次に、……このような検索を行うことについての第三債務者の負担等について検討する。今日において、各金融機関は、システム設計等において差異があるとはいえ、個別に顧客情報を管理するシステムを導入しているのが通例であり、この顧客管理システムを用いることにより、大部分の金融機関では、債務者の預金の存在、債権額等について全支店の検索等をかけることが可能であると推認される。もっとも、このようなシステムでの検索は、通常はカナ検索により実施され、また、自然人である預金者について同姓同名の者が存在する可能性があり、その場合は債務者の特定が容易でないという問題点があるが、ふりがな、生年月日の記載をすることにより、システムによる検索は相当程度容易になることが推認される。そして、本件において抗告人代理人が行った弁護士法照会に対し、…は照会結果を回答しており、これらの金融機関においては、抗告人が記載した情報によって、システムによる検索が現実に可能であったものと推認される。これを前提に本件についてみると、本件申立てにかかる第三債務者は、いずれも我が国において最大の金融機関であり、前記各金融機関と同等以上の検索機能を備えた顧客情報管理システムを備えていると推認されること、本件申立てにおいては、抗告人は、システムによる検索を前提として相手方の生年月日、ふりがなを明らかにしていること、抗告人代理人による弁護士法照会に対して第三債務者三菱東京ＵＦＪ及び同みずほが回答を拒絶した理由は、相手方の同意が確認できない旨であり、検索の困難性をいうものではないこと（ちなみに、差押命令に基づく債権の有無等の調査・検索については相手方の同意の点はおよそ問題とならない。）などを総合すると、本件申立てに対応して申立てに係る第三債務者が差押えの目的物となる預金債権を識別して支払を停止するまでに要する時間と負担は、社会通念上合理的な範囲内を超えるものではないというべきである」というものである。

(21) 本店から三店舗の預金を差し押さえた旨の陳述書が提出された例や、預金の存在する複数支店からそれぞれ陳述書が提出された例があり、銀行では本店での一括対応も支店での個別対応もいずれもできることがうかがわれる。なお、東京高決平成二三年四月一四日は別事件における陳述書の提出経過を銀行の負担が社会通念上合理的な範囲を超えないことの補強材料として認定している。

(22) 従前の発令状況及びその余の検討等の詳細は、東京高決平成二二年九月八日添付の執行抗告状（たとえば判時二〇九九号二五頁）参照。

(23) なお、この点で特定になお疑義が払拭し得ないというときには、差押債権目録に、「ただし、複数の保険契約があるときは各保険契約についての差押債権額は各保険契約を本差押命令送達の時に解約したとした時の解約返戻金の金額を上限とする」と記載させることによってこの点の問題はクリアできる。

(24)　差押債権目録は、「金○○円　ただし、債務者（昭和○年○月○日生）が第三債務者に対して有する下記債権にして、頭書金額に満つるまで　記　1　本命令送達日以降支払期の到来する配当金請求権にして、支払期の早いものから頭書金額に満つるまで　2　1により完済されないうちに契約が中途解約された場合には、解約返戻金請求権にして1と合計して頭書金額に満つるまで　3　1により完済されず、かつ、中途解約されないうちに契約が満期を迎えた場合には、満期金請求権にして1と合計して頭書金額に満つるまで　ただし、保険契約が複数あるときは、契約年月日が古い順序に、契約年月日が同一のものがあるときは、保険証券番号の若い順序によることとする。また、保険契約が複数あるときは、各保険契約につき、本命令送達時に各保険契約を解約した場合の解約返戻金の金額を差押額とする（各解約返戻金の金額を合計した額が頭書金額を超えるときは、その超える額を除く。）。この場合において、上記1ないし3中『頭書金額』とあるのは、『各差押額』と読み替える」というものである。

(25)　東京高決平成二二年一二月七日（金法一九一三号一〇一頁・判タ一三三九号二〇九頁）ほか反対的見解を採るいくつかの高裁レベルの決定があるが、公刊誌の解説の中には実務の実情を誤って紹介するものもみられる。

〔付記〕本稿脱稿後に許可抗告審の決定二例（最三小決平成二三年九月二〇日、平成二三年(許)第二八号、同三七号）に接した。いずれもただ執行抗告を棄却した原審の判断を正当として是認することができるとのみいうものであり、その理由は何ら付されていない。同日付の別の決定（同三四号）は、預金検索との関係について一定の説示をするものの、補足意見を含め、債権の特定が公平の観点から求められるものであること、二三条照会に応答しないことから負担が増加するとしてもそれは自ら自招した結果であるというべきではないかと考えられることについては、何らの説示もしていない。下級審実務はいったんこの種申立てを否定する方向に向かうことになろうが、この論点についてこのような判断しか示されないことには失意を禁じ得ない。一連の下級審決定群によって示された問題意識が広く共有され、実務の取扱いが現状に即したものに変容されていくことを期待したい。

梟（太陽を背に）（津谷裕貴撮影）

津谷さんへ

津谷さん
津谷さんが亡くなったと
報じられたけれども
テレビで流れている映像は
いつもの津谷さんの姿であり
そこに
津谷さんがいるようでもある

けれども
セレモニーホールでは
棺の中に
津谷さんが眠っており
小雨降りしきる中で
納棺の儀が行われ
遺骨が安置され
大きな写真が置かれ
部屋いっぱいに花が飾られて
会長が弔辞を読んでいる

津谷さん
してみると津谷さんは
やはり
亡くなったのだな

そうだ
津谷さんは
先物事件に情熱を注いだ
津谷さんは
被害者の話をよく聞き
自ら憤り
訴状を書き
裁判を戦い

判決をとり
最高裁の判決もとり
熱く語り
活字にして
手引きにして
改訂して、また改訂して、
何度も何度も改訂して
いつも新しい情報を届けた
各地の弁護士は
それを活用して
裁判を戦い
大勢の被害者を救った

それに
津谷さんは
こんな法律はおかしいと
意見書を書き
日弁連の意見書を書き
先物研の意見書を書き
審議会に持ち込み
議員会館をまわり
政党を動かし
国会を動かして
法案の修正に持ち込み
法改正に持ち込み
多くの被害を防いだ

津谷さん
あれだけ情熱を注いだ
不招請勧誘の禁止が
ついに商品先物にも導入されたのだ
その改正法は
もうすぐ施行されるのに
やはり逝ってしまうのか

津谷さん

今日は委員会が開かれて
津谷さんの大好きな
津谷さんを大好きな
仲間が集まっているのだから
それだから
今日は
皆と共にいてください
そして
議論を見守ってください
いつもの笑顔で
まとめてください

ぜひ、そうしてください
ぜひ、そうしてください

（二〇一〇年一一月一一日
消費者問題対策委員会を迎えて）

弁護士　石戸谷　豊

角館の武家屋敷から見る桜（津谷裕貴撮影）

第二部

津谷裕貴弁護士
消費者法論集

第二部は、故津谷裕貴弁護士の代表的な論攷を掲載しています。

津谷弁護士は、弁護団活動の成果を論文にまとめ（「豊田商法の違法性」五四八頁以下）、自ら最先端の判例を獲得し（「最高裁平成七年七月四日判決」六四一頁以下）、法改正に向けた海外法制度を調査報告し（「委託者のための先物制度改革」六四九頁以下）、これからの消費者法制度のあり方を提言（たとえば「不招請勧誘規制のあり方」七三七頁以下）するなど、消費者法に関する取組みのすべてを実践されました。消費者弁護士としての姿勢（「消費者問題に向き合う」七二五頁以下）を含めて、消費者問題に取り組むすべての者が折に触れて読み返す価値のある論集です。

豊田商法の違法性
——各地の判決の紹介と違法性の再検討

〔初出・豊田商事被害者全国弁護団連絡会議編『虚構と真実——豊田商事事件の記録』二六八頁～三三七頁（一九九二年）〕

弁護士　津谷裕貴

1　はじめに

わたしたちは、豊田商事の被害者から被害救済の依頼を受け、豊田商事の破産前あるいは破産宣告後も全国各地で会社や役員、従業員を相手に数多くの不法行為に基づく損害賠償請求訴訟を提起し、有益な判決を勝ち取った。

訴訟で主張したことは、豊田商事は契約に見合う金地金を保有しておらず、純金ファミリー契約は、構造的な詐欺、出資法に違反する違法なものであり、その勧誘方法も詐欺的・反社会的で（公序良俗に反する）違法なものであって、会社や役員、従業員等は当然不法行為責任を負うというものであった。

それは豊田商法の違法性を大別して、勧誘の違法性と純金ファミリー契約それ自体の違法性に分け、前者については、詐欺と公序良俗違反が、後者については詐欺、公序良俗違反、出資法違反が問題となるとして主張してきたものである。

各地の判例を見ると、豊田商事とその役員、従業員の責任を認めている点では共通するも、詐欺、出資法違反、公序良俗違反の成否については、これらを全て認めるものから一部だけ認めるもの、あえてその判断を避けているもの、別の基準で責任を認めるものなどバラエティーに富んでいる。

そこで本稿では、まず各地の判決例を言い渡し年度順に整理し、豊田商法の違法性について、裁判所はどのように認定してきたかをできるだけ詳しく紹介し、いくつかに分類してみる。豊田商事の違法性を検討するのに豊田商事破産管財人の従業員等に対するいわゆる不当利得金返還訴訟（特に一次訴訟）や豊田商事の役員に対する詐欺刑事事件の判決は、豊田商事の組織・活動の実態を知るうえで極めて重要であるから、これらの判決もあわせて紹介する。

次に、これまで議論された豊田商法の違法性についてのいくつかの問題点を検討したい。そこでは、金地金の不保有の問題、純金ファミリー契約の法的性格とそれを論じる実益、詐欺、出資法、公序良俗違反の成否などについて取り上げたい。

そして最後に、豊田商事事件を教訓として、この種の取引形態をとった悪徳商法における不法行為に基づく損害賠償請求訴訟の違法性について、どのようにとらえるべきかを検討したい。

これについての私の問題意識を予めここで示しておきたい。私は、豊田商事事件に関する違法性につき、破産宣告前の訴訟において純金ファミリー契約自体の詐欺（以下、構造詐欺という）、公序良俗違反、出資法違反をあげるのは些か無理があったのではないかという感想を持っている。すなわち、警察や検察でもない捜査能力をもたない一私人である弁護士が、構造詐欺、出資法違反などという刑罰法規違反あるいは公序良俗法規に違反することを違法性の内容にすえ、それを主張し立証しようとしたことは無理があるのではないかということである。豊田商事のような大規模、かつ顧問弁護団に理論武装され組織的に詐欺行為を行っているような場合、その実態が明らかになるのは、破産管財人の報告書や捜査当局の捜査、さらには刑事判決などによってようやくわかるものであって、これらの手続きが取られる前の段階ではなかなか実態を解明するというのは容易なことではないからである。そこで、違法性の内容として主に勧誘行為に着目し、いわば、売り方の違法性という観点から、豊田商事の執ようかつ強引な勧誘などを問題にしようということは、限られた手持ち証拠の中から戦わざるを得ない弁護士にとっては実践的であり、かつ先物取引の訴訟などではそれは不当勧誘行為などとして定着している理論でもあり有効であると考える。(1)しかし、実際の訴訟の場面では、それを主張しつつもどうしても豊田商法の違法性、純金ファミリー契約が詐欺、出資法違反であるという構造的な点に土俵が移されてしまい、その立証のために、例えば金の不保有を立証しようと苦労したりし、その結果、訴訟を長引かせてしまったということではなかったであろうか。(2)わたしたちが全国で提起した損害賠償請求訴訟のうち破産宣告前に判決が下されたのはわずか一件に過ぎなかった。(3)破産してからの勝訴判決は、現実の被害救済にはさほど役には立たない。もっと早く勝訴判決が取れるような、違法性の構成（あるいはそれに代わるもの）や訴訟の進め方はなかったのであろうか。

また、豊田商事事件はいうまでもなく消費者被害であるが、この消費者被害という本質的性格は、これまでの訴訟における違法性の構成などには殆ど反映されていなかったのではないか。消費者被害も他の不法行為も基本的に同じ違法性の考え方で良いのであろうか。むしろ、通常の不法行為訴訟の違法性の主張、立証さえ行っていたといえるであろうか。(4)例えば違法性について通説と思われる、被侵害利益と侵害行為などの相関関係で違法性の有無を決めようという相関関係理論を前提とすれば、被侵害利益は生活資金という生存権の根幹をなす利益、権利であり、侵害行為は一人暮らしの年金生活者など社会的弱者に対して、悪質かつ執ような勧誘と欺まん的取引内容であることを考えれば、豊田商事事件は優に違法と判断されてしかるべきである。しかし、このような観点から現実の訴訟で違法性を十分に主張し立証されていたという話を私は聞いていない。被害救済に役立つ早期解決ができるという観点から違法性はどうとらえるべきなのか、そもそも違法性は必要なのかという点まで含めもっと議論してもいいのではないか。

そのような問題意識から、例えば、そもそも不法行為の場合、もともとは権利侵害[5]ということが要件であり、違法性が議論されてきたのは後からであるという沿革を考えると、少なくとも取引形態をとった悪徳商法における不法行為の場合、不法行為の成立要件としての違法性を、当初の権利侵害に戻し、違法性を議論しなくてもいい、少なくとも権利侵害があれば違法性ありと考え、あとは違法性阻却事由（例えば、正当行為のなかに、正当な取引を含ませ、相当と思われる勧誘と適正な内容の契約に基づくことなどを違法性阻却事由として、権利侵害が正当行為に基づくものであるから違法性を阻却されるという考え方をする）を、業者が主張立証義務を負うというようには考えられないであろうか。あるいは、これが無理であれば、違法性の判断を、もっと行為態様、売り方やセールス手法の違法性を中心に据えて議論し、その際訪問販売法などにおける重要事項の不告知、威迫行為の禁止[6]や、各地の消費者条例で規定されてきている指定する不当な取引方法の各種類型[8]をもとに、また、先物取引の判決などで言われる不当勧誘といった概念を中心に、いわば契約の内容までに入らず、入り口の段階で違法性をとらえられるような理論を構築し、それを発展させていくべきでないか。この問題は、不法行為の一般的要件論や違法性の本質論にも関連する、実に困難な問題を含んでおり、現段階では、まだ私見を提示できるような段階ではなく、問題提起にとどまらざるを得ない。今後の議論の参考になれば幸いである。

(1) 一番これを意識的に主張したのは大阪弁護団であろう。【一三】【一六】が代表例。
(2) この点については全国弁護団ニュース第七号一四頁の岩本弁護士の体験談が参考になる。
(3) 秋田地裁本荘支部昭和六〇年六月二七日判決、詳細は後期の【一】を参照。全国弁護団ニュース第七号一七頁以下の拙文参照。
(4) 加藤一郎「不法行為」法律学全集（増補版）三七頁、一〇五頁以下。なお、これによれば相関関係理論は学説の到達点だという（一〇六頁）。幾代通「不法行為」現代法学全集六一頁以下。四宮和夫「不法行為」現代法律学全集三五一頁以下。
(5) 前掲加藤三一頁。幾代五九頁。四宮三九六頁。
(6) 訪問販売法五条の二。なお、改正訪販法の解説や利用の仕方は全国訪問販売推進連絡協議会編「新・訪問取引一一〇番」が有益である。
(7) 全国の消費者条例の制定状況を調査したものとして、経済企画庁国民生活局編「消費者保護条例等の制定・運用状況」が詳しい。
(8) 先物取引被害全国研究会編「先物取引裁判例集」及び別冊ジュリスト一〇〇号、「新証券・商品取引判例百選」などが詳しい。

2　各地の判決にみる豊田商事の違法性

(一)　検討する判例

各地の判決は、違法性の判断について、欠席判決等を除きそれぞれ豊田商事の悪質な手口等について詳細な事実認定をしており、それらが本来違法性に関する判断として紹介すべきであると考えている。しかし、それらは概ね管財人の不当利得金返還訴訟の判決や刑事事件判決で示されている事実認定にならっており、概して大差ないものと思われるので、特に刑事判決を詳しく紹介することによってそれを代表させたいと思う。ここではそうした事実認定を前提としつつ、違法性について各地の判決はその商法をどのように理解し把握していたかという観点から、特徴ある判決事項や判決内容について紹介することにした。

(1) 民事判決

民事判決としては、私が全国豊田商事被害者弁護団連絡会議などを通して入手できた、各地の役員、従業員訴訟二七件と、管財人のいわゆる不当利得金返還訴訟二件、豊田商事の関連会社であり、純金ファミリー契約と酷似する悪徳商法をしていた大洋商事の役員、従業員に対する判決一件を紹介する。

このうち、欠席判決や公示送達の判決については、その時点では他の判決も殆どなかったので、いやしくも判決という形で現れた以上それなりの意義があったと思われるので紹介することにした。これに対して、刑事事件判決後の集団訴訟の判決については相当少なく、偏りがあるように思われるかもしれないが、現時点で私の手もとにある判決を紹介するということで、紹介もれがあったとしても他意はないのでご了解願いたい。

詳細は、後記(二)記載の通りであるが、判決は、判決言渡し年月日順に判決番号をつけ、事件番号、判例集に搭載されているものはその旨、判旨については紙面の関係上、前記の通り違法性と参考となる重要な論点についてだけ要約してごく簡単に紹介する。先物取引被害全国研究会編集の先物取引裁判例集については、単に先物判例集何巻何頁と表示する。

(2) 刑事判決

刑事判決は、豊田商事の役員に対する大阪地裁の平成元年三月二九日判決を紹介する。

民事事件の違法性を判断するうえで豊田商事の実態を知ることは不可欠であるが、その実態を知るうえで最も詳細かつ重要な判決であり、詐欺、出資法違反についての考え方なども示されており、極めて有益である。前記の通り、豊田商法の違法性について、その執よう悪質な勧誘や契約内容の欺まん性など悪質な手口がここでは明らかにされており、まさにここで認定されている事実が豊田商事の違法性に関する重要な事実というにふさわしいものであるので、紙面の許す限りできるだけ詳細に紹介した。
なお、刑事事件としての論点は多岐にわたるが、ここでは、この判決が民事の損害賠償請求訴訟でどのように活用できるかという点に関心があるのでその範囲の紹介にとどめざるをえない。

(二)　民事判決の紹介

(1)　昭和六〇年一二月三一日までに判決言渡があった事件

【一】　秋田地裁本荘支部昭和六〇年六月二七日判決（昭和五九年(ワ)第二二号、判時一一六六号一四八頁以下、先物判例集Ⅴ巻一〇七頁以下）

豊田商事、従業員に対する最初の判決であり、破産宣告前の唯一の判決で内容も注目すべきものである。被害時期は昭和五九年一月、被告は会社と従業員。控訴審の判決は【一二】。

（判示内容）

イ、純金ファミリー契約の法的性格について

売買と消費寄託が一体となった混合契約で、後者は要物契約であるが、本件は要物性を満たしていない（金の現物の裏付けがない）から無効である。

ロ、純金ファミリー契約は、出資法違反（二条二項）であると判示

金地金の売買と消費寄託を仮装して、その契約金名下に金員を預け入れたものであり、勧誘の際には「年一割の利子」等の表現を用い、消費貸借の規定が準用される消費寄託の契約金名下に金員を受け入れたから、出資法二条二項

に該当する。

ハ、勧誘について、公序良俗違反を認定

原告は、七二才の高齢で難聴、一一時間もの勧誘、泣き落とし等執ような勧誘、絶対儲かる等の勧誘、預金通帳を取り上げ強引に申し込み書に署名させ、翌日現金化させた。

【二】大阪地裁昭和六〇年七月一六日判決（昭和六〇年(ワ)第三三一九号、先物判例集VI巻一一三頁以下）

被害時期は昭和六〇年二月、被告は会社と代表者石川洋。

欠席判決で、特に判示なし。

【三】名古屋地裁昭和六〇年七月一九日判決（昭和六〇年(ワ)第一三二〇号、先物判例集V巻一一六頁以下）

被害時期は昭和五九年一〇月、被告は、会社とセールスマン（営業係長）。

被告らは欠席した。

但し、判決では、会社の行為は、出資法二条に違反、詐欺、公序良俗違反、契約は無効であり、違法な侵害行為にあたり、被告らはいずれも故意があると認定した。

従業員だけ控訴し、控訴審の判決は【四】。

【四】名古屋高裁昭和六〇年一二月一一日判決（昭和六〇年(ネ)第五四六号、先物判例集VI巻八二頁以下）

【三】の控訴審判決。従業員は控訴はしたものの、立証活動はしなかった。

違法性について、この判決は詐欺、出資法違反、公序良俗違反とは認定していない。

（判示内容）

イ、豊田商法は「公知の事実」という。

ロ、違法性について

本件売買代金名目の金員が被害者に返還されない事態がいずれ生ずることを予見しながら、あえて被害者に代金名下に金員を交付させせたから、違法な侵害行為と認める。

ハ、被害者と会社との示談契約の存在

会社との示談契約だから、従業員個人に対する請求権に消長をきたすべき筋合ではない。

(2)　昭和六一年一月一日から同年一二月三一日までに判決言渡があった事件

【五】　大阪地裁昭和六一年三月一二日判決（昭和六〇年(ワ)第四六一六号、先物判例集Ⅶ巻一〇七頁以下）

被害時期は昭和五九年一〇月、被告は石川洋のみ。

公示送達による判決。

（判示内容）

イ、純金ファミリー契約について

金の現物不保有、取引の仕組み自体に詐欺的要素を含む。

ロ、従業員の勧誘

十分な説明をせず、虚偽の説明をし誤信させていたので、到底社会的に許容されない違法なものというべき。

ハ、会社、役員の責任などについて

豊田商事の営業方針として役員、従業員等が会社ぐるみで行ってきたので、従業員の行為や結果について認識していた。

【六】　大阪地裁昭和六一年六月九日判決（昭和六一年(ワ)第三三一九号、判例タイムズ六〇八号八二頁以下、先物判例集Ⅶ

巻一一二頁以下）
被害時期は昭和六〇年二月、被告は外務員二名。
判決文に詐欺という表現はないが、以下の通り被告らの勧誘に対して詐欺を認定していると解される。
（判示内容）
イ、豊田商事について
純金ファミリー契約で集めた金員を、商品先物取引の投資資金や営業資金等に利用していたので、右約定を履行することは当初から困難な状況にあった。
ロ、被告らの認識
豊田商事の欺まん性は、昭和五八年八月頃から全国紙に掲載され、六〇年二月当時には新聞雑誌等で広く宣伝されていたので、被告らは、純金ファミリー契約の勧誘が原告に多大な損害を与えることを知悉していた。
ハ、勧誘の詐欺
被告らは、原告に損害のみを与えることを知りながら、これを秘し、いかにも確実な金儲けの手段であるかのように「申し欺き」その旨原告を「誤信」させたうえ、原告をして金代金「名下」に金員を交付させた。
【七】 名古屋地裁昭和六一年七月一五日判決（昭和六〇年(ワ)第一九二三号、先物判例集Ⅶ巻一一五頁以下）
被害時期は昭和六〇年四月、被告は石川洋と従業員（石川洋は欠席）。
（判示内容）
イ、金の不保有と豊田商事の実態
会社の金の現物不保有は、破産後公知の事実。

会社は当初から、金地金を売り、これを賃借し運用するというつもりはなく、金地金代金名下に金銭を取得することだけが真の目的であり、金銭提供者を欺き、金地金の現物の引き渡し及び出資法の適用を免れるため、形式的に本件契約を結んでいたに過ぎない。

ロ、役員、従業員の認識等

役員らも会社の実態を知り、かつ早晩破綻し契約の履行ができないことを十分予測しながらあえておこなった。

【八】　名古屋地裁昭和六一年七月二九日判決（昭和六〇年(ワ)第二四八九号、先物判例集Ⅶ巻一二二頁以下）

被害時期不明（右判例集には被害年月日を記載した別表が省略されている）、被告は従業員。

詐欺を認定しているが、これまでの判決とは若干異なり、欺罔行為やその違法性について丁寧に認定している。内容的に興味がある判決。

（判示内容）

イ、豊田商事の方針

豊田商事は、純金、白金の地金を殆ど保有せず、契約当初から、契約期間中契約部分に相当する金地金を保有する意思もなく、期間満了後、返還を要する右地金を初めて他の顧客から交付された金員で購入する意思を有していたことが推認される。

ロ、被告らの認識と欺罔行為

被告は、右イを知っていたのに、会社が地金を常時保有し、期間中保管を継続し、満了後、保管にかかる地金をそのまま返還するので、地金の返還が履行されることは確実であり、契約は少なくとも地金の価格相当額は保証された安全確実な取引である、との虚偽の事実を申し向けた。

原告は、右説明の安全性を信じて契約を締結し金員を交付した。
ハ、欺罔行為の違法性
被告の欺罔行為は、契約上極めて重要な部分につきなされ、原告は六二才の一人暮らしの老人で、脳血栓で入院後、言語障害、半身不随の後遺症があり、判断能力に問題のある人に対して虚偽の事実を述べ、さらに取引銀行等に同行し預金の解約をし、取引上通常考えられないほど積極的な勧誘方法をとったことも考え合わせると、欺罔行為は、取引において通常許容される限度を著しく超えた違法なものである。
【九】 大阪地裁昭和六一年一一月二一日判決（昭和六〇年(ワ)第八一一一号、判例タイムズ六四一号一七〇頁以下）
幹部役員であった石川洋、石松、北本、薮内、山元、道添に対する訴訟。薮内だけが否認し、山元、道添は欠席（この二名については同年三月に欠席判決）、その余は公示送達となった。
実質欠席判決のためか、特に理由を判示することなく、詐欺、出資法違反を主張する原告側の請求を認めている。

(3) 昭和六二年一月一日から同年一二月三一日までに判決言渡があった事件

【一〇】 東京地裁昭和六二年一月二二日判決（昭和六〇年(ワ)第八二七二号、判時一二六一号九五頁以下）
被害時期は昭和六〇年四月、被告は営業課長。
豊田商事事件に対する最初の東京地裁判決で、内容的にも、純金ファミリー契約は出資法違反であることを認定し、過失相殺を認めず、上司の指示に従ったというだけでは免責されないなどと注目すべきものがある。
（判示内容）
イ、豊田商事は、金の現物を保有せず、ペーパー商法を行っていた。
ロ、賃貸借期間満了時に金を返還する目処はなく、従業員らに高額の歩合給を支給したり、特別有利な営業資金として活用してはいなかったから早晩破綻することが予想できる内容の会社であった。マスコミ等に報道され、勧誘は極めて強引かつ悪質な勧誘方法がとられていた。

ハ、純金ファミリー契約なるものに、不特定多数の者から預け入れを受けていた。

ニ、被告が上司の指示に従ったから免責されるかという点について、それだけで、不法行為にならないとはいえないし、被告も行き詰まることは予見しえたにもかかわらず、多額の歩合給を貰うために強引かつ執ような勧誘をしていた。

ホ、過失相殺しない理由

勧誘の仕方があまりにも強引、執ようであり、やり方が極めて悪質である。原告に冷静に対処しなかった落ち度があっても、その落ち度は被告の行為によって誘発されたものであり、被告はむしろその落ち度を積極的に利用したもので、かかる落ち度をもって過失相殺の事由とするのは相当でない。

ヘ、弁護士費用は認めるが、慰謝料は否定する。

【一一】　大阪地裁昭和六二年四月三〇日判決（昭和六〇年(ワ)第六〇六二号、判時一二四六号三六頁以下）

豊田商事破産管財人による不当利得金返還第一次訴訟の判決である。

本判決は、豊田商事と従業員との歩合報酬契約が公序良俗違反で無効であり、破産管財人からの返還請求は民法七〇八条には該当しないという判決だが、その前提として豊田商事の違法性について次のように判示しており、参考となるので取り上げる。

純金ファミリー契約の法的性格を論じ、契約時には金地金は不要とし、返還時期の資産状態が重要とした点、豊田商事が金地金の返還が不能になった時期を第三期とした点などは、評価が分かれると思われる。いずれにせよ、本判決はその後の大阪地裁判決など各地の判決にも影響を与えている（例えば、【一三】、【一六】、【二〇】など）。

（判示内容）

イ、純金ファミリー契約の法的性格について

売買契約に基づく金地金の引き渡し請求権をもって消費寄託の目的とした準消費寄託契約あるいは、金地金の売買と準消費寄託が結合した混合契約と解される。

ロ、金の不保有について

イとすると、豊田商事は金地金の返還時期が到来するまでは必ずしも金地金を保有しなくてもよく、金地金の返還は返還時期における破産会社の金地金調達能力、資産状態に大きく依存するものである。

ハ、豊田商事は、取引不適格者である主婦や老人等を殊更対象として、ロの性質を正しく説明せず、現物取引を前提とした安全確実であるかのような錯覚を与え、かつ客観的には虚偽の内容の勧誘文言を駆使させ客の自由な意思に、誘惑的、あるいは強要的で不相当、不当な手段で影響を与えた上で契約を締結させ、しかも解約には応じなかった。

ニ、豊田商事の損益、資産状態は極めて悪く、返還時期における金地金の返還は、設立当初から不確実で、第三期（昭和五八年四月一日から五九年三月三一日まで）中には不可能というべき状態になっていた。にもかかわらず勧誘を続けさせることは、返還の意思も能力も無かったことを強く疑わしめること。

ホ、ハ、ニのほかに国会の質疑、行政の対応、その後の立法経緯等を総合すると本件商法の違法性は極めて強い。

【一二】　仙台高裁秋田支部昭和六二年五月二七日判決（昭和六〇年(ネ)第八〇号、判例タイムズ六五七号一四一頁以下）

【一】の秋田地方裁判所本荘支部判決の控訴審判決で、より突っ込んだ判決になっている。出資法、詐欺、公序良俗違反、従業員に対して故意による責任を認めている。特に出資法違反については、これを認定した判決中最も詳し

い判決と言えよう。なお、控訴審では従業員側が訴状の送達の効力についても問題にし、従業員に対して営業所を住所として訴状を送達したのは有効な訴状の送達がなかったとすべきだと主張したのに対して、判決は、送達は有効ではないが、責問権の放棄でその瑕疵は治癒されたとしている点も注目すべきである。

（判示内容）

イ、出資法違反の理由

出資法二条の趣旨は、大衆に元本の返還を受け得なくなるという不測の損害を防止することにあり、同条の「預り金」とは、不特定かつ多数の者からの金銭の受け入れで、預金、貯金又は定期積金の受け入れ及び、借入金その他何ら名義を問わず、これらと同様の経済的性質を有するもの、換言すれば元本額又はそれ以上の額を返還することとなっている金銭の受け入れをいう。豊田商事の場合、①多数の電話勧誘、訪問により契約を締結させ、不特定、多数の者を対象にしていたこと、②豊田商事は金地金を買主に引き渡さず、買主との間で賃借し、賃料名目の金銭を支払うこと及び期間満了のときは純金ファミリー契約書一〇条には、期間満了の場合豊田商事が金銭で支払うこともある旨記載があり、これが金地金の売買と一体をなしており、さらに金銭で支払う場合については何ら限定がなく豊田商事の任意に選択しうるところであり、かつ豊田商事の商法としては後者の金銭による支払いを主としていたこと、③本件後の昭和五九年三月になって、純金ファミリー契約は出資法違反の疑いが強いとして、以後の契約においては契約書一〇条を抹消して契約書面を作成していること、④その他、勧誘の際従業員は、五年後には元金は倍に増殖ができる、利子は年一割現金で届けると述べていること、本件は要物性を具備していないこと等を総合すれば、本件は、不特定多数の者から、名目上売買、賃貸借の形式をとりつつ、その実質は賃貸借期間と称する一定の期間の経過したときは、売買代金相当額の金員の返還及び代金相当額に対する一定割合の金銭（賃料名目で期間内に数回支払う）を支払うことを保証して、代金相当額の金銭を受け入れたというべきであるから、出資法二条に該当する違法不当な契約である。

ロ、詐欺について

豊田商事は、客からは金員を受領し、客には純金ファミリー契約証券なる紙片だけを交付していたが、①契約に見合うだけの金を保有していないこと、②客から受領した金員は金地金の購入にまわさず、賃借料、高額な歩合給、家賃等の経費に費消し、残りを商品相場や関連会社の貸付け金に回し、③自転車操業のため契約拡大の必要があり、勧誘は執よう、強引であったこと、④昭和六〇年六月一〇日純金ファミリー契約を中止し、償還不要のレジャー会員権の販売に切り替えたが七月一日破産宣告を受けたこと、⑤設立から倒産まで決算上一期といえども利益計上がないこと、⑥その他、損失と収入の比較、顧客からの資金の流れ等の財務内容、事業内容の反社会性からみて倒産は必然的であったことが認められる。

永野一男は経営者として右商法を企画、実施、推進していたものであるところ、豊田商事が取引高に見合う金地金を保有しておらず、かつ他から同量の金地金を購入する意思も能力もないので、売買代金名下の金員が返還できなくなる事態が早晩生ずることを知りながら、これを秘し、従業員らを介し、純金ファミリー契約がいかにも確実な利殖であるかのように申し向け、その旨被害者を誤信させたうえ、被害者から金地金売買、賃貸借名下に交付させ金員を騙取した。

ハ、従業員の責任

担当セールスマンは、公序良俗違反の違法な勧誘行為を実行したから、違法な事実を認識していた。営業課長は、セールスマンらに自ら指導、教示し得たから違法な事実の発生を認識していた。所長は、営業課長以下を指揮監督していた。従って、従業員らには故意がある。

被告らは、本件純金ファミリー契約の期間満了前には破綻を生ずべきいわゆる詐欺的商法であるかもしれないこと、詐欺、出資法で禁止する「預り金」に該当する違法な事実が発生するかもしれないことを認識しながらあえて本件契約を締結させたものと推認するのが相当である。

ニ、訴状送達の瑕疵と責問権の放棄について

被告らの住所を訴状では営業所としており、本件訴状はいわゆる補充送達の方法でなされた。右送達場所は被告らの住所又は居所ではなく、就業場所であったことが認められるが、民訴法第一六九条二項に規定する就業場所における送達をすることができる場合の要件がないから、訴状送達に瑕疵がある。しかし、被告らは原審で訴訟代理人を選任し、代理人からは瑕疵について異議が述べられていないことから、送達の瑕疵は責問権の喪失により治癒された。

(4)　昭和六三年一月一日から同年一二月三一日までに判決言渡があった事件

【一三】　大阪高裁昭和六三年四月三〇日判決（昭和六二年(ネ)第一三八号）

原審（大阪地裁昭和六〇年(ワ)第九〇六四号）では、直接勧誘した者の責任が否定されたので、被害者側が控訴し、これを逆転させ勧誘者の責任を認めさせた判決である。

被害者側は、豊田商事の純金ファミリー契約は、いわば会社ぐるみで実行していた組織的詐欺行為であるとして、詐欺行為を組織的に遂行していたという面と、欠陥商品の販売という面とに分けられるとし、直接勧誘者である被控訴人は、勧誘行為自体が社会的相当性の範囲を逸脱した不法行為（勧誘責任）と、豊田商事の組織的詐欺商法に加担したことによる共同不法行為責任（加担責任）の二つの責任がある（両立する）と主張している。

判決内容は【一一】の管財人の不当利得訴訟と相当共通性がある。

（判示内容）

イ、純金ファミリー契約の法的性格

賃貸借契約ではなく、売買と準消費寄託の混合契約と解するべきである。その結果、豊田商事としては、返還時期に確実に金地金を調達できることが義務付けられ、金地金調達資力に大きく依存している。

ロ、豊田商事の財務内容と違法性

第一期から倒産期までを損益計算書などで検討した結果、少なくとも第三期（昭和五八年四月から五九年三月まで）以降はいかなる意味においても金地金ないし受入金を返還できる資産状態にはなかったことが明らかである。かかる資産状態にあるにもかかわらず勧誘を続けたことは、返還の意思も能力もなかったことを強く疑わせるものであり、豊田商事の商法の違法性はそれだけでも極めて強いと評価するほかない。

ハ、セールス手法の違法性

豊田商事は、いわば狙い撃ち式に不適格者を対象として、組織的有機的に役割分担を定め、客観的には履行不能な事柄を内容虚偽の勧誘文言を駆使して、顧客の自由な意思に誘惑的、あるいは強要的な不当な手段で影響を与えたうえ顧客の資金を徹底的に拠出させるものであったというべく、強度の違法性を帯びるものであった。

これがそのまま、個々の具体的勧誘行為の社会的相当性ないし違法性の評価に影響を及ぼす。

ニ、従業員の責任

(イ) 一連の勧誘は会社が教育した手法に従っている。

(ロ) 従業員は豊田商法が違法であることを認識していたか、少なくとも認識し得た筈でこれを回避すべき注意義務があったがこれを怠った。

ホ、会社の説明を信じたという点について

(イ)　豊田商法は極めて違法性が高い。

(ロ)　金の売買の場合、勧誘は一段の注意を要する。

(ハ)　社会的相当性を欠く実行行為者であり、これにより高額の報酬を得ていた。

条理上、前記注意義務があることは明らかで、会社、上司の説明があったからといって注意義務が免除ないし軽減されるものではない。

上司の説明を軽信したとすればその点に過失がある。

【一四】　京都地裁昭和六三年八月一〇日判決（昭和六〇年(ワ)第二五三二号、ジュリスト九一八号三頁以下、金融商事八〇五号三五頁以下）

破産宣告後各地で提起した支店単位の従業員に対する集団訴訟の最初の判決として注目される。

（判示内容）

イ、金地金の不保有

ロ、純金ファミリー契約について

書面上は賃貸借契約とされながら、そうとは認められず、返還時期にはじめて金地金を購入すればよいことになっており、その間顧客は極めて不安定な地位に置かれている。

ハ、セールス手法について

主として対象者は、老人、主婦等であり、無差別電話勧誘、セールスマンの純金の三大利点を中心に、執ように説明し様々なセールス手法を駆使し、顧客の正常な判断能力を失わせて金を購入させ、客観的には虚偽の説明をして純金ファミリー契約を結ばせる豊田商事の商法は極めて欺まん的なものである。

ニ、豊田商事の経営状況について

導入金は、経費等に費消され、一期といえども利益を計上したことはなく損失を計上していた。自転車操業的に新たな契約を拡大していくしかなかったが、豊田商事の資産内容は、少なくとも第三期（昭和五八年四月一日以降）はいかなる意味でも、破綻が目に見えていた。

ホ、違法性について

豊田商事は、金の現物がなく、純金ファミリー契約は危険であって、豊田商事の経営状態は悪く、返還時期に金地金の引き渡しが極めて困難ないし不可能なのにそれを確実である旨誤信させて契約を締結させたので、本件商法は違法である。

勧誘自体も、不適格者に、虚偽のセールストークを駆使し、顧客に対して不相当ないし不当な手段で影響を与え、購入を決意させたからセールス手法自体も社会的相当性を逸脱した違法なものである。

へ、支店長他従業員の責任

本件商法が組織的に一体としてなされたから民法七一九条の共同不法行為にあたる。

【一五】 金沢地裁昭和六三年一〇月一四日判決（昭和六一年(ワ)第九八号、判時一二九〇号二九頁以下）

いわゆる金沢方式（支店の全従業員に対して不法行為責任を求めたもの）による集団訴訟の判決である。

従業員は、関連共同性が認められる以上、自己の在職期間中の損害については、役職に関係なく全責任を負うべきだとする注目すべき判決である。

（判示内容）

イ、純金ファミリー契約の法的性格

売買契約に基づく金地金の引き渡し請求権を消費寄託の目的とする消費寄託契約である。

ロ、金地金の不保有、そして返還時期に金地金を返還できる目処はなかった。

ハ、導入金は、高額の経費等に費消し、資金運用は全くせず、設立当初から毎期損失を計上し、早晩倒産することが必至だった。

ニ、主婦・老人等に安全確実な資産運用方法であるかのように説いて勧誘していた。

ホ、実質は詐欺そのものとの認定と思われるが、判決文は、詐欺的な商法を行っていたという認定になっている。

豊田商事は、契約に相当する金地金を保有せず、返還時期に金地金を返還できないのに、これあるように装って、純金ファミリー契約が安全確実な資産運用方法であるかのような虚偽の事実を申し向け、顧客をその旨誤信させ、よって、代金等の名下に金員の交付を受け、これを騙取した。

へ、従業員らの責任

豊田商事の詐欺的商法を認識し、もしくは容易に認識しえたにもかかわらず過失によってこれを認識しなかった。

直接勧誘した者は、それ自体一個の不法行為を構成する。

直接勧誘しなかったものは、各支店営業所を一単位として、違法な商法を会社全体として組織的に遂行してきたものであり、少なくとも自己の属した支店、営業所のセールスマンの勧誘行為をほう助したし、各自の業務分担に応じて担当することで右営業活動がなされていることの共同認識があり、各自の行為が豊田商事の組織的営業活動として関連共同性を持っていた。

ト、責任の範囲

関連共同性が認められる以上、自己の在職した期間、自己の在職した支店営業所の活動によって生じた損害について、共同不法行為に基づく全損害の賠償責任がある。

【一六】　大阪高裁昭和六三年一〇月二八日判決（昭和六二年(ネ)第二三一五号）

原審（大阪地裁堺支部昭和六〇年(ワ)第一二一三号）では、従業員の責任を認めたものの過失相殺をしたので、被害者側はこれを不服として控訴した。本判決は、被害者側の言い分を認め過失相殺を否定した。本判決が示した過失相殺をすべきでない理由については【一〇】の判例同様、他の悪徳商法事件でも参考になろう。

豊田商法を、商法の内容と勧誘の双方から分けて判断していることは注目すべきであり、金地金の返還履行不能の時期を昭和五九年四月以降としていることは評価が分かれるだろう。

但し、純金ファミリー契約について、法的性格及びその内容から満期に金地金自体を返還するものであるから出資法二条の預り金契約にあたるとも断定できないとしたことについては問題がある。

なお、被控訴人は、控訴審には公示送達による呼出を受けても出頭せず答弁書も提出していない。

（判示内容）

イ、豊田商法の内容上の欠陥性

(イ)　純金ファミリー契約の法的性格

売買と準消費寄託の混合契約で、その商品性としての信用は返還時期の金地金の調達資力に専ら依存していた。

(ロ)　豊田商事は、財務内容が悪く、第三期末の昭和五九年四月以降は、満期に金地金の返還が不可能な資産状態にあったし、満期に自転車操業的やり繰りをして一部の顧客に満額返還をなす恣意的個別処理も殆ど不可能になっていたし、幹部経営者はこれを予測、認識しながらこれを容認して本件商法を継続していた。

(ハ)　違法性について

①　出資法二条違反とは断定できない

純金ファミリー契約の法的性質及び内容が、当初預かった同種同量の地金自体を返還するものであるから、直ちに出資法二条の預り金契約にあたるとも断定できない。

②　昭和五九年四月以降において、商法を継続することは、当初から履行不能等を容認して勧誘し、顧客から金員の交付を受け返還不能にさせた点で違法性が高い。

ロ、豊田商法の手段・方法の態様の反社会性

本件商法の手段・方法は、幹部経営者により考案された組織的詐欺的行為であり、考案どおり営業社員が実行すれば、それ自体で公序良俗に反し、ないしは社会的許容範囲を逸脱した違法性の強いものである。

ハ、違法性

本件商法は、少なくとも昭和五九年四月以降は、内容上履行不能の純金ファミリー契約を、公序良俗に反し、ないしは社会的許容限度を逸脱した組織的詐欺的手段・方法により、勧誘不適格者に勧誘していたもので高度の違法行為と言える。

ニ、本件勧誘の違法性と認識

本件勧誘行為がそれ自体、本件商法の違法性と同じく、勧誘不適格者に対し、現物取引を装い、虚偽の金の利点を誇張し、長時間、執ようかつ不当で悪質な手法により、自由な意思と判断力を狂わせ、資金を捻出させ、金地金の返還が履行不能なのに、これが可能なごとく装い純金ファミリー契約を締結させ代金の交付をさせたものであり、少なくとも社会的許容限度を逸脱した違法行為と言うべきである。

従業員らは、履行不能については明確に認識していなかったとしても、信義則上当然予見すべき注意義務がある。上司の説明によって勧誘しても違法性が阻却され、また軽減されるものではない。

ホ、過失相殺を否定する理由

被害者に、冷静に対処しなかった不注意ないし落ち度があったとはいえなくもないが、これは、もともと詐欺的勧誘を訓練された従業員らが、世間に疎く勧誘不適格者のうえ病気の後遺症で必ずしも判断力に優れていたものとはいえないところを狙い撃ち的に勧誘し、強引、巧妙かつ思い直す余裕を与えない方法により、意図的に誘発し、積極的に利用したものである。その方法の巧妙さは高度のものであり、他方、被害者は投機的意図で契約したものではなく、預貯金よりは少しばかり有利な安全な利殖商品のつもりで応諾したものである。このような双方の状況のもとでは、被害者の落ち度をもって過失相殺の事由とすることは、右制度の公平の理念に照らし相当でないというべきである。

【一七】 福井地裁昭和六三年一一月一一日判決（昭和六一年(ワ)第二三九号）

（判示内容）

イ、豊田商事の商法自体の違法性

取引形態は、金地金等の現物を伴わない詐欺性を帯び、純金ファミリー契約の実質は出資法二条の規定を脱法するおそれのあるもの、取引対象者や勧誘の組織的手段方法等に照らしても、社会的に許容される範囲を逸脱する不当なものである。豊田商事は、早晩破綻必至の状態だったから、純金ファミリー契約は、その実体に鑑み、反社会性を有する違法なものである。

ロ、具体的勧誘行為について

社会的弱者を狙い撃ちにした執ようかつ強引なもので社会的に許容される範囲を超えるものである。

ハ、従業員の違法性の認識等

これは概ね認識していた。

豊田商法が行き詰まり破綻すること、被害者が損害を被ることを予見し、少なくとも予見可能であったが、多額の歩合給を得ることを目的として、顧客に対し、極めて強引、執ような勧誘をして金員を交付させ、損害を与えた。

(5) 平成元年一月一日から同年一二月三一日までに判決言渡があった事件

【一八】　松山地裁平成元年三月七日判決（昭和六二年(ワ)第四一四号）

欠席判決である。

【一九】　秋田地裁平成元年三月一四日判決（昭和六一年(ワ)第三九一号）

（判示内容）

イ、豊田商事の体質及びその商法

(イ)　自転車操業的営業、一期たりとも利益計上したことがなく、より多くの導入金獲得のための方針であった。

(ロ)　豊田商事の行為は出資法二条に違反する。

ロ、被告らの責任

純金ファミリー契約の勧誘や契約締結が不当違法なものとされるべきものであり、右契約が顧客に損害を来すものであることを認識することができ、また認識すべきだった。被告らの各行為には関連共同性があるから、少なくとも過失による共同不法行為責任がある。

【二〇】　静岡地裁浜松支部平成元年三月二七日判決（昭和六一年(ワ)第六一号）

（判示内容）

イ、金の地金の現存することが契約の重要な要素となっているが金を保有していなかった。
ロ、豊田商事は一期も利益計上したことなし。
ハ、豊田商法は自転車操業であり早晩破綻する。
ニ、純金ファミリー契約は金の売買契約に基づく引き渡し請求権を消費貸借の目的とした準消費寄託契約であり、返還時期まで金地金の保有は不要のため、返還義務の履行の可否は返還時期の金地金調達能力による。
ホ、しかし、豊田商事は金地金を保有しておらず、経営状態、資産状態等に照らし返還時期に返還することは客観的に不可能であって、安全確実でないのにその旨虚偽の悪質な勧誘をし、被害者らに、本件契約が金の現物取引を前提としたもので、返還時期に金地金の返還が可能であると誤信させ、金員を騙取し、詐欺的商法を実践していた。
ヘ、豊田商法は、欺まん性、詐欺的性格を有し、その勧誘行為も悪質、執ようなものであるから、出資法二条に抵触するか否かを論じるまでもなく、勧誘したものの行為の違法性は明らかである。
ト、従業員らの責任につき、従業員らは、豊田商事の違法な事実の発生の認識またはその可能性を有していた。

【二一】 神戸地裁姫路支部平成元年三月二八日判決（昭和六一年(ワ)第四五九号）
豊田商事が会社ぐるみの詐欺行為を行っていたとしながら、過失相殺四割を認めてしまった判決として注目された。従業員の過失の内容も、他の訴訟でいう（破綻し損害を与えることの）結果予見義務、あるいは結果回避義務（勧誘しないこと）とは異なり、調査義務（豊田商事を問題であるとする新聞記事が根拠がないことを信ずるにたる資料を収集する義務）を言っていることも注目される。

（判示内容）
イ、豊田商法について

現物売買に名を借りたペーパー商法であり、売上の大半を必要経費に充当し、いずれ行き詰まることを知りながら、不適格者を勧誘し、販売方法も嘘をついてその正常な判断能力を失わせるなど巧妙かつ強引であって、経営陣が詐欺行為を敢行し、従業員は手足となり、会社ぐるみの詐欺行為といわざるを得ない。

ロ、従業員が会社ぐるみの詐欺行為であることを知っていたか否かについて

故意があったとは言えないが、しかし、豊田商事の問題が新聞などで報道され、それを知っている以上、本件取引方法が、顧客に対して損害を与えるものでないか否かについて調査を尽くし、通常人であればそのような記事が何ら根拠のないものであると信じるだけの資料を収集すべき義務がある。従業員は、右調査義務を尽くしていない過失がある。

ハ、過失相殺四割

被害者も豊田商事の現物まがいの詐欺商法を認識しうる余地が十分あり、豊田商事の一介の従業員にすぎない被告に原告の全ての損害を負わせるのは公平でないから、四割の過失相殺をする。

なお、弁護士費用は認めた。

【一二】　神戸地裁姫路支部平成元年三月二八日判決（昭和六〇年(ワ)第四六九号）

【一一】の判決と同じ合議体の同日の判決だから、判示内容も同様。但し、こちらは過失相殺が三割となっている。その違いについては、判決理由からは直接読み取れない。

【一三】　山形地裁平成元年四月二五日判決（昭和六一年(ワ)第一二四号、判例タイムズ七〇五号一九三頁以下）

（判示内容）

イ、豊田商事は、代金を受領しながら、現物を仕入れず、見本以外は金地金を殆ど自社内に保有していない。

ロ、預入金（二〇二〇億円）の使途は、客に五五〇億返還、経費六割、先物取引、関連会社への不良貸付などであり、自転車操業をし、一期たりとも利益を計上していない。

ハ、豊田商法は詐欺に該当

金地金を購入せず、履行不能が予め明らかであったのに、有利な利益が、安全確実に得られるかのごとき虚偽の事実を申し向け、その旨誤信させ、金員を交付させた。

ニ、従業員の責任

金地金を約定どおり客に償還することが不可能または著しく困難であることを容易に認識し得た。純金ファミリー契約の締結に向けて勧誘行為をしたこと自体、少なくとも過失による不法行為に該当し顧客に対し損害賠償の義務がある。

【二四】名古屋地裁平成元年五月二九日判決（昭和六一年(ワ)第四五八号）

膨大な判決である。出資法違反については、判断はさておくという。従業員の責任については、故意を問題とせずいきなり過失について判断している。なお、従業員は昭和五七年五月末頃以降、豊田商事の違法性につき予見可能性があるという判断は注目すべきである。

（判示内容）

イ、豊田商法は詐欺的な違法性が高い

豊田商事の商法は、不適格者の勧誘、地金を保有することの安全性、有利性を執ように強調し地金を購入する気を起こさせ、金を預けて賃借料を得る方がより有利で安全確実であるかのような虚偽の内容の文言で巧妙に勧誘し、その旨誤信させ、契約締結させるが、現実は、地金はほとんど保有しておらず、構造的赤字体質のためいずれ経営が破綻し、顧客に賃借料や地金の返還ができないことは客観的に明白であり、極めて詐欺的な、違法性が強い商法であった。

ロ、従業員の責任

自己の商法が詐欺に該当するか否かなどについて弁護士が説明せざるを得ないこと自体、豊田商事の商法の正当性、適法性を信じさせるというよりはかえってその商法が違法かもしれないとの疑問を豊田商事の社員に与えるものといわなければならない。豊田商事の社員は、少なくとも本件原告との関係でいえば、昭和五七年五月末ころ以降豊田商法の違法性につき予見可能性があると認められこの点過失が認定される。

【二五】　大阪地裁平成元年九月一四日判決（昭和六三年(ワ)第三三八九ないし三三九八号、判時一三四八号一〇〇頁以下、判例タイムズ七一八号一三九頁以下）

豊田商事破産管財人による不当利得返還第二次訴訟の判決である。

前記【一一】の一次訴訟と共通するところも多いが、純金ファミリー契約の法的性格を論じていないし、社会的相当性を逸脱した詐欺的というべき手法によって金員を収奪したという認定をしているので、若干ニュアンスが異なっている。

なお、返還不能時期については、第一次訴訟では第三期中と明言していたが、本件では明言していない。出資法違反については一次訴訟でもはっきりしなかったが（おそらく、純金ファミリー契約の法的性格を論じながら間接的にこれを否定したものと思われる）、本件判決でも、論じるまでもなく違法と言って判断をしていない。

（判示内容）

豊田商事の商法は、所定の期間経過後に金地金の返還を約するものであるが、豊田商事は終始極めて少量しか金地金を保有せず、かつ資力もないので返還時期に金地金を返還できる確実な見込みがないにもかかわらず、社会的相当性を逸脱した詐欺的ともいうべき手法によって多数の顧客から金地金売買代金名下に金員を収奪したのであるから、豊田商法は出資法二条に抵触するか否かを論じるまでもなく違法であることは明らかである。

【二六】　名古屋地裁平成元年九月二五日判決（昭和五八年(ワ)第二七六三号）

いわゆる三割訴訟の判決である。被害時期は昭和五七年一〇月と五八年一月、昭和五八年六月に豊田商事と和解契約をしている。右和解金で填補されない損害を従業員から請求しようというもの。従業員の過失を比較的初期の段階から認めていることなどは注目される。

（判示内容）

イ、勧誘の違法性

豊田商事は、契約高に見合う金地金を保有していないのに、不適格者に対して、安全有利な投資であるかのようにみせかけ、現物のかわりに証券を渡す詐欺的商法を営んでいたが、本件勧誘は豊田商事の商法の一環としてなされたもの。

ロ、従業員の過失

詐欺的商法を知りつつ契約を締結せしめたとはにわかに断定しがたいが、本件取引が現物取引でないことを知っており、金地金の有利な運用は通常思い及ばないことであり、昭和五七年三月頃から国会で問題になり、同年八月には新聞で大々的に報道されたことなどに照らすと、被告らは、豊田商事が詐欺的商法をしていることを容易に知ることができたのに、勧誘した過失がある。

ハ、和解契約について

和解は豊田商事と原告であり、従業員とではないからその効力は及ばない。
ニ、弁護士費用を認めるが慰謝料は否定する。

(6)　平成二年一月一日から同年一二月三一日までに判決言渡があった事件

【二七】　盛岡地裁平成二年三月一五日判決（昭和六〇年(ワ)第三八七号、ジュリスト九五四号一四三頁以下）

豊田商事は、設立当初から金地金を返還することは不可能であり、早晩倒産するのは必至であって、詐欺的商法を目的とする会社であると明解に判示している。また、自己の在職した期間、自己の営業所の活動によって生じた全損害について民法七一九条の共同不法行為責任を負うとしたことは【一五】の金沢判決と同一のものとして注目される。

（判示内容）

イ、豊田商事について

豊田商事は、契約に見合う金地金を保有せず、客から受け取った金員は、経費、先物取引等に費消し、設立当初から多額の損失を計上し続けていたことなどから、設立当初から、返還時期に金地金を返還することは不可能であり、早晩倒産することは必至であった。従って、豊田商事は、契約高に見合う金地金を保有せず、契約上の期限に金地金を返還することができないのに、これあるように装い、従業員らをして、安全確実であるかのような虚偽の事実を申し向け、客らにその旨誤信させ、金員の交付を受けこれを騙取することを目的とする会社ということができる。

ロ、従業員について

豊田商事の行っている商法が詐欺的商法というべき違法なものと認識していたか、認識していなかったとしても、容易に認識し得たからその点に過失がある。勧誘により金地金売買代金及び手数料名下に金員の交付を受けた従業員が当然金員を騙取したものとして不法行為責任を負わなければならないことは当然である。

ハ、直接勧誘しなかった従業員の責任

豊田商事が組織的に詐欺的商法を行っていたのであり、被告らはこのことを認識、あるいは、認識しなかったことに過失がありながら、その必要な業務の一部を担当したものであるから、共謀までは認められないとしても、豊田商事の組織的詐欺的商法に加担するという点で各人の行為に関連共同性が認められる以上、自己の在職した期間、自己の在職した営業所の活動によって生じた全損害について民法七一九条の共同不法行為責任による損害賠償義務を免れない。

【二八】 福島地裁平成二年三月三〇日判決（昭和六〇年(ワ)第二〇五号）

豊田商事の行為は、詐欺に該当する違法な行為と断言している。また、従業員の過失の内容について、原告側が主張した内容の注意義務、すなわち、資産の運用の具体的方法、運用率等について、自ら調査して約束の履行が可能かどうかを確認すべき注意義務を認めている点、及び監査役の責任について判示していることにも注目される。

なお、本件は純金ファミリー契約以外に、ゴルフ会員権のオーナーズ契約の勧誘についても判示している。

（判示内容）

イ、豊田商事について詐欺と断定

顧客から金の売買代金名下に金員を受領しながらこれに見合う金を購入していなかったし、返還期限まで金を購入して返還することが不可能になることを予め予想できたのに、組織的な勧誘方法により、あたかも純金ファミリー契約を締結することが有利確実な手段であるかのように申し向け、顧客をその旨誤信させ契約を締結したのであるから詐欺に該当する違法な行為である。

ロ、監査役・田村の責任

田村は、豊田商事の監査役として、代表取締役らの職務執行を監査すべき義務があるところ、昭和六〇年一月当時、豊田商事に償還資金を生み出すだけの具体的運用計画がなく、現に償還義務不履行が生じていることを認識していたのであるから、豊田商事がそれ以上経営を続けて損害の発生を拡大するのを防止すべく取締役会の招集を求めて右事実を報告するなどして代表取締役らに対する監査義務を尽くすべき義務があり、また、その義務があることを認識し得たと認められ、それをしなかったのは重過失により職務を怠ったものである。

ハ、従業員の責任

「純金ファミリー契約」については、金の償還をすることが著しく困難であることを容易に予見できたというべきだったのに、注意義務（調査確認義務、冒頭のコメント参照）を怠った過失がある。

「ゴルフのオーナーズ契約」については、一見してゴルフとは無縁である顧客に対して、既に豊田商事が倒産しそうであるとの報道がなされ、純金ファミリー契約の履行に不安を抱いているのに乗じたものだから、ゴルフ会員権証券は無価値であって、安全確実であるかのように装って勧誘する行為が詐欺であることを認識していたか、それが容易であったと認められ、右勧誘行為は、故意または過失による不法行為に該当する。

ニ、契約に関与しない被告の責任は否定した。

(7)　大洋商事のマリーン会員権に対する判決

【二九】　横浜地裁昭和六二年一二月二五日判決（昭和六〇年(ワ)第一五六六号、判時一二七九号四六頁以下）

豊田商事の関連会社大洋商事の代表取締役、及び次長に対する訴訟で、昭和五九年夏以降本格的に販売されたマリーン会員権商法はいずれ破綻する詐欺的商法とし、勧誘行為は公序良俗に反するという。次長には過失責任があるという。代表取締役には公示送達。

（判示内容）

イ、マリーン会員権商法の違法性

本件商法は、豊田商事グループが、純金ファミリー契約の償還資金獲得のためあるいは償還という負担のない商品として考案・販売されたもので、傘下のマリーナは、いずれもが採算性についてはっきりせず会員権の換金性についてはなはだ疑問であること、顧客からの導入金は経費等に費消されているにもかかわらず、勧誘の際には会員権が値上がりし、確実に賃料が支払われるなどといって勧誘していた。

このように、採算性に疑問のあるマリーナ利用権について、確実性の点で極めて疑問があるのに、断定的に右商品が優良な利殖商品であるとの宣伝・勧誘する本件商法は、この点でまず詐欺的要素が認められる。さらに、本件商法は、豊田商事の現物まがい商法によって不可避的に生ずる償還債務の穴埋めのための資金調達を目的としたものと断ぜざるを得ず、破綻は自明の理である。

ロ、次長の責任

このような商法は、破綻し顧客に損害を与えるであろうことを予見し得たのに、これを怠り、漫然と有利性等を述べて勧誘した。

(三) 民事判決の整理

(1) 違法性の内容に関する類型

以上の判例は、原告側が豊田商法について、詐欺、出資法違反、公序良俗違反であると主張したものに対する裁判所の見解であり、それをはっきり認定するものもあれば、あえてそこまではいわないもの、別の基準を立てて違法と判断しているものもある。

豊田商事の各地の判例の違法性の内容を検討すると、厳密にはそれぞれ異なっており、全く同じというものはないが、おおよそ次の三類型に分けられるのではないか。

まず、第一に、豊田商法の違法性を、詐欺、出資法、公序良俗違反というように刑罰法規違反、公序良俗法規違反を明確に認定したもので、仮に名付ければ法規規範違反類型。

第二に、詐欺、出資法違反とまでは断定しないものの、詐欺的、出資法の脱法行為などと、第一類型よりやや緩やかな、いわば準法規規範違反類型。

第三に、必ずしも詐欺、出資法、公序良俗違反という表現にはふれず、社会的許容範囲の逸脱、社会的相当性を欠く行為といった、より一般的に違法性をとらえる、いわば一般的違法類型。

もっとも、右の分類は必ずしも明確でなく、判決には、どちらにもまたがっているものや、例えば、公序良俗違反と社会的に許容されない行為とはどう違うかなど問題はあるが、原告側が公序良俗違反という言葉を使ったのに対し、あえて裁判所がそう言わなかったものは便宜上第三類型に入れる。また、詐欺という言葉は使っていないものの判決文では誤信、騙取などという言葉で文脈から詐欺を認定しているものと評価できるものは詐欺に入れる（例えば、【一五】、【二七】の判決）。

(2)　整理

以上、これをもとに整理すると次のようになる。判決は番号だけで表示する。

イ、第一類型（法規規範違反類型）

詐欺、出資法、公序良俗違反を明確に認定した判例

(イ)　詐欺について

【三】　従業員にも故意を認定。
【六】　従業員の勧誘について詐欺という言葉はないが認定したもの。
【八】　欺罔行為等丁寧に認定している判決。
【九】　特に判示ないが認定。
【一二】　一審では出資法、公序良俗違反について認めたが、控訴審ではそれに加え詐欺も認定。
【一五】　金沢判決。文言は詐欺的だが実質は詐欺そのもの。
【二一】　会社ぐるみの詐欺行為と認定。
【二二】　【二一】と同じ。
【二三】　豊田商法が詐欺と認定。
【二七】　会社は詐欺を目的とする会社と認定。
【二八】　純金ファミリー契約を締結する行為は詐欺に該当する（勧誘行為を詐欺）。

(ロ)　出資法違反を認定した判例

【一】　純金ファミリー契約の法的性格を論じながら、出資法違反と認定している。
【三】　欠席判決なので理由なし。
【九】　実質的欠席判決。
【一〇】　東京地裁。肯定する注目すべき判決。理由は特になし。
【一二】　出資法の趣旨、具体的勧誘文言等から認定している。出資法違反について最も詳しい認定をしており、参考となる。

【一九】特に注目すべき理由なし。

(ハ)　公序良俗違反を認定した判例

【一】勧誘について公序良俗違反という。

【三】取引契約について（無効）。

【一二】【一】の控訴審として、【一】と同旨と解せられる。

【一六】勧誘が公序良俗ないし社会的許容範囲を逸脱した違法なもの。

【二九】マリーン会員権商法の勧誘行為について。

ロ、第二類型（準法規規範違反類型）

詐欺的、出資法の脱法行為と認定した判例

【五】取引の仕組自体に詐欺的要素。

【七】詐欺的、出資法の適用を免れるため。

【一四】純金ファミリー契約は極めて欺まん的なもの。

【一六】勧誘が組織的詐欺的行為。

【一七】出資法二条の脱法行為。

【二〇】豊田商法は、欺まん性、詐欺的商法という。

【二四】豊田商法は、詐欺的な違法性の高いもの。

【二五】社会的相当性を逸脱した詐欺的ともいうべき手法。

【二九】 詐欺的商法。

ハ、第三類型（一般的違法類型）

社会的許容範囲を逸脱したというような一般的類型

【四】 違法な侵害行為。

【五】 勧誘について、到底社会的に許容されない違法なもの。

【一一】 虚偽の勧誘文言を駆使し、顧客の自由な意思に誘惑的あるいは強要的で不相当、不当な手段で影響を与えた。

【一三】 虚偽の勧誘文言を駆使し顧客の自由な意思に誘惑的あるいは強要的な不当な手段で影響を与えた強度の違法性云々、社会的相当性を欠く。

【一四】 セールスは不相当ないし不当な手段で影響を与え、社会的相当性を逸脱した違法なもの。

【一七】 勧誘は、社会的許容範囲を逸脱する不当なもの。

(3) 違法性の内容の数による分類

(2)では違法性の内容について着目して整理したが、これをさらに違法性の内容として、どのような内容をいくつ認定したかという観点から整理してみる。

イ、三種類（詐欺、出資法違反、公序良俗違反）全部認定したもの

【三】、【一二】

なお、【三】は欠席判決だから実質は【一二】だけである。

ロ、二種類

(イ)　詐欺、出資法違反

【七】、【九】

(ロ)　出資法違反、公序良俗違反

【一】

(ハ)　詐欺的、公序良俗違反

【三九】

(ニ)　詐欺的、社会的許容範囲逸脱等

【一四】、【一六】、【二〇】、【二一】

(ホ)　出資法の脱法行為、社会的許容範囲逸脱

【一七】

八、一種類

(イ)　詐欺

【六】、【八】、【一五】、【二一】、【二二】、【二三】、【二七】、【二八】

(ロ)　出資法違反

【一〇】、【一九】

(ハ)　詐欺的

【五】、【二四】、【二六】

(ニ) 社会的許容範囲逸脱

【四】、【一二】、【一三】、【一五】

(4) 金の不保有を認定した判決

豊田商事の事件では、被害者弁護団は金の不保有を問題にしてきたが、各地の判決はどうであったか。

イ、金の不保有に言及した判例

【一】、【五】、【七】、【八】、【九】、【一〇】、【一一】、【一二】、【一四】、【一五】、【一七】、【二〇】、【二一】、【二二】、【二三】、【二四】、【二五】、【二六】、【二七】、【二八】であり、原則として触れているといえる。

ロ、金の不保有に触れていない判決（欠席判決と公示送達を除く）

【四】、【六】は詐欺を認めながら触れていない。

【一三】大阪地裁、【一六】大阪高裁。

【一九】秋田地裁は出資法違反を認めながら金の不保有には触れていない。

(5) 純金ファミリー契約の法的性格について

イ、判決には純金ファミリー契約の法的性格について触れている判決がある。

【一】、【一二】、【一三】、【一五】、【一六】、【二〇】の判決がそれである。なお、【一二】は【一】の控訴審判決であるが、【一】で認めたものを全て認めているのでここでも取り上げている。

ロ、これをさらに、分けると次のようになる。

(イ) 金地金の売買の部分も考慮して論じているもの（混合契約としている）

① 売買と消費寄託【一】、【一二】

② 売買と準消費寄託【一一】、【一三】、【一六】

(ロ) 預託行為だけをとらえているもの

① 消費寄託【一五】

② 準消費寄託【二〇】

(四) 刑事判決の紹介

【三〇】 大阪地裁平成元年三月二九日判決（昭和六二年(わ)第一三八九号、判時一三二一号三頁以下）

(1) 起訴された被告人及び罪名

イ、本件刑事事件で起訴されたのは、豊田商事の主要幹部役員五人である。そのうち、石川洋は、昭和六〇年二月以降は豊田商事の代表取締役、主として営業部門を統括、薮内博は昭和五九年二月から豊田商事の取締役副社長など、主として豊田商事及び銀河計画の総務財務等の内部部門を統括、山元博美は昭和五九年三月から豊田商事の専務取締役、主として豊田商事、銀河計画の財務部門を統括、石松禎佑は、昭和五九年二月から豊田商事専務取締役、顧客管理部門、道添憲男は、昭和五九年六月から専務取締役、主として豊田商事の総務、業務、人事部門を統括してきたものである。彼らは各部門を統括する最高責任者として、同社大阪本社の最高意思決定機関である役員会議を構成していたものである。豊田商事の経営の基本方針、重要事項については、すべて右役員会議で決定したうえ、通知通達等で各支店営業所に伝達されていたから、被告人らは、まさに豊田商事の中枢を担っていたものである。

周知の通り、最重要人物永野一男は、刺殺され、またナンバー2といわれた北本幸弘は行方不明にて、起訴されていない。

ロ、罪名は詐欺であるが、今回起訴された範囲は、昭和六〇年一月一日から同年六月一〇日までのものであり、被害者総数四〇六三名、被害総額一三八億一五二万八三二〇円である。

(2) **判決の要旨**

判決は、第一部認定事実(第一ないし第一〇まで)、第二部証拠の標目、第三部弁護人らの主張に対する判断(第一ないし第五)、第四部法令の適用等(第一ないし第三)となっているが、判決の詳細は別稿で紹介される予定なので、ここでは民事の損害賠償請求訴訟の違法性を検討するうえで重要と思われる必要最小限の事実を要約して紹介する。

イ、第一部認定事実について

(イ) 第一ないし第九まで

豊田商事は、永野一男が昭和五二年頃から名古屋市で「豊田商事」の商号で金地金の商品取引をはじめた後、同五三年七月に東京を本店とし道添を名目上の代表取締役にして法人化したことに始まる(旧豊田商事)。旧豊田商事は、予約取引などと呼ばれる私設市場で、呑み行為を行っていたが、昭和五五年一月頃、客の取り付け騒ぎが発生し、名古屋から大阪に営業の拠点を移し、客との間で長期分割の和解をして急場を凌ぎ、昭和五五年八月、永野自ら代表取締役となったが、客とのトラブルは絶えなかった。昭和五六年初め頃、金が商品取引所法の政令指定になれば私設市場の取引ができなくなるため、永野は、一方で新たに開設される金取引所の取引員となるべく奔走し、他方、これまでの金地金の先物取引から転換する方法として、当初「純金信託証券」商法を考案し、同年五六年三月頃、旧豊田商事の会議室で、純金ファミリー商法を発表し、その際、資金の運用方法などについては何ら確立することなく実施に移された。

昭和五六年四月、資本金一〇〇〇万円で大阪に本店を置く、大阪豊田商事が設立され(代表取締役永野一男)、これが四回増資され、昭和五七年九月、商号変更され、今回問題となった豊田商事になったものである。

豊田商事の損益を第一期（昭和五六年四月から五七年三月まで）から第五期（昭和六〇年四月から同年七月まで）までみると、第一期の当期損失は約三五億円、第二期（昭和五七年四月から五八年三月まで）の当期損失が約一五八億円、当期未処理損失が約一九三億円、第三期（昭和五八年四月から五九年三月まで）の当期未処理損失は約四一七億円、第四期（昭和五九年四月から六〇年三月まで）は、当期損失が約三二七億円、当期未処理損失は約七四四億円、第五期は、当期損失約一四二億円、当期未処理損失が約八八六億円である。

その間の象徴的出来事は次の通りである。

第一期は、永野が導入金を旧豊田商事時代から手を染めていた先物取引に投入していた。第二期は、全協連が豊田商事の先物取引の受託を行わないとの申し入れをした時期。第三期は、昭和五八年六月に五年ものの純金ファミリー契約が発案され、同年九月五日に大阪国税局が税務調査に入り、同年一〇月先物取引被害全国研究会の公開質問状、同年一二月から給料が一五日から二〇日の支給に変更され、ファミリー契約の継続にも高額の歩合給が支払われることになった時期であり、翌五九年三月には全国の有志弁護士が大阪地検に集団告訴を行った。第四期は、昭和五九年四月に銀河計画が設立され、同年五月純金ファミリー契約は昭和六〇年三月までに打ち切り、ゴルフ会員権に移行する旨発表され、同年六月薮内の使い込みが発覚、但し、同人が内情を知りすぎていたため辞めさせることはできず、同年七月豊田商事の店舗は六一店で終了する旨発表、同年九月顧問弁護士会議の席上、永野が巨額の赤字を抱えていることを発表、同年九月下旬、歩合給の引き下げを断行、同年秋頃から満期償還が三、四ケ月の遅れが生じ出し、償還しなければならない金額は一〇〇〇億円に達し、昭和六〇年一月大阪地検に経営計画書を提出、同年二月豊田商事を使い込みで退職した元社員らが豊田商事の確定申告書等を公表すると恐喝した。第五期は、昭和六〇年四月鹿島商事の社員が逮捕され、同月捜査の手が延びることを感じ香港へ豊田商事の書類を運びだし、同月東京の金融業者から一〇億円借入し、四月二〇日支給分の四月分の給料が遅配になり分割支給、同年六月一〇日ファミリー契約を全面的にとりやめゴルフ会員権へ、六月一五日銀河計画が兵庫県警に外為法違反で捜査を受け、六月一八日永野刺殺、六月一九日通産省は豊田商事グループのすべてにペーパー商法の停止を文書で郵送、六月二〇日破産申立、七月一日豊田商事に破産宣告となる。

豊田商事の実態は次のようなものであった（神山敏雄「豊田商事刑事判決の意義と問題点」法律時報六一巻七号八二頁から）。

「豊田商事は、旧豊田商事の約二〇億円の債務を引き継いで出発しており、財政的な基盤は全くなかった。顧客から受け入れた導入金は、的確に運用し、多額の経費や顧客への償還資金、並びに高額な賃借料等を賄うだけの収益を上げることが会社存立のために必要不可欠であったにも拘わらず、導入金をまず商品先物相場に投入して多額の損失を招いたうえ、無駄な関連会社を多数設立し、買収して、ますます、導入金を浪費するのみで、顧客への償還や多額の経費には新たな顧客から受け入れた導入金をあてる、いわゆる自転車操業を繰り返すほかなかった。また、経営方針を決定する役員会議において、ファミリー契約の償還計画を検討したことは一度もなく、経営方針は導入金獲得一辺倒であった。営業社員に対しては、厳しいノルマや導入額による昇降格基準を設定したうえ、高額な給料、歩合給、各種賞金、商品を支給する等徹底したアメとムチの政策で社員を導入金獲得に駆り立てた。他方において、豊田商事が優良堅実な会社であるかのように装うため、各地の一等地の高級ビルに豪華な内装を施した店舗を設置するとともに、多数のペーパー会社を含む一〇〇社に上がる関連会社を設立、または買収して豊田商事グループが国の内外で多方面で活動しているような外観を作り上げたのも、顧客からの導入金を有効に運用しているようにみせかけて導入金の獲得を図る目的に出たものにほかならなかった。導入金は商品先物取引にも投入され、それによって約三〇億円を超える損失を被り、その後もダミー会社を通じて相場を張り続け、多額の損失を招いた。また、ファミリー商法に対する社会的批判が高まるにしたがい、導入金を運用している外観を整えるため、多数の関連会社を設立・買収し、これらを統括する会社として銀河計画株式会社を設立するなどして、約三五五億円の導入金を関連会社に投入したが、その運営には当初から計画性がなく、場当り的で、人材も乏しく、買収した会社も数をそろえるための不良会社がほとんどであった。関連会社は銀行融資も受けられずほとんどが赤字であり、豊田商事の赤字を補填するどころか、逆に赤字を増大させて導入金を食い潰す存在にすぎなかった。要するに、豊田商事は設立当初から赤字を計上し続け、赤字額は膨れ上がっていった。特に第三期（昭和五九年三月期）頃から赤字の累積は著しく、ファミリー契約の約定どおりの償還は不可能な状態にあった」

(ロ)　第一〇、罪となるべき事実

a．豊田商事は、純金等の売買契約と賃貸借契約と称する純金ファミリー契約を締結し、顧客から売買代金、売買手数料を受領する一方、顧客に対して純金等の引き渡しに代えて純金ファミリー契約証券を交付することにより、顧客に対して純金等の期限の定め預託を受けることとし、期間に応じ賃料を顧客に前払いし、その預託期間満了時に同種、同銘柄、同数量の純金等の返還を約しつつ、その実態は、契約締結時点では契約に見合う純金等の現物を保有せず、賃貸借の目的となる純金等の特定もせず、純金等の売買及びその賃貸借の実質を伴わないまま、これらを巧みに仮装した取引形態により、金銭を受け入れたものであるところ、

b．被告人らは、豊田商事が設立当初から顧客より受け入れた金銭を多額の経費等に費消し、顧客に対し満期に償還すべき純金等の購入資金及び右賃料の支払い資金に充てるに足りる有効な資産の運用を行っていなかったために、毎

期多額の欠損を計上し、新規契約の獲得により顧客から新たな資金の受け入れが得られないときは直ちに倒産する極めて不堅実な経営を続け、

c．昭和五九年一一月頃には、ファミリー契約の未償還債務が一〇〇〇億円に達し、資金難のため営業社員に対する歩合給の引き下げを行い、とりわけ最も期待していたベルギーダイヤモンドやゴルフ会員権による収益も殆ど期待できない情況になり将来的な展望もなかったことから、豊田商事及び銀河計画の経営ももはや破綻を来しており、新たに顧客から金銭を受け入れても、顧客に対し純金等を約定期限に返還し、また約定どおり賃借料を支払うことが不可能になるかも知れないことを認識しながら、

d．さらに、警察の手入れを察知して財務関係書類等を廃棄するなど証拠の隠滅を謀り、また豊田商事の営業社員の給料が遅配になるなど資金繰りが極めて逼迫する事態となった昭和六〇年四月下旬頃以降は、もはや約定通りに純金等を償還し、賃借料を支払う見込みがないことを知りながら、それもやむを得ないという意思を暗黙のうちに相通じ、永野と共謀のうえ、顧客との間に、純金等の売買契約及びファミリー契約を締結する方法を引き続き行うことにより金銭を騙取しようと企て、

e．昭和六〇年一月一日頃から同年六月一〇日頃までの間、四〇六三回にわたり、四〇六二名の顧客から、真実は、豊田商事及び銀河計画の経営が破綻していて、顧客から新たに金銭を受け入れても、約定どおりの純金等の償還及び賃借料の支払いができる見込みがないことを秘匿したうえ、豊田商事は優良堅実な企業であり、純金とは安全確実な資産保有の手段であるうえ、豊田商事との間で純金等の売買契約と純金ファミリー契約を締結すれば、預託期間満了時には約定どおり確実に純金等を償還するばかりか、他の金融商品よりはるかに有利な所定の賃借料を前払いするので、純金等の値上がりと合わせて二重の利益が得られるなどと申し欺き、被害者らをして、預託期間満了時には確実

に純金等の返還が受け入れられることはもとより、五年ものファミリー契約については約定どおりの賃借料の支払いを受けられるものと誤信させ、よって、現金一三七億六八六三万九一七一円等を、売買代金及び売買手数料等の名下にこれを騙取した。

ファミリー商法は、純金等の売買契約とファミリー契約とからなるものであるが、豊田商事では、この両者を殊更分けて現物売買であることを強調していたため、顧客は純金等の現物が存在し、その現物を豊田商事に賃貸することにより賃貸料を受領できるものと理解していたが、実態は、豊田商事では、契約時には売買契約に見合う純金等を仕入れておらず、償還時にその都度仕入れていたのであって、顧客の手に渡るのは現物の裏付けのない純金等ファミリー契約証券という紙片にすぎなかった。

被告人らは、遅くとも、豊田商事のファミリー契約による未償還債務額が約一〇〇〇億円に達し、資金難のため、営業社員に対する歩合給を引き下げざるを得なくなった昭和五九年一一月頃には、豊田商事及び銀河計画グループの経営が行き詰まり、ファミリー契約の約定どおりの償還や賃貸料の支払いが不可能になるかもしれないが、それもやむを得ないという意思を永野らと相互に通じたうえ、豊田商事の会社組織を利用して、ファミリー商法を継続して行うことにより、本件犯行を遂行する共同意思を形成したものと認められる。さらに、被告人らが、昭和六〇年四月下旬頃、警察の手入れを察知して財務関係書類等を廃棄するなど証拠隠滅を謀り、またその頃、豊田商事の営業社員の給料が遅配となるなど資金繰りが逼迫する事態となったことを知った時点からは、本件詐欺について確定的故意を有していたことが認められる。

このように被告人らが償還不能になることもやむを得ないとして、なおも営業社員らを介して、顧客に対し、豊田商事が優良堅実な企業であり、純金等は安全確実な資産保有手続きであるうえに、豊田商事との間で純金等の売買契約と同時にファミリー契約を締結すれば、預託期間満了時には約定どおり確実に純金等を償還するばかりか、他の金融商品よりはるかに有利な所定の賃借料を前払いするので純金等の値上がりと合わせて二重の利益が得られるなどといって勧誘したことが欺罔行為に該当し、その結果、その誤信した顧客から金銭等の交付を受けたことにより、本件詐欺事件の既遂が成立する。

ロ、第三部弁護人らの主張に対する判断について

弁護人らの主張は、本件詐欺の範囲及び共謀の点について争っている。これに対する判断（特に、第二犯意の形成及び共謀成立の要因について）も違法性の検討に参考となるのでごく簡単に紹介する。

(イ) 行為の反社会性

旧豊田商事時代に永野は、呑み行為という反社会的行為により、大衆から金銭を導入して会社経営を行っていたものであること、ファミリー商法は、その目的が永野が行っていた商品先物取引の資金を大衆から集めるためのものと推定され、その本質は大衆からの資金の借入であって、その目的はまことに不健全である。

ファミリー商法は、現物の裏付けのないペーパー商法であり、その本質は一般大衆からの資金の借入であり、客の手もとに残るのはせいぜい借用証程度の意味しかないものであって、そのことを顧客が知れば大半の客はファミリー契約の締結に応じないことは明らかであり、豊田商事のファミリー商法はまさに出資法の脱法行為というべきものである。

セールス方法も、その対象が一人暮らしの老人や主婦等を狙い撃ちをし、その手法も、客観的に虚偽のセールストークを使って客の判断力を失わせるべく社会的相当性の範囲を逸脱した不当な手段を用いて、執ようかつ強引に契約の締結に持ち込み、老後の資金等生活のために必要不可欠な資金まで奪っていったものであって、極めて反社会性の

強い行為であった。

豊田商事は、このような社会的批判をかわすために導入金を運用する関連会社を設立したりするなどしたが、それらの実態はいずれも金集めの会社であり、しかも反社会的な商法をとっていたのであって、結局は、運用のカムフラージュに過ぎないものであり、豊田商事の営業は一貫して虚業であり、反社会的な活動と言わなければならない。

(ロ)　営業破綻の要因と償還困難性

豊田商事は、自己資本もなく、巧妙な方法で一般大衆から金銭を集め、それを正しく運用することもなく、まず商品相場に注ぎ込み、次にファミリー商法の批判が出ると収益性のない多数の関連会社を設立、買収しそれらの経費に費消し、ファミリー商法と同様のペーパー商法で一般大衆から金銭を集める等、常軌を逸した所業を重ねてきたものであって、到底実業と呼べるものではなくまさに虚業である。それにもかかわらず、多数の顧客を集めえたのは、取引及び会社の実態を隠蔽仮装し、営業社員や顧客を好条件をかかげて誘導し、強引に契約をとることによって、急激に成長した全国的な規模の優良会社であるかのような外観を作り上げたことによるものであって、しかしながらその実態は社会的にも経営的にも多くの問題があり、早晩行き詰まることは必至の状態であった。

(五)　刑事判決の民事的評価

豊田商事の刑事事件判決は、破産管財人の調査報告書とともに、豊田商事の実態を知るうえで最も信頼できる資料を与えてくれたものといえる。ここで認定された事実は、民事の損害賠償請求訴訟における違法性を検討するうえで極めて参考になる。

勿論、刑事と民事では、違法性といっても、それぞれ法の目的が違うからその判断も同一ではないものと思われるが、少なくとも刑事で違法とされたことについて、民事の不法行為における損害賠償請求権発生のための要件である違法性があると判断することに異論はないであろう。すなわち、刑事判決では、被告人らに詐欺罪の成立を認めているから、民事上も被告人らは、被害者に対して詐欺という違法行為によって損害を与えたものと評価され、損害賠償責任を負うということに異論はないであろう。民事的にはむしろ、刑事上の詐欺に当たらなくても、例えば詐欺的行為によって被害者に損害を与えた以上、損害賠償の義務を負うと判断できないか、という点に関心がある。

その点についてはあとで検討することとし、ここでは詐欺、出資法違反という刑罰法令に触れる違法行為について、どの点をとらえてそのように認定したのかを確認するにとどめる。

なお、刑事法上の問題点については、神山敏雄教授の「豊田商事商法の刑事法上の考察㊤㊦」(判例タイムズ六五四号四頁、同六五五号四頁)、同「豊田商事刑事判決の意義と問題点」(法律時報六一巻七号八二頁)、また別稿でも詳しく論じられているので、そちらを参考にしていただきたい。

(1) 豊田商法の本質と虚構性について

イ、刑事判決は、豊田商事のファミリー商法の本質について、一般大衆からの資金の借入であり、契約に見合った金地金が存在せず、客の手もとに残るのはせいぜい借用証程度の意味しかない契約証券だけのいわゆるペーパー商法であるので、この実態を隠蔽、仮装するための手段として、純金等の売買とファミリー契約を組み合わせたうえ、セールストークにおいて殊更現物の裏付けがあるように装い、一般大衆に純金等のイメージ、信用力を利用して集金をはかったのが豊田商事のファミリー商法であった、と明言する。

ロ、豊田商法の虚構性として、現物の裏付けのないペーパー商法であることと、出資法の脱法行為であるという二点を挙げている。

(2)　セールス方法の反社会性

イ、刑事判決は豊田商事のセールス方法について、もっぱら勧誘しやすい老人や家庭の主婦を狙って、客観的に虚偽であるセールストークを駆使したうえ、客の判断力を失わせるべく社会的相当性の範囲を逸脱した不当な手段を用いて、執ようかつ強引に契約の締結に持ち込み、老後の資金等生活のために必要不可欠な資金まで奪ったものであって、極めて反社会性の強い行為であった、と判示している。

ロ、セールス方法が、極めて反社会性が強いのであれば、それだけで民事の損害賠償請求をできるだけの違法性を有していると言うべきである。すなわち、契約内容が詐欺か出資法違反かにとらわれなくとも、勧誘行為それ自体が極めて反社会性が強いのであれば、それを理由に違法性ありというべきである。

ハ、そしてここでは、セールス方法の違法性についての重要な要素として、セールスの対象とその方法の二要素を掲げている。

対象は、一人暮らしの老人や家庭の主婦等を狙い撃ちにしたこと。

方法については、契約に見合うだけの金地金がないのに現物取引であるかのように装うこと、金の三大利点のトーク（現金と同じでいつでも換金できること、非課税であること、値上がりが確実であること）のように虚偽または不正確な説明をしていること、巨額の損失を計上しているのに、いかにも豊田商事が優良堅実な会社であるかのように作為的に、一等地のビルに入居し、豪華な内装やパンフレットを見せ、安全、確実、有利といったセールストークで勧誘していたことをあげている。

(3)　詐欺について

イ、刑事判決では豊田商事の純金ファミリー契約それ自体の詐欺というよりも、契約を締結させることの詐欺、すなわち勧誘行為についての詐欺性に力点が置かれている。これは、刑事事件が、被告人を処罰できるかどうかの問題だから、被告人が何をしたかという点を問題にしているということを考えれば当然のことといえよう。

ロ、欺罔行為について

刑事判決ではどの点をとらえて詐欺と認定したか。

判決では、要するに償還不能になるかも知れないことを認識しながら、豊田商事が優良堅実な企業であり、純金ファミリー契約を締結すれば期間満了時には純金等が確実に償還され、他の金融商品よりも有利な賃借料を前払いするので、純金の値上がりと合わせて二重の利益を得られると言って勧誘することが詐欺の欺罔行為であるという。すなわち、刑事判決がいう欺罔行為の要素は、会社の信用性（安全性）、償還確実性、契約の有利性の三点ということになる。

ハ、誤信の内容

判決によれば、ロの欺罔行為が被害者らを、「期間満了時には確実に純金等の返還が受けられることはもとより、ファミリー契約については約定どおりの賃借料の支払いが受けられるもの」と誤信させたとあることから、純金の償還確実性と、契約の有利性のうち賃借料についての二点が誤信の内容、すなわち錯誤の要素となるといえる。

詐欺の場合、欺罔行為と錯誤の関係について、被告人がなになにと申し欺き、被害者をその旨誤信させ、という表現がとられ、欺罔行為と錯誤が一致していることが少なくないが、本件はロとハが若干食い違っている。欺罔行為と錯誤の要素は必ずしも一致する必要はないということであろう。

ニ、償還不能の時期について

客観的状況として、豊田商事が償還不能になった時期はいつかという点についての判断は必ずしも明確に示されているとはいえないが、昭和五九年一一月頃には、ファミリー契約の未償還債務が一〇〇〇億円になり、ベルギーダイヤモンドの収益も期待できなくなったとしており、また主観的認識の問題として、昭和五九年一一月と六〇年四月の時点をとらえ、前者の段階では未必の故意、後者の段階からは確定的故意という認定をしていることから、会社自体の償還不能時期は昭和五九年一一月より以前であることは明らかであろう。

問題は、当初から償還不能といえないかどうかである。判決の立場は明らかではないが、豊田商事設立のいきさつや、当初から二〇億円もの負債を引き継いでいること、純金ファミリー契約が考案されたいきさつが永野一男が先物取引に注ぎ込む金を捻出することにあったこと、集金した金の運用や使途について殆ど検討していなかったこと、収支決算は一期たりとも黒字を出しておらず、年々損金がふくれあがっていったことなどを考えれば、豊田商事は当初から償還不能の状況にあったというべきである。

(4)　出資法違反について

イ、刑事判決では、豊田商事のファミリー商法は、まさに出資法の脱法行為というべきであると判断している。すなわち、豊田商事のファミリー商法の本質は、不特定かつ多数の者からの金銭の受け入れであったから、同社は出資法二条の「預り金」の規定の適用を免れるため、純金等の売買と賃貸借契約と称するファミリー契約を組み合わせたのであり、出資法の脱法行為であるという。

ロ、出資法の脱法行為ということをどう解釈するかである。おそらく、出資法二条違反の脱法行為というにとどまるであろう。法それ自体の脱法行為については同法二条二号で禁止しているので、それとの関連が問題となるが、後述する。民事的にはどうとらえるべきか議論の余地があろう。しかし、本質が出資法二条の「預り金」であると明言している以上、民事的にも違法であることは疑いのないところであるが、少なくとも取締り法規の脱法行為であるから公序良俗違反ということになろう。

(5) まとめ

このように、刑事判決は、民事の違法性を検討するうえで貴重な資料を提供している。この判決では、豊田商事の純金ファミリー契約の虚構性、出資法の脱法行為性、勧誘方法等の反社会性、被告人ら幹部の詐欺等については明確になっている。しかし、当然ながら幹部以外の従業員の責任については必ずしも明らかではないし、純金ファミリー契約の法的性格や、それが有効かの民事的効力、また損害賠償請求するうえでの違法性として、勧誘方法の違法性だけで足りるのか、純金ファミリー契約の虚構性、出資法の脱法行為であることなども主張、立証する必要があるのかなどは必ずしも明らかではない。

そこで次に、民事、刑事の判決を参考にしながら、豊田商事の違法性についてのいくつかの問題点について検討したい。

3 従来論じられてきた違法性に関する諸問題

(一) はじめに

豊田商法の違法性に関するいくつかの問題点について、若干の整理と検討を加えたい。ここでは、破産管財人の報告書や、刑事事件の判決などによって豊田商事の実態が判明した現時点で、豊田商法の違法性を検討する。従ってこれは、いわば事後的判断である。より実践的に違法性を検討するうえでは、これだけでは十分でないことは後述する。

ここで検討するのは次の点である。

第一に金の不保有の問題について、第二に純金ファミリー契約の法的性格と、これを論じる実益について、第三に詐欺について、第四に出資法違反について、第五に公序良俗違反についてである。

ところで、私は豊田商事国家賠償訴訟弁護団にも参加しているが、ここでもこれらの点のいくつかについて議論し、検討してきた。そして、今でも多大なる教えをいただいているが、特に出資法違反については極めて大きな示唆を受けている。

(二)　金の不保有について

豊田商事は、契約高に見合う金地金を保有していなかったことは事実であるが、このことは違法性について、どのような影響を及ぼすか。

すなわち、訴訟では必ずと言っていいほど原告側は、豊田商事は契約高に見合うだけの金地金を保有していないのに云々という主張をしてきたし、昭和五八年一〇月六日の全国の有志弁護士による公開質問状などにも豊田商事の金の保有量について問題としてきた。また前記の通り、各地の判決も金の不保有を認定しているものが大多数である。

これは何のためであり、その必要性はあったのかどうか検討しておこう。

(1)　豊田商事は、金地金の現物を取引する会社であるという説明をしてきたし、純金ファミリー契約も当初は賃貸借契約と言っていたから、特定物、すなわち顧客が買った金地金そのものを賃借するということを意味していた。顧客も豊田商事が契約高に見合う金地金を保有しているというところに安心感を抱いていたのであるし、また多くの顧客は期間満了の時には預けた金地金が返還されるものと考えていたと思われ、また、買った金地金が五年後には値上がりしているという期待を持っていた。

刑事判決が指摘する、安全、確実、有利という詐欺行為の要素は、いずれも金地金の存在を前提としていたものと考えられる。すなわち、豊田商事が契約高に見合う金地金を保有していることは、顧客にとっては豊田商事と契約をなすうえでの大前提となっていたというべきである。顧客は、豊田商事が契約高に見合う金地金を保有していなかったら、このような契約は信用できない危険なものと考え、取引をしなかったであろう。すなわち、顧客は豊田商事が現物取引を行っている会社であるから契約をしたのであり、現物取引を行っていない、例えば先物取引や本件のようないわゆるペーパー商法であれば顧客は契約には応じなかったであろう。

実際、金の不保有は豊田商法の諸悪の根源となっていたといっても言いすぎではなく、裁判所が詐欺、出資法、公序良俗違反を判断する上で大きな要素を占めているといえる。

(2) 詐欺との関連

豊田商事が契約高に見合う金地金を保有していなかったら、顧客は契約をしなかったであろうから、豊田商事が契約高に見合う金地金を保有していることは契約の要素であり、それについて虚偽の事実を告げること等は、欺罔行為であると考える。

前記の通り、刑事判決は豊田商事の虚構性を、現物の裏付けのないペーパー商法と出資法の脱法に求め、セールス方法の反社会性として、金地金の裏付けがないのに現物取引であるかのように装い云々といっていることからすれば、金地金の不保有は、こうした豊田商事の虚構性を示す最も重要な事実というべきであろう。

現に、各地の民事判決では、詐欺または詐欺的行為と認定した判決のうち、その前提として金の不保有を認定している判決が相当ある。

しかしながら、前記の通り【六】は詐欺を認めながら金の不保有についてふれていない。【一六】の高裁は詐欺的行為と認定しながら、金の不保有についてふれていない。これは純金ファミリー契約の法的性格と関係がある。

(3) 出資法違反との関係

豊田商法は、金地金の売買契約と、買った金地金を純金ファミリー契約と呼ばれる賃貸借契約または（準）消費寄託契約によって豊田商事に預託し、その対価として賃借料を受け取るというものであるが、豊田商事にとって金地金の売買だけでは意味がなく、純金ファミリー契約をやることによって意味があり、両者が一体となっていることに特徴がある。

ところで、豊田商事が顧客から現金を受け取ったのは、金地金の売買代金として受け取ったものであるとすれば、売買契約自体は、豊田商事がそれを履行する意思がなくとも、詐欺になることは別としても、有効である。そうすると、契約代金として受領している以上、出資法の問題にはならないかのように見える。その辺りが巧妙というべきであろう。

しかし、純金ファミリー契約では、契約期間満了時に純金または現金の返還をすることを約束しており、経済的には現金を渡して契約期間中は賃借料という名目で利息をもらい、期間満了時に金地金または現金を受領することから、顧客にとっては現金を預け利息をもらっているのと大差ない。

まして、契約高に見合う金地金を保有せず、その能力もないとすれば、豊田商事は最初から金地金を売買しようという意思はなく、代金名下に金員を集金しているだけであると考えれば、まさに出資法違反、少なくとも出資法の脱法行為というべきである。

その意味で、金地金の不保有は、出資法違反の判断にも大きな影響を及ぼしているといえる。

なお、【一九】は出資法違反だけと認定しながら金の不保有を認定していない。

(4) 公序良俗違反との関連

一般に、ある商品や権利等を預託しその見返りとして利益を与えるという契約は、「特定商品等の預託等取引契約に関する法律」（昭和六一年法六二号、以下預託法という）などでも認められており、有効である。

しかし、純金ファミリー契約のように、顧客が金地金の現物があるものと信じ、預託するのは金地金であると考えているような場合に契約は有効であろうか。

いわゆる債権契約としては、他人の物の売買契約が有効であるのと同様、有効であるとも考えられ、現物があるかどうか、金の不保有それ自体は契約の効力それ自体を無効にするものではないともいえる。しかし、公序良俗との関係は問題である。

契約高に見合う金地金を保有しないで純金ファミリー契約を締結し続けていくことは、いずれ行き詰まるという点で、実質はマルチ、ネズミ講と大差なく、公正な経済取引とは到底いえないものであり、このような取引は公序良俗に違反する無効な取引というべきものである。

(三) 純金ファミリー契約の法的性格とそれを論じる実益

(1) 何をもって、純金ファミリー契約というか

豊田商法は、金地金の売買と、売った金を預かるという二つの行為に分けられ、実際、契約の際には純金注文書という名の売買契約書と純金ファミリー契約書の二通が作成されている。

従って、狭義で純金ファミリー契約といえば、売買契約とは別個の契約を指し、純金ファミリー契約書一条には

「純金賃貸借契約です」と明言しているので、少なくとも豊田商事側は純金ファミリー契約とは、金地金の売買とは別個の賃貸借契約であるということになる。

しかし、純金ファミリー契約は、豊田商法においては、売買契約をしないで所持していた金地金を豊田商事に持ち込みこれを預けるというごく例外を除き、大半は金地金の売買とは切り放すことはできないから、売買契約と純金ファミリー契約とは不可分一体ではないかと考え、売買契約も合わせて純金ファミリー契約という言葉に含ませようと考えることも可能であり、判決例にもそのような事実認定が見られる。

このように、純金ファミリー契約の法的性格を論じようという場合、何をもって純金ファミリー契約というのかは論者の中でも分れているようなのでまず注意を要しよう。

(2)　純金ファミリー契約の法的性格についての見解

イ、まず、豊田商事自身は、その純金ファミリー契約書に記載しているように、純金ファミリー契約は売買契約とは別個のものであり、金地金の賃貸借契約であると説明していた。しかし、現物がないのであるから、売買については不特定物の売買として想定できるとしても、賃貸借契約はそもそも特定物についてであるから、現物を保有していない以上、売買の対象が特定しておらず、賃貸借の目的物を欠くことになり賃貸借契約としては無効というべきである。しかも、当初豊田商事の純金ファミリー契約は、期間満了時には返還するにあたって金地金、またはその時の金地金の価値に相当する現金で返還することができたから（純金ファミリー契約書一〇条）、賃借したそのものを返還するという賃貸借契約とはあい入れず、賃貸借契約というのでは説明がつかない。特に、後者について、現金で返還することができるとすれば出資法違反であると批判されていたこともあり、間もなくして純金ファミリー契約の法的性格を賃貸借契約という説明は放棄し、一〇条についても、現金で返還するという条項は削除し、同種・同銘柄・同数量の金地金で返還するというように改められた。

そこで、その後、豊田商事は純金ファミリー契約を消費寄託というように説明を変えている。これは、消費寄託であれば、返還するときに預かった物を返還する必要がなく、その時に新たに金地金を他から購入して引き渡せばいいと考えたからと思われる。
ロ、これに関して判決は次のとおり述べている。
まず、最初にこれを論じたのは、秋田地方裁判所本荘支部判決【一】である。ここでは純金ファミリー契約を売買と消費寄託が一体となった混合契約であるとしてとらえ、消費寄託の部分は要物性を欠くので無効という。そして、そこを突破口として出資法二条違反を導き出していた。

これに対して、管財人の不当利得第一次訴訟で示され（【一一】）、その後多くの判決に影響を及ぼしたのは、売買契約に基づき金地金の引渡請求権をもって消費寄託の目的とした準消費寄託、あるいは売買と準消費寄託が結合した混合契約という考え方である（【一三】、【一六】など、判決の多数説といえる。なお、【一五】の金沢判決はこれを消費寄託というが、引渡請求権という債権を預託するのであれば消費寄託ではなく、準消費寄託というべきであろう）。この説は、純金ファミリー契約時に豊田商事は金地金を保有する必要がなく、返還時期に他から金地金を購入してきて引き渡せばそれでいいということになり、出資法違反を問題にせず（【一六】は出資法違反にはならないと判示していると解される）、詐欺については、返還時期における、金地金調達能力の如何で判断しようとする傾向がある。

(3) 法的性格を論じる実益

純金ファミリー契約の法的性格を論じることは、理論的興味をひくということにとどまらず、判決によっては、そこから出資法違反を問題にしたり、欺罔行為をどこでとらえるかなどにも影響を及ぼしているようであり、それらを論じる前提としてまず純金ファミリー契約の法的性格を踏まえておくということは有意義であろう。まず、何をもって純金ファミリー契約ととらえるかであるが、売買契約を除いた預託行為だけをとらえるというのは余りにも形式的すぎるというべきであり、実態からみれば、金地金の売買と預託行為は不可分一体であって、これを合わせて純金ファミリー契約というべきであり、売買と消費寄託あるいは準消費寄託との混合契約ととらえるべきである。次に、消費寄託か準消費寄託かという点については、預かる金地金がないのであるから消費寄託とはいえず、せいぜい売買契約に基づく債権、すなわち金地金の引渡請求権を預かるということになるから準消費寄託ということになろう。そうすると多数の判決が採る売買契約と準消費寄託との混合契約と考えることになる。

ところで、このように考えたからといって、出資法違反を問題にしないとか（【一六】の判決がこれである）、詐欺は期限到来時の金地金の調達能力にかかっているというのは賛成できない。この説の多くは、契約時の資力は問題にせず、もっぱら期間満了時の資力で判断しようということになるが、これだと期間満了を待たなければ詐欺の問題を判断できないということになり、早期の被害救済を図ろうとする立場からは妥当な結論を導かない。早期に、被害の救済を図ろうという立場からは、純金ファミリー契約締結時から詐欺を問題にできる理論でなければならず、そうすると多数の判決が採用するこの説は妥当な結論を導いてはいないのではないかという根本的疑問を持つ。

しかし、【一五】の金沢判決のように法的性格を論じ、詐欺を論じても、欺罔行為を金調達能力によるといっていないことを考えると、必ずしも法的性格と欺罔行為の内容は結びつくとは限らないということになる。

私としては、純金ファミリー契約の性格を論じ、出資法違反を問題とせず、返還時期の資力だけを問題として詐欺の可否を考えようという結論になるのであれば、むしろ論じないほうがいいと思われるが、各地の判決では、必ずしも法的性格を論じているわけではないことから、純金ファミリー契約の法的性格と出資法違反の成否や欺罔行為の内容は論理的必然性があるわけではないと考えられるので、一応実態を知るうえで、その限りでは論じておく必要があるものと考える。

㈣ 詐欺の成否

刑事事件で一応の結論は出ているが、ここで検討するのは、次の点である。すなわち、第一に刑事判決でいうような一定の時期以降に限って詐欺が成立するに過ぎないのか、それとも最初から詐欺が成立するのか、第二に何をもって欺罔行為というべきか、第三に刑事事件の被告人以外の従業員に詐欺は成立するのかどうか、第四に民法九六条の詐欺や不法行為の違法性としての詐欺と、刑法の詐欺とはどういう関係にあるのかなどである。

前記の「刑事判決の民事的評価」のところで、その一部については論じているので、ここでは重複しない範囲で述べる。

(1) はじめから詐欺ではないのか

検察官は、刑事事件の論告で、「はじめに詐欺ありきというべき事犯」と指摘し、これを積極的に解しており、私も積極的に解すべきであると考えていることは前記の通りである。実際に、そのように解釈しないと、ある一定の時期を境に、それ以前は詐欺にならず、それ以降に初めて詐欺になるという結論にならざるを得ないが、これが不当であることは明らかであろう。また、豊田商事の実態からして、会社設立自体不法な目的で設立されており、当初から金地金を保有していなかったのであるから、豊田商事は最初から最後まで詐欺をやっていたというのが実態にも沿うものである。

刑事判決は、共謀の成立時期との関係で、昭和五九年一一月と六〇年四月をあげているが、これは償還不能時期を直接認定しているものとは解釈できず、単に共謀の成立時期について判示しているにすぎないと解するべきである。

これについては、【一一】の管財人の不当利得訴訟判決では、第三期（昭和五八年四月一日から同五九年三月三一日）中としていることが注目される。【一三】も第三期以降という。【一四】も少なくとも第三期としている。

なお、【一六】の大阪高裁判決は、返還不能時期を昭和五九年四月以降としているが、償還能力に関する詐欺とすれば、それについての一つの判断だが、経営の実態、収支計算上は常に赤字であったから、むしろ償還可能な時期は無かったと見るべきであって、賛成できない。(1)

(2)　何を欺罔行為とみるべきか

イ、刑事事件の検察官は、借金であることの隠蔽・仮装、豊田商事の実態の隠蔽・仮装、償還不能の隠蔽・仮装の三つのいずれかに当たれば詐欺であるという。これは、これらの点について、虚偽を述べれば欺罔行為ということであろう。
刑事判決は、前記の通り、欺罔行為として会社の信用性（安全性）、償還確実性、契約の有利性をあげている。

各地の判決では、償還不能であるのに有利、安全、確実といって勧誘したという認定が多く、【一二】【二三】などはその代表例である。これは、基本的には刑事判決と同様であると考えられる。

なお、各地の判決で欺罔行為についての注目すべき判断をしているのは、【八】の名古屋地裁判決である。これによると、安全性という言葉を使ってはいるが、これは刑事判決という会社の信用性ではなく地金相当額は保障された安全確実性ということだから、要は償還確実性についての虚偽の事実を申し述べることが欺罔行為になると判示していると解される。

国賠訴訟では、現物まがい性、セールストークの欺まん性、償還不能性に分けて詐欺を論じているので（例えば、原告準備書面（四））、これらの点について虚偽の事実を申し述べることが欺罔行為ということになる。

ロ、思うに、欺罔行為といえるためには、契約の要素、換言すればその点について虚偽の事実を告げられたら、契約を締結しなかったであろうという事実についてかどうかという観点から判断すべきである。そうすると、刑事判決がいう会社の信用性については、顧客が豊田商事について、優良な企業であると信じたから契約したのであり、詐欺会社でしかも多額の赤字を累積しているような会社であることを知っていたら、契約は締結しなかったであろうから、会社の信用性については契約の要素であり、この点について虚偽の事実を告げることは欺罔行為になるというべきである。また、償還不能の隠蔽については当然である。また契約の有利性についても、同じ条件であるなら何も豊田商事の純金ファミリー契約を締結することはなく、純金ファミリー契約を締結したのは、他の金融機関や業者よりも契約内容が有利であったからであると考えると、この点についても欺罔行為というべきである。問題は金の不保有についてであるが、これについては純金ファミリー契約の法的性格をどうとらえるかとも関連し、前記神山教授はあまりこだわる必要はないといわれるが[2]、顧客にとっては、金地金があるということに大きな安心感を持ち、もし期間満了時に他から購入して渡すというのであれば、顧客としては不安が残り、年金等の虎の子を注ぎ込むことは無かったのであるから、この点に関する虚偽の事実や隠蔽は欺罔行為というべきである。各地の判決でも【二〇】の判決などは、金地金が現存することが契約の重要な要素となっていることをはっきり認めている。

(3) 従業員にも詐欺が成立するか

豊田商法自体は詐欺であるが、いうまでもなく詐欺罪は故意犯罪であるから、基本的には故意があるかどうか、従業員が認識していたかどうかにかかっている。

問題は何を認識すべきかであるが、前記の通り、欺罔行為の内容である、会社の信用性、償還確実性、有利性、金の不保有の四点について、そのいずれかが、セールストークの内容が虚偽であることを認識していれば詐欺になるというべきである。

判決としては、【三】、【六】、【八】、【九】、【一二】が従業員にも故意を認めている例として参考になる。

なお、【二四】は、昭和五七年五月頃予見可能という判断を示している。

(4)　民法上の詐欺（九六条、七〇九条）と刑法の詐欺との関係

イ、民法九六条と刑法の詐欺の関係

いずれも故意を前提としていること、また欺罔行為の内容についても共通するのではないかと思うが、少なくとも刑法上詐欺になるものについては、民法九六条により意思表示を取り消すことができ、民法九六条の場合は、意思表示の瑕疵の救済という点から、より緩やかに解釈できると考える。

ロ、刑法上の詐欺と民法七〇九条の違法性の関係

刑法上は、故意による場合に限定されるが、不法行為上は故意が無くてもいいし、いわゆる詐欺的行為の場合も違法と判断されることがあるので、不法行為の違法と刑法の詐欺行為は等しくない。すなわち、刑法上の詐欺は不法行為の違法性の一要素となるが、不法行為の違法性については、刑法上の詐欺行為だけではなく、詐欺的行為なども含まれるからより広いものということができる。

民法七〇九条の違法性と民法九六条の詐欺も同様であろう。

ハ、従って、不法行為に基づく損害賠償として、その違法性を詐欺にだけ求める必要性はなく、より広く詐欺的行為、欺まん的行為などという概念に置き換えて責任を追及すればよいと考える。

(五) 出資法違反の成否

刑事判決では、純金ファミリー契約は出資法の脱法行為だという。この解釈については、右判決は「出資法二条の預り金」の規定の適用を免れるため云々といい、「まさに出資法の脱法行為というべきもの」という判示だから、出資法全体の脱法行為といっているのではなく、出資法二条の預り金の脱法行為といっているに過ぎないと解するべきである。

ここでは、豊田商法が刑事判決がいうように出資法二条の預り金に該当しないのかどうか、仮にその成立が困難とすれば出資法の他の規定に違反しないかどうかの二点について検討する。

(1) 出資法二条に違反しないか

イ、出資法二条は、一項で業として預り金をしてはならないと規定し、二項で、そこでいう預り金の定義について、「不特定かつ多数の者の金銭の受入れで、預金、貯金又は定期積金の受入れ及び借入金その他何らかの名義をもってするを問わず、これらと同様の経済的性質をもってするものをいう」と規定している。預り金にあたるかどうかで問題となった判例として、旧貸金業取締に関する法律第七条違反に問われた事件で、「出資金又は融資金等の名義を用いたとしても、元本額またはそれ以上の額を弁済期に返還することを約旨として不特定多数の者から金銭を受け入れることは、預り金にあたる」というのがある（最決昭和三一年八月三〇日、刑集一〇巻八号一二九二頁、最高裁高裁刑事判例要旨集二、六一二頁、最高裁判例解説昭和三一年度二九三頁以下）。

これによると、預り金というのは、名義の如何を問わず、元本額またはそれ以上の返還約束（以下、単に元本保証という）があり、不特定多数から、金銭を受け入れることということになる。

そこで、豊田商事の場合、不特定多数については問題がないので、元本保証の約束があるのかどうか、金銭の受け入れと言えるのかどうかの二点が問題となる。

ロ、まず、金銭の受け入れかどうか検討する。

純金ファミリー契約書一条によれば、これは純金の賃貸借契約（後日消費寄託ということに改めた）が、いずれにせよ豊田商事が預かっているのは純金であり金銭ではないということになろう。

しかし、客観的には、顧客側から豊田商事に移ったのは売買代金名目の現金であり、豊田商事の永野らはその現金を使って先物取引等に費消していたのであるから、豊田商事が「運用」していたのは金地金ではなく顧客から集めた現金であり、金銭の受け入れ以外のなにものでもない。

従って、金銭ではなく金地金の受け入れであるという観点からの主張は容易に排斥できる。

ハ、次に売買代金名下に現金を受け入れることは、預り金と言えるのかどうか検討する。

この点については、前記最高裁の決定が言うように、名目の如何を問わないのであるから、売買代金名下であろうが消費寄託等の名目であろうが重要ではないのである。

要は、出資法の趣旨から豊田商法の実態及び勧誘の実態等を考慮して判断するということになろう。

この点についての、各地の判決で最も詳細な理由付けでこれを肯定しているのは前記【一二】の仙台高裁秋田支部の判決である。

この判決の中で、豊田商事が期間満了の時に金銭による支払いを原則としていたということについては、私の実感としては被害の前半はそのように言えても、後半少なくとも純金ファミリー契約一〇条を削除してからはそのようには言えないのではないかという感想を持つが、私もそれなどは判決の通り、売買といっても豊田商事ではそれに見合う金地金を準備していたわけでもなく、売買は単なる集金の口実に過ぎず、実態がないものであるからこれは無視してもよく、売買代金名下であるから預り金であることを否定することにはならないと考えるのである。

金銭の受け入れの際の形式やその名義にこだわらず、実質に着目して判断するということについての最近の判決として、マンションの共同経営の形式をとり、豊田商事と同じように売買と賃貸借契約という名目で金銭を預け入れ、問題となったマンション共同経営事件に対する東京高裁判決がある（東京高判昭和五八年四月二八日判時一〇九四号一四五頁）。

事案をごく単純化して紹介すると、会社が客にマンションを買戻し特約付きで売買し、客から代金を受領し、売却したマンションについて賃借し、客に賃料を支払い、賃貸借期間終了後は、売買代金と同額を支払って買い戻すというものである。

これについて東京高裁は、名目上売買と賃貸借契約の形式をとってはいるものの、その実質は金銭の価額を一定期間後に返還すること、及びこれに対して一定の割合の金銭を支払うことを約束したうえでの金銭の受入契約であるとし、これを預り金と認定した一審判決を支持した。

二、元本保証の約束があるか

金銭の受け入れにあたることは前記の通りであるが、判例によると預り金といえるためには元本保証約束が必要ということなので、この点について検討する。純金ファミリー契約書九条によれば、期間満了の際に返還するのは、同種・同銘柄・同数量の純金であるといい、契約の際に預けたのが金銭であるとすれば、契約時と満期に返還されるものが異なり、しかも金地金は価格の変動があることから、これが元本保証ということになるのかどうかが問題である。

まず、金地金を返還することは現金を返還することと同視できるかどうかである。

なお、旧規定は一〇条で返還する際には現金でも返還できるということになっていたので、この点は問題にならない。

右の点については、金地金はその時の相場で換金することができ、金地金の所持者は現金の所持者と同視できるというべきであるから、これを肯定できるというべきである。(3) そして実際豊田商事は、純金は現金と同じでいつでも換金できるとして勧誘していたのである。

次に元本保証の点であるが、豊田商事は純金は現金と同じで、いつも換金できるばかりでなく、値上がりが確実で期間満了時にはその間の賃借料と金地金の値上分の双方の利益を取得できるから有利であるというように有利性を強調して勧誘していたのであるから、元本保証約束があったことは容易に認められる。豊田商事の強調していた金の三大利点である、換金性、非課税、値上がり確実性はまさに元本保証約束以外のなにものでもないということができる。

ホ、以上の通りであるから、豊田商法は出資法二条の禁止する預り金に該当し、出資法違反の違法行為である。(4)

(2)　**出資法八条二号の脱法行為について**

仮に、純金ファミリー契約の文言にとらわれ、これを形式的に解釈し、受け入れたのは金銭ではなく純金であること、あるいは売買契約に基づく純金の引渡請求権であること、または売買代金として金銭を受け入れたものであり、返還するのは純金であり、相場の変動があるものであるから元本保証したことにはならないなどと言って出資法二条の預り金には当たらないと主張しても、同法八条二号の脱法行為の禁止規定には当たるといえる。

同法八条二号は、「何等の名義をもつてするを問わず、第一条、第二条第一項、第三条、第四条第一項又は第五条第一項若しくは第二項の規定に係る禁止を免れる行為をした者」と規定しており、預り金の脱法行為を禁止している。

豊田商事の実態は、刑事判決で指摘するように出資法の脱法行為であるというのであって、この意味は前記の通り出資法二条の脱法行為と解釈すべきであり、同法八条二号を含めた出資法全体の脱法行為とまでは言っていないと考えられるから、仮に豊田商事が出資法二条の預り金の脱法行為を行っていたとしても、同法八条二号違反に当たるということができる。

(六) 公序良俗違反の成否

ここでは、純金ファミリー契約の内容、及びその勧誘について、それらが公序良俗違反にならないのかどうかを検討する。

(1) 純金ファミリー契約の内容について

前記の通り、一般的に預託契約自体は預託法があることからもわかるように、無効ということはできないであろう。しかし、刑事判決が指摘するように、豊田商法の本質（本質は一般大衆からの金銭の借入であって、現物の裏付けのないペーパー商法であることを隠蔽仮装する手段として純金の売買とファミリー契約を組み合わせ巧妙なセールストークで集金したもの）と虚構性（ペーパー商法であることと出資法の脱法行為であること）から、このような商法が社会的に許されるものではなく、まさに公序良俗に反するというものである。

また、この商法がいずれ破綻することが必至であるという点に着目すれば、ネズミ講[5]、マルチ商法と同様、このような契約は公序良俗に違反し無効というべきである。ネズミ講を無効とした判決として、天下一家の会について長野地判昭和五二年三月三〇日（判時八四九号三三頁）など、最近の事案として印鑑ねずみ講について名古屋高判金沢支部昭和六二年八月三一日（判時一二五四号七六頁）などがある。

同じくマルチ商法を無効とした判決として、白光マルチについて大阪地判昭和五五年二月二九日（判時九五九号一九頁)、ロスカマルチについて大阪地判昭和五六年四月二四日(判時一〇〇九号三三頁)、ベルギーダイヤモンドについて神戸簡裁昭和六〇年八月二八日(判例タイムズ五七七号五三頁)などがある。

(2) 勧誘について

勧誘が公序良俗に違反しないかどうかについても、刑事判決がセールスの対象とその方法とに分け、詳細に認定していることが参考になり、特にその具体例が【一】、【一二】の事件ではないかと思われる。

刑事判決では、セールスの対象について、一人暮らしの老人や家庭の主婦等を狙い撃ちにしたこと、その方法については、現物取引であることや金の三大利点のトークなど虚偽または不正確な説明をし、巨額の損失を計上しているのに、安心、安全等を装ったことなどを指摘している。

勧誘行為が公序良俗違反になるかどうかは、具体的勧誘行為が問題となるので、基本的にはケースバイケースということになろうが、私の関与した事件においても勧誘行為が相当と思われるような事案は全く無かった。【一】や【一二】の判決のような事案は珍しいというわけでもなく、実際、【八】の判決なども豊田商事事件では珍しくなく、むしろ象徴的事案というものである。

このように考えてくると、むしろ豊田商事の場合、原則的に勧誘行為自体も公序良俗に違反する違法なものであり、豊田商事にとってはマニュアルに従わない、不真面目な営業成績の悪いセールスマンの勧誘が例外的に公序良俗違反とならない場合があるにすぎないということになろう。

(1) この点については次の論文が詳しい。林幹人「詐欺罪における欺罔の概念」ジュリスト九五一号一〇四頁。

神山敏雄「豊田商事商法の刑事法上の考察（上）（下）」判例タイムズ六五四号、六五五号。
（2）同「豊田商事刑事判決の意義と問題点」法律時報六一巻七号八二頁。
（3）教授は、この点は、取引をする決定的な動機となっていないという（前掲判例タイムズ六五四号一一頁参照）。
（4）神山、前掲判例タイムズ六五四号一四頁も同趣旨か。
（5）前記豊田商事国家賠償弁護団の原告準備書面㈣がこれを指摘する。
竹内昭夫「マルチとネズミ講」（ジュリスト六四五号三八頁）は、この問題だけでなく、消費者問題に対する有益な視点を与えてくれる。

4　豊田商法の違法性

㈠　問題の所在

民事判決の整理で述べた通り、各地の判決を見ると、私達が主張した豊田商法の違法性として、詐欺、出資法違反、公序良俗違反を挙げたのに対して、そのうちの全部を認めたものもあり（例えば【一二】）、そのうちの一部（二種類を認めたのは【七】、【九】など、一つだけ認めたのは【六】、【八】、【一五】、【二一】、【二二】、【二八】など多数）を認めたり、またはそれに準ずる一部を認めたり（例えば、【二九】など）、あるいはそれ以外の社会的相当性を逸脱などというような基準で違法性を認定したり（例えば【四】、【一一】、【一三】など）、実に様々であった。

これに対しては、まず社会的許容範囲も社会的相当性も同じことを言っているのではないか、公序良俗違反ということは、要するに社会的許容範囲を逸脱したもの、社会的相当性を逸脱したものではないか、さらには、そもそも違法性というのは社会的相当性を逸脱することを違法というのではないかなどという疑問が生じる。

そこで、公序良俗違反、社会的相当性の逸脱、社会的許容範囲の逸脱の意義と違法性との関係などについて検討してみる。

また、豊田商事の訴訟では違法性の内容として詐欺、出資法、公序良俗違反の三つを掲げているが、これはいわゆる違法性の要件事実または主要事実として主張しているものである。はじめに述べた通り、豊田商事事件の損害賠償請求訴訟ではこれらを要件事実として主張した結果、立証に困難を極め、訴訟の長期化を招き、結果的には早期に勝訴判決を取得（もとより民事事件の判決を得るには相当期間を要するのが一般であり、他に種々要因があることはいうまでもない）できず、さほど被害救済には役立たせることはできなかった。

詐欺、出資法違反などのような刑罰法規違反や公序良俗違反のような要件事実は、主張としてはわかり易いが立証の上では特に前者の場合困難を極めることになりやすく、手持ち証拠の不十分な我々被害者救済側の弁護士にとってあまり好ましくない。そこで、被害救済に役立つ実践的な観点から、要件事実を考えてみたい。

そして最後に、そもそも不法行為の場合、違法性の要件は必要であるのかどうか検討したい。

これらは、いずれも極めて難しい問題で、弁護団などではあまり議論されてこなかった問題なので、私の誤解や独断に陥っているところが相当多いと思われる。それでも、この種の悪徳商法などの被害救済にあたる弁護士として、今後とも同じような問題にぶちあたるような気がするので、せめて問題提起にでもなればと思い、底の見える浅い知識を顧みず、あえて披露させていただく。

(二) 公序良俗違反、社会的相当性の逸脱、社会的許容範囲逸脱の意義と違法性の関係

(1) 公序良俗とは、民法九〇条の公の秩序または善良の風俗のことをいい、前者は国家社会の利益、後者は一般的道徳観念をさすが、これらは区別する必要がないといわれている。

これまでは積極的に公序良俗とは何かということよりも、公序良俗に違反するものにはどんなものがあるかという観点から検討されてきたように思われる。

公序良俗違反とされる例としては、①人倫に反すること、②正義の観念に反するもの、③他人の無思慮窮迫に乗じて不当の利を博するもの、④個人の自由に極度に反するもの、⑤著しく射幸的なもの、⑥生存の基礎たる財産を処分すること、⑦営業の自由の制限、などを指摘されているがこれが全てではない。

このうち豊田商事の場合は、①、②、③、⑥に関係するといえよう。

ところで、公序良俗については「すべての法律関係は、公序良俗によって支配されるべきであり、公序良俗は、法律全体の体系の支配する理念と考えられる」とされ、信義則、自力救済の禁止、法律解釈について条理が作用することも結局においては公序良俗の理念の具体的な適用にほかならないと主張されている。(1) そして、公序良俗の判断を、社会的妥当性という基準で考えようとしている。

そうだとすると、不法行為の違法性の判断の場合にも公序良俗、社会的妥当性という判断基準が当然入ってくるはずである。

(2) 社会的相当性という概念は、民法よりも刑法の違法性の本質、実質論のときに使用された概念であったように思われる。すなわち、当初はおもにヴェルツェルなどを中心とする目的的行為論の立場や、違法性について結果無価

値よりも行為無価値を重視する立場から、違法性とは法秩序全体に反することであり、社会的相当性を逸脱した法益侵害である、というように使用されていたものである（団藤重光「刑法綱要改定版」一七〇頁、福田平「註釈刑法二の一」八八頁、四宮和夫「不法行為」三五八頁など）。

すなわち、社会的相当性という言葉は、違法性の本質や実質を説明するときに使用されていたものであり、結局は違法性と同じことをさしていると考えられる（刑法学者の故木村亀二博士は、違法性を社会的に相当でないこととはっきり言われている）。

(3)　社会的許容範囲という言葉は、判例ではよく使われているようだが、学者などはあまり意識して使っているようには見受けられない（民法の加藤一郎、四宮和夫、幾代通の不法行為の体系書からこれを発見することはできなかったし、刑法の団藤重光、注釈刑法などからも発見できなかった）。

社会的許容範囲と、社会的相当性とは同じなのか違うのか、違うとしたらどう違うのかは正直なところよくわからないが、実質的には同じものでないかと思う。思うに、社会的相当性という言葉はこれまで刑法の違法性の判断基準として、行為無価値を重視する立場から主張されてきたものであるが、こうした沿革を考えると民法の不法行為の場合の違法性の判断基準としても同じ言葉を使うのは適当でないという考慮から、あえて社会的相当性という言葉を使わず、実質的には同じことと思われる社会的許容範囲という言葉を用いたのではないか。また、違法性の本質について、民法でも結果不法（結果無価値）か行為不法（行為無価値）かという観点から議論をされてきており（四宮和夫「不法行為」二七七頁以下に詳しい）、行為不法の立場からは社会的相当性という言葉になじむが、結果不法からは社会的相当性という言葉は行為不法を連想させるものとしてあえてこれを使わず、実質的には同じ内容であるが社会的許容範囲という言葉で置き換えているのではないか。または、結果不法か行為不法か問わず、違法の判断をできるようにとの考慮から、社会的に許容される範囲かどうかという基準を設けたのではないかと思われる。いずれこの点については、推測なので私は教えを乞いたい。

(4) ところで、公序良俗という概念は、法秩序全体を支配する理念ということになると、違法性とは法秩序全体に反することというのは、すなわち違法性とは公序良俗に違反することであるというのと同趣旨ということになろう。端的にこのことを述べているのは刑法学者の故牧野英一博士であり、「違法性とは法益の侵害が社会の常軌を逸脱すること、あるいは公序良俗に反すること」(「日本刑法　上」三三八頁)という。その他にも刑法学者では、小野清一郎博士の「違法性の実質は国家的法秩序の精神目的に反すること」、団藤重光博士の「単に形式的にではなく、実質的に、全体としての法秩序に反すること」というのは、結局、違法性とは公序良俗に反することというのに等しいというものである。

また、公序良俗は社会的妥当性という基準で決しようということになると、社会的妥当性と社会的相当性とは同じなのか違うのか、違うとすればどうちがうのか問題であるが、おそらく同じようなものをさしているのであろう。そうすると、公序良俗違反も、社会的相当性の逸脱、社会的許容範囲の逸脱というのはほぼ同じことであるということになる。少なくとも刑法の違法性の本質、実質論を検討していくとそうなるように思える。

(5) 民事の違法と刑事の違法、公序良俗違反について

イ、民法と刑法とではそれぞれ目的が違うから、違法といってもそれぞれの目的に応じてその内容や適用範囲が決せられるべきであることはいうまでもない。

交通事故などで、刑法上無罪とされても民事の不法行為に基づく損害賠償では賠償義務を認めている事案は多数ある(四宮和夫「不法行為」二四八頁以下)。すなわち、ここでは刑事の違法性の方が厳格であり、不法行為の違法はよ

り緩やかであるということである。

また、不法行為の違法性の判断に際し、公序良俗法規、刑罰法規違反などはその一つの場合であってすべてではないとすれば、不法行為の違法性が公序良俗違反、刑事上の違法よりもより広い概念を含むということになろう。そうすると、これまでの不法行為の体系書などの説明にあるように、違法と言っても、民事と刑事では異なり、また公序良俗違反は民事の違法性の判断基準の一つに過ぎず、そのすべてではないということになる。

しかし、公序良俗という概念はすべての法律関係や法秩序全体を支配する理念というように考えると、不法行為も不法行為法という法秩序の一分野である以上、やはり公序良俗の理念が妥当する領域であることは確かであろう。例えば、その行為が違法であり、不法行為責任が成立すると判断されるようなものは、それが法秩序からして是認できないものであるから、そのように判断されるのであって、それは公序良俗に違反する行為であると考えることもできるはずである。これは、何をもって公序良俗違反というのか曖昧であることに問題があるように思われる。

ロ、このように考えてくると、広く法秩序からして好ましくない行為を広い意味で公序良俗違反の行為とすれば、この公序良俗に違反する行為のなかには、民法九〇条によって法律行為の効果を否定するにふさわしい法律行為（狭義の公序良俗違反行為というべきものであろう）もあれば、法律行為としての有効無効はともかく、不法行為として損害賠償を負担させるにふさわしい行為（法律行為もあれば事実行為もある）があり、そしてさらには刑罰を科すにふさわしい犯罪行為があると考えられる。

前記の通り、社会的相当性の逸脱、社会的許容範囲の逸脱も公序良俗違反と大差なく、公序良俗違反と民事の違法も大差ないとすれば、損害賠償請求の成立要件の違法として公序良俗違反、社会的相当性の逸脱、社会的許容範囲の逸脱を挙げることは、要は違法を違法と答えているに等しく、無意味であろう。

そこで、次に豊田商事の損害賠償請求訴訟の違法性に関する要件事実は何かを検討したい。

(三) 違法性の要件事実

そもそも不法行為の成立要件としての違法性の主張立証については問題があるが、ここではとりあえず、不法行為の要件として違法性が必要であるという通説の立場にたって検討したい。

勧誘段階の違法性（売り方の違法性）と契約内容の違法性（商品そのものの違法性）に大別できよう。前記のとおり、勧誘段階の違法性を中心に据えることが実践的と考えられるのでそれを中心に検討するが、いずれの場合も、どのような行為が損害賠償を負担させるにふさわしい行為かという観点から考えるのが適当であろう。

(1) 勧誘段階の違法性

豊田商法は、利殖商法であること、訪問販売の形態をとっていること、老人被害であることなどに特徴がある。

そうすると、まず先物取引にみられる利殖商法では、何よりもそれが投機であることから、それにふさわしい者を勧誘すべきであるということ（いわゆる適格者原則と呼ばれている。これを認めた判例として仙台高裁秋田支部の平成二年一一月六日判決、平成元年(ネ)第四七号がある）、勧誘の際には取引の仕組みや危険性を十分説明すること、仮にも絶対儲かるなどの断定的判断や利益保証をしてはならないとされている（商品取引所法第九四条一項、一号、二号、これに違反した判例として先物取引被害全国研究会編集の先物取引判例集にその例がたくさん紹介されている）ことに注目すべきである。

また、訪問販売一般にあてはまるものとして、五時間も粘るような非常識な勧誘は許せないし、断っても帰らないので脅えたり、困惑した結果契約させられるようなことがあってはならないから、このような自由な意思や判断を妨げるような勧誘も許されるべきでないということであろう。

これらを要件事実的にいえば、勧誘段階では、

(イ)　一人暮らしの老人のような判断能力に問題がある取引不適格者に対する勧誘であること。

(ロ)　金は値上がりが確実であるとか純金ファミリー契約は絶対有利であるとかの、断定的判断の提供や利益保証をすること。

(ハ)　純金ファミリー契約の仕組みや内容の重要な事実（豊田商事には契約高に見合う金地金は保有していないこと、従って取引は金地金の現物取引ではないこと、預かったのは現金であり、特に金地金を運用するものでないこと、豊田商事としては預かった現金について有効な運用はしておらず、先物取引などに注ぎ込んでいることなど）を告知せずまたはこれらについて虚偽の事実を告知したこと。

(ニ)　長時間の勧誘や、断っても退去しないような執ような、非常識な勧誘であること。

(ホ)　その他自由な意思、判断力を妨げるような勧誘をしたことなどが考えられる。これらが、勧誘段階で考えられる損害賠償義務を課すにふさわしい違法な行為ではないかと考えられ、詐欺や公序良俗違反を主張・立証するよりは容易であると思われる。(5)

ところでこれらは、改正訪問販売法や全国各地の消費者条例などにも取り入れられている。例えば、(イ)は改正訪問販売法五条の三第三号による省令六条の二第三号に規定があり、(ロ)(ハ)は改正訪問販売法五条の二第一号の重要事項の不実告知、同法五条の三第三号による省令六条の二第二号の重要事項の不告知として規定があり、(ニ)は同法五条の三第三号による省令六条の二第一号に規定があり、(ホ)については同法五条の二第二項の威迫行為として規定があり、(ロ)(ハ)(ホ)の不実告知は刑罰で担保されているから（同法二二条、一号）、より違法性が強い刑罰法規違反という性格もある

から、民事の損害賠償にもふさわしいであろう。

これらは各地の消費者条例、例えば秋田県の消費者条例（平成二年三月三〇日改正）を例にとれば、一五条の二に規定する不当な取引方法の指定に基づき、告示第二四九号による不当な取引方法の3（主要事実の不告知、虚偽事実の告知、前記(ロ)、(ハ)、(ホ)が該当する）、同4（不当勧誘、前記(ロ)が該当する）、同7（執ような勧誘、前記(ニ)が該当する）、8（深夜等の勧誘、前記(ニ)が該当する）、9（威圧等の勧誘、前記(ホ)が該当する）、13（不適格者の勧誘、前記(イ)が該当する）の各号にも該当する。

このように、勧誘段階での違法性は、改正訪問販売法や各地の消費者条例に規定があり、しかもより具体的な、いきとどいた規定になっており、これらはいずれも豊田商事をはじめとする悪徳商法による悲惨な被害の教訓のもとに、被害の予防救済を目的として規定されているものであって、この種悪徳商法の損害賠償請求訴訟をする場合の違法性に据えるにふさわしいものといえよう。特に、これらの中には重要事項の不実告知や威迫行為のように刑罰でその禁止を担保しているものもあり、これはいわば刑罰法規違反の性格を持っているから当然違法行為と呼ぶにはふさわしいものである。

従って、これまでのように違法性の根拠を詐欺、出資法違反、公序良俗違反などに求めるよりも、訪問販売法、条例違反に求め、それを主張・立証していくのが合理的であり、今後はその方向で深化させるべきでないかと思う。

(2) 契約内容の違法性

実際上はともかく理論的には勧誘段階にはさほど問題がないケースも考えられるので、その後の手当も考えておく必要があろう。

ここでは、契約の内容そのものが欺まん的であること、契約の解約に応じないこと、契約の期間満了の際に更新を強要することなどが考えられる。

これを要件事実として考えると次のようになる。

(ヘ)　契約内容が、純金ファミリー契約のような詐欺もしくは詐欺的内容であること、あるいは出資法違反や少なくともその脱法行為とされるような、その他各種取締法規違反やその脱法行為のような契約内容であること。

(ト)　継続的取引における中途解約権を無理に妨げたこと。

(チ)　期間満了の際に、それを認めず更新を強要したこと。

これらについても、訪問販売法や商品取引所法などにも類似した規定があり、条例でも同様の規定がある。すなわち、(ヘ)は、勧誘の際に問題となる訪問販売法五条の二第一項の不実告知と同様の問題となろうし、消費者条例の不当な取引方法の指定に基づく告示4（不当勧誘であるが、ここでは商品の内容や取引条件が実際よりも著しく優良であるかのように誤認させることとある）や6（4とほぼ同じような勧誘）に該当する場合が多いであろう。(ホ)は同法五条の二の一項（不実告知）や二項の威迫行為に該当する場合が多いであろう。(チ)は同法五条の三第一号に該当する場合が多いであろう。

このように、契約内容などについても、その違法性の根拠を詐欺、出資法違反、公序良俗違反に求めるよりも訪問販売法や条例等の違反を主張・立証したほうが合理的でないかと思う。

(3)　以上、これまでわたしたちは豊田商事の違法性として詐欺、出資法違反、公序良俗違反にその根拠を求めてきたが、今後はより主張・立証しやすいと思われる訪問販売法、消費者条例等に根拠を求めてはどうであろうか。

㈣ おわりに──違法性の再検討

(1) 本稿のはじめにで私の問題意識を述べたように、七〇九条の文言からは違法性という言葉は出てこない。そこでは違法性ではなくて権利侵害が規定されている。

不法行為の要件として、権利侵害から違法性へと変わったのは、まず大判大正三年七月四日の浪花節の雲右衛門のレコード事件が契機となり、右判決が著作権の成立を否定し、権利の概念に固執し請求を認めなかったことに対する批判が生じ、その後大判大正一四年一一月二八日の大学湯事件判決で厳密な権利でなくとも保護に値する利益で足る旨前記判決を変更し、そして昭和五年の末川博士の「権利侵害論」により、権利侵害は違法性の徴表であり、権利侵害は違法性に置き換えて読むべきだと主張され、その後我妻博士の被侵害利益の性質と侵害行為の態様との相関関係で違法性を判断していくという相関関係理論と結び付き発展し、それが一時は「学説の到達点」(6)とさえいわれてきたものである。

ここで注目すべきことは、違法性の理論は、もともとは権利侵害だけでは不法行為の保護を受けるに不十分であるということに端を発しており、これは被害者の立場に立った理論であったことである。

また相関関係理論によれば、被侵害利益が所有権などの絶対権であれば、侵害行為が弱くとも違法と判断されるということになっている。(7)

そうすると、豊田商事の被害者の権利に、現金を奪われたという点では現金の所有権という絶対権を侵害されたものだし、それは被害者の人格権、生存権の侵害であるから、保護の必要性が極めて高く、わずかな侵害行為であっても違法と判断されるべき筋合ではなかろうか。

ところが、現実の訴訟では、違法性を主張・立証するために、詐欺、出資法違反などの刑罰法規違反、公序良俗違反などの公序良俗規範違反を主張・立証しなければならなくなっており、これまでの違法性の理論を考えるとちぐはぐな感が否めない。

また不法行為の趣旨、理念が損害の公平な分担などといわれているが、これによれば個々の被害者と豊田商事との関係では、明らかな力の差があり、また生存権の確保は憲法上の要請であるから、豊田商事側に損害を負担させるのが公平であろう。

さらに、豊田商事事件は消費者事件であるが、消費者事件の場合、消費者と事業者・企業側には圧倒的な力の差があり、消費者問題が構造的に発生するものとすれば、企業側に何らかの負担をさせるのが公平だといわれていることを考えれば、訴訟における立証の負担を企業側である豊田商事に負担させるべきことは自然の流れであろう。しかし、わたしたちが担当した現実の訴訟では、そういった配慮はほとんどなく、被害者側で違法性の存在を主張・立証しなければならず、破産手続や刑事手続が始まる前までは、ほとんどこれといった立証はできなかったのが現状である。

今後もこの種の悪徳商法による被害は根絶されるとは思われず、違法性を立証するのに壁にぶちあたるというような同じような事態が予想される。

そこでこれを打開していく方法は、その一つはもっと主張・立証しやすい違法性を検討することであり、前記の訪問販売法や消費者条例にその手掛かりを見出そうとするのがそれである。もう一つには、そもそも違法性についてもう一度その存在も含め見直して検討することではないかと考えている。

(2)　違法性の再検討

違法性については、様々な大議論がある。不法行為の成立要件として違法性が必要(8)かどうかにも、実は大きな議論があり、通説は違法性を必要と考えているが、故意、過失に違法性が含まれるから違法概念は不要であるという有力な説がある。[9] また、違法とは何かという点についても、最近では刑法の議論と同じように、民法でも結果不法（刑法でいう結果無価値）か、行為不法（行為無価値）かなどという議論がなされている。[10]

私は、損害賠償義務を課すためには違法行為によって権利や利益を侵害したからであるというように、違法性をその要件に入れたほうが、これまでの思考パターン、特に刑法も司法試験や実務で少しばかり勉強したということもあってしっくりくる。違法性は不要であるという見解には魅力を感じるが、要は私自身消化不足なのでまだそこまでは踏み切れないというのが本音である。現在のところ私は、違法性は損害賠償の要件として必要であると考えている。

そこで問題は、違法性とは何かである。刑法でいう結果無価値か行為無価値かという議論でいえば、基本は結果無価値であるが、それが全てというわけにはいかないであろうから、行為無価値も考慮するという立場に魅力を感じているので、民事においても同じことであり、結果不法に重きを置き、行為不法も加味するという立場になろう。この関係は、例えば結果不法は原則として違法であるが、行為態様（行為不法）を考慮して違法が減殺されたり消滅されたりすることがあるというように作用する。

そうすると、権利を侵害する行為は原則として違法なのであり、あとは違法性阻却事由を証明しない限り違法とされるべきである。

但し、ここでさらに困難な問題は、何をもって侵害行為とするかである。この内容如何によっては、これまでの違法行為（詐欺、出資法違反、公序良俗違反）の主張・立証責任を被害者に負わせるのと全く変わらない結果になりかねないからである。この点について私は、一応の不当な行為、一応の不当な内容（平たく言えば非常識とでもいうべき行為や内容）によって現金等を交付したりすれば、財産権等に対する侵害行為があったとみてもいいのではないかと考える。例えば豊田商事の場合でいえば、豊田商事のセールスマンのような強引かつ執ような勧誘は平穏な生活を営む権利や利益を侵害するものであり、また純金ファミリー契約のようないかにも出資法違反の疑いのかかるようなもの、年一五パーセントの賃借料を支払うなどというような、銀行などの常識的一般的企業では考えられないような内容の契約は、契約に名を借りた不当な行為であると考えられ、財産権侵害、生存権の侵害というべきものであり、これだけで原則として違法と推定すべきである。その結果、豊田商事側で、違法性阻却事由としての正当業務行為、ここでは相当な勧誘と内容であることを主張・立証することが必要というべきであり、例えば社会的に許容される相当な勧誘をして、契約内容も理にかなった相当なものであるという、双方を立証してはじめて正当業務行為として違法性が阻却されるというように考えるべきである。

このように考えることはそう突飛ではないように思う。かつて、大審院の判例で「凡そ権利の侵害は違法たるを常とし、ただ違法阻却事由存する場合に限り例外として違法たらざるをものとす」という判例が既にあるからである（大判昭和一一年一二月一一日）(11)。

私の発想は、この判例と発想が類似するし、刑法などでも構成要件該当性があれば違法性阻却事由がない限り、違法と判断されるというのが通説であろうから、さほど珍しいということはないのではないだろうか。

前記の通り、私の発想でもなにが「侵害行為」か、その内容によっては、これまでの主張してきた違法行為と大差ないことにもなりかねないので、現時点では「一応の不当な行為、内容」が侵害行為であるという程度しか提示できないでいる。

いずれにせよ極めて難しい問題を含んでおり、私の発想は問題提起程度の意味しかなく、教えを乞いたいところである。

(1) 以上は、我妻栄「民法講義新訂民法総則」二七一頁参照。
(2) 前掲「注釈刑法二の一」八七頁による。
(3) 同八七頁による。
(4) 四宮和夫「不法行為」三四三、三四四頁他。
(5) 改正訪販法の解説やその活用法については、全国訪問販売法改正推進連絡協議会編「新・訪問取引一一〇番」が有益である。
(6) 加藤一郎三一頁。幾代通六一頁。四宮和夫三九五頁。
(7) 加藤一郎一〇七頁。四宮和夫三五一頁。
(8) 沢井裕「不法行為法学の混迷と展望—違法性と過失」(法セミ一九七九年一〇月号七二頁) が整理されている。
(9) 平井宜雄、石田穣、星野英一などの有力な教授 (四宮和夫二七六頁、幾代通一〇五頁などによる)。
(10) 柳沢弘士「不法行為における違法性—不法本質論と不法類型論についての覚書」私法第二八号一二五頁。四宮和夫「不法行為」二七七頁も詳しい。
(11) 四宮和夫「不法行為」二七八頁による。

使われなかった解散命令
――法務省の責任

〔初出・豊田商事被害国賠訴訟弁護団編『裁かれる消費者行政』一六五頁〜一七二頁（一九九三年）〕

弁護士　津谷裕貴
弁護士　吉岡和弘

解散命令制度の意義

私たちは、法務省の責任を追及していますが、それは、法務大臣が商法五八条に基づく解散命令の申立義務を怠ったということです。

すなわち、豊田商事という会社は、もともと詐欺という不法な目的のために設立された会社ですから、法務大臣は、商法五八条に基づき、裁判所に対して豊田商事の解散を申立るか、又は純金ファミリー契約の勧誘を中止するよう警告を発し、豊田商法による被害を防止すべき義務があるのにこれらを怠った違法がある、というものです。

なぜ、法務省の責任が問題になるのでしょうか。

豊田商事事件は、史上最大の消費者被害といわれていますが、それは会社組織を悪用した現代の消費者被害の典型例ともいうべきものです。豊田商事という会社は、純金ファミリー契約の締結という取引行為に名を借りて、一般大衆から現金をだまし取るために設立された会社です。このような詐欺会社が存続すれば、それだけ詐欺の被害者が増加するわけですから、豊田商事被害を根本的に防止するためには会社を消滅させればよい訳ですが、その方法として、そもそもそのような会社の設立は許さないとするか、あるいは設立はさせても速やかに解散させればよいわけです。

現行法上、会社の設立は、準則主義と言って一定の要件さえ満たしていればだれでも自由に会社を設立することができるようになっていますので、会社の設立それ自体を許さないというのは極めて困難です。しかし、準則主義によって自由に会社を設立することができるとすると、なかには、豊田商事のように犯罪行為をするために会社を設立するというものも出て、本来の趣旨から逸脱した弊害が生じるということが考えられます。そこで、事後的に、準則主義の弊害を是正するために設けられたのが会社解散命令という制度です。

解散命令は、会社が不法な目的で設立されたり、会社の取締役らが権限濫用行為をして警告をうけているのにこれをやめない場合、法務大臣らが、裁判所に対して、会社の解散を申立て、裁判所が会社を解散させるという制度です。

現行法上、国の機関で解散命令を申立る権限があるのは法務大臣だけです。他の、公務員や国家機関は、解散命令の要件を発見したならば、法務大臣に通知することになっているだけで（非訟事件手続法一三四条の四、一六条）、独自に解散命令を申立る権限はありません。

また、法務大臣は国の消費者行政の最高決議機関である消費者保護会議の委員となっています。これは、法務大臣も消費者保護に関する重要な責任を負っていることを意味します。現在の消費者被害の特質として、巧妙かつ悪質な手口による組織的、広域的被害であると言われていますが、会社による取引を装った詐欺行為というのがその典型といえます。ですから、こうした現代の消費者被害を防止するためには、加害者である会社そのものを消滅させなければならず、そのための制度が解散命令であり、それをなし得る国家機関は法務大臣だけなのです。

ですから、解散命令という制度は、準則主義の弊害を是正するという本来の目的のほかに、現代の消費者被害を防止する極めて有効な手段という観点から、消費者被害防止という現代的意義があり、積極的に活用されなければならないものなのです。

そして、法務大臣は、国家機関として、解散命令を活用できる唯一独占的権限を有しているわけですから、消費者被害を防止するうえで極めて重要な責務を負っているのです。

従って、法務大臣は、消費者被害の実態に目を配り、商法五八条に基づき解散命令を申立又は警告を発するなどの権限を行使することによって被害を防止することができないかどうか絶えず検討する義務があるのです。これが、私たちが法務省の責任を追及する理由です。

国の反論と不誠実な対応

国は法務大臣の責任を否定していますが、その理由の要旨は次の通りです。

第一に、法務大臣に解散命令を申立る権限があること自体は否定できないにしても、その前提である申立の要件の有無を調査する権限が与えられていないというのです。現行法上法務大臣は、他の公務員等からの通知があってはじめて解散命令を申立ることができるだけであり、豊田商事事件の場合、それらの通知がなかったから事実を認識することができず、従って解散命令の申立をしなくても責任はないというのです。ちなみに、国はそこでいう通知とは、単なる事実の通知だけでなく、それを裏付ける証拠も含むという独自の解釈を展開しております。

反論の第二は、解散命令は自然人でいえば、死刑の宣告にあたるから、慎重に行わなければならないというものです。また第三に、豊田商事にも営業の自由があることをいっています。そして第四に、法務大臣が権限行使しなかったとしても、被害者らは、いわゆる反射的利益しかないということなのです。

しかし、国の反論は全く根拠がないもので、その主張は無責任な一般論であり、その場限りの弁解というべきものです。

私たちは、訴訟で、解散命令の意義や要件などについて詳細に主張し、法務大臣が事実を認識していたことについても、具体的にどういうルートでどういった内容を認識していたのか、具体的事実をもって主張しています。しかし国は、それらに対する反論はせず、前記の通り、一般論を主張し、またはこれまでと矛盾する主張をしたり、さらにはこれまで主張していなかったことを主張するといったように無責任な反論をしています。そこで次に、国の反論がいかに理由のないものであるかを述べます。

国の主張のあやまり

国の反論の第一である、法務大臣には解散命令の要件を調査する権限がなく、他の公務員からの通知もなく、事実を認識していなかったという点について反論します。

まず、なぜ国がここで調査権限の有無を問題にしているかといいますと、法務大臣が解散命令を申立る権限があること自体は商法五八条にはっきり規定されているので争うことができず、また解散命令の申立をしていないことも、その検討もしていないことも確かなものですから、それらを正当化するためにあえて、調査権限の有無を問題にしたわけです。つまり、調査権限がないのだから事実を認識できず、解散命令を申立なかったとしても違法ではないということであり、認識できなかったのであるから、権限行使の義務もないということです。

しかし、これは間違った主張というべきです。何よりも、法が法務大臣に解散命令の申立権限を与えておきながら、しかも、その権限があるのは唯一法務大臣だけであると規定しておきながら、その前提としての解散命令の要件を調査する権限は与えないということがあるでしょうか。法解釈は、条文の文字だけではなく、その趣旨や目的などを考えて合理的に行わなければなりません。国の主張は、非常識というべきです。また、かつて国は、国会で、任意の調査権限はあると答弁しております。今、問題にしているのは警察のような強制的捜査ではなく、任意の調査権限ですから、今更調査権限がないというのは国会答弁にも反する矛盾した反論です。

また、他の公務員等からの通知についても、国は通知とは事実の通知だけでなく証拠も含むと主張し、通知という概念に特別な意味を持たせようとしています。

これは、一般に通知という場合、それは事実を伝えることですからその手段、方法、様式等については制限のないものですが、これを前提とすると、豊田商事事件の場合、通知があったと解釈される余地があるのでそれを避けるためにあえて特別な意味をもたせようとしたものと言えます。

すなわち、国会や、消費者保護会議などでは豊田商事被害についての実態報告や対策などが協議され決定されていますが、そこでなされた報告や決定は、法務大臣にとって、解散命令の要件に該当する事実があるという通知ととらえるべきであり、少なくともそれを検討するようにと事実上の決定、通知があったと評価されるべきものと考えられます。そこで、それをさけるために、通知というためには証拠も必要だという主張をあえて展開しているのです。これは責任回避のためのいわば後で取ってつけた理由であり、フェアーな態度ではないというべきです。

しかし、何よりも重要なことは、法務大臣は早くから豊田商事被害の実態を十分認識し、解散命令の要件があるということを十分認識していたということです。これは、昭和五七年七月にもたれた豊田商事に関する警察との協議のさいに、法務省から刑事局の担当官らが出席していたのですから、そこで豊田商事被害の実態や問題点などが報告、指摘されていたことは明らかであり、また国会や消費者保護会議などでも豊田商事被害の実態や問題点などが数多く報告、検討されていたことなどから、法務大臣が豊田商事被害の実態を十分認識していたことは否定できないものというべきです。

従って、国の反論の要である、第一の点についてはは全く理由がないというべきです。

次に、国の反論の第二の、解散命令は死刑の宣告に等しいので慎重にすべきであるという点について反論します。これは、法人と自然人とを同視するということ自体に根本的な誤りがあります。確かに、解散命令は、法人を解散させ消滅させるものですから死刑に似ています。しかし、死刑は執行すると取り返しがつかないことになりますが、会社はもともと経済活動をするだけの存在ですし、不法な目的で設立されたり、違法な行為をくり返すような法人は解散させても、社会にとって利益ではあっても何ら不都合はないからです。

この点についての国の反論は、解散命令の申立を検討した結果慎重に対処すべきという結論に達し、申立をしていないというのであればまだしも、申立の検討すらしていない国がする反論ではないというべきです。

その他の反論は、他の省庁についての反論と同じですから省略します。

消費者保護のための積極的活用を

私たちは、この訴訟を通して、解散命令が単に準則主義の弊害を是正するためだけの制度ではなく、現代の消費者被害を防止するための極めて有効な制度であり、解散命令の消費者保護的意義を指摘し、この制度をもっと積極的に活用すべきであるということを主張しています。

とりわけ法務大臣は、国家機関のなかで解散命令の申立をすることのできる唯一の機関であり、しかも捜査機関が得た情報を速やかに入手できる立場にあることから、消費者保護の重要な責務の一端を担っていることをもっと自覚し、消費者被害防止のために積極的に解散命令を活用すべきであると主張しています。

国内公設先物取引において勧誘から取引終了までの一連の行為に不法行為が成立することを認めた最高裁判決

——最高裁判所平成三年(オ)第二二二〇号損害賠償請求事件・平成七年七月四日第三小法廷判決——

〔初出・消費者法ニュース二七号四四頁〜五一頁（消費者法ニュース発行会議、一九九六年）〕

判　決

東京都中央区東日本橋二丁目一三番二号
上告人　日光商品株式会社
右代表者代表取締役　久　保　勝　長
同　品川区東大井一丁目一三番一二号
上告人　青　木　秀　一
秋田県本荘市石脇字竜巻一四—四六
上告人　保　科　雅　義
東京都足立区西新井本町五丁目一〇番六号
上告人　川　崎　政　美
右四名訴訟代理人弁護士　肥　沼　太　郎
三　﨑　恒　夫
秋田県〇〇〇〇〇
被上告人　〇　〇　〇　〇
右訴訟代理人弁護士　津　谷　裕　貴

右当事者間の仙台高等裁判所秋田支部平成元年(ネ)第四七号損害賠償請求事件について、同裁判所が平成二年一一月二六日言い渡した判決に対し、上告人らから一部破棄を求める旨の上告の申立てがあった。よって、当裁判所は次のとおり判決する。

主　文

本件上告を棄却する。

上告費用は上告人らの負担とする。

理　由

上告代理人肥沼太郎、同三﨑恒夫の上告理由について

所論の点に関する原審の事実認定は、原判決挙示の証拠関係に照らして肯認することができる。原審は、右認定事実により、(1)　上告人らは、商品先物取引の経験が全くない被上告人を電話により勧誘し、商品先物取引の仕組みや危険性について十分な説明をしないまま取引を始めさせた、(2)　本件において、多くの取引が、実質的には委託の際の指示事項の全部又は一部について被上告人の指示を受けない一任売買の形態でされ、短期間に多数回の反復売買が繰り返されたり、両建が安易に行われている、(3)　上告人らは、被上告人の自主的な意思決定をまたずに、実質的にはその意向に反して取引を継続させ、被上告人の指示どおりの取引をせず、その資金能力を超えた範囲まで取引を拡大させた、など本件取引に関する上告人らの一連の行為を不法行為に当たるものと判断して、被上告人の本件請求につき過失相殺の上、その一部を認容すべきものとしているのであって、この原審の判断は、右事実関係に照らせば、正当として是認するに足り、原判決に所論の違法があるとはいえない。論旨は、帰するところ、原審の専権に属する証拠の取捨判断、事実の認定を非難し、原審の裁量に属する過失割合の判断の不当をいうか、又は原判決の結論に影

響しない説示部分を論難するものであって、すべて採用することができない。

よって、民訴法四〇一条、九五条、八九条、九三条に従い、裁判官全員一致の意見で、主文のとおり判決する。

最高裁判所第三小法廷

裁判長裁判官　千　種　秀　夫

裁判官　園　部　逸　夫

裁判官　可　部　恒　雄

裁判官　大　野　正　男

裁判官　尾　崎　行　信

上告代理人肥沼太郎、同三﨑恒夫の上告理由〔編注：略〕

●重要判例研究●

弁護士　津　谷　裕　貴

一　はじめに

最高裁は、平成七年七月四日、日光商品に対する損害賠償請求訴訟で、同社の責任を認めた仙台高裁秋田支部判決（平成二年一一月二六日判例時報一三七九号九頁、判例タイムズ七五一号一五二頁、なお、ジュリスト九六四号一二〇頁に一審の判例評釈がある）を相当とする判決を下した。

本件は、最高裁として、一連の行為が不法行為を構成することを明言した初めての最高裁判決として注目される。

なお、国内公設で委託者勝訴の最高裁判決は、差損金請求を信義則違反で退け、過失相殺をしない委託者全面勝訴の大阪高裁判決（平成三年九月二四日判例時報一四一一号七九頁、先物精選一一七頁）を認容した平成六年一月三一日判決（先物裁判例集一五巻七七頁）があり（実質的理由は付されていない）、本件は最高裁判決としては二件目である。

二　事案概要と下級審の判決

(1)　事案の概要

被害者は大卒の現役高校教師（当時三七歳）であり、先物取引未経験。

日光商品の外務員に、絶対儲かる等の不当勧誘を受け先物取引を始め、一任売買、建玉制限に違反し、違法な両建、ころがし、仕切り拒否などで損害を被ったという典型的な先物被害事件である。取引期間は、昭和五八年八月一六日から昭和五九年一月九日まで、被害金額は八八九万七五〇〇円。

(2)　一審判決（委託者敗訴）

秋田地裁平成元年三月二二日判決（判例タイムズ七一六号一六九頁、判例評釈ジュリスト九六四号一二〇頁）。

(3)　二審（委託者逆転勝訴）

仙台高裁秋田支部平成二年一一月二六日判決（判例時報一三七九号九頁、判例タイムズ七五一号一五二頁）。

原審の認定した日光商品の違法行為は次のとおり。

勧誘にあたっては、先物取引の仕組みや危険性を説明せず利益だけを強調し勧誘をしたこと。取引については、①

会社から職員室に電話を入れるという方法は実質的には一任売買、②三ヵ月以内に四六枚、三三枚、四二枚、六〇枚、七〇枚の建玉をしたのは建玉制限違反、③五ないし八日間という短期間で反復し多数の取引が行われ、建玉をしたのちまもなくこれを仕切って同じ建玉をするのは無意味な反復売買、④損失を回復するかのような錯覚に陥るが実質的には手数料だけ損失が増える両建、⑤余裕資金を考慮しないで取引を増大させ、⑥借金までさせて証拠金を調達させた、⑦利益を返戻せず証拠金に振替取引を継続させた、⑧手仕舞の時点で清算金五〇万円がでたのに数百万円の証拠金が必要だと連絡して借金させようとしたなどというものである。

（原審判決）

詳細は冒頭に記載したとおり、判例タイムズ七五一号一五二頁、判例時報一三七九号九六頁に掲載されているのでそれらを参照されたい。ここでは誌面の関係上要旨だけを紹介する。

① 一般投資家を勧誘する際の注意義務など……先物取引の仕組みと危険性を理解できる能力と、生活に支障を来さないだけの余裕資金があるものだけを対象とし、かつ十分説明し、具体的取引にあたっては、経験を積むまでの最初の数カ月間（年程度とも考えられる）は、十分な情報と分析結果を提供し、その自主的な意思決定をまち、かつ無理のない金額の範囲内で取引申込みに応じるべきであり、限度を越えてせきたてたり押し付けたりすることがあってはならない。

② 注意義務違反（違法性）……日光商品らは、先物取引の危険性等について、十分な説明と情報提供義務を尽くさず、社会的に許容される限度を越えてせきたてたり押し付けたりして、自主的な意思決定をまたずに、実質的には委託者の意向に反して取引を継続させ、ことに、委託者の指示どおりの取引（手仕舞）をなさず、しかも委託者の資金調達力を超えた範囲まで取引を拡大させたのであり、このように委託者を勧誘して本件取引を始め全取引を手

仕舞するまでの本件取引過程における一連の行為は、全体として違法なものというべきである。

③　過失相殺……委託者にも通常の社会人が有する程度の判断能力は具備していた、契約の際に準則、パンフ、しおり等の交付を受けていたので精読すれば危険性を理解できたことなどから、損害の発生拡大に過失があるとして、四〇パーセントの過失相殺をした。

日光商品側は、この判決を不服として上告した。

三　本判決の意義と問題点

最高裁判決については、判例紹介を参照してほしい。ここでは、判決に対する評価と今後の課題について述べる。

(1)　本判決の意義

国内公設先物取引事件で、勧誘から取引終了までの一連の行為につき不法行為が成立することを明言した初めての最高裁判決である。

一連の行為が不法行為を構成するというのは、下級審ではすでに確立しているから、本件はこれらを追認し、不法行為構成を定着させたものと言える（ついでにこのような場合、過失相殺が適用されることも定着させたことになる。詳細は、「消費者法白書」（本誌二〇号、二四号）の先物取引の章を参照）。

学者のなかには、このような場合、一連の行為を一つの不法行為ととらえず、違法行為ごとに、個別的に分断して、その効力を検討すべきであるという意見も少なくない。また、最高裁では、証券の無断売買の事例で、無断売買は無効であるから、損害はないとして不法行為を否定した判決（平成四年二月二八日ジュリスト別冊重要判例解説一三〇頁）があるから、無断売買も違法行為の一つと考えると、無断売買だけでなく、不当な勧誘や両建、転がしなどもある先物事件では、どういう判断を下すか注目されていた。

ところで、最高裁は、「客殺し」とともに向かい玉をすれば詐欺になるという決定を下している（平成四年二月一八日前記ジュリスト一七七頁）。

そうすると最高裁の判決によれば、先物取引で客殺し等をすれば刑事的には詐欺罪を構成し、民事的には不法行為を構成するということになり、きわめて常識的な判断と言える。

(2) 最高裁が指摘する違法要素について

最高裁の判決では、

① 先物経験のない委託者を電話により勧誘し、先物の仕組みや危険性について十分な説明をしないまま取引を始めさせた、

② 本件の多くの取引が、

(イ) 実質一任売買で、

(ロ) 短期間に反復売買の繰り返し、

(ハ) 両建が安易に行われている、

(ニ) 自主的な意思決定をまたずに、実質的にはその意向に反して取引を継続させ、

(ホ) 指示どおりの取引をせず、

(ヘ) 資金能力を超えた範囲まで取引を拡大させた、

など本件取引に関する一連の行為を不法行為に当たるとした原審判決は正当としている。

(3) 今後の課題

不法行為訴訟では、何が違法要素になるか検討されなければならない。特に、本件が掲げる(2)の要素がすべて必要なのか、一部でもいいのか、あるいは(2)以外にどのような要素が違法要素となるのか検討されなければならない。

この点については、最高裁判決は、「など本件取引に関する一連の行為」（傍点筆者）とあるから、(2)は例示であり、限定列挙でないことは明らかといえよう。

過失相殺も相当とされていることは問題である。私は、先物取引など消費者被害救済訴訟の場合、過失相殺は、委託者に重過失がある場合だけそれを類推適用すべきであると考えているので、本判決は必ずしも全面的に歓迎しているわけではない（もっとも、委託者は上告しているわけでないので、訴訟法上はやむを得ない）。

今後は、委託契約の効力を否定する判決と過失相殺のない判決を積み重ねていくことが必要である。

委託者のための先物制度改革——日弁連米国先物調査から学ぶ——(上)

〔初出・国民生活研究四四巻一号三五頁〜四六頁(二〇〇四年)〕

弁護士 津谷裕貴

はじめに

近年、商品先物取引被害の増加は著しい。被害は相変わらず、無差別電話勧誘、不適格者に対する勧誘、説明義務違反、断定的判断の提供などの不当勧誘、新規委託者保護義務違反、両建、コロガシ・いわゆる特定売買や仕切拒否などによるものである。先物業界の体質は旧態依然としたものであり、先物業界独特の「客殺し」といわれる手口が今もはびこっている。

平成一六年末から手数料完全自由化実施に伴い、新たに業者の倒産、統廃合による被害も増大することが予想されている。

政府は、現在商品取引所法改正を行い先物制度改革を進めているが、果たして、これが制度改革の名に値するものなのか、少なくともこれによって先物取引被害は減少するのかは疑問である。

そもそも先物取引に一般委託者が九割も参加しているというのは、諸外国には例を見ない。実は、我が国の先物取引でも、商品先物以外の、証券先物、金融先物では一般委託者の参加はごくわずか、ないに等しく問題は商品先物に集中している。

本来先物取引とはどうあるべきなのか、先物被害を減少させるためには何を、どう改善すべきなのか、先物先進国米国ではどうなっているのか。

そうした問題意識を持って日本弁護士連合会（日弁連）は、日弁連米国先物調査団（団長大深忠延元日弁連消費者問題対策委員会委員長）を組織し、平成一五年一月と六月に先物先進国といわれる米国先物の調査を行った。

本稿では、先物取引被害の実態と救済の現状、日弁連米国先物調査の結果を紹介し、これらを踏まえ、委託者保護の視点から我が国の先物制度のあり方を検討するものである。

筆者は昭和五八年から現在まで弁護士として先物取引被害救済に取り組み、日弁連消費者問題対策委員会委員、幹事、先物取引被害全国研究会の代表幹事を務め、日弁連、先物全国研が行う調査、研究、一一〇番、手引き、先物白書等の作成、各種意見書作成等にかかわってきたが、これらは全て共同作業である。本稿で報告する、被害実態、訴訟の現状等は勿論、米国先物調査結果は、日弁連・米国先物調査団最終報告書（二〇〇四年三月）のいわば要約であって、最終報告書は調査団員が担当箇所を分担し調査団員で議論し作成したものであり、筆者はそれをまとめたにすぎない。

日弁連米国先物調査団のメンバーは、団長大深忠延、副団長織田幸二、事務局長筆者、事務局次長大田清則、同小田切達、同山崎省吾、犀川千代子、齋藤雅弘、米川長平、佐々川直幸、石川真司、須田滋、山崎敏彦、平田元秀、大植伸、三木俊博、加藤進一郎（以上が弁護士）、角田美穂子（横浜国立大学）、加藤敬（元国民生活センター）、千代谷しのぶ（ソフト開発者）、新海美佳（通訳）、村本武志（弁護士、事前準備等）氏であり、報告書作成では大植、佐々川、石川、山崎（敏）、平田、須田、大田、加藤（進）の各氏が中心となって執筆し、翻訳は、新海美佳氏が行ったものである。

本稿は、こうした日弁連、先物取引被害全国研究会の多くの担当者の共同成果を報告するものであることをお断りし、ご協力いただいた各位に感謝申し上げる次第である。

1　我が国の先物被害と救済の実態

(1)　被害実態

1)　概括

商品取引所法は、平成になって二度改正されているが、先物被害は一向に減少していない。それどころか、被害は増加しているのである。最近は、外国為替証拠金取引といった先物類似の新たな被害も発生し、増加が著しい。業者の手口、被害の内容は、変わらない。先物被害という視点から見ると、法改正は効果がなかった、特に、平成一〇年法改正は自由化、事前規制から事後規制等によって、被害は増大したとさえ言える。

2)　先物被害とは

被害という言葉は、単に相場で損をして不平不満を言っている状態をさすのではない。国から許可を得て、誠実公正義務を負い、法令、諸規定を遵守すべき商品取引員や外務員らが、それらに違反し、いわゆる客殺しといわれる手法などによって、委託者に財産、精神的損害を与えている状態を被害といっている。単なる儲け損ないは被害とはいわない。

3) 被害実態

① 被害件数

(i) 日弁連「先物被害白書二〇〇二年度版」(二〇〇三年三月発刊) によると、先物取引に関する被害 (苦情、紛争、訴訟等含む) 件数は、ごく例外はあるものの、ここ数年増加している (同書二頁ないし二二頁参照。業者のディスクロージャー、先物取引被害全国研究会の調査結果、同研究会呼びかけの平成一四年先物一一〇番、国民生活センター、経産省・農水省、日本商品先物取引協会の苦情申出件数による)。

(ii) 国民生活センターの平成一六年四月一五日「商品先物取引に関する消費者相談の傾向と問題点―知識・経験・余裕資金のない人は手を出さない！―」によれば、二〇〇二年度には商品先物取引に関する相談件数 (為替相場を除く) は七五八二件で、一〇年前の四倍であるという。

なお、同センター「国民生活」(二〇〇三年一二月号、二九頁) には、商品相場のデータが掲載されているが、これには為替相場等が含まれているので数字が異なっている。

(iii) 弁護士有志で組織する先物取引被害全国研究会 (現在の代表幹事筆者) が呼びかけ全国の弁護士会等で実施した平成一五年度の先物一一〇番結果は、(注1：四〇ページ) の通りである。

② 被害の内容及び特徴

(i) パターン化された、深刻かつ恒常的被害

先物被害には、共通する内容、特徴が見られる。典型的な例は、無差別電話勧誘にはじまり、高齢者をはじめとする適合性原則を無視した勧誘、先物取引の仕組みや危険性などの説明義務違反、絶対儲かるなどの断定的判断の提供、

新規委託者保護義務違反、両建、途転、直しなどの特定売買、仕切拒否・回避等である。取引を止めさせないので、本人や家族が弁護士に相談し、弁護士からの内容証明郵便の送付などで取引が終了することも珍しくない。大半の事案は、買玉から始まり、最初は利益を少し出させて信用させ、間もなくして、追証がかかったといってあわてさせ、両建にして、泥沼に引きずり込み、あとは、特定売買を繰り返すといった、いわばパターン化しているといえる。

被害者は、自ら進んで先物取引を始めたわけではない。無差別電話勧誘、執拗な勧誘などで、取引の仕組み・危険性をよく理解できないまま取引に巻き込まれるのである。その結果外務員の言いなりに取引させられることとなり、被害金額も平均して五〇〇万円前後と多額であり、自己資金だけでなく、借金にまで追い込まれる。これによって財産被害だけでなく、ノイローゼ、自殺などの深刻な事態、果ては公金横領という社会問題にまで発展している例も珍しくない。

先物取引は、深刻な社会問題となっている。

先物被害の種類として、一九七〇年代後半は国内私設市場の先物取引、一九八〇年代前半から海外先物取引、一九八〇年代後半から現在までは国内公設の先物取引の被害が多発し社会問題化してきた。最近は、これに加え、外国為替証拠金取引の被害も増加している。

しかし、時代によって先物の種類は異なるものの、典型的被害パターンは共通しており、その意味で先物被害は恒常的といえる。

(ii)　一部の業者だけではなく、大半が苦情対象業者

こうした先物被害は、一部の業者だけが引き起こしているのではない。業者の大半に苦情があり(「日弁連先物被害白書二〇〇二年度版」二二頁によると、日本商品先物取引協会に対する苦情申出対象の商品取引員は、平成一〇年度七四・七

％、一一年度八三・三三％、一二年度六八・七六％、一三年度六四・二〇％である）、業者に損害賠償責任を認める判決も一部の業者に集中しているというわけではない（「日弁連先物取引被害救済の手引き七訂版」一三六頁以下、「同先物被害白書二〇〇二年度版」はじめ、先物取引被害全国研究会の先物一一〇番の結果、同研究会編「先物取引裁判例集」、日本商品先物取引協会に対する苦情申出数の内訳など参照）。

4)　被害原因

先物被害の原因としては、以下のことが考えられる。

①　先物取引それ自体の問題性

先物取引が極めて投機性が高く、仕組み、制度が複雑でわかりにくく、金額が多額であることなどから、先物取引それ自体に既にトラブルの要因が含まれている。

②　市場参加者

我が国の先物取引の参加者は、当業者、プロ以外の、一般委託者が圧倒的多数（九割といわれてる）を占めている。その消費者は、自ら進んで先物取引を始めているものは少数であって、大半が、業者からの電話勧誘、断定的判断の提供、説明義務違反などの不当勧誘によっていわば先物取引に引き込まれて取引を開始しており、また、取引は、一般消費者にとって、価格変動の要因などの情報や判断材料があるわけでもないから外務員らの勧めるがまま取引をせざるを得ないし、やめようと思っても仕切拒否などで、金が底をつくまで取引を継続させられている。

こうした一般委託者は、先物取引に必要な知識、経験、余裕資金、情報が十分でなく大半が先物取引不適格者である。

先物取引不適格者が先物取引を行えば、それだけでトラブル発生は不可避である。

③　業者のモラルの低さ、営業姿勢

何よりも、先物被害が多発し、深刻化しているのは、先物業者のモラルの低さ、営業姿勢そのものにあると言わなければならない。

商品取引員、外務員は、商品取引所法の許可、登録を受け、法律上誠実公正義務があり、受託業務を遂行するにあたっては、法令は勿論、先物取引に関する取引所、日商協等の自主規制等諸規定を遵守しなければならないのに、実際は守られていない。

そのことを象徴的に表している言葉が、「客殺し」である。客殺しという言葉は、俗語であろうが、最高裁判所の判決（平成四年二月一八日同和商品に関する刑事事件）でも使用されている、先物業界では認知された言葉である。

客殺しは、要は、客を食い物にするあらゆる行為、具体的には、無差別電話勧誘にはじまり、訪問、執拗、強引、説明義務違反、断定的判断の提供、新規委託者保護義務違反、両建、過当売買、直し、途転、日計り、不抜けなどの特定売買、無敷・薄敷、仕切拒否・回避、因果玉の放置、担当者の交替、不当な念書、示談の強要等、取引の勧誘段階から取引継続中、取引終了段階、さらには取引終了後まで、最初から最後までの違法、不当行為であり、委託者から金を搾り取る又は権利を放棄させる行為である。

先物業者自らが、自分たちが社会的信用が低いことを認めていることは、まだ救いの道が残されているというべきか。

④　取引手法の問題点

取引所の取引は、東京工業品取引所（ゴム取引を除く）がザラバを採用しているが、他は日本独自の板寄せ手法である。板寄せが行われている取引所では、さらに場節時間終了後、二〇分以内にその値段で取引を届け出れば取引が認められるバイカイ「付け出し」が認められている。また、東京工業品取引所でも、一定の要件のもとに特別売買として、バイカイ付け出しと同じことが認められている。

このバイカイ付け出し、特別売買を悪用し、向玉、差玉向をすることによって、客殺しが行われているのではないかという強い不信感が、日弁連、先物取引被害全国研究会などの弁護士からは指摘されている。

⑤　法令等

商品取引所法の委託者保護に関する規定は、勧誘規制、行為規制等はあるものの、内容が不十分であり、違反しても民事効果（無効・取消）がなく、刑罰、行政処分も不十分である。

すなわち、勧誘段階では、電話、訪問勧誘などいわゆる不招請勧誘は禁止されていないし、客殺しの温床といわれる向玉、差玉向に対する規制は曖昧でないに等しい。新規委託者保護措置は平成一〇年法改正後曖昧化し、両建勧誘は、同一限月、同一枚数の両建勧誘だけが省令で規制され、いわゆる特定売買に関するチェックシステム、ミニマムモニタリングは廃止された。

断定的判断の提供などは、法律で禁止されていても、違反に対する損害賠償、無効・取消などの民事効果に関する規定はない。

⑥　甘やかしすぎた先物行政

商品先物に関する監督官庁は、経産省と農水省の二元行政である。先物取引には、商品先物の他に、証券先物・金融先物があるが、これらは金融庁である。先物取引の監督官庁は三つ、三元行政である。

監督官庁は、先物業者をいわゆる護送船団方式の下、業界育成、保護という色彩が強く、甘やかしてきたと言わなければならない。

これまでの先物行政をふり返ってみると、政府の先物取引政策の大きな問題点は、昭和五五年の商品取引所法八条の誤った解釈変更に端を発する。これによって被害が発生してから政令指定するという後追い行政が目につくようになった。

法改正の問題として、国際化の推進(平成二年六月法改正)、利便性(平成一〇年四月法改正)を掲げた商品取引所法改正は、業界育成を優先し、委託者保護は劣後であった。例えば、平成二年法改正の前に、これまで先物訴訟では違法性の根拠としてきた旧取引所指示事項を改正し内容を抽象化してしまった(平成元年一一月二七日)。これによって、例えば、異限月両建は、改正前は明文で禁止されていたが、改正後は禁止されていないといったような主張を業者は堂々とするようになった。また、最近の先物訴訟では、言った言わないの訴訟から、行われた取引自体に違法性(転がし、手数料稼ぎ等)がなかったか、その基準をチェックシステムやＭＭＴ(両建、日計りなどの特定売買の割合、月間回転率や、手数料比率を判断する)に求める判決が主流になっていたところ、政府は平成一一年四月にこれを廃止してしまった。これによって業者は、特定売買比率を検討しても、今はチェックシステムは廃止され、特定売買は違法ではないなどと開き直っている。これらは、規制緩和、事前規制から事後チェック行政への転換とのことであるが、先物に関する法規制を守れなかった業者に規制緩和するというのはどういうことか、今もって理解しがたいところである。

さらに、平成一三年の許可更新のさいには、各地でトラブルを多発させ許可更新すべきでない業者にも許可更新し、被害を助長させるお墨付きを与えた。このときの許可更新について酒巻日商協元会長は、「将来に向かって禍根を残す、行政の責任は免れない」と指摘したとされ、実際、間もなくして、アイコム㈱が破産した。

このときの許可更新に当たっては、主務省が業界にアイコムの支援を要請し、これを受けた業界は、支援の仕方として、アイコムに先物取引を受託する方法によって行われたと報じられ、アイコムが行った取引所は、客殺しの温床と批判のある、バイカイ付け出しが行われている板寄せ手法の東京穀物取引所であった。不可解、不透明な行為と言わなければならない。

また、行政処分について言えば、これまで民事訴訟で受託業務に関する法令違反、違法性が認定されても、それによって行政処分が連動して発動されるということは無かった。業者は、訴訟で法令違反を理由に敗訴しても、業務停止などの強制処分を受けないので、結果的には法令違反をしても大したダメージは受けなかった。

これまでの先物行政では、被害は増えることはあっても減少することはあり得ないと言わなければならない。

⑦　委託者に厳しく、業者にやり得を許してきた司法

先物訴訟は、先物被害という氷山の一角である。先物被害者は、先物に手を出して、欲に目がくらんだといわれるのではないかと負い目を感じている。敷居の高い弁護士に相談し、訴訟までこぎつけるだけでも大変な精神的負担がかかる。訴訟をしても、損害賠償を請求する根拠は、民法の不法行為であるが、不法行為の場合、業者の過失、違法性、損害、因果関係の立証責任は委託者側が負っている。委託者の下に残っている証拠は約諾書、外務員のメモや名刺、ガイド、売買報告書等しかなく、記憶の不確かな委託者の話をもとに、業者の違法性を立証することは容易なことではない。残っている証拠は、一見すると業者側に有利な証拠が多い。これを乗り越えて、業者の違法行為が証明でき、勝訴しても、その多くは委託者にも過失があったとして、安易に過失相殺されてしまう例が多いのが裁判の実情である。

業者にとってのやり得を、司法までが追認しているといっていい。しかし、これは反面、そうした判決しかとれなかった我々弁護士の力量不足でなかったのか反省しなければならない。

⑧　その他

委託者自身に問題はないのか。委託者のなかには、先物被害者と呼ぶにはふさわしくない者もいるかもしれない。しかし、そうした人は、我々弁護士のもとには相談には来ない。単なる儲け損ないを被害者といわないことは前記の通りである。先物業者の違法な勧誘、客殺しによって、損害を被ったのであり、先物業者は、国から許可を与えられた特別な地位にあり、情報量も一般委託者とは雲泥の差があり、優位に立つ。委託者の責任に比べれば、取るに足らないだろう。

(2)　救済の実態

1)　救済の方法

先物被害者の救済方法として、裁判による解決と、それ以外の解決があるが、後者は相談も一種の救済方法と考えると、主務省、国民生活センターなどへの行政相談と、より直接的な取引所、日本商品先物取引協会の紛争仲介手続きなどがある。

農林水産省、経済産業省、国民生活センター、日本商品先物取引協会の相談件数等については、日弁連「先物取引被害救済の手引き七訂版」（平成一六年四月一四日）一五頁以下を参照されたい。

ここでは、弁護士による示談、訴訟の現状と問題点を紹介する。

2)　弁護士による救済の概要

①　被害者が弁護士に依頼するルートは、本人や知人が知り合いの弁護士に相談するという場合もあるが、大半は、弁護士会の法律相談、自治体や消費生活センターからの紹介、一一〇番、ホームページなどである。

② 弁護士に相談すると、弁護士は、業者の違法行為を指摘し、返還されていない金額の請求と、建玉を仕切るよう業者に内容証明又はＦＡＸを送付する。

③ 数日後、業者管理部から電話で、建玉は全部仕切ったので、精算金を支払うという連絡が入る。そして、数日後に弁護士事務所に来るという。

④ 弁護士事務所に管理部の担当者が来て、担当者から事情を聞いたが、断定的判断の提供はないし、きちんと説明している、両建の説明もきちんとして納得してもらってやった、特定売買は、客の指示でやったもので、仕切拒否はしていないから、精算金以外に支払う必要はないなどという。弁護士はこれに納得するはずもなく、後日また連絡すると言うことで別れる。

⑤ その後、連絡が来るが、示談で解決できるなら手数料の数％支払うなどと言ってくるが、交渉決裂。

⑥ そこで、被害者と相談し、訴訟のリスク等を説明し、訴訟提起となる。なお、なかには訴訟ではなく日本商品先物取引協会の紛争仲介を利用する場合もあるが、場所が限られているので、地方都市の被害者の場合は利用しにくい。

3) 先物訴訟について

先物訴訟では、被害者が商品取引員を訴える損害賠償請求訴訟が多いが、逆に商品取引員が、委託者に対して精算金支払いを請求する訴訟もある。

① 当事者

被害者が業者に対して、損害賠償請求する場合、原告は被害者、被告は、商品取引員と外務員ら。精算金請求訴訟は、原告が商品取引員、被告は、委託者である。

② 請求内容

損害賠償請求訴訟は、外務員の勧誘、受託等は法令、諸規定違反であり不法行為である。商品取引員は使用者責任を負い、不法行為に基づく損害金として、未返還の金額と、慰謝料、弁護士費用を請求する。この場合、債務不履行に基づく損害賠償も合わせて請求している。

③ 訴訟の争点

訴訟での争点は、客殺しの有無で、断定的判断の提供等の違法な勧誘、適合性原則違反、説明義務違反、新規委託者保護義務違反、両建、特定売買、仕切拒否等が多い。

④ 審理

訴訟では、原告、被告双方が主張し、証拠を提出する。そして、証拠調べが行われる。証拠調べの結果、和解が勧告されることが多く、裁判上の和解で解決することもあれば、決裂し、判決となることもある。

⑤ 期間

先物取引訴訟は、多くは、被害者側は地元の弁護士が、業者側は東京又は大阪の弁護士が訴訟代理人となっている。先物取引訴訟は、専門的訴訟に属するので、内容的に複雑で、代理人も遠隔地とあって、訴え提起から判決まで、二年間前後はかかっている。

4) 先物判決について

① 概要

先物訴訟の判決結果は、国内私設、海外先物などでは委託者勝訴の判決が多いが、国内公設では、昭和五〇年代までは委託者勝訴の判決はさほど多くはない。昭和六〇年代にはいると委託者勝訴の判決が徐々に増え、現在では、全国各地で委託者勝訴の判決が多く言い渡され、他方、委託者敗訴の判決も少なくない。

② 委託者勝訴の判例集等

『判例時報』『判例タイムズ』など一般的な判例集にも重要な先物判決は掲載されているが、委託者勝訴の判決を幅広く全文紹介しているのは、先物取引被害全国研究会の「先物取引裁判例集」である。

これらをもとに、判決を整理しているのが、日弁連の「先物取引被害救済の手引き」（現在七訂版、民事法研究会）、筆者ら四名共著の「実践先物取引被害の救済」（民事法研究会）等がある。

そして、先物裁判例集の判例全文をＣＤ－ＲＯＭに収め、検索、利用しやすく整理したソフトが「先物被害判例集—黙示録—」である。

③ 判例で指摘された違法行為

日弁連「先物取引被害救済の手引き（七訂版）」によると、業者の責任が認められた判決で指摘された主な違法行為及び判決数は多い順に次の通りである（一八〇頁以下）。

無意味な反復売買（特定売買）七〇件、

両建の勧誘五八件、

新規委託者保護義務違反五五件、

説明義務違反四八件、

一任・無断売買四五件、

過当売買の勧誘二九件、

適合性原則違反二七件、

仕切拒否・回避一七件等である。

④　特に重要な委託者勝訴判決

筆者ら「実践先物取引被害の救済」（平成一二年九月一五日、民事法研究会）二八七頁以下にまとめているので参照されたい。

特に次の判決は注目すべきである。

(i)　不法行為訴訟の集大成として、最高裁平成七年七月四日判決（NBL五九〇号六〇頁、先物取引裁判例集一九号一頁）。

電話勧誘、説明義務、実質一任・反復売買、両建、自主的意思決定違反等に違反した一連の行為は不法行為としたもの。原審は仙台高等裁判所秋田支部平成二年一一月二六日（判時一三七九号九六頁、先物取引裁判例集一〇号一八六頁）。

(ii)　特定売買比率等を考慮したリーディングケースとして東京地裁平成四年八月二七日判決（判時一四六〇号一〇一頁、先物取引裁判例集一三号一五一頁）。

いわゆる特定売買比率等を考慮し転がしを認定した最初の判決。他に、向玉は客殺しを推認させるとした画期的判決。

(iii)　断定的判断の提供だけで違法を認定した判決として、大阪地裁平成八年五月三一日判決（先物取引裁判例集二〇号一四〇頁）。

(iv)　新規委託者保護義務違反だけで違法性を認定した判決として、大阪地裁平成八年二月一九日判決（判タ九一二号一九四頁）。

(v)　特定売買だけで違法を認定した判決として、大阪地裁平成八年六月一四日判決（先物取引裁判例集二〇号一七〇頁）、佐賀地裁平成一一年五月一二日判決（先物取引裁判例集二六号六〇頁）など。

(vi)　仕切拒否だけで違法を認定した判決は、大阪地裁平成九年四月二五日判決（先物取引裁判例集二二号四二頁）、佐賀地裁平成一一年五月一一日判決（先物取引裁判例集二六号五三頁）。

(vii)　適合性原則違反との関係で、先物取引経験者でも、過去に損をした損金を支払えなかった者は不適格者として仙台高等裁判所秋田支部平成一一年一月二五日判決（判時一六九二号七六頁、先物取引裁判例集二五号四〇九頁）。

(viii)　説明義務違反
最高裁平成七年七月四日判決（先物取引裁判例集一九号一頁）

(ix)　両建勧誘については、大阪地裁平成四年七月二四日判決（先物取引裁判例集一三号二八頁）は両建勧誘禁止の理由、異限月両建も含むことなど詳しく判示している。

(x)　チェックシステム等の廃止と特定売買について、大阪地裁平成一二年一一月二八日判決（消費者法ニュース速報No四二四）は、チェックシステム、MMT廃止後も、特定売買比率が高いと違法と認定している。

(xi)　向玉と客殺しでは、神戸地裁姫路支部平成一四年二月二五日判決（先物取引裁判例集三二号一六頁）が、先物取引で客殺しが可能として、向玉は客殺しを推認させるとしたものである。

(3)　問題点

1)　被害者に対する根深い偏見

先物取引被害に対する認識や、被害者に対する理解は十分ではない。被害者に対する目は決して温かくはない。儲け損なった者が今更何を言うのかといった視線を感じる。これに反し先物業者に対しては、国から許可を得て、お墨付きを与えられた会社がそんなことをするか、書類もきちんとある、といった具合である。豊田商事事件の時も似たような状況にあったが、今もって改善されていない。裁判官も多かれ少なかれそうした目で見ているように筆者には感じられる。

こうして先物取引被害救済は、被害者のマイナスイメージを払拭するところから始まり、これが、訴訟での立証を困難にし、業者の違法を証明しても、安易に過失相殺されてしまう結果を生んでいる背景であると言わなければならない。

2) 立証の困難性

無差別電話勧誘、適合性原則違反、断定的判断の提供、説明義務違反、新規委託者保護義務違反、両建、転がし、仕切拒否などの客殺しを立証するのは、容易ではない。例えば、先物取引の知識や経験のない一般委託者が先物取引をやって、両建などの特定売買が行われ、大きな損を被って、弁護士に相談してやっと先物取引をやめることができたという典型的事案でも、これらの事実自体は容易に立証できるが、これだけでは、業者の違法性が認定されないのが訴訟の現状である。

業者は、高校の同窓会名簿に基づき勧誘したのだから無差別ではない、先物取引の経験はないけど十分理解できる能力があるから先物取引適格者である、相場観を言ったに過ぎないから断定的判断の提供ではない、ガイドやしおりに基づききちんと説明した、本人からもっと大きな取引をしたいとの申出があり、社内審査をきちんとしてやらせている、両建は、先物の手法の一つで、損を確定したくないと本人が言ったからやっている、転がしといっても本人の指示にしたがっただけである、仕切拒否などしていないし、弁護士の仕切指示の内容証明が届くときちんと仕切っているなどという反論をする。そして、しっかり業者の主張を裏付けるかのような書類が残っている。

被害者側は業者からの反論があると、これに再反論し、それぞれについて、なぜ、それが違法なのかを詳しく主張し、どんな取引をさせられたかを図やグラフを作成するなど、大変な労力、作業を必要とする。書類があっても、実際はどうなのかを反論していく必要がある。どういう経過で先物取引をすることにしたのか、被害者の陳述書を作ったりするが、被害者は記憶があいまいであったりする。向玉を主張する場合は、取引所に業者の建玉などを照会し、その回答に基づき、準備書面を作成したり、取引所によっては回答を拒否してくる場合もあるからそれに対して抗議したり、業者の違法性を証明することは大変である。

3) 安易な過失相殺

先物訴訟では、外務員、商品取引員の責任が認められても、被害額を全額回収できる例は少なく、多くは、被害者にも落ち度があったとして、過失相殺され、減額される。最近の判決は、過失相殺の割合が高くなっている傾向にある。

過失相殺の理由として、業者から不当な勧誘を受けたとしても、安易に先物取引に手を出したり、ガイドには先物取引の危険性の記載があるのに読まなかったり、先物取引をやめようと思えばそのときにやめられたのにやめないで損害を拡大させたなどという理由が多い。要は、騙した方も悪いが、騙された方も悪いといっているのと同じである。

(注1) 平成一五年度先物一一〇番

平成一五年に、先物取引被害全国研究会の呼びかけによって、全国三〇地区の弁護士会、有志の研究会及び弁護団が実施主体となって先物取引被害・外国為替証拠金被害一一〇番を実施した。

一　実施地区は、釧路、札幌、青森、秋田、岩手、仙台、群馬、埼玉、千葉、横浜、山梨、長野、岐阜、富山、静岡、名古屋、京都、大阪、奈良、和歌山、神戸、姫路、岡山、広島、島根、福岡、佐賀、宮崎、鹿児島、沖縄の各地区。

二　全国の苦情件数は四一八件（別表I参照）。地区別に見て苦情件数の多かったのは、大阪地区一一五件、仙台地区四二件、長野地区三五件、広島地区二四件、島根地区二二件、名古屋地区二〇件など。ただし、これは一一〇番の広報の仕方によりかなり件数の違いが出てきており、各地区とも広報が同じように徹底していれば、件数は全体で五〇〇件をはるかに超えていたものと思われる。

三　取引の種類別では、国内公設の先物業者への苦情が三三三件、外国為替証拠金取引の業者への苦情が六二件。外国為替証拠金取引については、二〇〇二年の全国一斉一一〇番の中でも七件の苦情があったが、これと比較しても今回の五八件というのは、被害急増の実態を如実に反映しているということができる。

四　一一〇番結果の分析

今回の一一〇番で集められたデータを分析した結果判明したことを以下にまとめてみた。

(1)　業者別

①商品先物取引（国内公設）業者

業者名まで明らかになった計数は三一七件だが、苦情のあった業者の数は六〇業者に達し、相変わらず大部分の業者において被害が発生していることを裏付けている。苦情の多かった業者は、別表IIのとおりである。

②外国為替取引業者

五八件について業者名が明らかになっているが、既成の業界に属さない独立系と思われる業者が約八割の四八件を占めており、残り一〇件が商品先物系と思われる業者である。苦情の多かった業者は、別表IIIのとおりである。

(2)　男女別

男性三〇二件、女性七五件となっており、女性の比率が約二割を占めている。

二年前は一割程度であったのが、前回、今回と二割に達するようになり、最近の女性の被害の増加の傾向を裏付けている。

(3)　年齢別

六〇歳以上の高齢者の苦情件数が二年前は約三〇%であったのと比べ、四四・七%も達していることがわかる。

（別表Ｉ）　2003年全国一斉先物取引被害・外国為替証拠金被害110番集計

（最終）

地区	実施日	件数	前年件数	前年比	国内公設	為替証拠	その他
釧　路	10/1	11	0	△11	10	1	0
札　幌	12/13	7	18	▲11	3	4	0
青　森	10/18	7	0	△ 7	6	1	0
秋　田	10/8	6	8	▲ 2	6	0	0
岩　手	5/22	4	4	△ 0	0	4	0
仙　台	10/2,3	42	7	△35	28	8	6
群　馬	10/4	10	13	▲ 3	9	0	1
埼　玉	10/4	7	24	▲17	3	4	0
千　葉	10/9	2	5	▲ 3	2	0	1
横　浜	10/3	12	1	△11	9	2	1
山　梨	11/1	1	0	△ 1	1	0	0
長　野	10/22	35	実施せず	△35	34	1	0
富　山	10/4	6	20	▲14	6	0	0
静　岡	10/9	6	8	▲ 2	5	1	0
名古屋	10/2,3	20	85	▲65	13	8	1
岐　阜	12/2	2	12	▲10	2	0	0
京　都	10/3	4	4	△ 0	2	1	1
大　阪	10/20,21	115	59	△56	88	13	12
奈　良	10/3	6	3	△ 3	4	2	0
和歌山	10/20	4	4	△ 0	4	1	0
神　戸	10/3	14	14	△ 0	9	3	2
姫　路	10/4	9	実施せず	△ 9	7	3	0
岡　山	10/4	5	2	△ 3	4	1	0
広　島	9/11,12	24	25	▲ 1	24	0	0
島　根	11/19	22	8	△14	23	0	0
福　岡	10/4	7	2	△ 5	3	3	1
佐　賀	10/3	1	8	▲ 7	1	0	0
宮　崎	10/4	9	0	△ 9	7	1	1
鹿児島	10/8	18	0	△18	18	0	0
沖　縄	10/10	2	実施せず	△ 2	2	0	0
合　計	30地区	418			333	62	27

※平成14年は、独自開催の東京での三弁護士会を含め、33地区で416件である。

（別表II）　商品先物取引（国内公設）業者

順位	業　者　名	件数
1	東京ゼネラル	37
2	入や萬成証券	25
3	グローバリー	19
3	太陽ゼネラル	19
5	コーワフューチャーズ	12
6	オリエント貿易	10
6	小林洋行	10
6	光陽ファイナンシャルトレード	10
9	サンワード貿易	9
9	北辰商品	9

（別表III）　外国為替取引業者

順位	業　者　名	件数
1	アルコワールド	10
2	日本デリックス	7
3	千代田エコノミー	6
3	インタートレード	6
5	グランリッツ	3
5	日本ファースト証券	3

これも最近の高齢者の被害の増加の傾向を裏付けている。

(4) 職業別

無職の苦情件数が三〇・二%、主婦の苦情件数が八・三%を占めているのが目につく。

これも主婦を中心とした女性や高齢者の被害の増加の傾向を裏付けている。

(5) 被害金額

一〇〇万円以上五〇〇万円未満が一番多く、続いて一〇〇〇万円以上二〇〇〇万円未満と続いており、一〇〇〇万円以上の被害額の苦情が約四割近くもあり、被害金額はやはり高額であるといえる。

(6) 取引期間

ここでは、取引開始後三カ月未満が二五・八%、六カ月未満までが四五・五%、一年未満までが六六・三%を占めており、比較的短期のうちに被害にあっていることを裏付けている。

(7) 取引のきっかけ

勧誘がきっかけというパターンが全体の九三%を占めており、業者からの勧誘が被害のきっかけとなることを裏付けている。

委託者のための先物制度改革——日弁連米国先物調査から学ぶ——(下)

〔初出・国民生活研究四四巻二号一二頁〜三六頁（二〇〇四年）〕

2　日弁連米国先物調査団報告

(1)　はじめに

日本弁護士連合会は、平成一五年一月と六月に、全国各地の弁護士や学者、元国民生活センター職員らをメンバーとする日弁連米国先物調査団（団長大深忠延元日弁連消費者問題対策委員会委員長）を組織し、米国先物調査を行った。昨今の先物取引被害の増大、深刻化、本年末の先物委託手数料自由化を控え、商品取引員の倒産、統廃合等により今後さらに先物被害は増加するのでないかという懸念から、先物被害の予防救済、今後の我が国先物取引制度のあり方を検討する上で米国先物制度は大きなヒントを与えてくれるのではないかと期待し実施したものである。

日弁連は、一九八四年五月にも米国先物調査を行っているが、当時の調査の主眼は、増え続ける海外先物被害の予防であり、海外先物業者が果たして米国の先物業者（ＦＣＭ）に取引を繋いでいるのかどうか、ノミ行為をしているのではないか、米国は日本の被害を知っているのかなどといったところにあり、ＣＦＴＣ（商品先物取引委員会）、取引所（シカゴ、ニューヨーク）、ＮＦＡ（全国先物業協会）、ＦＣＭ（日本の商品取引員にあたる）などであった。その結果は、昭和五九年九月「米国先物取引事情調査報告書」としてまとめられている。当時、米国先物制度の先進性を目の当たりにしてきたが、それが二〇年を経過した現在どうなっているのか確認し、我が国の先物制度改革の参考にしようというものである。

今回の米国先物調査の問題意識は、米国にも日本の先物被害のようなものがあるのかどうか、その実態とデータを、委託者保護のための法制度、先物被害者の救済手段と救済水準、訴訟社会といわれる米国における先物訴訟の実態、米国でも過失相殺が行われているのかどうか、先物取引被害救済に取り組む弁護士の活動とネットワーク、そもそも先物取引の参加者が一般委託者が九割を占める我が国の現状は正常といえるのかどうか、米国でも我が国のような客殺しが行われているのかどうか、電話勧誘、断定的判断の提供、両建、向玉などが行われているのかどうか、監督官庁のあり方、取引手法のありかた、自主規制機関のあり方など、先物取引被害の予防救済に役立ちそうな情報をどん欲に吸収しようというものである。

調査結果は、二〇〇四年三月に「日弁連　米国先物調査団　最終報告書」（以下、最終報告書という）にまとめている。そこに全て記載されている。

最終報告書は、序文、調査団、調査日程等の後に、第一部が一月調査結果、第二部が六月調査結果、第三部総括、第四部入手資料の翻訳（翻訳者：新海美佳氏）となっている。

これらのエッセンスを中心に紹介することにする。

(2) 米国先物概観

1) 取引規模と取引内容

① 規模

米国では全米七取引所中心に先物取引が行われているが、二〇〇二年度の出来高で比較すると、米国の先物が約八億五〇〇〇枚、オプションが二億一〇〇〇枚合計一〇億枚を越える。

日本の商品先物は、合計一億四〇〇〇万弱で、先物の出来高規模で見る限り、おおよそ日本の先物は、米国の七分の一となる。

② 内容

先物取引の中心は、米国は金利先物、財務省債券、株価指数のミニ取引（Eミニ）など、金融先物、金融手段の先物が中心で、原油、トウモロコシ、大豆といった伝統的商品先物の割合は低い。日本は、大半が石油などの商品先物である。

2) 市場参加者

先物市場の取引参加者は、元ＣＦＴＣ委員長のフィリップジョンソン弁護士（Philip McBride Johnson）によればプロとヘッジャーで七五％、一般大衆（リテール）は二五％であるとのこと。高橋弘氏も、八割以上が当業者、残りが一般委託者といわれている（同氏「先物世界の構図」一三六頁）。日本は、一般大衆が九割といわれている。市場参加者の割合が大きく、日米では異なっている。

3) 取引手法

米国は、ザラバ式の取引である。日本は、大半が板寄せ、バイカイ付け出しである。ザラバは東京工業品取引所(ゴムは板寄せ、ただし近日中にザラバへ移行とのこと)だけである。

(3) 米国先物委託者保護法制概要

1) 先物法制

米国の基本的先物法は、連邦法である商品取引所法(Commodity Exchange Act—CEA)、二〇〇〇年商品先物現代化法(CFMA(Commodity Futures Modernization Act of 2000))と、CFTC(商品先物取引委員会)規則等である。

これらの内容について、㈳全国商品取引所連合会の、「米国商品取引所法」(二〇〇〇年改正法 平成一三年一一月)、日米の商品取引所法比較調査(平成一四年二月)、「米国の商品規制 二〇〇二年三月」が貴重である。

2) 資格

先物を行う者はすべて(商品取引員だけでなく、外務員らも)CFTC(商品先物取引委員会)に登録が必要で、CFTCは登録業務をNFA(全米先物協会)に委託しており、NFAの会員である必要がある。NFAの会員でないと先物に従事できないということが極めて重要であり、NFAルールを遵守しないとNFAから除名され、先物世界から放逐されるということになり、NFAルールが担保されている。

3) 倒産による被害対策

① 純資産要件(二五万ドル又は有効証拠金の四%以上保有すること)、② 分離保管制度の徹底、厳格な運用、③ ク

リアリングハウス、がある。

4）救済手段

先物被害者の救済手段は、大別し次の四つの手段がある。

①　民事訴訟

連邦である商品取引所法（CEA）違反を理由にする場合は、連邦裁判所へ提訴。

先物取引行為を禁止する州法（UDAP）違反は、州裁判所へ。

②　CFTC（商品先物取引委員会）による救済

CFTCの賠償手続きには、正式手続き（三万ドル以上）と、略式手続き（三万ドル未満）、自立的手続き（仲裁類似の手続き）がある。

③　取引所の仲裁手続き

④　NFAの仲裁、調停手続き

5）委託者保護に関する法規制等

委託者保護に関する規定は、米国商品取引所法（Commodity Exchange Act）4b条a項の詐欺禁止規定、CFTC規則（Regulations）、NFAルール（NFA Compliance Rule）などがある。

①　適合性原則について

米国には先物取引について、適合性原則はないと言われているが、一般大衆が先物に参加している割合が低いなどの理由によるが、その代わり、ノウ・ユア・カスタマー・ルール（Know Your Customer Rule）があり、それでカバーできるといわれている。

② ノウ・ユア・カスタマー・ルール（Know Your Customer Rule）

NFA規則二－三〇にある。先物業者等は、顧客の情報を調査、保管しなければならないという原則。取引が顧客の収入、経験、投資目的等に照らし不適合、不相当の場合は、このルール違反で違法とされている。

このような場合、わが国では適合性原則違反とされているが、適合性原則は米国にはないが、このルール違反は適合性原則違反と同じといってよい。

③ 広告、勧誘規制（断定的判断の提供、執拗な勧誘等）

広告などによる絶対儲かるなどの断定的判断の提供等は、詐欺的勧誘、高圧的方法等として禁止されている（NFAルール二－二九：最終報告書一九一頁に翻訳あり）。

④ 説明義務

取引開始にあたって説明すべき義務として、口座開設書の中に先物危険性等を記載しなければならないことが、CFTC規則一・五五に規定されている（CFTC規則一・五五の翻訳は最終報告書一一頁、一五三頁参照）。

⑤ 過当取引

先物取引における過当取引（チャーニング）は、米国の判例上商品取引所法4b条a項の詐欺禁止規定に違反するとされている。

商品取引所法4b条a項は、㈳全国商品取引所連合会「米国商品取引所法」（二〇〇〇年改正版）二九頁、今川嘉文教授「過当取引の民事責任」四四三頁に翻訳があるので、参照されたい。

⑥ 両建勧誘

米国においては、同一限月、同一商品の両建は存在しない。

ＣＦＴＣ規則一・四六(b)によれば、同一限月の反対の建玉は、仕切として処理されるので、両建にはならないのである。

我が国のように既存の建玉に対する反対建玉を両建という概念で、取引手法の一つとしてあたかも取引手法の一つとして意味があるかのように扱っているのとは多いにちがうところである（ＣＦＴＣ規則一・四六(b)の訳は最終報告書一五頁、同一五三頁には一・四六全部を翻訳している）。

⑦　向玉

米国にも向玉という概念はあり、米国商品取引所法４ｂ条ａ項(iv)で禁止されている（同条項の翻訳は、最終報告書一六頁参照）。

⑧　会話の録音義務

NFA Compliance Rule 二－九によれば、先物業者はＮＦＡに登録する際にはＡＰ（Associaed Person、外務員）を全て開示しなければならず、以前摘発を受けた業者に雇用されていた外務員を一定割合雇用する場合は、顧客を勧誘する際の会話の録音が義務づけられている。録音の保存期間も規定されている。

NFA Compliance Rule 二－九の翻訳は、最終報告書一八〇頁以下参照。

6)　損害額・過失相殺

①　損害

日本の先物救済訴訟では、損害を委託者の出捐金から既払金を除いた未返還の金額が中心であるが、米国では、おおむね、口座開設段階で詐欺、不実表示等があった場合は全体を、それ以外は個々の取引ごとに手数料相当額を損害と見ているようである。

米国では懲罰的賠償（punitive damages）という制度があるが、これは、コモンロー違反、あるいは詐欺的行為禁止の州法違反を理由とする場合に認められ、訴訟やNFAの仲裁、取引所の仲裁などでは認められているが、CFTCの賠償請求手続（reparation procedure）では認められていないようである。

② 過失相殺

米国では、過失相殺という概念自体はないようであるが、先物業者の詐欺的勧誘と因果関係のある損害はどこまでかということを検討し決められている。

7） 違法行為に対する制裁等

先物業者が違法な行為を行うと、次のような制裁等があり、これらは積極的に行われている。

① CFTCによる行政手続、連邦裁判所への訴追

② NFAによる処分

最高二五万ドルの罰金や除名処分。NFAの除名処分を受けることは先物業界からの追放を意味する。NFAのホームページには、外務員の過去の違反件数、内容等も開示される。

③ 取引所の処分

⑷ 米国の先物被害と救済

1） 被害概要

① 米国にも先物被害はあるが、NFA（全米先物協会）が設立されてから減少し続け、現在でも被害は少ない。CFTCによせられた被害、苦情件数は、NFAが設立される前は年間一〇〇〇件だったが、設立されてから年間二〇

〇件に減少したとのこと。先物取引量は二〇年間で五〇〇％アップしているが、被害は二五分の一に減少している。日本は米国よりも二〇年遅れていると指摘された。
② 業者の倒産も、ＮＦＡ設立前は年間二〇件あり、負債額も一〇〇〇万ドルを超えていたが、ＮＦＡ設立後倒産は激減し、ここ一〇年間は一件も倒産していないという。一九八八年以降、委託者に対する精算金支払い不能もないという。
③ ただし、被害のデータや被害内容をきちんとした統計を取っているかというと、必ずしもそうではないようで、ＣＦＴＣ、ＮＦＡ、取引所、弁護士などにその資料を求めても、せいぜい件数程度で詳しい内容の統計はないとのことだった。

2) 被害内容

① 地域
先物被害は、南フロリダやカリフォルニアなど定年退職者が多く住んでいる地域に多いという。それでもＮＦＡがそのことを警告してから、最近は被害が少なくなっているとのこと。
② 勧誘段階の被害
米国においても詐欺的、過当勧誘による被害はある。
③ 取引段階の被害
手数料稼ぎのためのコロガシ、過当取引などがある。両建という概念がないから、両建の被害はない。手数料不抜けは、オプション取引であるとのこと。

(5) CFTC(商品先物取引委員会)

1) CFTCとは

CFTC(Commodity Futures Trading Commission)は、一九七四年商品先物取引委員会法に基づき創設された、取引所、先物業界に関する規制監督機関。SECと密接な関係があり、規則制定権、司法的権限も議会から与えられている。

日本の先物監督庁である経産省、通産省、金融庁といった先物に関する監督官庁を統合したものといっていい。スタッフは三〇〇名で、半数が規制執行局にいる。ワシントン、ニューヨーク、シカゴに支部がある。

2) 調査目的

CFTCの最新の状況、CFTCの規制実態、CFTCの賠償手続き、二〇〇〇年商品先物現代化法、外国為替証拠金取引等について調査することである。

3) 調査結果

① 法執行

先物取引に関する法規制の執行、違反の調査、処分等を行う。調査の端緒は各方面からで、調査範囲は登録業者のあらゆること、調査方法として書類提出権、それぞれの事案で調査員一名、弁護士二ないし六名で調査する。違反者に対する処分には、資格の剝奪、停止、売買の停止、民事制裁金等がある。

② 違反行為

規制事例の類型としては、明らかな詐欺、不実表示、取引所外で行う取引、無断売買があり、違法行為の例として、フロントランニング、価格操作、資金の自己流用、不当取引等がある。

③　賠償手続き

ＣＦＴＣでは申立のパック（書式等）を作っている。三万ドル以上は通常手続き、三万ドル未満は略式手続きで、事情聴取の仕方は、通常手続きは、申立人のところまで出向き、略式は電話である。

賠償命令があると、業者に支払があるまで業務停止を命じられる。行政法判事の決定に不服なら、合議体へ再審理申立ができ、それでも不服なら、連邦高裁に提訴できる。

④　過当取引（チャーニング）の根拠、判断基準

商品取引所法４ｂ条ａ項違反とされている。過当取引の三要素は、取引支配、売買の過当性、故意又は認識ある過失。それらの基準のうち、取引支配の判断要素は六つ、過当性判断の基準は五つあるという。

⑤　外国為替証拠金取引

二〇〇〇年商品先物現代化法で、外国為替証拠金取引もＣＦＴＣの権限が及ぶようになった。それ以前は、外国為替証拠金取引が取引所外で現物取引として行われており、本来、ＣＦＴＣは現物市場には権限がなかった。しかし、外国為替証拠金取引のなかには実質先物又はオプション取引があるとされ、それならＣＦＴＣの権限が及ぶとして、取引所外取引をしていたこと、詐欺などを理由に、違法業者を一年半で二五件摘発（訴追）した。業者はフロリダに多い。二〇〇〇年商品先物現代化法で、ＮＦＡの登録業者は取引所外で相対取引を認められたので、詐欺でなければ外国為替証拠金取引は認められている。現在、外国為替証拠金取引専業のＦＣＭは一四社ある。

⑥　二〇〇〇年商品先物現代化法とＣＦＴＣについて

二〇〇〇年商品先物現代化法で、先物オプション以外のデリバティブは、ＣＦＴＣの権限ではないこと、取引所と

の関係で、ＣＦＴＣは取引所の上位の監視機関として基本施策を打ち出し、細則は取引所が決めること、外国為替証拠金取引に関する権限はＣＦＴＣにあることなどが明らかになった。

(6) ＮＦＡ（全米先物協会）

1) ＮＦＡ

(National Futures Associations 全米先物協会) は、一九七四年商品取引所法改正に基づき一九八一年ＣＦＴＣから指定された先物業界の自主規制機関で、日本の日本商品先物取引協会に類するが、組織権限等は相当異なる。会員は、ＦＣＭだけでなく、取引所も会員になっており、そのほかにＩＢ（Introducing Broker；取り次ぎブローカー）、ＣＰＯ（Commodity Pool Operator；多数の者から資金を受け入れ先物取引で運用する者）、ＣＴＡ（Commodity Trading Advisor；投資顧問）で強制加入、ＡＰ（Associated Person；外務員）はアソシエイトとしてＮＦＡに登録される。ＮＦＡのスタッフは二二五名、シカゴ本部、ニューヨークに支部がある。

ＮＦＡの業務は、①倫理基準と顧客保護に関する規則制定、②先物業務に従事する会員の登録、③会員の資産、法令遵守の監査、監視、④先物関連の紛議の仲裁、⑤会員と市場参加者の教育啓蒙などである。

2) 調査目的

①先物被害実態、②ＮＦＡの紛議解決システム、③ＮＦＡの委託者保護の役割等である。

3) 調査結果

① 米国の先物被害

ＮＦＡによせられる苦情件数は、一九八〇年代が多く、一九八八年には年間五〇〇件だったが、二〇〇二年には五〇件になった。ここ二〇年間で、取引量は五倍になったが、苦情は七五％減少したとのこと。被害はフロリダやカリフォルニアに多い。先物の知識がない、まあまあの収入がある人、教育レベルも中程度の人が狙われているとのことである。

ただし、統計は、苦情件数と仲裁申立件数程度で、被害内容の詳しい分析はされていない。

② ＮＦＡの紛議解決

紛議解決の手段としては、仲裁手続（arbitration）と調停（mediation）がある。苦情が減少しているのは、これら紛議解決手続きが機能しているからとの説明だった。

(i) 仲裁手続（arbitration）

一九八三年から始まり、年間仲裁申立件数は八三年から八八年まで増加し続け八八年は四〇六件まで達したが、その後減少し九四年には一八九件になり、その後やや増加し、九九年に一九四件、二〇〇〇年一一七件、二〇〇一年九八件、二〇〇二年一五八件となっている。これまでを累計すると四二三九件となる。

仲裁機関は全米七〇カ所以上に設置してあり、どこでやるかは申立人が選択できるとのことだったが、六月調査のエペンシュタイン弁護士によると、管轄に相当苦労したとのことだったので、若干疑問がある。仲裁人は二〇〇〇人である。

申立をすると、二〇ないし二五日以内に答弁書を提出させ、それから二〇日間に情報開示（ディスカバリー）を経て、その後二〇日間に証拠開示、さらに二〇日間、追加の情報開示などが行われる。ディスカバリーが終わると、仲裁人の選定、金額が二五〇〇ドル以上の場合はヒヤリング（審問手続き）が行われ、その後裁定が下される。申立から裁定まで平均八ヶ月。

仲裁結果は、裁定で申立人勝訴は六二％、認容額は平均して請求額の六〇％とのことだが、懲罰的賠償が含まれることもある。裁定に対しては原則として提訴できないが、仲裁人の偏見、汚職などを理由に提訴できることもあり、これまで裁判で二件覆されたことがあるという。

(ii) 調停手続（mediation）

調停には二種類あり、仲裁申立があったときにこれと並行して調停を行う場合と、二〇〇一年からはじまった独立して調停だけを申し立てるものがある。二〇〇二年で二九件申立があり、その大半がまとまっている。仲裁には、勝敗があるが、調停は和解であり、勝敗はない。

③ ＮＦＡと委託者保護

ＮＦＡルール（NFA Compliance Rule）には、会員の倫理、広告、勧誘ルールなど委託者保護に関する内容も多く含まれている。

NFA Compliance Rule 二―九は、問題のある外務員の割合に応じ会話の録音義務が規定されている。

同二―二九は、広告、勧誘ルールが規定されている。

同二―三〇は、ノウ・ユア・カスタマー・ルール（Know Your Customer Rule）が規定されている。

これらのNFA Compliance Rule の翻訳は、最終報告書一四九頁以下に掲載されているので参照されたい。

(7) 取引所

1) 訪問先

シカゴ商品取引所（Chicago Board of Trade—ＣＢＯＴ）、シカゴマーカンタイル取引所（Chicago Mercantile

Exchange—CME)、ニューヨークマーカンタイル取引所(New York Mercantile Exchange—NYMEX)の三取引所を訪問した。

① シカゴ商品取引所(Chicago Board of Trade—CBOT)

世界最古の商品取引所。長く世界最大規模の取引量が誇っていたが、二〇〇〇年に欧州電子取引所(EUREX)に、二〇〇一年にCME(シカゴマーカンタイル取引所)に抜かれた。調査時には株式会社組織ではない。金融商品が主で、農産物は三分の一程度である。

クリアリングハウスは、いわゆるアウトハウス型である。

② シカゴマーカンタイル取引所(Chicago Mercantile Exchange—CME)

一八九八年設立。二〇〇一年に株式会社組織とし上場。取引高はアメリカ最大。クリアリングハウスは、インハウス型である。

③ ニューヨークマーカンタイル取引所(New York Mercantile Exchange—NYMEX)

一八七二年設立。株式会社組織だが非上場。原油、天然ガスなどの世界最大のエネルギー先物取引所である。

2) 問題意識、調査目的

わが国の取引所は、板寄せとバイカイ付け出しが主流で、ザラバは東京工業品取引所だけだが、完全なザラバではない。場に晒さない取引を認めることは、向玉等の客殺しの温床になっているのではないかという疑念が指摘されている。取引所の取引であるのに、場に晒されない取引があって良いのだろうか、しかも大半がバイカイ付出しで、業者の注文は売り買いほぼ同数である。わが国の取引所が会員を処分する場合の制裁は、分離保管等の重要な義務違反であっても、数日間の取引停止程度の処分である。

そこで、①市場参加者、②売買手法、③自主規制システム、④不公正取引、場に晒されない取引等を中心に調査することにした。

3) 調査結果

① 市場参加者について

(i) CBOTでは、七五%がローカルズ又はプロのトレーダー、六%がファンド、一九%が当業者ヘッジャーと小口委託者ということであったが、リテール（小口委託者）は一一%という。

(ii) CMEでは、ほとんどが機関投資家とヘッジャー。リテールは、電子取引で、E―ミニ（S&P五〇〇のE―ミニなら一枚六万ドル以上で取引可能、ナスダック一〇〇、ラッセル二〇〇〇もE―ミニがある）。

(iii) NYMEXは、リテイルはほとんどないとのこと。

② 売買仕法

すべてザラバ式の取引である。電子取引も盛んに行われているが、大勢の人が立合場でオープンアウトクライと呼ばれる伝統的な公開呼声の手法も行われており、これが重要との指摘（CBOT）があるが、これをやめると失業者が増え続けざるを得ないといった理由もあるとのことである。

③ 自主規制システム

各取引所では規律委員会があり、ここでしっかり会員にルールを遵守させ、違反者には厳しい制裁を課している。規律委員会は、業務委員会、財務委員会、フロア規律委員会に分かれている。規律委員会の制裁は、罰金と業務停止を含むことができる。

今回の調査の際には、各取引所の制裁について、データを入手することはできなかったが、取引所は厳しい制裁を課している。全国商品取引所連合会「商品取引所論体系」に紹介されている。

わが国の取引所の制裁は、分離保管違反でも一日からせいぜい一五営業日の取引停止程度であって（日弁連「先物取引被害白書二〇〇二年度版」三六頁参照）、米国とは比べものにならない。

④　不公正性取引等

取引所内での不公正取引として禁止されているものとして、次の取引があるとの説明を受けた。説明者によって、ニュアンスがちがうものもある。

(i)　顧客優先原則違反（trading ahead）

フロントランニングと同義である。委託玉よりも、自己玉を先に有利に取引すること。

(ii)　非競争的売買（Non-Competitive-Dealing）

取引は、フロアでオープンアウトクライで行われなければならないが、フロアの外で行われる取引で、さまざまな態様がある。

(iii)　ウオッシュトレード

特に金銭的目的なしに行われる取引のことである。非競争的売買だから禁止されるとのこと。

(iv)　テイク・ジ・アザーサイド

直接的クロス・トレードと間接的クロストレードを含む概念。

(v)　クロストレード

向玉に相当する。これは、商品取引所法４ｂ条ａ項(1)(iv)で禁止されている。委託者同士の向玉は、ピットで三回以上、売、買を唱える必要があるし、委託玉に自己玉を向かうのは、委託者の同意がない限りできない。これらは全て場に晒されている取引であることに注意をすべきである。

⑤ 日本における取組高均衡売買について

NYMEXでこのような状況があれば、何らかの問題が発生している可能性があるものとして、調査する必要があると思うと担当者は述べた。

⑥ 日本のバイカイ付け出しのような場に晒されない取引が認められるか

米国では、すべての取引がオープンアウトクライで場に晒されている。しかし、ごくわずかの例外が、それぞれの取引所であるとのことだったが、日本の原則バイカイ付け出しとは次元を異にする。

(i) CBOTのEFP(現物受渡取引)

すべての取引が場に晒される唯一の例外として、穀物取引で「対現金」として知られるもの。しかし、これは一〇〇%ヘッジャーだけである。

(ii) CMEでは、ブロックトレードと受渡取引(EFP)があるということであったが、極めて例外的であり、一般的取引ではないようである。

(8) フィリップ・ジョンソン弁護士

1) フィリップ・ジョンソン(Philip McBride Johnson)弁護士は、レーガン大統領時代に、CFTCの委員長を務め、四〇年間先物取引に関与してきた先物取引法の第一人者といっていい。二〇年前の調査の時にもお会いしたが、現在、CFTCの諮問委員会の委員とのことである。ジョンソン弁護士からは、聞きたいことがあるだろうから、その質問に答えようとおっしゃっていただいた。

2) **市場参加者の割合と適合性原則**

米国先物市場の割合は、おおよそリテイルは二五％、ヘッジャー二五％、プロの投資家五〇％である。リテイルの割合が低いのでＣＦＴＣは適合性原則を採用していない。米国では先物取引は危険だと広く認識されている。

3) **ＣＦＴＣの任務・権限**

ＣＦＴＣのアクションプログラムは五つある。

先物業界に関係する会社や個人に対するさまざまな申立を受けること、先物取引に関する法律規則違反があった場合ＣＦＴＣが違反者を連邦裁判所に提訴すること、刑事事件に関しては司法省に告発すること、違反者が商品取引所の会員なら取引所に通報すること、違反者がＮＦＡ会員なら、ＮＦＡに解決指示することである。これらは並行して行うから、法律、規則違反をすれば、複数の機関から制裁を受けることになる。

4) ＣＦＴＣは、ＮＦＡに登録業務を委託しているが、その際、会社や個人の経歴を、ＦＢＩの記録をチェックしたり、指紋を州の検察事務所に照会したり、交通違反、ドラッグの前科の有無などの情報も集め、適正でない場合は登録を拒否する。ＮＦＡから摘発された会社の従業員を二〇％以上雇用している会社は、委託者との会話を全て録音しなければならない。

5) **悪徳業者の被害者の救済策**

①州の詐欺的行為を禁止する州法に基づき州の裁判所に損害賠償請求する、②ＣＦＴＣの賠償手続き、③取引所に仲裁申立、④ＮＦＡに仲裁申立、⑤ＣＦＴＣは、申立がなくても独自に摘発し、賠償を命ずることができる、などがある。

6) 過当取引について

最近減少している。手数料が預かり金の二〇%を越えたら、CFTCや裁判所に注意を喚起させる。

7) 過失相殺・損害論

①無断売買は、全額損害賠償となる。
②勧誘段階で、不実表示、詐欺的勧誘で口座開設の場合は全額賠償となる。
③懲罰的賠償を請求できるのは、州法違反で州裁判所に提訴する場合、NFA、取引所の仲裁の場合。額は実損の三倍を限度とする。(ただし、六月調査のセルツァー弁護士によると三倍に限定されていないという。)
④NFAやFCMの内規違反の場合も損害賠償の対象になる。

8) 米国における先物弁護士

二〇年前の米国調査のときにジョンソン弁護士は、これまで米国で先物を扱う弁護士は二五名程度だったが、三〇〇名に増加したといわれていたが、その後、先物弁護士の数は増えていないという。それは、数年前法改正があって、先物業者が役所等に提出する書類が簡素化され、弁護士に対するニーズが減少したからで、被害が減少したわけではないという。

(9) FCM(商品取引員)

1)

FCM(Futures commodity merchant)は、先物手数料商人と訳されているが、日本の商品取引員に相当する。米国では、証券会社も証券だけでなく、先物もあつかっているところが日本と大きく異なる。

R.J. O'Brien(以下、RJOという)はシカゴにある大手FCM。独立系FCMとしては米国最古。ここに日本人で営業担当の玖波氏が勤務しており、FCMの勧誘、顧客保護、外務員に対する指導、委託手数料等について調査した。

2) 調査結果

① 勧誘

新規顧客は、自らは行わず、IB（Introducing Broker；取り次ぎブローカー）と提携し、IBが勧誘する。RJOは、二〇〇ないし三〇〇のIBと契約している。

② 勧誘は、IBやAP（Associated Person）が行っているが、取引の受託に際して顧客にアドバイスしてはいけない。「明日は雨が降れば高くなりそうですね」と自分の相場観を伝えるのはいいが、「だから買いましょう」とアドバイスはしてはいけない。しかし、限界は微妙である。

③ FCMは、クリアリングFCMとノンクリアリングFCMがあるが、RJOはクリアリングFCMである。クリアリングFCMは、個人投資家をメインにしていない。

④ 営業マンとコンプライアンスは、仲が悪い（日本のように、営業マンが大きな金を入れるなら管理は目をつむるのとは大違いであるとのこと）。

3) 顧客とのトラブル

① 内容は、客の指示と執行がちがうというものが多い。そのほかに、説明義務違反、断定的判断の提供というトラブルもある。

② 紛議が発生すると、顧客は直ちに弁護士に駆け込むのではなく、NFAのクレームレポートを使って調停申立をする。これが、コストも時間もかからない。

4) **録音テープ**

顧客とのやりとりは営業部署で録音している。保存期間も定めている。テープの管理担当者がいて、偽造・変造できないようにしている。

5) **手数料について**

米国では、二四〜五年前に委託手数料が自由化された。顧客との手数料は、営業マンが判断するが、営業成績のいい営業マンほど手数料は高い。

日本の場合、手数料が高いが、米国では、取引枚数にかかわらず、一般委託者では三〇ドルから五〇ドルが多く、例えば一〇〇〇万円買っても、手数料は往復で一〇〇ドル程度である。

⑽ **弁護士へのアクセス**

1) 元CFTC委員長のフィリップ・ジョンソン弁護士によれば、先物弁護士は、二〇年前同様、せいぜい全米で三〇〇名前後であるとのことであった。しかも、先物業者側の弁護士が大半というニュアンスであった。被害者はどうやって、弁護士を見つけ、依頼するのであろうか。

2) 一般に米国は訴訟社会、弁護士の数は日本の一〇倍といわれていることからすれば、先物被害者救済に取り組んでいる弁護士にアクセスすることは容易に可能と思われがちだが、実際は必ずしもそうではない。

日本でも米国でも、先物被害者が委託者側弁護士を知らなければ、第三者から紹介してもらうという方法は当然行われており、後記のエペンシュタイン弁護士が関与したNFA仲裁手続の事件の当事者も、当初、被害者は自分が普段相談している弁護士に相談し、その弁護士がエペンシュタイン弁護士を雑誌やホームページなどで見つけ、紹介している。

また、米国では弁護士がインターネットで事務所のホームページを公開している例がたくさん見受けられるが、依頼者はそれも見て弁護士に直接相談、依頼するという方法も相当行われている。後記のセルツァー弁護士の場合、被害救済の方法として、訴訟、クラスアクションを積極的に利用してることもあり、インターネットのホームページを通して、依頼者が相談、依頼にくるとのことであった。

興味深いのは、日本の先物取引被害者が弁護士に相談、依頼するのは、弁護士会の法律相談、一一〇番などを通して紹介される場合が多いが、少なくとも、セルツァー弁護士やエペンシュタイン弁護士によれば、これらはあまり有効に活用されていないという。

この点は、NFA（全米先物協会）のホームページやCFTC（商品先物取引委員会）のホームページなどでも弁護士に関する記載があるものの、どちらかというと、積極的に被害にあったら弁護士に相談を勧めるというような論調ではない。

弁護士会、法律相談センターなどからの紹介で委託者側弁護士に相談、依頼にいくというルートは、日本では弁護士を知らない委託者にとってはよく利用されているといえる。米国では日弁連に相当するABA（全米法律家協会）がPIABA（一般投資家仲裁弁護士協会）の弁護士を紹介しているようである。これは証券の場合は有効に活用されているようであるが、先物に関してはセルツァー弁護士などに言わせると必ずしもそうとはいえないという。むしろ、被害者は、弁護士や事務所のホームページなどを自ら又は第三者から紹介され、依頼するという形が多く取られているようである。

3)　どのように筆者ら日弁連調査団がセルツァー弁護士、エペンシュタイン弁護士、ローエンフエルズ弁護士にアクセスできたかを紹介しておく。

一月調査の際に、NFA、CFTC（商品先物取引委員会）、FCM、ワシントン大学ロースクールなど各訪問先で、委託者側弁護士を紹介して欲しいと依頼したが、結果的には紹介してもらえなかった。

そこで、次のような方法を試みた。第一に、インターネットを利用し直接探し出すこと。第二に、ニューヨーク大学留学中の三木俊博弁護士に依頼し、紹介してもらうこと。第三に、神戸学院大学教授の今川嘉文氏の著書「過当取引の民事責任」で引用されている米国過当取引に関する判決について、今川氏に依頼し訴訟を担当した弁護士名をリストアップしていただき、そこからインターネットで弁護士の事務所を探し出し、直接アポイントを取ることである。

セルファー弁護士とローエンフエルズ弁護士の場合は、調査団が直接インターネットでいわばネットサーフィンをして、そのホームページを探してたどり着いた。これと合わせ、今川氏に論文に掲載されている事件を担当した弁護士名を調べていただきリストアップしていただくなどしたが、判決、判例集が必ずしも弁護士名までも記載されているものではないこともわかった。ちなみに、ローエンフエルズ弁護士は今川氏の著書の中にも引用されている高名な弁護士であることがわかり、直接連絡し、ヒヤリングに応じていただくことになった。

さらに、エペンシュタイン弁護士の場合は、三木弁護士からPIABA（Public Investor Arbitration Bar Association：一般投資家仲裁弁護士協会）の元会長に委託者側弁護士の紹介をお願いし、漸く紹介していただいた。

こうして、弁護士にアクセスするには、エペンシュタイン弁護士の場合のように、人から紹介されることのほか、論文、さらにはインターネットを利用し、弁護士や法律事務所のホームページを探しだし、そこに直接電子メールや電話をして、アクセスできることを身をもって経験することができたわけである。

米国においては、弁護士に対するアクセスの方法としてインターネット、ホームページの利用が有効であることを知ったが、近い将来、わが国でも今後この方法によるアクセスが増えるのではないかと思われる。

⑾　米国弁護士の先物被害救済法

1　セルツァー弁護士（James Jay seltzer）の場合

1）　セルツァー弁護士について

同氏はカリフォルニアで七人の弁護士を擁する法律事務所（LAW OFFICES OF JAMES JAY SELTZER）の所長である。弁護士経験は三一年、今年で五六歳である。元連邦検察官で、ボランティア判事の経験もある。先物取引、証券取引、その他金融取引被害事案を扱っており、委託者側の代理しか引き受けていない。外国為替証拠金取引（FOREX）事案は扱っていない。これまでに獲得した代表的な裁判例などは事務所ホームページに掲載している（www.brokeragerecovery.com）。

2）　調査内容

セルツァー弁護士からは、米国委託者事情、弁護士へのアクセス、委託者側弁護士から見た各機関の規制についての評価、被害救済にあたっての手続き選択（訴訟、CFTCの民事救済手続、NFAの仲裁等）をどのように決定しているか、各救済手段における主張立証方法に重点を置いて調査した。

3）　調査結果

①　米国委託者事情

(i)　委託者層

米国では、国民の七〇％が証券に投資しているが、商品先物には国民の五％しか投資していない。顧客の大半が商人であって、個人委託者は少数である。

委託者には老人もいるが、勤労者も多い。医師や弁護士など知的職業人もいるし、裕福な委託者もおり、総資産が二〇〇万ドルを超える人は洗練された投資家（sofisticated）として扱われる。結局、様々な階層の委託者がいることになるが、ほぼすべての人が、勧誘を契機に取引を行うのであって、自発的に取引を開始するわけではない。

委託者についての詳しい統計、データ等はＰＩＡＢＡ（Public Investor Arbitrati on Bar Association：一般投資家仲裁弁護士協会）にもない。

(ii) 弁護士へのアクセス

先物取引で被害にあった委託者が弁護士にアクセスする方法としては、以下の三つが考えられる。

(イ)ＰＩＡＢＡ（Public Investor Arbitration Bar Association：一般投資家仲裁弁護士協会）から紹介を受ける、(ロ)インターネットで検索する、(ハ)弁護士広告、である。なお、ＡＢＡ（全米法律家協会≒日弁連）は各弁護士の専門分野を把握していないため、ＡＢＡによる弁護士紹介制度はほとんど機能していない。

② 先物弁護士事情

(i) 証券事件を取り扱う弁護士が商品先物をも扱っている場合が多い。ただし、証券事件は扱うが商品先物事件は扱わないという弁護士もいる。概して証券事件の方が複雑であり、対象商品も広汎にわたるため、証券事件を扱う弁護士であれば商品先物事件への対応は可能である。

(ii) 弁護士費用はタイムチャージであるが、事案の難しさにより一定の係数をかける。一般の弁護士は一時間あたり二〇〇ドル程度の報酬を取ることが多いが、証券事件の場合は一時間あたり四〇〇～五〇〇ドル程度が基本チャージであり、事案によってはその基本チャージを一・五倍～三倍にするとのことである。

なお、着手金はとらずに成功報酬制を取っており、同氏はその方が市民（特に資金的余裕のない人）の裁判へのアクセスを容易にすると考えている。

③　救済の仕方

(i)　受任後の交渉

受任後に相手方業者に対し、まずは事実をありのままに書いた文書を送る。場合によっては訴状を添付することもある。その後交渉に入るが、交渉は長引くことが多く、まとまらなければ一定のところで調停・仲裁・訴訟へ持っていく。示談交渉のみで解決に至る事案は約一五％である。

(ii)　手続き選択（連邦地裁のクラスアクション）

同氏のところに持ち込まれる相談案件は、被害金額が多額に及ぶことが多く、また業者の違法性が顕著なものも含まれることから、多くのケースで連邦地裁の訴訟を用いている。しかも、クラスアクションを利用することが多い。ＮＦＡの仲裁ではクラスアクションは認められておらず、逆に裁判官はクラスアクションに慣れているという点も訴訟を採用する理由となっている。

クラスアクションを行うか否かについて、例えば次のようにして検討する。一業者によって三〇〇〇人が被害にあったと想定される事案があり、三〇〇人からの依頼を受けられると想定できる事案の場合、その業者の資力を見て、三〇〇人という被害者規模に対して十分なリカバリーがあると考えられ、その三〇〇人が納得できると思われる場合はクラスアクションを行う。これに対して、三〇〇人の被害救済に足りる資力を持ち合わせていないと判断した場合は、クラスアクションを行わずに個別救済を図ることとなる。

確かに、先物事件は個別性が強くクラスアクションには馴染みにくい点もあるが、訴訟の積み重ねにより詐欺の基準が決まっており、ブローカーが同じような詐欺行為を行っている場合はクラスアクションを行うことが十分に可能であるとのこと。

(iii) 業者側の対応

示談交渉がまとまらずに訴訟に移行するあたりのタイミングで、業者は事件を起こした外務員等をクビにし、訴訟用に新しい担当者を立ててくる。新しい担当者は、「前の担当者がやったことだ」と言って、事件解決を引き延ばしてくる。

訴訟を提起しても、トライアルまで業者側代理人は引き延ばしを図る。この点は米国の弁護士がタイムチャージ制を取っていることが影響している。

しかし、業者側（代理人）はトライアルに入ることを嫌い、なんとかトライアル準備前に話をつけようとしてくるため、トライアルの直前一ヶ月くらいで和解が成立することが多い。仲裁を選択した場合もヒアリング（訴訟でいうトライアル）の数ヶ月前に和解することが多い。

(iv) 訴訟戦術

訴訟になった場合は、十分な準備をして心理戦に臨んでいる。ベイツ（取引分析をしてくれる会社）の資料も申立直後に早期に出している。訴訟に用いることができるような「隠し球」はないし、証拠を隠して勝つことはできない。訴訟にするほとんどの事案は悪質であり、九九％は陪審を利用している。陪審員は被害者に対して理解を寄せてくれる。非常に法的に難しい論点を含む事案や、一つの論点を追究するような事案では陪審を選択しないこともある。ディスカバリーのみで和解に至ることもある。

④　各機関の規制・被害救済手続きについての評価

(i)　ＮＡＳＤ（全米証券業協会）の規制とＮＦＡの規制の比較

ＮＡＳＤの規制の方が、業者側に支払いを命じることのできる賠償金が大きく、時効が四〜六年と長く（ＮＦＡは二年）、また手続きもわかりやすいといったメリットがあるので、同氏は基本的に仲裁を選択する場合はＮＦＡではなく、ＮＡＳＤを利用している。

純粋に商品先物しか問題にならない紛争であれば、原則としてはＮＡＳＤの仲裁手続きは使えないが、業者が同意すれば使うことができる。また例えば、メリルリンチで証券取引を行い、それが終わった後に同じくメリルリンチで商品先物取引を行った結果損害が発生したようなケースでは、問題なくＮＡＳＤの手続きを利用することができる。

セルツァー氏は、日本が参考にすべきであるのはＣＦＴＣやＮＦＡの規制ではなく、ＮＡＳＤの規制であるということを強調していた。

(ii)　ＣＦＴＣ、ＮＦＡの被害者救済手続の評価

各機関の規制は有効に機能しているが、賠償額が小さいことが大きな問題である。

ＣＦＴＣの民事救済手続きやＮＦＡの仲裁手続きで被害救済を図っても、委託者が被った損害の一部しか返金されず、業者側は残金の中で問題なく経費を支払うことができる状態にある。しかも、実際にそういった手続きを選択する委託者は全体の三％ほどにとどまるため、業者側としてはこれらの手続きで賠償命令が出されても痛くもかゆくもなく、結局そのまま違法行為を続けることとなる。

セルツァー氏が主に訴訟を選択するのはこういったやり得を防ぐという視点からのものでもある。同氏が業者側代理人弁護士である知人に、どうして先物取引被害がなくならないのかと問うたところ、「一〇〇万ドルの被害を与え

ても五〇万ドルは残るからだ」との回答を得たことがあるとのことである。また、同氏は、自身の先物取引被害救済活動によって、先物業界が良くなっているという認識はなく、ただ、より悪化させていないという程度ではないかと語ってくれた。

ただし、いずれの手続きも、委託者保護の一定程度の効果はあるため、委託者側から見れば、たくさんの選択肢が準備されているという意味では評価はできる。実際に、アメリカ人は早い解決を望む傾向にあり、仲裁は訴訟と比較して早い解決が図れることもあって、多くの委託者はこれらの手続きに満足しているといえる。仲裁の場合は、ヒアリングの手続きを経ても解決はだいたい一四ヶ月くらいであるが、訴訟をした場合はトライアルにはいるまでに一〜二年かかっており、また仲裁の方が費用が安く上がるというメリットがあるとのことである。

2　米国弁護士エッペンシュタイン弁護士の場合

1)　エペンシュタイン（Eppenstein）弁護士について

エペンシュタイン弁護士は、ニューヨークに事務所を置く九人の弁護士を擁する法律事務所（Eppenstein & Eppenstein）の所長である。

過去に、SECの仲裁手続についてSECにアドバイスを行うSCIAという委員会に所属していた。SCIAは、NASDの仲裁関係のディレクター、CMEの仲裁関係の担当者のほか、一般代表から構成されるが、同氏はロースクールの教授等と並んで一般代表としての委員を務めていた。

PIABAにも所属しており、証券事件のほか、商品先物事件も手がけている。委託者側の事件しか受任せず、委託者側に立つ法律事務所としてはNY州で最大規模である。

仲裁の世界においてもCFTCとSECとの間でなわばり争いがあり、商品先物と証券との仲裁手続きを一本化しようとする議論が起こっているが、委託者が両者の良いところを選択できる方向で両者が融合されることがエペンシュタイン氏の夢とのこと。

2) 調査内容

セルツァー弁護士と共通する部分もあるが、エペンシュタイン弁護士は仲裁制度に造詣が深く、先物取引被害救済をNFAの仲裁を利用し行っており、聴き取りの中心もNFAの仲裁手続に関するものとなった。

3) 調査結果

①弁護士へのアクセス

委託者が先物事件を扱う弁護士を見つける方法として、一般的なのは自分の知り合いの弁護士から紹介してもらうことである。米国では自分の資産運用に積極的に取り組んでいる聡明な投資家は、多くの場合ファミリーロイヤーと契約しており、その弁護士が先物事件を扱わない場合は、他の弁護士を紹介するのが一般的である。ABA（全米法律家協会）は各弁護士の得意分野を把握しておらず、エペンシュタイン氏もそこからの紹介を経験したことはない。近時、インターネットで先物事件を扱う弁護士にたどり着く事案も増えている。

②救済手続の選択について

エペンシュタイン氏は、NFAの仲裁手続きを利用することが多い。契約者にCFTCが定めた様式を満たす強制仲裁条項が盛り込まれていれば（契約書と別に仲裁合意書を交わすことが要求されている）、当然に仲裁を利用することとなる。また、裁判は委託者にとって費用と時間がかかりすぎるのに対し、仲裁は安上がりで早期の解決を得られるので、仲裁を選択している。

ただし、被害金額が大きい場合は訴訟を選択しており、訴訟か仲裁かの分水嶺は被害金額が五〇万ドルを上回るか否かである。裁判を選択する場合でも、クラスアクションでは依頼者に戻る経済的利益が小さいと考えているため、クラスアクションは行わない。個別の被害救済訴訟のみを行っている。

これに対しFCMは、特に合意管轄でシカゴに裁判管轄を持っているケースでは裁判を好む傾向にある。FCMにとっての証人がそろっており、ホームでできるという感覚を持っているのに対し、委託者側は全国各地からシカゴまで行かなければならないという不利益を負っているからである。

4) NFAの仲裁事案紹介（一三件の大規模事件）

①はじめに

エペンシュタイン氏は九八年に合計一三件という非常に大規模なNFAの仲裁事件を委託者側弁護士として担当した。REFCO LLC（レフコ）という全米最大規模のFCMのJ. GOLDINGERという同一IB（取次ブローカー）の起こした事案で、NFAの仲裁では集団申立は認められないため、個別の申立をした事案である。

一三人の顧客は全米各地に散らばっていたが、普通は併合を認めないNFAが、同一FCM・同一IBということで併合し、いくつかのグループごとに審理することを認めた。最大のグループは委託者六人のものであり、ヒアリングの手続きはグループごとに、シカゴ、コネチカットほか何カ所かで実施された。仲裁人の議長が途中で交代したが、後任のなり手がなかなか見つからないような難事件であった。

この一三件については、〇一年六月三〇日に全件一斉解決しており、NFAのホームページのBASISというデータベースに掲載されている（http://www.nfa.futures.org/basicnet/CaseInfo.aspx?entityid=0001975&type=arb）。

②事案の概要

事案は、Tボンド先物（U.S. TREASURY BOND THIRTY YEAR）というCBOTに上場している商品についてのものである。IBが取引を仲介してFCMに報告することになっているが、そのIBが顧客ナンバーと顧客氏名をFCMに報告していなかったという「名無し注文」の事案であった。

IBは売りと買いの同一限月の注文を行っており、商いが終わった後にどの顧客の建玉にするかを、どちらの口座に利益を与え、どちらの口座に損を出させるかを考えた上で適当に振り分ける行為を繰り返し、その手法で手数料を稼いでいた。

米国では、委託玉の注文執行について誰の注文かを明確にしておかなければならず、その義務に違反していた事案である。

ただし、これらの事実は仲裁申立後に判明したものである。仲裁申立後にIBは廃業したが、廃業後にCFTCやCBOTが調査し、CFTCがFCMを監査して初めて明らかとなったものである。

③受任に至る経緯

エペンシュタイン氏がこの一三件を引き受けることになった経緯は次のとおりである。

一三人のうちの一人が老後資金の全部を失ったということで、自分のホームロイヤーに相談したところ、その弁護士は委託者と一緒にカリフォルニアまでIBに会いに行くこととなった。交渉をしたが、結局話はまとまらず、IBの方も弁護士に委任し、カリフォルニアで裁判となった。数ヶ月してウォールストリートジャーナルがその事件を記事として取り扱い、その記事をボブ・カナーというニュージャージーの証券・先物鑑定業者が読むところとなった。

ボブ・カナーがその委託者に先物事件のエキスパートである弁護士のリストを送付したところ、そのリストにエペンシュタイン氏の名前が載っていて、委託者から電話があり、受任するに至った。そうしているうちに他の一二人の顧客も同様に新聞記事を見て、結局、同氏のところにたどり着き、同氏が一三名の代理人として事件処理をするに至った。

④後日談

解決後、FCMは一三の決定の間に齟齬があるとして不服申立を行ったため、NFAから補正決定が送られてきた。また、FCMは仲裁無効をもシカゴの州裁判所に申し立てたが、同一日にNYの州裁判所に仲裁の有効性を確認する訴えを申し立てて対処した。

(12) 米国先物被害と救済について

米国先物弁護士から聴取した結果を整理し、日本の被害救済と比較してみよう。

1) 米国の先物取引被害の実態

米国における先物被害の実態をデータ、統計などで集めようとしたが、一次調査のさいにも、また今回の二次調査のさいも、そのようなデータは取っていないということであった。日本では、主務官庁も国民生活センターも、日商協もわれわれ日弁連、先物取引被害全国研究会などでも、それぞれ被害実態のデータを持っているが、米国では必ずしもそうではないようである。

しかし、決して米国では先物被害がないというわけではなく、むしろ米国の先物被害の内容も、不当勧誘、過当売買等日本の被害と類似した被害があることがわかった。

また、エペンシュタイン弁護士の扱った事件は、当初、不当勧誘的なものでNFA仲裁手続を申し立てしていたが、その後、FCMが、無断売買、帳簿偽造等をしていたことがわかった事件であったが、こうしてみると、決して米国のＦＣＭは、日本の商品取引員とちがって問題がない、というようなものではないということがわかる。これは、米国の裁判例などを見ても、世界的にも有名な大手ＦＣＭなども被告になっていたり、損害賠償を命じられていたりしていることなどからもわかる。

外国為替証拠金取引については、いわば日米同時進行的に被害が発生しているが、クラスアクションを利用し幅広く訴訟を手掛けるセルツァー弁護士でも、まだ取り扱っていなかった。日本では先般、札幌地裁判決が委託者勝訴判決を言い渡しているところである。

2）　委託者側弁護士による被害救済の方法

業者相手に示談交渉もやれば、ＮＦＡの仲裁手続を利用したり、裁判で訴訟もやり、訴訟ではクラスアクション、陪審を利用することも少なくない。

興味深いのは、先物被害救済の仲裁手続として、全国先物業協会（National Futures Association—ＮＦＡ）の仲裁手続だけではなく、ＮＡＳＤ（証券業協会）の仲裁手続を利用する方法もあるということである。これは、米国の場合、ＦＣＭは先物だけでなく、証券も扱っていることから理解できるが、セルツァー弁護士は、端的に、ＮＦＡの手続きよりも、ＮＡＳＤの手続きの方が被害救済に厚い、業者もそれに応じるという理由で利用しているようであると説明し、驚きにも似た新鮮なものがある。

権威ある鑑定等も利用し、示談交渉の段階から相手にその結果を示しながら交渉すれば有効であるとのことであったが、それには高額な費用がかかるという。日本の場合、先物取引分析ソフトが比較的手軽に利用できるが、業者はそれに対し納得することはまずないのが実情であろう。

3) 違法性の根拠

訴訟や、仲裁手続申立などで主張する、違法性、請求原因であるが、日本の先物の請求原因と共通するものがある。日本では、先物訴訟の場合、いわゆる一体的不法行為構成の場合、勧誘から終了まで、先物法令諸規定違反等を主張する例が多いが、米国においても、関係する連邦法、州法、その他慣習法違反等をそれぞれ主張しているというようなことがわかった。

4) 請求の趣旨

日本の先物訴訟では、損害賠償請求の内容は、実損と弁護士費用、慰謝料程度であるが、米国では、弁護士費用は、弁護士に支払った旅費、打ち合わせ費用等も含まれ、何よりも、再発防止のための多額の懲罰的賠償を求めるなど請求額は大きく、判決や仲裁手続などでも、すべてのケースがそうであるわけではないが、理由があれば、想像を超える高額の金銭支払いを命じることがある。懲罰的賠償等は再発防止のための有効な手段となっているとの指摘は重要であり、十分検討に値する問題である。

5) 解決水準

日本の先物訴訟では、一体的不法行為構成(すなわち勧誘から取引終了までを一連一体の不法行為として把握するというもの)が主流であるが、請求が認容されても、過失相殺され、全額被害回復を勝ち取るのは難しいというのが現状である。米国では、口座支配、一任勘定などのような場合は、全体的不法行為に近いが、それ以外は違法行為を個別的に判断しているようであり、また寄与過失のような結果的には過失相殺類似の判断もされているので、被害回復という点からは、日本よりも回収率が高いのかどうかは一概に断定することはできない。

すなわち、セルツァー弁護士は、実損の回復だけでなく、それに加え、懲罰的賠償、二度と違法行為を行わせないためには懲らしめる必要があるというような賠償額を請求し、しかもそれを認めさせている。そうした意味では、米国は、実損回復以上の損害賠償を獲得している例があることは確かである。しかし、過当取引の判決例などを見ると、必ずしも全てがそうであるというわけでもなく、米国は、日本よりも解決水準が高いなどと断定することはできないであろう。

6）現在の米国先物被害救済制度を弁護士はどう評価しているか

一次調査の段階では、ＮＦＡの仲裁手続きは利用しやすく、委託者に有利な優れている制度に思えたが、少なくとも、セルツァー弁護士はＮＦＡの仲裁手続をあまり評価していない。被害回復レベルとして不十分であり、いわば早い、安いと言うことを好む人にはそれでいいが、被害回復、業者の違法性防止には不十分という認識を持っている。むしろ、米国のＦＣＭは、証券と先物両方をやっているので、ＮＡＳＤを利用して解決した方がいいということを強調していた。

エペンシュタイン弁護士は、ＮＦＡ手続きを利用しつつ、不便、不十分といった感想をもっていた。少なくとも、ＮＦＡの仲裁手続を利用すれば、常に早い解決が図られるというわけではないことがわかる。両者に共通することは、少なくとも、現在のＮＦＡ仲裁手続に満足しているわけではないということ。

7）日本に対する関心

セルツァー弁護士は、日本に関心が高く、とくに、先物被害救済に取り組む弁護士に対する関心も高い。エペンシュタイン弁護士も、三木弁護士に、日本でも仲裁手続のセミナー開催を提案するなどしている。一次調査の時のワシントン大学名誉教授のガットマン（Guttman）氏も日本でセミナーを持ちたいとのことであり、先物分野において、日本に対する興味、関心を持っていることを実感した。

(13) 米国先物調査でわかったこと

1) はじめに

わが国では、先物取引には、経産省、農水省を監督官庁とする商品先物取引の他に、金融庁所管の証券・金融先物取引がある。米国でもそれらの先物取引があるが、所管はCFTC(商品先物取引委員会)である。

一般大衆、一般委託者に被害が発生し、我々が被害救済に取り組んできたのは、商品先物取引の分野であって、他の先物取引については、一般大衆の参加を禁止しているわけではないが、歴史が浅く、証拠金等も高額であることなどから、現在のところ、一般委託者の被害はあまり報告されていない。しかし、最近、業界などからは証券、金融先物分野でも証拠金を引き下げ、一般大衆資金を取り込もうという動きがあることに注意をする必要がある。

2) 市場参加者

日本の商品先物取引は、一般大衆、一般委託者が九割以上を占め、これに対して米国では、はっきりしたデータは明らかでないが、一般委託者はせいぜい二割程度であり(シカゴ商品取引所、ジョンソン弁護士、セルツァー弁護士、高橋弘氏などによる)、この違いは重要である。また、外国為替証拠金取引は、米国でも一般大衆が被害に遭っているとのことである。

3) 被害実態のデータ等

今回の調査で、米国における先物取引被害の実態を把握しようとしたが、意外なことに、CFTC、NFA、各取引所等に事前に被害実態、苦情、紛議のデータの提供を依頼したが、被害実態に関するデータはないとのことで、詳しいデータは入手できず、せいぜい苦情件数等のおおざっぱなデータが入手できたに過ぎない。

この点、わが国では、日弁連や先物取引被害全国研究会では、各種一一〇番、アンケートの実施などによって詳しいデータがあり、国民生活センターも被害実態を把握しているし、主務官庁、自主規制機関の日本商品先物取引協会も被害、苦情データは把握している。

米国において詳しい被害実態データがないということについての真偽については断定できないが、CFTCとNFAが把握しているはずといった声も聞かれ、少なくとも取引所では会員を処分し、公表しているからデータがないということではないはずであり、引き続き調査する必要がある。

4) 規制体制と規制機関の姿勢のちがい（CFTCとわが国）

前記の通り、日本では、先物取引は、先物取引の種類により、経産省、農水省、金融庁の三元行政であるが、米国は、CFTCによる一元行政である。日本のような多元行政については、これまでも、日本弁護士連合会をはじめ、学者も業界からも批判がでているが、依然として改められていない。

また、業者に対する監督姿勢、処分等について見るに、日本では判決で業者の違法性（法令違反等）が認定されていても、それらを理由に業者を処分することはほとんどなく、その典型的事例が破産した株式会社アイコムで、同社が分離保管違反（合併前）があってもせいぜい数日間の営業停止処分程度であって、各地で返還遅延を多発させ日本商品先物取引協会、取引所などでは苦情、紛議が多発している状況にあり、しかもその間許可更新の時期に達していても更新を認めたといった例がある。

これに対して、米国においては、CFTCは、規則違反等については厳しく対処しており、除名、登録取消等の処分も珍しくはなく、分離保管違反などについても厳しく目を光らせて業者を監督している。

5) 自主規制機関の充実(NFA)

わが国の自主規制機関である日本商品先物取引協会とNFAを比較すると、規模や活動において、相当の開きがある。米国の自主規制機関であるNFAは、FCMをはじめ先物関係者ににらみがきいている。これは、先物取引業に携わる者は、FCMだけでなく、取引所、外務員含め、すべてNFAに登録しなければならず、NFAルールを遵守し、違反に対しては厳しい処分をする。これに対して日本先物取引協会は、立場が逆であり、業者に遠慮しており、姿勢も弱腰であるが、これは権限の弱さからくるものであろう。自主規制機関の重要性は言うまでもないから、登録、更新などについて、米国のように、自主規制機関に権限を与えるなど、今後検討すべき事項であろう。

また、NFAの活動で重要なものとして仲裁や調停がある。これについては一月調査の段階では調査団は全員十分機能していると評価していたが、六月調査によって、米国内においても、被害救済に携わる弁護士にとっては、あえて証券のNASDの仲裁手続を先物取引被害救済でも利用するという弁護士や、NFAの仲裁手続を利用しつつも、問題があると指摘する弁護士もいることがわかった。

6) 取引手法と取引所の姿勢

取引所における取引手法及び取引の公正さ確保に対する姿勢の違いを感じる。米国の取引所では、取引はごく一部の例外を除きすべて場に晒さなければならないとして、取引手法はザラバが採用されている。取引所では、不正が行われていないかなど委員会を設置し、厳しくチェックし、違反があると厳しい処分を課している。

これに対して日本では、取引手法は「板寄せ」であり、これによると場に晒されず取引時間以外に取引の成立を認める「付け出し」が行われている。「板寄せ」は日本固有の取引手法であるが、板寄せ手法を採用すると「付け出し」が必然的に行われ、取引成立枚数は、場に晒されない時間外の取引である「付け出し」による取引が大半である。

違反行為に対する取引所の処分は、主務官庁が処分したからそれに追随すると行ったものが多く、処分も甘い。

7）ＦＣＭ等

米国のＦＣＭは、先物だけでなく、証券も扱っている点が日本と大きく異なっている。

日本の商品取引員の半数以上が、委託者からの紛議苦情を抱えている。米国のＦＣＭについては、詳しいデータは把握していないが、ＣＦＴＣの賠償請求手続、ＮＦＡの仲裁手続、米国先物判決、取引所の処分例などをみると、米国でも名の知れたＦＣＭがこれらの中に出ていることに注意を要する。

8）被害救済の実態と弁護士の役割

ＣＦＴＣやＮＦＡは、委託者のために簡易、迅速に苦情、紛議を弁護士を依頼しなくても解決できるよう、Ｅメールで書式を用意するなど工夫しており、委託者もそれらを活用している。

米国では、先物被害であっても、証券の仲裁手続を利用し、単に被害回復だけに止まらず、多額の懲罰的賠償が認められ、それが被害予防にもつながったという例もある。

被害救済の手段として、訴訟よりも、ＮＦＡ、ＣＦＴＣなどによる解決の方が多く利用されているようである。

先物取引被害救済に取り組む弁護士は、日本の方が多く、また弁護士同士での研究会、情報交換も日本の方が活発に行われているように思われる。

9）外国為替証拠金について

二〇〇〇年商品先物現代化法で、外国為替証拠金取引もＣＦＴＣの規制対象になった。注目すべきは、法律改正以前に、既にＣＦＴＣは、外国為替証拠金取引をしていた業者を摘発、又は告発していることである。その数は、二五件にも及ぶ。ここで注目すべきは、ＣＦＴＣは、外国為替証拠金取引被害に対して、法改正前から果敢に取り組んだという点である。

日本では、政府は、業界団体を作り、自主規制に委ね、被害が多発し深刻化したら法規制をしようという後追いの姿勢が強い。

10) その他

米国では、精算機関としてクリアリングハウス、より徹底した分離保管制度、トランスファー制度など委託者債権保全措置が講じられている。

3 委託者のための先物制度改革―日弁連先物米国調査から学ぶ―

前述したことを踏まえ、委託者のための先物制度はどうあるべきか、検討してみる。

1) 基本的視点（規制強化及び実効性の確保）

先物取引において最も重視すべきことは、委託者保護、公正な取引・受託業務の確保であり、そのための必要最低限のルールを法律上明確化し、実効性あるものにすることである。これによって、我が国の先物取引市場が世界に通用する、信頼される市場となる。

委託者のための先物制度は、どうあるべきか。ここでは最低限、どうすれば先物被害を防止することができるのかという視点で検討する。そのさい、そもそも先物取引に一般委託者の参加は必要なのかどうかという点からはじめるべきである。

どうしても一般委託者の参加も必要であるとすれば、被害防止、救済のためにはどういった制度にすべきか検討することが必要である。

2）先物取引と一般委託者

先物取引は、極めて投機性が高く、専門的知識、経験等を必要として、もともと一般委託者には不向きな取引である。

欧米においては、先物取引に一般委託者が参加することは期待されていないし、実際ほとんど無いか（欧州）、少ない（米国）。我が国でも、証券先物では大阪証券取引所の株価指数先物が、〇・一パーセント弱で、東京証券取引所はせいぜい〇・〇一パーセント、金融先物は〇・〇〇〇パーセントとなっている。先物取引に一般委託者が不可欠というものではない。

日本の商品先物取引だけが世界的に見ても特殊、異常であって、先物市場の九〇％以上を一般委託者が占め、その大半が自分の意思からではなく電話、訪問などによる強引な勧誘によって取引に参加させられ、そこで多額の損失を被り、ほとんど一年以内に去っていくという姿は、元ＣＦＴＣ委員長のＰ・ジョンソン弁護士が聞いて、ショックを受けたことを紹介した。

先物取引には、一般委託者の参加は不可欠ではないし、そもそも必要ではない。これが先物取引制度改革を検討する出発点と言わなければならない。

3）先物被害の原因

先物被害という場合の被害とは、商品取引の違法行為によって発生した財産、精神的損害をいうのであるから、被害原因の最大のものは商品取引員や外務員の客殺しと呼ばれる営業姿勢であるから、これを根本的に改める必要がある。そのほかの原因については一章で詳細に述べている。

原因がわかれば、対策は自ずと明らかになっていく。具体的に、委託者保護、公正な先物取引を実現するために、次のようにすべきである。

4) 先物取引の広告、いわゆる不招請勧誘を禁止すること

わが国の商品先物は、一般委託者が九割を越え、苦情やトラブルが絶えず、それらの大半が、無差別電話勧誘、訪問勧誘などに端を発している。

もともと業者の営業の自由よりも個人のプライバシー・平穏な生活保障が優先されるべきである。また、先物取引業は、許可制を採用しているのであるから、もともと営業の自由は限定されているのである。

そこで、そもそも一般消費者に対して先物取引を勧誘することは禁止すべきである。少なくとも、電話、訪問勧誘等、いわゆる不招請勧誘を禁止すべきである。

また、先物取引は一般委託者に不向きな取引であり、大半が損をする危険な取引であって、先物取引においては一般委託者の参加は期待されていないのであれば、勧誘だけを禁止するだけでは不十分であり、広告も禁止すべきである。

これらを実効性あらしめるために、違反には、民事的効力を否定し（取消）、制裁（損害賠償）を課すべきである。

5) 適合性原則の確立

適合性原則は、先物取引にとって必要不可欠な制度である。米国では明文上はないが、ノウ・ユア・カスタマー・ルール（Know Your Customer Rule）があるから、適合性原則があるのと実質的に変わらない。

そこで、明確に不適格者からの受託禁止を商品取引員の義務として規定すべきである。

不適格者に対する勧誘は、不招請勧誘の禁止だけでは不十分で、不適格者から要請があっても勧誘してはならないとすべきである。

重要な制度であるから、違反に対しては厳しく対処し、民事的効力を付す必要がある。

6）不公正な取引の禁止

不公正な受託行為、取引を禁止すべきであるのは当然である。わが国の先物取引では客殺しという言葉が存在し、最高裁判決などでも使われている。その代表例として、両建、向玉などがある。これらは、先物一一〇番、国民生活センター等の苦情のなかでも、深刻なものである。

とりわけ両建は、これによって損害を倍増させるものであるが、一九九八年法改正後の法施行規則で同一限月、同一枚数の両建だけを禁止するかのような規定にしたことで、業者に脱法を許す結果となっている。

従来客殺しと呼ばれてきた、無敷、薄敷、向玉（含差玉向）、ころがし、仕切拒否・回避等のこれらの手法は、誠実公正義務を負う商品取引員として許されるものでなく、これらの苦情はこれらは、もはや自主規則、施行規則による規制では対処できず、法律で規制し、違反には損害賠償義務を課すべきである。

また、客殺しの温床が板寄せ、これと不可分一体となっているバイカイ「付け出し」であるという指摘がある。板寄せ手法は、諸外国の先物取引では例がなく、我が国でも、東京工業品取引所は、ザラバが主流であり、同じ先物取引でも証券先物、金融商品先物取引でもザラバ手法が採用されている。取引所における取引である以上、取引は全て場に晒すべきであり、その意味で、少なくとも、取引時間終了後に取引成立を認めるバイカイ「付け出し」は不信感を抱かせるものであって、廃止すべきである。また、グローバルスタンダードを標榜する以上、取引手法は、板寄せではなく、ザラバ方式に変更すべきである。

ちなみに、東京工業品取引所は、貴金属等の取引はザラバであり、ゴムは板寄せであるが（ザラバに変更される）、ザラバであっても取引開始と終了は板合わせが行われており徹底していない。

7）日本版ＣＦＴＣ創設を

先物取引には、商品先物取引、証券先物取引、金融先物取引があり、それぞれ別個の法律と監督官庁の下に置かれている。商品先物取引は農水省と経産省が、証券先物、金融先物は金融庁が監督官庁となっている。

市場参加者と紛議トラブルの関係を見ると、商品先物取引分野では、一般委託者が九割を占めていて紛議・トラブルが多い。これに対して証券先物・金融先物は、いわゆる機関投資家等が大半で、一般委託者は少なく、紛議トラブルも少ない。

米国では、先物は原則としてＣＦＴＣ（商品先物取引委員会）が、商品先物、証券先物、金融先物の規制官庁となっており、先物取引全般に対し強大な権限を有している。また、賠償請求手続（reparation procedure）など、準司法的機能も有している。米国では、先物市場参加者は、機関投資家やプロが八割、一般委託者はせいぜい二割といわれ、紛議トラブルも日本ほどではない。

商品先物取引に関する、主務官庁の取り組み、とりわけ委託者保護との関係では問題があったことは第一章で指摘した通りである。少なくとも、商品先物取引に関する委託者保護、公正な受託業務の確保は、これまでの農水省・経産省の二元行政の下では実現できなかったと言わなければならない。もともと、同じ商品先物取引である以上、監督官庁を一元化することが望ましく、これについては、有力な学者も主張していたところである（堀口亘一橋大学名誉教授、前日本商品先物取引協会会長他）。

先物取引は資本主義社会において証券取引と並ぶ重要な取引であるが、欧米では先物取引に一般委託者はほとんど参加しておらず、一般大衆の参加は必ずしも不可欠ではないこと、現在、国際水準の先物市場の整備が必要とされていることなどからすれば、現在のわが国の先物取引のうち、商品先物取引は異様というべきである。

今年末の手数料自由化完全実施にともない、先物被害は今後ますます増大することは必至であるが、もはやこれまでの農水省・経産省の二元的監督では対応できないと言わなければならない。

これに替わるものとして、先物取引先進国といわれる米国の制度が多いに参考になるので、近い将来、わが国でもＣＦＴＣ（商品先物取引委員会）のような組織、権限をもった監督官庁の設置を積極的に検討すべきである。日本の主務省は、先物被害の実態を知らない。それは、ＣＦＴＣのように、賠償請求手続が認められていないからではないか。これによって、監督官庁はより直接的に被害実態、受託の現実を知ることができるというメリットがあるので、是非実現すべきである。

8)　自主規制機関の充実

法規制の他に、日本商品先物取引協会・取引所による自主規制も重要であることは言うまでもない。日本の商品取引員が、自主規制を遵守しない理由のひとつに、自主規制機関の権限が十分でないことがあげられる。

この点参考になるのが、米国のＮＦＡである。米国では、先物にかかわるものは、商品取引員だけでなく取引所も外務員もＮＦＡの会員又はアソシエイトとして登録しなければならず（強制加入）、ＮＦＡは違反者に対しては除名、業務停止など厳しい制裁を課すことができる。

我が国では、日本商品先物取引協会の会員は商品取引員だけであり、取引所、外務員は会員ではないし、また強制加入ではない。

自主規制機関の権限を強化し、自主規制を遵守させるためには、会員を商品取引員だけでなく、外務員、取引所（または準会員）なども含め、より広く拡充しそれらを強制加入とし、登録させ、厳しい監督下に置くことにすることが有効である。

9) 実効性のある法規制

先物取引の被害が減少しないのは、法令諸規定に違反しても、刑事責任を問われることはほとんど無く、民事訴訟で損害賠償を命じられても大幅な過失相殺がされ、また、訴訟で違法性を認定されても行政処分を受けることもなく、結局、業者に違反のやり得を許してきたことが大きな原因と言える。

この点、米国とは多いに異なる。ＣＦＴＣは、先物業者に法令違反等があると、ＣＦＴＣは自ら乗り出し又は取引所、ＮＦＡ、司法省等関係機関に通報し、違反業者はそれに対していくつもの対応を迫られる。

法規制する以上、これを遵守させる必要があり、そのためには、違反には、民事、刑事、行政による厳しい処分で実効性を担保する必要がある。

とりわけ、今後、違反行為に対する民事的効力の否定、損害賠償義務を規定することが重要であり、また、民事、刑事、行政処分、自主規制処分等が連動して発動するシステム作りが必要である。

そして、これらについて、インターネット等で公表すべきである。

10) 新しい動き

脱稿後、商品取引新法が改正された。説明義務、適合性原則が法定されて、勧誘規制も強化された。しかしながら、不招請勧誘は見送られ、日本版のＣＦＴＣの設置も、附帯決議に止まった。先物業者の再編は進むであろうが、先物被害が減少するかは疑問である。

アメリカ・カナダの勧誘電話拒否登録制度《Do Not Call》の現状

――違反に厳しい態度で臨むことが信頼確立の源泉

〔初出・金融財政事情二八五四号二六頁～二九頁（二〇〇九年）〕

弁護士　津　谷　裕　貴

アメリカ・カナダでは勧誘電話拒否登録制度（Do Not Call）が定着している。電話勧誘を拒否したい者は事前に登録し、そのリストに掲載した者に電話すると罰則が適用される。リスト作成のコストはテレマーケターが負担している。今後の日本における不招請勧誘規制の参考になるだろう。

秋田県めいわく勧誘禁止条例案の参考として海外調査

悪徳商法の消費者トラブル、消費者被害は後を絶たない。これらの原因の一つに、勧誘方法の問題がある。電話、訪問勧誘など、いわゆる不招請勧誘（注1）については、勧誘を受ける側にとっては、プライバシーの侵害であり、仕事を中断され、家庭のだんらんを中断される迷惑行為であるが、これによる契約についてはトラブル、深刻な消費者被害を引き起こしていることから、大半の人が電話、訪問勧誘をしてほしくない、これによる契約をしたくないという報告が出されている（注2）。問題は不招請勧誘の規制のあり方だが、これまで日弁連からもいくつかの提言がある（注3）。

アメリカ合衆国では、ブッシュ政権下で、〇三年から、いわゆるDo Not Call Registry（DNCR、勧誘電話拒否登録制度）が導入された。韓国でも、電子商取引について、DNCRが導入され、ブラジル、オーストラリアなどでも導入されているという。カナダでは、昨年これを導入した。

秋田県議会では議員有志による「秋田県めいわく勧誘禁止条例」が検討されている。同条例案は、不招請勧誘に関する規制条例だが、不招請勧誘については、オプトイン（消費者からの要請がない限り勧誘してはならない）とオプトアウト（勧誘拒否している者に勧誘してはならない）があり、後者の具体的規制方法として、電話、訪問勧誘を望まない県民のために勧誘拒否登録制度を創設しようとするものである。ただし、そのなかには広範な適用除外があり、登録制度そのものの実効性や登録制度を実施するための費用も問題となっていた。

そこで、最初にこれを導入したアメリカ合衆国のDNCRと、最近これを導入したカナダのDo Not Call Listについて実態調査し、これを参考に秋田県での導入の可否を検討しようということとなった。秋田県議会議員有志六名で海外調査団（団長・瀬田川栄一）が編成され、〇九年一月、カナダとアメリカ合衆国のDo Not Call調査を行い、「アメリカ合衆国・カナダにおけるDo Not Call（勧誘電話拒否登録制度）に関する調査報告書」をまとめた。

なお、この条例案自体は、業界側からなどの猛反対があり、同年3月に秋田県議会内でこれに関する特別委員会設置が見送られたことにより、宙に浮いた状況となっている。

ところが、政府は〇五年四月八日に閣議決定した「消費者基本計画」のなかでは、不招請勧誘禁止規制について、

「幅広く検討していく」としている。その後、ＤＮＣＲのわが国への導入について、まず、消費者庁法案の審議の際に、野田消費者行政推進担当大臣（当時）が不招請勧誘規制について積極的な発言をし、さらに、商品取引所法改正の際に、二階経済産業大臣も、ＤＮＣＲ導入の可否を消費者庁で検討する旨国会答弁している（注４）。

このようにわが国でも、ＤＮＣＲの導入について、検討されることになっていることをふまえ、秋田弁護士会は、〇九年八月二二日「不招請勧誘禁止は秋田から」のシンポジウムを開催し、消費者庁の消費者委員会委員長松本恒雄一橋大学教授を迎え、講演とパネルディスカッションを行い、不招請勧誘禁止の必要性を訴えた。

本稿は、調査報告の概要とＤＮＣＲ導入のあり方について述べるものである。

アメリカ　全米電話番号の七割が登録〝カモリスト〟の不安も解消

規制主体はＦＴＣ（連邦取引委員会）である。〇三年一〇月一日からＤＮＣＲを開始。登録方法は、電話、オンラインでも可。登録は、電話番号のみで、名前は不要。登録は五年間有効、その後更新可能（なお、ヒアリングのときには、登録はその後永久になったとの説明を受けた）。ＦＴＣの存在を知らなくとも、ＤＮＣＲのことを知らない人はほとんどいないといってもいいほど定着しており、ヒアリング当時、一億六八〇〇万件、全米の電話番号の七割が登録していた。登録できる電話は、固定でも携帯でもいいが、営業用の電話番号はできない。

テレマーケター（電話勧誘業者）は、電話勧誘をする場合には、消費者がＤＮＣＲの登録をしていないことを確認する必要があり、そのためには、登録し、リスト使用料を支払う必要がある。〇七年には六〇〇〇社の登録があり、二一〇〇万米《ドル》の収入があった。このため、運営費用は心配ないとのことだった。業者が違反すれば、一万一〇〇〇米《ドル》または一万六〇〇〇米《ドル》の罰金を科される。

DNCRの設置費用は、〇三年施行までに、一八一〇万米ドル。その後、リストの作成など電話会社と契約する際の費用が三五〇万米ドルであり、合計二一六〇万米ドルかかった。一方、テレマーケター（電話セールス業者）からは年間一五〇〇万米ドル以上のリスト使用料が入る。

DNCRには適用除外があり、登録していても、次の場合は、電話勧誘が許される。①商取引があるとき、②消費者が要請したとき、③政治的なもの、④チャリティ、⑤慈善団体、NPOが行うとき、⑥調査の目的、⑦航空会社、銀行（そもそもFTCではなく、FCC（連邦通信委員会）が監督しており、違反した場合は、FCCのDNCRが適用される）。

スタートした〇三年から現在まで、四五件の摘発例があり、三〇件が解決している。このなかには、罰金五三〇〇万米ドル（五三〇億円）を支払ったケースもあった。また、当初は、実効性やリストがいわゆるカモリストになるのではないか（登録するとかえって被害に遭いやすくなるのではないか）という不安があったが、いまは解消されているとのことだった。

カナダ　導入当初の関心高いが信頼確立が普及のカギ

郵便通信法改正により、〇八年九月三〇日から、カナダ連邦のCRTC（連邦テレビラジオ電気通信委員会）にDo Not Call List（DNCL）の実施権限が与えられ、カナダの電話会社ベルカナダに委託して実施している。CRTCは、権限はあっても予算が与えられず、独立採算制である。そこで、業者（テレマーケター）が電話勧誘をするためには、DNCLに加盟させ、加盟料を支払うものとしその費用等で運営するということにしている。DNCL作成には、八〇〇万カナダドル（一ドル八〇円として、六億四〇〇〇万円）かかったが、五年間で償却することにしている。

最初の二ヵ月間で、五八〇万人もの登録があった。

消費者が電話勧誘を受けたくないと思えばCRTCのDNCLに登録すればよく、登録の方法は、ネットでも電話でもファックスでも可能である。名前と電話勧誘を受けたくない電話番号を登録するだけで終了する。有効期間は三年間であり、更新ができる。

電話勧誘を行おうとする業者（テレマーケター）は、業者リストに業者名、電話番号などを登録し、登録料（カナダ全土に電話勧誘するのであれば年間一万一二八〇カナダドル）を支払い、月に一度、消費者の勧誘拒否登録リストをダウンロードしなければならない。業者は、登録した消費者に電話勧誘してはならず、電話勧誘が許される時間は、平日は午前9時から午後九時三〇分まで。週末は午前一〇時から午後六時までとなっている。

違反した場合は、一回につき、個人は一五〇〇カナダドル、法人は一万五〇〇〇カナダドルの罰金を支払わなければならない。これは、一回、一件当りの罰金であるので、回数によっては相当高額になる。

適用除外規定があり、消費者がリストに登録しても、次の場合は、電話勧誘することが可能となっている。①所得税法上の慈善団体、②顧客（過去一年間に製品を購入、賃借等した場合、過去六ヵ月以内に問合せをした場合）、③選挙運動目的、④一般紙（新聞）の勧誘、⑤企業に対する勧誘。

ただし、適用除外であっても、業者は業者内部で電話不要顧客リストを作成する必要があり、消費者は、リストに載せるよう請求することができる。適用除外が多く、また、消費者が登録しても業者からは違反の電話勧誘があったというクレームも少なくなく、実際に摘発例もないことから信頼確立が普及のカギとなっている。

日本への導入時の課題

日本でも、ある調査会社の調査によると大半が電話勧誘を迷惑と考え、拒否したいと考えている（注5）。また、アメリカのＤＮＣＲが導入されたときの国民生活センターの国民生活動向調査（〇七年三月二二日）によれば、そもそも「訪問販売」「電話勧誘」を「原則として禁止すべき」が、それぞれ五六・八％、七二・三％。電話勧誘について「ＤＮＣＲを導入すべき」とする回答が一五・一％にのぼり、合計八七・四％が規制すべきという結果となっている。ＤＮＣＲ導入のニーズは高いといってよい。

ＤＮＣＲは、消費者、生活者のための不招請勧誘規制の一環であり、業者に対する禁止行為、違法行為として位置付け、違反に対しては、アメリカ、カナダにならい、刑罰（または行政罰）で実効性を担保すべきと考える。また、民事上も、違反した契約はクーリングオフ、または取消可能とするなど、民事効も認めるべきである。

なお、アメリカ、カナダでは、個人を対象とし、事業者は登録除外としているが、電話勧誘が迷惑であるのは事業者、企業も同じなので、必ずしもこだわる必要はないと思われる。さらにアメリカ、カナダでは、慈善団体、ＮＰＯ、政治目的などを適用除外としているが、日本ではこれらを除外すべき理由はない。新聞の勧誘などは、不招請勧誘トラブルのトップであり、除外する理由は乏しい。

また、ＤＮＣＲは、実効性確保、とりわけ、違反に厳しい態度で臨むことができるかが信頼性確保のためのカギになる。こうした規制を実現できる官庁がＤＮＣＲの所管官庁となるべきであるが、消費者庁を中心に、これに総務省、経済産業省、厚生労働省、公正取引委員会などと共管とすべきであろう。

（1）○五年四月に閣議決定された「消費者基本計画」では、不招請勧誘の定義について、「取引を希望していない消費者に対する勧誘（例：消費者への電話やメールなどによる一方的な勧誘）」としている。これを受けて、○七年八月内閣府国民生活審議会の消費者契約法評価検討委員会「消費者契約法の評価及び論点の検討等について」では、不招請勧誘、適合性原則の消費者契約法取組みの可能性が盛り込まれている。なお、不招請勧誘方法としては、電話、訪問、メール、ファックスなどがあるので、不招請勧誘規制を検討する場合は、これら四つについて検討すべきと考える。

（2）国民生活センター「不招請勧誘の制限に関する調査研究」（○七年二月）、同第37回国民生活動向調査（○七年三月）。

（3）不招請勧誘規制についての日本弁護士連合会などの提言は次のとおり。最初の提言は○三年一一月二八日の近畿弁護士会連合会「不招請勧誘禁止の立法化を求める決議」である。次に、○五年七月八日東北弁護士会連合会の「不招請勧誘（迷惑勧誘）禁止について実効性のある法規制を求める決議」。○六年一二月一四日日本弁護士連合会の「消費者契約法の実体法改正に関する意見書」では、不招請勧誘による取消を提言している。

（4）○九年七月二日参議院経済産業委員会では、ＤＮＣＲを導入すべきでないかとの質問に対して、二階大臣「悪質商法のきっかけになる迷惑電話による勧誘を抑止し得るためにこのような制度の導入の是非については有効な方法の一つとして十分検討に値する。アメリカにおけるこの制度については、商品先物に限らず取引一般について電話勧誘を希望しないものを対象として制度化されており、わが国における導入の可否については、消費者関連取引全体の制度のあり方の一つとして他省庁とも連携をとって考えていくべきことだ」と答弁した。

（5）ライフメディア社調査によると、電話セールスに対するアメリカ並みの厳しい規制を導入することに対して、購入経験の有無にかかわらず、八八％の人が賛成している。http://www.lifemedia.co.jp/release/pr030917.html

〈座談会〉消費者問題に向き合う

〔初出・秋田弁護士会報二〇一〇年二月号一〇頁〜一七頁〕

出席者　伊勢昌弘
　　　　津谷裕貴
　　　　菊地修
　　　　（仙台弁護士会）
　　　　江野栄
　　　　近江直人
　　　　西野大輔
司会　　山本隆弘
　　　　高橋重剛
日時　二〇〇九年一二月八日
場所　秋田弁護士会館

会長あいさつ

★伊勢　今年は、消費者庁が発足した記念すべき年であり、また、津谷先生が、日弁連の消費者問題対策委員会の委員長に就任されたという画期的な年でもあります。これまでの当会の消費者問題への取り組みには素晴らしいものがありますが、これを取りまとめて記録化したことはありませんでした。そこで、今回の座談会を通じて記録に取りまとめ、今後の更なる発展に繋げていきたいと考えております。今日は仙台から菊地先生にもお越し頂きましたので、素晴らしいお話を聞けるものと思っております。それでは、よろしくお願いします。

◎司会　ありがとうございました。それでは、まず、今年度の委員長である西野先生より、最近の活動についてご報告をいただきます。

最近の消費者問題対策委員会の活動

★西野　委員会の活動内容は多岐にわたっています。四月一五日にＳＦＣＧの緊急相談会、その後すぐ人権大会プレシンポジウム（八月実施）の準備が始まりました。秋田では不招請勧誘禁止条例の制定に向けて県議会議員有志の方々と当委員会の有志が集まってプロジェクトチームを作って活動してきたので、プレシンポでは「不招請勧誘の禁止」をメインテーマとし、一橋大学法科大学院長の松本恒雄先生に基調講演をしていただきました。また、九月に消費者庁とともに発足した消費者委員会の委員長人事を巡って、大きな問題になったことは記憶に新しいところですが、当会はいち早く会長声明を出して抗議をしました。その他、今年は県や各市町村が行う法律相談への委員派遣が多かったと感じます。行政と弁護士会の連携が進んできていることの表れかと思います。また、京都弁護士会消費者保護委員会の先生方が不招請勧誘禁止条例について調査をするため来秋されましたので情報交換を行いました。

国レベルの消費者行政はスタートしましたが、今後地方の消費者行政をさらに活性化していく必要があります。それには各地方単位会の積極的な活動が不可欠です。また、多重債務問題についてはいまだゴールが見えない状況です。当会も貸金業法の完全施行を求める会長声明を出しましたが、今後の推移を見守り、多重債務問題の真の解決が実現するように取り組んでいきたいと思っています。

消費者問題対策委員会の沿革・当時の社会情勢等

◎司会　消費者問題対策委員会は、昭和五九年から平成二年までは消費者保護委員会で、その前身は昭和五七年に設置されたサラ金問題対策センターでした。[1・2] 同センター発足当時の情勢はどのようなものだったのでしょうか。

（1）サラ金問題対策センター（昭和五七年三月設置）
同センター設置の提案理由書は「サラ金『被害』による自殺、家出、離婚、一家離散が相変わらず後を絶たない」との一節から始まる。当時、社会問題化していたサラ金被害について弁護士が確実に受任して被害救済をしようとの問題意識から発足したもの。同センターは注2の消費者保護委員会発足後も継続存在し、現在、秋田弁護士会にはサラ金・クレジット相談センターがある。

（2）消費者保護委員会（昭和五九年四月設置）
初代委員長　故金野繁会員
サラ金問題だけでなく各種クレジットによるトラブル、悪質な金その他の先物取引による被害など、消費者をめぐる種々な問題が県内に発生したため、これら全てを取扱対象とする委員会として発足した。その後、平成二年一月から消費者問題対策委員会と改称。同委員会の目的は「消費者の権利の擁護、確立をはかるため調査、研究提言をすること」とされ（秋田弁護士会常置委員会規程二四条）、そのために①消費生活に関わる法的知識の普及活動、②消費者問題に関する研究、③関係諸機関への働きかけ、④その他委員会の目的達成に必要な一切の活動を行うものとされている（同消費者問題対策委員会運営規則）。

★津谷　サラ金問題、先物問題、訪問販売法改正について問題になっていたと思います。その時代というのは、全国的な組織としては、昭和五三年一〇月にクレ・サラ対協（全国クレジット・サラ金問題対策協議会）、昭和五七年に先物全国研（先物取引被害全国研究会）が出来て、対策弁護団が出来ました。消費者問題は簡単に言うと、クレジット・サラ金被害系と先物系の二大潮流があったといえるのではないでしょうか。

★**江野**　昭和五七年三月当時の議事録を見ると、サラ金問題対策センターの委員長は会長が兼任していたんですね。これを見ても消費者問題は、会をあげて取り組んでいたのが分かりますね。

◎**司会**　当時のサラ金はどのような感じだったのですか、サラ金による一家心中が社会問題になったのもその頃じゃないのですか。

★**津谷**　やり方は、ほとんど今のヤミ金といっしょ。ひどい取り立てをしていましたし、契約書も領収書も交付しない。当時は利息制限法に基づいて引き直してなんて上品なことをせず、いきなりこれしか払わないと通告するようなことをしていました。

★**江野**　サラ金という名称が社会的に浸透してきたのもこの頃ですね。古い先生では、庶民金融とか言ったりしました。

★**津谷**　昭和五九年九月に当会で、消費者保護委員会ができたからということでお披露目のシンポジウムを行ったんですよ。当日は九〇人くらい来て、一般公開したところ、中にはサラ金の従業員もいましたね。会場発言には、サラ金から借りた方が悪いんじゃないかという話が出たのも印象的でしたね。

★**江野**　非弁が暗躍し始めたのもこの時期からですよね。

★**津谷**　秋田にはその頃は先物業者も結構いましたね。当時、先物をやる人がいなかったので、県の生活センターに相談にいったところ、民間の人を紹介されて、その人と勉強会を開いたのが取り組みの最初でした。そこから、先物取引被害救済の取り組みが始まりました。

★**江野**　昭和五八年当時の議事録によれば、七月にサラ金問題に関する関係諸機関との協議会を行うことになったのですが、それに関連して県警本部長が当会のサラ金問題についての活動には政治的色彩がある旨コメントしたとの新聞報道があり、これに対して金野繁会長が抗議をしたとの記載があります。サラ金問題については、今ではとても考えられないような捉えられ方をしていたんだなと思います。

★津谷　その時、塩沢先生が秋田県警に抗議に行ったところ、県警は弁護士会の副会長と会う必要はないと言って会うことを拒否したんです。それがテレビで放映され、会で対応を協議しました。サラクレ系は、革新系事務所の先生方も取り組まれていたので、何となく色が付いているように見えたという感じだったんでしょう。今は全くそんなことはありませんが、当時消費者問題は赤だって言われたんですよ。まあ、赤でも白でもいいんだけど、当時はそう見られたんですよ。

★菊地　今だってそうですよ。一部の週刊誌ではそういう書かれ方されてますよね。

★江野　議事録に綴り込まれた日弁連のアンケートを見ると、昭和五七年春頃、秋田地裁の本庁では、破産手続では東京地裁方式に従うとして、同時廃止を認めないという運用をしていました。そして、それは昭和五八年春まで続きました。

◎司会　それについては、弁護士からその不当性を訴えたことや裁判所の破産事務の渋滞が著しくなって夏からは同時廃止決定が続々でるようになったとの記載がありますね。先ほどの抗議の話といい個人破産事件の取扱の話といい、現在の取扱と比べると隔世の感があります。

◎司会　では消費者問題に関連して当会・当委員会の特筆すべき活動としてはどのようなものがありますか。

豊田商事事件

★津谷　私が印象に残っているのは豊田商事事件ですね。当会の会員が四〇人強の時代に、国家賠償訴訟を含めると三三人の会員が弁護団に名を連ねました。秋田弁護士会をあげて取り組んだと言っていいのではないかと考えています。

私が担当した豊田商事事件は相手の認諾で終わりました。豊田商事の責任が認められた全国でも最初の事件です。従業員が土下座して「金を買ってくれるまで帰らない」と言ったことについて、裁判官が「そんなのは恐喝だ」と言ったのです。結局、豊田商事は判決になるのを避けるために、請求の認諾という形を取らざるを得なかったんです。この種の事件では、有利な和解をしても業者は減らず、判決をもらわなければ被害の予防にならないんですよ。全国で最初に判決を取ったのも秋田（本荘支部）で、山内先生が担当しました。

★江野　和解しない姿勢が強かったために認諾に追い込めたともいえますね。

他の弁護団事件

★西野　それでは、これまで、会をあげて弁護団を結成したといえるものにはどのようなものがありますか。

★菊地　日栄・商工ファンド弁護団でしょうね。

★江野　平成三年頃、日弁連が日栄問題の調査をしていますね（消費者問題に関する被害実態調査のお願い）。日栄の手口について、通常の連帯保証契約であると説明して根保証契約書に署名捺印させ、根保証人には無断で極度額まで融資したうえ、主債務者が支払不能となるや根保証人に対し保証債務の弁済請求をするという手口を回答しています。

裁判で争われているのは三件あって欺罔による根保証債務の債務不存在が認められたとの記載もあります。この調査の時にしっかりとした対応がとられていたならば良かったのですが、その後、「腎臓売れ、目ん玉売れ」という恐喝的な取立てをはじめとする商工ローン問題が社会問題化して、貸金業規制法が一部改正されたのが、平成一二年のことです。このときには当会にも商工ローン対策秋田弁護団ができまして、伊勢会長のお父様の伊勢正克先生（故人）が団長、面山先生が事務局長をなさっていました。また、このときに出資法の上限金利が年四〇・〇〇四％から年二九・二％に引き下げられましたが、既に大手サラ金などを中心に年二九・二％以下に貸出金利が下がっていましたね。

★江野　あとは、ココ山岡事件、Ｊメディア事件、アイデック事件。

★菊地　この辺は比較的最近ですね。

印象に残っている事件

◎司会　先生方の印象に残っている事件についてお聞かせ下さい。

★菊地　私の印象に残っているのは能代の名義貸し事件と武田商店のクレジット事件です。能代の名義貸し事件は平成五、六年のことですかね、サラ金の名義貸し事件です。当時全国でも最高水準の四割で和解しました。被害者は五〇人くらいで女性が多く、事務所の打合わせ室が一杯になって別の場所を急遽用意した記憶があります。首謀者に勾引状まで出たんですよ。武田商店のクレジット事件については、平成一三年ころ、被害者が一〇〇人以上いて、一人あたりの被害額平均は三〇〇万円くらいでした。平鹿町一帯の農家の人が被害者でした。様々な類型の事件がありました。信販会社によっては訴訟にならずに和解できたところもありましたが、訴訟になった事件では、信販会社から契約ごとに支払督促が出ていたため数が多くなりました。概ね和解で終わりましたが、判決もいくつかありました。

加盟店がクレジット代金を受け取り流用してしまったという債権の準占有者型の訴訟では完全勝訴しましたね。

★津谷　この事件は、クレジット被害のデパートみたいでしたよね。

★菊地　宗教系の消費者被害になりますが、菊地先生は法の華事件も担当されましたよね。

★菊地　法の華は、東北支部が秋田にあったため被害者も多かったんです。秋田は福岡に次いで二番目に勝訴判決を取りました。仙台会に移った後もたびたび宗教系消費者被害に取り組んでいます。

◎司会　江野先生はいかがですか。

★江野　あまりないのですが…。

★菊地　欠陥住宅の問題もありましたよね。あれは江野先生が担当したんですね。

★江野　そうですね。秋田県の第三セクターが、秋田杉を建材に使うというふれこみで住宅を販売したがひどい欠陥があるということで問題になりました。訴訟では、法人名の一部に「秋田県」と入っていたことから、商法二三条の類推適用により秋田県が責任を負うという主張をしたのですが、最終的には和解で終わりました。この事件が品確法（住宅の品質確保の促進等に関する法律）の制定につながりました。

★菊地　江野先生といえばヤミ金ですよね。平成一三年の秋田での民暴大会（第五六回民事介入暴力対策秋田大会）でヤミ金の貸付は不法原因給付にあたり返還義務なしという理論を発表しましたよね。

★江野　協議会で発表する内容については、通常は、実行委員会で相当議論するのが一般的ですが、このときは、かなり自由にやらせていただきました。この当時の一般的な考え方というのは、暴利行為論というのは過去の理論になってしまって、どれだけ高利の約定の貸付であっても、利息制限法の制限の範囲内では有効であるというものであったと思います。ただ、私は、それでは、出資法に違反する犯罪行為を行っても、利息制限法の範囲内で利息と元本が保証されるのはおかしいのではないかと考え、実際にも、この当時流行していた手形小切手を利用したシステム金融業者相手の事件処理でも、手形小切手を返還してもらった上、支払った額を返還してもらうことを実践していました。事前に全国の弁護士を対象としたアンケートも行って、協議会でその結果を発表しましたが、通知をして取立てを止めることができれば上出来というような状況でした。そこで、具体的にどのようにしてヤミ金から取り戻しているかということと、その簡略な理論的裏付けを報告することにしたのです。そんなことは考えたことすらないという弁護士がほとんどであったため、会場からどよめきが起きたことを覚えています。その後各地の弁護団の取り組みがあり、平成二〇年六月一〇日の最高裁判決に結実しました。また、預金口座の凍結などの道具対策や犯罪利用預金口座等に係る資金による被害回復分配金の支払等に関する法律（振り込め詐欺被害救済法）、携帯電話不正利用防止法などの立法も実現することができました。

◎司会　近江先生はいかがですか。

★近江　私は、武田商店の事件が印象的です。実際に弁護団として直接被害者の方々に会って聴き取りを行い、法廷に出て最初から最後までやりきった事件です。裁判の度に多くの被害者の方が傍聴席に詰めかけたのを覚えています。和解の基準も二、三割の弁済で終わりというとても良い結果になりました。

◎司会　秋田における消費者被害の被害者に共通する点はありますか。

★近江　被害者でありながら声を上げられないという人が多いのではないかと思います。ファーストオプションの事件では、電話をかけてきた被害者の方が名前すら告げなかったこともありました。弁護団のところまで来ているのは、被害者のごく一部の方だと思います。「えふりこぎ」という県民性なのか、あまり表に出したくないという点で共通していると思います。

◎**司会**　仙台との共通点はありますか。
★**菊地**　秋田と大きな違いはないと思います。人がよくて、声を上げにくいという点で共通しています。
◎**司会**　津谷先生はいかがですか。
★**津谷**　豊田商事事件と先物取引の事件ですね。豊田商事事件は、会社だけでなく、役員・従業員を含めたくさんの訴訟をやり、勝訴判決もたくさんあります。国家賠償訴訟も最後までやりました。先物事件は、菅原先生、木元先生、伊勢先生、菊地先生と弁護団を組んだ事件です。被告から、原告は先物取引経験者でプロだということを主張され、地裁で敗訴しました。しかし、高裁では一五%の限度で違法行為と損害との因果関係が認められました。その判決が素晴らしかった。先物取引経験者であっても適合性原則違反があり得るとして業者に調査義務を認めたのです（仙台高裁秋田支部）。それから、最高裁平成七年七月四日の判決も印象的です。これは違法性について、勧誘から仕切まで一連の行為を評価し判断するという画期的判決と言われています。

今後の展望・課題

◎**司会**　最後に先生方は今後も消費者問題に向き合っていかれるのですが、どのような展望、課題等をお考えになっておられるのか。お話し頂ければと思います。
★**江野**　消費者事件は、弁護団結成や共同受任をすることが多く、常に新しいことがあってとても勉強になると思います。そして、そのような事件では、既存の法律や判例を前提にするとどうしても解決することのできない不合理にぶつかることになり、新たな最高裁判例を獲得したり、法改正を実現したいという思いに駆られることになります。例えば、私は、貸金業法改正に向けた活動に携わってきました。ある意味で少なくない弁護士がグレーゾーン金利のはざまで仕事をして収入を得てきた面がありますが、グレーゾーン金利が廃止されれば、将来的には過払いの問題はなくなります。しかし、多重債務をなくし、国民・消費者の利益を擁護して社会正義を実現するためには撤廃すべきもので、そのための活動には意義があると思っています。

これまでの消費者事件の解決は、個別の紛争解決の集積にすぎないので、今後は、包括的な被害者救済制度を作ることが必要だと思います。これも、ある意味、弁護士の仕事を少なくする立法活動かも知れません。ただ、今後は新たな制度のもと、法曹資格者が、適格消費者団体や行政に関与することが求められるようになるのではないかと思います。

★菊地　「消費者弁護士魂」って言うんですかね、一言で言えば、気合いです。おかしいものはおかしいのであり、理屈は後から付けるものだと思います。若い弁護士を見ていると、判例はどうなっているとかから入りたがりますが、まず、実態を見るところから入るべきだと思います。最近のパチンコ必勝法詐欺の問題についても、問題視された当初は、詐欺に引っかかった方が悪いという議論がありました。しかし、実際に見てみると、業者は極めて悪質なんです。そういう実態を見れば、救わなければと思います。

また、多重債務の相談者は、生活苦に陥っていることが多く、そういう場合には、債務の問題を解決しただけでは根本的解決になりません。生活保護申請やセーフティーネット貸付の利用なども含めトータルな視点で考える必要があると思います。

★近江　私は、横手支部で活動していますが、もともと弁護士がいなかったこともあり、基本的には消費者事件を中心的に扱う事務所ということでやってきました。今後もそれは変わらない。これまでと同じく、普通にやっていくつもりです。また、法律の改正や制度の改善などについて、できることに関わっていきたいと考えています。これからは、適格消費者団体を秋田に作ることに関わりたいと思いますし、不招請勧誘規制の制定にも関わりたいと思っています。被害を現場で見ている弁護士がもっと声を出していかなければならないと思っています。

★津谷　なぜ消費者事件をやっているのか。素朴な正義感です。僕が嫌いなのは人の弱みにつけ込むヤツで、悪徳商法などは許せないという私の感覚に合うんですね。原点は松江の人権大会です。大会は、消費者主権の確立を謳い、統一消費者保護法の制定、消費者庁設置、消費者のための裁判制度の実現を訴えました。二〇年を経て立法はだいぶ整備され、消費者庁も設置されました。裁判員裁判が始まりましたが、消費者事件についてもこれをやって欲しいと思います。

消費者問題は多岐にわたりますので、秋田弁護士会の若手一人一人が自分はこの分野が得意だというところをもって欲しい。各分野毎に各弁護士がエキスパートとなって、一芸に秀でることが必要だと思います。そのために海外調査に行くといいと思います。行った以上は報告書を書かなければならないので一生懸命勉強するわけです。僕は昭和五八年にアメリカに行きましたが、そのときに、若手であっても色々やらせてくれたことが貴重な体験となっています。

◎司会　本日は本当にありがとうございました。

不招請勧誘規制のあり方について(上)

〔初出・国民生活研究五〇巻一号一頁〜一五頁（二〇一〇年）〕

弁護士 津谷裕貴

第一　はじめに

消費者庁や消費者委員会が設置され、特定商取引に関する法律（以下、特定商取引法）を改正し再勧誘禁止規定が設けられても、悪徳商法の消費者トラブル、消費者被害は後を絶たない。

その大きな原因として、勧誘方法の規制、とりわけ、業者が一方的に、消費者が要請もしないのに電話、訪問などによる勧誘、いわゆる不招請勧誘規制が不十分なことにある。(1)不招請勧誘は、勧誘を受ける消費者側にとっては、プライバシーの侵害以外の何者でもなく、これによって消費者は、プライベートな時間帯では、平穏な生活、家庭の団欒を中断、妨害され、仕事、勤務時間帯にあっては、仕事の中断、勤務妨害を受けることになり、消費者の貴重な時間だけでなく、財産や著しい精神的苦痛を与えられかねない深刻な問題である。

不招請勧誘について、九〇％以上の人が電話、訪問勧誘をして欲しくない、これによる契約をしたくないという報告がある。(2)

事業者に営業の自由があり、不招請勧誘も営業の自由の一環であるといって、これによって消費者のプライバシー、生活権、仕事、職務等を妨害、侵害することが許されて良いのか。

不招請勧誘規制、とりわけオプトインについては、不招請勧誘の代表的といっていい商品先物取引の分野で、商品取引所法が二〇〇九年七月に改正され、不招請勧誘禁止、しかもオプトインが導入されることになった。(3)

同法の施行は三段階で、不招請勧誘禁止に関する規定は二〇一一年一月頃であるが、施行前であるにもかかわらず、法改正され不招請勧誘禁止が導入されることが決まっただけで廃業、転業を余儀なくされた悪質業者が少なくない。

二〇〇九年には特定商取引法が改正され、不招請勧誘のうち、オプトアウト（再勧誘の禁止等）が規定されたが、再勧誘禁止では、被害が減少しないことは商品先物取引の世界（少なくとも、先物取引被害救済に取り組む弁護士有志の先物取引被害全国研究会のメンバーなど）では常識と言っていい。(4)

また、改正特定商取引法施行日には、既に自治体等で行われている「訪問販売お断り」ステッカーの取組について、ステッカー自体は、特定商取引法の勧誘拒否の意思表示には当たらないとの消費者庁の見解が問題になった。(5)

不招請勧誘の規制は、本来消費者契約法で、オプトインの不招請勧誘禁止と違反に対する民事効（取消、損害賠償）による規制を設けるべきであるが、現時点では、消費者契約法改正作業は棚上げになっており、(6)今後いつ消費者契約法改正作業が行われ、そこに不招請勧誘禁止とりわけオプトインが盛り込まれることになるのかは不確かな状況にある。

本稿は、商品取引所法改正によって不招請勧誘禁止、オプトインが導入された経緯と最近の消費者被害の実態から、不招請勧誘禁止規制の早期導入の必要性と、その規制のあり方、あわせて、米国などで行われているDo Not Call Registry（電話勧誘拒否登録制度）(7)を我が国にも導入すべきこと、改正特定商取引法との関係で問題になった「訪問販売お断り」ステッカーの実効性確保などについて、二回に分けて提言しようとするものである。

第二　不招請勧誘と消費者被害の実態

不招請勧誘と消費者被害の実態を知る上で、㈱国民生活センターの全国消費生活情報ネットワーク・システム（PIO-NET：パイオネット）と、二〇〇九年商品取引所法改正で不招請勧誘禁止が導入された商品先物取引に関する被害実態を分析することが有益である。

前者は、既に国民生活センターの「不招請勧誘の制限に関する調査研究」（二〇〇七年二月）の中に、二〇〇〇年度から二〇〇六年度までについての分析があるので、基本的にはこれを紹介し、二〇〇五年度から二〇〇八年度までについて補足することとする。先物取引被害の実態については、先物取引被害救済に取り組む全国の弁護士有志の組織である先物取引被害全国研究会（二〇一〇年五月現在、代表幹事大田清則弁護士）が実施した一一〇番の結果を中心に紹介する。

1　PIO-NETからみた不招請勧誘による消費者被害の実態

国民生活センターは、「不招請勧誘の制限に関する調査研究」（二〇〇七年二月）[8]で、全国消費生活情報ネットワーク・システム（PIO-NET：パイオネット）に入力された二〇〇〇年度から二〇〇六年度（ただし、二〇〇六年は同年一一月末日まで）の消費生活相談（七四三万九六三〇件）の中から、「販売方法」に関する相談を分析の対象として、その中から、「訪問販売（家庭訪販、職場訪販）」、「電話勧誘」に焦点をあて、また、金融分野の相談についても分析している。

そこで、二〇〇六年度までの「不招請勧誘の制限に関する調査研究」の分析結果、及び、二〇〇五年度から二〇〇八年度までの「消費生活年報」の各年度データを基に不招請勧誘による消費者被害の実態をまとめた。

(1)　二〇〇〇年度から二〇〇六年度までの消費者被害の実態―「不招請勧誘の制限に関する調査研究」より

「不招請勧誘の制限に関する調査研究」では、二〇〇五年度の国民生活センター相談調査部に寄せられた相談八九二一件のうち、「訪問販売」九六〇件と、「電話勧誘販売」六六二件について、相談内容、問題点などを分析している。

それによると、相談内容として、七類型（勧誘そのものの苦情、勧誘行為、勧誘対象者の適合性、契約書面、契約の履行、解約、その他）に分類され、それらの問題点として、不招請勧誘によって、「消費者の生活が脅かされている」、「勧誘行為の問題として、販売目的秘匿、重要事項不告知、虚偽告知、迷惑勧誘」、「高齢者や判断力が衰えた人などへの次々販売」、「クーリングオフの不活用」、「業者の倒産、行方不明」などを指摘している。

そして、不招請勧誘を、消費者トラブルが発生する「最たる要因」と位置づけている。(9)

①　「訪問販売」「電話勧誘販売」

相談の推移として、概ね、「訪問販売」は、毎年度一〇万件以上、「電話勧誘販売」は五万件以上で、相談総数の一五％を占めている。

商品・役務では、「訪問販売」では、「ふとん類」が最も多く、「新聞」、「アクセサリー」、「浄水器」、「リフォーム関連工事」、「商品先物取引などの商品相場」が多い。

「電話勧誘販売」では、「資格講座」、「教養娯楽教材」、「サラ金・フリーローン」、「電話関連サービス」、「商品相場」、「分譲マンション」、「未公開株」が多い。(10)

②　金融分野

二〇〇〇年度から二〇〇六年度までの、相談件数では、「生命保険」(四五、一九九件)、「商品相場」(四〇、三三六件)、「公社債・株・投資信託」(二九、〇四三件)、「預貯金」(二二、四一一件)、「損害保険」(一二、二九四件)、「為替相場」(一〇、五八二件)の順である。

「訪問販売」、「電話勧誘販売」に関する相談割合が多いのは、「商品相場」(六一・七%)、「為替相場」(五五・五%)、「公社債・株・投資信託」(三二・一%)、「生命保険」(一四・五%)、「損害保険」(三・三%)、預貯金(二・三%)の順である。(11)

(2) 二〇〇五年度以降二〇〇八年度までの消費者被害の実態—「消費生活年報」より

国民生活センター編「消費生活年報」(12)を基に、二〇〇五年度から二〇〇八年度までの不招請勧誘に関連する相談件数と割合、苦情の多かった商品・役務と国民生活センターの主な調査分析・商品テストの結果のうち、不招請勧誘に関連する部分を取りあげてみた。

なお、消費生活年報では前年度の相談件数が記載されている。「消費生活年報二〇〇九」には、二〇〇八年度の相談総数と、内容別件数が記載されているが、二〇〇九年五月末日までに登録されたそれ以前の年度の相談総数は推移として改めて記載されているので、各年度の相談総数は、「消費生活年報二〇〇九」一〇頁の最新の数字による。それ以外の「内容別分類」の数字の推移は、二〇〇九年には記載がないので、それぞれ各年報記載の数字による。

① 二〇〇五年度

相談総数は一三〇万二一八二件、このうち訪問販売は一六万九九五三件で一三・一%、電話勧誘販売が七万六六六五件で五・四%。(13)

訪問販売で、最も多いのは「ふとん類」、以下「新聞」、「リースサービス」、「浄水器」、「アクセサリー」の順である。

電話勧誘販売で、最も多いのは「教養娯楽教材」、以下「資格講座」、「サラ金・フリーローン」、「電話関連サービス」、「商品一般」の順である。(14)

「消費生活年報二〇〇六」では、「高齢者に多い個人年金保険の銀行窓口販売に関するトラブル」で個人年金の銀行窓口販売のトラブルが取りあげられ、また、「訪問リフォームに係る消費者トラブルについて―悪質業者による深刻なトラブルが続発―」では、訪販リフォームについて、不招請勧誘の禁止等の検討を提言している。「生命保険の告知義務に関するトラブル―告知義務違反を問われないために―」には、告知義務違反を問題にしているが、生命保険は不招請勧誘の代表的業種である（二〇〇五年度の国民生活センターの主な調査分析・商品テスト結果より）。(15)

② 二〇〇六年度

相談総数は一一一万一七七三件、このうち訪問販売は一四万二八三件で一二・六％、電話勧誘販売が五万九五九四件で五・四％。(16)

訪問販売で、最も多いのは「ふとん類」、以下「新聞」、「浄水器」、「リースサービス」、「アクセサリー」の順である。

電話勧誘販売で、最も多いのは「教養娯楽教材」、以下「サラ金・フリーローン」、「資格講座」、「電話関連サービス」、「商品一般」の順である。(17)

「消費生活年報二〇〇七」では、不招請勧誘関係は、「未公開株をめぐる苦情相談が急増」、「海外商品先物取引、海外商品先物オプション取引の被害に注意！」、「不招請勧誘の制限に関する調査研究」、「第三七回国民生活動向調査訪問販売と電話による勧誘―不招請勧誘―」などが報告されている（二〇〇六年度の国民生活センターの主な調査分析・商品テスト結果より)[18]。

③　二〇〇七年度

相談総件数一〇四万九七六五件、このうち訪問販売は一一万七八八三件で一一・二%、電話勧誘販売は五万二八三一件で五・〇%。[19]

訪問販売で、最も多いのは「新聞」、以下「ふとん類」、「補習用教材」、「浄水器」、「リースサービス」の順である。電話勧誘販売で、最も多いのは「サラ金・フリーローン」、以下「教養娯楽教材」、「資格講座」、「商品一般」、「電話関連サービス」の順である。[20]

「消費生活年報二〇〇八」では、不招請勧誘関係は、「自費出版に関する相談が増加―作品をほめられても、安易に契約しないー」(電話勧誘など)、「次々販売のトラブル―クレジットを利用した相談を中心に―」、「怪しい『出資』の被害が続出!―『配当金が支払われない』『出資金が返還されない』」、「高齢者に急増!生命保険の販売トラブル」などがある(二〇〇七年度国民生活センターの主な調査分析・商品テスト結果より)[21]。

④　二〇〇八年度

相談総件数九三万八七二〇件、このうち訪問勧誘が九三万八七二〇件で一〇・五%、電話勧誘販売は四万八六四八件で五・二%。[22]

訪問販売で、最も多いのは「新聞」、以下「ふとん類」、「リースサービス」、「生命保険」、「浄水器」である。電話勧誘販売で、最も多いのは「教養娯楽教材」、以下「サラ金・フリーローン」、「分譲マンション」、「資格講座」、「商品一般」の順である。[23]

「消費生活年報二〇〇九」では、不招請勧誘関係は、「マンションの悪質な勧誘販売が増加!」、「電気温水器の訪問販売の相談が急増」、「マルチ商法型出資勧誘トラブル―勧誘行為は刑事罰に問われることも―」、「判断力が不十分な消費者に係る契約トラブル―認知症高齢者に係る相談を中心に―」などがある（二〇〇八年度の国民生活センターの主な調査分析・商品テスト結果より）(24)。

2　先物取引一一〇番からみた先物取引による消費者被害の実態

先物取引被害全国研究会は、全国の弁護士、弁護士会に呼びかけ、先物取引一一〇番を実施している。平成一六年から平成二一年までの一一〇番の結果を紹介する(25)。

(1)　平成一六年先物取引一一〇番

平成一六年一〇月から一二月まで、全国三九カ所で実施、合計件数は四二六件。

内訳は、商品先物取引三〇七件、外国為替証拠金取引一〇五件、その他一四件。

不招請勧誘が九三・九％。

(2)　平成一八年先物取引一一〇番

平成一八年一月から二月まで、全国四三カ所で実施、合計件数は五七一件。

内訳は、商品先物取引三九九件、外国為替証拠金取引一二二件、その他五〇件。

不招請勧誘は七五・九％。

(3)　平成一九年先物取引一一〇番

平成一九年二月から三月まで、全国四一カ所で実施、合計件数は三七五件。

内訳は、商品先物取引二六一件、外国為替証拠金取引一六件、ロコ・ロンドンまがい取引三七件、その他六四件

(複数回答)。

不招請勧誘が八九・七%。

(4) **平成二一年先物取引一一〇番**

平成二一年一月に、全国三六カ所で実施、合計件数二八五件。

内訳は、商品先物取引一三三件、外国為替証拠金取引一三件、ロコ・ロンドンまがい取引二一件、未公開株三六件、その他八二件。

不招請勧誘が八八・七%。

第三　不招請勧誘規制の必要性と根拠

1　不招請勧誘の定義等

不招請勧誘の定義は決まっていない。それぞれが定義を行っているようである。

例えば、

(1) 二〇〇五年(平成一七年)四月閣議決定の「消費者基本計画」では、不招請勧誘の定義について「取引を希望していない消費者に対する勧誘(例：消費者への電話やメールなどによる一方的な勧誘)」としている。

(2) 国民生活センターは、「不招請勧誘の制限に関する調査研究」では、不招請勧誘とは、おおまかにいうと、「消費者からの要請がないにもかかわらず事業者から一方的に行われる勧誘」のことである(同、三頁)。

あるいは、不招請勧誘を、「契約締結の勧誘の要請をしていない消費者に対する、訪問又は電話による契約締結の勧誘」としている（同七頁、二一九頁）。

(3)　日本弁護士連合会（日弁連）は、「不招請勧誘とは、消費者の意向を無視した、あるいは消費者の希望しない勧誘のことを意味する。不招請勧誘は、消費者が契約意思がないにもかかわらず、不意打ち的に勧誘を行うものである。例えば、事業者が、あらかじめ当該消費者の承諾を得ることなく、一方的に電話で勧誘してきたり、消費者の自宅等を訪問してきたり、ファクシミリや電子メールを利用するなどして、勧誘を行う方法である」としている（二〇〇六年一二月一四日「消費者契約法の実体法改正に関する意見書」）。

(4)　法律は、不招請勧誘のオプトインを規定する金融商品取引法、商品先物取引法で次のように、同じような規定をしている。

①　金融商品取引法三八条四号

金融商品取引法三八条の禁止行為として、「金融商品取引契約（略）の締結の勧誘の要請をしていない顧客に対し、訪問し又は電話をかけて、金融商品取引契約の締結の勧誘をする行為」。

②　商品先物取引法二一四条九号

商品先物取引法二一四条の禁止行為として、「商品取引契約（略）の締結の勧誘の要請をしていない顧客に対し、訪問し、又は電話をかけて、商品取引契約の締結を勧誘すること（以下、略）」。

(5)　筆者は、不招請勧誘について、「事業者が、消費者からの要請がないのに、一方的に、電話、訪問などによって、消費者に契約締結させようとする行為」と定義づけたい。

これによって、広告と勧誘の区別ができ（例えば、電子メールは、広告についてオプトイン規制があるが、勧誘については規制はない。ただし、電子メールの場合、広告か勧誘かの区別は難しいだろう）、規制の仕方としても「広告規制」か

「勧誘規制」かを区別して検討できる実益がある。なお、不招請勧誘の定義について、勧誘という文言を使うのは定義としてはふさわしくない。また、勧誘方法として、電話、訪問だけでなく、電子メール、ファクシミリなども除外すべきではないと考え、「など」とする方が弾力的に不招請勧誘規制の方法を検討できる。

(6) 規制の仕方

① オプトインとオプトアウト

不招請勧誘の規制の仕方としては、勧誘を原則禁止として例外的に許されるとするオプトインと、反対に、原則自由で、例外的に禁止される場合があるというオプトアウトの規制の仕方がある。すなわち、オプトインは、消費者の事前の要請、承諾がなければ勧誘してはならないというもの。オプトアウトは、消費者の勧誘拒絶の意思表示があれば勧誘してはならないというものである。

また、消費者の意思表示として、オプトインは、勧誘の要請又は勧誘承諾の意思表示であるが、オプトアウトは、勧誘拒絶、勧誘不承諾の意思表示であり、区別することができる。

これを論ずる実益は、勧誘の正当性が問題になった場合、オプトインであれば、事業者が消費者から「要請又は承諾の意思表示」があったことを主張、立証する責任がある。これに対して、オプトアウトなら、消費者の方で、「勧誘拒絶の意思表示」をしたことを主張、立証する必要がある。

しかしながら、オプトインとオプトアウトは矛盾するものではなく、例えば、勧誘を要請したが、気が変わって勧誘を拒否したくなったとしたらそれを尊重すべきであり、両者を規定することも可能であり、金融商品取引法、商品先物取引法は両者を規定している。

金融商品取引法三八条四号や、商品先物取引法二一四条九号は、「契約締結の勧誘の要請をしていない顧客に対しては訪問又は電話をかけて契約締結の勧誘をしてはならない」というのであるから、オプトインである。

金融商品取引法三八条六号の「金融商品取引契約（略）の締結の勧誘を受けた顧客が、当該金融商品取引契約を締結しない旨の意思（当該契約を引き続き受けることを希望しない旨の意思を含む。）を表示したにもかかわらず、当該勧誘を継続する行為」を禁止しているが、これはオプトアウトである。

また、商品先物取引法二一四条五号の、「第二〇〇条第一項第二号から第六号までの委託又は申込みを行わない旨の意思（その委託又は申込みの勧誘を受けることを希望しない旨の意思を含む。）を表示した顧客に対し、同項第二号から第六号までに掲げる勧誘をすること」を禁止しているが、これはオプトアウトである。

特定商取引法（特商法）三条の二第二項の、事業者は「訪問販売に係る売買契約又は役務提供契約を締結しない旨の意思を表示した者に対し、当該売買契約又は当該役務提供契約の締結について勧誘してはならない」は、オプトアウトである。

なお、オプトインについては、勧誘ではなく広告であるが、電子メールの広告（勧誘ではない）について、特定商取引法の通信販売等（連鎖販売取引及び業務提供誘引販売取引）で「相手方となる者の承諾を得ないで電子メール広告をしてはならない」（特商法一二条の三、三六条の三、五四条の三）というのであるから、オプトインである。同様に、特定電子メールの送信の適正化等に関する法律（以下、特定電子メール法）二条の特定電子メールによる広告又は宣伝についての規制はオプトインである。

② オプトアウトと再勧誘禁止

再勧誘禁止は、文字通り、再度の勧誘を禁止することであり、したがって、最初の勧誘自体は禁止されていないということになる。

オプトアウトは、勧誘拒否の意思表示をすれば、それが勧誘前に行われれば、最初の勧誘であっても勧誘することができなくなり、勧誘の途中で拒絶の意思表示があれば、それ以後勧誘を継続することができなくなり、再度、改めて勧誘することもできなくなる。

したがって、オプトアウトと再勧誘禁止は厳密には異なるものである。

実際には、不招請勧誘規制として、オプトインとオプトアウトの他に、再勧誘禁止も不招請勧誘規制として扱ったり、地方自治体の消費生活条例などにおいて、再勧誘禁止をオプトアウトとして扱っている例も少なくない。[26]

③ Do Not Call Registry（電話勧誘拒否登録制度）。[27]

米国では、電話勧誘を望まない消費者のために、予め、その旨登録し、事業者がそれに違反して消費者の承諾又は要請なく電話勧誘を行った場合は制裁するという制度（Do Not Call Registry、電話勧誘拒否登録制度）がある。カナダやブラジルなどでも導入されている。我が国でも導入すべきであるが、この点は次号記載する。

この制度は、事業者は、これに登録した消費者には電話勧誘できなくなるので不招請勧誘規制と考えられるが、この規制はオプトインかオプトアウトか。

登録を、勧誘拒否の意思表示と考えると、オプトアウトとなるが、勧誘拒否登録しても、要請があれば、勧誘できると考えると、オプトインともいえる。

この制度は、勧誘拒否の意思表示をはっきりと、予め登録するものであること、登録した以上登録者には勧誘できなくなることから、オプトアウトというべきである。[28]

しかしながら、勧誘拒否の意思表示は、勧誘しようとする者に対して行うべきものであり、この制度によって大半の消費者が登録しているという実情から、電話勧誘を行おうとする事業者は、予め消費者から電話勧誘の承諾又は要請してもらう必要があり、その意味で、実態はオプトインであるといってもいい（米国弁護士のアンドリュー・M・パーデック氏はオプトインという）。

④　「訪問販売お断り」ステッカー、シール

地方自治体や消費者団体などでは、悪質な訪問販売から消費者被害を防止するために、「訪問販売お断り」のステッカー又はシールを配付しているところがある。

この「訪問販売お断り」ステッカーやシールを貼ることは、オプトアウトの勧誘拒絶の意思表示又は、特定商取引法三条の二の「契約を締結しない旨の意思を表示した」ことになるかどうか。

消費者庁の見解として、一旦は否定的な見解が出されたが、二〇〇九年一二月一〇日、取り組みは有効とする見解を公表し、都道府県に通知した。

詳細は、次号の第六で検討するが、筆者は、これらはオプトアウトの勧誘拒絶の意思表示に当たると解する。そうでないのであれば、お断りステッカー、シールの実効性を確保するために、特定商取引法改正を含め、条例改正等で趣旨が生かされるよう検討すべきである。

(7)　禁止される勧誘手段

オプトイン、オプトアウトで不招請勧誘が禁止される場合、その勧誘手段は、電話勧誘販売、訪問販売に限定されるか、電子メール、ファクシミリなども含まれるべきか。

ビラや、チラシ、ダイレクトメールなどはどうか。

オプトインで規制する金融商品取引法三八条四号、商品先物取引法二一四条九号は、「訪問し、又は電話をかけて」勧誘することが禁止されているから、これらの法律でオプトインとして禁止されているのは「訪問」と「電話」だけ

である。

これに対して、オプトアウトの金融商品取引法三八条六号、商品先物取引法二一四条五号の勧誘は、「訪問又は電話」に限定していない。

不招請勧誘の手段として、電話と訪問が代表的であるが、それ以外にも、電子メールやファクシミリによる勧誘がある。

不招請勧誘規制の根拠として、消費者のプライバシー、安全平穏に生活する権利は最大限尊重されなければならないこと、事業者に営業の自由があるとしても、消費者の権利、自由を侵害することは許されないこと、不招請勧誘による消費者被害を防止する必要性が高いこと、不招請勧誘を規制することは、消費者だけでなく不招請勧誘を行わない事業者にとっても利益になり、公正な競争が確保され健全な市場形成に寄与すること、事業者にとって規制されるのは勧誘についてであり、事業者優先から消費者優先へと大きな政策転換「行政のパラダイム（価値規範）転換」が行われている現在、不招請勧誘規制はこれを占う試金石であり、拡充すべきであることなどがある。

したがって、電話、訪問は、不招請勧誘を禁止すべきであり、ファクシミリは、少なくとも消費者のファクシミリを使用する以上、用紙やトナー、電気代などの経済的損失を与えるものであり、消費者の財産を侵害する行為であって、消費者の要請承諾なくして許されることではない。

電子メールも、消費者のパソコン等に見ず知らずの事業者の勧誘メールが入ってくること自体ウイルス等の危険に消費者のパソコン等がさらされ、それ自体、危険、不愉快であり、メールを確認する手間暇の負担を与え、その間の心理的、経済的負担を消費者に与えることになり、加えて、今回の特定商取引法改正、特定電子メール法によって電子メールの広告はオプトイン規制になっていることなどから、消費者の承諾なくして電子メールでの勧誘は禁止すべきである。

立法論的には、金融商品取引法、商品先物取引法も不招請勧誘のオプトイン規制には、訪問や、電話だけでなく、ファクシミリと電子メールも加えるよう法改正すべきである。

なお、ビラやチラシ、ダイレクトメールは、勧誘というよりも広告、宣伝というべきである。広告、宣伝を行うことは、電子メール以外はそれ自体の規制はなく、せいぜい虚偽、誇大広告等が禁止されている程度であるが、勝手に不要なビラやチラシ、ダイレクトメールを送られた消費者にとっては、ゴミを投げ捨てられたに等しく、消費者の購買も、インターネットやテレビショッピングなどの普及などにより変化していること、環境保護の重要性等を考えると、将来的には事業者からの一方的なビラやチラシ、ダイレクトメールの送付について規制を検討するに値する。

2　不招請勧誘規制の必要性、根拠

(1)　不招請勧誘規制の必要性

これまで不招請勧誘規制の問題は、消費者の権利と事業者の営業の権利をどう調整するかという観点や、不招請勧誘を禁止することは営業の自由との関係で憲法上も問題などといわれ、結果的には、消費者契約法にも、特定商取引法にも、規定されなかったに等しい。せいぜい、長年不招請勧誘によって深刻な社会問題を引き起こしてきた商品先物取引について、二〇〇四年改正商品取引所法（商取法）で、勧誘受諾意思確認義務（商取法二一四条七号）と再勧誘の禁止（商取法二一四条五号）、迷惑勧誘禁止（商取法二一四条六号）が導入された程度であった。その後、外国為替証拠金取引（ＦＸ）の不招請勧誘による被害が多発したことから、当時の金融先物取引法（金先法）が改正され、初めて不招請勧誘についてオプトイン（金先法七六条四号）、再勧誘の禁止（金先法七六条五号）が導入され、これらが二〇〇六年金融商品取引法（金商法）に引き継がれ、オプトインの不招請勧誘禁止は金商法三八条四号、再勧誘禁止は同条六号に、またその際、勧誘受諾意思確認義務（金商法三八条五号）も新設された。しかし、長年不招請勧誘による深刻な消費者被害を引き起こしてきた商品先物取引については、二〇〇六年商品取引所法改正でも、「今後トラブルが解消していかない場合には、不招請勧誘の禁止の導入について検討すること」といった参議院財政金融委員会の附帯決議が採択されたところまでで、オプトインの不招請勧誘禁止の導入は見送られた。しかし、その後も、多数の被害が発生し、また、各国の商品先物取引の取引量は増加するも、日本の商品先物取引量だけが激減したことから、ようやく、二〇〇九年商品取引所法改正で、オプトインの不招請勧誘禁止の導入を含む大規模な制度改革を目的とする改正が実現した。

特定商取引法分野では、もともと訪問販売、電話勧誘販売など不招請勧誘によるトラブルが予想される取引であるのに、不招請勧誘規制については、消極的であった。再勧誘禁止ですら、電話勧誘販売だけであり（特商法一七条）、訪問販売には導入されていなかった。

ようやく二〇〇九年特定商取引法改正で、訪問販売にも再勧誘禁止（特商法三条の二第二項）が導入されたが、既に商品先物取引分野では二〇〇四年法改正の際に導入されていた勧誘受諾意思確認義務は、ようやく努力義務として導入され（特商法三条の二第一項）たが、オプトインについては導入されていない。

このように、我が国で、オプトインによる不招請勧誘規制の導入が立ち後れているのは、この問題を消費者の権利と営業の自由の調整の問題、不招請勧誘規制とりわけオプトインは営業の自由に対する侵害が強いということから、見送られてきた。これは、明治時代からの、殖産興業、事業者優先、消費者保護は付随的、後回しにしていた国家政策の結果であるといえる。

特に、不招請勧誘による被害の代表的な、新聞や生命保険の勧誘については、業界からの猛反対があり、特定商取引法でオプトインによる不招請勧誘規制の導入については、未だまともに正面からしっかりとこれを議論したとはいえず、実現されていない。

最近は、銀行による消費者トラブルも増え、特に、高齢者に対する個人年金保険の銀行窓口に関する被害も深刻なものがあり、国民生活センター「消費生活年報二〇〇六」では、問題を指摘している。

また、生命保険だけでなく、損害保険についての保険金不払いトラブルがあり、告知義務違反、説明義務違反が主に問題になっているが、これらは、勧誘段階の問題でもあり、不必要な保険、元本保証のない投資型保険などには、消費者からの勧誘の要請があって、契約したものとは考えられず、不招請勧誘の問題と絡んでいる。

こうして、最近は、不招請勧誘規制の必要性について、これまでの伝統的な新聞、生命保険、リフォーム関連工事、ふとん、宝石、アクセサリー、リースサービス、化粧品などだけではなく、これまで不招請勧誘トラブルとして扱われにくかった、銀行、損害保険なども含む、広範、業種を問わず一般的、包括的な不招請勧誘からの消費者被害の防止、消費者の安全・安心確保の必要性が高まっているといえる。

(2)　不招請勧誘規制の基本的視点、原則

このような状況を踏まえ、不招請勧誘規制、オプトインによる規制の必要性、正当性、規制のあり方を検討する際の基本的視点、原則を、（故）正田彬氏の『消費者の権利』新版（岩波新書）[29]に見い出した。

「国民が安心して生活するための基礎は国民の消費生活における権利の確立にある。人間の権利の尊重は、現代社会の基本原則である。したがって、事業者による事業活動は人間の権利の尊重を前提として成り立つものでなければならない。けっして、人間の権利と事業者の権利をどう調整するか、どう折り合いをつけるかという発想であっては

ならない」ということである。[30]

そして、「消費者の依頼を受けることなく、突然、消費者の生活の場である住居を訪問して事業活動を行うことは、消費者の生活の自由を侵害することにほかならない。『呼ばなければ来るな』というのが居宅・住居における事業活動についての市民社会の基本原則なのである。（略）事業者は消費者の市民としての権利を侵害しない範囲で事業活動を行うことが義務づけられていることをここでも確認しておく必要がある」とされる。[31]

不招請勧誘は、消費者の生活の権利の侵害であり、「呼ばなければ来るな」という原則で、事業者の権利とどう調整するか、折り合いをつけるかなどという発想は御法度というのは、筆者にとって、目から鱗というべき見解である。

(3) 不招請勧誘規制の実現推進に向けて

（故）正田彬氏の「呼ばなければ来るな」という不招請勧誘規制の原則を、実際に実現するための推進力、キーワードとなるのが、「消費者が主役」、「行政のパラダイム（価値規範）転換」、「消費者市民社会の実現」にあると考える。

消費者庁、消費者委員会設置のきっかけとなった、平成二〇年六月一三日消費者行政推進会議の「とりまとめ」と同年六月二七日の閣議決定「消費者行政推進基本計画」[32]、そしてこれらを踏まえた「平成二〇年版国民生活白書　消費者市民社会への展望―ゆとりと成熟した社会構築に向けて―」[33]、及び、日本弁護士連合会（日弁連）の平成二一年一一月六日開催の第五二回人権擁護大会での「消費者被害のない安全で公正な社会を実現するための宣言」[34]に不招請勧誘規制推進の鍵があると考える。

すなわち、消費者行政推進会議の「とりまとめ」では、わが国が明治以来の各府省庁縦割り領域での事業者保護育成を通して国民経済の発展を図り、「消費者保護」はあくまでも産業振興の間接的、派生的テーマとして、しかも縦割り的に行われてきた。これからは「安全・安心な市場」、「良質な市場」の実現が新たな公共的目標であり、これこそが競争の質を高め、消費者、事業者双方にとって長期的な利益をもたらす唯一の道である。そして、これまでの施策や行政の在り方を、消費者基本法の理念に基づき積極的に見直し、「行政のパラダイム（価値規範）転換」をし、消費者・生活者が主役となる社会を実現する国民本位の行政に大きく転換する、とした。

こうして、消費者の視点で政策全般を監視し、「消費者を主役とする政府の舵取り役」としての消費者庁の設置を提言したのであった。この中で、消費者庁の創設は、「消費者市民社会」の構築に向けた画期的な第一歩として位置付けられ、これが同年六月二七日「消費者行政推進基本計画」として閣議決定された。

平成二〇年一二月の内閣府の「平成二〇年版国民生活白書　消費者市民社会への展望—ゆとりと成熟した社会構築に向けて—」では、消費者・生活者が切り開く消費者市民社会についての課題などをあげた。

平成二一年五月二九日、参議院本会議で消費者庁関連三法が衆議院の修正どおり全会一致で可決成立し、同年九月に消費者庁、消費者委員会が創設され、同年九月一六日内閣の「基本方針」では、「行き過ぎた市場主義」への懸念が表明されるとともに、「経済的合理性のみを評価軸とした経済から、人間のための経済への転換」を宣言した。

日本弁護士連合会（日弁連）も、平成二一年一一月六日開催の第五二回人権擁護大会での「消費者被害のない安全で公正な社会を実現するための宣言」において、消費者市民社会の確立をめざして、積極的な役割を果たすことを宣言した。日弁連のめざす消費者市民社会は、消費者の権利の尊重と消費者の主体的な参加に根ざした安全で公正な消費者の行動によって市場や社会の改善ができ、的確な規制が行われ、社会的弱者が保護され、消費者が批判的精神を持って行動し、消費者団体等とのネットワークが充実した社会であることを明らかにしている。また、消費者市民社会における消費者について、消費者に責務を課すものではなく役割を果たすことであり、消費者市民社会の確立は、適切な規制や消費者教育の充実等の基盤整備を前提として実現できるものであることなどを明らかにしている。

(4) 不招請勧誘禁止の導入は、「本気度」が問われる試金石

二〇〇九年（平成二一年）七月商品取引所法が改正され、オプトインの不招請勧誘禁止が導入されることになった。改正法は、産業構造審議会商品取引所分科会報告を受けたものであるが、消費者側委員と、業界側委員との間で議論が激しくぶつかった。

そのときに、最後に発言した慶應義塾大学教授の池尾和人氏の発言で、決着がついた。

「不招請勧誘禁止を導入するかどうかは、先物市場のプロ化を本気で実現する気があるかどうかの『本気度』が問われる問題だ」との趣旨の発言であった。[35]

まさに、不招請勧誘規制の実現は、「消費者が主役」、「行政のパラダイム（価値規範）転換」、「消費者市民社会の実現」の「本気度」を問われている試金石と言わなければならない。

（1） (独)国民生活センター「不招請勧誘の制限に関する調査研究」（二〇〇七年二月）。
この調査研究は、国民生活センターで不招請勧誘の制限に関する研究会（委員長　石戸谷豊弁護士）を設置し、不招請勧誘の制限に関する考え方や実効性の確保等について検討しまとめたもの。研究会の委員は、石戸谷豊（弁護士）、後藤巻則（早稲田大学院法務研究科教授）、鈴木美雪（元日本女子大学家政学部教授）、原早苗（金融オンブズネット代表）。
調査研究のはしがきには、「不招請勧誘を制限することによって消費者トラブルを最小限に抑える効果が期待できる」、同二一九頁には、「消費者トラブルが発生する最たる要因として、消費者が希望していないにもかかわらず、事業者が訪問販売や電話勧誘等による勧誘を行うという不招請勧誘の問題がある」と指摘している。

（2） (独)国民生活センター「第三七回国民生活動向調査　訪問販売と電話による勧誘―不招請勧誘―」（二〇〇七年三月）。
これによると、この一年間に勧誘を受けた商品やサービスをみると、訪問販売は「新聞」五〇・一％、「電話やインターネット

等の通信サービス」二八・三％が上位。また、電話勧誘では「分譲マンション」五二・七％、「電話やインターネット等の通信サービス」四四・二％が上位。訪問販売には「来てほしくない」九二・七％、電話勧誘には「かけてほしくない」九一・四％。勧誘について望むことは、訪問販売については「原則禁止して消費者から依頼があった場合だけ訪問してよいようにする」五六・八％、電話勧誘についても「原則禁止して消費者から依頼があった場合だけ電話をかけてきてもよいようにする」が七二・三％。という調査結果がある。

(3)　改正の経緯は、産業構造審議会商品取引所分科会報告書（平成二一年二月二三日）参照。
改正法の概要説明は、荒井哲朗・白出博之・津谷裕貴・石戸谷豊『全訂増補版　実践　先物取引被害の救済』（平成二一年九月民事法研究会）一頁、一七頁。

(4)　商品取引所法二一四条第五号には再勧誘禁止が規定されている。先物取引被害全国研究会（代表幹事大田清則、事務局長石川真司弁護士）編集の先物取引裁判例集（現時点で五八号まで発刊）は、全国の先物取引訴訟の勝訴判決が掲載されているが、再勧誘禁止違反を認定した判決はほとんど無い。
また、日本弁護士連合会（日弁連）編『先物取引被害救済の手引（九訂版）』（平成二〇年三月、民事法研究会）二五〇頁。判例で認定された違法性を整理しているが、再勧誘禁止違反は見あたらない。

(5)　消費者庁取引・物価対策課「改正特定商取引法における再勧誘禁止規定と『訪問販売お断り』等の張り紙・シール等について」（平成二二年一二月一〇日）
消費者庁取引・物価対策課、経済産業省商務情報政策局消費経済政策課「特定商取引に関する法律の解説（平成二一年版）（商事法務）五五頁、六六二頁。

(6)　二〇一〇年三月三〇日閣議決定された消費者基本計画にも、消費者契約法の改正作業がいつから再開されるのか不明である。

(7)　アメリカ合衆国のDo Not Call Registryについて、三枝健治「電話勧誘規制―全米Do―Not―Call制度導入可能性の検討―」国民生活研究四四巻一号（二〇〇四年六月、国民生活センター）。
坂東俊矢「米国の消費者による電話勧誘拒否登録（Do―Not―Call Registry)」（第二六回近畿弁護士会連合会シンポジウム「不招請勧誘の規制と消費者取引の適正化」所収）
アンドリュー・M・パーデック「講演　アメリカ商品先物取引法の発展と法理」、先物取引被害研究第二四号（二〇〇五年四月、

先物取引被害全国研究会編）

(8) 前掲注（1）

(9) 前掲注（1）三六～五五頁、二一九頁

(10) 前掲注（1）一二頁、一八～二〇頁

(11) 前掲注（1）三一頁

(12) (独)国民生活センター編「消費生活年報二〇〇六」（二〇〇六年一〇月）、同編「消費生活年報二〇〇七」（二〇〇七年一〇月）、同編「消費生活年報二〇〇八」（二〇〇八年一〇月）、同編「消費生活年報二〇〇九」（二〇〇九年一〇月）

(13) 前掲注（12）「消費生活年報二〇〇九」三四頁

(14) 前掲注（12）「消費生活年報二〇〇六」三七頁

(15) 前掲注（12）「消費生活年報二〇〇六」九六～一〇七頁

(16) 前掲注（13）

(17) 前掲注（12）「消費生活年報二〇〇七」三五頁

(18) 前掲注（12）「消費生活年報二〇〇七」八四～一二九頁

(19) 前掲注（13）

(20) 前掲注（12）「消費生活年報二〇〇八」三五頁

(21) 前掲注（12）「消費生活年報二〇〇八」八四～一〇一頁

(22) 前掲注（13）

(23) 前掲注（12）「消費生活年報二〇〇九」三五頁

(24) 前掲注（12）「消費生活年報二〇〇九」九六～一二一頁

(25) 前掲注（3）実践五二頁、前掲注（4）『先物取引被害救済の手引き（九訂版）』一六頁、及び、平成二一年先物取引一一〇番については、「二〇〇九年先物取引一一〇番（先物取引被害全国研究会）」ホームページ、http://www.futures-zenkoku.com/110ban/110ban2009.html

(26) 前掲注（1）四～五頁

(27) 三枝、坂東・前掲注（7）
(28) 三枝、坂東・前掲注（7）
(29) 正田彬『消費者の権利　新版』（岩波新書二〇一〇年二月一九日）
(30) 前掲注（29）一一頁
(31) 前掲注（29）六三頁
(32) 平成二〇年六月一三日消費者行政推進会議の「とりまとめ」、同年六月二七日の閣議決定「消費者行政推進基本計画」
(33) 内閣府「平成二〇年版国民生活白書　消費者市民社会への展望―ゆとりと成熟した社会構築に向けて―」（平成二〇年一二月）
(34) 日本弁護士連合会　第五二回人権擁護大会「消費者被害のない安全で公正な社会を実現するための宣言」（平成二一年一一月六日開催）
(35) 産業構造審議会商品取引所分科会、第五回議事録、平成二〇年一〇月一五日

不招請勧誘規制のあり方について(下)

〔初出・国民生活研究五〇巻二号一頁〜四二頁(二〇一〇年)〕

弁護士　津　谷　裕　貴

第四　不招請勧誘規制のあり方

1　概観

(1)　本稿の目的

不招請勧誘規制は、「消費者が主役」、「行政のパラダイム(価値規範)転換」、「消費者市民社会の実現」の本気度が問われる試金石である(前号)。

本稿では、不招請勧誘規制のあり方について、積極的にこれを導入すべきという立場から、法規制のあり方について具体的に検討し、これに関連する「日本版Do Not Call Registryの導入の可否」、改正特定商取引に関する法律(以下、特定商取引法)と「訪問販売お断り」ステッカーなどについても検討しようとするものである。

(2)　「消費者主権」、「消費者の優越的地位」の確認

「消費者が主役」、「行政のパラダイム(価値規範)転換」の意味するところは、「消費者主権」と「消費者の優越的

地位」をそれぞれ確認し、これを推し進めることによって、消費者の権利を確立し、消費者被害のない公正な「消費者市民社会」を実現しようとすることにあると考えられる。

すなわち、「消費者が主役」ということは、経済的側面から「消費者主権」と言いかえることができるであろう。「行政のパラダイム（価値規範）転換」は、これまでの消費者行政が事業者の営業の自由と消費者保護をどう調整するかといった視点で行われていたが、これを転換し、事業者の営業の自由は、消費者、生活者の権利、利益を侵害しない限度で認められるものであり、事業者の営業の自由よりも消費者の権利、生活の安全、平穏を優先する行政を行うよう転換するということである。これは、消費者が、事業者に対して、「消費者・生活者の優越的地位」にあることを意味する。

消費者主権や消費者の優越的地位を確認、認識することによって、消費者の権利が確立され、消費者被害のない公正な消費者市民社会が実現されていく。

(3)　不招請勧誘と消費者の権利(36)

消費者の権利は、一九六二年ケネディ教書の消費者の四つの権利（安全を求める権利（安全）、知らされる権利（情報）、選ぶ権利（選択）、意見を聞いてもらう権利（参加））を基本として、その後一九七五年フォード大統領が教育を受ける権利を、さらには、一九七九年ＣＩ（国際消費者機構）が、生活の基本的ニーズが満たされる権利、救済を求める権利、健康な環境を求める権利を追加し、合計八つ消費者の権利が提唱され、基本的にはこれらが二〇〇四年消費者基本法にも受け継がれている。

消費者の権利について、大村敦志氏は『消費者法』で、

①生命身体及び人格を侵されない権利、

②自己の消費のあり方を自分で決める権利、
③市場・環境・人権など消費をとりまく諸問題につき関心を持つ権利、
④消費社会のあり方を考えるためにさまざまな支援を求める権利

の四つをあげる[37]。

（故）正田彬氏は『消費者の権利 新版』で、消費生活における安全・安心・自由の権利、商品・サービスを正確に表示させる権利、価格決定に参加する権利、必要な情報の提供を受ける権利の四つをあげる。なお、「生活の自由」という権利は市民の生活にとって不可欠な権利であり、市民社会における基本原則の一つであり、個人の自由の一環として確認すべきであるという[38]。

不招請勧誘は、直接的には、消費者の権利のうち、選択に関する権利の侵害という側面が強いが、要請もしない突然の電話、訪問勧誘は生活の平穏に対する侵害（正田氏によれば「生活の自由の侵害」）であり、生活の基本的ニーズに対する侵害であり、また安全、情報に関する消費者の権利の侵害という側面もある。不招請勧誘規制を実現していく過程や手続きは、意見反映、救済といった消費者の権利の行使であり、これによって、不招請勧誘のない健全な環境を求める権利を実現し、安心、安全な生活を確保するという基本的ニーズが満たされる権利を実現することである。すなわち、不招請勧誘規制を行うことは、消費者の権利を守り（安全、選択、情報、消費者の権利を行使し（参加））、消費者の権利を実現することであるといえる。

(4) 不招請勧誘規制の重点事項四点

不招請勧誘規制は、消費者の優越的地位に基づき、事業者に対して、消費者の権利を侵害することのないよう、「消費者の権利、プライバシー（私生活の平穏）を侵害するような勧誘はするな」、「呼ばなければ来るな」といった内容の規制であり、消費者の権利を擁護し、消費者市民社会を実現することを目的とする。

そこで、不招請勧誘規制の重要事項として次の四点を指摘したい。

第一に、オプトイン原則の採用。

不招請勧誘規制は、オプトインを原則とする。オプトアウトも補完的に規制する。消費者の権利、生活の自由を守るためには、オプトインを原則とする必要がある。

第二に、オプトアウトの「勧誘拒絶の意思表示」の明確化。

第三に、実効性ある規制を行うこと。

第四に、適格消費者団体による差止請求の対象にすること。

(5) 規制対象

消費者被害の相談、救済の現場にいる相談員、弁護士、関係者にとって、深刻な消費者トラブル、消費者被害の原因の一つが不招請勧誘にあり、これを規制することが、消費者被害の予防に資すると考えている[39]。

したがって、規制すべき対象として、㈱国民生活センターや各地の消費生活センターなどに寄せられているトラブルが多発している取引、今後消費者に深刻な被害を与えるおそれのある取引を中心に規制すべきである。

(6) 規制内容、法律等

規制すべき内容は、金融商品取引法、平成二一年改正前の商品取引所法や各地の消費生活条例などには既にオプトアウト（再勧誘禁止など）の不招請勧誘禁止規定があるが、これではトラブル防止に不十分であるから、オプトインの不招請勧誘規制を行うべきである。

実効性をあらしめるために、違反に対しては、契約の無効、取消、損害賠償などの民事効、業務改善命令、停止などの行政処分や罰則も検討すべきである。

オプトイン、民事効、行政処分、罰則のある不招請勧誘規制は、消費者契約全般に適用すべきである。そのためには消費者契約法を改正しこれらが可能となるような法律にすべきであると考えられる。これに対しては、同法は民事ルールであって、業法ではないので、行政処分は困難であろうし、また罰則も限定されているので、同法の改正には限界があるとの反論が予想される。しかしながら、消費者契約法は、二〇〇六年法改正により適格消費者団体による差止請求が認められてから、法的性格は変化しており、二〇〇九年改正では消費者庁が設置され、消費者契約法が消費者庁の所管になったことから、今後さらに、消費者契約法は改めて根本的に見直すことも検討されるべきであり、不招請勧誘について、前記規制が可能となるような抜本的改正を検討すべきである。

ところで、消費者契約法改正によっても、同法による不招請勧誘規制は、せいぜい民事ルール導入に止まるとすれば、関連する業法改正等によって、違反に対する行政処分や罰則等を検討すべきである。

ここで問題となる業法は、特定商取引法、金融商品取引法、金融商品販売法、銀行法、保険業法等である。

また、法律だけでなく、消費生活条例等の改正も視野に入れるべきである。

(7) 不招請勧誘規制実現へのプロセス

これをどうやって実現すべきか。

一気に実現するのは、現実問題として容易ではないし、不招請勧誘規制については十分理解されていないところがあり誤解を招く恐れもある。(40)

すなわち、不招請勧誘規制によって営業が制限され、これまで不招請勧誘を行ってきた業界は混乱に陥るといった趣旨の誤解である。

そこで、ステップを踏んで実現していくのが現実的であろう。具体的には、電話勧誘規制については、米国、カナダ、オーストラリア、ブラジルなどで導入されているDo Not Call Registry（電話勧誘拒否登録制度）の導入、訪問販売規制では実効性ある「訪問販売お断り」ステッカー制度の導入、法改正もまずは個別業法から徐々に行うこととし、例えば特定商取引法、金融商品取引法、金融商品販売法などの改正を行い、さらには、自治体の消費生活条例を改正しオプトイン規制を導入するなどやれるところから実現していくという方法も検討すべきである。

(8)　事業者間取引と不招請勧誘規制

ところで、不招請勧誘規制は、消費者契約に限定すべきか、事業者間取引にも適用すべきか。不招請勧誘規制は、消費者のためだけではなく、公正な取引を確保、実現するためにも必要であるとすれば、事業者間取引でも否定すべき理由はない。

そうすると、不招請勧誘規制は、民法改正をして、民法に一般的規定を置いても良いし（この場合は、オプトイン規定と民事効だけであろう）、また、独占禁止法等の運用等を検討しても良いであろう。

以上が、本稿の概観である。

以下、これらのなかの特に重要な点について、さらに検討してみたい。

2　オプトイン原則

（故）正田氏の、『消費者の権利　新版』によると、

①事業者は、消費者の権利を侵害しない範囲で事業活動を行うべき、

②不招請勧誘は消費者の生活の権利の侵害、

③「呼ばなければ来るな」

ということであった。

また、不招請勧誘規制のあり方については、「けっして、人間の権利と事業者の権利をどう調整するか、どう折り合いをつけるかという発想であってはならない」という。(41)

①は、消費者の優越的地位といっていいだろう。②③は、簡潔明瞭。

正田氏の、「呼ばなければ来るな」という原則からすれば、不招請勧誘規制は、すべてオプトインということになるのであろう。

正田氏の意見には、大いに勇気づけられる。筆者なりに、オプトイン原則の理由を検討してみる。

(1) オプトイン原則の根拠

不招請勧誘規制のあり方は、法律解釈論だけでなく立法論、政策論であり、これは経済政策、社会政策、福祉政策にも関わり、様々な世界観、価値観によって、伝統や文化的な側面を見定めて検討されるべきものなのであろう。

筆者が不招請勧誘規制についてオプトイン原則を主張するのは、

① 端的に言えば、オプトアウトでは、消費者被害、トラブルは防止できないか、あるいは極めて不十分であるからである。

不招請勧誘による深刻な消費者被害が続き、これらによる商品、役務、権利は、オプトアウトでは、消費者被害の予防は実現できないといってもいい。

商品先物取引では、平成一六年の法改正によって勧誘受諾意思確認義務、再勧誘禁止義務が新設されたが、先物取引被害は減少せず、平成二一年商品取引所法改正によってオプトインの不招請勧誘禁止が導入された。具体的な規制対象となるのは、政令指定されてからであるが、オプトインが導入されたと言うだけで、業者の廃業、転業が相次ぎ、消費者被害、トラブルは減少したのである。オプトインの影響力の大きさを知ることができる。

② 逆に、オプトインを導入することは、一時的に悪質な業者の廃業、倒産があるものの、すぐに、まじめな業者によって市場が拡大するということである。その例が、外国為替証拠金取引である。(42)

オプトインは、業者にとっても消費者にとっても、良い結果をもたらす、ウィン・ウィンをもたらす。

③ 消費者は、オプトインを望んでいるといえる。

(イ) 国民生活センター二〇〇七年三月二二日「国民生活動向調査(43)」の結果

「訪問販売に来て欲しくない」が九二・七％。「電話勧誘をして欲しくない」が九一・四％。「訪問販売は原則として禁止すべき」が五六・八％、「電話勧誘は原則禁止」が七二・八％となっている。

(ロ) 北海道環境生活部生活局暮らしの安全課、「不招請勧誘や消費者の意に反する勧誘に関する意識調査」では、消費者からの要請のない電話、訪問勧誘は、「全体禁止すべき」と「行わないよう配慮して欲しい」を合わせると七割を超えている。

④ オプトインは社会の常識にかなうこと

他人の家のドアを断りもなく勝手に開けて入ることは許されない。他人の家を訪問する場合は、予めアポイントをとってから訪問する。アポイントなしであっても少なくとも、いきなりドアを開けることはせず、用件、目的を告げ、家人の許可を得てはじめて家に入ることができるし、断られたら、家にはいることは許されない。

特に、マンション、アパートでは、ほとんどすべての部屋のドアには鍵がかけられている。鍵を開けてもらわなければ部屋に入ることはできない。

勧誘の場合も同様であろう。本来、消費者の要請や、許可を得ないで、自宅や職場に訪問して勧誘することは許されることではないのである。

オプトインは、社会生活上、普通に行われていることであって、何ら特別なことではない、常識にかなった規制と言わなければならない。

断られたら、部屋に入ることができないというのは当然のことであり、オプトアウトはあまりにも当然のことである。

オプトイン原則は、社会の礼儀、常識にかなっているのではないかと思う。

⑤ 事業者には自らの営業の権利、自由を守るために、消費者の生活、プライバシー、職場等に立ち入り、侵害することは許されない。(44)

消費者の権利は、日本国憲法の精神、解釈からすれば、個人の尊厳、個人主義が最優先すべき価値、守らなければいけない権利であり、個人の生活、プライバシーは正にその基本となる権利である。

これに対して、事業者の営業の自由、勧誘の自由などの経済的自由は、憲法上「公共の福祉」などによる制限を受けることが予定された権利である。

この点については、次のような最高裁判決(45)があり、参考にすべきである。

事案は、「自衛隊イラク派兵反対」のビラを防衛庁立川宿舎各室玄関ドア新聞受けに投函し、居住者の承諾を得ないで立ち入ったことについて、住居侵入罪で起訴された刑事事件。

最高裁判決は、「たとえ表現の自由の行使のためとはいっても、このような場所に管理権者の意思に反して立ち入ることは、管理権者の管理権を侵害するのみならず、そこで私的生活を営むものの私生活の平穏を侵害するものといわざるを得ない。したがって、刑法一三〇条前段の罪に問うことは憲法二一条一項に違反するものではない」という。

この判決は、いろいろ問題がある。しかしながら、不招請勧誘との関係では、少なくとも、表現の自由よりも重要性は低いと思われる営業の自由について、「事業者の営業の自由があるからといって、消費者の私的生活を営む住居に、立ち入ることは私生活の平穏を侵害し、許されない」といえるわけであり、この点では最高裁判決は不招請勧誘規制の根拠として参考にできる判決である。

⑥ 不招請勧誘を認める社会的必要性は、当該不招請勧誘を行っている業者以外に見あたらず、逆に、これによる消費者被害を予防する必要は高い。

不招請勧誘による被害実態をみると(46)、このような事業者が販売、提供しようとする商品、役務、権利は、消費者にとって不必要なものであり、劣悪なもの、少なくとも価格に見合わないことが多く、投資取引などは実質詐欺的なものが横行し、かつ被害も多額であり、このような被害を防止することは社会政策、公正な市場確保の観点からも必要である。

⑦ 不招請勧誘を行っている事業者は、これを行わない事業に対する競争を阻害するものであることなどから、不招請勧誘規制を行われて不利益と感じるのは、当該事業者だけであり、それ以外の消費者、事業者にとっては公正な取引、市場が確保され、国や自治体にとってもはるかに利益になるものと考えられる。

⑧ オプトインによる勧誘規制を行っても、営業自体を禁止するものではないこと。

(2) オプトインの例外について

① 消費者が勧誘を要請した場合は、オプトインの性格上当然除外される。

ここでいう要請は、「勧誘」の要請であり、単なる問い合わせ、パンフレットなどの取り寄せ希望は、「勧誘の要請」には当たらない。

② また、訪問販売、電話勧誘販売による販売が、伝統的（置き薬）、日常的（ご用聞き）、少額（三〇〇〇円未満）、仲間内（生協や農協、労働組合が組合員に販売）、国、地方自治体が行う契約、これまで苦情のあまりない取引であってオプトイン規制を行うとかえって混乱を招くような契約（基準は、例えば国民生活センターのPIO-NETに過去二〇年間に二〇件以上の苦情がなかった取引等）の勧誘については、例外とすべきである。

③ 例外については、特定商取引法二六条が参考になるが、これは特定商取引法についての除外規定であり、最近多発している未公開株取引など金融商品や、商品先物取引などが除外され、また銀行の窓口での個人年金販売などPIO-NETの苦情件数が多くても除外されているので、被害実態を見ながら、例外を政令指定するといった規制の仕方が相当である。

(3) オプトアウト

オプトインとオプトアウトは矛盾するものではない。オプトインの勧誘規制を行っても、オプトアウトの規制も行うことも可能である。

実際に、金融商品取引法三八条では、第四号にオプトインの不招請勧誘禁止、五号は勧誘受諾意思確認義務、六号に再勧誘禁止が規定されているし、平成二一年改正商品先物取引法にも、二一四条第五号は再勧誘禁止、七号には勧誘受諾意思確認義務、九号にはオプトインの不招請勧誘禁止が規定されている。

オプトアウトの「勧誘拒否の意思表示」は、勧誘を受けた後だけでなく、事前にも行えるようにすべきである。すなわち、勧誘一切お断りという意思は尊重すべきである。例えば、玄関に「訪問販売お断り」のステッカーを貼ったり、米国などで実施されているDo Not Call Registry（電話勧誘拒否登録制度。電話勧誘を望まない人は事前に登録すると、電話勧誘は禁止される）などが日本で導入されることになった場合は、それぞれ、訪問販売、電話勧誘販売は原則として禁止（例外は要請があった場合等）されるべきである。

詳細は、後記の通りである。

3　規制対象

(1)　オプトイン規制の対象とすべき商品、役務、権利

不招請勧誘規制は、原則として、消費者契約について、包括的、横断的に勧誘規制すべきであり、すべての商品、役務、権利の販売、提供、契約等についてオプトインとすべきである。したがって、投資取引であれば、金融デリバティブ、商品デリバティブのすべて、また登録、無登録も問わない。銀行、生命保険、損害保険もオプトインを認めるべきであり、新聞の勧誘、投資型マンションの販売などの不動産や、自動車についても認めるべきである。

これまでの、不招請勧誘による消費者被害を例にとると、次のような取引は、オプトインの規制対象とすべきである。

①　国民生活センターの「不招請勧誘の制限に関する調査研究」（二〇〇七年二月）[47]で紹介されていた、

(イ)　訪問販売で被害が多かった「ふとん類」、「新聞」、「アクセサリー」、「浄水器」、「リフォーム関連工事」、「商品先物取引などの商品相場」。

(ロ)　電話勧誘販売で被害が多かった、「資格講座」、「教養娯楽教材」、「サラ金・フリーローン」、「電話関連サービス」、「商品相場」、「分譲マンション」、「未公開株」。

(ハ)　金融分野では、「生命保険」、「商品相場」、「公社債・株・投資信託」、「預貯金」、「損害保険」、「為替相場」。

② 二〇〇六年度以降の最近の被害（国民生活センター各年の「消費生活年報」より）[48]

二〇〇六年度〜二〇〇八年度の被害の多かった上位商品・サービスは、

(イ)　訪問販売では、各年とも共通の上位は、「新聞」、「ふとん類」、「リースサービス」、「浄水器」であり、その他に二〇〇六年度は「アクセサリー」、二〇〇七年度は「補習用教材」、二〇〇八年度は「生命保険」が上位五位に入っている。

(ロ)　電話勧誘販売では、「教養娯楽教材」、「サラ金・フリーローン」、「資格講座」、「商品一般」が各年とも共通であり、その他に二〇〇六年度と二〇〇七年度は「電話関連サービス」、二〇〇八年度は「分譲マンション」である。

(ハ)　さらに、不招請勧誘に関連するものなどをみると、[49]

二〇〇六年度の、「未公開株」、「海外商品先物取引、海外商品先物オプション取引」。

二〇〇七年度の、「自費出版に関する相談」（電話勧誘など）、「次々販売のトラブル—クレジットを利用した相談」、「怪しい『出資』の被害」、「生命保険の販売トラブル」。

二〇〇八年度の、「マンションの悪質な勧誘販売」、「電気温水器の訪問販売」、「マルチ商法型出資勧誘トラブル」、「判断力が不十分な消費者に係る契約トラブル」、などである。

4　実効性確保

不招請勧誘規制の実効性を確保するためには、違反に対して、民事効（クーリング・オフ、無効又は取消、損害賠償）、行政処分（例えば、指示、業務停止、登録、許可取消など）、罰則などを検討すべきである。

不招請勧誘規制違反に対して、これらの制裁（民事効、行政処分、罰則）を設けることについて、行政処分については異論が無いであろうが、民事効、罰則については慎重論が予想される。

(1) 民事効

① クーリング・オフ

特定商取引法には、訪問販売、電話勧誘販売、連鎖販売取引、特定継続的役務提供、業務提供誘引販売取引などについて期間のちがいがあるにせよクーリング・オフの適用がある。通信販売についても、平成二一年特定商取引法改正によって、広告に返品特約の有無やその内容表示が無い限り八日間の解約返品制度が認められ、クーリング・オフ類似の制度が導入された。

したがって、特定商取引法の適用のある取引について、不招請勧誘規制違反のクーリング・オフを検討する実益は乏しいが、同法の適用のない取引（未公開株取引、先物、証券などの投資型取引や、銀行、生命保険、損害保険などの取引）について、不招請勧誘規制違反に対してクーリング・オフを認めるかどうか検討する実益がある。

クーリング・オフが採用されているのは、特定商取引法の他に、割賦販売法（三五条の三の一〇及び一一）、宅地建物取引業法（三七条の二）、特定商品等の預託等取引契約に関する法律（特定商品預託法）（八条）、金融商品取引法（三七条の六）、ゴルフ場等に係る会員契約の適正化に関する法律（ゴルフ会員契約等適正化法）（一二条）、不動産特定共同事業法（二六条）、保険業法（三〇九条）、特定債権等に係る事業の規制に関する法律（特定債権事業規制法）（五九条）、旧海外商品市場における先物取引の受託等に関する法律（海外先物規制法）（八条）などがあるが、必ずしも不意打ち的な取引に限定されているわけではないのであり、要は、必要性、相当性が認められるかであろう。

不招請勧誘規制の規制対象として、これら投資型取引、銀行、保険等も加えるべきであり、違反に対しては、クーリング・オフを認めるべきである。

② 無効、取消等

民法以外に、契約の無効、意思表示の取消を認める法律として、消費者契約法、特定商取引法などがある。

消費者契約法は、事業者が、消費者に対して、誤認類型(四条一項一号が不実告知、同項二号が断定的判断の提供、四条二項が不利益事実の不告知)、困惑類型(四条三項一号が不退去、同項二号が監禁)の行為を行って、契約を締結した場合、消費者は意思表示を取り消すことができる。また、消費者にとって不当な条項の場合、損害賠償責任の免除(八条)、損害賠償額の予定等(九条)、消費者の利益を一方的に害する条項(一〇条)について、契約を無効としている。

特定商取引法は、クーリング・オフ以外にも、不実告知等の取消権(九条の三、二四条の二、四〇条の三、四九条の二、五八条の二)、通信販売の解除権(一五条の二)、過量販売解除権(九条の二)、中途解約権(四〇条の二、四条)、損害賠償額の制限(一〇条、二五条、四〇条の二、四九条、五八条の三)などがある。

不招請勧誘規制の根拠、性格をどう見るかによるが、不招請勧誘は、消費者契約法や特定商取引法の誤認類型、困惑類型の前段階、同一線上にあるから、違反に対しては取消を認めるべきである。

また、無許可、無登録業者が不招請勧誘を行った場合などは、それ自体効力を認める必要はないから、無効とすべきである。

さらには、不招請勧誘規制の根拠として、公正な取引ルールや公正な市場を確保する目的もあるとすれば、無効、取消とは別に、不招請勧誘取消権、解除権といった新たな権利を検討しても良いのではないだろうか。

③ 損害賠償

金融商品販売法は、事業者に、説明義務違反（三条一項）、断定的判断の提供（四条）、があった場合に、損害賠償義務を規定している（五条）。

断定的判断の提供、説明義務違反は、勧誘後のことについてであるが、これらは、不招請勧誘の後に問題になることが少なくなく、これらの延長線上にある。

したがって、不招請勧誘規制違反に対しては、損害賠償を認めるべきである。

(2)　**行政処分**

特定商取引法など多くの消費者法は業法が多く、そこでは、行為規制違反は、行政処分等の対象になっており、不招請勧誘規制も行為規制であり、これに対する違反は、行政処分の対象とすべきである。

例えば、特定商取引法三条の二第二項（オプトアウト規制）違反については、同法七条の指示、同法八条の一年以内の業務停止等がある。八条一項の業務停止違反は、七〇条の二で二年以下の懲役又は三〇〇万円以下の罰金又は併科となっているし、七条の指示違反は一〇〇万円以下の罰金となっている（七二条）。

(3)　**罰則**

不招請勧誘規制違反に、罰則を認めるべきか。刑罰の謙抑性、刑罰は最後の手段というべきであるが、判例を見ると、不招請勧誘規制違反に対しては、罰則も認めるべきである。

前記最高裁判決(50)の、「たとえ表現の自由の行使のためとはいっても、このような場所に管理権者の意思に反して立ち入ることは、管理権者の管理権を侵害するのみならず、そこで私的生活を営むものの私生活の平穏を侵害するものといわざるを得ない。したがって、刑法一三〇条前段の罪に問うことは憲法二一条一項に違反するものではない」との判示は、不招請勧誘禁止違反と罰則の関係でも参考になると言わなければならない。

前記の通り、現行法でも、特定商取引法等では、同法三条の二第二項のオプトアウトの不招請勧誘違反に対しては、同法七条の指示、同法八条の業務停止命令の行政処分の対象になり、これら行政処分等違反に対しては、同法七二条(指示違反)、七〇条の二(業務停止違反)で罰則があるから、不招請勧誘禁止に対しては、指示、業務停止命令を介して間接的に罰則が設けられている。

5 不招請勧誘規制を必要とする法律[51]

(1) 新法制定

不招請勧誘規制の法規制のあり方は如何にあるべきか。どの法律で、どのような内容の規制をすべきか。

本来は、不招請勧誘規制は、包括的、横断的に行うべきであって、例えば、「不招請勧誘規制法」又は「勧誘適正化法」といった新法を制定するのが望ましい。

消費者法のなかには、一つの法律の中に行政ルール、民事ルール、市場ルール、あるいは、業法、実体法、手続法といった、さまざまな性格の内容が存在している。

不招請勧誘規制は、消費者と事業者との消費者契約の勧誘に関する一般的ルールであるから、少なくとも、消費者契約法に、前記内容の規制が盛り込まれることが望ましい。

しかしながら、消費者契約法は、限られた民事ルールと適格消費者団体に関する規定であり、他の規定とのバランスを考えると、民事ルールとしてのクーリング・オフ、損害賠償の規定はなく、無効、取消についても限定されており、行政処分としての処分庁の問題、罰則についても誤認類型、困惑類型などに罰則がないこととのバランスなどを考えると、消費者契約法に入れるとなると、抜本的改正が必要となる。

そこで、勧誘規制について、不招請勧誘規制を中心とした包括的、横断的な「不招請勧誘規制法」「勧誘適正化法」のような新法制定を検討すべきである。

とはいうものの、新法が無理であれば、既存の法改正ということも検討する必要がある。

(2)　消費者契約法

①　前記のとおり、消費者契約法は、消費者契約の包括的、一般法であり、基本的には、誤認類型、困惑類型に取消を認め、不当条項を無効とする、もともとの本質は民事ルールであり、平成一八年改正法によって、適格消費者団体の差止請求に関する手続法的性質も加味された。

不招請勧誘規制は消費者契約一般のルールであり、不招請勧誘規制はオプトインを原則とすべきであるとすれば、何よりもまず、消費者契約法改正が検討されるべきである。[52]

政府も、消費者契約法改正で、不招請勧誘規制を検討することになっていた。[53]

消費者契約法改正によって、不招請勧誘規制の内容のどこまで同法に盛り込むべきかは、同法の性質（本質は民事ルール）性格を考慮しながら検討すべきであろう。[54]

筆者は、消費者契約法については、不招請勧誘規制を含め、実体法改正し、実効性ある規制にするために、民事効、刑事罰、行政処分、及び適格消費者団体の差止請求の対象になるよう同法を抜本的に改正すべきであると考える。[55]

②　オプトインの例外

前記の通り、消費者からの要請又は承諾があった場合と、不招請勧誘規制をするまでもない契約などを規定する。その際に、除外される契約について、政令（内閣府令）で定めるといった、政令指定制にする。

③　オプトアウトについて

オプトインとオプトアウトは両立するから（勧誘の要請はしたが、勧誘を受けたらこれ以上勧誘を受けたくないと拒否したいなど）、オプトアウトも規定する。

④　実効性確保

不招請勧誘規制を実効性あるものにするためには、民事ルールを導入する必要がある。

この場合は、取消、無効、損害賠償が考えられる。

原則として、取消と損害賠償とし、無登録業者による未公開株や社債の販売などは、そのような取引自体が公序良俗違反というべきであるから、無効とすべきである。

⑤　差止請求

不招請勧誘規制を消費者契約法で規制するという実益は、これに対して適格消費者団体の差止請求の対象にすることを可能にすることにある。

不招請勧誘に対する適格消費者団体の差止請求訴訟だけでなく、より広く、集団的消費者被害救済訴訟との関係でもその対象として検討するといった実益もある。

(3)　特定商取引法(56)

①　消費者契約法は、消費者契約に関する包括的に民事ルール（取消、無効）を定めるので、特定商取引法で対象となる取引は消費者契約法の適用があるので不招請勧誘規制を特定商取引法で規定する実益はなさそうに見える。

しかしながら、特定商取引法の場合、消費者契約法にないルールとして、民事ルールではクーリング・オフ（九条、九条の二）、不実告知の取消等（六条、六条の二）、損害賠償等の額の制限（一〇条）があり、業者ルールとしての、行政指示（七条）、行政処分（八条）、罰則（第七章）がある。消費者契約法でオプトインや実効性ある規定が盛り込まれなかった場合などを考慮に入れ、一定の契約について、特定商取引法で改めてオプトイン規制や実効性確保の規定を復活させることが可能となるなど、同法で不招請勧誘規制に関する規定を設ける実益がある。

すなわち、消費者契約法は、消費者契約一般に関するルールであり、そこに不招請勧誘規制を設けるとしても、オプトインを原則とするというのはそれなりの抵抗が予想される。これに対して、特定商取引法は、もともと訪問販売や電話勧誘販売などの不意打ち、攻撃的な契約類型や、消費者トラブルが多い、通信販売、特定継続的役務提供等の一定の契約類型について規制するものであり、不招請勧誘規制については、すべてではないにしても代表的な訪問販売等について、オプトアウトの規制が行われていることから、更にこれを進め、オプトインの不招請勧誘規制を行うことは現実味を帯びてくる。

不招請勧誘規制、オプトイン原則は、特定商取引法については、早期に法改正をして、導入すべきである。

② オプトイン原則

訪問販売（第二章第二節）、電話勧誘販売（第二章第三節）は、不招請勧誘の代表例であり、オプトイン規制を導入すべきである。

通信販売（第二章第三節一一条以下）について、これは不招請勧誘の問題としては、勧誘方法として、電子メール、ダイレクトメール、ファクシミリなどが考えられる。

ファクシミリは、消費者の紙を消費させるものであり、電子メールはウィルス等の危険がありまた重いメールは迷惑である。通信販売もオプトイン規制を導入すべきである。

連鎖販売取引（第三章三三条以下）には、勧誘を前提とし、不実告知（三四条）等の規制がある。オプトインを否定する理由はない。

特定継続的役務提供取引（第四章四一条以下）についても、業務提供誘引販売（第五章五一条以下）についても、オプトインを否定する理由はない。

特定商取引法の適用除外をどうすべきか。業種では、銀行、保険、先物取引がある。

そもそも、これらについて適用除外にすべきかどうか問題である。適用除外にする理由はなく、これについて、特定商取引法の適用を認めるべきである。

③　罰則

特定商取引法三条の二第二項のオプトアウトの不招請勧誘違反に対しては、同法七条の指示、八条の業務停止命令の対象になり、それぞれの違反に対しては、同法七二条、七〇条の二で罰則が科せられている。特定商取引法三条の二第二項違反に対して直接的に罰則が科せられているわけではない。

しかしながら、実効性を確保するためには、不招請勧誘違反に対しては罰則を科すべきであり、オプトイン、オプトアウトいずれも罰則の対象とすべきである。

④　適格消費者団体の差止請求訴訟

特定商取引法第五章の二では、消費者契約法二条四項の適格消費者団体に対して、特定商取引法の不実告知、故意の不告知、威迫困惑行為に対して差止請求の対象としているが（五八条の四以下）、特定商取引法三条の二第二項のオプトアウトについては、その対象となっていない。

しかしながら、不招請勧誘規制は、適格消費者団体の差止請求にふさわしいものであり、その対象にすべきである。

(4)　金融商品取引法

①　金融商品取引について、その勧誘については、原則としてオプトインの不招請勧誘規制を認めるべきであり、実

際に金融商品取引法三八条四号には規定があるが、政令指定制がとられ、また、対象が訪問と電話だけであるからこれに電子メールとファクシミリを追加すべきであり、その旨法改正すべきである。

② 違反には、取消、無効、損害賠償、必要な措置指示、行政処分、罰則を設けるべきである。

③ 特に、現在被害が多発している無登録業者による未公開株、社債の勧誘販売などは、公序良俗違反で無効というべきであるが、無登録業者にも金融商品取引法が適用されるよう、同法を改正し、オプトインの不招請勧誘規制を及ぼすことにより、早期に被害救済に資する。[57]

(5) 金融商品販売法

現在の金融商品販売法は、金融商品の販売について、説明義務違反と断定的判断の提供禁止義務違反について、損害賠償を認めている。

同法は銀行や、保険業など金融商品取引法や特定商取引法の対象外の金融商品取引について適用があることに意味があるが、銀行、保険などについても不招請勧誘に関する深刻なトラブルがあり、[58]今後さらにトラブルが増加するおそれもあることから、同法を改正し、オプトインの不招請勧誘規制を導入すべきである。[59]

(6) 銀行法、保険業法

銀行や、保険についても不招請勧誘規制が必要であり、消費者契約法、特定商取引法、金融商品取引法、金融商品販売法などの改正によってこれらについても適用することは可能であるが、これらの法規制で漏れている部分があれば、銀行法、保険業法を改正し、オプトインの不招請勧誘規制を設けるべきである。

(7) その他の法律

ところで、不招請勧誘規制は、消費者契約に限定すべきか、事業者間取引にも適用すべきか。

不招請勧誘規制は、消費者のためだけではなく、公正な取引を確保、実現するためにも必要であるとすれば、事業者間取引でも否定すべき理由はない。そうすると、不招請勧誘規制は、民法改正をして、民法に一般的規定を置いても良いし（この場合は、オプトインかオプトアウトと民事効だけであろう）、また、独占禁止法等を活用又は規定することも検討してもいいのではないか。

① 民法改正

現在行われている、民法、債権法改正問題で、民法と消費者契約法の関係が重要な論点になっているが、不招請勧誘規制についてまだ議論をされているわけではない。

今後、消費者法における、不招請勧誘規制は重要なテーマであり、民法改正議論のなかで取りあげるべきでないか。

② 独占禁止法（独禁法）関連

不招請勧誘は、消費者被害を引き起こす大きな原因の一つとなっており、これを行われた消費者は被害を受け、事業者は一時的に不当な利益を得るが、それが社会問題になると、事業そのものの信用を失い、本来、不招請勧誘を行わないまじめな事業者が契約や取引を獲得できる可能性のあったものを不招請勧誘業者に横取りにされ、これによって事業全体の信用を失ってしまうなど、善良な事業者にとっても、市場にとっても大きな損失となる。

不招請勧誘行為は、独占禁止法の「公正且つ自由な競争」を阻害するものであって、「不公正な取引方法」（独禁法二条九項、一九条）の、「欺瞞的顧客誘引」（一般指定八項）、「不当な利益による顧客誘引」（一般指定九項）といえるのではないか。

不招請勧誘については、不公正な取引方法というべきであり、これが既存の一般指定類型にあたればそれを活用し、あたらないのであれば新たに一般指定を追加するなどし、独占禁止法の活用も検討すべきである。

③　不当景品類及び不当表示防止法（景品表示法）

景品表示法は、消費者庁ができて、消費者庁の所管に変わった。消費者法という位置づけがはっきりしたわけである。

今後、不招請勧誘規制について、景品表示法を活用できないか、法改正を含め検討すべきでないか。

6　消費生活条例(60)

(1)　各地の消費生活条例と不招請勧誘規制

相当数の自治体の消費生活条例には、オプトアウトの不招請勧誘規制がある。

国民生活センター「不招請勧誘の制限に関する調査研究」には、二〇〇六年一〇月末現在の、「全国の消費生活条例における『契約を締結する意思がない旨を示している』『拒絶の意思を示している』消費者への勧誘を禁止する規定」を紹介している(61)。

これまでの条例を次に紹介する。

①　群馬県　群馬県消費生活条例（平成一八年七月一日施行）

群馬県では、不当な取引方法として、条例一六条第一項に基づく条例施行規則第一条の二第一項、別表第一の二四、二五によると、規定上は、二四はオプトアウト、二五はオプトインに読める。

すなわち、別表第一の二四は、「商品の販売等に関して、消費者が希望しない旨の意思表示をする機会を与えず、電気通信手段を介して一方的に広告宣伝等を反復して行うことにより、契約の締結を勧誘し、又は契約を締結させること。」となっている。

また別表第一の二五は、「商品の販売等に関して、消費者からの要請がないにもかかわらず、住居又は業務を行っている場所に電話をし、物品を送付し、又は訪問して、契約の締結を勧誘し、又は契約を締結させること。」となっている。これについて、群馬県では、これはオプトインではなく、オプトアウトであるという説明を行っている。(62)

② 秋田県　秋田県民の消費生活の安定及び向上に関する条例（平成一七年四月一日改正）

この条例では、オプトアウトの不招請勧誘規制を示す内容が本文に規定されているが（一五条の二）、具体的な内容は知事が不当な取引方法として指定することになっており、それを受けた知事指定一—二〇には表題に「不招請再勧誘」と言う文字を使い、その内容は「商品又は役務の提供について、消費者が取引をしない旨の意思を表示したにもかかわらず、引き続き電話をかけ、又は訪問等をすることにより消費者を誘引すること。」というように「訪問等」となっている。また次の知事指定一—二一では表題は「その他の不当な方法による勧誘」となっていて、内容は「前各号に掲げるもののほか、契約の勧誘に際し不当な方法を用いること。」となっているので、これらの解釈によっては、オプトインの不招請勧誘の規制も可能となっている。

③ 京都府京都市　京都市消費生活条例（平成一七年一〇月一日施行）

京都市でも、「不招請執よう勧誘（消費者の意に反して、契約の締結の勧誘を執拗に行うことをいう）」と条例本文に不招請という文字を使っている。なお、ここでいう不招請は、消費者の意に反してとあるので、オプトアウト型を想定しており、執拗な勧誘規制に重点が置かれているようである。

このように、これまでの消費生活条例ではオプトインに見える規定はあるものの、自治体はこれを否定するなど、言わば自他共に認めるオプトインの不招請勧誘規制はなかった。

しかし、最近の消費生活条例には不招請勧誘規制等について、オプトイン導入、「勧誘お断り」ステッカー、行政処分、罰則規定などについて、変化が見られる。

(2)　二〇〇六年以降の注目すべき消費生活条例と不招請勧誘規制

①　北海道　北海道消費生活条例（平成二一年一〇月一六日改正）

まず、条例一六条一項一号で、不当な取引方法を禁止し、規則で「不当な取引方法」を定めるとし、規則第三条の二では、条例一六条一項の不当な取引方法は別表で定めるとし、別表の一(1)ないし(3)で不招請勧誘規制を定め、(2)、(3)は規定の仕方としては、オプトインというべき注目すべきものとなっている。また、別表の四(7)では、オプトアウトの規定もある。

すなわち、条例第一六条は、事業者は、消費者との間で行う取引に関し、次の各号のいずれかに該当する行為であって規則で定めるもの（以下「不当な取引方法」という。）を行ってはならないと規定し、同条第一項は、消費者に対し、契約の勧誘の意図を示さずに接近して、又は消費者を訪問し、若しくは電話機、ファクシミリ装置その他の通信機器若しくは情報処理の用に供する機器を利用することにより、消費者の意に反して、若しくは消費者に勧誘を拒絶する意思表示の機会を与えずに、契約の締結を勧誘し、又は契約を締結させること、とある。

規則第三条の二（不当な取引方法）は、条例第一六条第一項に規定する規則で定める不当な取引方法は、別表のとおりとするとあり、別表（第三条の二関係）は、次のようになっている。

> 条例第一六条第一項第一号の規定に該当する不当な取引方法として、
>
> (2)　消費者が依頼又は承諾をしていないにもかかわらず、消費者の住居若しくは業務を行っている場所（以下「住居等」という。）を訪問し、又は住居等に電話をかけることにより、消費者の意に反して、又は消費者に対し勧誘を拒絶する意思表示の機会を与えずに、契約の締結を勧誘し、又は契約を締結させること。

(3) 消費者が依頼又は承諾をしていないにもかかわらず、ファクシミリ装置その他の通信機器又は情報処理の用に供する機器を利用して、契約の勧誘に係る表示を送信することにより、消費者の意に反して、契約の締結を勧誘し、又は契約を締結させること。

(2)、(3)は、規定上は、不招請勧誘規制、しかもオプトインを規定した内容というべきである。

この点について、筆者が担当者に問い合わせたところ、(2)は消費者の意に反する勧誘を禁止したものであるが(前記群馬県条例と同様に、規定上はオプトインであるが、実質はオプトアウトであるという群馬県の説明と類似している)、(3)は、オプトアウトであるとの回答であった。すなわち、電話、訪問は、オプトアウトであるが、電子メール、ファックスについては、オプトインの不招請勧誘規制であるというのが担当者の回答であった。

しかしながら、北海道が公表している、不当な取引方法逐条解説を見ると、(2)、(3)ともにオプトインを規定したものと解される(63)。

すなわち、北海道の不当な取引方法逐条解説六頁には、関係法令として、特定商取引法三条の二第二項と、金融商品取引法三八条三号を挙げているが、前者はオプトアウトであるが、後者はオプトインの規定であり、(2)も(3)も金融商品取引法三八条三号の規定の仕方であるから、解釈上は、北海道条例はオプトインを規制したものと見るのが素直であろう。

② 東京都　東京都消費生活条例（平成一八年一二月二二日改正、一九年七月一日施行）

条例二五条一項一号に基づく規則で定める不適正な取引行為（五条の二）は、オプトアウトの不招請勧誘であり、一号は、訪問、二号は、電話、ファクシミリ、電子メール等の広告宣伝等による勧誘である。

条例二五条一項の不適正な取引行為に対して、調査（二六条）、情報提供（二七条）、立入検査（四六条）、指導勧告

（四八条）、公表（五〇条）ができる。

東京都の条例は、二五条の二で「重大不適正取引行為」（不実告知、重要事項不告知、威迫困惑）を規定し、これについては、禁止命令（五一条）、罰則（五四条、五五条、罰金五万円、三万円）までも規定し、消費生活条例で禁止命令と罰則を規定した初めての条例として注目すべき内容である。

ただし、不招請勧誘は、「重大不適正取引」の対象になっていない。

③　熊本県　熊本県消費生活条例（平成二〇年七月一日施行）[64]

不招請勧誘規制について、オプトアウトであるが（二六条、規則⒀）、不当取引については、調査（二七条）、中止勧告（二八条）、情報提供（二九条）などの対象になっているなど実効性確保の点から参考になる内容が盛り込まれている。

④　徳島県　徳島県消費者の利益の擁護及び増進のための基本政策に関する条例（平成二二年二月一日施行）

徳島県の条例は、「重大不適正取引行為」（東京都の重大不適正取引行為と同趣旨）を新設し、これに対しては、禁止命令と、罰則一〇〇万円と消費生活条例では最高額の罰金を導入したことに注目すべきである。

なお、不招請勧誘規制は、条例一三条一号に基づく、規則二条一七号で電気通信回線を利用した広告による勧誘についてオプトアウトを規制するだけで、訪問についてはオプトアウトの規制はない。

⑤　兵庫県　消費生活条例（平成二一年四月一日施行）

条例一一条に基づく知事の不当な取引行為の指定について、現行の、知事指定⒆「消費者の拒否の意思表示にもかかわらず、又はその意思表示の機会を与えることなしに、電気通信手段により一方的に広告等を反復送信して、契約の締結を勧誘し、又は契約を締結させること。」が、

「消費者の承諾を得ないで、電気通信手段により一方的に広告等を送信して、契約の締結を勧誘し、又は契約を締結させること。」

に改正された。

改正理由は、特定商取引法の電子メール広告に関する規制がオプトアウトからオプトインに改正されたことから、これにあわせ知事指定も改正するというものである。(65)

ところで、特定商取引法の電子メール広告に関するオプトイン規制は、広告だけである。しかるに、兵庫県条例は、広告だけでなく、広告等となっている。「等」が、広告だけでなく勧誘も含むことになれば、北海道同様、ファクシミリ、電子メールについて、オプトインを導入したものと解釈できる余地がある。

兵庫県の「不当な取引行為の事例集(66)」によると、

電気通信手段には、電子メールだけでなく、ファクシミリも含み、行為も広告だけでなく、勧誘も含むといった内容になっている。すなわち、条例に基づく知事指定の不当な取引行為の「一勧誘に関する不当な取引行為⑲（電気通信手段を利用した不当な勧誘）」の事例として、「消費者の承諾や要請がないにもかかわらず、広告メールを送信する。」、「消費者の承諾や要請がないにもかかわらず、消費者宅へファックスで広告を送り、マンションの購入を勧める。」こと

が挙げられているのである。

これは、特定商取引法の電子メール広告についてオプトイン規制とするという内容を超え、ファクシミリについて

も、また、広告だけでなく勧誘についてもオプトインとして規制するということであり、北海道の条例とともに、オプトインの不招請勧誘規制をした条例として注目すべきである。

また、「訪問販売お断り」ステッカーとの関係でも、「不当な取引行為事例集」に、

知事指定「一勧誘に関する不当な取引行為⑱（拒絶後の勧誘）」の事例として、「『訪問販売お断り』と門扉に掲示しているにも関わらず、何度も執拗に訪問販売の業者が訪ねてくる。」こと

が挙げられていることから、不招請勧誘規制のあり方について、大いに注目すべき内容となっている。

⑥　奈良県生駒市　生駒市消費者保護条例（平成二〇年四月一日施行）

条例一一条に基づく規則第二条、別表一に、(2)の電話訪問勧誘、及び(3)の電子メールはオプトアウトを、(4)のファクシミリによる勧誘は、オプトインの不招請勧誘規制を設けている。ファクシミリによる勧誘について、オプトイン規制ははじめてであり、注目に値する。

規則第二条、別表一は次の通りである。

(2)消費者の意に反した勧誘

「消費者が契約締結の意思がない旨若しくは訪問勧誘、電話勧誘等を受ける意思がない旨を表明しているにもかかわらず、又はその意思を示す機会を与えることなく、消費者の住居、勤務先その他の場所を訪問し、又は電話すること。」

(3)電気通信手段を使用した不当な勧誘

「消費者が電気通信手段を使用して通信する広告宣伝の提供を受けることを希望しない旨を表明しているにもかか

わらず、又はその意思を示す機会を与えることなく、一方的に広告宣伝を送信すること。

(4) 一方的なファクシミリによる勧誘

「事前に消費者の承諾を得ることなく、一方的にファクシミリを利用した送信をすること。」

生駒市の別表(2)、(3)には、後記の通り、改正特定商取引法施行にともない、同法第三条の二の「契約締結しない旨の意思表示」には勧誘が含まれるかどうかなどについて問題となったが、それを見越した規定となっていることに注目すべきである。

すなわち、生駒市の条例、規則、別表によると、拒絶の意思表示には、契約締結に関するものだけでなく、勧誘を受けるかどうか、勧誘受諾意思についての意思表示も含まれているのである。

生駒市は、条例に基づき、「訪問販売お断り」ステッカーを配付、実施している。

さらに(4)は、ファクシミリについて、明確に、オプトインによる規制を設けている。

⑦ 大阪府堺市　堺市消費生活条例（平成二二年四月一日施行）

大阪府堺市の消費生活条例は、オプトアウトであるが、条例二六条に基づく規則一六条、別表一二(1)に、「訪問販売お断り」ステッカー・シールを前提とした規定がある。

別表一二　拒絶している者への勧誘等

(1) 消費者が住居等にはり紙その他の方法をもって拒絶の意思を表示しているにもかかわらず、契約の締結を勧誘し、又は契約を締結させる行為住居等に「張り紙その他の方法をもって拒絶の意思表示」は、いわゆる「訪問販売お断り」ステッカー・シールを指している。

「訪問販売お断り」ステッカー・シールの普及を支える重要な規定として注目すべきである。

(3)　秋田県議会有志の試み(67)

秋田県議会有志が、オプトインとオプトアウト、違反に対しては、行政処分、罰則まで設ける、言わば、究極の不招請勧誘禁止条例案を検討したが、業界、マスコミ等の反対で宙に浮いており、条例制定には至っていない。

不招請勧誘規制を、原則オプトイン、オプトアウトの併用、違反に対する処分、罰則、公表など、条例で不招請勧誘規制を行う場合の理想型といえる、と言うのは少し大げさであろうか。

少なくとも、地方議会の有志が不招請勧誘禁止条例の制定をめざし、アメリカ、カナダなどの海外調査（後述）まで行ったことは、十分評価に値するであろう。

また、このような取組に対して、消費者庁、消費者委員会がどのような支援を行うことができるか、地方消費者行政の活性化が検討されている現在、このような取組こそが、まさに地方独自の特別な取組として、大いに支援すべきでないかと考えている。

(4)　条例に期待する

現在の消費生活条例にある不招請勧誘規制は、規制のある自治体の多くはオプトアウトであるが、大半は北海道消費生活条例ではオプトインを導入した注目すべきもの（筆者は、電話、訪問、電子メールによる勧誘について、オプトイン規制であると解釈しているが、北海道担当者は電子メールについてオプトインであるが、電話、訪問はオプトアウトであるとの説明であったことは前記の通り。）があり、奈良県生駒市は、ファクシミリについてオプトインを導入し、兵庫県条例も電子メールについて広告だけでなく勧誘もオプトイン規制を設けたと解釈できることなど、不招請勧誘規制についてはオプトインに向かっている動きがでてきたことに注目し、歓迎したい。

オプトアウトは、特定商取引法等に規定があるが、同法には適用除外があり、銀行、保険等は除外されており、これに対して条例は、適用除外が無いから、条例でオプトアウトの規制を行うことはそれなりに意味がある。

しかしながら、オプトアウトでは被害防止はできないか、又は不十分である。

被害防止のためには、オプトインの不招請勧誘規制が必要であり、高齢社会が進む地方では、訪問販売による消費者被害、特に高齢者等の被害が深刻である。高齢者等は、「勧誘拒絶の意思表示」ができないから、オプトアウトの規制は効果を発揮できないのである。

これに関連して、一部の自治体や消費者団体などでは後記の「訪問販売お断り」ステッカー制度が実施されているが、消費者庁はそれを「勧誘拒絶の意思表示にはあたらない」という見解を示しつつ、自治体などの取り組みは尊重されるといって実質的には従前の解釈を変更している。

また、東京都の消費生活条例には、不招請勧誘規制違反には適用が困難ではあるが、「重大不適正取引行為」に対しては、禁止命令や、はじめて罰則も導入された。

徳島県条例は、さらに、中止命令、罰金も上限一〇〇万円とする規定を設けた。

このように、消費生活条例に、不招請勧誘規制としてオプトインとオプトアウトの両者を規定し(北海道、兵庫県、生駒市)、今後、違反に対しては行政処分や罰則を設ける条例改正が行われる可能性がでてきたといってもいいであろう。

不招請勧誘規制のオプトインは、各地の条例から、各地でオプトインの条例が広がって、法律にも波及する(新法又は法改正）といった動きは、情報公開などの例をとれば、実現不可能なことではない。
オプトインの不招請勧誘規制が、各地の条例に盛り込まれることを期待している。
なお、「訪問販売お断り」ステッカーについては、後記の通りである。

第五　日本版 Do Not Call Registry（電話勧誘拒否登録制度）について(68)

1　電話による勧誘について

オプトインの不招請勧誘規制ができる前の段階で、予め、電話勧誘を受けたくないという消費者の意思を尊重する制度を作ることができないか。

米国では、電話勧誘を望まない消費者のために、予め、その旨登録し、事業者がそれに違反して消費者の承諾又は要請なく電話勧誘を行った場合は制裁するという制度（National Do Not Call Registry、電話勧誘拒否登録制度）がある。カナダ（National Do Not Call List）やブラジルなどでも導入されている。

秋田県議会有志は、仮称「秋田県めいわく勧誘禁止条例制定」に向け、平成二一年一月、アメリカとカナダの Do Not Call Registry の海外調査を行い、報告書「アメリカ合衆国カナダにおける Do Not Call（勧誘電話拒否登録制度）に関する調査報告書」（平成二一年三月　秋田県議会アメリカ・カナダ海外調査団）をまとめた(69)。

筆者もこの調査に参加したので、紹介し、我が国への導入について検討したい。

2 カナダのDo Not Call List（DNCL）について

(1) 調査先等（ヒアリング調査）

平成二一年一月二〇日
CRTC（連邦テレビラジオ電気通信委員会、本部はオタワ）
応対者 John Traversy (Executive Director Telecommunications)
Regan Moriis（法律担当弁護士）
Lynne Fancy (Director Competition Implementation & Technology)

(2) 調査結果

① 概要
郵便通信法改正により、二〇〇八年九月三〇日から、カナダ連邦のCRTCにDo Not Call List（DNCL）の実施権限が与えられ、カナダの電話会社ベルカナダに委託して実施している。CRTCは、権限はあっても予算が与えられず、独立採算制。そこで、業者（テレマーケター）が電話勧誘をするためには、Do Not Call Listに加盟させ、加盟料を支払うものとしその費用等で運営するということにした。Do Not Call List設立に、八〇〇万カナダドル（一カナダドル八〇円として、六億四〇〇〇万円）かかったが、五年間で償却することにしている。

最初の二ケ月間で、五八〇万人もの登録があり、人気が高い。

② Do Not Call List（DNCL）の仕組み
消費者が電話勧誘を受けたくないと思うならCRTCのDo Not Call Listに登録すればいい。登録の方法は、ネ

ットでも電話でもファックスでもいい。自分の名前と、電話勧誘を受けたくない電話番号を登録するだけでいい。有効期間は三年間で更新できる。

電話勧誘を行おうとする業者（テレマーケター）は、業者リストに業者名、電話番号などを登録し、登録料（カナダ全土に電話勧誘するのであれば年間一万一二八〇カナダドル）を支払い、月に一度、消費者の勧誘拒否登録リストをダウンロードしなければならない。

業者は、登録した消費者に電話勧誘してはならない。電話勧誘が許される時間は、平日は午前九時から午後九時三〇分まで。週末は午前一〇時から午後六時まで。

違反した場合は、一回につき、個人は一五〇〇カナダドル、法人は一万五〇〇〇カナダドルの罰金を支払わなければならない。これは、一回の金額だから、回数によって相当高額になる。

③　Do Not Call List の適用除外

消費者が Do Not Call List に登録しても、次の場合は、電話勧誘をしてもいい。

イ　所得税法上の慈善団体

ロ　顧客（過去一年間に製品を購入、賃借等。過去六ケ月以内に問い合わせをした場合）

ハ　選挙運動目的

ニ　一般紙（新聞）の勧誘

ホ　企業に対する勧誘

適用除外であっても、業者は業者内部で電話不要顧客リストを作成する必要があり、消費者は、リストに載せるよう請求することができるようになっている。

④ クレーム、違反の摘発例
消費者からのクレーム（登録したのに電話がかかってくるなど）は、多い。
摘発例は、まだない。
⑤ Do Not Call List の問題点
適用除外が多い。
⑥ Do Not Call List の効果、評価
登録したら電話勧誘は少なくなったが、違反もある。消費者からは、期待もあるが、苦情もある。

(3) 注目すべき点

① カナダでも、Do Not Call List 実施前には、電話勧誘の苦情が多くあったこと。一日一〇〇〇件の苦情があったという。実施後には、登録件数が五八〇万件あり、消費者のニーズが高いこと。
② Do Not Call List の実施権限をＣＲＴＣに与えながら、独立採算制としたこと。リスト作成、運営費用は、電話勧誘業者からの加盟料、利用料などでまかなっていること。
③ 適用除外が多く、また、消費者が登録しても業者からは違反の電話勧誘がありクレームが少なくなく、また、スタートから間もないので摘発例もなく、これらが信頼性確保のための鍵になるだろう。

3 米国の Do Not Call Registry（サンフランシスコ）

(1) 調査先等（ヒアリング調査）

平成二一年一月二三日

ＦＴＣ（連邦取引委員会）サンフランシスコ支部
応対者　Kerry O' brein　弁護士
　　　　Janice L. Charter　弁護士
　　　　Lauura Fremont　弁護士

⑵　**調査結果**

①　Do Not Call Registry の概要

二〇〇三年一〇月一日から Do Not Call Registry 開始。登録方法は、電話、オンラインでもいい。登録するのは、電話番号だけで、名前は不要。登録は五年間有効、その後更新可能。

ＦＴＣのことは知らなくても、Do Not Call Registry のことを知らない人はほとんどいないといってもいいほど知られており、ヒアリング当時、一億六八〇〇万件、全米の電話番号の七割が登録しているとのこと。登録できる電話は、固定でも携帯でもいいが、営業用の電話番号はできない。

テレマーケター（電話勧誘業者）は、電話勧誘をする場合には、消費者が Do Not Call Registry の登録をしていないことを確認する必要があり、そのためには、登録し、リスト使用料を支払う必要がある。二〇〇七年には六〇〇〇社あり、二一〇〇万ドルの収入があるので、Do Not Call Registry の運営費用は心配ないとのこと。業者が違反すれば、一万一〇〇〇ドル又は一万六〇〇〇ドルの罰金。

②　Do Not Call Registry 設置費用、運営費用

設置費用は、二〇〇三年施行までに、一八一〇万ドル（一ドル一〇〇円とすると、日本円で一八億一〇〇〇万円）かかり、その後、リストの作成など電話会社と契約するときの費用が三五〇万ドルで、合計二一六〇万ドル（二一億六〇

〇〇万円)。

テレマーケター(電話勧誘業者)から年間一五〇〇万ドル以上のリスト使用料が入る。

③ Do Not Call Registry 適用除外

消費者が Do-Not-Call の登録をしても、次の場合は、電話勧誘が許される。

(イ) 商取引があるとき。

(ロ) 消費者が要請したとき。

(ハ) 政治的なもの。

(ニ) チャリティ。

(ホ) 慈善団体、NPOが行うとき。

(ヘ) 調査の目的。

(ト) 航空会社と銀行について

航空会社、銀行がFTCの Do Not Call Registry の適用除外とされているが、これはそもそもFTCの監督ではなく、FCC(連邦通信委員会)が監督するので、これらが違反した場合は、FCCの Do Not Call Registry が適用されるからとのこと。

④ 摘発例

スタートした二〇〇三年から現在まで、四五件の摘発例があり、三〇件は解決した。

このなかには、罰金五三〇〇万ドル(五三〇億円)を支払ったケースもある。

⑤ いわゆるカモリストになることの不安

当初は、実効性やカモリスト（登録するとかえってカモにして下さいというようなもの、被害にあいやすくなるのではないかということ）の不安があったが、今はない。

ＦＴＣの法執行によって、Do-Not-Call の実効性が確保され、登録が増えた。

(3)　注目すべき点

① Do Not Call Registry が定着していること

アメリカでは、電話の七〇％、一億六八〇〇万件について、Do Not Call Registry の登録が行われていることは、この制度が信頼され、定着していることを意味する。

② 違反に対する厳しい態度

ＦＴＣで注目すべきは、何といっても、厳格な法執行である。この制度の最も重要な点は、実効性の確保であり、そのためには、違反に対して厳しい態度で臨むことである。

この点、ＦＴＣには、これまで四五件摘発し、三〇件解決し、その中には五三〇億円もの罰金を支払わせた実績がある。これによって、業者は、Do Not Call Registry を遵守し、違反は少なくなり、制度の信頼性を確保している。

4　Do Not Call Registry 導入について

(1)　米国、カナダ調査からの示唆

Do Not Call Registry は国民のニーズが高い制度である。アメリカでは七割が登録し、カナダでもスタート間もないのに、多数が登録しているのは、それだけ国民の期待が大きいことを意味している。

違反に対して、ＦＴＣのように、厳しく摘発することで、カモリストにならないし、制度の信頼性も確保できる。

Do-Not-Call規制は、電話勧誘業者が電話勧誘する場合には、Do-Not-Callリストを確認する義務を課し、そのためには業者を登録させ、確認のための費用を徴収し、これでDo Not Call Registryの維持管理費用を捻出している。こうした方法は既存業者の猛反対が予想されるが、それでもアメリカ、カナダでは実施した。

Do Not Call Registryの適用除外について、カナダでは適用除外が多いことを反省している。

(2) 日本への導入について

① ニーズ

日本でも、大半が電話勧誘を迷惑と考え、拒否したいと考えている。

アメリカのDo Not Call Registryが導入された時の調査で、日本でも導入されれば登録するという者が多数を占めたという。(70)

Do Not Call Registryの導入のニーズは高いと言っていい。

② 法的位置づけ

Do Not Call Registryは、消費者、生活者のための不招請勧誘規制の一環であり、業者に対する禁止行為、違法行為として位置づけ、違反に対しては、アメリカ、カナダにならい、刑罰（又は行政罰）で実効性を担保すべきである。

また、民事上も、違反した契約はクーリング・オフ、又は取消可能とするなど、民事効も認めるべきである。

③ 登録

アメリカ、カナダでは、個人を対象とし、事業者は登録除外しているが、電話勧誘が迷惑であるのは事業者、企業も同じなので、必ずしもこだわる必要はない。

④ 適用除外

適用除外は原則として認めないこととし、アメリカ、カナダでは、慈善団体、NPO、政治目的などがあるが、日本ではこれらを適用除外とすべき理由はない。

新聞の勧誘などは、不招請勧誘トラブルのトップであり、除外する理由は乏しい。

⑤　実効性確保

Do-Not-Callは、実効性確保、とりわけ、違反に厳しい態度で臨むことができるかが信頼性確保のための鍵になる。

アメリカは厳しく行っているが、カナダも違反に対しては罰金を科すなどしているようである。

⑥　規制官庁

以上を実現できる官庁がDo Not Call Registryの所管官庁となるべきであるが、消費者庁と総務省の共管が妥当か。

⑦　費用対効果

米国やカナダにおけるDo Not Call Registry導入費用及び運営費用は、カナダが六億円、米国二一億円程度とのことであった。これらの費用について、いずれも、電話勧誘業者に登録させ、電話勧誘拒否登録リストを購入させるなどして、回収しているようである。

費用対効果を検討する場合、不招請勧誘被害による金額を調査できればいいが、調査データは見あたらない。そこで、単純な試算をしてみよう。

「国民生活白書　平成二〇年度版」によると、二〇〇七年度の消費者被害による金額が三兆四〇〇〇億円といわれているので、不招請勧誘被害のうち、電話、訪問販売勧誘の割合が、訪問販売が一一・二%、電話勧誘販売が五・〇

%であるとすると、電話、訪問販売だけで約一六%なので、合計した被害は、五四四〇億円となる。電話勧誘だけで見ても概ね一七〇〇億円となる。

不招請勧誘規制をすることによって、不招請勧誘をしていた業者が取得していた被害金額が、これからは、これをしない業者が正当な取引によって取得すると考えると、Do Not Call Registry 導入費用として二一億円の費用をかけて、一七〇〇億円から五四四〇億円の正当な取引を確保できることになる。

消費者被害対策を、費用対効果で考えると言うこと自体問題であるが、これを単純に試算しても、費用対効果も十分ある、導入に値すると考える。

Do Not Call Registry は、米国では、評判が良く、運営も軌道に乗っており、カナダについてもホームページを見る限り、相当の登録もあり、違反に対してはしっかりと執行しているようである。

⑧ Do Not Call Registry 導入に関する政府の国会答弁

平成二一年の商品取引所法改正で、商品先物取引分野ではオプトインの不招請勧誘規制が導入されることになった。このときの、国会審議で、Do Not Call Registry の導入についても議論になり、当時の二階俊博経済産業大臣は、消費者庁が導入について積極的に検討する旨答弁している。

すなわち、平成二一年六月一七日衆議院経済産業委員会の商品取引所法等改正審議で、二階大臣は民主党の下條みつ議員の質問に対して、

> 「ドゥー・ノット・コールの制度については、私どもも改めて勉強してみたい。これは消費者庁ができたことも含めて、消費者のお立場を守るという面で政府全体として十分考えてみるべきことだと思っております」

と答弁している。

また、同年七月二日参議院経済産業委員会では、公明党の松あきら議員のDo Not Call Registryを是非導入すべきでないかとの質問に対して、二階大臣は、

「悪質商法のきっかけになる迷惑電話による勧誘を抑止し得るためにこのような制度の導入の是非については有効な方法の一つとして十分検討に値する。アメリカにおけるこの制度については、商品先物に限らず取引一般について電話勧誘を希望しないものを対象として制度化されており、我が国における導入の可否については、消費者関連取引全体の制度のあり方の一つとして他省庁とも連携をとって考えていくべきことだ」

と答弁している。

質問した民主党、公明党の議員はいずれもDo Not Call Registry導入をすべきであるという立場から質問し、答弁した自民党の二階大臣もこれに対して、前向きな答弁をし、民主党、公明党、自民党の議員、大臣が積極的な意見を表明したことになる。

⑨　日弁連意見書

日本弁護士連合会も、二〇一〇年一月二一日消費者基本計画に関する意見書等[71]で、導入すべきとの意見を盛り込んでいる。

(3)　結論

筆者は、Do Not Call Registryは、消費者が望み、これによって消費者のプライバシー、生活の平穏、安全が守られ、消費者被害の未然防止のために、並びに健全な業者、公正な市場を確保するためにも必要であるから、日本でも、

日本版Do Not Call Registryを導入すべきであると考える(72)。
二〇〇九年商品取引所法改正の際に導入を検討するという国会答弁にもあるように、消費者庁、総務省、経済産業省はDo Not Call Registry導入に向け速やかに検討に着手すべきである。

第六 「訪問販売お断り」ステッカーについて

訪問販売による消費者トラブルは後を絶たない。訪問販売の勧誘は受けたくない、規制をして欲しいという消費者は多い。その意思を反映するためには、訪問販売に対してオプトインによる規制を導入することであるが、現時点では、金融商品取引法と商品先物取引法で、外国為替証拠金取引と商品先物取引といった一部の取引について実現されているだけである。特定商取引法は、肝心の訪問販売にはオプトインによる規制はなく、オプトアウトの規制が平成二〇年、改正法に導入され(特定商取引法三条の二第二項)、翌年一二月一日から施行された。

改正特定商取引法施行前から、一部の自治体などでは、訪問販売を受けたくない住民のために、「訪問販売お断り」ステッカーを配付し、それを住民は玄関やドアに貼っていたが、このステッカーについて、特定商取引法改正の国会審議や法律施行の際に、ステッカーは、特定商取引法三条の二第二項の勧誘拒絶の意思表示とは認められないといった政府の見解が示された。

「訪問販売お断り」ステッカーに対する政府の見解は正しいといえるのか。自治体が配付しているステッカーはどうなるのか。

特定商取引法の規定、国会審議、政府の見解とその当否、今後の「訪問販売お断り」ステッカーのあり方などについて、検討する。

1　特定商取引法三条の二

(1)　第一項　勧誘受諾意思確認の努力義務

販売業者及び役務提供事業者は、訪問販売をしようとするときは、「その相手方に対し、勧誘を受ける意思があることを確認するよう努めなければならない。」

①　努力義務にした理由

平成二一年特定商取引法改正によってこれまでの商品、役務について政令指定制を廃止したことから、同法の適用対象が拡大することになり、法的義務にすると批判が多くやむなく努力義務にしたというのが本音であろう。

②　努力義務にした結果どうなるか。

指示（七条）、業務停止（八条）の対象にもならないということになる。

③　将来的には、勧誘受諾意思確認義務は、法的義務にすべきである。

金融商品取引法三八条第五号は、法的義務であり、商品先物取引法二一四条第七号も、法的義務である。

④　勧誘受諾意思すら確認しないで勧誘するような業者は保護に値しない。特定商取引法三条では、勧誘に先立って勧誘目的であることを明示する義務があるのであり、勧誘目的を明示すれば消費者の承諾（勧誘受諾）を得ないで勧誘することを認めるというのは、理解しがたいものがある。

(2)　第二項　オプトアウト

販売業者及び役務提供事業者は、「訪問販売に係る売買契約又は役務提供契約を締結しない旨の意思を表示した者に対し、当該売買契約又は当該役務提供契約の締結について勧誘してはならない。」

① なぜ、オプトインでなく、オプトアウトにしたのか。

平成一九年一二月一〇日付産業構造審議会消費経済部会特定商取引小委員会報告書では、オプトインは、金融商品取引法三八条第四号だけであり、特定商取引法に勧誘受諾意思確認義務ですら努力義務であり、オプトアウトを導入すること自体画期的なことであり、オプトインを議論する状況にはなかったのではないかと推測する。

オプトインにするか、オプトアウトにするかは、結局は、事業者の営業の自由と消費者の生活権、プライバシーなどとの比較調整するといった、当時、行政のパラダイム転換の途上にあったことから、事業者に配慮する必要があり、オプトインでは、法改正ができないという実際上の理由からであろう。

② 勧誘拒絶の意思表示があれば、既に行っている勧誘は中止し、継続してはならない。時期を改めて勧誘することはできない。

③ しかし、再勧誘できないのは、その契約についてだけで、しかも未来永劫できないわけでないという。いろいろ問題が予想される。教材販売を勧誘して断られても、教材とは無関係の本を販売することはできるのか。生命保険の勧誘は拒否されたら、損害保険の勧誘はできるのか。

④ オプトアウトは、平成二一年特定商取引法改正以前から電話勧誘販売にはあった(一七条)。

2 「訪問販売お断り」ステッカー、シールについての経済産業省・消費者庁の従前の見解

(1) 地方自治体や消費者団体などでは、悪質な訪問販売から消費者被害を防止するために、「訪問販売お断り」のステッカー又はシールを配付している例がある。(73)

この「訪問販売お断り」のステッカーやシールを貼ることは、オプトアウトの勧誘拒絶の意思表示又は、特定商取引法三条の二第二項の「契約を締結しない旨の意思を表示した」ことになるのかどうか。

経済産業省、消費者庁は次の通り、これを否定する。

(2)　産業構造審議会消費経済部会特定商取引小委員会報告書の見解(74)

平成二一年特定商取引法改正の前提となった産業構造審議会消費経済部会特定商取引小委員会報告書（平成一九年一二月一〇日）は、第三章訪問販売に対する規律の強化へ、1勧誘規律の強化、②具体的措置、(2)で、「契約を締結しない旨の意思表示の表示については、いわゆるステッカー等文書による表示も観念できるが、この場合の「文書」は、意思の表示者と相手方が特定されているものとするべきである。」、(4)では、「契約を締結しない旨の意思」の表示は、基本的には勧誘を受けた、契約に対してなされるものであり、当該意思表示によって訪問販売が禁止される範囲もこれを基に判断されることになる」として、ステッカー、シールは、「勧誘拒絶の意思を表示した者」には当たらないとした。

(3)　国会での政府答弁

経済産業省寺坂信昭政府参考人の答弁によると、

①　衆議院経済産業委員会（平成二〇年五月二一日）

「契約を締結しない旨の意思の表示は、契約を締結する意思がないことを明確に示すものでなければならない。消費者が事業者に相対してお断りということを直接伝えることが原則。「訪問販売お断り」といったような一般的なステッカーは、意思の表示主体、表示の時期、が不明確であり、かつ、どの事業者に対して拒否、お断りと言っているのか特定されていない。したがって、ステッカーにつきましては、今回の規定の拒否の意思の表示方法には当たらない。基本は、相対して直接伝えるということが原則である。」とのこと。

② 参議院経済産業委員会（平成二〇年六月一〇日）

同参考人は、同様に「勧誘を受けないというその意思は、消費者の方が事業者に対して相対して直接伝えるということを原則。お断りシールのようなあらかじめの拒否の意思表示、中身にもよるが、一般的に、お断りシールと通常言われているようなものは、表示主体の問題、表示時期に関して不明確な点があり、どの事業者に対して拒否の意思がなされておるのかといった特定が難しい。したがって、一般的なお断りシールは、契約を締結しない旨の意思の表示方法には当たらない。今回の特定商取引法改正は、全体として指定制を見直して原則適用方式にしており、そういった背景にあり、規制対象の拡大がなされるという状況の中で、適正な規制の水準をどこに求めていくのかということについて慎重に考えてきた。一方で、その消費者保護の点がもちろんある。もう一点では、適切な水準の保護規定になっているかどうかとの、そういう観点もある。そのような意味合いにおいて、お断りシールというようなものは、それが直ちに意思の表示方法に当たるというふうには考えにくいのではないか」と述べた。

(4) 通達（ガイドライン）

平成二一年八月六日付経済産業大臣官房商務流通審議官通達「特定商取引に関する法律等の施行について」（第二章第二節（訪問販売）関係、2 法律三条の二（再勧誘禁止等）関係）、別添三「特定商取引に関する法律第三条の二等の運用指針―再勧誘禁止規定に関する指針―」の「II・法第三条の二等の適用についての考え方」によると、

1、法第三条の二第一項の考え方について

意思の自由を担保することを目的とする規定。確認行為は明示的に行うこと。三条の氏名等の明示の際に行うことを想定している。

2、法第三条の二第二項の考え方について

(2)「契約を締結しない旨の意思」について

明示的に示すもの。家の門戸に「訪問販売お断り」とのみ記載された張り紙等を貼っておくことは、意思表示の対象や内容が全く不明瞭であるため、本項における「契約を締結しない旨の意思」の表示には該当しない。

3、法一七条の考え方について

電話勧誘販売の再勧誘禁止規定は、基本的には法三条の二第二項の解釈と同様となる。

明示的に意思表示した場合や、応答せずそのまま電話を切ることが繰り返されるなど黙示的に契約を締結しない旨の意思表示をしたと考えられる場合、具体的に勧誘されている商品についてこうした意思表示をする場合や、「一切取引を行うつもりはありません」という意思表示をした場合が該当する。

3　消費者庁の見解（軟化、又は変更）

「改正特定商取引法における再勧誘禁止規定と『訪問販売お断り』等の張り紙・シール等について」（平成二一年一二月一〇日　消費者庁取引・物価対策課）[75]

(1)　前記の通り、経済産業省、消費者庁の「訪問販売お断り」シールの勧誘拒絶の意思表示に当たるか否かについての見解は否定的であった。

しかし、消費者庁取引・物価対策課の平成二一年一二月一〇日付「改正特定商取引法における再勧誘禁止規定と『訪問販売お断り』等の張り紙・シール等について」で、地方自治体や消費者の取組、条例で張り紙・シール等について、不当な取引として指導、勧告、公表をしている点について、「消費者トラブルを防ぐための有効な手段で、従前の特定商取引法における再勧誘禁止規定の解釈により影響は受けず、特定商取引法と相互に補完し合うもの」と考える。

また、「張り紙・シール等がある場合は、事業者は商道徳として、消費者の意思を当然尊重する必要がある」とした。

これは、「相互に補完し合う」とあることから、形式的に見解を維持し、特定商取引法の解釈は解釈として維持し、ステッカーはステッカーで事業者は商道徳として尊重する必要があるとするものであるが、筆者は、次に述べるとおり、従前の政府の解釈通達自体に納得ができず、この見解の表明によって、これまでの経済産業省、消費者庁の解釈を軟化し、又は事実上変更したものと受け止めている。

(2) 平成二一年一二月一〇日の通知

① まず、「契約を締結しない旨の意思」を表示する方法に関しては、消費者が明示的に契約締結の意思がないことを表示した場合を指し、『訪問販売お断り』と記載された張り紙・シール等を貼っておくことは、意思表示の対象や内容、表示の主題や表示時期等が必ずしも明瞭でないため、特定商取引法においては、『契約を締結しない旨の意思』の表示には当たらないこととなります」と従前の方針を確認した。

② 他方、「地方自治体や消費者において、上記のような張り紙・シール等を貼ることにより訪問販売の来訪を望まない旨を明らかにする取組が行われています。また、条例の中には、そのような張り紙・シール等を無視して消費者を勧誘する行為につき不当な取引として、指導や勧告、公表の対象とするものもあると認識しています。そのような取組は、地域の消費者トラブルを防ぐための有効な手段であり、上記特定商取引法における再勧誘禁止規定の解釈によって何ら影響を受けるものではなく、特定商取引法と相互に補完し合うものと考えています。」といって特定商取

引法上は「勧誘拒絶の意思表示」にはあたらないが、条例があれば、それ自体は有効（違反すれば、指導、勧告、公表の対象になる）として、従来の見解を軟化させ、変更しようという意向が見られる。

③「また、張り紙・シール等がある場合には、事業者は商道徳として、そのような消費者意思表示を当然尊重する必要があるものと考えます。」

新たに、商道徳を持ち出し、事業者は尊重せよとの新たな見解を示した。

④そして、これによって、消費者庁は、従前の「訪問販売お断り」等の張り紙・シール等について「補完するもの」というのは、軟化であるが、実際は混乱を避けるために、事実上見解を変更したものというべきである。

なぜなら、条例だけであれば、法律と条例との関係で、消費生活条例は、いわゆる上乗せ条例といえばいいわけで、あえて「補完」と言う必要はない。

しかし、ステッカーは、自治体が配付するステッカーであっても、条例上に根拠があるといえるのか不明なものや、条例には規定がないといったものもある。また、ステッカーは、自治体だけでなく、消費者団体も配付しているのであるが、消費者団体のステッカーについても、事業者は商道徳として尊重する必要があるというのであるから、法律、条例上の根拠ではなく、商道徳まで持ち出して「尊重せよ」とは言えないのであり、従前の見解では不都合、破綻が生じたことを認めつつ、従前の経緯もあり（産業構造審議会消費経済部会特定商取引小委員会報告、国会答弁、ガイドライン）、そして平成二一年九月一日に発足してわずか三ケ月で従前の見解を変更するわけにもいかず、「補完」としたのであろうが、実質上、従前の見解を変更したものと言うべきである。

この点は、最後に論ずることにし、次に、「訪問販売お断り」ステッカー・シールに対する自治体や、消費者団体などの取組状況を見ていく。

4 「訪問販売お断り」ステッカーに対する自治体の取組

「訪問販売お断り」ステッカーに対する自治体の取組、条例との関係などを見ていく。

① 大阪府の条例

大阪府消費者保護条例では、訪問販売業者から見える場所に「訪問販売お断り」と明示したステッカーなどを貼ってある場合は、「拒絶の意思を表明している」ものと認め、消費者に対し勧誘する行為を禁止している(条例第一六条、規則第五条)。

② 奈良県生駒市の条例

生駒市では、平成二〇年六月に「訪問販売お断り」ステッカーを配布した。これは悪質な訪問販売に対して、訪問を拒絶する意思表示をするものとしている。ステッカーは二種類あり、一つは「悪質」な訪問販売の勧誘を断るものとして、もう一つは訪問販売自体を断るものになっている。ステッカーを二種類にしたのは、悪質な業者ほど「私は悪質ではなく善良な訪問販売をしています」と言って勧誘するケースが多いためとのこと。

「このステッカーを貼ることで、(悪質な)訪問販売を拒絶していることになりますが、もし、(悪質な)訪問販売の勧誘があったら、口頭でハッキリと『いりません』と断ってください。それでもしつこく勧誘してくる場合は、生駒市消費者保護条例第一一条の『不当な取引行為』に該当します」とのこと。

生駒市長によれば、「本市では、平成二〇年四月一日に、実行力を備えた県内初の『生駒市消費者保護条例』を施行しました。本市の『訪問販売お断り』ステッカーは、この条例に基づいたもので、このステッカーを貼っているにもかかわらず、無視して訪問販売をすることは、同条例違反となり、指導勧告等の対象となることから、極めて有効なステッカーだといえます。」

「生駒市の条例は、『消費者が契約締結の意思がない旨若しくは訪問勧誘、電話勧誘等を受ける意思がない旨を表明しているにもかかわらず、……訪問し、電話をすること』を禁止しています。つまり、『契約締結の意思がない』場合のみならず、『訪問勧誘、電話勧誘等を受ける意思がない旨を表明している』場合、すなわち『訪問販売お断り』ステッカーを貼っている場合も勧誘が禁止されています。改正された特定商取引法の解釈がどうであるかにかかわらず、そもそも特定商取引法と本市の条例は条文の規定の仕方が異なりますので、同法の解釈の影響を受けるものではありません。」

③　滋賀県湖南市の取組

湖南市では、滋賀県消費生活条例施行規則では、「勧誘を拒否する旨を表明しているにもかかわらず、なおも契約の締結を勧誘する行為」を不当な取引行為として禁止している。

「悪質な訪問販売お断り」のステッカーに気付きながらも無視してしつこく勧誘を続けるのは条例違反になる。違反には県の処分を受ける場合がある。迷惑な訪問販売業者が来たら「訪問販売はお断りします」と言うようにといった広報をしている。

④　兵庫県の条例

前記の通り、兵庫県の消費生活条例には、条例に基づく知事の不当な取引行為の指定として、「(勧誘に関する不当な取引行為) 1」の⒅「(拒絶後の勧誘) 消費者が契約を締結する意思がない旨を表示しているにもかかわらず、なおも契約の締結を勧誘し、又は契約を締結させること。」があり、その具体的事例として、同県の「不当な取引行為の事例集」には、「『訪問販売お断り』と門扉に掲示しているにも関わらず、何度も執拗に訪問販売の業者が訪ねてく

る。」ことが挙げられている。(76)

⑤　大阪府堺市の条例

また、大阪府堺市の条例にも、条例一二条一号に基づく別表一二には、拒絶している者への勧誘等として、「(1)消費者が住居等にはり紙その他の方法をもって拒絶の意思を表示しているにもかかわらず、契約の締結を勧誘し、又は契約を締結させる行為」が規定されている。

「訪問販売お断り」ステッカーは、堺市の条例、別表一二(1)の「住居等に張り紙その他の方法をもって拒絶の意思を表示」を意識していることは言うまでもないであろう。

5　消費者団体の取組

(1)　全大阪消費者団体連合会報告書

「『訪問販売お断りシール』のとりくみ～大阪府消費者保護条例をくらしの中にいかそう～」(77)

これによると、「訪問販売お断りシール」を貼った方々へのアンケート結果より、シールを貼ってから訪問販売が減った五九・四％、訪問販売お断りシールは効果がある六四・〇％、安心感がある六七・二％とのことである。

(2)　全国消費者行政ウォッチねっとの取組(78)

消費者庁、消費者委員会設置に向けて極めて大きな力を発揮したのが、全国の消費者団体等の力であるが、消費者庁が設置後、消費者行政を推進、監視するために、新たに消費者団体が結集し、全国消費者行政ウォッチねっと（略称ウォッチねっと）が設置された。

そのウォッチねっとで、「訪問販売お断り」ステッカーやシールを作成し、配付することになった。

ウォッチねっとは、ホームページによれば、消費者の安全・安心を実現するため、消費者庁をはじめとする消費者行政全般が消費者目線で行動するよう、消費者の立場にたった監視を行なうとともに、消費者の権利を守るための提言活動や法制度整備の促進などの活動を行なう団体で、三五の消費者団体、及び個人で構成されている（二〇一〇年一月八日時点）。

6　検討

(1)「訪問販売お断り」ステッカーの位置づけ

① 「訪問販売お断り」ステッカーの趣旨

訪問販売、電話勧誘販売などによる消費者被害が多発し、とりわけ悪徳商法の多くが不招請勧誘によるものである。消費者被害を防止するためには、訪問販売業者を自宅や職場に入れてしまうと、セールスマンの執拗、巧妙な勧誘によって、不必要、価格に見合わないいわば劣悪な商品又はサービスを、断っても断り切れずやむなく契約させられる被害が多いことなどから、勧誘それ自体を断り、セールスマンを家に入れないこと、仮に、家に入れても、はっきりと契約拒否の意思表示をすることを、事前に、明確に示す必要がある。こうした事情から「訪問販売お断り」ステッカーを貼ることにしたものである。

② 「訪問販売お断り」ステッカーの合理的意思解釈

「訪問販売お断り」ステッカーを貼ることは、消費者が、訪問販売の来訪を望まない旨の表明であって、これは、訪問販売業者に対して、勧誘それ自体を拒否すること、契約締結の勧誘をしても契約締結はしない旨の事前の意思表示である。すなわち、勧誘拒絶の意思表示と、契約締結拒絶の意思表示の二つの意思表示を含んでいる。

これは、特に対象を明記されていない以上は、すべての訪問販売業者に対するものである。また、拒否する意思表示の時期は、少なくとも、ステッカーが貼ってある期間である。そうすると、「訪問販売お断り」ステッカーは、消費者が、事前に、すべての訪問販売業者に対して、訪問販売の勧誘を受けること、及び勧誘しても契約締結を拒否する旨の意思表示であるというべきである。したがって、事業者は、「訪問販売お断り」ステッカーを貼っている消費者に対しては、訪問販売の勧誘拒否の意思表示をしているのであるから、勧誘それ自体を回避しなければならない。また、これに違反し契約締結の勧誘をしても、契約締結拒否の意思表示をしているのであるから、再勧誘の禁止により勧誘行為は禁止され、これに違反し契約をしても、契約の効力は否定されるべきである。

③　特定商取引法三条の二との関係

消費者が「訪問販売お断り」ステッカーを貼ることは、法的には、特定商取引法三条の二第一項の、「勧誘を受ける意思がないこと」、及び同条第二項の、「契約を締結しない旨の意思を表示した者」として扱うべきである。

以上のような解釈、取り扱いは成り立ち、また、消費者被害を防止することなどからも相当である。

(2)　商品先物取引の委託者の保護に関するガイドラインの説明から(79)

①　「商品先物取引の委託者の保護に関するガイドライン」(平成一九年九月制定)は、商品先物取引法の解釈指針を定めたものであり、ガイドライン違反は、法律違反とされているものである。

②　そのガイドラインには、「B.不当勧誘規制(法第二一四条第五号から第七号まで)関係」の、「2．委託を行わない旨の意思を表明した顧客への勧誘禁止(法二一四条第五号)」のなかで、住居の戸口の「勧誘お断り」の表示がある場合について次のような記載がある。

「住居の戸口に例えば、『勧誘お断り』の表示を掲げているなど、商品先物取引の委託又はその勧誘を望んでいない意思を表明していると考えられる場合には、顧客による事前の指示又は承諾が無い限り、当該顧客に対して勧誘を行うことも本規定に違反すると考えられる。」

すなわち、商品先物取引の分野では、ガイドラインで、住居の戸口に勧誘お断りの表示を掲げていることは、「商品先物取引の委託又はその勧誘を望んでいない意思を表明していると考えられる場合」であるとしているのである。そして、この場合には、「顧客の事前の指示又は承諾が無い限り、当該顧客に対して勧誘を行うことも本規定に違反すると考えられる。」と。

住居の戸口の「勧誘お断り」の表示を掲げることは、「訪問販売お断り」ステッカーを貼ることと法的には同じであるから、商品取引所法も特定商取引法も主務省は当時経済産業省であるから、当然同じ解釈を示すことになるはずである。

商品取引所法では、住居の戸口に「勧誘お断り」の表示を掲げている場合は、先物取引の委託又はその勧誘を望んでいない意思を表明しているというのであるから、訪問販売の場合であっても、「訪問販売お断り」ステッカーが貼ってあれば、特定商取引法三条の二第二項の「契約を締結しない旨の意思を表示した」に該当するのは当然のことと言わなければならない。

商品取引所法二一四条第五号の、委託を行わない旨の意思には、括弧書きで「(委託の勧誘を受けることを希望しない旨の意思を含む。)」となっており、契約だけでなく勧誘も含まれているので、ガイドラインも、契約の締結拒否と勧誘拒否の二点について解釈を示している。

③　以上の通り、商品先物取引のガイドラインは、「勧誘お断り」の表示は、「商品先物取引の委託又は勧誘を望んでいない意思を表明している」としているのであり、「勧誘お断り」の表示は、意思表示として明確であることを認めているのであるから、「訪問販売お断り」ステッカーを戸口に貼れば、「契約締結をしない旨の意思表示」として十分であるというのが、特定商取引法の解釈としても正しいと言わなければならない。

(3)　金融商品取引法（三八条第四号、五号、六号、七号）

金融商品取引法三八条第四号は、不招請勧誘禁止のオプトイン（事前の要請のない訪問又は電話勧誘の禁止）、五号は勧誘受諾意思確認義務を、第六号は再勧誘禁止義務を定める。

金融商品取引法の勧誘規制に関するガイドラインはないことから、規定内容は商品取引所法と同趣旨と解される。商品先物取引に関する上記ガイドラインが準用されるべきである。

(4)　したがって、商品先物取引の「商品先物取引の委託者の保護に関するガイドライン」は平成一六年商品取引所法改正により、同法施行後の平成一七年三月二三日に策定公表され、その中には既に受諾意思確認義務、再勧誘禁止が規定されていたのであり、それが平成一八年商品取引所法改正後の平成一九年九月三〇日に改訂されたガイドラインの中にも、なお従前通り、「勧誘お断り」の表示があれば、「先物取引の委託又は勧誘を望んでいない意思を表明している」との解釈指針が維持されていたのである。

にもかかわらず、「訪問販売お断り」ステッカー・シールの表示が、平成二一年八月六日「特定商取引に関する法律第三条の二等の運用指針—再勧誘禁止規定に関する指針—」によって「意思表示の対象や内容が全く不明瞭である」というのは、矛盾と言わなければならない。

平成二一年八月六日ガイドラインは、産業構造審議会消費経済部会特定商取引小委員会報告書や、これを受けた前記政府委員の国会答弁を受けたものである。しかしながら、それ以前に、商品取引や、金融商品取引の分野では、「勧誘お断り」の表示は、意思表示の特定（意思表示の主体、時期、相手方、内容）としては十分であるというのが、平成一七年三月からの商品先物取引に関するガイドラインの立場であり、平成一九年九月三〇日改訂のさいにも引き継がれていたのであり、平成二一年商品取引所法改正後のガイドラインでも変更無く引き継がれている。

また、「訪問販売お断り」ステッカーは、セールスマンにはっきりと勧誘拒絶の意思表示を伝えにくい高齢者等の保護のために、事前に、勧誘受諾意思がないこと、勧誘を受けても契約締結の意思がない旨ステッカーを貼ってその旨明確にしようとするものであるから、意思表示の主体も、相手も、内容もすべての取引の勧誘に対してであり、特定しているものと評価できる。

改正特定商取引法によって、商品と役務の政令指定制が廃止されたからと言って事業者の勧誘を優先するよりも、消費者の生活、財産の安全を優先すべきものであり、不招請勧誘による消費者被害を防止する必要性、優位性の方が高いと言わなければならない。

したがって、「訪問販売お断り」ステッカー・シールが貼ってあれば、その時点で、事業者による勧誘を受け又は受けようとする消費者が、すべての取引に対して、勧誘受諾意思がないこと、勧誘を受けても契約を締結する意思がないことを明確に意思を表示しているものとして、これに違反する事業者は、特定商取引法三条の二第一項、第二項に違反するとすべきである。

よって、平成二一年八月六日付経済産業大臣官房商務流通審議官通達「特定商取引に関する法律等の施行について」（第二章第二節、二　別添三「特定商取引に関する法律第三条の二等の運用指針―再勧誘禁止規定に関する指針―」）は、実質的には、平成二一年一二月一〇日の通知によって軟化、変更されていると言うべきであるが、正式な変更ではないから、正式に変更すべきである。

(5) ステッカー条例について

条例で、「訪問販売お断り」ステッカーについて、規定することについて、消費者庁もこれを評価しているところである。

この動きは、各地でも広がりを見せているし、消費者団体も行っている。(80)

条例で「訪問販売お断り」ステッカーを規定する場合、次の点が重要でないかと思う。

① 「訪問販売お断り」ステッカーの目的と法的位置づけ

消費者、住民の権利、生活の安全を守るために、住民の意思を尊重し、事前に訪問販売に対する意思を明確にすることによって、消費者を保護し、事業者にとっても勧誘の可否を判断する上で明確になって、双方にとっても利益があること。

「訪問販売お断り」ステッカーが貼ってあれば、消費者が、「勧誘を望まないこと」、「契約締結する意思」が無いことの意思表示をしたものとすることを明確にしておくのがいい。

② 効果

「訪問販売お断り」ステッカーは、勧誘受諾意思がないこと及び勧誘されても契約締結しない意思表示であることの事前の意思表示であるから、これに対する訪問勧誘は、原則として、条例違反、特定商取引法違反が推定され、事業者が消費者から「勧誘の要請」があったこと等を示す資料を示して証明しない限り、違法となり、特定商取引法の指示(二二条)、業務停止命令(二三条)の対象になること、条例であれば、それぞれの規定に従って対処することとなる。

③　ステッカーの種類、内容

ステッカーは、自治体が配付するステッカーだけでなく、消費者団体、消費者自ら作成したステッカーでも効力に差異を認める必要はない。

自治体の作成するステッカーには、「訪問販売お断り」ステッカーだけでなく、「訪問販売歓迎」ステッカーも作成しても良いだろう。実際は利用する住民は少ないであろうが、これに反対する事業者等に対する反論（訪問勧誘を受けたい消費者の意思を無視することになるといった理由を述べる事業者、消費者もいる）を押さえる意味がある。

ステッカーの内容として、「すべての訪問販売お断り」で、特定しているというべきであり、それで十分である。「悪質な訪問販売お断り」は、悪質ではないから訪問販売できると言った悪質業者に口実を与えることになる。「我が家は、家族全員」なども不要であろう。

④　配付

「訪問販売お断り」と「訪問販売歓迎」ステッカーの二種類を用意し、消費者のニーズに応じて、配付すると不公平といった批判を受けない。

無償配付か、有償でも極少額で。

⑤　効果、特に違反の効果

住宅の門や、戸口、ドアに「訪問販売お断り」ステッカーが貼ってあれば、その家屋の家族全員の意思表示とする。勧誘拒絶等の意思表示の主体が不明確であるという悪質業者の口実を許さないようにする。

違反に対しては、指導、勧告、行政処分、公表の他に、罰則も検討すべきである。

⑥　規制形式

消費生活条例にステッカー条項を設けるのが相当であるが、場合によっては、「訪問販売お断りステッカー条例」などといった独立した条例を制定することも、この問題を広く知ってもらう意味でも有意義である。

第七　終わりに―消費者市民社会の実現に向けて―

1　不招請勧誘を規制、とりわけオプトインを導入することは、消費者・生活者が主役、事業者優先から消費者・生活者優先への「行政のパラダイム転換」を実現する本気度を測る試金石となり、消費者市民社会実現の鍵となるというのが、本稿のライトモチーフとなっている。

三つ子の魂百までという。筆者自身は、一九八三年（昭和五八年四月）から弁護士として消費者事件に取り組んできたが、当時、豊田商事事件や先物取引（国内私設、海外先物などのブラック業者相手の先物だけでなく、国内公設の先物取引事件もあった）などの投資被害が多発し、社会問題にもなっていた。これらの手口は、悪質業者からの一方的な電話、訪問販売であり、不招請勧誘であった。再発防止のためには、電話、訪問販売を禁止するのが最も安く、効果的な方法であるが、実現することはなかった。これに対しては、海外先物規制法制定、商品取引所法改正、預託法制定、訪問販売法（特定商取引法）改正などが行われ、少しずつ規制を強化してきたが、言わば対処療法、場当たり的なものであり、さほど効果は上がっていないように思えた。

適合性の原則、説明義務、情報提供義務などといっても、法理論上は重要な意味を持った規定ではあるが、理論上はともかく、消費者被害にとっては、無力とまでは言わないにせよ、被害防止に対する効果は少ない。これらの義務が業者に認められても、悪質業者にとっては、消費者と電話でアポイントメントが取れても取れなくても、飛び込みで家に入って話さえできれば、どんな契約であっても締結し、金を取得することができる。業者を家に入れてしまえば、消費者は防御できないのである。

消費者を守るためには、電話、訪問販売を規制するしかない。訴訟で勝訴判決を受けても、そのような業者は、倒産してしまっているので、回収はできないから、深刻な消費者被害を水際で防止し、被害を早期解決するためには、不招請勧誘規制が不可欠である、そのように考えていた。

ところで、これまで不招請勧誘を行ってきたのは悪質業者だけではない。銀行、生命保険、証券、農協、生協などから新聞の勧誘、電話、インターネット回線等に至るまで相当広範囲な業種で不招請勧誘が行われていた。ある意味で、不招請勧誘が日本経済を支えていたといっても言い過ぎではないかもしれない。したがって、不招請勧誘、電話、訪問勧誘を規制するなどということは、タブーであり、やろうとすれば、業界からの猛反発を受け実現する見込みがないことは火を見るより明らかであった。この問題を取りあげようとすることすら困難であり、議論すると必ず、憲法をふりかざし、憲法で保障された営業の自由を侵害するから許されないといった事業者側の声に押しつぶされ、国や自治体もこれを認めてきた。まさに、明治時代から続く、富国強兵、殖産興業、産業優先、事業者優先、国による護送船団方式のなせる業であり、消費者保護は、後回し、間接的、反射的利益にすぎなかった。

2　しかし、それが一気に変わった。驚くべきことは、それが当時の自民党政権、福田総理大臣自身から出たことであり、「事業者優先から消費者・生活者優先」「行政のパラダイム（価値規範）転換」「消費者市民社会の実現」といった、いわば我が国の進むべき道を大きく転換しようというものであった。自民党の総理大臣が言うことであるから、事業者側も正面切って反対することはできず、そうした大きな方向転換を行う拠点として、司令塔を消費者庁とそれを監視する消費者委員会が担うことになりその設置等については、ねじれ国会の中でも、与野党全会一致で決まったのである。

こうした流れを考えると、そろそろ電話、訪問販売といった消費者にとって不必要なもの、同種の商品・サービスと比べ、少なくとも訪問販売に要する人件費等が上乗せされたような商品、サービスを、不意打的、攻撃的な契約によって販売、提供し、それによって毎年、同じような多数の消費者被害を引き起こすような取引やそれを許容する社会から転換する必要があるのではないか。

「国民生活白書平成二〇年度版」によると、二〇〇七年度の消費者被害に伴う損失は三兆四〇〇〇億円と試算している。不招請勧誘による被害は（電話、訪問販売）、約一六％であるとすれば、単純な概算では、五四四〇億円の損失となる。

多数の消費者が電話勧誘や、訪問勧誘を望んでいない。このような販売がなくても、消費者は必要なものは自分で手に入れることができるのであり、ましてインターネットなどの発達などによって、インターネットやテレビショッピング、通信販売などにより入手できるのであって、電話勧誘や訪問勧誘は、その弊害の方がはるかに必要性を上回っている。

消費者市民社会という言葉は、消費者庁、消費者委員会設置の機会に広く使用されるようになり、その想定する社会像は、それぞれ立場、人によってちがうが、日弁連の考えている消費者市民社会は、消費者被害の無い公正な社会でありそのような社会を実現するための一つとして、的確な不招請勧誘規制、オプトインを中心とした規制、ルールを実現することであると考えた。

不招請勧誘規制は、事業そのものを規制するものではなく、勧誘方法の規制だけであり、不招請勧誘を行っていない事業者にとっては、利益にこそなれ、不利益にはならない。不招請勧誘を行っている事業者も、勧誘方法を見直すだけであって事業そのものを継続することはできる。この点について、例えば、不招請勧誘の典型である生命保険であっても、これを見直そうとする動きがあり、もともと不招請勧誘を行っていない海外の生命保険会社が日本で事業を継続している。

不招請勧誘規制を行ったことによって、これを行わなかった時代に比べ取引量が増え、順調に業績が上がっている業界として、外国為替証拠金取引業がある。(81)

不招請勧誘規制は、消費者にとっても、事業者にとっても、利益をもたらす、ウィン・ウィンといえよう。

不招請勧誘、オプトイン導入に躊躇した結果、重要な産業インフラであるにもかかわらず、業界全体を落ち込ませてしまった例が、商品先物取引の世界である。(82)

商品先物取引は、不招請勧誘による消費者被害の東の横綱といっていい。先物取引による悲惨な被害が長くつづき、不招請勧誘、オプトイン導入に至るまでも、平成一六年商品取引所法改正によってようやくオプトアウトが導入され、平成一八年金融商品取引法制定に伴う商品取引所法改正の際に、オプトインを導入すべきであるという有力な意見が出ていたのにこれを見送り、「今後のトラブルが解消していかない場合には、不招請勧誘の禁止の導入について検討する」として（平成一八年六月六日参議院財政金融委員会附帯決議）、オプトインによる不招請勧誘禁止が先延ばしされてしまった。オプトインが導入されたのは、平成二一年商品取引所法改正になってしまった。この五年間、商品先物取引の世界では、不招請勧誘規制は平成一六年商品取引所法改正で導入された勧誘受諾意思確認義務（商品取引所法二一四条第七号）と再勧誘禁止（同、第五号）だけであった。

この間、先物被害は、国内公設は減少したものの、海外先物、ロコ・ロンドンまがい取引などの不招請勧誘による被害が多発した。そして、オプトイン導入が先延ばしされた三年間ないし五年間に、先物取引の世界では、深刻な事態に陥ってしまったのである。すなわち、日本の先物取引は、海外の商品市場が、五年間で数倍に取引を増やしているにもかかわらず、我が国の商品取引所だけが三分の一に取引量を減らしてしまったのである。(83)

一度失った信用を回復するのは極めて困難であり、現在も未だ失地回復への道は厳しい。

これは、一言で言えば、オプトインによる不招請勧誘規制の導入が遅れた結果、いつまでも不招請勧誘に頼る業界の体質に国も引きずられ転換できなかったツケが回ってきた結果と言わなければならない。

この点については、いち早くオプトインの不招請勧誘規制を導入した外国為替証拠金取引と対比すれば明らかと言わなければならない。

オプトインの不招請勧誘規制導入なくして、市場の健全化はなしえない、オプトイン規制の導入を遅らせると取り返しのつかない事態になりかねないと懸念する次第である。

3　不招請勧誘規制の必要性とその根拠は、国民生活センターの「不招請勧誘の制限に関する調査研究」（二〇〇七年二月）と同、「第三七回国民生活動向調査　訪問販売と電話による勧誘―不招請勧誘―」(84)で相当明らかになっているといえる。

さらに、「二〇〇九年度のPIO-NETにみる消費生活相談の概要」（二〇一〇年八月四日）(85)では、主な問題商法の上位の販売方法・手口に関してみると、二位が「家庭訪販」（五〇、〇一八件）、三位が「電話勧誘販売」（四九、四七四件）であり、依然として不招請勧誘による消費者被害が多く、上位を占めている。

不招請勧誘規制を検討する上で重要な原則は、（故）正田彬氏が『消費者の権利　新版』岩波新書で主張される、①事業者は、消費者の権利を侵害しない範囲で事業活動を行うべき、②不招請勧誘は消費者の生活の権利の侵害、③

呼ばなければ来るな、ということであった。また、不招請勧誘規制のあり方について、「けっして、人間の権利と事業者の権利をどう調整するか、どう折り合いをつけるかという発想であってはならない」ということである。

そのためには、不招請勧誘は、オプトインを原則とすること、オプトアウトも補完的に規定すること、不招請勧誘規制の実効性を確保すること、具体的には、消費者契約法の改正を急ぐこと、特定商取引法を再度改正すること、金融商品取引法、金融商品販売法を改正することなどが必要である。

オプトインの不招請勧誘を規制することは、悪徳商法の多くが不招請勧誘に基づくことから、消費者を悪徳商法被害から予防救済するだけでなく、同時に、不招請勧誘を行わない、良心的な事業者を保護、育成することになり、これによって、安全で公正な社会を実現することができるのである。(86・87)

消費者市民社会(88)の実現は、オプトインの不招請勧誘規制導入の可否にかかっている。

注1～35は、前号「不招請勧誘のあり方について(上)」（第五〇巻第一号）にて掲載。

(36)　消費者の権利については、正田彬『消費者の権利』岩波新書一九七二年、同『消費者の権利　新版』岩波新書二〇一〇年二月一九日、はじめ多数あるので、詳細は割愛。なお、各地の消費生活条例には、消費者の権利について規定しているものが多いが、それぞれ内容、表現が異なり、まさに地方自治体の姿といえる。

(37)　大村敦志『消費者法　第三版』二〇〇七年三月。

(38)　前掲注（36）、正田彬『消費者の権利　新版』三一頁。

(39)　(独)国民生活センター「不招請勧誘の制限に関する調査研究」（二〇〇七年二月）も同旨である。

(40)　秋田県議会有志による「秋田県めいわく勧誘禁止条例」制定取組の際に行った業界、関係者からのヒアリングの結果による。

(41)　前掲注（36）、正田彬『消費者の権利　新版』一一頁。

(42)　福井晶喜「不招請勧誘を規制する法令等の現状」国民生活研究第五〇巻第一号（二〇一〇年六月）(独)国民生活センター。

(43) ㈱国民生活センター「第三七回国民生活動向調査　訪問販売と電話による勧誘―不招請勧誘―」。
(44) 津谷裕貴、「不招請勧誘規制のあり方について(上)」(国民生活研究第五〇巻第一号二頁)。
(45) 最判(二小)平二〇・四・一一(刑集六二巻五号一二一七頁)(ジュリスト別冊平成二〇年度重要判例解説二〇頁)。
(46) 前掲注(44)。
(47) 前掲注(39)。
(48) 前掲注(44)津谷・四―五頁、及び㈱国民生活センター編「消費生活年報二〇〇七」、「消費生活年報二〇〇八」、「消費生活年報二〇〇九」参照。
(49) 前掲注(48)の各年の年報の「主な調査分析・商品テスト結果」より。
(50) 前掲注(45)。
(51) 前掲注(42)二〇頁。
(52) 日弁連二〇〇六年一二月一四日付「消費者契約法の実体法改正に関する意見書」参照。http://www.nichibenren.or.jp/ja/opinion/report/061214.html
(53) 平成一七年四月閣議決定された「消費者基本計画」。
平成一九年八月　国民生活審議会消費者契約法評価検討委員会「消費者契約法の評価及び論点の検討等について」。
(54) ㈶比較法研究センター・潮見佳男編「諸外国の消費者法における情報提供・不招請勧誘・適合性の原則」(商事法務平成二〇年四月)。
(55) 前掲注(52)の日弁連意見書も同旨。
(56) 平成二一年改正法について、日本弁護士連合会消費者問題対策委員会編「改正特商法・割販法の解説」民事法研究会　平成二一年一二月一日。
(57) 日弁連二〇一〇年六月一七日付「未公開株の被害の防止及び救済に関する意見書」日本弁護士連合会のホームページを参照。http://www.nichibenren.or.jp/ja/opinion/report/100617.html
(58) 前掲注(48)の「消費生活年報二〇〇六」参照。
(59) 前掲注(57)の日弁連二〇一〇年六月一七日付意見書参照。

（60）条例を整理しているのが、前掲注（42）福井「不招請勧誘を規制する法令等の現状」二〇頁。二〇〇六年一〇月現在の条例については、前掲注（39）「不招請勧誘の制限に関する調査研究」二三二頁。

（61）前掲注（39）二三二頁。

（62）群馬県の条例がオプトインでないことは、下記の記載により当局が認めている。「群馬県消費生活条例施行規則別表第一・二五号の趣旨」。http://www.pref.gunma.jp/cts/PortalServlet?DISPLAY_ID＝DIRECT&NEXT_DISPLAY_ID＝U000004&CONTENTS_ID＝20173

「平成一八年一一月七日に開催した消費生活条例改正にかかる事業者説明会での質問に対する回答について」。http://www.pref.gunma.jp/cts/PortalServlet?DISPLAY_ID＝DIRECT&NEXT_DISPLAY_ID＝U000004&CONTENTS_ID＝27709

（63）北海道が公表している不当な取引方法逐条解説は、北海道のホームページで参照可能。「北海道消費生活条例第一一六条第一一項の規定に基づく、不当な取引方法　趣旨・語句説明・関係法令・適用事例」北海道環境生活部くらし安全局消費者安全課。http://www.pref.hokkaido.lg.jp/NR/rdonlyres/66E1F3B3-BC78-49FE-A4BE-646158IE2911/0/hutotorihikichikujo.pdf

（64）熊本県の消費生活条例等は、ホームページを参照。

（65）兵庫県のホームページより消費生活条例に関する次のサイトを参照。http://web.pref.hyogo.jp/ac10/ac10_000000001.html

また、「不当な取引行為の指定」（兵庫県告示第三五四号、平成二二年三月三〇日改正）を参照。http://web.pref.hyogo.jp/contents/000157396.pdf

（66）「兵庫県が消費生活条例に基づいて指定する不当な取引行為の事例集」（兵庫県県民政策部県民文化局消費生活課消費者保護係）に関しては、次のサイトを参照。http://web.pref.hyogo.jp/contents/000157398.pdf

（67）これを紹介したものが、津谷裕貴「不招請勧誘禁止条例制定の取り組み―条例案と海外調査の結果を中心に―」消費者法ニュース八二号一五四頁

（68）前号（注7）で紹介した、アメリカ合衆国のDo Not Call Registryについて、三枝健治「電話勧誘規制　―全米―Do Not Call制度導入可能性の検討―」国民生活研究第四四巻第一号（二〇〇四年六月）国民生活センター。

坂東俊矢「米国の消費者による電話勧誘拒否登録（Do-Not-Call Registry）」（第二六回近畿弁護士会連合会シンポジウム　不招請勧誘の規制と消費者取引の適正化」所収。

アンドリュー・M・パーデック（弁護士・米国インディアナ州）講演・「アメリカ商品先物取引法の発展と法理」（先物取引被害全国研究会編「先物取引被害研究第二四号」一二頁 二〇〇五年四月）

(69) 秋田県議会有志による米国Do Not Call Registry 調査報告書がある。「アメリカ合衆国カナダにおけるDo Not Call（勧誘電話拒否登録制度）に関する調査報告書」（平成二一年三月 秋田県議会アメリカ・カナダ海外調査団）

(70) 株式会社ライフメディアの調査によると、電話セールスに対する米国なみの厳しい規制を導入することに対して、購入経験の有無に関わらず、八八％の人が賛成していることがわかった。米国連邦取引委員会（FTC）が導入した「電話お断りリスト」(National Do Not Call Registry）と同じ制度が日本にもあれば、約八〇％の人が登録すると答えている。iMiリサーチバンク「経済おぴみオン『電話セールス』について」二〇〇三年九月一七日 http://www.imi.ne.jp/blogs/research/2003/09/post_39.html

(71) 日弁連意見書は、消費者基本計画に関する意見書のなかでDo Not Call Registry 導入について、電話勧誘拒否登録制度を導入すべきとの意見を表明している。

二〇一〇年一月二一日付「『消費者基本計画』についての意見書」

同年二月一八日付「新たな『消費者基本計画（素案）』に対する意見書」

(72) これらを踏まえ日本でもDo Not Call Registry を導入すべきというのが、津谷裕貴「アメリカ・カナダの電話勧誘拒否登録制度の現状 違反に厳しい態度で臨むことが信頼確立の源泉」（週刊金融財政事情 二〇〇九年一〇月五日号）二六頁。

(73) 日本流通経済新聞社（二〇一〇年一月二八日号）によると、同社が、「訪問販売お断り」ステッカーについて、四七都道府県と一八の政令指定都市を対象とした特別調査を行った結果によると、六五自治体中四〇自治体がすでに導入している。八つの自治体の条例で「訪問販売お断り」ステッカーを貼ってある家への訪問勧誘を明確に禁止し、条例違反には社名公表される可能性があるという。

また、消費者庁の二〇〇九年一二月一〇日、「ステッカーは、特商法上は無効だが、地方自治体の消費生活条例上は従来どおり有効」という見解を各地に通知したが、この影響について、再勧誘禁止規定を持つ自治体のうち「ステッカー宅への訪問勧誘が禁止行為にあたる」と明確に回答したのは、北海道、群馬県、京都府、大阪府、兵庫県、奈良県、札幌市、名古屋市の六道府県と二のことである。

政令市。逆に、「ステッカーは無効」との見解を示したのは一八都県六政令市。条例の解釈に自治体間で解釈が異なっている、と

(74) 消費者庁取引・物価対策課、経済産業省商務情報政策局消費経済政策課「特定商取引に関する法律の解説（平成二一年版）」（商事法務　二〇一〇年二月）五五頁、六六二頁。

河上正二編「改正特商法・割販法対応　実践　消費者相談」（商事法務　二〇〇九年一二月一六日）

(75) 消費者庁取引・物価対策課「改正特定商取引法における再勧誘禁止規定と『訪問販売お断り』等の張り紙・シール等について」（平成二一年一二月一〇日）

(76) 前掲注（65）、（66）参照。

(77) 全大阪消費者団体連絡会報告書「『訪問販売お断りシール』のとりくみ〜大阪府消費者保護条例をくらしの中にいかそう〜」を参照。http://hb8.seikyou.ne.jp/home/o-shoudanren/200803/20080331si-rumatome.pdf

(78) 全国消費者行政ウォッチねっとのホームページを参照。http://watch-net.sakura.ne.jp/wn/

(79) 商品先物取引のガイドライン「商品先物取引の委託者の保護に関するガイドライン」は、経済産業省のホームページを参照。http://www.meti.go.jp/policy/commerce/z00/pdf/guideline.pdf

(80) 前掲注（73）参照。

(81) 前掲注（39）一九七頁、及び前掲注（42）一九頁。

(82) 平成二一年商品取引所法改正の基となった産業構造審議会商品取引所分科会（平成二一年二月二三日）の「産業構造審議会商品取引所分科会報告書」は、過去五年間に諸外国では先物市場での取引が四倍になっているのに（三頁）、日本では、逆に五年間で三分の一に減少していることの危機感がベースになっている。

(83) 取引量、金額の推移については、経済産業省のホームページにある。http://www.meti.go.jp/policy/commerce/b00/pdf/b000004.pdf

(84) 前掲注（43）、及び前掲注（39）参照。

(85) 「二〇〇九年度のPIO-NETにみる消費生活相談の概要」（二〇一〇年八月四日）http://www.kokusen.go.jp/pdf/n-20100804_3.pdf を参照。

主な問題商法二位の「家庭訪販」では、「新聞」「ふとん類」「放送サービス」が多く、契約当事者は七〇歳以上の女性が圧倒的に多い。

主な問題商法三位の「電話勧誘販売」は、未公開株などの「株」や「分譲マンション」が多く、契約当事者は三〇歳以上の各年代で見られる。

(86) 谷みどり　特別寄稿「消費者の信頼で築く繁栄」樋口一清・井内正敏編著日本の消費者問題（二〇〇七年九月一二九頁）、及び前掲注（39）「不招請勧誘の制限に関する調査研究」一二三頁。

(87) 平成二〇年六月一三日消費者行政推進会議の「とりまとめ」。
同年六月二七日の閣議決定「消費者行政推進基本計画」。

内閣府「平成二〇年版　国民生活白書　消費者市民社会への展望―ゆとりと成熟した社会構築に向けて―」（平成二〇年一二月）。

日本弁護士連合会　第五二回人権擁護大会「消費者被害のない安全で公正な社会を実現するための宣言」（平成二一年一一月六日開催）。

(88) ここでいう消費者市民社会は、前掲注（87）日弁連第五二回人権擁護大会で提唱する市民社会である。
このシンポジウムでは、消費者市民社会のあり方についても議論された。

日本弁護士連合会第五二回人権擁護大会シンポジウム第三分科会報告書「安全で公正な社会を消費者の力で実現しよう―消費者市民社会の確立をめざして―」（日本弁護士連合会　二〇一〇年六月二九日）参照。http://www.nichibenren.or.jp/ja/jfba_info/organization/data/091105_jinken3.pdf

■津谷裕貴弁護士著作一覧

※発行年月日順。共著含む。

《書籍》

『継続的サービス取引――消費者トラブル解決策――』日本弁護士連合会消費者問題対策委員会編（商事法務研究会、一九九五年）
『先物取引被害救済の手引（五訂版）』日本弁護士連合会消費者問題対策委員会編（民事法研究会、一九九七年）
『先物取引被害救済の手引（六訂版）』日本弁護士連合会消費者問題対策委員会編（民事法研究会、一九九九年）
『実践先物取引被害の救済』津谷裕貴・大神周一・茨木茂・石戸谷豊（民事法研究会、二〇〇〇年）
『ンダ！　おらほの弁護士さんに聞いてみれ！』秋田弁護士会編（秋田魁新報社、二〇〇一年）
『先物取引被害救済の手引（七訂版）』日本弁護士連合会消費者問題対策委員会編（民事法研究会、二〇〇四年）
『先物取引被害救済の手引（八訂版）』日本弁護士連合会消費者問題対策委員会編（民事法研究会、二〇〇六年）
『先物取引被害救済の手引（九訂版）』日本弁護士連合会消費者問題対策委員会編（民事法研究会、二〇〇八年）
『実践先物取引被害の救済（全訂増補版）』津谷裕貴・荒井哲朗・白出博之・石戸谷豊（民事法研究会、二〇〇九年）

《論文等》

「豊田商事事件を考える」秋田弁護士会会報六号（秋田弁護士会、一九八八年二月）
「豊田商法の違法性――各地の判決の紹介と違法性の再検討」『虚構と真実――豊田商事事件の記録』（豊田商事被害者全国弁護団連絡会議、一九九二年七月）
「継続的サービス取引の規制のあり方」消費者法ニュース一三号（消費者法ニュース発行会議、一九九二年一〇月）
「豊田商事事件――秋田の被害実態と当会の取組状況など――」秋田弁護士会一〇〇周年記念会誌（秋田弁護士会、一九九三年一一月）
「継続的サービス取引の規制をめぐって――これまでの経過と各界懇談会、立法化の動きについて」自由と正義四四巻六号

（日本弁護士連合会、一九九三年六月）

「使われなかった解散命令―法務省の責任」（津谷裕貴、吉岡和弘共著）（豊田商事被害国賠訴訟弁護団編『裁かれる消費者行政』所収）（豊田商事被害国賠訴訟弁護団、一九九三年七月）

「国内公設先物取引において勧誘から取引終了までの一連の行為に不法行為が成立することを認めた最高裁判決――損害賠償請求事件（最高裁判決平成七・七・四）」消費者法ニュース二七号（消費者法ニュース発行会議、一九九六年四月）

「先物取引（特集一九九六年消費者法白書――消費者裁判の到達点と今後の課題）」消費者法ニュース二八号（消費者法ニュース発行会議、一九九六年七月）

「ひまわり」秋田魁新報コラム（秋田魁新報社、一九九六年一月）

「主張・立証のノウハウ（第三六回先物取引被害全国研究会（姫路））」先物取引被害研究八号（先物取引被害全国研究会、一九九七年四月）

「悪徳商法」秋田魁新報コラム（秋田魁新報社、一九九七年四月）

「先物取引（特集一九九七年消費者法白書――消費者裁判の到達点と今後の課題）」消費者法ニュース三二号（消費者法ニュース発行会議、一九九七年七月）

「ビッグバンと消費者」秋田魁新報コラム（秋田魁新報社、一九九七年一二月）

「先物取引（特集一九九八年消費者法白書――消費者裁判の到達点と今後の課題）」消費者法ニュース三六号（消費者法ニュース発行会議、一九九八年七月）

「先物取引被害一一〇番報告」先物取引被害研究一一号（先物取引被害全国研究会、一九九八年八月）

「先物判例の動向について」先物取引被害研究一二号（先物取引被害全国研究会、一九九九年四月）

「両建禁止の趣旨と適用範囲（商取引法改正に関する各論点）」先物取引被害研究一四号（先物取引被害全国研究会、二〇〇〇年三月）

「消費生活相談と消費者法(十)先物取引と消費生活相談」月刊国民生活三一巻三号（国民生活センター、二〇〇一年三月）

「先物取引被害と救済への取り組み――訪米調査を経て（特集金融取引と消費者）」月刊国民生活三三巻四号（国民生活センタ

ー、二〇〇三年一二月）
「基調報告――第五〇回先物取引被害全国研究会（名古屋）」先物取引被害研究二二号（先物取引被害全国研究会、二〇〇四年四月）
「委託者のための先物制度改革――日弁連米国先物調査から学ぶ(上)」国民生活研究四四巻一号（国民生活センター、二〇〇四年六月）
「委託者のための先物制度改革――日弁連米国先物調査から学ぶ(下)」国民生活研究四四巻二号（国民生活センター、二〇〇四年九月）
「基調報告――第五一回全国先物取引被害全国研究会（松山）」先物取引被害研究二三号(上)（先物取引被害全国研究会、二〇〇四年一一月）
「基調報告　第五二回全国先物取引被害全国研究会（鳥取）」先物取引被害研究二四号（先物取引被害全国研究会、二〇〇五年四月）
「基調報告　第五三回全国先物取引被害全国研究会（長野）」先物取引被害研究二五号(上)（先物取引被害全国研究会、二〇〇五年一一月）
「改正商品取引所法と政省令、ガイドライン、自主規制」先物取引被害研究二五号(上)（先物取引被害全国研究会、二〇〇五年一一月）
「改正商品取引所法の実践的活用」先物取引被害研究二六号（先物取引被害全国研究会、二〇〇六年三月）
「判例・和解事例報告（秋田地裁能代支判平成一七年一二月一四日：被告光陽トラスト株式会社ほか）」先物取引被害研究二六号（先物取引被害全国研究会、二〇〇六年三月）
「平成一六年商品取引所法改正の実践的活用と平成一八年商品取引所法改正について」先物取引被害研究二七号（先物取引被害全国研究会、二〇〇六年一一月）
「金融商品取引法委託者保護規定の概要と問題点」先物取引被害研究二七号（先物取引被害全国研究会、二〇〇六年一一月）
「金融商品取引法と先物取引――参議院附帯決議で不招請勧誘禁止導入の道筋ができる（シリーズ四　先物取引・悪質投資商

法）」消費者法ニュース六九号（消費者法ニュース発行会議、二〇〇六年一月）

「金商法、改正商取法の活用と今後の活動課題――損失補填禁止を乗り越え、不招請勧誘禁止実現へ」先物取引被害研究二八号（先物取引被害全国研究会、二〇〇七年三月）

「不招請勧誘禁止条例を　消費者被害の防波堤に」朝日新聞秋田版コラム（朝日新聞社、二〇〇七年六月）

「多重債務問題　まず相談、当面の救済可能」朝日新聞秋田版コラム（朝日新聞社、二〇〇七年八月）

「弁護士相談のメリット　過払い金の返還を請求」朝日新聞秋田版コラム（朝日新聞社、二〇〇七年一〇月）

「損失補填規定の対策、検査マニュアルの活用」先物取引被害研究二九号（先物取引被害全国研究会、二〇〇七年一一月）

「消費者重視への転換　強いリーダーシップ必要」朝日新聞秋田版コラム（朝日新聞社、二〇〇七年一一月）

「消費者が主役の年に『省』の設立を試金石に」朝日新聞秋田版コラム（朝日新聞社、二〇〇八年一月）

「消費者行政の一元化　その道中、陽気さを期待」朝日新聞秋田版コラム（朝日新聞社、二〇〇八年二月）

「弁護士の出前講座　子育て税のとばっちり？」朝日新聞秋田版コラム（朝日新聞社、二〇〇八年四月）

「ファーストオプション事件」朝日新聞秋田版コラム（朝日新聞社、二〇〇八年六月）

「不招請勧誘禁止条例案　業者は被害防止へ対案を」朝日新聞秋田版コラム（朝日新聞社、二〇〇八年七月）

「不招請勧誘禁止条例制定に期待する――迷惑な電話、訪問勧誘は規制すべき――」原点第一六四号（ヒューマン・クラブ、二〇〇八年八月）

「海外先物、ロコ・ロンドンまがい取引（銀行・証券・保険・先物・悪質商法）」消費者法ニュース七七号（消費者法ニュース発行会議、二〇〇八年一月）

「事故米と『お米のなみだ』　消費者目線欠如」朝日新聞秋田版コラム（朝日新聞社、二〇〇八年一月）

「慰謝料と財産分与　小室哲哉とマドンナは別格」朝日新聞秋田版コラム（朝日新聞社、二〇〇八年一一月）

「一〇〇年に一度の経済危機　最初に脱するのは秋田」朝日新聞秋田版コラム（朝日新聞社、二〇〇九年一月）

「『最後の審判』　不況と政治家の失態問う」朝日新聞秋田版コラム（朝日新聞社、二〇〇九年二月）

「産構審商品取引所分科会報告」先物取引被害研究三〇号（先物取引被害全国研究会、二〇〇九年三月）

「裁判員制度来月スタート　刑事事件の裁判変わる」朝日新聞秋田版コラム（朝日新聞社、二〇〇九年四月）
「消費者庁設置へ　悪徳商法はなくなるか」朝日新聞秋田版コラム（朝日新聞社、二〇〇九年六月）
「消費者委員長誕生秘話　武家屋敷のありがたい門」朝日新聞秋田版コラム（朝日新聞社、二〇〇九年九月）
「アメリカ・カナダの勧誘電話拒否登録制度の現状（特集投資家保護と規制の均衡点）」金融財政事情二八五四号（金融財政事情研究会、二〇〇九年一月）
「産構審商品取引所分科会の報告」先物取引被害研究三三号（先物取引被害全国研究会、二〇〇九年一月）
「DO-NOT-CALL―カナダ・米国調査結果」先物取引被害研究三三号（先物取引被害全国研究会、二〇〇九年一月）
「改正商取法と委託者保護（銀行・証券・保険・先物）」消費者法ニュース八一号（消費者法ニュース発行会議、二〇〇九年一〇月）
「消費者市民社会の実現へ『消費者に武器を！』」朝日新聞秋田版コラム（朝日新聞社、二〇〇九年一一月）
「委託者保護からみた商取法改正（特集　商品先物取引法）」Nibenfrontier 三一三号（第二東京弁護士会、二〇〇九年一二月）
「激変の一年　やっぱり、秋田が一番」朝日新聞秋田版コラム（朝日新聞社、二〇〇九年一二月）
「不招請勧誘禁止条令制定の取り組み（クレジット・リース（割販法・特商法）被害）」消費者法ニュース八二号（消費者法ニュース発行会議、二〇一〇年一月）
「〈座談会〉消費者問題に向き合う」秋田弁護士会報（二〇一〇年二月号）（秋田弁護士会、二〇一〇年二月）
「未公開株被害」朝日新聞秋田版コラム（朝日新聞社、二〇一〇年二月）
「日弁連会長に宇都宮氏」朝日新聞秋田版コラム（朝日新聞社、二〇一〇年四月）
「消費者担当相は専任で」朝日新聞秋田版コラム（朝日新聞社、二〇一〇年六月）
「不招請勧誘禁止と『訪問販売お断り』ステッカー」現代消費者法七号（民事法研究会、二〇一〇年六月）
「不招請勧誘規制のあり方について(上)」国民生活研究五〇巻一号（国民生活センター、二〇一〇年六月）
「不招請勧誘規制のあり方について(下)」国民生活研究五〇巻二号（国民生活センター、二〇一〇年九月）

「不招請勧誘禁止を粛々と」朝日新聞秋田版コラム（朝日新聞社、二〇一〇年九月）
「不招請勧誘規制なくして悪徳商法対策なし(上) 法令だけでなく条例やステッカーに注目（銀行・証券・保険・先物）」消費者法ニュース八五号（消費者法ニュース発行会議、二〇一〇年一月）
「不招請勧誘規制なくして悪徳商法対策なし(下) 法令だけでなく条例やステッカーに注目（銀行・証券・保険・先物）」消費者法ニュース八六号（消費者法ニュース発行会議、二〇一一年一月）

■津谷裕貴弁護士略歴

一九五五年三月二一日　北海道帯広市で出生

〈学歴〉

一九七三年三月　秋田県立角館高等学校卒業
　同年四月　慶應義塾大学法学部法律学科入学
一九七七年三月　同卒業
　同年四月　同大学院法学研究科修士課程入学
一九七九年三月　同卒業（法学修士）
一九八〇年　司法試験合格
一九八一年　司法修習生

〈職歴、弁護士会での活動〉

一九八三年四月　弁護士登録（秋田弁護士会）、津谷裕貴法律事務所開設
一九八七年八月　日本弁護士連合会消費者問題対策委員会委員
一九九一年三月　秋田弁護士会副会長（一九九二年二月まで）
一九九七年三月　秋田弁護士会副会長（一九九八年二月まで）
二〇〇一年三月　秋田弁護士会会長（二〇〇二年三月まで）、東北弁護士会連合会副会長（二〇〇二年三月まで）
　同年四月　日本弁護士連合会理事（二〇〇二年三月まで）
二〇〇九年六月　日本弁護士連合会消費者問題対策委員会委員長

〈社会における活動〉

二〇〇三年六月　先物取引被害全国研究会代表幹事（二〇〇五年五月まで）
二〇〇八年三月　経済産業省産業構造審議会商品取引所分科会委員
　同年八月　秋田海区漁業調整委員（二〇一〇年八月まで）
同年一一月　秋田県消費生活審議会委員（二〇一〇年一〇月まで）
二〇〇九年四月　秋田県顧問、秋田県商工会連合会経営技術強化支援事業エキスパート

あとがきに代えて

津谷裕貴先生（いや、「〃さん〃づけにして下さい」とお叱りを受けそうですから「津谷さん」と呼ばせてもらいます）。津谷さんが、凶刃に倒れてからもう一年が経とうとしています。

大切な友人であり、豊田商事事件や商品先物取引の被害など社会悪や不公正取引がもたらす消費者被害の予防と救済のために懸命に戦ってきた津谷さんが、この世からいなくなってしまったことは、今でも信じられません。

津谷さんは、法律実務家として多くの消費者被害の救済に尽力されたのみならず、自らも消費者法などにかかわる多数の論文を残され、また、我が国ばかりか韓国や米国など海外の消費者問題にかかわる研究者や実務家との交流においても、その架け橋として活躍されました。

特に津谷さんは、不招請勧誘が野放しにされていることが、消費者取引被害の発生の最大の要因であると確信し、不招請勧誘を規制する法制度を我が国に導入する活動に人生の後半をかけていました。

津谷さんが弁護士登録をされた一九八三年当時は、消費者被害の救済に有用な法理論も法制度も乏しく、津谷さん自身の言葉を借りれば、消費者弁護士はそれこそ「どん底」から這い上がるしか道はありませんでした。

消費者被害の救済のための訴訟活動やその被害を救済し、予防する法律の制定運動における消費者弁護士の主張は「暴論」と批判され、また「消費者弁護士は浮いている」などと揶揄されたことも度々でした。それでも裁判官や学者や研究者の良心に訴え、民法はもとよりその時々の法律や法制度を揺さぶり、それを最大限に活用することによって、少しずつ裁判官や研究者等の理解や支持を獲得し、そして最後には広く社会や市民からも支持を得ることができました。その成果は消費者保護のための多数の新規立法や法改正としても結実しました。津谷さんは、いつもその先頭を走ってきましたね。

津谷さんは、自ら「素朴な正義感。人の弱みにつけ込むやつは許せない。継続は力だが、明るく、楽しくないと続かない。排除しない。どん底から這い上がる」が信条であると述べ、また、現場主義に徹する実務家弁護士であるだけでなく、さまざまな分野の学者や研究者との出会いと交流の重要性と必要性を説いていました。

特に若き弁護士に対しては、法律実務家としてよい判決を獲得するだけでなく、自ら論文を書き、学会に積極的に参加すること等を通じて学者や研究者と議論し、研究を深めることを強く勧め、自らもそれを実践してこられました。

本書は、津谷さんの足跡を辿り、津谷さんが遺された実践的、学問的な業績を紹介するだけでなく、津谷さんの遺志を形に残すことで、消費者法を発展させることこそ津谷さんの追悼にふさわしいと考えて企画したものです。そして、消費者被害の予防と救済のために共に戦ってこられた多数の研究者と法律実務家がこのような趣旨に賛同し、素晴らしい論文を執筆してくださりました。

津谷さんの一周忌までに本書を発刊することができ、本書の企画をした者の一人として、とても安堵をしています。論文のご執筆や資料の収集にあたってくださった研究者や弁護士の皆様と本書の出版に多大なご援助をくださった民事法研究会の皆様には深謝を申し上げます。

津谷さん。津谷さんが考えておられたことのほんの一部にすぎないかもしれませんが、津谷さんがよくご存じの皆さんが力を合わせて、こうして論文集をまとめることができました。一周忌にあたり、謹んで本書を津谷さんに奉呈します。天国で、ゆっくりと読んでください。津谷さん、ありがとうございました。

二〇一一年一一月四日を前にして　弁護士　齋藤　雅弘

消費者取引と法 ——津谷裕貴弁護士追悼論文集——

平成23年11月4日　第1刷発行

定価　本体9,000円（税別）

編　　者　津谷裕貴弁護士追悼論文集刊行委員会

発　　行　株式会社　民事法研究会

印　　刷　株式会社　太平印刷社

発行所　株式会社　民事法研究会

〒150-0013　東京都渋谷区恵比寿3-7-16

〔営業〕TEL 03(5798)7257　FAX 03(5798)7258

〔編集〕TEL 03(5798)7277　FAX 03(5798)7278

http://www.minjiho.com/

落丁・乱丁はおとりかえします。　ISBN978-4-89628-718-9 C3032 ¥9000E